Gefährdete
Nutztierrassen

Hans Hinrich Sambraus

Gefährdete Nutztierrassen

Ihre Zuchtgeschichte,
Nutzung und Bewahrung

2. Auflage
174 Farbfotos
66 Schwarzweißfotos

VERLAG
EUGEN
ULMER

Abb. auf Seite 2 li.
(Frontispiz)
Prachtvoller
Skuddenbock.

Die Deutsche Bibliothek – CIP-Einheitsaufnahme

Sambraus, Hans Hinrich:
Gefährdete Nutztierrassen: Ihre Zuchtgeschichte, Nutzung und Bewahrung /
Hans Hinrich Sambraus. 2. Aufl. – Stuttgart: Ulmer, 1999.
   ISBN 3-8001-4131-0

Das Werk einschließlich aller seiner Teile ist urheberrechtlich geschützt.
Jede Verwertung außerhalb der engen Grenzen des Urheberrechtsgesetzes ist
ohne Zustimmung des Verlages unzulässig und strafbar.
Das gilt insbesondere für Vervielfältigungen, Übersetzungen, Mikroverfilmungen
und die Einspeicherung und Verarbeitung in elektronischen Systemen.

© 1994, 1999 Eugen Ulmer GmbH & Co.
Wollgrasweg 41, 70599 Stuttgart (Hohenheim)
Printed in Germany
Schutzumschlag: Alfred Krugmann
Lektorat: Ingeborg Ulmer
Herstellung: Otmar Schwerdt, Anna Strommer
Satz: Steffen Hahn GmbH, Kornwestheim
Druck: Appl, Wemding
Bindung: Monheim

Vorwort

Rassen im heutigen Sinne gibt es erst seit wenig mehr als 200 Jahren. Gerade die Prägung des Rassebegriffes mit der Forderung nach einem bestimmten Aussehen der Tiere und einer an den Rassestandard gebundenen Leistung führte von Anfang an zu Konkurrenzsituationen. Rassen mit einer bestimmten Leistung bevorzugte man; dadurch wurden andere, die dem gerade geltenden Zuchtziel weniger entsprachen, zurückgedrängt oder starben aus.

Bei den Züchtern, die ihr Einkommen über die Tiere bestreiten, ist eine Orientierung an deren Leistung verständlich. Allerdings muß betont werden, daß Leistung vieles bedeuten kann. Im allgemeinen werden nur einige quantitativ erfaßbare Aspekte berücksichtigt: hohe tägliche Zunahmen, große Zahl von Eiern, hoher Anteil wertvoller Teilstücke, viel Milch und ähnliches. Die Qualität der Produkte wird kaum berücksichtigt. Zudem können die Verbrauchererwartungen und damit das Zuchtziel sich ändern, wodurch bisher unbeachtete Restbestände alter Rassen wieder Bedeutung erlangen können. Es gibt also auch genetische Aspekte, die uns davor warnen, Rassen wegen angeblich schlechter Leistung aufzugeben.

Es bestehen unterschiedliche Anschauungen darüber, wann eine Rasse in ihrem Bestand gefährdet ist. Ich habe mich nur ungefähr an diesen Vorstellungen orientiert. Nicht in jedem Fall war die Zahl der Individuen ausschlaggebend, wenn es darum ging, ob eine Rasse in diesem Buch berücksichtigt werden sollte oder nicht. Manchmal hat sich durch Änderung des Zuchtzieles und Einkreuzung das Aussehen der meisten Tiere deutlich gewandelt. Hier interessierte die Rasse wegen einer kleinen Zahl von Tieren, die noch dem ursprünglichen Typ entsprach.

Gelegentlich wird die Ansicht vertreten, daß eine sehr geringe Zahl von Rassen bei jeder Tierart ausreiche, um die Bedürfnisse des Menschen nach tierischen Produkten zu erfüllen. Beim Rind sollen Hereford (Fleischrasse) und Holstein-Friesian (Milchrasse) mit entsprechenden Kreuzungen dieser beiden Rassen genügen, um alle Vorzüge der Art zu erreichen. Das ist eine sehr materialistische Vorstellung. Die Haltung von Haustieren ist nicht nur Tier-»Produktion«. Die einzelnen Rassen wurden vom Menschen geschaffen; sie sind eine kulturelle Leistung. Kulturgut zu mißachten, ja, es zu zerstören, ist ein Akt der Barbarei.

Dem Buch ging eine lange Zeit der Planung voraus. 1982 gründete der Autor mit einigen Gleichgesinnten die »Gesellschaft zur Erhaltung alter und gefährdeter Haustierrassen«. Schon damals schien es angebracht, Stand, Leistung und Zuchtgeschichte unserer Rassen zu dokumentieren und damit auf das Problem der Gefährdung alter Haustierrassen aufmerksam zu machen. Es war schwerer als erwartet, die verstreuten Berichte, Dokumente und alten Lehrbücher zu erfassen und zu sichten. Vollständigkeit darf bei dieser Arbeit nicht erwartet werden, und so läßt sich sicher der eine oder andere Aspekt – in Abhängigkeit von den verwendeten Quellen – etwas unterschiedlich darstellen. Dem Anliegen, das Interesse an den bedrohten Rassen zu erhalten oder zu wecken, wird dies hoffentlich keinen Abbruch tun. Damit würde das Buch seinen Sinn erhalten.

Berücksichtigt wurden nur Pferd, Rind, Schaf, Ziege und Schwein. Der Esel wurde in der älteren Literatur fast nie erwähnt, so daß sich über seine Zuchtgeschichte kaum etwas sagen läßt. Kaninchen und Geflügel haben viele Nachkommen und eine kurze Generationsfolge. Bei Bedarf lassen sich Restbestände rasch vermehren und aus der Gefährdung herausführen. Bei ihnen scheint eine eingehende Darstellung bedrohter Rassen nicht so dringend.

Mein Dank gilt den Züchtern, Zuchtverbänden und Institutionen, die mir durch ihre Aufge-

Vorwort

Auerochsen-rückzüchtung. Der Auerochse war Ausgangspunkt von Hunderten von Rinderrassen.

schlossenheit die Arbeit sehr erleichtert haben und die durch Überlassung von Bildmaterial sehr zum Gelingen des Buches beitrugen. Frau Marille Asbeck hat durch ihre aufmerksame Schreibtätigkeit geholfen, manchen Schnitzer zu vermeiden. Mein Dank gilt auch Frau Susanne Behninger, die es sehr geschickt verstand, sprachliche Unebenheiten zu glätten. Sollten im Einzelfall Widersprüche und Ungereimtheiten vorhanden sein, ist der Autor für Hinweise jederzeit dankbar.

Dem Verlag Eugen Ulmer, insbesondere Frau Ingeborg Ulmer mit ihrer sensiblen Art, bei unterschiedlichen Auffassungen eine für alle Beteiligten annehmbare Lösung zu finden, danke ich in besonderer Weise. Nicht nur die Aufmachung des Buches wird hoffentlich Anklang finden.

Die Fülle der Abbildungen akzeptierte der Verlag vermutlich nur deshalb, weil bei ihm Fragen der Wirtschaftlichkeit nicht im Vordergrund standen.

Weihenstephan, Sommer 1994 und 1999

Hans Hinrich Sambraus

Inhalt

Vorwort 5
Einführung 9

Pferde 25
Oldenburger 28
Ostfriese 40
Altwürttemberger 53
Rottaler 62
Schleswiger Kaltblut 68
Rheinisch-Westfälisches Kaltblut 76
    Rheinisches Kaltblut 76
    Westfälisches Kaltblut 90
Sächsisches Kaltblut 94
Schwarzwälder Fuchs 99
Noriker (Pinzgauer) 109

Rinder 121
Angler 123
Mitteldeutsches Rotvieh 133
    Vogelsberger Rind 133
    Harzer Rotvieh 141
    Vogtländer Rotvieh 153
Glan-Rind 156
Ansbach-Triesdorfer 165
Limpurger 174
Vorderwälder 184
Hinterwälder 194
Vogesenrind 205
Murnau-Werdenfelser 208
Pinzgauer 214
Tiroler Grauvieh 225
Tux-Zillertaler Rind 229
Waldviertler Blondvieh 235
Murbodner 240
Kärntner Blondvieh 246
Pustertaler Schecken 252

Schafe 257
Skudde 260
Rauhwolliges Pommersches Landschaf 263
Graue Gehörnte Heidschnucke 269
Moorschnucke (Weiße Hornlose Heidschnucke) 276
Weiße Gehörnte Heidschnucke 280
Bentheimer Landschaf 283
Leineschaf 286
Rhönschaf 291
Coburger Fuchsschaf 299
Waldschaf 301
Braunes Bergschaf 305
Kärntner Brillenschaf 309
Steinschaf 316

Ziegen 322
Thüringerwald-Ziege 324
Erzgebirgsziege 328
Appenzellerziege 332
Bündner Strahlenziege 335
Pfauenziege 337
Walliser Schwarzhalsziege ... 339
Nera Verzasca 343
Stiefelziege 345

Schweine 347
Angler Sattelschwein 350
Buntes Bentheimer Schwein ... 361
Schwäbisch-Hällisches Schwein 366

Literaturverzeichnis 373
Kontaktanschriften 377
Bildnachweis 381
Sachregister 382

Einleitung

Domestikation

Haustiere begleiten den Menschen seit der Jungsteinzeit. Die Ursachen dafür, daß der Mensch Wildtiere in seine Obhut nahm, sie nutzte und Zuchtwahl betrieb, sind weitgehend ungeklärt. Vielleicht konnte die zunehmende Zahl von Menschen in größerwerdenden Siedlungen ihren Nahrungsbedarf durch Streifzüge in die Umgebung nicht mehr decken. Erfolgversprechender waren der Anbau von Pflanzen und eine gezielte Ernte. Dies gelang aber nur, wenn Wildtiere nicht zu stark Nahrungskonkurrenten des Menschen wurden. Wildtiere mußten deshalb ferngehalten werden. Andererseits bestand ein Bedürfnis nach tierischem Eiweiß. Der Mensch wollte Fleisch essen. Die unterschiedlichen Bestrebungen ließen sich nur vereinigen, indem Tiere in Gehegen gehalten wurden und sich in Gefangenschaft fortpflanzen konnten.

Haustiere sind eine lebende Fleischkonserve. Sie machen den Menschen von den Zufällen des Jagderfolges unabhängig. Andererseits brachte die Domestikation wilder Tiere für den Menschen einen erhöhten Arbeitsaufwand: Bau von Ställen oder zuverlässig ausbruchsicheren Gehegen, Futter- und Wasserbeschaffung, Anlegen von Futtervorräten für den Winter, Betreuung und anderes mehr.

Der Fang erwachsener Tiere wird kaum möglich gewesen sein. Ausgewachsene und auch schon halbwüchsige Individuen aller hochentwickelten Tierarten sind sehr scheu oder, bei Unterschreitung einer Mindestdistanz, angriffslustig. Wie man von der Haltung von Tieren im Zoo weiß, sind erwachsene Wildfänge in Gefangenschaft zudem meist so gestreßt, daß sämtliche Fortpflanzungsfunktionen eingestellt werden. Für die Haltung eignen sich nur Arten, die sich prägen lassen; bei Gefangenschaft geschieht die Prägung auf den Menschen. Auch die Aufzucht fremdgeprägter männlicher Tiere ist nicht unproblematisch. Sie sind zwar anhänglich, werden in der Regel jedoch sehr aggressiv. Diese stete Gefahr kann man verringern, indem man nur wenige männliche Tiere hält und diese möglichst fixiert.

Bei der Haltung von wenigen männlichen und vielen weiblichen Tieren einer Art können züchterische Bestrebungen nur dann erfolgreich sein, wenn die Männchen eine starke Geschlechtslust besitzen. In der Tat soll die Domestikation zu einer Hypersexualisierung geführt haben, von der Sexualpotenz, Frühreife und Asaisonalität Teile sind. Eine Tierhaltung kann immer nur sinnvoll sein, wenn sich mehrere oder gar viele Individuen einer Art auf recht engem Raum halten lassen. Nur so »lohnt« sich eine Umzäunung; nur auf diese Weise kann eine Einfriedung ausbruchsicher gestaltet werden. Auf engem Raum lassen sich aber nur soziallebende Arten halten. Durch die geschilderten Zwänge – Bedürfnisse und Neigungen von Mensch und Tier – ergibt sich eine komplexe Ursache-Wirkungs-Kette.

Der Beginn der Domestikation läßt sich bisher nur ungefähr angeben. Dies liegt daran, daß man weitgehend auf Knochenfunde angewiesen ist, die zudem meist nur als Bruchstücke vorliegen. Domestikationszentren liegen verständlicherweise im natürlichen Verbreitungsgebiet einer Art. Fossile Knochen, auch wenn sie in frühen menschlichen Siedlungen gefunden wurden, können deshalb sowohl von der Wildform als auch von der domestizierten Form einer Art stammen. Zwar ändert eine Tierart sich durch die Domestikation in ihrer Körperform und in den Körperproportionen. Damit bekommen auch die Knochen ein anderes, charakteristisches Aussehen. Aber bis ein solcher Wandel erkennbar wird, können Jahrtausende vergehen. Umgekehrt wurde nachgewiesen, daß als Jungtiere handaufgezogene Individuen später in Form und Größe nicht ihren in freier Natur aufgewachsenen Wurfgeschwistern gleichen. Bei Tieren, die von der Wildform abweichen, muß es sich also nicht notwendigerweise um domestizierte handeln.

Die Domestikation setzt nicht nur eine Notwendigkeit, sondern auch eine bestimmte Reife des Menschen voraus. Typischerweise fiel der Beginn der Domestikation in eine Zeit, in der die Lebensführung bestimmter Völker sich grundsätzlich änderte. Man bezeichnet diesen Abschnitt als neolithische Revolution.

Bei aller Unsicherheit über den Beginn der Domestikation (8000–9000 v. Chr.) läßt sich doch sagen, daß Schaf und Ziege die ersten domestizierten landwirtschaftlichen Nutztiere waren. Daß sie vor den anderen Arten domestiziert wurden, ist naheliegend. Die »kleinen Wiederkäuer« sind wegen ihrer geringen Größe leichter beherrschbar. Als nächstes der bei uns heimischen Nutztierarten wurde das Schwein domestiziert. Auch diese Art ist nicht übermäßig groß und kann leicht in Koben gehalten werden. Andere Fähigkeiten erfordert der große, starke Auerochse. Es mag sein, daß dem Menschen bei dessen Domestizierung die Erfahrung im Umgang mit den drei vorher genannten Arten zugute kam. Deutlich später wurde das Pferd in den Hausstand übernommen (Tab. 1).

Bemerkenswert ist, daß domestizierte Tiere ein und derselben Art mit dem vergleichsweise geringen zeitlichen Unterschied von einigen Jahrhunderten in verschiedenen Regionen nachgewiesen werden konnten. Eine Ausbreitung der frühen Haustierformen über große Entfernungen in so kurzer Zeit ist unwahrscheinlich. Man muß davon ausgehen, daß es für einige Arten mehrere Domestikationszentren gab.

Viele der frühesten Haustierfunde wurden an den Berghängen gemacht, die das Flußbecken von Euphrat-Tigris umgeben. Man bezeichnet diese Region, die sich von Israel über den Libanon, Syrien, den südöstlichen Teil der Türkei, den Irak und den Iran erstreckt, als »fruchtbaren Halbmond«. Es ist denkbar, daß sich die Jäger und Sammler aus der durch Trockenheit versteppten und überjagten Ebene des Euphrat und Tigris in das Hügelland begaben. In dieser Region mit höheren Niederschlägen und einem hohen Anteil an Wildgetreide kam es zunächst zum Anbau von Pflanzen. Ackerbau gab es demnach früher als Viehzucht.

Entwicklung der Nutztiere bis zum 18. Jahrhundert

Die Domestikation schuf zunächst in zweierlei Hinsicht eine markante Änderung. Domestizierte Tiere waren kleiner als die Wildform, und sie waren weniger einheitlich als die nichtdomestizierten Vorfahren; die Variationsbreite nahm also zu. Diese Besonderheiten werden geradezu als Entscheidungshilfen genommen, um zu ermitteln, ob es sich bei Knochenfunden um Relikte von der Wildform oder von domestizierten Tieren handelt.

Typisch für domestizierte Nutztiere ist, daß sie deutlich kompakter sind als die Wildform. Die Rippen sind stärker gewölbt und die Beine bleiben kürzer. Meist ist ein stärkerer Muskelansatz vorhanden. Auffallend ist daneben die Veränderung der Kopfform. Der Kopf wird kürzer und breiter, die Profillinie konkav. Bei den Wiederkäuern kommen hornlose Tiere vor. Hier wird die Selektion auf besondere Mutanten erkennbar. Verschiedene Farbvarianten einer Art sind bereits in altägyptischen Königsgräbern, also vor ca. 4000 Jahren abgebildet.

Tab. 1: Beginn der Domestizierung und Domestikationszentren verschiedener landwirtschaftlicher Nutztiere.

Tierart	Zeit vor Chr.	Land, Region
Schaf/Ziege	8000	Iran, Griechenland, Jordanien
Schwein	7000	Türkei, Griechenland, Ostseeraum, China
Rind	6500	Syrien, Griechenland
Pferd	3500	Ukraine

Abb. 1. Rinderherde an der Elfenbeinküste.

In manchen Kulturen, insbesondere bei den Römern, wird eine konsequente Zucht auf bestimmte Zuchtziele und Leistungsmerkmale deutlich. Sie setzen eine Abkopplung der Tiere von den natürlichen Lebensverhältnissen voraus.

Nur unter guten Fütterungs- und Haltungsbedingungen kann ein stark vom Wildtier abweichender domestizierter Typ überleben.

Von den Haustieren der Römer unterschieden sich die in Mitteleuropa deutlich. Der römische Geschichtsschreiber Tacitus (ca. 55–115 n. Chr.) äußert sich in seiner Schrift »Germania« über die Nutztierhaltung der Germanen folgendermaßen:

»Vieh läuft viel herum, doch ist es meistens unansehnlich. Selbst an den Rindern vermißt man den stattlichen Wuchs und das mächtige Gehörn. Denn nicht an dem Aussehen der Tiere haben die Germanen ihre Freude, sondern nur an der Menge. Viehreichtum ist ihr einziger und liebster Besitz.«

Die Kenntnisse und Fähigkeiten der Römer gingen in der Folgezeit verloren. Die Haustiere glichen sich der Wildform häufig weitgehend wieder an.

Dies mag daran gelegen haben, daß unzureichende Haltungsbedingungen Verpaarungen mit der Wildform ermöglichten. Es mag auch sein, daß die natürliche Selektion bei den harten Lebensbedingungen stärker auf die domestizierten Tiere wirkte als eine bewußte Selektion durch den Menschen. Schließlich können durch Mangelernährung Kümmerformen entstanden sein.

Zu Beginn der modernen Tierzucht, die Mitte des 18. Jahrhunderts einsetzte, wichen Größe, Proportionen und Leistung der Nutztiere in vielen Aspekten nur wenig von der Wildform ab. Lediglich in Färbung und Haarbeschaffenheit unterschieden sich beide Typen deutlich.

Rassebegriff

Unter Rasse versteht man eine Gruppe von Haustieren, die aufgrund ihrer gemeinsamen Zuchtgeschichte und ihres Aussehens, aber auch wegen bestimmter physiologischer und ethologischer Merkmale sowie der Leistung einander weitgehend gleichen.

Diese allgemeine Formulierung gilt bei genauerer Betrachtung für einzelne Merkmale nur bedingt.

Das stärkste Gewicht hat in jedem Fall die gemeinsame Abstammung. Die Färbung kann bei der Einordnung eines Tieres zwar hilfreich sein, führt jedoch gelegentlich zu Irrtümern. So sind z. B. unter den Rindern sowohl die Schwarzbunten in den Anrainerstaaten der Nordsee als auch das ursprüngliche Freiburger Rind in der Schweiz schwarz-weiß gescheckt; sie gehörten jedoch keineswegs der gleichen Rasse an. Andererseits werden von schwarzbunten Kühen, die von einem schwarzbunten Stier gedeckt wurden, gelegentlich rotbunte Kälber geworfen. Obwohl diese sich von den Schwarzbunten nur in einem Genlocus unterscheiden und trotz ihrer gemeinsamen Zuchtgeschichte werden diese farblich von den Eltern abweichenden Nachkommen in Europa zu den Rotbunten gezählt.

Zu dieser Einordnung gehört freilich ein recht bedenkenloser Umgang mit dem Begriff der Reinzucht.

Nicht bei allen Rassen werden Farbvarianten in dieser Weise getrennt. Die bei den üblicherweise braunweißen Pinzgauern gelegentlich vorkommenden schwarzweißen Tiere (Abb. 119) werden erst neuerdings als Pinzgauer anerkannt; lange Zeit wurden schwarze Stiere nicht gekört, und schwarze Kühe kamen nicht ins Herdbuch. Bei manchen Rinderrassen kommen in ungefähr gleicher Häufigkeit Individuen zweier Farben vor. Das gilt z. B. für die Groninger in den Niederlanden, bei denen man beide Farbvarianten dennoch zur gleichen Rasse zählt.

Bei den Tuxern besitzen die neben den schwarzweißen Tieren vorkommenden rotweißen sogar einen eigenen Namen. Man bezeichnet sie als Zillertaler. Beide Farbtypen bilden jedoch gemeinsam eine Rasse.

In vielen Ländern außerhalb Europas ist die Farbe für die Rassenzugehörigkeit völlig unbedeutend. Man hat den Eindruck, daß bewußt ein möglichst buntes Bild gewünscht wird (Abb. 1). Gelegentlich kann man in größeren Rinderherden Färbungen sehen, die für zahlreiche europäische Rassen typisch sind. Auch bei den meisten Pferderassen Europas ist die Farbe weitgehend unbedeutend; zumindest dürfen alle Grundfarben vorkommen.

Eine Rasse ist nichts Gleichbleibendes. Sie kann sich im Verlaufe der Zeit durch veränderte wirtschaftliche Voraussetzungen, gewandelte Erwartungen an Produktmenge und -qualität sowie einen geänderten Zeitgeist wandeln. Im allgemeinen kommt ein solcher Wandel in dem vom Zuchtverband modifizierten Zuchtziel zum Ausdruck. Die Änderung kann u. a. Höhe, Länge, Proportionen der einzelnen Körperteile zueinander und Bemuskelung betreffen. Meist wird jedoch Wert darauf gelegt, daß Färbung und Farbverteilung gleichbleiben. Simmentaler bzw. Fleckvieh ist immer an seinem weißen Kopf erkennbar, das Ostfriesische Milchschaf hat stets einen behaarten (also keinen bewollten) Schwanz, und jedes Walliser Schwarznasenschaf ist gehörnt.

Ursprünglich wurden im Aussehen einheitliche Rassen geschaffen, um aus bestimmten sichtbaren Merkmalen zumindest annähernd auf die Leistung schließen zu können. Zudem ist jede Einkreuzung und damit die mögliche Leistungsminderung am veränderten Aussehen der Nachkommen zu erkennen. In Fleckviehgegenden erzielt der Besitzer für ein Kreuzungskalb mit weißem Kopf einen deutlich höheren Preis als für ein Kalb gleicher Abstammung mit pigmentiertem Kopf. Aus der Farbe des Kopfes wird auf die Mastfähigkeit geschlossen. In Großbritannien wird die farbliche Markierung der Nachkommen bei Hereford und Aberdeen-Angus als »colour-marking« bezeichnet.

Trotz der gewünschten Einheitlichkeit und eines vom Verband formulierten Zuchtzieles bestehen innerhalb jeder Rasse deutliche Unterschiede. Dies kommt in Begriffen wie »Schlag« und »Linie« zum Ausdruck. Renommierte Züchter streben oft einen eigenen Typ an; ihre Tiere erkennt mancher Fachmann bereits am Aussehen. Allerdings schwindet diese Differenzierung mit zunehmender Globalisierung mancher Rassen (z. B. Holstein-Friesian). Gelegentlich äußern Tierhalter, es sei ihnen gleichgültig, wie ihre Tiere aussehen; entscheidend sei die Leistung. Dies ist aber wohl eher die Ausnahme. Die Suche nach dem »richtigen« Typ führt in Züchterkreisen oft zu leidenschaftlichen Gesprächen. Solche Auseinandersetzungen sollten ernst genommen werden; der Typ ist entscheidend für die Leistung und damit möglicherweise für das Überleben der Rasse.

Ablauf der Rassebildung

Schon bald nach Beginn der Domestikation setzte eine Art Rassebildung ein. Durch Knochenfunde läßt sich belegen, daß die domestizierten Tiere verschiedener Regionen sich nicht nur in Größe und Gestalt voneinander unterschieden, sondern daß sie auch in unterschiedlicher Weise von der Wildform der gleichen Gegend abwichen. Stets entstammten jedoch alle Individuen einer Art ein und derselben Population. Es deutet nichts darauf hin, daß in einem Gebiet mehrere Rassen gleichzeitig gehalten wurden.

Rassezucht setzt folgendes voraus:
• getrennte Haltung der männlichen von den weiblichen Tieren
• gezielte Verpaarung
• ausbruchsichere Unterbringung
• eindeutige Isolierung von der Wildform

Das Wort »Rasse« leitet sich ursprünglich von dem arabischen Wort »ras« her. Dort bedeutet es soviel wie Gebirgszug – also Teil eines Ganzen – oder Geschlecht. Als Bezeichnung aller Tiere einer Art in einer bestimmten Gegend wurde es zunächst in Frankreich verwendet und von hier als »race« von der deutschen Sprache übernommen. Zunächst wurde es nur bei Pferden gebraucht, wobei man ursprünglich nur die Tiere einer bestimmten Gegend meinte. Erst ab dem Ende des 18. Jahrhunderts verstand man unter »Race« (ab Mitte des 19. Jahrhunderts »Rasse«) Tiere einer Gegend von annähernd gleichem Aussehen.

Die moderne Tierzucht begann in England, und zwar mit Robert Bakewell (1725-1795). Sie galt zunächst nur für die Rinderzucht. Voraussetzung war die steigende Nachfrage nach tierischen Produkten in den wachsenden Städten. Wichtig war zudem, daß durch verbesserten Pflanzenanbau die gehobenen Futteransprüche von leistungsfähigeren Tieren befriedigt werden konnten.

Bakewell und seine Schüler gingen nach klaren Prinzipien vor:
• Formulierung eines eindeutigen Zuchtziels
• Auswahl von Zuchttieren, die diesem Ziel am besten entsprachen
• Prüfung der ersten Nachkommen, bevor ein Vatertier weiter zur Zucht verwendet wurde
• Einengung des Zuchtziels durch Inzucht

Der Erfolg der ersten britischen Tierzüchter ist noch heute weltweit sichtbar. Bereits im 18. Jahrhundert wurden Rinderrassen von internationaler Geltung geschaffen. Zunächst wurde Shorthorn durch die Gebrüder Colling erzüchtet. Im 19. Jahrhundert gab es kaum eine mitteleuropäische Niederungsrasse, in die nicht Shorthorn eingekreuzt wurde. Etwas später entstanden die Fleischrassen Hereford und Aberdeen-Angus sowie die Milchrassen Jersey, Guernsey und Ayrshire.

Von Mitteleuropa wurden die britischen Grundsätze in der Zucht bald übernommen. Das galt seit Beginn des 19. Jahrhunderts für das Rind, seit Mitte des Jahrhunderts für das Schwein, in der zweiten Hälfte des 19. Jahrhunderts für das Schaf (abgesehen von Merino) und ab 1890 für die Ziege. Der Esel, den es in Mittel- und Nordeuropa erst seit einigen Jahrhunderten gab und der nie große Verbreitung fand, blieb unbeachtet. Nicht von ungefähr starb die ursprünglich heimische Form dieser Tierart, für die fast keine Verwendung bestand, in den deutschsprachigen Ländern nahezu aus.

Im Verlaufe des 19. Jahrhunderts kam es in Mitteleuropa bei jeder Tierart zu Dutzenden von Rassen oder Schlägen. In anderen Gebieten Europas war es kaum anders. Das Verbreitungsgebiet der meisten Rassen war zunächst nicht groß. Gelegentlich sprach man etwas spöttisch von »Kirchturmschlägen«. Damit war gemeint, daß man eine Rasse nur in Sichtweite eines Kirchturms hielt. Ihr Verbreitungsgebiet umfaßte also lediglich wenige Dörfer. Allein in Bayern gab es in der zweiten Hälfte des 19. Jahrhunderts mehr als zwanzig Rinderrassen. Die Rassen oder Schläge benachbarter Gebiete unterschieden sich im Aussehen oft nur geringfügig.

Ursachen für den Rückgang der Rassenvielfalt

Nicht alle Rassen machten die vorgegebene Entwicklung auf größere Produktmengen in gleicher Weise mit. In Gegenden mit geringerer Futtergrundlage und härterem Klima mußte mehr auf Anspruchslosigkeit und Robustheit geachtet werden. Das ging auf Kosten der Produktmenge (Milch, Fleisch, Fett usw.), z. T. auch der Produktqualität (z. B. Wollfeinheit). Es gibt keinen Grund anzunehmen, daß Landrassen nicht potentiell gleichfalls zu höheren Produktmengen befähigt wären. Nur hat man bei ihnen mehr auf Leistungen geachtet, die mit Maß und Zahl schlecht darzustellen sind. Es muß als Glücksfall gelten, daß es noch Rassen mit großer Widerstandsfähigkeit und Anspruchslosigkeit gibt. Die Gentechniker haben dies erkannt. Es ist möglich, die für die wertvollen Eigenschaften verantwortlichen Gene von gefährdeten auf übliche Rassen zu übertragen (Brem et al. 1990).

Für viele Rassen setzte bereits im 19. Jahrhundert der Rückgang der Bestände ein. Zur Erzielung eines Zuchtfortschrittes gingen die Zuchtverbände, sofern solche vorhanden waren, unterschiedlich konsequent vor. Die Produktmenge stand sehr im Vordergrund. Dabei blieb weitgehend unbeachtet, daß ein größeres Tier, das mehr Milch, Fleisch oder Wolle erzeugt, auch einen höheren Bedarf an Erhaltungsfutter hat. Die riesigen Tiere von Holstein-Friesian und Brown Swiss sind das Ergebnis dieser Entwicklung. Hochleistungstiere sind häufig krankheitsanfälliger oder besitzen eine verminderte Fruchtbarkeit; auch diese Erscheinungen sind kostenträchtig. Für die Wirtschaftlichkeit der Tierhaltung ist nicht der Verkaufserlös entscheidend, sondern die Differenz zwischen Verkaufserlös und den zur Erzielung der jeweiligen Leistung erforderlichen Kosten (z. B. Kraftfutter, Tierarzt).

Mit dem Bau der Eisenbahn ab Mitte des vergangenen Jahrhunderts bestand die Möglichkeit, lebende Tiere, Frischfleisch oder Milch rasch in Großstädte und Ballungszentren zu bringen. Dadurch wurde auch Bauern in marktfernen Gegenden der Anreiz gegeben, die Zucht auf leistungsfähigere Tiere auszurichten. Während zunächst nur Landrassen und Lokalschläge verdrängt wurden, verfielen später auch international bekannte Rassen diesem Schicksal (Maijala 1970). Im Vorteil waren Rassen mit weiter Verbreitung und entsprechend breiter Zuchtbasis. Deren Zuchtverbände konnten sich schon früh Maßnahmen erlauben, die bei geringer Populationsgröße zu aufwendig gewesen wären:
- künstliche Besamung
- Import von lebenden Tieren und Sperma
- Leistungsprüfungen
- Zuchtplanung sowie
- gezielte Selektion

Es kommt hinzu, daß weitverbreitete Rassen früher eher das Wohlwollen von staatlichen Institutionen hatten als Restpopulationen. In einer Zeit, in der Industrieprodukte und Handelswaren weitgehend genormt sind, haben offenbar auch in der Tierzucht von der Norm abweichende Bestände keinen Platz. Die Vertreter der großen Zuchtverbände gingen auch nicht gerade verständnisvoll mit den weniger einflußreichen Vertretern gefährdeter Rassen um.

Um eine breitere Zuchtbasis zu schaffen, wurden gelegentlich Rassen zusammengefaßt. Das geschah z. B. 1928 bei allen farbigen Ziegen Deutschlands. Aus so unterschiedlich gefärbten Rassen wie der Frankenziege (schwarzer Bauch), der Schwarzwaldziege (heller Bauch) und der Thüringerwaldziege (milchkaffeefarben) entstand die »Bunte Deutsche Edelziege«. In anderen Fällen wurde bei annähernd gleichguten Rassen die eine zugunsten der anderen fallengelassen. Während des 3. Reiches nannte man das »Rassebereinigung«. Vermutlich geschah die Bevorzugung bestimmter Rassen oft nach sehr oberflächlichen Gesichtspunkten (Maijala 1970).

Obwohl der Verlust ganzer Rassen oder Schläge am schwerwiegendsten ist, sind auch die Genverluste innerhalb der Rassen nicht unbedeutend. Der Verlust genetischer Variabilität hat seine Ursache in genetischer Drift und in Selektion. Diese wirken sich in kleinen Populationen besonders stark aus. Die genetische Variabilität ist nicht nur von der Zahl der insgesamt zur Zucht herangezogenen Individuen abhängig, sondern vor allem auch vom Verhältnis der männlichen zu den weiblichen Tieren.

Entscheidend ist die effektive Populationsgröße, die besonders von der geringen Zahl der männlichen Tiere beeinflußt wird. Es sollten deshalb gerade bei gefährdeten Rassen möglichst viele verschiedene Vatertiere zur Zucht eingesetzt werden.

Die Inzucht kann noch kurzfristig verringert werden, wenn die Paarung nicht zufällig erfolgt. Es sollten gezielt Tiere miteinander verpaart werden, die möglichst wenig miteinander verwandt sind (Brem et al. 1970). Langfristig kann man die genetische Variabilität (theoretisch) erhalten, indem man von jedem Vatertier einen Sohn und von jedem Muttertier eine Tochter zur Zucht verwendet.

Kriterien für die Gefährdung einer Rasse

Eine Rasse ist in ihrem Fortbestand bedroht, wenn die Zahl ihrer Individuen unter eine bestimmte Mindestzahl sinkt. Über den Grenzwert gehen die Ansichten auseinander. Nach Maijala et al. (1984) ist er von der Tierart abhängig:

Rinder: Weniger als 1000 Kühe oder zwischen 1000 und 5000 Kühen bei sinkender Zahl oder weniger als 20 Stiere.
Schafe und Ziegen: Weniger als 500 Muttertiere oder zwischen 500 und 1000 Muttertiere bei sinkender Zahl oder weniger als 20 Böcke.
Schweine: Weniger als 200 Sauen oder zwischen 200 und 500 Sauen bei sinkender Zahl oder weniger als 20 Eber.

Der Rat der Europäischen Gemeinschaft schlägt vor, Rassen bereits mit deutlich höherer Individuenzahl als gefährdet anzusehen: weniger als 5000 Tiere bei Rinder- und Ziegenrassen, weniger als 7000 Tiere bei Schafrassen. Gelegentlich wird die Ansicht vertreten, daß bereits Populationen von weniger als 10 000 Tieren als bedroht anzusehen sind.

Die Pferde werden in diese Überlegung nicht einbezogen. Es gibt etliche Pferderassen, die seit ihrer Gründung ständig nur eine sehr beschränkte Individuenzahl umfassen und zuweilen nur in einer Zuchtstätte gehalten werden. Zweifellos sind auch sie, z. B. durch Krankheiten, gefährdet, aber diese Gefährdung ist bei den landwirtschaftlichen Nutztieren anders zu beurteilen als die Folge mangelnder Sorgfalt.

Daneben gibt es aber Pferderassen, die früher weit verbreitet waren, heute aber nur noch in Restbeständen vorhanden sind. Dies trifft vor allem auf Kaltblutrassen und schweres Warmblut zu. Bei ihnen sollten ähnliche Kriterien für die Gefährdung gelten wie für Rinder.

Gründe für die Erhaltung gefährdeter Rassen

Es gibt im wesentlichen zwei Gründe für die Erhaltung heute bedrohter Rassen: genetische und kulturelle.

Gefährdete Rassen wurden bisher erheblich weniger untersucht als übliche. Es ist deshalb möglich, daß sie wertvolle, bisher nicht erkannte oder unbeachtete, genetisch fundierte Eigenschaften besitzen. Zum Beispiel hat sich erwiesen, daß in der Nutzung von Futtermitteln Rassenunterschiede bestehen. Es ist denkbar, daß neue wirtschaftliche Futtermittel gefunden werden oder Überschußmengen anfallen, die in mancher Hinsicht mangelhaft sind (wenig gehaltvoll, Mangel an bestimmten Amino- oder Fettsäuren, Mangel an Mineralstoffen u. a.), aber von Landrassen besser verwertet werden können als von Hochleistungsrassen.

Bislang unbekannte Krankheiten können auftreten. Es ist möglich, daß die einzelnen Rassen verschieden resistent gegen sie sind. Bei vielen Krankheiten sind unterschiedliche Resistenzen durchaus bekannt. Das gilt besonders für parasitäre Erkrankungen. Bei gemeinsamer Haltung von zwei Schafrassen wird die Landrasse wesentlich weniger von Endoparasiten befallen als die Hochleistungsrasse.

Es könnten Haltungsformen entwickelt werden, für die Rassen, die unter den üblichen Bedingungen kaum konkurrenzfähig sind, sich besser eignen. Schon unter den heute üblichen Haltungsmethoden wird deutlich, daß Landrassen an Nässe und Kälte besser angepaßt sind als die üblichen Rassen; sie sind robuster. Hinter diesem Ausdruck verbirgt sich z. B. bei Schafen, daß Regentropfen von misch- und schlichtwolligen Schafen abgleiten und nicht bis zur Haut eindringen, während Merinowolle das Wasser aufsaugt wie Löschpapier. Auch lange, dichte Behaarung kann ein Vorteil sein. Deshalb widerstehen Schottische Hochlandrinder und Galloway der Kälte besser als kurzhaarige Rinderrassen.

Durch intensive Leistungszucht und die damit verbundene Vereinheitlichung kann es zu Genverlusten kommen, die zu Selektionsplateaus führen. Das Hereinnehmen von Landrassen – in der Regel sind sie gefährdet – könnte es ermöglichen, solche Selektionsplateaus zu durchbrechen (Hartmann und Pirchner 1977). Es kommt hinzu, daß bei hohem Produktionsniveau Leistungsschwellen deutlich werden. Das kann der Fall sein durch verringerte Fruchtbarkeit und Konstitution sowie begrenztes Futteraufnahmevermögen. Landrassen könnten außerdem als Kreuzungskomponente herangezogen werden, um Hybridisations- bzw. Heterosis-Effekte zu nutzen (Maijala 1970, Maijala et al. 1984). Ohne Konservierung bestimmter Rassen sind keine Alternativen zu den heute üblichen Rassen verfügbar. Es wird dann eine zu geringe genetische Variation für einen Wandel in der Zucht zur Verfügung stehen, um den neuen Erfordernissen entsprechen zu können (Smith 1984).

Manche Rassen werden gegenwärtig nur deshalb bevorzugt, weil ihre Produkte den augenblicklichen Verbrauchererwartungen entsprechen. Diese Erwartungen können sich jedoch ändern, sei es, daß bestimmte Produkteigenschaften anders eingeschätzt werden, sei es, daß dem Trend anderer Länder gefolgt wird. Seit einigen Jahren wird zunehmend eingesehen, daß Fett ein bedeutender Geschmacks- und Aromaträger ist. Zwar wirkt sich diese Erkenntnis bisher noch kaum auf die Verzehrsgewohnheiten aus, aber das könnte sich in einiger Zeit durchaus ändern. Dieser Trend könnte durch steigenden Lebensstandard verstärkt werden, der zu einem wachsenden Konsum hochwertiger, aber teurer Nahrungsmittel oder von Nahrungsmitteln mit bestimmten geschmacklichen oder geruchlichen Eigenschaften führt.

Bei vielen der gefährdeten Landrassen, insbesondere Schafen, wird der wildartige Geschmack geschätzt und führt zu gesteigertem Konsum. Bei der Qualität der Nahrungsmittel ist im übrigen ein ständiger Leistungsdruck vorhanden: Zarteres Fleisch, eiweißreichere Milch oder stabilere Eischalen werden bis auf Ausnahmen positiv bewertet. In der Auseinandersetzung mit Fertigprodukten und Ersatzstoffen der Industrie muß die tierische Produktion stets flexibel sein, um konkurrenzfähig bleiben zu können. Es kommt hinzu, daß neue Erkenntnisse über die menschliche Ernährung dazu führen können, daß der Wert bestimmter Nahrungsmittel höher beurteilt wird und andere als weniger geeignet abgelehnt werden.

Beispiele belegen die wechselnde Einschätzung einzelner Rassen innerhalb kurzer Zeit:

Einleitung

Das Finnische Landschaf war in den 60er Jahren stark gefährdet. Die Population ging von über 1 Million Individuen im Jahre 1950 auf 150 000 im Jahre 1967 zurück. Ende der 60er Jahre stellte man jedoch fest, daß die hervorragende Fruchtbarkeit des Finnschafes bei der intensiven Lammproduktion nützlich sein könnte. Das Finnische Landschaf wurde daraufhin in zahlreiche andere Rassen eingekreuzt (Maijala 1970).

Das Piétrain-Schwein wurde nach dem 2. Weltkrieg, als aus guten Gründen der alte Typ des Speckschweines gezüchtet wurde, nur noch in einem einzigen größeren Bestand gehalten. Dessen Besitzer belächelte man wegen seiner »Rückständigkeit«. Schon 15 Jahre später war das Piétrain-Schwein wegen seiner Fleischfülle beliebter als alle anderen belgischen Schweinerassen (Mason 1974, zit. in Simon u. Schulte-Coerne 1979) und bekam international große Bedeutung.

Das Texas-Longhorn-Rind war nach einem ungeheuren Boom im 19. Jahrhundert zu Beginn unseres Jahrhunderts auf wenige hundert Tiere zurückgegangen. Nachdem man entdeckt hatte, daß das trockene Fleisch dieser Rasse als Zugabe zu »Hamburgern« sehr gut geeignet war, bekam sie erneut deutlichen Auftrieb (Bowman 1979, zit. in Simon u. Schulte-Coerne 1979).

Die Produkte vieler Landrassen sind noch nicht ausreichend auf mögliche Vorteile hin untersucht worden. Diese Rassen aufzugeben, wäre gleichbedeutend mit dem Fortwerfen eines ungeprüften Lottoscheines, nur weil die Aussicht auf einen Gewinn gering ist. Gewiß kann man durch Zucht und entsprechende Selektion in vielen Fällen die gewünschte Produktqualität im Verlaufe der Zeit schaffen. Dieser Vorgang ist jedoch viel zeitraubender, als auf vorhandene Populationen zurückzugreifen.

Landrassen werden oft mit speziellen ökologischen Gegebenheiten leichter fertig als andere Rassen. Es hat sich z. B. erwiesen, daß für die Haltung in Mooren keine andere Schafrasse so gut geeignet ist wie die Moorschnucke. Das Wohlbefinden dieser Tiere ist auch dann noch nicht beeinträchtigt, wenn ihnen das Wasser bis zum Bauch reicht. Ausfälle durch Moorlöcher und andere Widrigkeiten sind – im Gegensatz zu anderen Rassen – unbekannt. Es ist beeindruckend zu sehen, wie sich die älteren Lämmer in Überschwemmungsgebieten ungehemmt auf die Carpalgelenke niederlassen, um an das Euter der Mutter zu kommen.

Landrassen nutzen oft spezielle Pflanzen, die von anderen Rassen gemieden werden. Weil sie robust gegen klimatische Unbilden sind, können sie ungünstige Landstriche nutzen. Ein weiterer Vorteil im Vergleich zu schwereren Rassen sind die geringeren Trittschäden, die weniger Bodenerosion zur Folge haben. Das gilt besonders für das Hinterwälder Rind des südlichen Hochschwarzwaldes.

Landrassen, insbesondere Schafe, dienen der Landschaftspflege. Durch ihre Freßgewohnheiten beugen sie Verbuschung und Waldanflug vor. Als in den 50er Jahren die Zahl der Grauen Gehörnten Heidschnucken zurückging, änderte die Lüneburger Heide weitgehend ihren einzigartigen Charakter. Erst nachdem mit erheblichem finanziellen Aufwand die Zahl der Schnuckenherden wieder erhöht worden war, gewann die Heide ihr ursprüngliches Aussehen zurück (Abb. 2). Ähnliches ereignete sich vor wenigen Jahren mit den Moorschnucken. Nach Entwässerung der Moore im westlichen Niedersachsen siedelten sich Birken und andere Bäume an, die erstaunlich schnell den Moorcharakter verdrängten. Erst mit Hilfe der Weißen Hornlosen Heidschnucke, die jetzt treffend als Moorschnucke bezeichnet wird, konnte der Baumbestand zurückgedrängt werden.

Ökologisch erhaltenswerte Gebiete sind naturgemäß meist auch landwirtschaftlich ertragsschwache Gebiete. Die Bewahrung der Landschaft mit geeigneten Rassen würde gleichzeitig die wirtschaftliche Ertragskraft solcher Regionen verbessern.

Europäische Landrassen (insbesondere Rinderrassen), deren Haltung unter einheimischen Verhältnissen derzeit unwirtschaftlich ist, könnten für weniger intensive Produktionsbedingungen, vor allem für jene der Entwick-

Einleitung

Abb. 2. Heidschnucken während der Heideblüte in der Lüneburger Heide.

lungsländer, Vorzüge haben (Hartmann und Pirchner 1977). In einigen Fällen sind derartige Rassen bereits mit Erfolg in Ländern der Dritten Welt eingesetzt worden.

Es könnte sein, daß sich die Einstellung gegenüber Formen der Intensivhaltung ändert oder daß der hierfür erforderliche finanzielle Aufwand nicht mehr tragbar ist; als Beispiel sei das Heizen von Schweineställen genannt. Man wäre dann gezwungen, zu extensiveren Formen der Haltung zurückzukehren. Dabei könnte sich herausstellen, daß die gegenwärtig gezüchteten Formen einer intensiveren Auseinandersetzung mit den verschiedenen Klimafaktoren nicht mehr gewachsen sind, so daß auf robustere Landrassen zurückgegriffen werden muß. Schweinerassen mit einer dickeren Speckschicht sind kältestabiler als das moderne Fleischschwein. Es könnte sein, daß schadensanfällige Extremformen, insbesondere beim Schwein, als Qualzüchtungen erkannt werden und von der weiteren Zucht ausscheiden. Ihren Platz könnten robustere Landrassen einnehmen.

Ein weiterer Grund für die Bewahrung gefährdeter Rassen ist die Erhaltung von Kulturgut. Nutztierrassen wurden vom Menschen geschaffen. Sie sind Teil unserer Kultur wie Kunstwerke und bedeutende Gebäude. Die Landrassen gibt es schon seit Jahrhunderten. Sie sind Bestandteil des bäuerlichen Lebens. Tiere sollten nicht nur Produktionsmittel sein. Die Mitgeschöpflichkeit erfordert Achtung und Zuwendung.

Ein Wechsel von der vertrauten Rasse, die seit Generationen am Hof gehalten wurde, zu einer anderen kann Hinweis auf eine allgemeine Entwicklung sein. Manche Änderung im bäuerlichen Leben mag rationell plausibel erscheinen, dabei bleiben Empfindungen jedoch unberücksichtigt.

Die Bindung an Heimat und engeres Umfeld, die zu einer allgemeinen Sicherheit im Leben führt, basiert auf vielen kleinen Dingen. Eines davon könnte die Nutztierrasse sein, mit der ein Mensch aufgewachsen ist und die zu seinem gewohnten Umgebung gehört.

Einleitung

Viele Sitten und Gebräuche sind an eine bestimmte Rasse gebunden. Das Eringer-Rind, das nur im Wallis vorkommt, ist außerordentlich aggressiv. Seit Jahrhunderten werden mit dieser Rasse Kämpfe durchgeführt. Diese Auseinandersetzungen sind eine Fortführung der Rangkämpfe, die im Frühling zu Beginn des Weideaustriebs in jeder Rinderherde stattfinden. Nach Alter und Gewicht werden die Kühe in fünf Klassen eingeteilt. In jeder Klasse werden die bei der sozialen Auseinandersetzung stärksten Tiere ermittelt. Die Kühe, die auf den elf Bezirksausscheidungen am besten abschnitten, qualifizieren sich für die Endkämpfe, die jährlich im Mai bei dem kleinen Dorf Aproz ausgefochten werden. Diese Finalkämpfe mit ihrem ganzen Ambiente haben ausgesprochenen Volksfestcharakter; sie sind weitgehend ein internes Fest der Walliser Bevölkerung.

Auch das Tiroler Steinschaf ist ungewöhnlich kampffreudig. In seinem Verbreitungsgebiet, dem Zillertal, läßt man die Widder paarweise gegeneinander kämpfen. Ältere (schwerere) und jüngere (leichtere) Tiere treten in getrennten Klassen an. Der Sieger eines Kampfes qualifiziert sich nach dem K.-O.-System für die nächste Runde. Die Kämpfe erfolgen unter tierärztlicher Aufsicht und nach Regeln, die vom Tierschutz akzeptiert sind. Meist sind diese Wettbewerbe Höhepunkt uralter ländlicher Brauchtums-Feste. In anderen Teilen der Welt sind bestimmte Rassen notwendiger Teil religiöser Riten. In Taiwan spendieren reiche Leute zum Geburtstag Buddhas, dem höchsten Feiertag im Buddhismus, ein Schwein. Für den religiösen Ritus haben diese Schweine zwei Bedingungen zu erfüllen: sie müssen schwarz und sehr fett sein. Man nimmt deshalb nur Tiere der Rasse Taoyung. Sie sind zur Zeit der Schlachtung im Alter von 2 1/2 Jahren unvorstellbar fett. Nach der Schlachtung werden auf der Oberseite des Halses zwei Streifen Borsten stehengelassen, damit sichtbar ist, daß es sich um ein schwarzes Schwein handelt (die Tiere brühen weiß). Nach den religiösen Feierlichkeiten werden die Schweine von der Bevölkerung verzehrt.

Umstritten ist, wie alt eine Rasse sein muß, um wegen ihres Alters als erhaltungswürdig zu gelten. Der »Rare Breed Survival Trust« in Großbritannien fordert die Erfüllung folgender Kriterien:
• Führung eines Herdbuchs seit mindestens sechs Generationen
• typgetreue Zucht
• Bestehen der Rasse seit etwa 75 Jahren
• weniger als 20 % Fremdblutanteile

In Einzelfällen gibt es allerdings uralte Rassen, für die nie ein Zuchtverband ein Herdbuch führte und die naturgemäß dann auch nicht so einheitlich im Typ waren, wie man es von anderen Rassen kennt. Sie sollten nicht ausgeschlossen werden, wenn sie eine mindestens 100jährige Tradition haben. Dabei sollte man nicht allein auf den Namen achten. Aus unterschiedlichen Gründen haben manche Rassen im Verlaufe der Zeit ihren Namen geändert.

Beispiele für das Überleben von Arten mit kleiner Individuenzahl

Gelegentlich wird es für sinnlos gehalten, Rassen mit geringer Tierzahl erhalten zu wollen. Man geht davon aus, daß die Inzucht in sehr kleinen Populationen zwangsläufig zu Mißbildungen, verminderter Fruchtbarkeit, geringer Fitneß und schließlich zum Untergang der Rasse führen würde. Jede Abweichung eines Individuums von der Norm wird ohne weitere Nachprüfung als Beleg dieser Vermutung gewertet.

Zweifellos können Inzuchterscheinungen eine ganz erhebliche Belastung für eine Rasse darstellen. Es gibt Beispiele dafür, daß Restbestände einer Rasse nach einiger Zeit ohne Krankheitserscheinungen kaum Nachzucht hatten und schließlich infolge mangelnder Vitalität ausstarben. Ein solches Ergebnis tritt jedoch nicht zwangsläufig auf. Es sind etliche Fälle bekannt, in denen sich aus sehr wenigen Tieren wieder eine umfangreiche Population aufbauen ließ.

Alle Skudden in der ehemaligen DDR ließen sich auf ein Muttertier und ihren Sohn zurückführen. Die Zucht blühte dennoch.

Das Przewalskipferd, der nicht domestizierte Vorfahre des Hauspferdes, wurde erst in der zweiten Hälfte des 19. Jahrhunderts entdeckt. 1901 und 1902 machte Carl Hagenbeck Expeditionen, um Tiere einzufangen und nach Europa zu bringen. 39 junge Wildpferde erreichten ihr Ziel. Nur elf dieser Tiere pflanzten sich fort. Das zwölfte Tier, das in die Population einging, war eine Hauspferdestute. Schließlich kam noch eine 1947 gefangene Przewalskistute hinzu. Heute gibt es ungefähr 1000 Przewalskipferde. Sie lassen sich alle auf diese 13 Individuen zurückführen. Besonderheiten, die sich als Inzuchterscheinungen deuten lassen, sind nicht bekannt.

Der Alpensteinbock war kurz nach 1900 bis auf 47 Tiere im Gran-Paradiso-Nationalpark im Nordwesten Italiens ausgestorben. Die Restpopulation wurde damals ganzjährig unter Schutz gestellt. Aus diesem Gebiet kamen im Verlaufe der Zeit kleine Zuchtgruppen in andere Alpenregionen und Zoos. Der Gesamtbestand hat sich inzwischen auf 25 000 Tiere vermehrt, so daß der Alpensteinbock in einigen Ländern wieder bejagt werden kann.

1930 hielt man den Syrischen Goldhamster für ausgestorben. Dann sah der Zoologe Aharoni bei Aleppo in Syrien ein kleines braunes Tier in ein Erdloch schlüpfen. Er grub nach und holte ein Weibchen und zwölf Jungtiere aus dem Bau. Es waren Goldhamster, die an die Hebräische Universität nach Jerusalem gebracht wurden. Dort züchtete man diese kleine Gruppe von 13 Tieren weiter. Alle Millionen von Goldhamstern, die es heute gibt, stammen von jener Familie ab. Inzwischen traten zahlreiche Mutationen auf, und es wurden verschiedene Rassen gezüchtet. Die Vitalität dieser Tiere ist insgesamt uneingeschränkt hoch.

In Australien leben bekanntlich viele Millionen Kaninchen. Da sie den Schafen und anderen landwirtschaftlichen Nutztieren die Nahrungsgrundlage entziehen, werden sie intensiv verfolgt und bekämpft; mit geringem Erfolg. Alle diese Tiere gehen auf fünf Hauskaninchen zurück, die europäische Einwanderer Ende des 18. Jahrhunderts mitbrachten. Hinzu kamen ein Dutzend Wildkaninchen, die 1859 in Australien eintrafen.

Haustiere wurden in den vergangenen Jahrhunderten in jeweils sehr kleiner Stückzahl in vielen Teilen der Welt ausgesetzt. Meist geschah dies durch Seeleute, die sich später auf ihren Schiffsreisen an den gewachsenen Beständen mit Proviant versorgen wollten. In anderen Regionen entkamen einzelne Haustiere oder wurden freigelassen, weil man keine Verwendung mehr für sie hatte. Es mag sein, daß viele dieser winzigen Populationen im Laufe der Zeit aus unterschiedlichen Gründen eingingen (Nahrungs- oder Wassermangel, Freßfeinde, Jagddruck usw.). Viele Gruppen überlebten, veränderten in Anpassung an die örtliche ökologische Situation jedoch Aussehen und Größe. Sie vermehrten sich so stark, daß sie oft als Überpopulation zur Plage wurden. Zweifellos besitzen diese Gruppen einen hohen Inzuchtgrad. Es sollte aber nicht vergessen werden, daß ständig Mutationen auftreten, die der Gleichförmigkeit im Erbgut entgegenwirken. Jedenfalls sollten diese Beispiele aus dem Tierreich dazu ermutigen, Restbestände von Haustierrassen nicht aufzugeben.

Formen der Erhaltung bedrohter Rassen

Genkonservierung ist gegenwärtig auf drei Arten möglich:
- Haltung lebender Bestände
- Spermakonservierung sowie
- Lagerung tiefgefrorener Embryonen

Wird die Erhaltung gefährdeter Rassen nicht nur aus Gründen der Genkonservierung durchgeführt, sondern um Kulturgut zu erhalten, dann müssen weiterhin lebende Bestände gehalten werden. Nur sie machen es möglich, eine Rasse besser kennenzulernen und das Interesse an ihr wachzuhalten. Lebende Bestände können jedoch von Krankheiten erfaßt werden, die alle Tiere dahinraffen oder die Tötung erforderlich machen. Deshalb sollten auch kleine Restbestände nach Möglichkeit unterteilt werden und an mehreren auseinanderliegenden Orten untergebracht werden. Auch dann kann im unglücklichen Fall ein verheerender Seuchenzug alle Individuen bzw. alle Bestände der Rasse erfassen und zur Vernichtung der gesamten Population führen. Die anderen Möglichkeiten der Genkonservierung sollten deshalb auf jeden Fall als flankierende Maßnahme angewendet werden.

Inzuchtrate und genetische Drift ändern die genetische Zusammensetzung kleiner Populationen (Brem et al. 1984). Man muß deshalb annehmen, daß nach einigen Jahrzehnten nicht mehr die Ausgangsform mit allen nachgewiesenen Qualitäten vorhanden ist. Das muß kein Nachteil sein. Rassen sind dynamische Gebilde. Neben gezielter Selektion führen Umwelteinflüsse zu einer natürlichen Selektion und wirken sich so ständig auf das Rassebild aus. Veränderungen der Umwelt können zu einer Änderung im Genotyp und im Erscheinungsbild führen. Auf diese Weise veränderte Rassen sind stärker an die Umwelt angepaßt. Die erforderlichen Kosten für die Erhaltung bedrohter Rassen, auch die von Lebendbeständen, sollten nachsichtig beurteilt werden.

Schließlich ist noch zu entscheiden, ob erhaltungswürdige Rassen jeweils rein weitergezüchtet oder aber zu einem oder mehreren Genpools je Tierart zusammengefaßt werden sollen (Simon 1980). Wird die Tatsache berücksichtigt, daß Rassen ein Kulturgut sind und den Charakter einer Landschaft prägen, kommt nur die Erhaltung von Reinzuchten in Frage. Ein solches Vorgehen hat außerdem den Vorteil, daß gewünschtes genetisches Material schneller bereitgestellt werden kann. Zudem werden gefährdete Rassen nur dann als erhaltenswert angesehen, wenn eine Einkreuzung durch Vatertiere anderer Rassen während einiger zurückliegender Generationen nicht stattgefunden hat. Diese Ansicht vertritt jedenfalls der Ausschuß für genetisch-statistische Methoden in der Tierzucht der Deutschen Gesellschaft für Züchtungskunde. Der gefährdeten Rasse muß anzusehen sein, daß sie etwas Eigenständiges darstellt.

Eine gute und kostengünstige Möglichkeit, genetisches Material einzulagern, besteht durch die Tiefgefrierung von Sperma in flüssigem Stickstoff bei −196 °C. Bleiben von einer Rasse keine lebenden Tiere erhalten, dann kann sie auf dem Wege der Verdrängung durch künstliche Besamung zurückgeholt werden. Es besteht deshalb die Empfehlung, je Rasse von mindestens 25 nicht miteinander verwandten Vatertieren Sperma einzulagern. Bei besonders stark gefährdeten Rassen läßt sich diese Zahl jedoch nicht mehr einhalten.

Die Einlagerung von Sperma birgt die Gefahr, daß durch ein technisches Versagen oder eine Fehlentscheidung das gesamte Material verlorengeht. Derartiges ist beim Harzer Rotvieh bereits geschehen. Andererseits wurde durch vorsorglich eingelagertes Sperma eine extrem gefährdete Rasse inzwischen so sehr aufgewertet, daß sich wieder ein Zuchtverband gründen konnte.

Bei der Lagerung von Embryonen in flüssigem Stickstoff kann grundsätzlich eine Rasse erhalten werden, ohne daß man auf lebende Bestände angewiesen ist. Bezüglich der Nachteile gilt ähnliches wie beim Sperma. Wenn möglich, sollten aus mindestens 25 verschiedenen Paarungen Embryonen eingefroren werden.

Dieses Verfahren wurde bereits für Rind, Schaf, Ziege, Kaninchen sowie Pferd entwickelt und ist einsatzfähig.

Wege zur Erhaltung lebender Bestände

Eine Rasse wird langfristig nur dann überleben, wenn sie in irgendeiner Hinsicht besser ist als andere und den Vorstellungen der Halter entspricht. Sie muß ihre Nische finden und zeigen können, daß ihre Haltung hier günstiger ist als die anderer Rassen oder daß sie hier doch zumindest eine brauchbare Alternative darstellt. Nur dann wird es Personen geben, die ihre berufliche Existenz auf eine solche Rasse aufbauen. Das ist Voraussetzung für die Haltung größerer Bestände.

Die Hobbytierhaltung kann für die Erhaltung einer Rasse eine sinnvolle Ergänzung sein. Von der Zahl her reichen die Bestände aber in der Regel nicht aus, um gezielte Leistungszucht zu betreiben. Zudem ist der Kleinzüchter oft nicht gewillt oder fähig, die Leistung seiner Tiere zu ermitteln. Damit bleibt ein gezielter Zuchtfortschritt aus, der bei der bestehenden großen Konkurrenz Voraussetzung für die Erhaltung einer Rasse ist. Gelegentlich geben Interessenten an, sie wollten etwas für die Erhaltung gefährdeter Rassen tun. Deshalb möchten sie von verschiedenen Rassen je ein Tier halten. Daß man mit einem Tier nicht züchten kann, wird auch solchen Leuten bekannt sein. Halter von Tieren gefährdeter Rassen sollten an der Erhaltung dieser Rasse interessiert sein und sich beim Verkauf von Zuchttieren immer vergewissern, daß mit den Tieren weitergezüchtet wird. Andernfalls geht der Rasse unter Umständen wertvolles Zuchtgut verloren.

Sehr sinnvoll ist die Haltung kleinerer Bestände, wenn die Bevölkerung gleichzeitig durch gezielte Information auf die Gefahr der Rasseverarmung aufmerksam gemacht werden kann. Das ist in Zoologischen Gärten und Freilichtmuseen der Fall. Zoologische Gärten haben erkannt, daß Haustiere durch ihr zuweilen ungewöhnliches, ja skurriles Aussehen von den Besuchern besonders geschätzt werden. Haustiere sind zudem meist zahm und kontaktfreudig. Nicht zufällig werden sie vor allem in Streichelzoos gehalten. Begrüßenswert wäre, wenn die Verantwortlichen noch mehr als bisher gefährdete Rassen berücksichtigen würden. Freilichtmuseen können sich meist nur zögernd zur Anschaffung von Tieren entschließen, weil der Betreuungsaufwand recht hoch ist. Dabei ist man sich bewußt, daß in einem solchen Museum durch Bestände lebender Tiere der museale Charakter sehr gemildert wird.

Haustierrassen einer Art unterscheiden sich voneinander viel mehr als nahverwandte Wildtiere verschiedener Spezies. Sie eignen sich deshalb für tierparkähnliche Einrichtungen ebenso wie nichtdomestizierte Arten. In Großbritannien gibt es schon seit vielen Jahren Dutzende von Haustierzoos, die der Öffentlichkeit zugänglich sind. Hier werden ausschließlich Haustiere gehalten. In Mitteleuropa hat die Entwicklung erst begonnen; die Zahl der Haustierzoos ist noch überschaubar. Die Situation ändert sich jedoch rasch. Schon gibt es Haustierzoos in mehreren Bundesländern, die mit viel Sachkenntnis geführt werden.

In der Schweiz hat die Stiftung »Pro Specie Rara« Schaubauernhöfe eingerichtet. Der Besucher findet hier nicht nur gefährdete Haustierrassen, sondern auch viele fast vergessene Nutzpflanzen.

Tab. 2: Seit 1936 in Deutschland ausgestorbene Nutztierrassen. (Statistisches Reichsamt 1937).

Rasse	Bestand 1936	Anteil am gesamten Rinder- bzw. Schweinebestand 1936 in %
Lahnrind	70 018	0,4
Kelheimer (Abb. 3)	21 215	0,1
Westerwälder	13 364	0,1
Bayerisches Rotvieh	21 318	0,1
Waldecker	12 078	0,1
Westfälisches Rotvieh	31 094	0,2
Odenwälder Rote	3 283	0,0
Ostfriesen	24 758	0,1
Deutsches Weideschwein	52 163	0,2

Abb. 3.
Das Kelheimer Rind.
Noch in den 30er Jahren gab es mehr als 20 000 Tiere, doch schon bald nach dem Zweiten Weltkrieg starb es aus.

Erfolg bisheriger Bemühungen

Der erste erkennbare Impuls zur Erhaltung gefährdeter Haustierrassen ging von der Wissenschaft aus. Frühe warnende Hinweise erschienen schon in den 50er Jahren (Koch 1954, Koch 1958). 1973 wurde in Großbritannien der Rare Breeds Survival Trust als vorwiegend private Organisation gegründet. Inzwischen gibt es in den meisten europäischen Ländern ähnliche Institutionen.

Noch bevor private Organisationen sich der Rassenerhaltung zuwandten, hatten staatliche Institutionen das Problem erkannt. Sie unterstützen die Erhaltung bodenständiger Rassen mit zum Teil erheblichen finanziellen Zuwendungen. In Deutschland hat als erstes Bundesland Bayern bereits 1975 zahlreiche Maßnahmen ergriffen, um vom Aussterben bedrohte Rassen zu erhalten und züchterisch zu betreuen; andere Bundesländer folgten. Zu den Maßnahmen zählen Haltungsprämien, Ankaufsbeihilfen, finanzielle Zuschüsse zu gezielten Paarungen und für die Durchführung von Leistungsprüfungen.

Solche Maßnahmen konnten wesentlich dazu beitragen, daß in Deutschland nach 1980 keine Rasse mehr ausstarb. Zuletzt gab man das Deutsche Weideschwein auf, weil ausschließlich wirtschaftlich gedacht wurde. Der letzte Bestand dieser Rasse wurde Ende der 70er Jahre aufgelöst. Schon vorher starben zahlreiche Rinderrassen aus, unter ihnen das Kelheimer Rind (Abb. 3). Ihr Anteil am Gesamtbestand der Rinder war zwar schon vor dem Zweiten Weltkrieg gering, doch die Individuenzahl war meist gar nicht unbedeutend (Tab. 2). Es ist unwahrscheinlich, daß sich der Schwund in absehbarer Zeit fortsetzt. Dennoch heißt es wachsam bleiben. Mit jeder verlorenen Rasse wird die Welt ein wenig ärmer.

Abb. 4.
Kaltbluthengste
vor dem Pflug,
etwa 1955.

Pferde

Die Anfänge der Domestikation des Pferdes liegen gut 5000 Jahre zurück. Damit ist diese Tierart unter den in Mitteleuropa üblichen Nutztieren (der Ausdruck trifft hier nur teilweise zu) als letzte domestiziert worden. Auslöser für die Domestikation mögen mythische und religiöse Gründe gewesen sein. Schon wenig später wurde das Pferd, wie andere Haustierarten auch, in vielfältiger Weise genutzt. Im Vordergrund stand seine Eignung als Reit-, Trag- und Zugtier. Das galt für Mitteleuropa bis vor wenigen Jahrzehnten und trifft für große Teile der Welt noch heute zu. Die Produkte Fleisch und Milch wurden, in Abhängigkeit vom Kulturkreis, lediglich in bestimmten Regionen verzehrt.

Lange Zeit befanden sich die meisten Pferde in bäuerlicher Hand (Abb. 4). Diese Tiere wurden wegen ihrer Zugkraft gehalten; sie mußten also möglichst stark sein. In der Landwirtschaft verwendete Pferde gehörten deshalb vorwiegend dem Kaltblut oder dem Schweren Warmblut an. Unterschiedliche Typen waren häufig das Ergebnis verschiedener Bodenverhältnisse. Schwerer Marschboden konnte am besten mit kräftigen Kaltblutpferden bearbeitet werden, bei leichtem Sandboden genügte Warmblut; die Bewirtschaftung von Hängen im Gebirge erforderte ein kleineres, wendigeres Pferd. Häufig gab die wirtschaftliche Situation bei der Wahl der Zugtiere den Ausschlag. Waren die landwirtschaftlichen Betriebe traditionell klein bzw. durch Erbrechte geschmälert oder war der Boden wenig ergiebig, dann mußte man häufig ganz auf Pferde verzichten und nutzte Rinder als Arbeitstiere. Entsprechende Gegenden hatten dann manchmal keine bodenständige Pferderasse; bei Änderung der wirtschaftlichen Voraussetzungen übernahmen sie bewährte Rassen anderer Regionen.

Die Beeinträchtigung der Pferdezucht durch Mechanisierung und Industrialisierung seit Beginn des 19. Jahrhunderts läßt sich in zwei Abschnitte unterteilen. Ab 1840 wurde das Pferd durch den Bau von Eisenbahnen aus dem Fernverkehr verdrängt. Die Industrialisierung erhöhte jedoch zunächst den Bedarf an starken Pferden. Das mußten nicht unbedingt Kaltbluttypen sein. In Anpassung an die gegebenen Verhältnisse wurden zum Beispiel im Bergbau in Großbritannien meist Shetlandponys eingesetzt. Mit Ausbau des öffentlichen Verkehrsnetzes in den wachsenden Großstädten war man lange Zeit auf große, kräftige Pferde angewiesen.

Der zweite Abschnitt – Verdrängung des Pferdes aus Landwirtschaft und Nahverkehr – geschah durch die Motorisierung. Er setzte zu Beginn des 20. Jahrhunderts ein, zog sich jedoch – im wesentlichen bedingt durch die beiden Weltkriege – bis zur Mitte des Jahrhunderts hin. Nur die inzwischen auch nicht mehr gültige Maßeinheit für die mechanische Leistung – PS = Pferdestärke – erinnert an die zentrale Bedeutung dieser Tierart.

Die Motorisierung leitete in vielfacher Hinsicht einen Umschwung ein. Personenkraftwagen ersetzten das Schwere Warmblut, den Karossier. Lastautos machten das Kaltblutpferd weitgehend überflüssig. Traktoren verdrängten das charakterstarke Bauernpferd. Der wirtschaftliche Aufschwung und der Wohlstand größerer Bevölkerungskreise gab einem leichteren Pferdetyp Auftrieb. Die Freizeitreiterei erforderte ein vielseitiges Sportpferd. Rassen wurden umgezüchtet und paßten sich einem einheitlichen Zuchtziel an. Seit Mitte der 70er Jahre gibt es das Deutsche Reitpferd, das außer dem Trakehner alle einheimischen Warmblutpferde umfaßt.

In diesem Zusammenhang scheint erwähnenswert, daß die »Rasse« bei Pferden schwerer zu definieren ist als bei anderen Haustierarten. Kaum eine Rasse hatte ein ge-

Tab. 3: Anteil von Kaltblut, Warmblut und Ponys am Pferdebestand (bis 1944 Deutsches Reich, ab 1945 Gebiet der Bundesrepublik Deutschland).

Jahr	Pferde insgesamt	Warmblut %	Kaltblut %	Ponys %
1897		69,2	28,2	2,6
1911		50,5	49,4	0,1
1928	3 715 877	51,1	48,9	nicht erfaßt
1936*	7 180	58,7	41,3	nicht erfaßt
1950**		41,1	58,9	nicht erfaßt
1958**		57,7	42,3	nicht erfaßt
1983**	86 424	75,0	1,9	23,1

* Nur zugelassene Deckhengste ** Nur eingetragene Zuchtpferde

schlossenes Zuchtbuch wie das Englische Vollblut. Die Hereinnahme von Hengsten anderer Rassen nach Bedarf ist üblich. Der Einsatz von Englischem Vollblut wird zum Beispiel nicht als Verfälschung angesehen. Diese Rasse galt als Veredler, und ihr Einsatz in der Zucht schien allein hierdurch häufig gerechtfertigt.

Der allgemeine Wandel in der Pferdezucht läßt sich kaum an einer **einzelnen** Rasse deutlich machen. Er kommt dagegen gut in der Zahl und im Anteil der Kaltblutpferde zum Ausdruck. Seit 1897 wurden wiederholt – zunächst im Deutschen Reich, später in der Bundesrepublik Deutschland – Erhebungen über die Verbreitung der Pferdeschläge durchgeführt. Dabei wurde in den einzelnen Regionen meist nicht nach Rassen unterschieden, sondern nur nach Kaltblut, Warmblut und Ponys differenziert. Als Ponys gelten Pferde mit einer Widerristhöhe von weniger als 148 cm. Der Begriff »Kaltblut« hat sich im Verlaufe der Zeit nicht entscheidend geändert. Als Warmblut galt frü-

Tab. 4: Zuchttierbestand bei den einzelnen Pferderassen bzw. -typen in Deutschland 1996.

	Hengste	Stuten	insgesamt		Hengste	Stuten	insgesamt
Großpferde				**Ponys**			
Warmblut	2 680	80 908	83 588	Haflinger	646	14 598	15 244
Vollblut	238	818	1 056	Deutsches			
Araber	1 511	4 435	5 946	Reitpony	747	9 521	10 268
Schweres				Welsh	416	2 192	2 608
Warmblut	46	983	1 029	Connemara	63	473	536
Kaltblut	299	4 272	4 571	Dartmoor	27	130	157
Appaloosa	32	135	167	Fjordpony	120	1 525	1 645
Friesen	83	385	468	Islandpony	666	5 447	6 113
Lipizzaner	11	39	50	New Forest	76	636	712
Paint	54	46	100	Shetland-			
Pinto	91	849	940	pony	832	4 672	5 504
Lewitzer	14	142	156	Dülmener	18	40	58
Quarter Horse	11	186	197	Sonstige	99	1 141	1 240
andere Pferderassen	471	2 257	2 728	Insgesamt	9 251	135 830	145 081

Pferde

Abb. 5. Kaltblutpferde beim Holzrücken.

her, und so wird dieser Begriff auch in Tabelle 3 gebraucht, jedes Großpferd, das kein Kaltblut war; diese Gruppe enthält also auch Vollblut.

Bis zur ausgehenden Nachkriegszeit bestand großer Bedarf an Kaltblut- und den nicht gesondert erfaßten Schweren Warmblutpferden. Der große Wandel, ein Jahrhundertereignis in der Tierzucht, geschah in den 60er Jahren. Danach wurden Kaltblutpferde fast nur noch aus traditionellen und nostalgischen Gründen sowie zu Werbezwecken gehalten. Diese Beurteilung ist keine Wertung. Manche Rasse wurde lediglich über Restbestände und Einzeltiere erhalten. Nur sie machten einen relativen Aufschwung seit Anfang der 80er Jahre möglich.

Kaltblutpferde und Schweres Warmblut finden heute wieder ein bescheidenes Auskommen. Bei Rückearbeiten im Wald (Abb. 5) sind sie unersetzlich, wenn auch wirtschaftlich nicht unumstritten. Nach wie vor geben Brauereigespanne Festzügen und Stadtbildern Farbe und Leben. Vielfach tragen Kutschen und Planwagen mit Pferden gefährdeter Rassen zum Gelingen des Urlaubs bei; sie besitzen erheblichen Freizeitwert.

Im vorliegenden Kapitel wurden nur solche Rassen berücksichtigt, die früher weiter verbreitet waren und gegenwärtig gefährdet sind. Gerade bei Pferden gibt es außerdem Rassen, die seit ihrer Gründung in sehr beschränktem Umfang, manchmal nur auf einzelnen Betrieben, vorkamen. Als kleine Populationen sind auch sie zweifellos jederzeit gefährdet, zum Beispiel durch Seuchen. Da diese Rassen jedoch nicht durch den Trend der Zeit und die allgemeine Norm bedroht sind, werden sie hier nicht berücksichtigt.

1990 wurden in Deutschland 491 000 Pferde gehalten. Abgesehen von den Kreuzungstieren verteilten sie sich auf ungefähr 60 Rassen. 1992 gab es in Deutschland 122 501 Zuchtpferde (Hengste und eingetragene Zuchtstuten). In der Statistik werden einige Rassen zusammengefaßt (Tab. 4).

Oldenburger

Im Großherzogtum Oldenburg wurden bereits vor mehreren Jahrhunderten hervorragende Pferde gezüchtet. Schon in einem Brief von 1587 heißt es, daß Oldenburgs fette Ochsen und schöne Pferde weithin bekannt waren. Die früheste Nachricht züchterischer Tätigkeit stammt gleichfalls aus der zweiten Hälfte des 16. Jahrhunderts. Graf Johann XVI. ließ besonders edle Hengste aus dem Ausland kommen. Dieser Import wirkte sich aber nicht auf die Landeszucht aus. Starke Impulse bekam die Pferdezucht Oldenburgs durch Graf Anton Günther. Dieser mit einem ungewöhnlichen züchterischen Verständnis begabte Landesherr hatte seine Kenntnisse auf ausgedehnten Reisen durch ganz Europa 1606–1609 erworben. Besonders bei seinem Verwandten König Jacob I. von England lernte er ausgezeichnete Pferde kennen; hier sammelte er umfangreiche Erfahrung, die der Pferdezucht seines Landes zugute kam.

Die Grundlage der Zucht bildete damals das friesische Pferd, das ein leichtes Kaltblut gewesen sein soll. Diese Pferde veredelte Graf Anton Günther durch den Ankauf edler Hengste aus vielen verschiedenen Ländern. Sie kamen aus England, Spanien und Neapel sowie aus Polen. Selbst aus weit entlegenen Ländern bzw. Regionen wie der Türkei, der »Tartarei« und Nordafrika (Berberpferde) wurden Hengste beschafft. Auf den gräflichen Besitzungen richtete man mehrere Gestüte und Zuchtstationen ein, und den Bauern wurden geeignete Hengste zur Verfügung gestellt. Zudem überließ man der Landeszucht gute Stuten (Runge 1920).

In Rastede stand ein Marstall mit einer Reitbahn. Hier erhielten die Bauernsöhne Unterricht im Umgang mit Pferden sowie im Reiten und Fahren. Des weiteren wurden die Pferdemärkte in der Stadt Oldenburg ausgebaut. Die Folge dieser Bestrebungen war, daß aus dem Oldenburgischen jährlich 5000 Pferde nach Frankreich, Italien, Flandern und in andere Länder verkauft wurden. Die Wertschätzung, die oldenburgische Pferde zur Zeit des Grafen Anton Günther besaßen, war außerordentlich. Die von ihm zwischen 1625 und 1663 an deutsche und ausländische Landesherrn verschenkten Pferde wurden auf über 560 000 Taler veranschlagt, eine für die damalige Zeit sehr hohe Summe.

Graf Anton Günther soll bei Pferden eine Vorliebe für auffallende Farben, schöne Mähnen und lange Schweife gehabt haben. Nirgendwo in Europa bestand damals eine größere Vielfalt an Rassen und Farben als in Oldenburg. Berühmt wegen seiner langen Mähne und des langen Schweifes war das Leibpferd des Grafen, der »apfelgraue« Hengst Kranich.

Nach dem Tod von Graf Anton Günther wurde das Land geteilt und fiel teilweise an Dänemark. Unter der dänischen Regierung wurde nichts zur Hebung der Pferdehaltung getan. Kriege und verheerende Sturmfluten belasteten die Pferdezucht zusätzlich. Daß die Zucht nicht gänzlich verfiel, wird auf das Verständnis der Bauern und ihre Liebe zu den Pferden zurückgeführt (Runge 1920).

Erst ab 1774 wurden von der Regierung wieder Versuche zur Hebung der Zucht unternommen, die weitgehend scheiterten. Dieser Mißerfolg ist verständlich, denn aus Geldmangel wurden damals die besten Pferde und Fohlen verkauft. Es kommt hinzu, daß Ende des 18. Jahrhunderts für gute Hengste ein Deckgeld von zwei Goldtalern zu entrichten war. Da dies eine sehr hohe Summe war, ließen die Bauern ihre Stuten lieber von züchterisch weniger wertvollen Hengsten decken. Dennoch war der Pferdebestand Oldenburgs damals um nahezu 3000 Tiere größer als hundert Jahre vorher.

Die Situation änderte sich auch zu Beginn des 19. Jahrhunderts wegen der napoleonischen Kriege noch nicht. Erst nach den Freiheitskriegen trat, besonders durch die 1819 erlassene Verordnung für die Hengstkörung, eine Besserung ein. Diese Verordnung hatte folgenden Wortlaut:

Pferde

»Alle Hengste, welche in dem Herzogtum Oldenburg und in der Erbschaft Jever vorhanden sind und zum Beschälen der Stuten dienen, sollen von einer Körungskommission besichtigt und geprüft werden.
Kein Hengst, der nicht von der Körungskommission geprüft und gutgeheißen worden, darf bei 5 Reichsthalern (Rthlr.) Gold Brüche, die dessen Besitzer zum Wohle der CKirchspielarmen zu erlegen hat, zum Beschälen fremder Stuten, die nicht dem Hengsthalter selbst gehören, gebraucht werden. Eine gleiche Brüche trifft den Besitzer der Stute, welcher solche zum ungekörten Hengst bringt.
Die Besitzer der nach dem gemeinschaftlichen Ermessen der Körungskommission vorzüglichsten drei Hengste sollen der gnädigsten Absicht Seiner Herzoglichen Durchlaucht zufolge eine Prämie aus der herrschaftlichen Kasse erhalten, und zwar ein jeder von 100 Rthlr. Gold, entweder in Silberzeug oder in baarem Gelde, nach dem Wunsche des Besitzers. Das Pferd erhält einen Brand O mit Krone und einem Namen. Die Bedingung der Prämie ist, daß der Hengst wenigstens ein Jahr im Lande bedecke.
Kein Hengst wird jünger oder älter zur Körung zugelassen, als nach beendigtem 3. und bis zum 15. oder 16. Jahre, je nachdem er sich gehalten hat. Erb- und andere Fehler machen nach dem Ermessen der Körungskommission den Hengst verwerflich.
Das Beschälgeld darf nicht weniger als 1½ Rthlr. Gold betragen, bei Strafe von 1½ Rthlr. Gold Brüche für die Armen. Die Hälfte des bedungenen Geldes wird gleich bezahlt, die andere Hälfte jedoch nur, wenn die Stute trächtig ist.
Über die vorgenommene Körung soll jedenfalls ein Protokoll aufgenommen und die approbierten Hengste, sowie namentlich diejenigen, welche eine Prämie erhalten haben, sollen öffentlich bekannt gemacht werden.
Die Besitzer der approbierten Hengste müssen ein Verzeichnis der Stuten anfertigen, welche von ersteren bedeckt worden sind. Dieses Verzeichnis ist bei den Ämtern einzureichen.« (Schüßler 1931)

Die Körkommission bestand aus drei ständigen Mitgliedern und sieben sachverständigen Pferdekennern. Diese Zahl von zehn Mitgliedern erwies sich während der ersten Körungen als zu groß. Es wurde durch Verfügung 1823 bestimmt, daß die Körungen nur von den drei ständigen Mitgliedern und zwei von ihnen zu wählenden »Achtsmännern« vorzunehmen seien.

Die Pflicht, nur gekörte Hengste zum Dekken einzusetzen, wurde teilweise befolgt, wie dem Kommentar aus den amtlichen Unterlagen zu entnehmen ist (Runge 1920):

»Es gereicht der Körungskommission zum Vergnügen, daß die Pferdezüchter das Nützliche dieser Anstalt immer mehr erkennen und in den Marschgegenden ein besonders reger Sinn dafür sich offenbart, indem daselbst auf die Aufzucht schöner, junger Pferde sehr gehalten wird und einer dem anderen darin vorzukommen sucht. Auch in den Geestgegenden bessert es sich in dieser Hinsicht, nur macht noch immer der ganze Kreis Vechta, besonders die Ämter Damme, Steinfeld und Dinklage, davon eine auffallende Ausnahme. Die Körungskommission hat sich überzeugt, daß ihre Nachsicht bei den wenigen und dabei äußerst schlechten Hengsten keineswegs zum Zweck führt, weil es in dieser Gegend gänzlich an gutem Willen dazu zu fehlen scheint und die Herren Beamten sich zu Grundsätzen bekennen, welche der Sache offenbar entgegen sind, selbst dann noch, wenn einige herrschaftliche Hengste aus hiesigem Marstall als Beschäler dorthin gesandt wurden und nicht zugleich auch das Bedecken derselben unentgeltlich stattfinden durfte.«

Es wurden jedoch nicht nur Hengste, sondern auch Stuten gekört und prämiert. Die erste Anregung hierzu ist in einem an die herzogliche Regierung von der Körkommission erstatteten Bericht von 1820 enthalten:

»Körung der Zuchtstuten betreffend: Diese Körung ist unumgänglich erforderlich, weil ohne solche sich eine Veredelung der Rasse nicht denken läßt. Sie kann nicht drückend für den Landmann werden, wenn man dabei in den ersten Jahren nach dem Grundsatze verfährt, nur einzig und allein solche Mutterpferde auszukören, die mit Erbfehlern behaftet sind, Schönheitsfehler oder Alter und dergleichen hingegen gar nicht berücksichtigt. Eine Prämienverteilung ohne Körung dürfte bei den Zuchtstuten nicht zweckmäßig sein«.

Der Bericht hatte eine entsprechende Verordnung zur Folge, die aber wenig beachtet wurde. Die Prämierung geriet ins Stocken, bis 1829 eine Körung für solche Stuten eingeführt wurde, die herrschaftlichen Hengsten (sog. Gestütshengsten) zugeführt werden sollten. Diese Stuten mußten bis 1838 – damals wurde die

Bestimmung wieder aufgehoben – jedes Jahr mit einem Fohlen vorgeführt werden. Bei diesem Termin wurde von der Körkommission gleichzeitig der Hengst bestimmt, mit dem die Stute zu decken war. Insgesamt geschah dies im angegebenen Zeitabschnitt bei 510 Stuten, im Durchschnitt also bei 51 Stuten pro Jahr.

Als Grundlage der Oldenburger Zucht galt im 19. Jahrhundert ein 1806 in England geborener Hengst, der 1820 durch den Pferdehändler Stäve nach Oldenburg kam. Dieser »Stävesche Hengst« deckte drei Jahre (1820–1822) bei Ovelgönne. Er war kastanienbraun mit Stern, aber sonst ohne Abzeichen.

Damals gab es beim Oldenburger zwei Zuchtrichtungen:
den älteren Typ: groß; recht lange und hoch aufgesetzte Kutschpferde mit Ramsnase, Blesse und Abzeichen an den Hinterfüßen. Sie wurden von Brabant und Italien gern gekauft.
den neueren Typ: mehr gedrungen; meist einfarbig; leichteres Wagenpferd mit gerader Profillinie und edleren Formen. Dieser Typ näherte sich dem englischen Warmblutpferd. Er wurde vorzugsweise nach Frankreich verkauft.

Diese beiden Richtungen wurden insbesondere durch die Prämienhengste Simson bzw. Neptun vertreten. Simson, geb. 1817, war ein sehr großer, starker, breiter, rotbrauner Hengst; hochaufgesetzt, mit Ramsnase, Blesse und zwei weißen Hinterfüßen. Neptun, geb. 1821, war ein mittelgroßer, einfarbig brauner Hengst mit kleinem Stern. Er war ein Sohn des Stäveschen Hengstes. Bald zeigte sich, daß die leichteren, einfarbigen Pferde mit flottem Gang sich besser verkauften, so daß die Züchter verstärkt der neueren Richtung zuneigten.

Da der Eigentümer des Stäveschen Hengstes ihn nach dreijähriger Deckzeit zurücknahm und auch die meisten seiner Hengstfohlen ankaufen ließ, kamen von seinen männlichen Nachkommen nur die beiden Hengste Neptun und Thorador zum Deckeinsatz. Diese aber wurden bei den Züchtern der Wesermarschdistrikte bald allgemein geschätzt und hatten bedeutenden Einfluß auf die Verbesserung der Oldenburger Pferdezucht. Noch bis Ende des 19. Jahrhunderts waren ihre Nachkommen sehr gefragt. Nach dem Stäveschen Hengst galten im 19. Jahrhundert folgende Hengste als Linienbegründer (man bezeichnete sie später als die »älteren Linien«):
Astonishment 117
Sportsman XX 119
Duke of Cleveland 167
Meckes Senner 177
Luks All 166

Astonishment 117 wurde 1836 in England geboren. Er war ein Dunkelbrauner, der in Oldenburg von 1842–1847 deckte. Dieser Warmblüter lieferte einige gekörte Söhne und besonders gute Stuten.

Die Sportsman-XX-Linie nahm ihren Ausgang von dem englischen Vollbluthengst Sportsman XX 119. Dieser 1836 geborene braune Hengst war ein schöner, mittelgroßer Vollblüter mit viel Adel, im ganzen aber leicht. Trotz nur dreijähriger Zuchtnutzung hatte sich das Sportsman-Blut ziemlich ausgebreitet, besonders über seinen Sohn Young Sportsman 152 und seine Enkel Jader 182 und Phönix 202.

Die Duke-of-Cleveland-Linie begann mit Duke of Cleveland 167, einem 1845 in England geborenen Rotbraunen der Cleveland Coachhorses. Duke of Cleveland war nicht nur der Rasse nach schweres Warmblut; er war auch selbst ein stattlicher Hengst mit viel Aufsatz und Tritt. Der Hengst stand von 1850–1855 in der Zucht. Sein bedeutendster Sohn war Young Duke of Cleveland 200, von dem 29 Söhne gekört wurden.

Der Hengst Meckes Senner 177, im Senner Gestüt Lopshorn gezogen, war ein Sohn des Vollblüters Rostrum XX und der Sennerstute Major Knoch, die einen Araber zum Vater hatte. Meckes Senner stand also hoch im Blut. Er war ein hochedler, leichter Brauner, der sich sehr positiv auf die Zucht auswirkte. Sein bester Sohn war der sehr schöne und korrekte Martens Senner 200, der durch Verkauf nach Bayern der Zucht »leider zu früh verlorenging«, wie man später in Oldenburg bedauerte.

Die Luks-All-Linie ging auf den dunkelbraunen englischen Warmblüter Luks All 166 zurück. Dieser Hengst war ein Cleveland-Bay und verkörperte den eleganten Karossier; er hatte allerdings etwas wenig Hinterrippe. Trotzdem brachte er elf gekörte Söhne (Dencker 1941).

Die ausgeprägte Verwendung fremder Hengste war damals üblich. Dem allgemeinen »Übel« einer zu starken Durchkreuzung drohte der alte oldenburgische Pferdeschlag zum Opfer zu fallen. Dieser Entwicklung sollte das später eingerichtete Gestütbuch entgegenwirken.

Der Absatz von Oldenburgern »ins Ausland« war während des ganzen 19. Jahrhunderts außerordentlich gut. Der Oldenburger galt weit und breit als bestes Pferd dieser Zuchtrichtung (Abb. 6). Ab 1857 erschien nahezu jährlich eine Kommission aus Bayern und kaufte unmittelbar nach der Körung zu »unerhört hohen Preisen« Hengste ein. 1860 erwarb sie zum Beispiel neun Hengste.

Als die Herren 1864 entgegen der Erwartung nicht erschienen, wurde das »allgemein bedauert«, wie im Körbericht festgehalten wurde (Runge 1920). Doch auch Ostfriesland und Holstein waren ständige Abnehmer hochwertiger Zuchttiere, und viele Pferde gingen in zahlreiche europäische Länder.

Die Qualität des Oldenburger Pferdes und das Selbstbewußtsein seiner Besitzer kannten Ende des 19. und Anfang des 20. Jahrhunderts fast keine Grenzen (Abb. 7). Oldenburger wurden u. a. zu Ausstellungen nach Chicago (1893), Paris (1900) und St. Louis (1904) geschickt. Sie holten gegen starke internationale Konkurrenz etliche Sieger- und Ehrenpreise. Über die auf der Pariser Weltausstellung 1900 gezeigten Oldenburger kommt Drathen (1901) zu folgender Beurteilung:

Abb. 6. Oldenburger Hengst Landessohn, geb. 1846, hellrot-braun, 1857.

Pferde

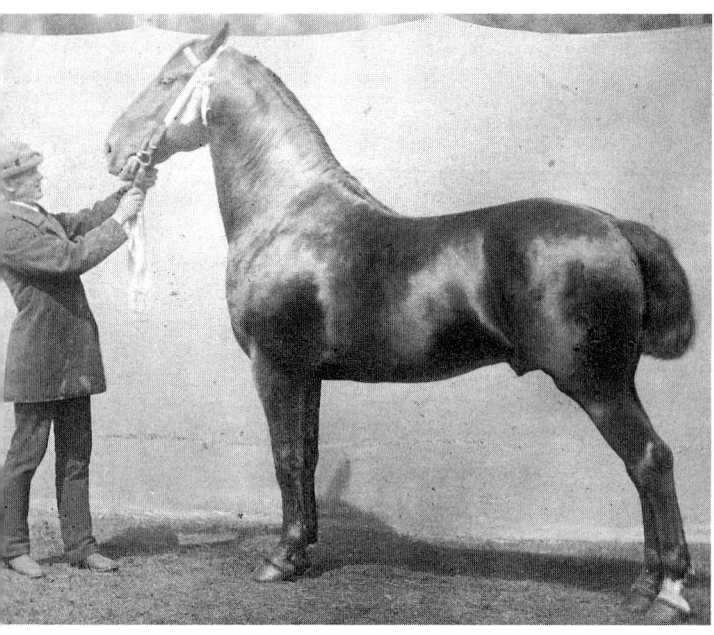

Abb. 7.
Oldenburger
Rapphengst
Magyar,
geb. 1877, 1883.

»Sie machen der Züchter-Organisation alle Ehre. Kräftige, wohlgerundete und vorzüglich vorbereitete Formen in dem bekannten Typus des schwersten Wagenpferdes; harmonisch und muskulös im Körperbau, mit Wagenpferd-Halsung, starkem Knochenbau und sehr hohen, energischen Gängen.«

Als besonders erfreuliches Ereignis galt der Verkauf von zwei in Paris ausgestellten Oldenburger Stuten nach England.

Nach der Ausstellung in Chicago blieben einige Oldenburger in den USA. 1895 wurde dort das erste Oldenburger Stutbuch eröffnet. Nach einem Jahr zählte der amerikanische Zuchtverband bereits 350 Mitglieder.

Dieser Handel war zwar wirtschaftlich einträglich, ließ sich aber züchterisch kaum vertreten. Deshalb schickte das Staatsministerium im Februar 1875 an die Körkommission eine von mehreren Pferdezüchtern unterschriebene Eingabe, in der Ansätze zur Förderung der Pferdezucht gemacht wurden:

»Das Oldenburger Kutsch- und Arbeitspferd ist seit undenklicher Zeit mit ein Hauptausfuhr-Artikel des Landes. Seit etwa 10 Jahren leidet die Zucht aber sehr, weil viele von den besten Hengsten ins Ausland gehen. Namentlich sind es die jüngeren dreijährigen Hengste. Diese gehen für unglaublich hohe Preise nicht nur in alle deutschen Lande; auch nach der Schweiz, Italien, Türkei und an die Gestade des Schwarzen Meeres wurden unsere Pferde ausgeführt. Dieser an sich ohne Zweifel erfreuliche Zustand hat gute, aber auch schlimme Folgen. Die gute ist die vermehrte Aufzucht junger Hengste. Die schlimme Folge besteht darin, daß durch die sehr hohen Preise unsere besten jungen und auch die älteren bewährten Hengste außer Landes gehen. Diesem massenhaften Export der besten Hengste muß schleunigst entgegengewirkt werden.«

Um dieser Entwicklung zu begegnen, wurde vorgeschlagen, mehr Hengste zu prämieren. Hengsthalter, die einen prämierten Hengst vorzeitig verkauften, sollten außer der zurückzuzahlenden Prämie ein »Reugeld« von 50% der Prämie entrichten. Ferner wurde gefordert, daß mindestens ein Mitglied der ständigen Körungskommission Landwirt sein solle. Schließlich wurde der Ankauf geeigneter auswärtiger Zuchthengste vorgeschlagen,

»die unseren Pferden mehr Blut und Nerv geben«.

Über diese Anträge wurde im Juli 1875 in einer Sitzung des Ministeriums und der Gesamtkörungskommission eingehend beraten. Den Anträgen wurde teilweise zugestimmt.

Die ersten Anregungen der Körkommission, ein Stammregister einzuführen, kamen 1859. Diese Anregungen hatten zur Folge, daß per Gesetz 1861 die Einführung eines Stammregisters für den starken, eleganten Schlag von Kutschpferden bestimmt wurde. Es galten folgende Aufnahmebestimmungen:

- nur Pferde, die frei von Erbfehlern sind, dürfen aufgenommen werden;
- die aufzunehmenden Hengste müssen mindestens vier Jahre, die Stuten drei Jahre alt sein;
- die aufzunehmenden Pferde müssen väterlicher- und mütterlicherseits von passender Abstammung sein;
- sie müssen geeignet sein, den Stamm von starken, eleganten Wagenpferden zu erhalten;
- Pferde, welche von schwachen Leistungen und von schlechter innerer Organisation zu sein scheinen, dürfen nicht aufgenommen werden, bis das Gegenteil nachgewiesen ist;

- eingeführte Pferde können nur dann aufgenommen werden, wenn sie besonders zur Verbesserung des Stammes geeignet sind und durch gute Nachzucht die Sicherheit für eine geeignete Abstammung gegeben haben;
- alle aufgenommenen Pferde erhalten einen Brand, und zwar die unter einer Hauptnummer eingetragenen Zuchtpferde an der rechten Lende und die von der Körungskommission als geeignet aufgenommenen Fohlen an der rechten Seite des Oberhalses.

Die Züchter waren jedoch bis auf Ausnahmen vom Nutzen des Stammregisters nicht überzeugt. 1862 betrug die Zahl der aufgenommenen Pferde 46 (17 Hengste und 29 Stuten). 1872 wurden gar nur noch 12 Hengste und 24 Stuten registriert. Die letzten Eintragungen in dieses »alte Stammregister« wurden 1883 gemacht. Die Züchter hielten das Vorgehen der Körungskommission für zu pedantisch. Hinzu kam, daß registrierte Tiere durch den Brand stets als Oldenburger erkennbar waren. Hierdurch wurden Betrügereien unmöglich (Runge 1920), was sich offenbar hemmend auswirkte.

Doch die Einstellung gegenüber dem Stammbuch änderte sich. 1885 ging die Anregung zur Errichtung eines »neuen Stammregisters« vom Vorstand der Landwirtschafts-Gesellschaft aus. Der Vorstand berief eine Versammlung nach Oldenburg ein. In dieser Versammlung wurde nach eingehender Aussprache einstimmig beschlossen, die Errichtung eines neuen Stammregisters zu beantragen. Am 18. März 1886 genehmigte das Staatsministerium die von der Landwirtschaftsgesellschaft vorgeschlagenen Vorschriften. Die neuen Vorschriften deckten sich in den meisten Punkten mit denen des alten Stammregisters mit Ausnahme folgender Änderungen:
- von der jährlichen Vorführung der Stammstuten mit ihren Fohlen wurde abgesehen;
- die Fohlen, die fortan spätestens vier Wochen nach der Geburt angemeldet werden mußten, erhielten kein Brandzeichen mehr;
- das Stammregister-Brandzeichen, mit dem nur die dreijährigen und älteren aufgenommenen Tiere versehen wurden, erhielt die Form einer Krone;
- als Platz für dieses Brandzeichen wurde die linke Seite des Oberhalses bestimmt, statt wie bisher die rechte Lendenseite;
- alle Veränderungen (Besitzwechsel, Todesfälle usw.) mußten innerhalb von 14 Tagen an die Körungskommission gemeldet werden.

Die Beteiligung der Züchter an diesem neuen Stammregister war erheblich besser als am alten. Im ersten Jahr wurden nahezu 100 Tiere aufgenommen. Die Zahl der eingetragenen Tiere erhöhte sich im Jahre 1896 auf 1500 (150 Hengste und 1350 Stuten). Ab 1897 galt ein neues Pferdezuchtgesetz. Damit wurde das neue Stammregister abgeschlossen. An seine Stelle traten die Stutbücher, und zwar für das nördliche Zuchtgebiet das »Oldenburger Stutbuch« und für das südliche Zuchtgebiet das »Südoldenburger Stutbuch«. Ersteres war für den schweren Kutschschlag, letzteres für den mittelschweren Wagenschlag bestimmt.

Dieses Gesetz brachte aber nicht nur eine Neuordnung des Registerwesens; die ganze Pferdezuchtgesetzgebung war einer gründlichen Erneuerung unterzogen worden. Neben der Teilung des Herzogtums in zwei Zuchtgebiete wurden vor allem folgende Änderungen vorgenommen:
- geänderte Zusammensetzung der Körkommission
- Einrichtung von zwei selbständigen Züchterverbänden
- Einführung von zwei Brandzeichen für sämtliche eingetragenen oder vorgemerkten Pferde und Fohlen
- Einführung von Prämien für Hengst- und Stutfohlen.

Das Gesetz übertrug also den oldenburgischen Pferdezüchtern die Wahrung ihrer eigenen Interessen. Fortan wurden nur die drei ständigen Mitglieder der Körkommission von der Regierung ernannt. Für die drei weiteren Mitglieder dieser Kommission erhielten die Züchterverbände ein beschränktes Vorschlagsrecht. Nach

Abb. 8. Prämierung zweijähriger Oldenburger Hengste um 1908.

dem neuen Pferdezuchtgesetz wurde der Körkommission das Recht zugesprochen, sich die Nachzucht der Hengste vorführen zu lassen. Diese Maßnahme wurde züchterisch hoch eingeschätzt, weil die Qualität der Nachzucht stets Wertmesser für die Zuchttiere sein sollte (Schüßler 1931).

Die Farbe des oldenburgischen Kutschpferdes war braun, dunkelbraun oder schwarz. Bis Ende 1919, also in 21 Jahren, wurden in das Oldenburger Stutbuch 26 850 Tiere eingetragen (2750 Hengste und 24 100 Stuten). Die Gesamtzahl der bis 1919 in das Südoldenburger Stutbuch eingetragenen Pferde betrug 5603 (202 Hengste und 5401 Stuten). Die Stutbücher trugen wesentlich zur Förderung der Pferdezucht in Oldenburg bei.

Nathusius (1902) gibt um 1900 folgende Beschreibung des Oldenburgers:
»Die Größe überragt mit ca. 164–165 cm Stockmaß, abgerechnet die Ostfriesen, alle übrigen in Deutschland gezüchteten schweren und leichten Rassen. In Massigkeit steht sie erheblich über den mit Vollblut gezüchteten Schlägen, ohne die Kaltblüter zu erreichen, ebenso stehen die Oldenburger in der Knochenstärke zwischen beiden. Der Kopf ist gewöhnlich gut und energisch ausgebildet, in Ausdruck und Mienenspiel entschieden ein »edles« Pferd. Früher waren Ramsköpfe und flache Stirn häufig; wohl ein Erbteil der vordem benutzten Andalusier und Neapolitaner, hat sich dieser Fehler in den letzten 20 Jahren eigentlich vollständig verloren, so daß er auf der vorjährigen Landestierschau kaum noch zu bemerken war. Der Kopf sitzt auf einem gut getragenen mittellangen Halse, der in einem meist nicht sehr scharfgeschnittenen Widerrist endet. Der Rücken ist oft reichlich lang, was aber zweifellos die guten freien Gänge begünstigt; da er ja auch nicht zum Tragen des Reiters dienen soll, ist es nicht schlimm, wenn er zuweilen etwas matt ist. Von den Stuten zeigten schon nicht wenige im vorigen Jahre einen Reitbuckel; ich glaube, man wird sich hüten müssen, der sonst allgemein beliebten Form zuliebe Konzessionen zu machen, sondern soll bedenken, daß einem großen Karossier ein langer Rücken gar nichts schadet. Die Brust ist meist breit, auch genügend tief. Dagegen ist leider Rankleibigkeit und Aufgeschürztheit ein verbreiteter Fehler. Die Kruppe

ist gut, zuweilen rund, der Schweif gut angesetzt. Die Beine haben meist gute starke Knochen; das Vorderbein müßte gewöhnlich ausdrucksvoller sein. Rückbiegigkeit ist mir neuerdings weniger aufgefallen als eine gewisse Steilheit und – wie schon gesagt – Ausdruckslosigkeit.
Der Gang ist, seinem Zweck entsprechend, ein weniger praktischer wie imponierender stechender Trab mit hoher Knieaktion. Leider ist unregelmäßiger Gang noch immer sehr verbreitet.
Der Huf ist groß, zuweilen auch flacher als wünschenswert.
Das Temperament ist vorzüglich; ruhig ohne schläfrig zu sein. Böse Tiere scheinen wirklich sehr selten zu sein.
Die Farbe ist gewöhnlich Braun in den verschiedensten Schattierungen, ohne oder mit wenig Abzeichen. Rappen sind auch nicht unbeliebt, Füchse dagegen durchaus.
Fragen wir uns nun nach den Leistungen, nach der Brauchbarkeit, so müssen wir sagen, daß er im ganzen seinem Zweck gut entspricht. Er soll im Geschirr auf tadellosem Wege in stolzer Gangart ein imponierendes Bild machen vor der herrschaftlichen Equipage. Das wird verlangt, und das leistet er auch voll und ganz.«

Auf der DLG-Ausstellung 1910 in Hamburg schnitten die Oldenburger hervorragend ab. Wegen ihrer außerordentlichen Gleichmäßigkeit, ihrer einheitlichen Farbe, ihrer Stärke und dem guten Gang wirkten diese Pferde auf allen Ausstellungen imponierend (Abb. 9). In Hamburg nahmen sie ausschließlich in der Abteilung »Kutschschlag« teil. Die gute Qualität der Oldenburger Pferde wurde auf eine äußerst scharfe Körung und eine sehr sorgfältige Auswahl der Hengste zurückgeführt. Bei den Körungen wurde jeder Hengst zunächst eingehend gemustert und die besseren für eine zweite Besichtigung vorgemerkt. Zwischen diesen wurde sodann die endgültige Entscheidung getroffen. Von 23 vierjährigen und ca. 200 dreijährigen Hengsten, die 1909 an der Körung teilnahmen, wurden lediglich zwölf gekört. Nur bei größerem Bedarf für die eigene Zucht wurden entsprechend mehr Hengste angekört. Die ersten Fohlen eines solchen Hengstes wurden aber dann sorgfältig in Augenschein genommen. Wenn sie nicht befriedigend ausfielen, wurde der Hengst abgekört. Alle Hengste, auch die bewährtesten und ältesten, waren jährlich vorzuführen und mußten immer wieder aufs neue gekört werden. Es gelang so, den Rahmen des Oldenburgers außerordentlich zu verbessern (Rau 1911).

Trotz der großen Ausgeglichenheit des Oldenburgers unterschied man Anfang des 20. Jahrhunderts in der Zucht zwischen zwei Typen: dem in den Formen sehr schönen, oft sehr eleganten Karossierhengst mit sehr gutem Gang und dem von den Gestütsverwaltungen geforderten schwersten Oldenburger, der oft wenig Eleganz besaß und der auch im Gang bei weitem nicht so viel Tritt und Schwung zeigte wie der Karossierhengst. Dieser der Abwehr des Kaltbluts dienende Typ war sehr schwer und im Körper sehr gut geschlossen; oft war er aber etwas zu kurz. Gelobt wurde das gute Bein des Oldenburgers, wobei die Vorderfessel allerdings häufig als zu gerade und zurückgebaut empfunden wurde. Als weiterer Mangel galt die fehlende Behosung (Rau 1911).

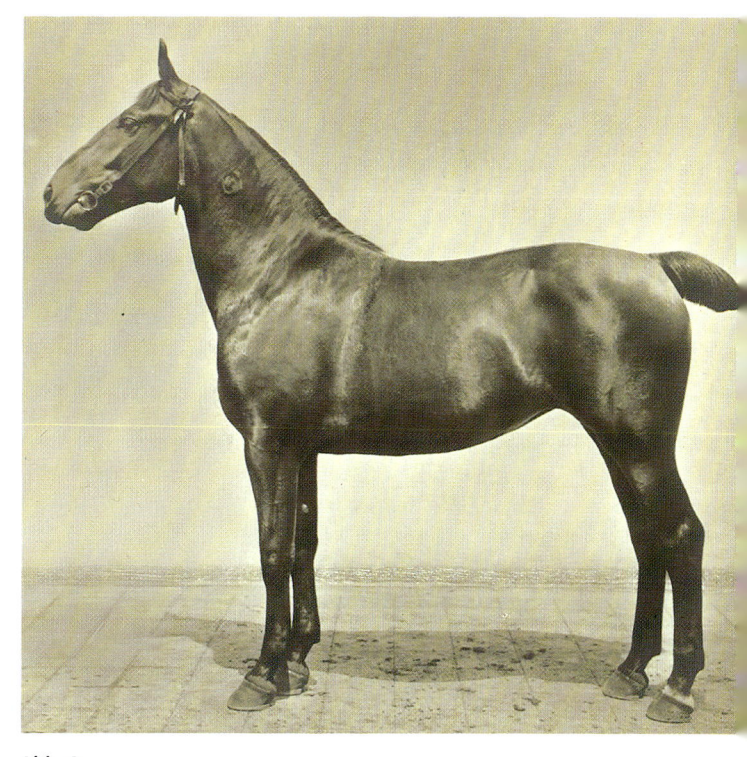

Abb. 9.
Oldenburger Stute
Goldelse 1912.

Abb. 10. Oldenburger Prämienhengst Gouverneur 3437 als typischer Rassevertreter um 1930.

Die Teilung des Zuchtgebietes für die Rasse durch das Gesetz von 1897 wurde als Nachteil empfunden. Durch Umstellung des Zuchtziels und Ankauf von Hengsten und Stuten aus Nord-Oldenburg hatte sich das Süd-Oldenburger Pferd zunehmend dem Nord-Oldenburger Typ angeglichen. Deshalb wurde 1923 ein Gesetz erlassen, das folgende Änderungen vorsah:
1. Zusammenschluß des nördlichen und südlichen Zuchtgebietes zu einem Zuchtgebiet,
2. Angliederung des Landesteils Lübeck an dieses Zuchtgebiet und die Möglichkeit, weitere außeroldenburgische Gebietsteile dem Zuchtgebiet anzugliedern,
3. die Möglichkeit für den Züchterverband, auswärtige Züchter des Oldenburger Pferdes als freiwillige Mitglieder aufzunehmen,
4. Erweiterung der Zuständigkeit des Züchterverbandes auf die gesamten Angelegenheiten der Zucht des Oldenburger Pferdes in wirtschaftlicher und züchterischer Beziehung,
5. Beschränkung der Zuständigkeit der Körkommission auf die Vornahme der Körungen und Prämierungen,
6. Schluß des Stutbuchs und
7. andere Regelung der Prämierung.

Der neue Verband umfaßte 60 Bezirke. 1924 gab es im Zuchtgebiet 117 Hengste und 10 836 Zuchtstuten. Sie verteilten sich auf 5807 Mitglieder. Das Stutbuch wies damals 3332 Deckhengste und 32 600 Zuchtstuten auf. Diese Zahlen hatten sich bis 1930 auf ca. 3500 Hengste und 40 800 Stuten erhöht.

Der Oldenburger von damals war eine Art Vielseitigkeitspferd (Abb. 10). Nicht nur als Kutsch- und Wagenpferd sowie beim Militär leistete er Hervorragendes; Oldenburger zeichneten sich auch im Turniersport aus. Mit Respekt wurde zudem die Leistung in Distanzritten 1927 über 386 km (Oldenburg-Dortmund) mit der vierfachen Last ihres Eigengewichts und über 358 km (Oldenburg-Fehmarn) gesehen. Eine Rekordleistung vollbrachten die Oldenburger Wallache Didde und Gerold, die ein Gewicht von 18 520 kg über eine Strecke von 400 m in 5,19 Minuten. »ohne Zeichen von Überanstrengung« hin- und zurückzogen (Schüßler 1931).

Auch nach der Jahrhundertwende war das Interesse am Oldenburger außerhalb des ursprünglichen Zuchtgebietes ungebrochen. Das Gebiet des Bremer Staates links der Weser schloß sich dem Oldenburger Zuchtgebiet an. Viele Pferdezüchter aus dem übrigen Bremer Gebiet sowie aus dem Land Hannover und aus Ostfriesland wurden freiwillige Mitglieder des Verbandes. Aber nicht nur in den an Oldenburg angrenzenden Bezirken wußte man Anfang des 20. Jahrhunderts das Oldenburger Pferd zu schätzen. Jährlich kamen Interessenten aus allen Gegenden Deutschlands und dem Ausland, um Zuchtpferde zu erwerben. Das Königlich Preußische Ministerium für Landwirtschaft kaufte vor dem Ersten Weltkrieg innerhalb von 20 Jahren 740 Oldenburger Hengste an. Die Königlich Bayerische Landgestütsverwaltung erwarb zwischen 1874 und 1906 682 Hengste Oldenburger Abstammung zu Zuchtzwecken. Ganz besonders gelobt wurde das Sächsische Landstallamt Moritzburg. Moritzburg hatte um 1930 einen Bestand von 65

Oldernburger Beschälern, die als besonders stark, robust, tief, breit und vollrippig geschildert wurden. Noch heute stehen hervorragende Oldenburger des alten Typs in Moritzburg.

Innerhalb Europas waren die Niederlande stets sehr guter Abnehmer der Oldenburger Pferde. Aber auch von Italien, Österreich, der Schweiz, Rußland, Lettland, Dänemark und Schweden wurden gern Oldenburger gekauft und teilweise rein weitergezüchtet. Ähnliches galt für England, wo der Oldenburger Karossier in hohem Ansehen stand.

Nach Erhebungen im Jahre 1928 gab es im Verwaltungsbezirk Oldenburg 47 456 Pferde. Von ihnen gehörten 41 426 (87,3%) dem Warmblut und 6030 (12,7%) dem Kaltblut an. Die Ämter mit dem höchsten Anteil von Warmblut waren Brake (97,2%), Butjadingen (97,1%) und Elsfleth (96,9%). Bei diesen Warmblutpferden handelte es sich nahezu ausschließlich um Oldenburger.

Nach 1900 wurden bis zum Zweiten Weltkrieg keine fremdblütigen Beschäler mehr aufgestellt. Um 1930 unterschied man vier Hauptblutlinien. Außer der bekannten Agamemnon-Linie waren dies die Norman-Rubico-Linie, die Emigrant-Linie und die Graf-Wedel-Linie. Diese vier Blutlinien waren damals von überragendem Einfluß und außerordentlich verbreitet. Allein der Norman-Linie gehörten um 1940 86,9% der Oldenburger Beschäler an.

Die Agamemnon-Linie geht auf den Hannoveraner Agamemnon 560 zurück, einen 1863 geborenen Schwarzbraunen. Dieser Stammhengst stand als Enkel des Vollblüters Defensive XX hoch im Blut. Er war bei mittlerem Rahmen schön, edel und sehr gängig. Von 1867 bis 1885 deckte Agamemnon im Oldenburger Zuchtgebiet. 51 seiner Söhne wurden gekört. Die Nachzucht war ausgeglichen, leistungsfähig und im allgemeinen sehr langlebig.

Die Graf-Wedel-Linie nahm ihren Ausgang von dem Hannoveraner Carolus, der später Graf-Wedel genannt wurde. Er war ein 1863 gezogener mittelgroßer, wohlproportionierter, edler Dunkelbrauner von Young Boradil, einem Enkel des Vollbluthengstes Herodot XX. Graf-Wedel brachte 29 Deckhengste und wertvolle Stuten.

Die Emigrant-Linie: Auch der Begründer, Emigrant 925, war Hannoveraner. Er wurde 1875 geboren. Emigrant war ein Dunkelbrauner, gut mittelgroß und stark, mit viel Aufsatz und Ausdruck, im Gang raumgreifend, aber etwas flach. Der Hengst deckte 21 Jahre bis 1900 im Zuchtgebiet. 49 seiner Söhne wurden gekört, 360 seiner Töchter wurden Stutbuchstuten, darunter 52 Prämienstuten.

Die Norman-Rubico-Linie hatte bis 1930 alle anderen Linien weitgehend verdrängt. Der 1868 in der Normandie geborene Stammhengst Norman 710 war hellrotbraun. Norman war auf zwei Vollblüter ingezogen. Er war ein edler, schöner, ziemlich großer und im Fundament verhältnismäßig starker Hengst. Norman stand von 1871 bis 1887 im Zuchtgebiet. Er brachte 12 gekörte Hengste und 71 Stutbuchstuten. Sein großer Einfluß ging vorwiegend von seinem Sohn Rubico aus (Dencker 1941). Neben den Hengstlinien unterschied man 1942 25 Stutenstämme.

Nach dem Ersten Weltkrieg forderten die veränderten Verhältnisse ein neues Zuchtziel:

»Ein schweres, starkknochiges, vollrumpfiges und leistungsfähiges Wirtschaftpferd gut mittleren Rahmenausmaßes, welches durch Leichtfuttrigkeit, Fruchtbarkeit, Langlebigkeit, Gängigkeit und Verwendungsvielseitigkeit ein ideales Bauernpferd garantiert, oder auch in weiterem Sinne als kriegsbrauchbares Ackerpferd für Wirtschaft und Wehrmacht gleich geeignet ist. Besonderer Wert wird gelegt auf Korrektheit und Stärke des Fundaments mit kräftigen Sprunggelenken und guten Hufen, auf viel Schulter mit ausgeprägtem Widerrist, auf gute Brusttiefe, runde, tiefe Rippe und Flanke und vor allem auf bedeutende Mechanik der Bewegung hinsichtlich eines räumenden Trabes und eines für ein Zugpferd geforderten langen Schrittes.«

An diesem Zuchtziel wurde bis nach dem Zweiten Weltkrieg festgehalten. Den Oldenburger bezeichnete man damals als »schwerstes Warmblutpferd«. Er war frühreif, d. h. seine Körperentwicklung war mit 3,5 Jahren abgeschlossen. 1939 wurden folgende Durchschnittswerte für Körpermaße ermittelt:

Abb. 11. Fünfjähriger Oldenburger Prämienhengst Lothar 4095, um 1958.

	Hengste	Stuten
Widerristhöhe (cm)	160	160
Gewicht (kg)	751	669
Röhrbeinumfang (cm)	24,3	23,2

1950 wurde der damals vierjährige schwarzbraune Condor aus der Normandie importiert, um eine neue Linie zu schaffen. Dieser Hengst führte zu 70% Englisches Vollblut. Condor hatte bei mittlerer Größe viel Adel und Harmonie. Er besaß schöne Linien, gute Bemuskelung und ein ausgezeichnetes Fundament. 1951 gab es ungefähr 6500 Betriebe mit über 12 500 eingetragenen Stuten (Zorn 1952). Die Zucht und die Aufzucht der Hengste lag ausschließlich in bäuerlicher Hand (Abb. 11). Staatliche Gestüte fehlten in Oldenburg völlig. Noch um 1960 verfügte die Oldenburger Zucht über ca. 12 000 Zuchtstuten und 100 Zuchthengste in Privat- und Genossenschaftsbesitz.

Nachdem kaum noch Bedarf an Arbeitspferden bestand, erfolgte in den 60er Jahren die Umzüchtung auf ein leichteres, rittigeres Pferd. Der alte Typ des Schweren Warmbluts wurde weitgehend vom Hannoveraner verdrängt. Es gab nur noch kleine Zuchtinseln mit insgesamt wenigen typreinen Tieren. Anders war die Situation in der DDR. Dort gab es noch eine Reinzuchtpopulation, die 1983 583 in der Zucht benutzte Stuten sowie 20 gekörte Hengste umfaßte. Das Zuchtziel war im Rassestandard der DDR folgendermaßen festgelegt:

Allgemeine Leistungen
- Konstitutionshart mit besonderer Belastbarkeit des Fundaments;
- hohe Fruchtbarkeit und frühreif;
- sehr gute Futterverwertung;
- ruhiges, durch Umgänglichkeit geprägtes Temperament;
- gute Eignung für Dauerbelastungen.

Oldenburger

Abb. 12. Hengst des Schweren Warmbluts im Typ des Oldenburgers, wie er jetzt im Sächsischen Landgestüt Moritzburg bei Dresden gehalten wird.

Spezielle Leistungen
- Ausgesprochene Eignung für den Fahrsport und die Fahrtouristik;
- sehr gute Eignung als Wagenpferde für mittelschweren Zug;
- taktmäßige, raumgreifende Bewegungen im Schritt und Aktion im Trab.

Exterieur
- Mittelschweres, genügend elegantes Pferd mit großer Breite und Tiefe sowie gutem Schluß;
- ausdrucksvoller Kopf;
- mittellanger, gut bemuskelter Hals;
- lange, schräge Schulter;
- gut erkennbarer Widerrist, elastischer Rücken;
- lange, leicht geneigte Kruppe mit kräftiger Bemuskelung;
- korrekte, trockene Gliedmaßen mit klaren und gut ausgeprägten Gelenken sowie regelmäßig ausgeformten festen Hufen.

Widerristhöhe	157–165 cm
Rumpflänge	158–167 cm
Röhrbeinumfang	21–24 cm

Pferde der Rasse Schweres Warmblut wurden in der ehemaligen DDR folgendermaßen charakterisiert:
- typisches Wagenpferd; repräsentativ durch Aufrichtung, Adel, Kaliber und gute Körperharmonie;
- mittelgroßer, der Masse angepaßter Kopf mit großen Augen und relativ kleinen Ohren;
- aufgesetzter, gut geformter, muskulöser Hals;
- schräg gelagerte, stark bemuskelte Schulter und wenig hervorstehender Widerrist;
- mittellanger, elastischer Rücken mit breiter Nierenpartie;
- runde und breite, gut bemuskelte und nahezu horizontale Kruppe;
- von Knochenstärke, Korrektheit und guter

Textur gekennzeichnete Gliedmaßen mit der Masse angepaßten, gesunden Hufen;
- herausragende Bewegungen im Trab mit Aktion;
- fast ausnahmslos Braune und Rappen;
- Hengste etwa 162 cm Stockmaß, 24 cm Röhrbeinstärke, 13 Zentner schwer;
- Stuten etwa 160 cm Stockmaß, 23 cm Röhrbeinstärke, 12 Zentner schwer.

In Moritzburg bei Dresden stehen noch etliche hervorragende Hengste (Abb. 12). Von dort kamen schon in den 80er Jahren vorzügliche Einzeltiere nach Norddeutschland.

Ostfriese

Um die wechselvolle Vergangenheit des Ostfriesischen Pferdes zu verstehen, scheint es sinnvoll, sich die Geschichte des Landes zu vergegenwärtigen. Im 14. Jahrhundert herrschten im nordöstlichen Teil Ostfrieslands die Grafen von Oldenburg, im südwestlichen Teil besaß der Bischof von Münster die Grafenwürde. Im Verlauf der Zeit kamen einzelne Großgrundbesitzer zu Ansehen und Macht. 1454 ernannte Kaiser Friedrich III. einen dieser »Häuptlinge«, Ulrich Cirksena, zum Grafen von Ostfriesland. Dieser fügte die verschiedenen Teile Ostfrieslands mit Ausnahme des Harlingerlandes zu einem Ganzen zusammen. 1744 starb das Haus Cirksena aus, und Ostfriesland fiel an Preußen. 1807–1810 gehörte Ostfriesland zu den Niederlanden, 1810–1813 zu Frankreich. Für eine kurze Zeit, 1813–1815, gehörte es wieder zu Preußen, kam aber dann bis 1866 zum Königreich Hannover. 1866 fiel Ostfriesland erneut an Preußen. Letzteres ist der Grund dafür, daß der Ostfriese nach der Herrschaftszugehörigkeit allgemein bei den preußischen Pferderassen abgehandelt wurde.

Die Beeinflussung des Ostfriesen durch Hengste anderer Zuchtgebiete und Länder war im Verlauf der Jahrhunderte außerordentlich groß. Dennoch blieb ein bestimmter Typ, das Schwere Warmblut, über alle Zeiten hinweg weitgehend erhalten. Dies mag ein Ergebnis der Züchtermentalität gewesen sein. Wie die ländliche Bevölkerung wohl überall, hat es auch der ostfriesische Bauer verstanden, sich fremden Einflüssen und Modeströmungen in der Pferdezucht weitgehend zu entziehen.

Das ostfriesische Pferd läßt sich auf die Römerzeit zurückführen. Bereits Tacitus hat auf die friesische Zucht hingewiesen; in einem römischen Bericht von 400 n. Chr. heißt es über die Pferde Ostfrieslands, sie seien schnell und in der Ausdauer unschlagbar gewesen. Auch im Mittelalter hatte das ostfriesische Pferd einen guten Ruf. Wilhelm Gnaphaens, der Lehrer des jungen Grafen Edzard II., erwähnt, daß es in Aurich jährlich sieben bedeutende Märkte gegeben habe. Zu diesen Märkten kamen Friesen, Westfalen und Niederländer, um Schlachtrösser zu kaufen, die in dieser Vollkommenheit nur dort anzutreffen gewesen seien.

Nach Schwarznecker (1902) hat Ostfriesland stets eine hippologische Sonderstellung eingenommen. Auch er betont die Erzeugung eines starken Ritterpferdes im Mittelalter. Dieses Pferd war hochaufgerichtet im Halse, mit breiter Brust und mäßiger Tiefe. Es hatte eine stark bemuskelte Hinterhand und besaß eine gespaltene Kruppe. Als Zeichen besonderer Kraft wurde der dicke, eingeklemmte Schwanz angesehen.

Die älteste bekannte Abbildung eines ostfriesischen Pferdes stammt von 1609. Aus ihr geht hervor, daß der Ostfriese damals an der Grenze zwischen schwerem Warmblut und Kaltblut stand. Er besaß einen Ramskopf, hatte eine kräftig bemuskelte Hinterhand und trug einen ausgeprägten Kötenbehang.

Ostfriese

Im Jahre 1608 schickte der ostfriesische Graf Enno III. dem englischen König Jakob I. vier friesische Pferde.

Es ist anzunehmen, daß diesem sehr pferdekundigen König nur hervorragende Tiere geschickt wurden. Daß es sich um sehr wertvolle Pferde gehandelt haben muß, geht aus den Begleitumständen hervor: Der Transport wurde von einem Stallmeister, zwei Edelknaben, einem »einspännigen« Knecht und einem Stalljungen nach England gebracht.

Groß (1908) unterscheidet in der Geschichte des Ostfriesischen Pferdes zwei Abschnitte: die Zeit des unveredelten und die Zeit des veredelten Pferdes. Die erstgenannte Periode liegt vor 1600, die zweite danach. Der unveredelte Schlag war zwar kein ausgesprochenes Kaltblutpferd, muß aber doch eher diesem als dem Warmblut zugerechnet werden (Gross 1908). Obwohl schon um 1600 edles Blut zugeführt wurde, herrschte der unveredelte Schlag bis zur Mitte des achtzehnten Jahrhunderts vor. Während einer Übergangszeit von gut einem halben Jahrhundert gab es also beide Typen nebeneinander.

Anscheinend verfiel man während dieser Phase der Umzüchtung zunächst in das andere Extrem. Man ließ die schweren, starkknochigen, robusten Stuten des alten Schlags von edelsten Hengsten decken. Die Produkte waren sehr unterschiedlich und entsprachen nicht den Anforderungen der Landwirtschaft. Die Züchter fanden darum auch wenig Gefallen an Resultaten der Kreuzung. Man ging deshalb dazu über, einheitliche Vatertiere mit gefälligen Formen, starkem Fundament und genügend Adel auszuwählen.

Zu Beginn des 18. Jahrhunderts stammten die zur Zucht eingesetzten Hengste aus vielen verschiedenen Ländern. Besonders beliebt waren solche aus der Türkei, aus England, Polen, Ungarn, Siebenbürgen, Dänemark und Island. Deutsche Hengste wurden aus Ostpreußen, Oldenburg und aus der Senne geholt. Ganz erheblichen Einfluß auf die Zucht hatte der spanische Rapphengst L'Andaloux, also offenbar ein Andalusier.

1715 erließ Fürst Georg Albrecht von Ostfriesland, der bis dahin die Deckhengste aus seinem Marstall gestellt hatte, eine Verordnung. In Zukunft sollten die Ämter Esens und Wittmund keine Deckhengste mehr schicken. Den einzelnen Stutenbesitzern wurde es gestattet, unter bestimmten Voraussetzungen selbst Hengste zu halten. Als Voraussetzung galten folgende Bedingungen:

»Die von den privaten Hengsthaltern zur Zucht bestimmten Hengste sollen jährlich am 20. Januar zu Esens und am 21. zu Wittmund dem Drosten und dem Vizestallmeister vorgeführt werden, worauf im Falle der Annahme dem Eigentümer gegen Erlegung einer Gebühr von zwei Thalern an den Vizestallmeister ein schriftlicher Schein erteilt wird. Jeder vorgeführte Hengst muß mindestens dreijährig und darf nicht über 15 Jahre alt sein. Er darf keinen Erbfehler haben, nicht kollerig, dämpfig, mond- oder stockblind sein, der Blindheit müßte dann ein äußerer Schaden oder Zufall zu Grunde liegen, auch nicht spattig oder mit hohen, weißen Füßen und großen Blässen.«

Durch diese Verordnung ist die Hengstkörung in Ostfriesland vermutlich älter als die aller anderen Pferdezuchtgebiete der deutschsprachigen Länder. Im allgemeinen führte man das Kör- und Prämienwesen erst um die Mitte des 18. Jahrhunderts ein. 1755 wurde eine für ganz Ostfriesland gültige Körordnung durch Verfügung der Kriegs- und Domänenkammer geschaffen:

»Verordnung, wie es im Fürstenthum Ostfriesland zur Verbesserung der Pferdezucht mit deren Beschälern solle gehalten werden«:

»Nachdem man wahrgenommen, daß die Pferdezucht, woraus doch dieser Provinz ein großer Vortheil entspringt, bisher nicht unter gehöriger Ordnung eingerichtet gewesen, so wird hierdurch zu desto mehrerer Verbesserung solcher Pferde-Zucht, folgendes verordnet, und zu jedermanns Wissenschaft bekannt gemacht:

1. daß zuforderst drei redliche, verständige und erfahrene Köhrmeister angestellt und verpflichtet werden sollen, nemlich in Aurich, Leer und Norden, in der Art, daß jeder folgende Districte unter sich haben, und in dem Monat Januario, oder, wenn es sodann die Wege nicht gestatten, im Februario, als welche Monathe zum Termino zur Besichtigung der zum Beschälen zu präsentierenden Hengste hiermit

festgesetzt werden, an nachbeschriebenen Orten, wenn sie vorher denen Eingesessenen den Tag der Präsentation zeitig durch publicationes bekannt machen lassen, ihre Besichtigungen anstellen sollen. Der Köhrmeister in Aurich lässet sich daselbst die Hengste präsentieren für das Auricher Amt, und in Frideburg für das dasige Amt, und für die Herrlichkeit Goedens ...

2. Und da denn, wie schon oberwehnet, zur jährlichen Besichtigung der Beschäler, und zwar in dem nächstkünftigen 1756ten Jahre zum ersten mal, die Monate Januarius und Februarius determiniret sind, da alle Hengste welche für das Jahr zum Beschälen gebrauchet werden sollen, denen Köhrmeistern präsentiret werden müssen; es aber auch geschehen mögte, daß jemand nach Verlauf dieses Termini einen tüchtigen Hengst ankaufen würde: so mag derselbige solchen gleich nach dem Ankauf köhren lassen, da der Hengst, wenn er von dem Köhrmeister approbiret wird, für das Jahr admittiret werden mag, aber auch in dem nächstfolgenden Präsentationstermino, gleich andere, wieder zur Besichtigung präsentiret werden muß.

3. Wenn die Besichtigung der Hengste von dem Köhrmeister gebührend geschehen; so hat derselbige demjenigen, dessen Beschäler tüchtig befunden worden, ein schriftliches Attest zu ertheilen, den Beschäler darin kennbahr zu bezeichnen, und, wann solcher an dem Besichtigungstage des folgenden Jahres annoch approbiret wird, solches unter dem gemeldeten Attest zu notiren, von dem allen ein kurzes Protokollum zu führen, und solches denen Beamten einzuschicken, es auch auf gleichem Fuß zu halten, wenn außer dem gesetzten Termino nachher angekaufter Hengst zur Besichtigung mögte präsentiret werden. Dem Köhrmeister selbst ist aber nicht erlaubet, einen Springhengst zu halten.

4. Bei der Besichtigung und Visitation der Hengste hat der Köhrmeister vornemlich auf folgende Puncte zu sehen, daß er keinen Hengst für tüchtig passiren lasse, es sey denn derselbe völlig 4 Jahre und nicht über 12 Jahre alt, von gehöriger Größe, guter Proportion, oder wohl gewachsen ohne Haupt- und Erb-Mängel, und sowol äußerlich als innerlich gesund; Insonderheit aber sollen, so viel die Erb-Mängel betrifft, keine Hengste, so mit dem Koller, Rotz, Spaht, mit Mond- oder Stock-Blindheit behaftet, oder auch Krippen-Beißer sind, zugelassen werden. Daneben soll ein Springhengst keine große Blesse vor der Stirne noch weiße Schenkel, oder einen dicken eingebogenen Kopf, noch einen zu tief eingebogenen Rücken, oder sonst grobe unproportionirte oder ungestalte Glieder haben. Und was endlich die Farbe betrifft, so sind regulariter keine andere, als schwarze und braune Beschäler zu admittieren: Allenfalls soll auch ein Fuchs oder Schimmel passiren, hingegen aber alle übrige buntfarbige Hengste verboten seyn.

5. Für jeden Hengst, der zum Beschälen präsentiret wird, hat der Eigenthümer, falls der Köhrmeister den Hengst tüchtig befindet, und solches attestiret, nachhero auch solches bei abermahliger Praesentation erwiedert, jedesmal 2 Reichsthaler, wenn der Hengst als untauglich abgewiesen wird, einen Reichsthaler dem Köhrmeister zu erlegen.

6. Das Spring-Geld betreffend, soll es dem Besitzer des Beschälers frey gelassen werden, so viel zu nehmen, als er nach Beschaffenheit desselben zu erhalten vermag, jedoch nicht unter 1 Reichsthaler, als welcher Preiß der geringste seyn soll; welches zu bedingende Spring-Geld aber auch indistincte zu bezahlen ist, es mag die Stute bestehen oder nicht: dabey indessen denen Eingesessenen frey stehet, ihre Stuten, zu welchem Hengst sie wollen, hinzuführen, wenn derselbe gehörig approbiret ist.

7. Und damit auch der Endzweck desto besser möge erreichet werden, so wird verordnet, daß niemandem erlaubet seyn soll, einen Springhengst zu halten, welcher nicht vorgeschriebenermaßen gehörig approbiret worden. Und mögte sich jemand unterstehen, hiewider zu handeln, einen nicht praesentirten noch approbirten, auch abgewiesenen Hengst, wenn er auch nur seine eigene Stuten damit belegen lassen, zu gebrauchen, soll derselbe seines Hengstes verlustig und daneben in 10 Reichsthaler Strafe verfallen seyn, von welcher Strafe der Denunciant, mit Verschweigung seines Nahmens, den vierten Theil zu genießen haben soll. Und sollen in Specie die Vögte und Gerichtsdiener fleißig auf die Contraventiones acht haben, und den Verlust ihrer Dienste, und scharfer Ahndung, seines Casus verschweigen, sondern solche denen Beamten zur weitern Reverirung an die Krieges- und Domainen-Cammer anzeigen. Königl. Preuß. Ostfr. Krieges- und Domainen-Cammer.«

Auffallend ist die hohe Strafe, die nach Deckeinsatz nicht gekörter oder abgekörter Hengste vorgesehen war. Gegen die Bestimmung, daß das Mindestalter gekörter Hengste vier Jahre betragen muß, erhoben die Züchter Einspruch. Dennoch entschloß die Regierung sich erst 1791, Hengste schon im Alter von drei Jahren zuzulassen.

1810 wurde eine neue Körordnung erlassen. Danach konnte Hengsten schon im Alter von zwei Jahren die Deckberechtigung zugesprochen werden. Sie wurde jedoch schon vier Jahre später wieder aufgehoben. An ihre Stelle trat ein
»Reglement über die Körung der Beschäler in der Provinz Ostfriesland«.

Anfang des 19. Jahrhunderts bemühte man sich seitens der ostfriesischen Züchter sehr, starke und schwere Hengste aus dem Königlichen Marstall in Hannover zu erhalten. Diese Anstrengungen führten nach einigen Jahren dazu, daß ab 1816 jährlich im Mittel vier Hannoveraner in Ostfriesland aufgestellt wurden. 1825 befanden sich unter diesen Hengsten ein Däne und ein Russe; 1828 wurden zwei Original-Araber aufgestellt und 1829 kamen insgesamt vier englische und arabische Hengste (Groß 1908).

1817 fand eine Viehzählung statt. Danach gab es in Ostfriesland 25 422 Pferde. Diese Zahl hatte sich 1841 auf 28 747 erhöht. Es muß sich weitgehend um Ostfriesen gehandelt haben, denn die Zucht von Kaltblut und Ponys war damals in dem Regierungsbezirk unüblich. Die hauptsächlichen Absatzgebiete waren Italien, Belgien und Frankreich.

In einem Werk über Ostfriesland schrieb Ahrends um 1820 (zit. in Groß 1908)
»die Vortrefflichkeit der Ostfriesischen und Jeverschen Pferde, sowohl in Hinsicht der Schönheit als Ausdauer, ist zu bekannt, um bei Beschreibung derselben verweilen zu dürfen. Die eigentlichen ostfriesischen Pferde, so vorzüglich als Zugpferde sich empfehlen, neigen sich einigermaßen, nach Bauart des Kopfes und der hinteren Taille, der friesischen Race, die Jeverschen dagegen mehr nach der Holsteinischen, von der die Oldenburger vermuthlich Abkömmlinge sind ... Die meisten Pferde sind hellbraun, öfters mit schwarzem Schweif und Mähne; Rappen sind nach Verhältnis weniger, am mehrsten noch in Reiderland und dem Jeverschen ... Die Pferdezucht wird in beiden Provinzen stark betrieben, und bringt bedeutenden Gewinn dem Lande ein. Es gibt wohl keinen einzigen Platz, wo nicht wenigstens ums andere Jahr ein Pferd verkauft werden kann, auf den meisten jährlich eins, auf manchen zwei, mehr ist schon selten ... Die bedeutendsten Pferdemärkte sind die zu Aurich, Emden, Leer, Weener, Jemgum, Jever und Sengwarden, besonders im Nachsommer und Herbst. Hier kommen die Pferdehändler und nehmen ihren Bedarf. Dergleichen Kaufleute, die im Großen handeln und Versendung nach dem Ausland – Oberdeutschland, Frankreich, Italien etc. – machen ... Die Pferdezucht ist für den, der selbst Landwirtschaft treibt, ein einträgliches Geschäft.«

1843 wurde von einer Pferdezuchtkommission darauf aufmerksam gemacht, daß es für die Zucht sehr wertvoll sei, wenn die Körkommission mehr Gewicht »auf ein gutes Trittwerk der Hengste« lege. Der König von Hannover ordnete daraufhin an, alle Bemühungen darauf zu verwenden, um ein großes, starkes, vornehmes Wagenpferd herauszuzüchten. Dieses Pferd sollte sich auch für den schweren Zug eignen. Größe und Kraft seien ausreichend vorhanden, dagegen ließen Gang und Schönheit der Körperformen noch sehr zu wünschen übrig: Die Körkommission wurde angewiesen, auf ein »gutes Trittwerk«, insbesondere auf weites und kraftvolles Ausschreiten und freies, waagerechtes Aufsetzen des Hufes, sorgfältig zu achten.

In den 30er und 40er Jahren des 19. Jahrhunderts bemühte man sich sehr um die Veredelung des Ostfriesen. Fast jährlich wurden an das Königliche Ministerium des Innern in Hannover Gesuche gerichtet, mehr Beschäler aus dem Landgestüt in Celle oder dem Königlichen Marstall nach Ostfriesland kommen zu lassen. Dabei wurden allerdings fast immer große, starke Hengste gewünscht. Die Veredelung war damals so sehr Zuchtziel, daß man sogar das Aufstellen von Englischem Vollblut beantragte. Wie die folgende »Bekanntmachung« von 1840 zeigt, geschah dies auch:

Bekanntmachung zur Veredelung der Pferdezucht
»Zur Veredelung der Pferdezucht in der hiesigen Provinz ist es für wünschenswerth erachtet, daß ausgezeichnete Hengste von Englischen Vollblute zum Bedecken fremder Stuten aufgestellt werden, und es ist zu diesem Behuf die Bewilligung von

Prämien zum Betrage von 500 Thalern Courant für einen jeden derartigen Hengst von dem Königl. Ministerio des Innern unter den nachfolgenden Bedingungen genehmigt worden:
1. Die reine Zucht von Englischem Vollblutstamme muß in der Art nachgewiesen werden, daß die Abkunft beider Eltern des aufzustellenden Hengstes ohne Vermischung mit fremdem Blute auf das englische *General Stud-Book* zurückgeführt werden kann.
2. Der aufzustellende Hengst muß einige Male in öffentlichen Rennen mit Vollblutpferden mit Auszeichnung gelaufen haben.
3. Die Größe des aufzustellenden Hengstes muß wenigstens 4 Fuß 4 Zoll (ca. 163 cm) Bandmaß und das Alter desselben nicht über acht Jahre betragen, wobei nachrichtlich bemerkt wird, daß möglichst starker und großer Knochenbau, so wie in Ansehung des Haares, der Mangel vieler und großer Abzeichen den Wünschen der hiesigen Pferdezüchter am meisten entsprechen dürfte.
4. Der Besitzer des Hengstes ist verpflichtet, denselben wenigstens 6 Jahre lang an einem beliebigen Ort in der Provinz zum Bedecken aufzustellen, und zwar zu einem Deckgelde von 2 Pistolen als Maximum.
Das Zurückziehen des Hengstes innerhalb des gedachten 6jährigen Zeitraums hat den Verlust der Prämie zur Folge und muß dafür, wenn es von der unterzeichneten Behörde verlangt wird, Caution geleistet werden.«

1840 kam der erste Englische Vollbluthengst nach Ostfriesland, 1864 wurde der letzte dort eingesetzt. Von 1837 bis 1903 deckten in Ostfriesland 133 Hengste aus dem Landgestüt Celle. Als Geburtsland dieser Hengste wurde angegeben:

England	25
Hannover	53
Mecklenburg	35
Pommern	8
Oldenburg	6
Österreich	1
andere deutsche Gebiete	4

Von den 133 Hengsten waren neun Englisches Vollblut, bei 22 war der Vater und bei fünfen die Mutter Englisches Vollblut.

1852 führte man auf Vorschlag des Landwirtschaftlichen Hauptvereins die Prämierung von Stuten ein. Diese mußten mindestens drei Jahre und durften höchstens sieben Jahre alt sein. Als Prämie wurden insgesamt 400 Reichstaler ausgesetzt. Die prämierten Stuten sollten so lange wie möglich zur Zucht verwendet werden.

Das ostfriesische Stutbuch wurde 1897 vom Landwirtschaftlichen Hauptverein für Ostfriesland aus den seit 1850 geführten Hengstkörungslisten und dem seit 1870 geführten Stammregister für ostfriesische Wagenpferde zusammengestellt. Zweck des Stutbuches war es, den öffentlich beglaubigten Nachweis über die Abstammung aller vorhandenen, dem Typus des ostfriesischen Wagenpferdes entsprechenden Zuchtstuten und deren Nachzucht zu liefern (Ramm und Buer 1901).

Die Auswahl der in das ostfriesische Stutbuch aufzunehmenden Stuten unterstand den Körkommissionen der einzelnen Kreise. Die Aufnahme der Stuten geschah jährlich im März. Aufgenommen wurden dreijährige und ältere Stuten, die dem Zuchtziel des Stutbuchs entsprachen. Dieses führte ein Hengst- und ein Stutenregister. Der Brand des ostfriesischen Stutbuches bestand aus einem 0 mit einer Krone darüber. Er war als gesetzlich geschütztes Warenzeichen eingetragen (Ramm und Buer 1901).

Das im Stutbuch festgelegte Zuchtziel lautete folgendermaßen:

»Das Zuchtziel ist die Erzeugung eines starken, edlen, leicht lenkbaren Wagenpferdes, welches sich bei angemessener Ernährung so frühzeitig entwickelt, daß es schon im jugendlichen Alter zu leichteren landwirtschaftlichen Arbeiten benutzt werden kann, dadurch im dritten Lebensjahre sein Futter voll verdient und einen Teil seiner Aufzuchtkosten deckt. Im Alter von 3 bis 3½ Jahren soll die Entwicklung so weit fortgeschritten sein, daß das Tier vom Händler als volljährig abgenommen und mit den Preisen eines guten Karossiers bezahlt wird.«

Anfang des 20. Jahrhunderts galten die Bestimmungen über die Hengstkörung und das Stutbuchwesen von 1899 bzw. 1902. Der Körkommission, die alle sechs Jahre neu gebildet wurde, gehörten sechs Mitglieder an. Von ihnen

Ostfriese

Abb. 13.
Ostfriesischer Hengst
Jellachich II, geb. 1887,
rotbraun, Stockmaß 170 cm,
1890.

wurden zwei von den Landwirten und zwei vom Landwirtschaftlichen Hauptverein gestellt. Die beiden übrigen Mitglieder ernannte der Regierungspräsident. Der Körkommission waren außerdem zwei Tierärzte, allerdings ohne Stimmrecht, zugeordnet.

Die Landbeschäler ausgenommen, durften zum Decken fremder Stuten nur gekörte Hengste verwendet werden. Die Ankörung erfolgte immer nur für ein Jahr. Das Mindestalter der zur Körung zugelassenen Hengste betrug drei Jahre. Hengste, welche dem Zuchtziel – ein starkes, edles Wagenpferd – nicht entsprachen, sowie solche mit mangelhafter Beschaffenheit der Geschlechtsorgane oder mit Mängeln der Atmungs- und anderer Organe waren abzulehnen. Die Kommission hatte alle Hengste von nachgewiesener warmblütiger Abstammung zuzulassen.

Zu bevorzugen waren
- Hengste ostfriesischer Abstammung, und
- Hengste mit hervorragender Abstammung vor solchen mit weniger guter Abstammung.

Die Kommission hatte darauf zu achten, daß nicht mehr Hengste gekört wurden als für die in Ostfriesland vorhandenen Stuten erforderlich waren.

Am Anfang des 20. Jahrhunderts galten für den Ostfriesen im Mittel folgende Durchschnittsmaße (Groß 1908):

	Hengste	Stuten
Körpergewicht (kg)	682	643
Widerristhöhe (cm)	158,5	159
Röhrbeinumfang (cm)	23,3	22,1

Der Ostfriese erreichte im Mittel nicht ganz die Größe und Schwere des Oldenburgers (Drathen 1901).

Die Nachfrage nach Ostfriesen war auch Anfang des 20. Jahrhunderts außerordentlich groß. Das galt nicht nur für die übrigen deutschen Gebiete; auch in den umliegenden Ländern – Niederlande, Dänemark, Österreich, Schweiz und Italien – war der Bedarf groß. Außerhalb Europas waren vor allem Südafrika, Südwestafrika und die USA sehr an dieser Rasse interessiert. Allein in die USA wurden in den ersten sieben Monaten des Jahres 1907 120 ostfriesische Hengste verkauft.

Zuchtziel zu Beginn des 20. Jahrhunderts war die schwerste Form des Warmbluts; ein Pferd mit starkem Fundament, kurzbeinig, mit räumendem Gang und viel Schub aus der Hinterhand, gut gerippt, tief und doch harmonisch in seinen Körperformen, mit guter Schulterlage, schönem Hals und einem ausdrucksvollen Kopf. Ein Pferd, das zudem leichtfutterig und von gutem Temperament war, »so daß es auch den mit wenig Pferdeverständnis und Liebe zum Pferde ausgestatteten modernen Pferdeknechten anvertraut werden« konnte.

1911 kam Rau zu folgender Beurteilung: »Das ostfriesische Pferd steht einige Blutgrade niedriger als der Hannoveraner und ist sehr kräftig. Man findet auch leichtere und edlere Ostfriesen, doch überwiegt der schwere, weniger edle Typ bedeutend. Das ostfriesische Pferd von heute baut sich vorwiegend auf oldenburgischem und hannoverschem Blute auf. Es ist ein richtiges Bauernpferd, d. h. es sind keine großen Privatgestüte und keine Staatsgestüte um seine Zucht bemüht. Es wird beim kleinen Züchter geboren, kleine Züchter ziehen es auf und haben auch die Hengsthaltung. Die Hengste sind nicht so entwickelt, wie sie es unter der Ägide eines Staatsgestütes und dessen fortgesetzten Bemühungen sein könnten. Die Träger der Zucht sind mehr die Mutterstuten, die durch Arbeit entwickelt werden und Nerv, Gesundheit und Kraft der Zucht erhalten. Es liegt ein außerordentlich gesunder Instinkt in diesen Bauernzuchten. Sie wollen nie weiter, als die Verhältnisse, die der Zucht zu Grunde liegen, gestatten... Die Hengste, die die Bauern halten, sind den bäuerlichen Verhältnissen entsprechend dann nicht das, was sie sein könnten, gewöhnlich nicht genügend entwickelt, aber die ganze Zucht bewegt sich auf sehr solidem Boden und wirft eine schöne Rente ab.«

Die Ostfriesen waren nach Rau nicht so ausgeglichen und auch nicht ganz so schwer wie die Oldenburger. Sie waren aber trockener als jene, nicht aufgeschwemmt und machten oft einen härteren, nervigeren Eindruck. Dies führte man darauf zurück, daß nicht alle Pferde in der Marsch, sondern zum größeren Teil auf der Geest großgezogen wurden.

Unter den Hengsten ließen sich nach Rau (1911) drei Typen unterscheiden:

A Ein dem Oldenburger ähnliches Pferd im Typ eines noblen, schweren Karossiers mit gutem Gang und viel Nerv; etwas trockener als die Mehrzahl der Oldenburger.

B Ein Pferd mit Anlehnung an den Oldenburger Typ. Es zeigte diesen aber nicht so deutlich, war nicht edel und ohne viel Adel. Dieser Typ war meist etwas gewöhnlich, aber derb, robust, gedrungen und stark. Die Hengste dieses Typs waren vorzügliche Reproduktoren für landwirtschaftliche Gebrauchspferde.

C Ein edleres, leichteres Pferd mit vornehmen Manieren, das unter hannoverschem Einfluß stand und dem Hannoveraner mehr oder weniger ähnelte. Sein Typ fand sich am ausgeprägtesten in Füchsen. Dieser dritte Typ war verhältnismäßig selten.

Ein persönliches Bekenntnis legte Rau ab, als er schrieb,

»bei den Vertretern des Typ B hat man das Empfinden, ›den möchtest du mit nach Hause nehmen und von ihm Pferde für deinen landwirtschaftlichen Betrieb züchten‹. Breite, stramme, derbe, kurzbeinige Gäule ohne große Manieren, aber mit einem robusten Zug und der Versicherung in Ausdruck und Wesen: ›wir lassen dich bei der schwersten Arbeit nicht im Stich‹.«

Nach dem Ersten Weltkrieg wurden die leichteren und edleren Pferde von der Zucht ausgeschlossen (Gramann 1925). Die Einkreuzung von Englischem Vollblut und Arabern war längst vollzogen worden. Man hielt allerdings an einem gewissen Adel fest, weil solche Tiere, auch wenn sie sonst die Eigenschaften eines guten Karossiers aufwiesen, sehr gern gekauft wurden.

Die Ansichten der Züchter über das Zuchtziel waren geteilt. Die große Mehrheit wünschte den Ostfriesen mit genügender Masse und Schwere (Abb. 14), während ein kleiner Teil ihm gern durch Hannoveraner oder Holsteiner mehr Blut und Adel zugeführt hätte. Gramann (1925) zeigte Verständnis für einen genügend massigen Typ, doch dürfe der Ostfriese sich nicht zu sehr dem Kaltblut nähern. Er hielt es für das Beste, wenn gelegentlich ein starker, edler Hannoveraner oder Holsteiner aufgestellt werden würde, damit Adel und Blut nicht ganz verlorengingen. Um 1925 erwartete man von einem Ostfriesen, daß er ebenmäßige und z. T. sehr »schnittige« Formen aufwies, der Hals schön aufgerichtet war und einen gefälligen Kopf mit ausdrucksvollem Auge trug. Das Fundament sollte stark und »gediegen« sein. Besonderen Wert legte man zu jener Zeit auf einen flotten, regelmäßigen Gang mit hinreichender Knieaktion, auf ein gutes, tadellos eingeschientes Vorderbein und auf ein kraftvolles Versammeln auf der Hinterhand (Gramann 1925).

Durch planvolle Zucht war es gelungen, Ramskopf und gespaltene Kruppe – eigentlich ein Kaltblutmerkmal – ziemlich zu beseitigen. Der teilweise etwas lange Rücken wurde für ein Wagenpferd als kaum nachteilig angesehen, da er ein weites Vorgreifen der Hinterhand im Trab ermöglichte (Gramann 1925).

Abb. 14. Ostfriesische Zuchtstute Eleonore 16517, geb. 1919, braun, 1926.

Schon als Zweijährige wurden Ostfriesen zu leichter Arbeit herangezogen. Als Dreijährige mußten sie jede Arbeit leisten und wurden von den Händlern in dem Alter auch als volljährig aufgekauft. Betont wurde, daß diese Frühreife nicht mit frühem Altern verbunden war. Viele Tiere hielten sich noch im hohen Alter sehr gut. Durch die harte, naturgemäße Aufzucht war der Ostfriese ein sehr gesunder, wetterfester Pferdeschlag. Flachhufe, bei Marschpferden sonst häufig zu finden, traf man nach dem Ersten Weltkrieg bei den Ostfriesen selten an.

Nach Gramann (1925) wogen Hengste Anfang der 20er Jahre durchschnittlich 752 kg, der Röhrbeinumfang lag im Mittel bei 23,9 cm. Der Ostfriese hatte also seit Anfang des Jahrhunderts an Gewicht zugenommen und der Röhrbeinumfang hatte sich vergrößert. Von den 83 im Jahre 1923 gekörten Hengsten waren 42 Braune, 15 Dunkel- und Schwarzbraune, 11 Rappen, 14 Füchse und einer Schimmel. Die Fuchsfarbe wurde schon damals als Modefarbe angesehen, die im Zunehmen begriffen war.

Tab. 5: Abstammung der in Ostfriesland gekörten Deckhengste 1910-1923 (Gramann 1925).

Jahr	insgesamt gekörte Hengste	Abstammung Ostfriesland	Oldenburg	Holland
1910	54	28	21	
1911	57	31	23	
1912	58	31	25	
1913	55	32	23	
1914	57	32	23	
1915	56	28	28	
1916	53	28	25	
1917	54	32	22	
1918	64	29	34	1
1919	68	36	31	1
1920	72	44	27	1
1921	82	52	30	
1922	82	47	35	
1923	83	47	36	

Die 1922 und 1923 in Ostfriesland angekörten Hengste verteilten sich auf vier Hengststämme:

Stamm	Zahl der gekörten Hengste	
	1922	1923
Normann	70	72
Norfolk-Eggi	6	5
Duke of Cleveland	3	2
Jellachich-Agamemnon	3	3

Der Normann-Stamm war der Hauptstamm der ostfriesischen Zucht und stellte in jenen Jahren 86% der gekörten Hengste. Er ist die eigentliche ostfriesische Linie, die sich ohne Oldenburger Blutzufuhr gehalten hat. Der 1868 geborene Normann 710 wurde 1871 aus der Normandie nach Oldenburg eingeführt. Er galt als »extra gutes, dickes, breites, tiefes und kurzbeiniges, etwas buntes Pferd«. In der ostfriesischen Zucht fand Normann von 1874–1889 vielfach Verwendung.

Von seinen Söhnen fand in Ostfriesland lediglich Waibel 438 Beachtung. Dieser Hengst deckte nur 1880 und 1881. Er hinterließ der ostfriesischen Zucht zwei Söhne, von denen Bernhard 803 größere Bedeutung hatte. Normanns Oldenburger Sohn Rubico zeugte mehrere Söhne, von denen einige auch in Ostfriesland angekört waren. Insgesamt ist auffallend, daß die ostfriesische Zucht über einige bedeutende Hengste dem Oldenburger sehr nahe stand (Tab. 5). Nach dem Ersten Weltkrieg wurden besonders viele Hengste eingesetzt, um die Kriegsverluste auszugleichen. Der Anteil der Oldenburger ging damals zurück.

Im »Amtsblatt der Regierung zu Aurich« wurde 1921 bekanntgegeben, daß zur Körung vorgesehene ostfriesische Hengste das Fohlenbrandzeichen haben müßten. Nur so konnte ihre Identität eindeutig sichergestellt werden. Weitere Bestimmungen über Farbe, Größe und sonstige Eigenschaften der anzukörenden Hengste befanden sich schon in der 1911 erschienenen »Ausführungs- Anweisung« zur Kör-

Ostfriese

ordnung von 1902. Danach sollten Schimmel nicht zu sehr verbreitet werden und nicht mehr als 10% der gekörten Hengste durften Füchse sein. Tatsächlich war aber der Anteil der gekörten Füchse 1922 und 1923 deutlich höher (Gramann 1925). Auffallende Abzeichen waren nicht erwünscht. Die Widerristhöhe (Stockmaß) der anzukörenden Hengste sollte grundsätzlich nicht unter 155 cm liegen und 167 cm nicht überschreiten.

Um dem Zuchtgebiet die besten Hengste zu erhalten (sie zu »fesseln«) wurden Vorangelder, Angelder und Prämien gezahlt. Diese verpflichteten den Besitzer, das Tier eine gewisse Zeit im Zuchtgebiet zu belassen. Ein Verkauf innerhalb Ostfrieslands war gestattet. Wurde der Hengst aber nach außerhalb verkauft, dann war der dreißigfache Betrag der erhaltenen Prämie als Reugeld an den Hauptverein zu zahlen.

Bei der Hengstprämierung wurden auch die $1^1/_2$jährigen Stuten vorgeführt. Von ihnen wurden bei weitem mehr als von den Hengsten »gefesselt«. Die prämierten Jungstuten kamen als Dreijährige wieder zur Stutenaufnahme, die an 18 Orten in Ostfriesland durchgeführt wurde. Nach dem Ersten Weltkrieg wurden jährlich durchschnittlich 1100 Stuten aufgenommen. Unter diesen angekörten Stuten unterschied man zwischen einfach gekörten und sog. Sternstuten. Letztere bekamen im Stutbuch einen Stern, weil sie nach Gesamterscheinung und Abstammung einen höheren Zuchtwert versprachen. Von den 1921 ins Stutbuch aufgenommenen 1100 Stuten waren 200 Sternstuten.

Schon um die Jahrhundertwende hatten Ostfriesen mehrfach im Ausland an Schauen teilgenommen und schnitten dabei hervorragend ab. Das galt für Chicago (1893), Paris (1900), St. Louis (1904) und Rosebank, Südafrika (1907). Dennoch beklagte Gramann (1925), daß der Ostfriese vielfach nicht so bekannt sei, wie er es eigentlich sein sollte. Er führte dies darauf zurück, daß für den Ostfriesen zu wenig »Reklame« betrieben wurde. Diese Rasse segele meistens unter der Flagge des Oldenburgers. Dabei sei der Ostfriese den anderen deutschen schweren Warmblütern – zu denen er auch den Holsteiner zählte – mindestens ebenbürtig.

In den 30er Jahren war das Zuchtziel beim Ostfriesen ein mittelgroßer, gedrungener, leichtfutteriger Typ mit möglichst viel Gang. Man war damals sehr bemüht, mehr Ausgeglichenheit zu erreichen (Abb. 15). Alle Hengste, die dem Typ nicht entsprachen, vor allem zu große Tiere, wurden ohne Rücksicht auf sonstige Qualitäten abgekört. Dagegen nahm man kleine Schwächen in Kauf, wenn der angestrebte Typ vorhanden war (Steffens 1938).

Des weiteren wurde Wert auf eine gut gelagerte, große Schulter, eine tiefe Brust und ein breites, gut geschientes Sprunggelenk gelegt. Gegenüber dem früher erwünschten Typ des eleganten, starken und gängigen Kutschpferdes wurde nun das möglichst starke und gängige Wirtschaftspferd bevorzugt. Dennoch sollte auch jetzt ein gewisser Adel erhalten bleiben. Da der Einfluß der Celler Hengste und der Hengste aus der Normandie im vergangenen Jahrhundert nach vielen Jahrzehnten seine Wirkung verlor, wurde 1936 wieder ein die besten Blutlinien in sich vereinigender Hengst aus der Normandie in Ostfriesland aufgestellt.

Dem Typwandel entsprechend hatten sich Ende der 30er Jahre Maße und Gewicht des Ostfriesen verändert. Nach den Bestimmungen der Geschäftsordnung sollte die Widerristhöhe der in das ostfriesische Stutbuch einzutragenden Hengste zwischen 157 cm und 164 cm liegen. Die Stärke der Röhrbeine sollte mindestens 23 cm betragen. Die gemessenen Durchschnittswerte betrugen 1926 bei Hengsten im Alter von mehr als drei Jahren:

Widerristhöhe: 159 cm
Röhrbeinstärke: 24,1 cm

Die größte Röhrbeinstärke wurde im Jahre 1927 bei dem Hengst Gardist mit 26,5 cm gemessen. Die in den Jahren 1916 bis 1927 gekörten 190 dreijährigen Hengste hatten eine mittlere Röhrbeinstärke von 23,6 cm. Anfang des 20. Jahrhunderts betrug der Wert noch 22,2 cm. Das Durchschnittsgewicht der Hengste von mehr als zwei Jahren lag 1935 bei 836 kg.

Abb. 15. Ostfriesische Stute Regine 29402, v. Adler, etwa 1940.

Die drei auf der Reichsnährstandsausstellung in Hamburg 1935 gezeigten dreijährigen Stuten hatten folgende Durchschnittsmaße:
Widerristhöhe: 162 cm
Röhrbeinumfang: 22,1 cm

Stuten hatten ein Durchschnittsgewicht von 651 kg. Seit 1936 wurden in Ostfriesland nur eingetragene Stuten zur Zucht zugelassen.

Die Farbe der ostfriesischen Pferde war vor dem Zweiten Weltkrieg überwiegend braun in den verschiedenen Schattierungen. Außerdem waren damals Rappen und Füchse (jetzt besonders solche mit auffallenden Abzeichen) sehr beliebt. Schimmel gab es nur vereinzelt. Steffens (1938) wies darauf hin, daß die Farbverteilung damals ziemlich genau den in der ersten Körordnung von 1755 festgelegten Richtlinien entsprach. 1938 verteilten sich die Farben der 63 angekörten Hengste folgendermaßen:

Braune: 32 (davon 11 Dunkelbraune und 6 Schwarzbraune)
Rappen: 16
Füchse: 15
Schimmel: 0

Auf Turnieren wurde vor dem Zweiten Weltkrieg die Vielseitigkeit der Ostfriesen unter Beweis gestellt. Sowohl als Wagen- als auch als Sprungpferde traten sie in Erscheinung. Bei Dauerritten und Marathonfahrten zeigten sie Ausdauer und Zähigkeit. Hochleistungspferde mußten sich die Woche über auf den landwirtschaftlichen Betrieben ihren Hafer verdienen. Der Göppinger Rechtsanwalt Bauer legte auf einem Ostfriesen die Strecke Göppingen – Rom (1500 km) in 16 Reittagen bei drei Ruhetagen zurück. Solche Leistungen traute man damals nur edlem Warmblut zu (Steffens 1938).

Noch um 1950 standen in Ostfriesland ca. 6500 eingetragene Stuten bei 4500 Züchtern.

Ostfriese

Abb. 16. Ostfriesischer Hengst Greifswald 2017, v. Greif 1828, etwa 1950.

Insgesamt waren von 1869 bis 1951 über 50 000 Stuten und mehr als 2000 Hengste in das »ostfriesische Stutbuch« eingetragen. Zorn (1952) wies darauf hin, daß das allgemeine Erscheinungsbild von Ostfriesen und Oldenburgern fast gleich geworden sei. Er hielt dies nicht für erstaunlich, da beide Rassen – wie beschrieben – weitgehend auf die gleichen Stammväter zurückgingen. Vorübergehend soll auch eine Zusammenlegung der beiden Zuchtgebiete und Stutbücher erfolgt sein. Um 1950 gingen von ungefähr 70 Beschälern 60% auf die Normann- und 40% auf die (Norfolk-)Emigrant-Linie zurück. Bei der Normann-Linie galt der Waibel-Stamm immer noch als der bodenständigste des Zuchtgebietes, für dessen Fortführung nie Ergänzung aus Oldenburg erforderlich war.

Noch nach dem Zweiten Weltkrieg war der Karossier gefragt, und zwar der sehr schwere, großrahmige, flankentiefe Typ (Abb. 16). Der Hengst »Emmo« galt damals mit 950 kg als der schwerste Warmblüter der Welt (Zorn 1952). Dennoch wurde in der Nachkriegszeit in einigen Zuchten eine Einkreuzung von Vollblutarabern versucht. Dies geschah zunächst mit Hengsten aus Marbach (Wind, Jason und Halali).

Die Qualität des Ostfriesen ist schon daran erkennbar, daß es etliche Nachzuchtgebiete gibt. Seit 1870 wurden Ostfriesen nach Schlesien, Sachsen, Thüringen, Bayern und anderen Regionen ausgeführt und dort teilweise rein weitergezüchtet.

1964 gab Ostfriesland die Zucht des Schweren Warmbluts auf; der Zuchtverband schloß sich dem der Hannoveraner an. Im wesentlichen über Vollbluthengste wurde ein Pferd geschaffen, das nach dem 1975 beschlossenen Zuchtziel für Reitpferde ausgerichtet war. Aus dem Schweren Warmblut entstand ein den allgemeinen Erfordernissen der Gegenwart

Abb. 17. Ostfriese. entsprechendes edles und vielseitiges Reitpferd. Pferde im ursprünglichen Typ waren im Ursprungsgebiet nur noch als Restbestände vorhanden.

In der ehemaligen DDR wurde von den 60er Jahren an ein Schweres Warmblut auf der Grundlage des ursprünglichen Typs von Ostfriesen und Oldenburger geschaffen. Um 1960 bestand eine Zuchtbasis von 5000 eingetragenen Stuten. Obwohl dieser Bestand im Laufe der Zeit stark schrumpfte, blieb stets eine Population als Gen-Reserve erhalten. 1986 wurden im Zucht- bzw. Deckregister der Pferdezuchtdirektion Süd (Moritzburg) noch 20 Hengste und 465 zuchtaktive Stuten geführt. Einzelne Hengste dieser Population kamen im Verlaufe der 80er Jahre nach Norddeutschland. Sie trugen entscheidend dazu bei, daß das Schwere Warmblut hier nicht vollständig unterging. In der DDR wurde nachstehendes Zuchtziel verfolgt:

Allgemeine Leistungen
- konstitutionshart mit besonderer Belastbarkeit des Fundaments;
- hohe Fruchtbarkeit und frühreif;
- sehr gute Futterverwertung;
- ruhiges, durch Umgänglichkeit geprägtes Temperament;
- gute Eignung für Dauerbelastungen.

Spezielle Leistungen
- ausgesprochene Eignung für den Fahrsport und die Fahrtouristik;
- sehr gute Eignung als Wagenpferd für mittelschweren Zug;

- taktmäßige, raumgreifende Bewegung im Schritt und Aktion im Trab.

Exterieur
- mittelschweres, genügend elegantes Pferd mit großer Breite und Tiefe sowie gutem Schluß;
- ausdrucksvoller Kopf;
- mittellanger, gut bemuskelter Hals;
- lange, schräge Schulter;
- gut erkennbarer Widerrist; elastischer Rücken;
- lange, leicht geneigte Kruppe mit kräftiger Bemuskelung;
- korrekte, trockene Gliedmaßen mit klaren und gut ausgeprägten Gelenken sowie regelmäßig ausgeformten, festen Hufen.

	Hengste	Stuten
Widerristhöhe (cm)	162	160
Röhrbeinstärke (cm)	24	23
Körpergewicht (kg)	650	600

Tiere des Schweren Warmbluts sind fast ausschließlich Braune oder Rappen. Im Landgestüt Moritzburg bei Dresden stehen noch einige prachtvolle Hengste (Abb. 17).

Altwürttemberger

Die Geschichte des Württemberger Warmbluts weist bis in die siebziger Jahre des 19. Jahrhunderts eine Fülle von Zuchtperioden unterschiedlicher Orientierung auf. In erster Linie war es der Pferdepassion einiger Regenten zu verdanken, daß die Zucht wiederholt große Glanzpunkte aufwies. Diese Landesherren scheuten oftmals keine Ausgabe, um wertvolles Zuchtmaterial zu importieren. Noch heute lassen sich einzelne Blutlinien auf damalige Importe zurückführen. Von Nachteil war es jedoch, daß die Zucht damit dem jeweiligen Geschmack der Regenten unterlag. Den Bedürfnissen der Landwirtschaft wurde zunächst kaum entsprochen.

Die Anfänge der württembergischen Pferdezucht lassen sich bis ins 15. Jahrhundert zurückverfolgen. 1460 errichtete Graf Eberhard V. im Bart (1457–1496) zur Erzeugung von Turnier- und Reitpferden ein Hofgestüt im Schönbuch (Einsiedel). Sein Pferdebestand ging auf Importe aus Ungarn, Böhmen, Siebenbürgen, Holstein und der Türkei zurück. Unter Herzog Christoph (1550–1568) erlebte die württembergische Pferdezucht ihre erste Blüte. Das Hofgestüt wurde nach Marbach umgesiedelt und ausgebaut. Erneut wurden Pferde in den genannten Ländern eingekauft. Die Hof- und Gestütspferde sollen wegen ihrer herausragenden Formen und Leistungen berühmt gewesen sein.

Die Pferde der Bauern waren damals noch klein und kaum für den Dienst unter dem Reiter geeignet. Es bestand ein deutlicher Unterschied zwischen diesen Pferden und den herrschaftlichen Pferden in Marbach.

In der Folgezeit holte man vermehrt Zuchtmaterial aus anderen Ländern. Der damaligen Mode entsprechend kamen spanische und neapolitanische Pferde sowie Berber, später auch Hengste aus England und Friesland. Herzog Johann Friedrich (1608–1628) führte 1616 Orientalen und 1624 spanische Pferde ein. Er versuchte, der eigenen Zucht zu mehr Rahmen und Größe zu verhelfen bzw. sie zu veredeln. Da es durch die starke Zunahme des Pferdebestandes zu einem Rückgang der Rinder kam, verteuerte sich das Fleisch. Dieser Entwicklung begegnete man 1626 durch eine Landesverordnung zur Beschränkung der Pferdezucht.

Im weiteren Verlauf des 17. Jahrhunderts wurden wiederum Pferde aus zahlreichen Zuchtgebieten angekauft. 1687 erließ man die erste württembergische Beschälordnung. Sie enthielt u. a. ein Exportverbot von trächtigen Stuten und das Gebot, Stuten nur von Landbeschälern oder »patentierten« Privathengsten zu belegen.

König Friedrich (1797–1816) verstand die Pferdezucht als unentbehrliches Instrument der Wehrpolitik. In den napoleonischen Kriegen verlor er zweimal seine Truppen beinahe vollständig und mit ihnen den überwiegenden Teil seiner Pferde. Um die Landespferdezucht wieder aufzurichten, kaufte Friedrich mehrfach Mecklenburger Hengste vom schweren Wagenschlag und Siebenbürger Stuten. Vor seinem Tode bestimmte er, daß die Zahl der Landbeschäler auf 300 zu bringen sei. Die Zahl der Beschälstationen im Lande wurde auf 36 erhöht.

Der nächste Regent, König Wilhelm I. (1816–1864), erwies sich als Freund der Landwirtschaft. Er verstaatlichte das Landgestüt in Stuttgart und das Stammgestüt in Marbach und setzte als Kontrollbehörde eine Landesgestütskommission ein. Für die Bedürfnisse des Hofstaates war von 1817 an das Privatgestüt Weil zuständig. Diese Zuchtstätte bestand aus drei Höfen. Der König verfolgte drei Zuchtrichtungen: Vollblutaraber, Englisches Vollblut und Halbblut. Seine Vollblutaraberzucht wurde bald weltberühmt; sie besteht noch heute.

Im gleichen Jahr wurde auf Antrag des Innenministeriums eine Kommission von Sachverständigen zur Neuorganisation des Landgestütswesens eingesetzt. Diese Vereinigung gab im Herbst 1817 ein Gutachten ab, das die Aufhebung des Landbeschälerstalles vorschlug. Die Sachverständigen kritisierten, daß der Aufwand im Gestüt in keinem Verhältnis zum Ertrag stehe. König Wilhelm rang sich schließlich durch, die Anzahl der Landbeschäler auf 150 und die Stuten der Stammherde auf ca. 80 zu reduzieren. Noch im gleichen Jahr wurde durch königliche Entscheidung die Landesgestütskommission ins Leben gerufen. Ihre Aufgabe sollte es sein, positiv auf die Pferdezucht im Lande einzuwirken. Zum Geschäftsbereich dieser Kommission gehörten:
- Verwalten von Landgestüt und Beschälplatten
- Betrieb des Stammgestüts und der Fohlenaufzuchtanstalten
- Aufsicht über das Privatbeschälwesen
- Aufsicht über die Bewirtschaftung der zum Landgestüt gehörenden Höfe
- Vornahme der Landes- und Distriktprämierungen
- Behandlung der Gesuche zur Erteilung von Freideckscheinen
- Bewilligung von Staatsbeiträgen für den Import von Zuchtpferden
- Kontrolle der Gestütskasse

Der Landoberstallmeister und Mitglieder der Landgestütskommission waren verantwortlich für den Ankauf von Hengsten für das Landgestüt und von Stuten für die Stammherde. Ende 1918 wurde die Kommission in die Zentralstelle für Landwirtschaft eingegliedert.

Durch entsprechende Auswahl von Hengsten versuchte man erneut, mehr auf die Forderungen der Landwirtschaft und des Gewerbes einzugehen. Deshalb wurden 1817 elf schwere ungarische Hengste und ein Jahr später 15 Stuten aus der Normandie importiert. Es folgten später weitere Importe aus diesen und anderen Ländern. Wie sehr in Marbach zu jener Zeit experimentiert wurde, zeigt der aus vielen Rassen zusammengesetzte Zuchtpferdebestand von 1830 (Tab. 6).

Tab. 6: Herkunft der Hauptbeschäler und Mutterstuten in Marbach 1830.

Hauptbeschäler	Mutterstuten
3 Angloaraber	74 Kladruber
2 Marbacher	12 Normänner
2 Kladruber	12 Perser
1 Lopshorner	10 Araber
	10 Englisches Vollblut
	5 Mecklenburger
	4 Dänen
	3 Orlowkreuzungen

Diese ungarisch-böhmische Zuchtperiode von 1817 bis ungefähr 1840 konnte durch die Vielfalt der Ausgangsrassen weder für einen leichten noch für einen schweren Schlag eine Zuchtbasis bilden. Eine vom König eingesetzte Prüfkommission stellte 1839/40 das Mißlingen aller Zuchtmaßnahmen fest. Die Kommission einigte sich darauf, der kränkelnden Zucht durch Einkreuzung von englischem Vollblut und Halbblut zu helfen. Man führte in den Jahren 1840–1845 mehr als 50 Hengste und Stuten aus England ein. Bei der Auswahl der Beschäler wurde Wert auf große Tiere mit starken Knochen gelegt, um durch die Paarung mit den Marbacher Landstuten entsprechend kräftige Nachzucht zu bekommen. Ziel waren leistungsstarke Arbeits- und Zugpferde.

1866 wurde als Konsequenz aus den zahlreichen Fehlentscheidungen und Mißerfolgen in der Pferdezucht auf Initiative der Zentralstelle für Landwirtschaft erstmals eine Pferdekonferenz einberufen. Das im Volksmund auch »Roßparlament« genannte Gremium sollte jedes Jahr zusammentreffen. Durch diese Einrichtung wollte man einen ständigen Gedankenaustausch zwischen der Landgestütskommission und den Pferdezüchtern herstellen. Der jeweilige Oberstallmeister hatte die Aufgabe, die Beschlüsse dieses Beirats zu verwirklichen. Noch im Jahr ihrer Gründung stellte die Pferdezuchtkonferenz z. B. das Zuchtziel des »Artilleriestangenpferdes« auf, das den Wünschen von Landwirtschaft und Militär entgegenkam. Dem »Roßparlament« ist es zu verdanken, daß die württembergische Pferdezucht nicht zur Bedeutungslosigkeit verkam. Weitere folgenschwere Entscheidungen der Konferenz waren
• der Beschluß, Anglo-Normänner zur Ergänzung des Landbeschälerstalles zu kaufen (1871);
• die Empfehlung, in die Stutenherde ostpreußisches Blut einzukreuzen (1877).

Die schon unter Wilhelm I. erhobene Forderung nach einem starken Arbeitspferd wurde unter seinem Nachfolger Karl I. (1864–1891) immer lauter. Man kaufte daher 1864 und 1865 Hannoveraner und Oldenburger zur Verstärkung ein.

Dem Wunsch nach einem starken Wirtschaftspferd, das auch als Karosserie-, Artillerie- und Postpferd zu gebrauchen war, wurde dieser Ankauf nicht gerecht. Von Hofacker, der neue Gestütsleiter in Marbach, hatte in Frankreich studiert. Er kannte deshalb die französische Pferdezucht und versprach sich am meisten vom Anglo-Normänner. Der Anglo-Normänner im Cob-Typ – es gab auch andere Zuchtrichtungen – war ein durch Englisches Vollblut und französisches Kaltblut beeinflußter starker und schwerer Karossiertyp. Er war breit, mit hohem, starkem Widerrist, nervig sowie hervorragend in Gang und Ausdauer.

Diese Eigenschaften waren der Grund, weshalb von Hofacker 1867 die beiden Anglo-Normänner-Hengste Normann und Bonaparte sowie zwölf Stuten der gleichen Rasse ankaufte. Es begann die Anglo-Normännische Zeit (1866–1896), in deren Verlauf wiederholt Hengste dieser Rasse nach Württemberg kamen. Zwei der Hengste (Mac Mahon und Communist) erlangten größere Bedeutung und gründeten in der Marbacher Zucht eigene Hengstlinien.

Mit dem Anglo-Normänner wollte man dem Wunsch der Landbevölkerung nach einem kurzbeinigen, praktischen, gutgerippten, muskulösen und leichtfuttrigen Pferd einen großen Schritt näherkommen. Zur Erweiterung der Zuchtstutenbasis suchte von Hofacker Pferde aus einer Gegend aus, die der Härte des Klimas und der Umwelt der Schwäbischen Alb weitgehend entsprach. Seine Wahl fiel auf das konsolidierte, durchgezüchtete Ostpreußische Warmblut. 1877/78 kaufte man 29 Stuten und 6 Hengste dieses Schlages; 1882 und 1886 folgten noch insgesamt 28 Jungstuten.

Durch Anglo-Normänner, Ostpreußen und Marbacher entstand ein kräftiger Stamm an Hengsten und Stuten. Sie dürfen als Ausgangspunkt für die spätere württembergische Warmblutzucht angesehen werden (Abb. 18). In der Neuschöpfung war die Futterdankbarkeit des anglo-normännischen Cob-Typs mit dem Adel, der Trockenheit und der Härte der Ostpreußen und der Marbacher Stuten, die viel arabisches Blut führten, vereinigt (Wenzler 1973).

Pferde

Abb. 18. Württemberger Hengst Lech, geb. 1884, Dunkelfuchs, Stockmaß 165 cm, 1890. Vater Legitimist (Anglo-Normänner).

Altwürttemberger

Die Kreuzungsprodukte wurden dem Hengst Comet zugeführt. Der 1883 in Marbach geborene Comet war aus einer edlen Landstute hervorgegangen und hatte vom Vater und Großvater anglo-normännisches, von einem Urgroßvater Norfolker Blut in den Adern. Er war ein sich sehr gut vererbender, massiger, aber doch edler Beschäler. Seine Nachkommen waren stark und wohlproportioniert. Sie zeichneten sich vor allem durch vorzüglichen Rücken und hervorragende Lende sowie guten Gang und ruhiges Temperament aus.

1888 importierte von Hofacker drei Hengste aus der Normandie. Zunächst sollten nur die zwei Hengste Mephisto und Luzifer angekauft werden. Diese waren jedoch nur zu haben, wenn ein dritter Hengst, Faust, mitgekauft werden würde. Gerade dieser zunächst als unbedeutend angesehene Hengst wurde der eigentliche Stammvater des Württemberger Warmbluts.

Faust war mit einer Widerristhöhe von 160 cm knapp mittelgroß. Er besaß eine auffallende Breite und Tiefe. Der Widerrist war nicht übermäßig ausgeprägt; beeindruckend war die hervorragend gelagerte, lange Schulter. Der Hals war gut angesetzt und wurde hoch getragen. Der Kopf war für einen Cob-Typ klein und sehr edel. Die Vorderbeine waren kurz und stämmig mit guten Gelenken, aber etwas zu kurzen Fesseln. Das ganze Gebäude war ausgezeichnet geschlossen mit starker Rippenwölbung, hervorragender Nierenpartie und muskulöser Kruppe (Wenzler 1973). Der Hengst soll etwas Schwebendes in seinen Gängen mit viel Schub aus der Hinterhand gehabt haben. Diesen Gang hat er als Erbe seiner ganzen Rasse über Generationen weitergegeben. Nicht von ungefähr wurde Faust Stempelhengst. Rückblickend kann gesagt werden, daß durch das züchterische Geschick von Hofackers das Württemberger Warmblut um 1900 zu einer eigenständigen Rasse wurde.

Zur Hebung der Landespferdezucht wurde unter Mitwirkung der Staatsregierung 1895 der Württemberger Pferdezuchtverein (heute Pferdezuchtverband Baden-Württembergs) in Aulendorf gegründet. Er stellte eine freiwillige Vereinigung von Privatzüchtern und Pferdeliebhabern dar. Der Verein stand unter staatlicher Aufsicht und wurde 1907 als Züchtervereinigung von der Deutschen Landwirtschafts-Gesellschaft anerkannt. Zweck des Verbandes war es, den Züchtern die Zucht zu erleichtern, geeignetes Pferdematerial zu vermitteln, die Aufzucht der Fohlen zu übernehmen und staatliche Zuschüsse zu erkämpfen. Man wollte ein starkes, tiefes Warmblut züchten, das den Anforderungen der Landwirtschaft genügte.

Trotz aller Bemühungen fehlte es um die Jahrhundertwende immer noch an Kaliber und Substanz. Bei dieser Erwartung kamen ganz wesentlich auch die Vorstellungen des Militärs zum Tragen. Zum Leidwesen der Armee war das schwere Württemberger Pferd andererseits nur in Einzelfällen zum Gebrauch in der Kavallerie geeignet. Artillerie- und Reitpferd glaubte man im Typ des Holsteiners vereinigt. So breit, tief, gängig und edel wie der Holsteiner sollte das angestrebte Pferd sein. Ab 1897 wurden deshalb Holsteiner eingeführt. Das »Holsteiner Experiment« dauerte ungefähr 15 Jahre. Allein 1900 wurden 46 Holsteiner Absetzstutfohlen angekauft. 1901–1912 kamen 232 dreijährige Holsteiner dazu.

Die Marschpferde aus Holstein akklimatisierten sich aber schlecht. Ihre Nachzucht fiel leichter, weicher und hochbeiniger aus als es die Elterntiere schon waren. Die Hengste hinterließen wenig qualitätvolle Nachkommen. Entscheidend mag gewesen sein, daß man wegen der großen internationalen Nachfrage nach Holsteinern zu damaliger Zeit nur mäßiges Zuchtmaterial erwerben konnte. Bald wurde der Einsatz von Holsteinern als Mißgriff angesehen, der die Entwicklung der Württemberger Warmblutzucht aufgehalten habe.

Man besann sich deshalb wieder auf den inzwischen 18jährigen Hengst Faust, der ein regelrechtes »Comeback« erlebte. Der Wunsch der Landwirtschaft nach einem stärkeren Pferd blieb, ja, er wurde dringlicher. Das war die Folge eines intensiveren Acker- und Hackfrüchtebaus. Das Ziel sollte jetzt über den schweren, dabei schönen Oldenburger erreicht werden. 1903 wurde der Oldenburger Hengst Elegant zusammen mit zwei anderen Oldenburger Hengsten angekauft. Diese »Oldenburger Phase« hielt bis 1922 an. Nahezu zeitgleich geschah eine Konsolidierung mit anglo-normännischem Blut.

Im Jahre 1906 wurde eine neue Beschälordnung erlassen. Sie stellte den bäuerlichen Züchtern frei, ihre Stuten von staatlichen Landbeschälern oder »patentierten« Privatzuchthengsten belegen zu lassen. Die Landbeschäler gingen von ca. Ende Februar bis Ende Juni auf die »Beschälplatten« im Lande. Diese Deckstationen waren vor allem in den Gebieten mit verhältnismäßig hohem Pferdebesatz zu finden.

Die Verteilung der Landgestütshengste auf die Platten nach Zahl und Qualität geschah nach körperlicher Beschaffenheit und Typ der Stuten in den verschiedenen Landesgegenden, wobei auf die Vorliebe der Züchter Rücksicht genommen wurde. Ein Beschälaufseher überwachte den Deckbetrieb und das Personal auf der Station.

Zum Beschälen wurden nur Stuten zugelassen, die mindestens vier Jahre alt, gesund und ohne erkennbare Erbfehler waren. Die Stutenbesitzer mußten vor der Bedeckung ein entsprechendes Sprunggeld entrichten.

Privathengste durften nur zur Zucht verwendet werden, wenn sie »patentiert« waren. Dies bedeutete, daß von Prüfern der Landgestütskommission ihre Zuchttauglichkeit festgestellt werden mußte. Nach Erfüllung bestimmter Voraussetzungen erhielt der Hengstbesitzer ein »Patent« mit Angaben über Dauer der Gültigkeit, Bezeichnung des Hengstes, Ort und Beschälraum.

Von der Zeit nach dem Ersten Weltkrieg bis nach dem Zweiten Weltkrieg wurden von Marbach kaum noch Hengste aus anderen Zuchtgebieten zugekauft. Die Zucht hatte sich konsolidiert; das gewünschte Zuchtmaterial rekrutierte man aus eigenen Reihen.

Bemerkenswerte Württemberger Beschäler von damals waren vor allem:

Name	geboren	Hauptbeschäler
Flitter	1910	1913–1922
Fex	1914	1917, 1919, 1920
Maitrank	1917	1920–1923
Sonnenwirt	1911	1923–1925
Soranus	1920	1924, 1926–1928
Eylau	1916	1925–1930
Einhard	1922	1926, 1928–1931

Flitter von Flieder aus der Flora v. Colonel v. Faust war ein sehr starker, mittelgroßer, massiger und tiefer Hengst. Dieser schwarzbraune Beschäler war ein ausgesprochener Faust-Typ, der allerdings viel stärker war. Sein Rücken war lang, was aber durch seine sehr kräftige Verbindung ausgeglichen wurde. Er ging 1923 ein. 32 seiner Söhne wurden in der Landespferdezucht eingesetzt. Seine bedeutendsten Nachkommen waren Fro, Freibeuter und Flenner.

Fex v. Eli a. d. Fee war ein kleiner aber starker Beschäler mit etwas langem Rücken. Er war über Vater und Mutter auf Faust ingezogen. Fex hinterließ einige sehr gute Nachkommen, die sich durch Härte und Energie auszeichneten. Zu ihnen gehören die Hengste Fürst, Fürstenberg, Fakir und Falko.

Maitrank v. Mai a. d. Briga verbreitete den M-Zweig des Stammhengstes Mac Mahon. Der mittelgroße, sehr starke Hengst ging schon 1923 ein.

Sonnenwirt v. Sonnenfels a. d. Grimaldistute Gisela war ein mittelgroßer, starker Hengst, der sich besonders gut mit Floralstuten vererbte. Er zeugte 50 Töchter und 18 Söhne, von denen Ende der zwanziger Jahre 16 auf den Beschälplatten standen. Von seinen starken, kalibrigen Nachkommen fanden vor allem Soranus, Sonnenfels und Soldat viel Anklang. Er ging 1925 an Dämpfigkeit ein und hinterließ den Ruf, die Anlage für diese Krankheit zu vererben.

Soranus a. d. Florenza v. Floral, sein Sohn, wurde anschließend Hauptbeschäler. Er war ein mittelgroßer, starker Hengst mit sehr gutem Gang, bis 1936 in der Zucht eingesetzt. Er lieferte zwölf Hengste und 25 Stuten.

Altwürttemberger

Eylau v. Eli a. d. Gala erzeugte gute Landbeschäler wie z. B. Einhard, Eichwald und Edison. Dieser solide und sehr starke Hengst wurde von den Züchtern sehr geschätzt.

Einhard a. d. Zofe v. Zentaur, Sohn von Eylau, war ein sehr schwerer (750 kg) und starker Hengst mit vollendeter Rippenwölbung und -tiefe. Er erzeugte robuste, schwere Nachkommen mit guter Futterverwertung; Bauernpferde mit ruhigem, zuverlässigem Temperament (Freitag 1938).

In den 30er Jahren war es unumgänglich geworden, Hengste fremden Blutes einzusetzen. Nach den bisher gemachten Erfahrungen schloß man Holsteiner und Oldenburger als wenig erfolgversprechend aus. Nach langen Überlegungen fiel die Wahl auf den Hannoveraner. Die vier im Laufe der Jahre angekauften Hengste enttäuschten jedoch die Hoffnung auf einen Hauptbeschäler und zum größten Teil auch auf geeignete Landbeschäler. Auf die Versetzung auf die Schwäbische Alb reagierten die Hengste und z. T. auch ihre Nachkommen mit geringer Decklust, schlechter Befruchtungsquote und Dämpfigkeit.

1938 entschloß man sich deshalb zum Ankauf des Brandenburger Hengstes Optiker. Dieser Hengst, 1931 in Neustadt a. d. Dosse geboren, war ein Nachkomme des bedeutenden Beschälers Feiner Kerl. Seine Mutter Opalanda hatte beste Trakehner-Abstammung.

Optiker befriedigte in Modell und Temperament. Er war ein Pferd im Rechteckformat: tief, breit und rumpfig. Bemängelt werden konnte nur sein wenig männlicher Ausdruck. Die Erwartungen erfüllten sich besonders in der weiblichen Nachzucht. Optiker zeugte mehr als 20 exzellente Mutterstuten, die sich für die späteren Veredelungsbestrebungen hervorragend eigneten. Ungefähr ein Dutzend seiner Söhne erzielte mit bodenständigen Stuten für die Landespferdezucht geeignete Nachkommen.

Zwar wollte man in Württemberg vor allem rahmige, schwere Pferde haben, sie sollten jedoch auch edel sein. Deshalb bemühte man sich in Marbach immer wieder, dem Warmblut einen Spritzer arabischen Blutes beizumischen. Der Araber ist zudem bekannt für Leistungsbereitschaft, Härte, Ausdauer, Schönheit, Fruchtbarkeit, Widerstandsfähigkeit und hohe Lebenserwartung. Die Entwicklung kam der Neigung der Verantwortlichen entgegen. 1932 wurde das königliche Arabergestüt Weil an das Landgestüt Marbach abgegeben. Fortan konnte man in der Landespferdezucht kostengünstig Araberhengste einsetzen. Neben dem Brandenburger Optiker deckte deshalb von 1938 bis 1947 der Vollblutaraber Jason XO in Marbach. Hinzu kamen ab 1941 die Anglo-Normänner Jakobus und Napperon. Diese beiden Hengste hatten deutliche Kaltblutmerkmale und standen dem gesuchten Cob-Typ nicht mehr sehr nahe. Ihre Nachkommen spalteten stark auf, weil offenbar zu verschiedene Blutströme in ihren Adern kreisten. Das Ziel, die Zuchtbasis des Württembergers zu erweitern, mißlang. Die Nachzucht beider Hengste wurde später zum größten Teil ausgemerzt.

Hier zeigte sich aber auch ein Vorteil der engen Blutführung in der württembergischen Landespferdezucht. Die Rasse war inzwischen so konsolidiert und durchgezüchtet, daß die beiden genannten Normännerhengste keinen allzu großen Schaden anrichten konnten. Der Württemberger war zu jener Zeit wegen seiner Anspruchslosigkeit, Leichtfuttrigkeit und Härte sehr beliebt. Dies ist schon daran erkennbar, daß die Remontekommission 200 Reichsmark mehr für ein Pferd aus Württemberg veranschlagte als für eines aus einem anderen Zuchtgebiet (Wenzler 1973).

Nach dem Zweiten Weltkrieg erholte sich die Landwirtschaft rasch wieder. Es entstand zunächst ein starker Bedarf an Arbeitspferden. Im Begleittext zu Abb. 19 heißt es,

»ein Leistungspferd, das auch den größten Anforderungen im schwersten Zuge gewachsen ist«.

Folglich erhielt die Pferdezucht einen großen Aufschwung. Schon bald bildete sich ein überdimensionaler Pferdebestand, für den es in der jetzt gesteigert technisierten Landwirtschaft kaum noch Verwendung gab. Die Anzahl der

Abb. 19. Württembergischer Landbeschäler Sonderfall, v. Sonnabend, geb. 1943, 1950.

veredelt werden, der Typ aber möglichst erhalten bleiben. In der Landwirtschaft gab es für Pferde kaum noch Verwendung. Gefragt war ein Pferd mit mehr sportlichen Eigenschaften: ein eleganteres Pferd, das mehr Reiteignung und Springbefähigung hatte. Dem Altwürttemberger konnten keine großen sportlichen Leistungen abverlangt werden. Das Gestüt Marbach und die Landespferdezucht standen deshalb vor der Entscheidung, entweder ein Reitpferd aus den traditionellen Reitpferdezuchtgebieten Norddeutschlands nachzuzüchten, oder aber den alten Württemberger durch gezielten Einsatz geeigneter, edler Hengste zu einem Sportpferd umzuzüchten.

Man entschloß sich zu letzterem. Zuchtziel war fortan ein möglichst starkes, langes Rechteckformat unter Beibehaltung von Tiefe und Vollrippigkeit. Der kurze Cob-Typ mußte durch ein edles Pferd abgelöst werden, das dank einer langen, schräg gelagerten und deshalb breiten Schulter, einer tiefen und geschlossenen Mittelhand und einer langen, leicht geneigten Kruppe viel Boden deckte. Erhalten bleiben sollte vom alten Württemberger nicht nur der gute Charakter, sondern auch der lange, räumende Schritt, der schwungvolle Trab und nicht zuletzt die gute Futterverwertung (Wenzler 1973).

Ein erster Schritt in diese Richtung war die Zuchtauswahl von edleren Typen aus der Altwürttemberger Warmblutzucht. Zudem wurde arabisches Blut zugeführt. Schließlich entschloß man sich, Blutanschluß zu früheren Einkreuzungen zu suchen: man griff auf ostpreußische Hengste zurück. Der 1938 geborene Hengst Julmond wurde schließlich zum Stempelhengst. Er ist noch heute als Stammvater der modernen baden-württembergischen Reitpferdezucht anzusehen. Dieser Fuchshengst hinterließ bei seinem Tod durch Herzversagen 35 Söhne für die Zucht.

Pferde mußte energisch verkleinert werden. Dies galt auch für die Hengste in Marbach. 1953 waren von den ehemals 179 Hengsten nur noch 87 vorhanden.

Bedeutung erlangte in der Nachkriegszeit **Falko** v. Fackelreiter aus einer Sonnenwirt-Stute. Er gehörte der Faust-Fex-Linie an und war mehrmals auf Faust ingezogen; außerdem führte er noch Blut des Vollblutarabers Zarif. Dieser Hengst stand von 1946 an im Hauptbeschälerbestand und wirkte bis 1950. Er war ein drahtiger, markanter Vererber mit Adel und Harmonie. Alle seine Nachkommen verbanden viel Kaliber mit großer Linie. Sie hatten kräftige, dabei trockene Gliedmaßen und spiegelten im Schwung ihrer Bewegungen den Nerv und die Energie des Vaters wider. Seine weibliche Nachzucht besaß durchwegs Zuchtqualität; seine Söhne – vor allem Falkonese und Falkenberg – und deren Nachkommen wurden im ländlichen Reit- und Fahrsport geschätzt.

Wie in allen anderen Landeszuchten mußten auch die Pferdezüchter in Württemberg in den 50er Jahren danach trachten, ein vielseitig verwendbares Pferd zu erzeugen. Die leichtfuttrige württembergische Pferdepopulation sollte

Ende der 60er Jahre war die Umwandlung der Hengste vom Altwürttemberger zum vielseitigen Reitpferd vollzogen. Bei den Stuten war die Umstellung in der Stammherde einige Jahre später praktisch abgeschlossen. Seit

Altwürttemberger

Abb. 20. Altwürttemberger.

1969 war nur noch ein einziger Hengst der alten Zuchtrichtung auf Beschälstation: der 1959 geborene Freisohn v. Feierabend a. d. Sonde. Er schied 1983 altershalber aus der Zucht aus.

Den Strukturwandel in der Warmblutzucht haben nur wenige Altwürttemberger überlebt. Dieser Typ hatte durchaus seine Anhänger und eignete sich auch für spezielle Nutzungsformen besonders gut. Vor allem in Oberschwaben hatte er Freunde; in einigen Reitvereinen wurden solche Pferde für Anfänger bevorzugt.

Am 20. Februar 1988 fand in Marbach ein Treffen der Freunde der Altwürttemberger Pferdezucht statt. Es wurden vor allem Besitzer von höchstens zehnjährigen Stuten mit mehr als 50% Altwürttemberger Blutanteil eingeladen. Von den etwa 200 angeschriebenen Personen erschienen ungefähr 80. Nach einem kurzen Rückblick auf die Altwürttemberger Pferdezucht durch den Zuchtleiter Dr. Frey wurde mehrheitlich die Gründung eines Vereins zur Erhaltung des Altwürttembergers beschlossen. Dieser Verein umfaßte bald danach nahezu 50 Mitglieder.

Heute sind noch einige reinblütige und etliche Stuten mit 75% Blutanteilen des Altwürttembergers vorhanden. Die meisten dieser Pferde sind jedoch recht alt. 1987 gab es noch zehn Hengste mit 25% Altwürttemberger Blutanteil.

Der 1980 geborene Hengst Abendruf v. Abendstern a. d. Herzogin mit dem höchsten Altwürttemberger Blutanteil (37,5%) zeigt, daß die guten Blutlinien trotz 20 Jahren Reitpferdezucht nicht verlorengingen. Es gibt immer noch etliche typtreue Tiere (Abb. 20).

Rottaler

Die Pferdezucht im Rottal geht auf das 10. Jahrhundert zurück. Damals schlugen die über die ständigen Einfälle und Plünderungen ergrimmten Rottaler Bauern das ungarische Heer in Schlachten bei Dietfurth an der Rott und auf der mitten im Rottal gelegenen Königswiese. Die Pferde, die aller Wahrscheinlichkeit nach edler Herkunft waren, nahmen sie den Ungarn ab. Mit diesen Beutepferden züchteten die Rottaler Bauern und füllten ihre Pferdebestände wieder auf. Möglicherweise entstand auf diese Weise der Grundstock für die spätere Zucht. Schon bald war die Pferdezucht im Rottal berühmt. Aus dem 11. Jahrhundert wird berichtet, daß Rottaler Füchse zur Zeit der Romfahrten der deutschen Kaiser geschätzte Reitpferde darstellten. Die Rottaler Pferdezucht gehört also zu den ältesten innerhalb der deutschsprachigen Länder.

Von einer planmäßigen Zucht kann seit Mitte des 16. Jahrhunderts gesprochen werden. 1559 vergab Herzog Albrecht V. in Bayern zum erstenmal Hengste an Klosterhöfe, und zwar an die Klöster Asbach und Griesbach. Der Sinn dieser Maßnahme bestand vermutlich darin, geeignete Pferde für militärische Zwecke zu erzeugen. Allerdings sollten diese Hengste auch den Bauern für Zuchtzwecke zur Verfügung stehen. Später stellten auch die landesherrlichen Hofstallungen der Landeszucht Beschäler zur Verfügung. Die Einrichtung von Deckstationen lenkte die Zucht erstmals in eine bestimmte Richtung; dennoch wurden damals sehr unterschiedliche Pferde gezüchtet. Dies war die Folge verschiedener Anforderungen: man brauchte in Friedenszeiten Kutsch- und Arbeitspferde, im Krieg vor allem Reitpferde.

Die Deckstationen waren mit bis zu acht Hengsten belegt. Die königliche Landgestütsverwaltung übernahm die Verteilung der Deckhengste auf die einzelnen Deckstationen. Nach beendeter Deckzeit wurden diese Landbeschäler jedoch nicht mehr in die Stallungen des königlichen Gestüts zurückgebracht, sondern sie kamen in eigene Stallungen. Durch diese Trennung wollte man die königlichen Beschäler und die Gestüte vor Krankheiten schützen. Die Beschälzeit dauerte jedes Jahr vier Monate und begann in der Regel im März. Zur Bedeckung durch Beschälhengste der Landgestütsanstalt durften nur solche Stuten zugelassen werden, die das dritte Lebensjahr vollendet hatten und gesund sowie frei von Erbfehlern waren. Ferner war ein Approbationszeugnis erforderlich, welches anfangs von einer Kommission, später von einem dazu berechtigten Tierarzt ausgestellt wurde.

Im 17. Jahrhundert verhinderten die Pest und der 30jährige Krieg einen weiteren Aufschwung der Zucht. Zu einer großen Blüte kam die Pferdezucht im Rottal im 18. Jahrhundert. Diese Entwicklung wurde durch eine Reihe staatlicher Maßnahmen begünstigt: Zunächst wurden Deckhengste im Privatbesitz, sog. »Gaureiterhengste«, neben den Landgestütshengsten zur Zucht benutzt. Die »Gaureiter« zogen mit ihren Hengsten zum Decken von Hof zu Hof. Dieses Hengstmaterial war aber verständlicherweise nicht das Beste. Eine Verbesserung der Pferdezucht durch die Gaureiterhengste konnte also nicht erwartet werden. Deshalb wurde 1741 der Gauritt verboten. Von 1768 an stellte man Landesbeschäler auf Bauernhöfen auf. Hierdurch wurden sie für die Züchter leichter erreichbar. Damals erkannte man auch, daß nicht nur die männlichen, sondern auch die weiblichen Tiere die Zucht grundlegend beeinflussen können. Deshalb wurden nur noch ausgewählte Stuten zum Decken durch die Landesbeschäler zugelassen. Die besten Stuten wurden bei dieser Gelegenheit vom Staat prämiert.

Aus eigenem Antrieb führten Bauern und Züchter Wettbewerbe und Prämierungen durch. Auf diese Weise entstanden im Anschluß an die kurfürstlichen Prämierungen und Musterungen die Landwirtschaftsfeste. Bei diesen Festen wurden aber nicht nur Aussehen und Qualität der Tiere beurteilt, sondern der niederbayerische Bauer sah auch auf die Leistung.

Rottaler

Wie jede Pferderasse hat sich auch das Rottaler Pferd im Verlaufe der Zeit in seinem Aussehen verändert. Dies geschah in Anpassung an die jeweiligen Anforderungen. Bis zum Jahre 1800 wurden hauptsächlich Holsteiner Hengste zur Zucht verwendet, die auch orientalisch-spanisches Blut führten. Sie brachten eine gewisse Größe und Stärke mit und ließen harmonischen Körperbau mit stattlichem Halsaufsatz erkennen. Später wurden zur Zucht hauptsächlich Hengste des Reit- und leichten Wagenschlages verwendet (Angloaraber, Araber, Norfolk und Normänner). Die Anforderungen der noch extensiven Landwirtschaft und der Bedarf des Heeres an leichten und schnellen Reitpferden verlangte die Zucht nicht zu schwerer, aber gängiger und ausdauernder Pferde.

Das 19. Jahrhundert brachte in der langen Friedenszeit nach den Napoleonischen Kriegen wieder einen raschen Aufschwung der Pferdezucht im Rottal. Im Jahre 1818 wurde der gesetzliche Körzwang für Privathengste eingeführt. Wer einen Hengst als Privatbeschäler für den erwerbsmäßigen Betrieb des Beschälgeschäftes halten wollte, mußte ihn von der Landgestütskommission »approbieren« lassen. Die für tauglich befundenen Privatbeschäler wurden durch ein Brandzeichen gekennzeichnet. Sie erhielten die Deckerlaubnis für Stuten, die keinen Erlaubnisschein zum Decken durch Landgestütshengste hatten. Im Hauptzuchtgebiet des Rottalers standen wenige Privathengste. Die meisten Stuten wurden dort von Landgestütsbeschälern belegt, so z. B. 1838 im Landgerichtsbezirk Griesbach über 2000 Stuten.

1849 hieß es in einer Stellungnahme zur Verbesserung der Pferdezucht in Bayern, »die beste und bedeutendste Zucht befindet sich im Rottal, besonders im Bezirke Griesbach, wo große und harte Pferde gezogen werden. Hier finden sich Pferde vom starken Mittelschlag und mit starken Knochen, auch durch die königlichen Beschäler sehr im Bau verbessert.«

In den 60er Jahren des 19. Jahrhunderts wandte sich die Zucht mehr dem mittelschweren Warmbluttyp zu. Eine intensivere Bodenbearbeitung forderte ein stärkeres Pferd. Es wurden Cleveländer aus England auf die staatlichen Stationen gestellt. Als schweres Warmblut waren diese das übliche Kutschpferd in England: Sie hatten eine Widerristhöhe von ungefähr 170 cm, einen starken Rücken und einen etwas schweren Kopf. Die Cleveländer strahlten Energie und Kraft aus. Sie waren deshalb bei den Züchtern allgemein beliebt. Besondere Bedeutung erlangte der 1851 geborene Roseberry, der von 1854 bis 1867 als Hauptbeschäler in Achselschwang deckte. Er zeugte etliche hervorragende Söhne.

Im Jahre 1857 wurden zum erstenmal Oldenburger Hengste eingeführt. Die ersten Hengste waren noch wesentlich leichter als die später verwendeten. An den Oldenburger Hengsten wurde zunächst scharfe Kritik geübt; man beurteilte deren Vererbung ungünstig. Doch in kurzer Zeit konnten die Züchter vom Gegenteil überzeugt werden: Es entstand der Karossiertyp. Vorübergehend aufgestellte ostfriesische, ungarische und mecklenburgische Hengste blieben züchterisch bedeutungslos.

Durch die Verstärkung entstand die Gefahr einer gewissen Verweichlichung. Um dieser Tendenz entgegenzuwirken fing man an, Leistungsprüfungen durchzuführen. Die frühere Vorstellung, daß ein Pferd schon dann leistungsfähig sei, wenn es »Gang« hatte und als »Standmodell« einen guten Eindruck machte, galt nun als überholt. Mit der Entschließung von 1856 wurde die Klassifizierung von Hengsten und Stuten in Bayern nach folgenden vier Hauptschlägen durchgeführt:

Schlag I = leichter Reitschlag
Schlag II = starker Reit- und leichter Wagenschlag
Schlag III = starker Wagenschlag
Schlag IV = schwerer Arbeitschlag (Fracht- oder Fuhrmannsschlag)

Das Rottaler Pferd entsprach Ende des 19. Jahrhunderts ungefähr dem Schlag III.

Im Rottal waren um 1860 die meisten und besten Landgestütsbeschäler Bayerns aufgestellt. Die Stationen lagen so nahe beieinander, daß sich jeder Züchter einen geeigneten Hengst

Abb. 21. Rottaler Anfang des 20. Jahrhunderts.

aussuchen konnte. Diese Hengste hatten nicht nur einen guten Gang und schöne Körperformen, sondern entsprachen auch vollkommen den in Niederbayern vorhandenen Stuten.

Um 1900 ähnelte das Rottaler Kutschpferd im Typ am meisten dem Oldenburger. Diese Tendenz verstärkte sich im Verlaufe der Zeit noch, da in den ersten Jahrzehnten des 20. Jahrhunderts weitere Oldenburger Hengste zur Zucht eingesetzt wurden. Die Farbe war meist braun mit wenigen Abzeichen, weniger häufig schwarz. Schimmel gab es kaum mehr, auch die ursprüngliche Fuchsfarbe wurde selten (Abb. 21).

Bis ungefähr 1950 läßt der Rottaler sich folgendermaßen charakterisieren:

Er war mit einer Widerristhöhe von 170–175 cm sehr groß, besaß einen schön aufgerichteten, mittellangen Hals, der in einen kräftigen Kopf überging. Das Auge war groß und klug; der Gesichtsteil ziemlich stark entwickelt, aber trotzdem wohlgeformt. Der Widerrist war ausgeprägt und genügend lang, die Brust tief und breit, der Rippenkorb gut gewölbt. Das Gurtmaß lag im allgemeinen zwischen 185 cm und 200 cm. Die Lende hätte häufig besser eingedeckt sein können. Die Kruppe war länglich, rund und wenig geneigt. Schulter, Vorarm und Schenkel waren kräftig, die Gelenke breit und stark. Die Schienen hätten nicht selten stärker sein können; ihr Umfang betrug zumeist 21 bis 22 cm. Die Fessel war kurz und gut gestellt, der Huf gut geformt.

Eine der besten Eigenschaften des Rottalers war sein weitgreifender, energischer Gang. Hervorzuheben war auch die Gutmütigkeit dieser Pferde. Eine typische Eigenschaft war sei-

Rottaler

Abb. 22.
Rottaler an der Rott, 1924.

Abb. 23.
Rottaler Zehnerzug auf der DLG-Ausstellung 1955.

Abb. 24.
Rottaler Hengst Egal, 1954.

Abb. 25.
Rottaler Hengst Garant 6022, 1955.

ne Langlebigkeit. Die Stuten brachten oft auch mit 20 Jahren noch gute Fohlen.

Einen Markstein in der Geschichte des Rottaler Warmblutpferdes bildete das Jahr 1906. Damals wurde der »Rottaler Warmblutpferdezuchtverein« gegründet. Die Ziele dieses Vereins kommen in der Körordnung zum Ausdruck, aus der einige Abschnitte angegeben werden sollen:

»Der Rottaler Pferdezuchtverein hat sich die Züchtung eines gängigen, gefälligen, starken und leistungsfähigen Kutschpferdes als Zuchtziel gestellt. Dieses Ziel soll erreicht werden durch Körung der männlichen und weiblichen Zuchttiere. Die gewählte Körkommission hat deshalb folgende Verpflichtungen:
a) Auswahl derjenigen vom Landgestüt aufgestellten Beschälhengste, welche von den Vereinsmitgliedern zum Decken ihrer Stuten verwendet werden dürfen.
b) Prüfung und eventuelle Ankörung der bereits staatlich angekörten Zuchthengste, welche zum Decken von Zuchtstuten des Rottaler Pferdezucht-Vereins verwendet werden sollen.
c) Körung derjenigen Stuten, welche von ihren Besitzern zur Aufnahme in das Zuchtbuch des Vereins beantragt werden.
Das Brandzeichen des Vereins ist ein lateinisches R, welches auf dem linken Oberschenkel angebracht wird.«

Sitz des Vereins war Pocking. Er war dem Pferdezuchtverein Niederbayern-Oberpfalz angeschlossen. Durch Aktivitäten dieses Vereins wurden Einheitlichkeit und Gleichmäßigkeit in der Zucht des Rottaler Pferdes wesentlich gefördert. Im Jahre 1944 waren 251 Züchter im Rottaler Warmblutpferdezuchtverein zusammengefaßt.

Besondere züchterische Bedeutung bekam der 1930 im Stammgestüt Achselschwang geborene Hengst Gardist. Er paßte sehr gut zu den Rottaler Stuten und zeigte durchschlagende Vererbungskraft. Gardist hatte eine Widerristhöhe von 162 cm und war 710 kg schwer. Er deckte in 13 Jahren insgesamt 1243 Stuten. Der berühmte Rottaler Zehnerzug (Abb. 23) bestand jahrzehntelang fast nur aus Gardist-Nachkommen.

Nach dem Zweiten Weltkrieg galt als Zuchtziel des Rottalers die Züchtung eines mittelgroßen, vielseitig verwendbaren, harmonisch gebauten, tiefen und breiten, starkknochigen und kurzgeschienten Wirtschaftstyps (Abb. 24 und 25). Er sollte edel sein und bestes Gangvermögen besitzen. Besonders gelobt wurden das gute Temperament, seine Fruchtbarkeit und die Langlebigkeit. Die Farbe des Rottalers war damals meist braun (Zorn 1952).

Nach 1980 gab es nur noch zwei Hengste mit Rottaler Blutführung, und zwar »Morketo« und »Weltenburg«. Der 1971 geborene Morketo besitzt ein Stockmaß von 163 cm und ist dunkelbraun. Viele seiner Nachkommen sind in Zucht und Sport sehr erfolgreich. Der 1981 geborene Hengst Weltenburg legte 1984 die Hengstleistungsprüfung ab, erhielt aber erst 1986 eine uneingeschränkte Deckerlaubnis für Rottaler Stuten.

Mit diesen beiden Hengsten sollte der Rottaler Blutanteil im Stutenbestand angehoben werden, um das Rottaler Warmblutpferd erhalten zu können.

1988 wurde die »Interessengemeinschaft Rottaler Warmblut« gegründet, die sich die Erhaltung dieser Rasse zum Ziel gesetzt hat.

Aussehen
Edles, großliniges und korrektes Warmblutpferd mit schwungvollen, raumgreifenden, elastischen Bewegungen.

Leistung
Da kein Bedarf mehr an Wirtschaftspferden besteht, ist das heutige Zuchtziel, ein gutes Reitpferd zur Verfügung zu stellen. Es ist aufgrund seines Temperaments, seines Charakters und seiner Durchlässigkeit für Reit- und Fahrzwecke jeder Art geeignet.

Gegenwärtige Verbreitung
Südbayern mit Schwerpunkt im Rottal.

Anzahl noch vorhandener Tiere
Ungefähr 50 Pferde mit noch mindestens 50% Rottalerblut (Abb. 27).

Rottaler

Abb. 26. Rottaler Stute Winnie H 3214 auf der DLG-Ausstellung 1962.

Abb. 27. Rottaler.

Schleswiger Kaltblut

Die Kaltblutzucht hatte in Schleswig von jeher große Bedeutung. Wie nicht anders zu erwarten, stand züchterisch nicht immer alles zum besten; es gab Zeiten, in denen der Pferdebestand den Kenner kaum befriedigte. Teilweise wurde die Pferdezucht durch starke Ausdehnung der Milchwirtschaft, der sog. Holländereien, vernachlässigt. Deshalb bat die Königliche Rentekammer (Schleswig gehörte vorübergehend zu Dänemark) um Vorschläge, wie die Pferdezucht speziell in der Hadersleber Harde (jetzt Dänemark) wieder auf einen besseren Stand gebracht werden könne.

Nach Verhandlungen des Amtmanns mit den Kirchspielvögten wurde 1775 ein »unmaaßgeblicher Vorschlag, wornach die Pferde=Zucht im Lande zu verbessern« sei, erstellt. Diese Empfehlung wurde bei der Abfassung der ersten Pferdezuchtverordnung von 1779 weitgehend berücksichtigt. Danach sollte bei Deckhengsten vor allem darauf geachtet werden, »daß

1. ein solcher Hengst nicht unter 4 und nicht über 15 Jahre alt, und
2. nicht weniger als 5 dänische Fuß 2 Zoll (ca. 165 cm), nach gewöhnlichem Anleg-Maaß, ohne Eisen, hoch sey. Es muß ein solcher auch
3. einen kleinen, mageren Kopf, und nicht starke Kinnbacken haben, auch der Kopf nicht unter der Stirn eingebogen, sondern daselbst nach Art der Schafsnasen erhoben seyn.
4. Die Ohren müssen klein, weder zu lang noch zu breit, und damit sie nicht unterwärts hängen mögen, unten am Kopfe, wo sie sich ansetzen, nicht zu weit von einander seyn, noch mit den Spitzen gegen einander gerichtet stehen.
5. Die Augen müssen nicht zu klein seyn, noch zu tief im Kopfe liegen, sondern mit demselben gleich stehen, auch groß und helle seyn. Sollte aber ein solcher Hengst durch äußerliche Zufälle ein Auge verloren, oder eine Verletzung daran erlitten, haben, darf er darum als Beschäler nicht verworfen werden.
6. Der Hals muß nicht zu kurz, sondern wohl gerichtet, nicht unterwärts wie ein Hirschhals gebogen seyn, noch oben an der Mähne nach der Seite hängen, mithin kein Speckhals seyn, sondern in einer ebenen Krümmung nach dem Widerrust oder den Schultern nach dem Kopfe gehen, oben zu immer schmaler werden und in einer Rundung bey dem Kinnbacken endigen.
7. Die Brust muß nicht zu schmal seyn, sondern mit der Höhe des Hengstes eine verhältnismäßige Breite haben.
8. Der Rücken muß nicht eingebogen, sondern gerade, die Schultern scharf nach vorne nicht niedriger als hinten, auch
9. das Kreuz weder niederhängen, noch scharf seyn, und die Hüften nicht hochstehen oder hervorragen. So muß auch
10. der Schweif nicht zu niedrig sitzen, und der Hengst wohl bey Leibe und ja nicht dünn und aufgeschürzet seyn.
11. Die Vorderbeine müssen grade stehen und weder einwärts gegen einander gebogen, noch vor- oder rückwärts gekrümmt, auch dabey stark und nicht gar zu fein und dünne, imgleichen
12. die Füße weder ein- noch auswärts gewandt, auch der Huf von allem was platt-, voll- oder enghufig genannt wird, befreyet seyn.
13. Daß besonders auch die Hinterbeine gut sind, ist nicht minder von Wichtigkeit, auch müssen die Lenden breit seyn, der Schenkel oder Hinterbeigel nicht zu weit hintenanstehen, und die Kniekehlen weder ein- noch auswärts gehen; als welches das Pferd kuhhässig macht. Dabey muß es von allen Arten des Spats, von der Galle und von Haßbein frey, auch die Hinterbeine überhaupt nicht fein und zu lang gefesselt, noch daran eine Plattfüßigkeit anzutreffen seyn.

Zu den im vorhergehenden erforderten und genau zu beobachtenden guten Eigenschaften gehöret annoch die Befreyung von allen sonstigen Mängeln und Schwachheiten, als so genannter Düsigkeit, Koller, Engbrüstigkeit usw., weil selbige auf die Abkömmlinge fortgepflanzt werden, und folglich die Beschäler verwerflich machen; daher dann auch ein damit behafteter Hengst nicht zum Beschälen tüchtig erkannt und gebraucht werden soll« (Becker 1914).

Mitglieder der Körkommission waren vier Kavallerieoffiziere, je zwei aus den Herzogtümern Schleswig und Holstein. Diese Kommission nahm jährlich mit dem Oberbeamten jedes Amtsdistrikts eine »Untersuchung« vor. Anerkannte Hengste erhielten einen Brand. Hengste, die jährlich mindestens 15 Fohlen zeugten, bekamen »nach dem Grade der Vollkommenheit« eine jährliche Prämie von 10–20 Reichstalern. Ein einmal »approbierter« (gekörter) Hengst durfte, bevor er nicht 15 Jahre alt war, ohne Wissen und Genehmigung des Oberbeamten und zweier Kommissare nicht verkauft werden.

Die Verordnung von 1779 scheint nicht die gewünschte Wirkung gehabt zu haben, denn schon 1782 folgte in den Herzogtümern Schleswig und Holstein sowie in der Herrschaft Pinneberg, der Stadt Altona und der Grafschaft Ranzau eine weitere Verordnung zur Verbesserung der Pferdezucht. Danach wurden gekörte Hengste einmal jährlich untersucht. Wurde ein Hengst abgekört, dann mußte der Besitzer ihn innerhalb der nächsten sechs Monate »wallachen« lassen oder außerhalb des Landes verkaufen. Hiervon sollten nur Hengste, die Gespanndienste leisteten, ausgenommen werden. Wer gegen diese Auflage verstieß, hatte eine Geldbuße zu bezahlen. Sie betrug bei den reichen Marschbauern acht Reichstaler, in den ärmeren Geestbezirken nur vier Reichstaler.

Doch auch diese Verordnung von 1782 wurde wegen ihrer »zweckwidrigen Wirkung« schon 1785 wieder aufgehoben. In Flensburg und Itzehoe wurden nun Pferdemärkte eingerichtet. Der Besitzer des besten dort vorgeführten Hengstes erhielt 100 Reichstaler, der des zweitbesten 50 Reichstaler. Auch diese Verordnung brachte nicht den gewünschten Erfolg, und so wurde 1798 eine weitere erlassen. Jetzt konnte jeder Besitzer seinen Hengst nach Gutdünken zum Decken einsetzen. Die einzige Einschränkung bestand darin, daß er nicht unter fünf und nicht über zwölf Jahre alt sein durfte.

Anfang des 19. Jahrhunderts bemühte sich Christian August, Herzog von Schleswig-Holstein-Sonderburg-Augustenburg, um die Verbesserung der Pferdezucht; er wollte die von den Bauern gehaltenen Pferde veredeln. Das damalige Schleswiger Landpferd war kurz und gedrungen. Es besaß einen dicken Hals und einen schweren Kopf, hatte starke Schultern, ein schmales Kreuz und grobe Schenkel. Herzog Christian August empfahl die Einführung von Pferderennen. In diesen Rennen scheint für die Bauern ein großer Anreiz gelegen zu haben. Sie kreuzten in ihre Bestände edle Pferde ein, so daß der Landschlag schon nach kurzer Zeit deutlich edler war. Nur die Züchter in den Schleswiger Marschen schlossen sich diesem Vorgehen nicht an; vermutlich weil auf den schweren Marschböden nur die Verwendung äußerst kräftiger Pferde sinnvoll war.

Dennoch stand um 1820 die Qualität der Pferde im Vordergrund. Auf den herzöglichen Gütern wurden hervorragende importierte Hengste gehalten. Die Bauern, die zu den Gütern gehörten, waren verpflichtet, ihre Stuten von diesen Hengsten decken zu lassen. Es wurden Prämien vergeben und auf das hohe Zuchtniveau anderer Regionen hingewiesen:

»Mecklenburg und Hannover sind in der Pferdezucht Holstein weit voraus, wenn sie uns auch in der Menschen- und Schulerziehung weit nachstehen«.

Bald konnte man stolz feststellen, daß Käufer aus weit entfernten Gegenden Pferde in Schleswig-Holstein aufkauften.

»Der Grund davon läßt sich nicht eben darin suchen, daß unsere Nachbarn und die entlegensten Reiche, wohin unsere Pferde gehen, einen Mangel an Pferden haben; sondern er muß nothwendig in den guten und vorzüglichen Eigenschaften, womit unsere Landes-Pferde vor auswärtigen versehen sind, gesetzet werden«

lautet eine zeitgenössische Stellungnahme.

Viele Jahrzehnte ohne Körordnung führten dazu, daß der Westen des Landesteils Schleswig, also die Marsch und ein Teil der Geest, fast ausschließlich Kaltblutpferde züchtete. Die Qualität der Pferde war jedoch im allgemeinen schlecht. Zwar standen königliche Landbeschäler zum Decken zur Verfügung, doch die Stutenbesitzer wählten lieber die billigen, mit Mängeln behafteten Hengste der Bauern. Der Ruf nach einer Körordnung wurde immer lauter.

Eine solche Körordnung für Hengste wurde durch Verfügung der königlichen Regierung 1875 erlassen, nachdem der landwirtschaftliche Generalverein sie beantragt hatte. Im Herbst desselben Jahres wurden dann die ersten Hengstkörungen nach dieser neuen Ordnung vorgenommen. Dabei wurden in Schleswig und Holstein 433 Hengste vorgestellt. Von ihnen wurden 299 gekört und 29 zurückgesetzt. Wie schlecht dieses Hengstmaterial teilweise gewesen sein muß, ist an einer weiteren Entscheidung zu sehen: Die übrigen 105 Hengste wurden »kassiert«, um sie auf jeden Fall vom Decken fernzuhalten.

Die im Jahre 1888 vom Minister für Landwirtschaft, Domänen und Forsten einberufene Landespferdezuchtkommission sprach sich für einschneidende Maßnahmen zur Förderung der Pferdezucht aus. Vor allem sollten die verschiedenen Zuchtrichtungen einheitlicher werden. Neben dem Kaltblut kamen häufig noch Warmblutpferde vor. Es herrschte jedoch vielfach die Ansicht, daß die ausschließliche Zucht von Kaltblutpferden günstiger sei. 1891 erfolgte die Gründung des Verbandes Schleswiger Pferdezuchtvereine, der zunächst den umständlichen Namen »Schleswiger Pferdezuchtverein für den Gesamtumfang der Zucht des kaltblütigen Pferdes im Herzogtum Schleswig« hatte. Dieser Verband umfaßte schon bald 800 Mitglieder. Anfang 1899 waren in das Stutbuch des Verbandes 2066 Stuten eingetragen (Ramm und Buer 1901).

Zuchtziel des Verbandes war ein kräftiges Arbeitspferd, das den Anforderungen von Landwirtschaft, Armee und Industrie entsprach. Man legte Wert auf ein starkes, gesundes Fundament, gute Hufe und einen gedrungenen, wohlgerippten Rumpf; desgleichen auf gute Oberlinie, gute Kruppe, schönen Kopf und Hals, lebhafte Augen und eine schöne, stolze Haltung (Abb. 28). Das Schleswiger Kaltblutpferd Ende des 19. Jahrhunderts war auch frühreif. Das war erwünscht, um es schon nach Vollendung des zweiten Lebensjahres zur Arbeit verwenden zu können.

Ende des 19. Jahrhunderts wurde der »Schleswiger Schlag« als Bindeglied zwischen den schweren und leichten »Arbeitsschlägen« (Kaltblutpferden) angesehen. Er wurde jedoch oft nicht ausschließlich positiv beurteilt, weil sie manchen Interessenten als Lasttiere nicht vollwertig, anderen als Wagenpferde etwas zu schwer erschienen. Wenig früher fanden gerade Pferde dieses Typs zu Hunderttausenden vor Omnibussen und Pferdebahnen Verwendung. Das »Pferd für alles«, eine frühere Forderung, ließ sich züchterisch nicht verwirklichen. Es wurde jedoch betont, daß zahllose Kleinbetriebe mit guter Futtergrundlage im Schleswiger Kaltblut das günstigste Arbeitstier fanden. Es war kräftig, gängig und genügsam und stellte nicht so hohe Anforderungen wie das schwere Arbeitspferd (Drathen 1901).

Um die Jahrhundertwende war die Körperform schon weit befriedigender. Die zu große Länge und der damit zusammenhängende nicht genügende Schluß in der Rippe traten seltener auf; auch die Knochenstärke war verbessert worden. Verbesserungswürdig schienen noch Regelmäßigkeit des Ganges, Elastizität der Fesseln sowie Form und Qualität der Hufe (Drathen 1901). Man empfahl eine Blutauffrischung durch dänische Kaltblutpferde. Die Einkreuzung englischer und französischer Kaltblutrassen hielt Drathen jedoch für gewagt.

Abb. 28.
Schleswiger Kaltblut; Fuchshengst Cäsar, geb. 1886, Stockmaß 157 cm, 1890.

Schleswiger Kaltblut

Abb. 29. Jütländer Hengst (Apfelschimmel) um 1908.

Nach Herkunft und Entwicklung gehört das Schleswiger Kaltblut ohnehin zum jütländischen Dänen. Vielleicht war aber um die Jahrhundertwende noch nicht genügend bekannt, daß die gesamte jütische Kaltblutzucht außerordentlich stark von einem englischen Hengst geprägt wurde. Der Suffolk-Hengst »Oppenheim LXII« (nach dem Pferdehändler Oppenheim benannt) wurde um 1860 nach Dänemark eingeführt.

Der außerordentlich schwere Fuchshengst beherrschte in verhältnismäßig kurzer Zeit mit seiner Nachzucht die gesamte jütländische und die sich darauf aufbauende Schleswiger Kaltblutzucht (Zorn 1952).

Schon Drathen (1901) forderte, daß die Schleswiger Zucht eine gewisse Reform durchführen müsse, um mit anderen Kaltblutrassen mithalten zu können. In der Tat wurde sie in den folgenden Jahren vom Belgier, der stärker und noch frühreifer war, etwas zurückgedrängt (Rau 1911). Rau konnte »den Schleswiger nicht genug empfehlen«. Er war ein sehr genügsames, hartes, robustes und insbesondere sehr bewegliches Arbeitspferd. Vor allem war er imstande, größere Strecken im Trab zurückzulegen.

Rau bestätigte die Verkürzung des Mittelstücks. Er meinte jedoch, man solle diese Verkürzung nicht zu weit treiben. Ein Zugpferd brauche eine gewisse Länge des Mittelstücks. Wenn die Rippen genügend gewölbt seien, schade sie durchaus nicht. Bemerkenswert sind die weiteren Ausführungen von Rau:

»Will man beim Schleswiger ein sehr kurzes Mittelstück haben, so bringt man ihn dadurch um ein wesentliches Rassemerkmal. Dieses Bekämpfen wesentlicher Rassemerkmale als vermeintliche Fehler hat aber schon wiederholt ganzen Zuchten ihren besonderen Charakter genommen... Ein Zugpferd braucht keinen Reitpferderücken. Neben seiner Masse muß es auch eine gewisse Länge in das Geschirr legen können.«

Anfang unseres Jahrhunderts hatte der Schleswiger eine auffallend schöne Oberlinie, die mit dem langen, trockenen Widerrist und dem schön geschwungenen Rücken an höher im Blut stehende Pferde erinnerte (Abb. 29). Sie sollte von früheren Warmbluteinkreuzungen herrühren. Der Hals war gerade, der Kopf oft etwas groß mit gerader Stirnlinie. Dagegen ließen die Beine zu wünschen übrig; die Gelenke waren nicht immer trocken und vor allem sahen die Hufe nicht gut aus. Die Hufqualität soll jedoch gut gewesen sein. In Berlin haben sich schleswig-dänische Pferde, die zu Tausenden als Omnibuspferde dienten, stets sehr gut auf den Beinen gehalten (Rau 1911).

Schleswiger waren schon Anfang unseres Jahrhunderts vorwiegend Füchse, seltener Braune. Von 32 im Jahre 1913 angekörten Hengsten waren allein 31 Füchse, nur einer war ein Brauner. Vereinzelt kamen Rappen und Schimmel vor (Becker 1914). Die Widerristhöhe lag in den Jahren 1901 bis 1913 zwischen 173 cm und 179 cm. Das Gewicht betrug 680–740 kg (Abb. 31).

Neben seiner hervorragenden Eignung in Landwirtschaft, Industrie und Armee hat sich das Schleswiger Kaltblut vor allem als Brauereipferd bewährt. Beispielgebend für viele Anerkennungen soll nachstehend ein Brief von 1907 an den Zuchtverband wiedergegeben werden:
»Bezugnehmend auf Ihr Schreiben teilen wir Ihnen ergebenst mit, daß die beiden auf der Brauereipferde-Ausstellung gekauften braunen Wallache gut eingeschlagen sind, auch haben sich die Hufe tadellos erhalten. Sollten Sie auf der nächsten Ausstellung wieder vertreten sein und wir Bedarf haben, so werden wir nicht verfehlen, Pferde von Ihnen zu kaufen.«

War das Schleswiger Kaltblut zunächst hauptsächlich in den an die Nordsee grenzenden und den nördlichen Landkreisen Schleswigs vertreten, so traf man es vor dem Ersten Weltkrieg schon in den meisten deutschen Provinzen an. Jährlich kamen Händler aus Mittel- und Süddeutschland, um Fohlen und ausgewachsene Pferde zu kaufen. Insbesondere die Landwirtschaftskammer von Brandenburg entsandte über eine längere Zeit jährlich eine Kommission, die Fohlen ankaufte (Becker 1914). Seit 1910 wurden alle Hengste des ganzen Zuchtgebietes an *einem* Ort zur Körung vorgestellt. Die Körung galt als außerordentlich scharf. Vielleicht bekam die Zucht des Kaltblutpferdes gerade deshalb enormen Auftrieb. 1914 hatte der Zuchtverband 3000 Mitglieder und umfaßte die eindrucksvolle Zahl von fast 9000 Stuten.

1925 gab es im ursprünglichen Zuchtgebiet 231 gekörte Hengste und 102 Elitestuten. Von diesen Hengsten ließen sich 153 (66,2%), von den Stuten 58 (56,9%) auf den Hengst Munkedahl 445 zurückführen. Dieser 1883 geborene Hengst war ein Oppenheim LXII-Sohn. Auf Munkedahl 445 wurde vielfach ingezüchtet, weil er sich als »inzuchtimmun« erwiesen hatte.

Schleswig mußte nach dem Ersten Weltkrieg aufgrund des Friedensvertrags größere Gebietsteile an Dänemark abtreten. Dort war Kaltblut stark vertreten. Dennoch nahm der Anteil des Kaltbluts in Schleswig-Holstein deutlich zu. Während die 1898 gezählten 18 776 Kaltblutpferde 11,1% des Pferdebestandes ausmachten, gab es 1928 84 831 Kaltblutpferde (ausschließlich Schleswiger). Das waren 55,4% des damaligen Pferdebestandes. Am stärksten war das Kaltblutpferd 1928 in den Kreisen Südtondern (92,8%), Husum (90,6%) und Schleswig (87,7%) vertreten (Bäßmann 1931). Der Zuchtverband hatte durch die Teilung des Landes 1931 nur noch 1751 Mitglieder mit 1836 eingetragenen Stuten.

Durch Änderung des Zuchtziels und beharrliches Vorgehen einiger entschlossener Züchter wurde die Krise überwunden. Um das neue Zuchtziel, ein leichtfuttriges, robustes und gängiges Kaltblutpferd im mittleren Rahmen zu erreichen, wurde bis 1938 bestes jütländisches Zuchtmaterial aus Dänemark eingeführt. Die Röhrbeinstärke nahm zu, die Widerristhöhe dagegen geringfügig ab. Sie betrug bei den angekörten dreijährigen Hengsten von 1910–1919 durchschnittlich 178 cm, in den zwanziger Jah-

Schleswiger Kaltblut

Abb. 30. Schleswiger Kaltblutstute Fabel, geb. 1936, Anfang der 40er Jahre.

ren 176 cm und ab 1930 bis zum Zweiten Weltkrieg 175 cm. Der Erfolg blieb nicht aus. Der Verband Schleswiger Pferdezuchtvereine erholte sich und stand zu Beginn des Zweiten Weltkriegs mit an führender Stelle unter den deutschen Kaltblutzuchtverbänden (Abb. 30). Das Zuchtgebiet hatte sich inzwischen bis in die südlichen Teile Holsteins ausgedehnt (Zorn 1952).

In Kriegs- und Nachkriegszeiten nimmt die Zucht von Kaltblutpferden stets zu. Das galt auch für den Schleswiger. Der Mitgliederstand der 56 Vereine wuchs bis 1949 auf 15 000 Mitglieder mit ungefähr 25 000 eingetragenen Stuten und 450 gekörten Hengsten. Der Schwerpunkt der Zucht lag immer noch im Landesteil Schleswig. Der Schleswiger wurde damals als genügsam und hart, beweglich und ausdauernd geschildert. Man achtete vor allem auf Geschlossenheit und Tiefe (Abb. 32). Die durchschnittliche Widerristhöhe der angekörten Hengste war mit 170 cm deutlich geringer geworden. Zudem wollte man etwas weniger Behang. 95% der Schleswiger waren damals Füchse. In der Nachkriegszeit wurde kein dänischer Hengst mehr eingesetzt, dagegen kamen in den 50er Jahren ein Boulonnais und ein Bretone zum Deckeinsatz. Während sich die Hengste früher ausschließlich in Privatbesitz befanden oder auf genossenschaftlicher Grundlage gehalten wurden, standen in der Nachkriegszeit vorübergehend einige Hengste im Landgestüt Traventhal, also in Holstein. Dieser Betrieb wurde jedoch 1960 aufgelöst.

Vom Ende der 50er Jahre an ging es mit der Zucht des Schleswigers, dem allgemeinen Trend folgend, rasch abwärts. 1974 gab es nur noch 73 eingetragene Stuten und sieben Hengste. Der Geschäftsbericht des Verbandes für 1974 gab sich zwar noch optimistisch: Man glaubte, die rückläufige Bewegung in der Zucht des Schleswiger Kaltblutpferdes sei zum Stillstand gekommen. Doch das Ende war nicht mehr aufzuhalten. Der Verband Schleswiger Pferdezuchtvereine, der seinen Sitz zunächst in Husum und später in Rendsburg hatte, löste sich 1976 auf. Die ungefähr 120 noch vorhandenen Mitglieder traten bis auf einige für einen Zusammenschluß mit dem Landesverband der Pony- und Kleinpferdezüchter Schleswig-Hol-

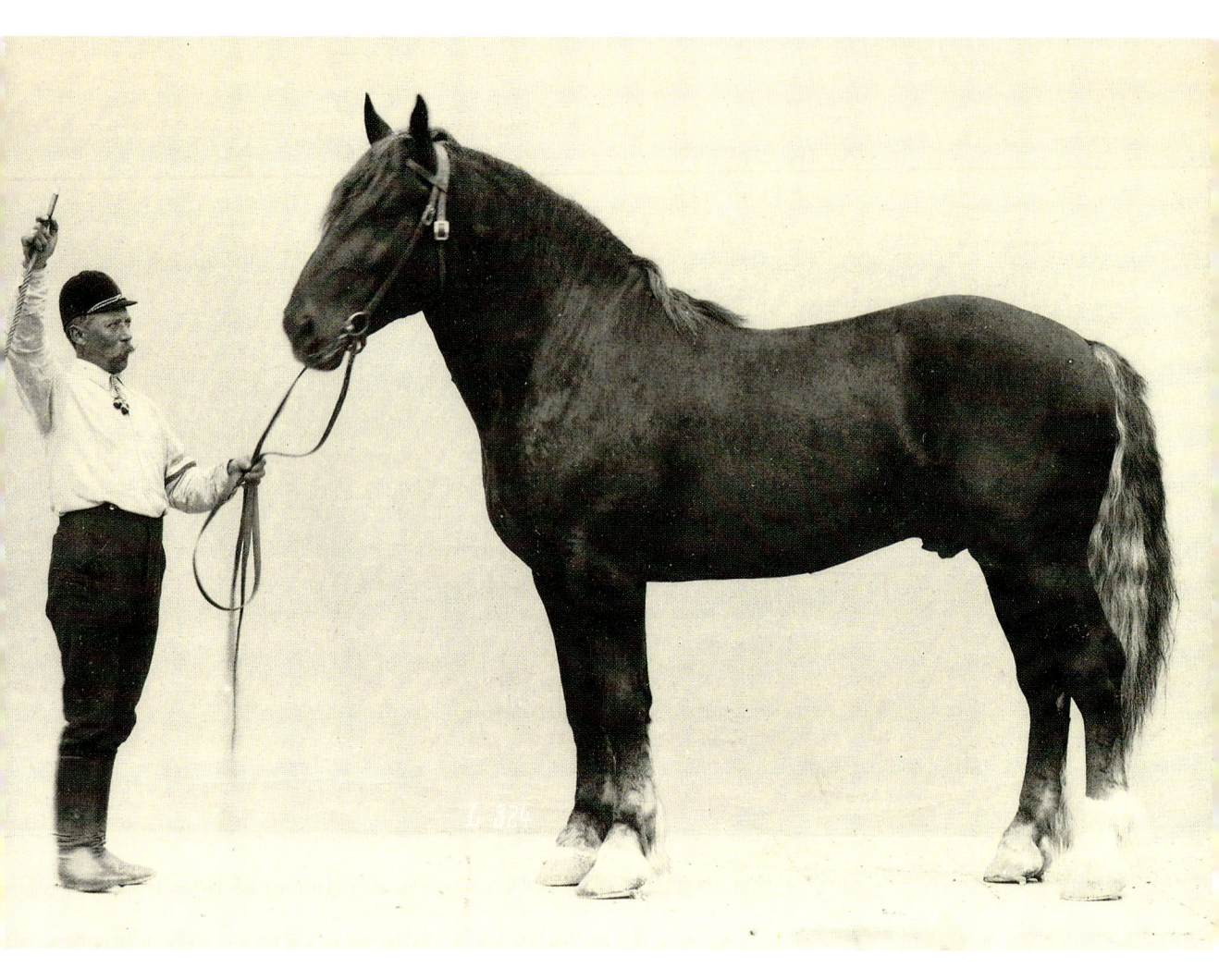

Abb. 31. Schleswiger Hengst Jasmund, geb. 1906, Fuchs, Stockmaß 160 cm, Körpergewicht 720 kg, Röhrbeinumfang 25 cm, 1909.

stein/Hamburg ein. Dieser Zusammenschluß kam am 7. Mai 1976 zustande. Seit dieser Zeit heißt die Züchtervereinigung »Pferdestammbuch Schleswig-Holstein/Hamburg e. V.«.

Gleichzeitig wurden Kontakte zum jütländischen Stutbuch gesucht; man kaufte in Dänemark zwei Hengste und einige Stuten an. Diese Tiere sollten dazu dienen, den Rahmen zu vergrößern und das Fundament zu verstärken. 1980 wurden in der Stutbuchabteilung Schleswiger Kaltblut dieses Pferdestammbuches 65 Stuten und fünf Hengste geführt. Die Bedeckungsziffer des Jahres 1979 betrug 39 Stuten. Im Jahre 1980 wurden 24 Fohlen vorgestellt; hinzu kamen Stutbuchaufnahmen von drei dreijährigen und sieben älteren Stuten.

Seit dieser Zeit ist wieder ein deutlicher Auftrieb zu erkennen. Gegenwärtig sind ca. 15 Hengste im Deckeinsatz. Der Schwerpunkt der Zucht hatte sich schon vor einiger Zeit von Schleswig in den Kreis Segeberg, Holstein verlagert. Dort werden auf Gut Kamp allein ungefähr 30 Schleswiger gehalten. Zusätzliche Bedeutung hat diese Rasse als Rückepferd gewonnen. Bei einem Gewicht von 750–850 kg hat der Schleswiger gegenwärtig eine durchschnittliche Widerristhöhe von 160 cm. Nach wie vor dominiert die Fuchsfarbe (Abb. 34).

Schleswiger Kaltblut

Abb. 32. Schleswiger Prämienhengst Germanikus 2877, geb. 1945, etwa 1955.

Abb. 33. Schleswiger Kaltblutstute Puppe, 1956.

Abb. 34. Schleswiger Kaltblut.

Rheinisch-Westfälisches Kaltblut

Eine Rasse mit diesem Namen gibt es nicht lange. Sie entstand, als man die Restbestände des Rheinisch-Deutschen Kaltbluts und des Westfälischen Kaltbluts zusammenfügte. Die beiden Ausgangsrassen hatten ihre eigene Zuchtgeschichte. Sie sollen deshalb zunächst voneinander getrennt dargestellt werden.

In der gegenwärtig gültigen Fassung weisen die beiden nordrhein-westfälischen Pferdestammbücher keine Unterschiede mehr auf. Die einheitliche Rassebezeichnung ist »Rheinisch-Westfälisches Kaltblut«. Das Zuchtziel verlangt harmonische Typen mit schönen Gesichtern und freundlichen Augen. Kräftigen, gut aufgesetzten Hals. Mittelschweren Körper. Schräge, muskulöse Schulter und gut bemuskelte Kruppe. Des weiteren werden ein trockenes, korrektes Fundament mit harten Hufen sowie raumgreifende Gänge, Leichtfuttrigkeit, guter Charakter, gutes Temperament und Arbeitswilligkeit gefordert.

Rheinisches Kaltblut

Wie man alten Darstellungen entnehmen kann, gab es schwere Pferde im Typ des Kaltbluts im Rheinland schon zur Römerzeit. Sowohl bei Caesar als auch bei Tacitus finden sich Hinweise auf eine blühende Pferdezucht bei den Germanenstämmen im Rheinland und in den angrenzenden Gebieten. Hervorgehoben wurden Knochenstärke, Ausdauer und Genügsamkeit dieser Pferde. Zur Zeit Karls des Großen (747–814) und Ludwigs des Frommen (778–814) wurden bereits ausführliche Vorschriften und Anweisungen über die Pferdezucht erlassen, die auch auf Teile des Rheinlands von Einfluß gewesen sein dürften (Munckel 1925).

In einem Werk Fuggers von 1584 wurden das Bergische Pferd und das Gelderländer Pferd sehr gelobt. Über das Bergische Pferd sind keine Einzelheiten bekannt. Das Gelderländer Pferd wird von Fugger als das beste deutsche Ritterpferd bezeichnet. Es hatte schöne Formen und war sehr wendig (Munckel 1925). Auch das Eifelpferd besaß als Streitroß große Bedeutung und wurde vielfach gelobt.

Die Napoleonischen Kriege Anfang des 19. Jahrhunderts haben der rheinischen Pferdezucht so geschadet, daß durchgreifende Maßnahmen zur Hebung der Zucht erforderlich waren. Der Verein Rheinpreußen leitete 1835 die Errichtung eines staatlichen Hengstdepots in die Wege. Als Ergebnis dieser Bemühungen wurde 1839 das Landgestüt Wickrath gegründet. Dieses Gestüt besaß zunächst 50 Hengste. Kaltblutpferde hatten damals nur untergeordnete Bedeutung. Zu Beginn wurden importierte Kaltbluthengste eingestellt: Percherons, Ardenner, Normannen, Clydesdales und Suffolks.

Diese Hengste entsprachen jedoch nicht den Bedürfnissen der Landwirtschaft. Die auf die Gründung des Landgestüts folgenden Jahrzehnte waren erfüllt mit Auseinandersetzungen zwischen der rheinischen Landwirtschaft um das von ihr benötigte kräftige Arbeitspferd auf der einen Seite und Staatsregierung sowie Landgestüt auf der anderen Seite, die nicht auf die Zucht eines leichten Heerespferdes verzichten wollten. Die Sektion für Pferdezucht des Landwirtschaftlichen Vereins wies mit Nachdruck darauf hin, daß für die Bedürfnisse des Zuckerrübenbaus und der aufblühenden Industrie nur ein kräftiges Kaltblutpferd im Typ des Belgiers nützlich sein könne.

1876 erkannte die Staatsregierung an, daß für die Rheinprovinz die Zucht eines kaltblütigen Arbeitspferdes sinnvoll und auf die Zucht einer Warmblutremonte endgültig zu verzichten sei. Dennoch vergingen Jahre mit der Diskussion darüber, welcher Kaltbluttyp den rheinischen Verhältnissen am besten entspräche. Nur langsam ließ man von der Verwendung englischer und französischer Hengste ab, um mehr und mehr belgische Kaltblutpferde einzusetzen. Ausschlaggebend für diese Entscheidung war zum einen die Erkenntnis, daß die rheinischen Landschläge mit dem Arbeitspferd des Nachbarlandes Belgien sehr viel Gemeinsames besaßen, zum anderen war das rheinische Zuchtgebiet ohnehin schon stark mit belgischen Mutterstuten durchsetzt. 1862 waren von 35 schweren Landbeschälern nur zwei Belgier, 1872 fehlten Belgier ganz. Doch schon 1882 machten die 39 Belgier neben 22 Kaltblutpferden anderer Rassen einen Anteil von 63,9% aus und 1892 waren im Rheinland von 98 zur Zucht eingesetzten Kaltblutpferden sogar 81 Belgier (82,6%) (Nathusius 1902). Ende der 80er Jahre des 19. Jahrhunderts schieden die letzten englischen Pferde aus der staatlichen Hengsthaltung des Rheinlands aus. Der Hengstbestand des Landgestüts Wickrath wurde durch belgische Pferde aufgestockt (Abb. 35).

Im Jahre 1890 wurde der »linksrheinische Pferdezuchtverein« gegründet. Dieser Verein ging aus dem »Vennikler-Reitverein« hervor. Ursache der Umgestaltung war das Bestreben der Landwirte, die Zucht des schweren Pferdes zu fördern. Das Landgestüt Wickrath konnte infolge der schnellen Entwicklung der Kaltblutzucht in der Rheinprovinz den dringenden Bitten der Landwirte um Aufstellung von Hengsten nicht immer nachkommen. Deshalb vereinigten sich mehrere größere Landbezirke zu lokalen Pferdezuchtvereinen. Diese Vereine versuchten, durch Anschaffung guter Hengste ihr Ziel selbst zu erreichen. Unterstützt wurde diese Initiative durch den Staat, der den Vereinen zur Anschaffung von Hengsten zinsfreie Darlehen gewährte. Die Zahl der Mitglieder des Vereins betrug bei der Gründung 130; sie war bis 1900 auf 500 angewachsen.

Durch Polizeiverordnung wurde 1880 für die Bezirke Köln, Düsseldorf und Aachen festgelegt, daß alle Hengste, die zum Decken fremder Stuten verwendet werden sollten, gekört sein müssen. Die Körung mußte in dem Bezirk geschehen, in dem der Hengst zum Decken aufgestellt werden sollte. Es wurden Körbezirke gebildet und darin Orte zur Abhaltung der Körung bestimmt. Für jeden Körbezirk wurde eine Körkommission gebildet, die aus dem Vorsteher des Landgestüts, dem vom Landwirtschaftlichen Zentralverein gewählten Gauvorsteher für Pferdezucht oder dessen Stellvertreter, zwei von den Kreisständen auf sechs Jahre gewählten Delegierten bzw. Stellvertreter sowie einem Tierarzt als Berater bestanden.

Die Beschlüsse der Körkommission wurden mit einfacher Mehrheit gefaßt. Die Ankörung galt für ein Jahr. Einmal gekörte Hengste mußten bei jeder Jahreskörung erneut vorgeführt werden. Es durften nur solche Hengste gekört werden, die frei von Erbfehlern waren. Die Besitzer gekörter Hengste hatten ein Deckregister zu führen, das am Ende der Deckperiode dem Landrat einzureichen war. Die Körordnung trat am 1. Oktober 1880 in Kraft.

Den vorläufigen Abschluß der Entwicklung stellte 1892 die Gründung der Züchtervereinigung »Rheinisches Pferdestammbuch« dar, die zu einem einheitlichen Zuchtziel führte. Man wollte ein kräftiges, gut gebautes, tiefes kaltblütiges Pferd mit starken Knochen und freien Bewegungen (Abb. 36).

Der Zentralvorstand des landwirtschaftlichen Vereins für Rheinpreußen wollte das Zuchtziel durch jährliche Prüfung und Eintragung der geeigneten Pferde in das Stammbuch verwirklichen. Eintragungsfähig waren Stuten, die dem Zuchtziel entsprachen, und gekörte Hengste nach vollendetem dritten Jahr, die dem Zuchtziel in hervorragender Weise entsprachen. Die eingetragenen Pferde wurden auf der linken Halsseite gebrannt. Brandzeichen war als Sinnbild des Ackerbaus ein Pflug. Die Kennzeichnung wurde bei der Eintragung so gewählt, daß sämtliche Namen eines Jahrgangs mit demselben Buchstaben begannen. Vom Rheinischen Pferdestammbuch erschien der erste Band 1895, der zweite im Jahr 1899. Bis Ende 1898 waren 922 Stuten und 61 Hengste in das Stammbuch aufgenommen. Die rasche züchterische Entwicklung im Landgestüt Wickrath setzte vor allem ein, nachdem 1876 die staatliche Anerkennung der Kaltblutzucht erfolgt war. Eine Phase nahezu explosionsartiger Entwicklung war die Zeit von 1881 bis 1892, als Wickrath unter Leitung von Landstallmeister Grabensee stand.

Abb. 35. Zweijähriger belgischer Hengst vom Wickrather Hengst Ludwig, 1891.

Die Hengsthaltungsgenossenschaften in der Rheinprovinz hatten nur Belgier und Rheinisches Kaltblut aufgestellt. Insgesamt waren es 21 Genossenschaften mit zusammen 25 Hengsten, die 1348 Stuten deckten. 16 der 21 Genossenschaften erhielten zur Anschaffung der Hengste zinsfreie Staatsdarlehen (Knispel 1900).

Das Rheinische Kaltblutpferd hatte sich in den letzten Jahrzehnten des 19. Jahrhunderts unter dem Einfluß des Belgiers bemerkenswert entwickelt. Dies wurde anerkennend auch von Vertretern ausländischer Kaltblutrassen festgestellt. Auf der Pariser Weltausstellung 1900, auf der etliche Rheinländer gezeigt wurden, nahm der Weltmarkt diese Rasse zum erstenmal zur Kenntnis. Bemerkenswert war vor allem ihre Knochenstärke.

Insgesamt stand das damalige Rheinische Kaltblut im Typ des Belgiers, von dem es geprägt worden war. Fachleute äußerten sich durchaus anerkennend über den neuen Typ. Sie forderten jedoch, daß die um 1900 vorhandenen Vorzüge in den späteren Generationen beibehalten werden müßten. Nur so könne man von einer eigenen Züchtung sprechen und werde sich von der belgischen Ausgangsform »emancipieren« (Drathen 1901).

Obwohl die rheinische Kaltblutzucht um 1900 noch jung war, hatte sie doch schon bedeutende Erfolge zu verzeichnen. Auf den DLG-Ausstellungen stieg die Qualität des Rheinischen Kaltbluts von Jahr zu Jahr. Schon 1890 erntete diese Rasse großes Lob (Ramm und Buer 1901):

»Die Kollektiv-Ausstellung des landwirtschaftlichen Vereins für Rheinpreußen verdient besondere Beachtung. Sie ist die erste in Deutschland, die eine gleichmäßige Richtung in der Zucht des starken Arbeitspferdes für einen großen Bezirk erkennen läßt.«

Im Grunde war die Rheinprovinz damals schon das größte und bedeutendste Zuchtgebiet Deutschlands für schwere Zugpferde (Ramm und Buer 1901). Nach der Viehzählung im Jahre 1897 – im Rheinland wurden 145 500 Pferde gezählt, ohne Berücksichtigung der Pferde in Städten über 10 000 Einwohner und der Mili-

Abb. 36.
Rheinischer Rotschimmelhengst,
v. Conradin,
geb. 1888, 1890.

Abb. 37.
Belgischer Hengst um 1908.

tärpferde – gehörten 81,4% dem Kaltblut an. Davon waren allerdings nur 46% Belgier und Rheinisches Kaltblut. 23% gehörten anderen Kaltblutschlägen an und 9% zählten zum Landschlag. Das Landgestüt Wickrath besaß 1899 130 Hengste, darunter 121 Belgier (93,1%).

Um die durch das rheinische Pferdestammbuch angestrebten Ziele zu fördern, wurde 1899 eine Prämierungsordnung für die Pferdeschauen der Rheinprovinz erlassen. Man ließ nur kaltblütige Pferde der anerkannten Zuchtrichtung zur Prämierung zu. Um die besonders dringende Hebung des Stutenbestandes zu erreichen, wurde der weitaus größte Teil der zur Verfügung gestellten Mittel zur Prämierung der Stuten verwendet. Durch den Grundsatz, wenige, aber hohe Preise zu vergeben, sollte einer Förderung nach dem Gießkannenprinzip vorgebeugt werden. Die Annahme eines Preises verpflichtete den Empfänger, das prämierte Pferd drei Jahre zur Zucht zu benutzen.

Zweck der Pferdeschauen war:
- die Zucht durch Preisverteilung an Pferde, die dem Zuchtziel entsprachen, zu leiten;
- durch die Möglichkeit zum Vergleich belehrend auf die Züchter zu wirken;
- einen nutzbringenden Wettbewerb anzuregen durch die den Züchtern für ihre Erfolge und Verdienste zuteilwerdende öffentliche Anerkennung;
- den Verkauf der Pferde dadurch zu erleichtern, daß die Käufer Gelegenheit hatten, die gezüchteten Pferde kennenzulernen.

Die Pferdeschauen wurden eingeteilt in a) Provinzialschauen, b) Gauschauen und c) Kreisschauen. Provinzialschauen sollten alle fünf Jahre abgehalten werden, Gauschauen fanden jährlich statt. Die Veranstaltung der Kreisschauen blieb den Lokalabteilungen des Landwirtschaftlichen Centralvereins überlassen.

Nach der Jahrhundertwende hatte die rheinische Zucht noch nicht völlig die Ausgeglichenheit der viel älteren belgischen Zucht erlangt, dennoch war in der für eine Zucht verhältnismäßig kurzen Zeitspanne Außerordentliches geleistet worden. Das Rheinische Kaltblut soll damals vielfach korrekter in den Beinen und im Gang gewesen sein als der Belgier. Nicht von ungefähr kam deshalb die Frage auf, ob auf den Ausstellungen nur selbstgezüchtete, im Rheinland geborene Pferde ausgestellt werden sollten, oder auch importierte Pferde wie bisher. Die Züchter hatten sich in zwei Lager geteilt; auf der DLG-Ausstellung in Hamburg 1910 stellten beide Lager ihre Pferde getrennt voneinander aus. Das »Rheinische Pferdestammbuch«, die alte Vereinigung, zeigte 19 im Rheinland geborene Pferde, während von den 59 Pferden, die das »Rheinische Zuchtbuch für kaltblütige Pferde« ausstellte, 22 in Belgien gezogen waren (Abb. 37). Von den zehn ersten Preisen, die auf der Ausstellung in Hamburg 1910 an Pferde aus der Rheinprovinz vergeben wurden, fielen übrigens sieben an Individuen der rheinischen und drei an Individuen der belgischen Zucht.

In der damals immer noch aktuellen Frage, ob man weiterhin stark belgisches Kaltblut importieren oder sich in der Zucht unabhängig machen solle, schien eine rasche und bindende Entscheidung um 1910 noch nicht möglich. Rau (1911) gab folgende Empfehlung:

»Hat man einige gute, hervorragend produzierende Hengste im Lande, ein Blut, das sich den bestehenden Verhältnissen ausgezeichnet angepaßt hat und Träger hoher Qualität ist, so soll man dieses Blut als äußerst wertvoll möglichst ausnützen, die Zucht darauf stellen. Lehrt aber eine Gegend, daß sie das Blut, welche ihr das Erreichen der höchst möglichen Qualität gestattet, noch nicht erlangt hat und daß sie durch weiteren Import die Güte ihrer Pferde steigern kann, so soll sie zunächst noch importieren.«

Bei der Betrachtung insbesondere des Pferdematerials auf der DLG-Ausstellung 1910 kommt Rau (1911), einer der führenden Pferdekenner seiner Zeit, zu folgendem Urteil:

»Die Rheinländer haben es ausgezeichnet verstanden, Vorderbeine, Sprunggelenke, Hufe und auch den Gang ihrer Pferde, der früher oft fuchtelnd war, zu verbessern. Auch die Kruppe, die

Rheinisches Kaltblut

Abb. 38. Rheinisches Kaltblut, Stute Quelle, 1912.

früher sehr oft abschüssig war und häßlich wirkte, hat einer gefälligen Form Platz gemacht. Dadurch erscheinen die Rücken auch kürzer. In neuester Zeit sieht man sogar überkurze Rücken, so daß die Pferde ›kugelrund‹ erscheinen; ein Bestreben, dessen Berechtigung nicht einleuchtet, denn für ein Zugpferd ist eine gewisse Länge nicht von Nachteil. Die früher oft zu konstatierende Säbelbeinigkeit ist viel seltener geworden.«

Nach dem Ersten Weltkrieg wurde besonderes Augenmerk auf Rücken und Kruppe gelegt. In einem straffen, kräftigen Rücken sah man im Zusammenhang mit großer Knochenstärke die unabdingbare Voraussetzung für eine gute Arbeitsleistung. An Stelle der ursprünglich kurzen, abgeschlagenen und eckigen Kruppe wurde durch konsequente Zuchtwahl eine gut bemuskelte, lange Kruppe herausgebildet. An den Gliedmaßen war im allgemeinen die größtmögliche Röhrbeinstärke in Verbindung mit einer guten Stellung erreicht worden. Wert legte man zudem auf einen geraden, räumenden Gang. Stets sollte beim rheinischen Kaltblutpferd ein gewisser »Nerv« vorhanden sein (Munckel 1925). Konsequent wurden alle Pferde mit mangelhaftem Exterieur von der Zucht ausgeschlossen. Zu diesen Mängeln gehörten neben flacher Vorderfußwurzel, steiler oder bärentatziger Fesselung und mangelhaftem Sprunggelenk das Fehlen eines deutlichen Geschlechtscharakters.

Das Landgestüt Wickrath erweiterte seinen Hengstbestand bis 1910 stetig (Tab. 7). Das galt bis 1905 vor allem für das Kaltblut, während Warm- und Vollblut nahezu beständig abnahmen. Neben diesen Hengsten in staatlichem

Jahr	Gesamter Hengstbestand	Belgisches Kaltblut	Rheinisches Kaltblut	Französische und Englische Hengste	Sonstige Hengste
1862	51			33	16
1865	51	0		29	22
1870	48	0		19	29
1875	43	0		36	7
1880	59	34		23	2
1885	85	64		1	20
1890	89	75		0	14
1895	100	60	31	0	9
1900	131	101	21	0	9
1905	176	136	33	0	7
1910	205	133	70	0	2
1915	194	109	84	0	1
1920	136	47	88	0	1
1923	111	28	82	0	1

Tab. 7: Hengste des Landgestüts Wickrath 1862–1923 (Munckel 1925).

Besitz darf die große Zahl der privaten Kaltbluthengste nicht vergessen werden. Die private Hengsthaltung setzte zwar erst 1892 mit 98 Hengsten ein, stieg dann aber bis 1922 auf 671. Insgesamt entwickelte sich die Privathengsthaltung nach dem Ersten Weltkrieg sehr lebhaft. Das lag z. T. an den Nachkriegswirren und der Verlegung des gesamten Landbeschälerbestandes nach Warendorf im Herbst 1918. In den folgenden Jahren war man bei der Körung von Privathengsten nachsichtiger, um den Deckablauf nicht übermäßig zu erschweren.

Mehr als bisher legte man nach dem Ersten Weltkrieg nicht nur Wert auf gute Hengste, sondern auch auf makellose Stuten. Aus umfangreicher Zuchterfahrung wurden folgende Schlüsse gezogen:

1. Von einer äußerlich mäßigen Stute kann ein guter Nachkomme erwartet werden, wenn diese Stute durch ihre Vorfahren oder wenigstens durch den einen oder anderen durchschlagsfähigen Vererber unter ihnen eine gute Erbmasse erhalten hat. Man darf dann annehmen, daß diese Stute nur im Äußeren zu wünschen übrig läßt, weil sie unter mangelhaften Aufzuchtverhältnissen verkümmert ist.

2. Eine äußerlich gute Stute kann sich auch dann gut weitervererben, wenn sie keine bewährten Vorfahren aufzuweisen hat. Sie ist dann das Ergebnis einer besonders glücklichen Mischung der an sich nicht überragenden Vererbungsanlagen von Vater und Mutter gewesen. Diese sind womöglich unterstützt und gekräftigt worden durch eine gesunde, die Entwicklung fördernde Aufzucht.

Hielt man es schon für sehr bedenklich, eine mangelhafte Stute zur Zucht heranzuziehen, war erst recht kein gutes Ergebnis zu erwarten, wenn diese von einem zweitklassigen Hengst gedeckt wurde. Die Auswahl des Hengstes verdiente deshalb gerade in der rheinischen Kaltblutzucht verstärkte Beachtung. Für die Auswahl von Hengsten galten daher um 1923 folgende Grundsätze:

1. Nur das beste Vatertier, das im ganzen Bereich zu finden ist, darf gewählt werden.

2. Für die Qualität gibt das Äußere – wie schon für die Stuten ausgeführt – nur teilweise einen Anhalt. Auch ein äußerlich vorzüglicher Hengst kann sich wegen mangelhafter Durchzüchtung schlecht vererben. Deshalb muß die Abstammung gleichzeitig mit dem Äußeren zur Bewertung herangezogen werden.

3. Ist ein Hengst gekört, so ist er zwar einem unerschlossenen Hengste vorzuziehen, doch fehlen nach einmaliger Körung Anhaltspunkte für die Leistungen des Hengstes noch völlig.

4. Ein eingetragener Hengst, der also mindestens vierjährig sein muß und deshalb meist schon zweimal oder öfter die Körbedingungen erfüllt hat, bietet bessere Gewähr als ein neuangekörter und sollte bevorzugt werden.

5. Das Deckgeld darf keinen Ausschlag geben. Der geringfügig höhere Betrag, der für einen guten Hengst zu zahlen ist, wird fast immer durch die bessere Nachzucht, die er hervorbringt, ausgeglichen. An Deckgeld sparen heißt deshalb, teuer und schlecht züchten.

6. Hengst und Stute müssen auch im Äußeren zueinander passen. Ein sehr schwerer Hengst, auf einer leichten Stute verwendet, stellt tatsächlich eine Kreuzung dar, denn trotz der Zugehörigkeit zum gleichen Schlage sind beide grundverschieden veranlagt. Jede Kreuzung führt aber zu Mißerfolgen und kann nur Arbeits-, aber keine Zuchttiere schaffen.

7. Die Erzielung schwerer, rheinischer Pferde läßt sich nicht durch Verwendung besonders schwerer Hengste auf leichten Stuten erreichen. Schwere und Wuchtigkeit sind Folge der Paarung von gleichem mit gleichem sowie der Fütterung und Aufzucht. Ungleichartige Tiere ergeben hohe, schlanke, untypische Nachzucht. Dies gilt um so mehr, wenn zusätzlich die bei solchen Tieren meist schwierige Fütterung zu wünschen übrig läßt.

8. Die innere Zusammengehörigkeit muß gewährleistet sein. Fehlt beiderseits oder einseitig die Abstammung ganz, so entbehrt die Paarung jeglichen Anhaltes für den Erfolg. Eine mäßige Verwandtschaftszucht bietet einen Anhalt für die Zusammengehörigkeit von Hengst und Stute. Starke Verwandtschafts-

zucht verstärkt die guten und die schlechten Eigenschaften. Sie kann deshalb bei gründlicher Kenntnis der Anlagen der Inzuchttiere zur besonderen Hervorhebung einzelner guter oder schlechter Eigenschaften führen.

9. Pferde, die unter annähernd gleichen Aufzuchtbedingungen entstanden, werden besser zueinander passen, als solche aus ganz verschiedenartigen Zuchtgebieten. Dem rheinischen Hengste gebührt daher stets der Vorzug auf der rheinischen Stute, sofern der eingeführte Hengst sich nicht schon ausdrücklich als gutes Vatertier im neuen Zuchtgebiete erwiesen hat (Munckel 1925).

Nach dem Ersten Weltkrieg bestand im Deutschen Reich außerhalb der Rheinprovinz ein großer Bedarf an Kaltblutpferden. Da die Wahl zumeist auf das rheinische Kaltblut fiel, eröffneten sich im Rheinland neue Absatzmöglichkeiten. Von weitreichender Bedeutung war der im Jahre 1922 erfolgte Zusammenschluß fast sämtlicher deutscher Kaltblutzuchtverbände im »Reichsverband der Kaltblutzüchter Deutschlands«. So ergab sich die Möglichkeit, eine stärkere Verbreitung des rheinischen Zuchtziels zu erreichen und die Zuchtbuchführung zu gemeinsamem Nutzen einheitlich auszubauen. Das Jahr 1924 war insofern ein Markstein in der Entwicklung der Zucht, als für alle dem Reichsverbande angeschlossenen Verbände ein gemeinsames Eintragungsverfahren in Kraft trat. Der offizielle Name war seit Gründung des Reichsverbandes »Rheinisch-deutsches Kaltblutpferd«.

Dennoch setzte bald nach dem Ersten Weltkrieg ein deutlicher Rückgang im Bestand rheinischer Kaltblutpferde ein. Die Preise sanken so sehr, daß der Verkaufserlös nicht einmal die Entstehungskosten deckte. Um dieser Entwicklung zu begegnen, versuchte die Rheinische Landwirtschaftskammer, das Absatzgebiet für rheinische Zuchttiere zu vergrößern. 1924 richtete sie eine Pferdezentrale ein. Durch diese Zentrale konnten viele Kaltblutpferde nach Süd-, Mittel- und Ostdeutschland sowie nach Rußland, Polen, der Tschechoslowakei und Ungarn verkauft werden. Um die Zucht des Rheinisch-deutschen Kaltblutpferdes noch stärker zu vereinheitlichen, plante man eine zentrale Hengstkörung.

Das 1928 vorgeführte Pferdematerial war außerordentlich gut; vor allem waren Fortschritte in Schwere, Typ und Gang erkennbar. Die Landwirtschaftskammer bemühte sich, auch in den damals schwierigen Zeiten eine zielsichere Zucht möglich zu machen. Durch Staatsdarlehen wurde weiterhin die Zahl der Genossenschafts- und Vereinshengste vermehrt; auch die örtlichen und Kreispferdezuchtvereine wurden weitgehend gefördert. Örtliche Pferdeschauen wurden sehr gut beschickt, zumal in den Hochzuchtgebieten auf diesen Schauen für Stutfohlen Geldpreise und Preismünzen ausgesetzt worden waren. Außerordentlich günstig war der Erfolg für das rheinische Kaltblut auf der DLG-Ausstellung in Leipzig 1928 (Underberg 1929).

1927 hatten die Hengste des Rheinischen Kaltbluts eine durchschnittliche Widerristhöhe von 163 cm, die Stuten von 160 cm. Der Röhrbeinumfang betrug im Durchschnitt 28,6 cm (Hengste) bzw. 25,3 cm (Stuten). Das mittlere Gewicht der Hengste lag bei 857 kg, das der Stuten bei 815 kg.

Eine umfangreiche Beschreibung des Rheinisch-deutschen Kaltbluts gab Munckel (1931). Diese Rasse bot um 1930 folgendes Bild:

a. Typ

Das Rheinisch-deutsche Kaltblutpferd soll den Rassetyp des Wirtschaftspferdes klar und ohne fremde Beimischung hervortreten lassen. Dieser Typ kennzeichnet sich in einem gutmütigen, »kalten« Gesichtsausdruck, in Schwere, Breite, Tiefe, groben Knochen und einer gewissen Eckigkeit des Körperbaues, kurz in jenem Zusammenspiel von Kraft und Leistungsfähigkeit, das die Schönheit dieser Rasse ausmacht. Alles »Edle«, das sich in Feinheit einzelner Körperteile ausdrückt, die bei manchen Warmblutrassen und vor allem beim Vollblut als Kennzeichen »hohen Blutes« vorteilhaft bewertet werden können, ist beim Kaltblüter unbedingt zu verwerfen. Und doch wird der rein gezogene Rheinisch-deutsche Kaltblüter nicht übertrieben plump, nicht »gemein« erscheinen, sondern bei aller Robustheit jene harmonische Ausgeglichenheit aufweisen, die dieser Rasse eine so weitgehende Verbreitung gesichert hat.

b. Geschlechtscharakter

Mit dem Begriff der Typtreue steht der Geschlechtscharakter in engem Zusammenhang. Er erweist sich als fast unentbehrliches Hilfsmittel bei der Beurteilung der Zuchtverwendungsfähigkeit, während er für die Nutzung als Arbeitspferd geringere Bedeutung genießt. In diesem Zusammenhang sei allgemein nur betont, daß dem Hengst der männliche Ausdruck im Gesicht, der starke »Aufsatz« in der Halsbildung, ein gewisses Hervortreten der Vorhand gegenüber der Hinterhand sowie Geschlossenheit im Mittelstück nicht fehlen soll.

Bei der Stute muß schon im Gesichtsausdruck, zumal in der Augengegend, der weiblich-mütterliche Charakter hervortreten. Der Hals soll länger gestreckt sein, das nicht zu kurze Mittelstück in ein für die Beherbergung des Fohlens geräumiges Becken übergehen. Stuten mit besonders schwerem Kopf, starkem, gewölbtem Halse und sehr gedrungenem Rumpf, also mit Formen, die sich dem Wallachtyp nähern, sind selten brauchbare Mütter und auch vielfach keine willigen Arbeiter. Sie sind deshalb selbst bei großer Schwere und guten Einzeleigenschaften im allgemeinen strenger zu meiden, als solche, die bei ausgesprochen mütterlichem Gesamteindruck kleine Einzelmängel aufweisen. Für den Mangel an weiblichen Eigenschaften einer Stute ist das Vorhandensein der Hakenzähne oft ein deutlicher Hinweis.

c. Temperament

Von ausschlaggebender Bedeutung ist das Temperament. Der durchaus ruhige, friedliche, jederzeit arbeitswillige, eines gewaltsamen Antriebes nicht bedürftige Charakter stellt einen der wichtigsten Wertpunkte des Rheinisch-deutschen Kaltblutpferdes dar. Deshalb pflegt der erfahrene belgische Züchter jedes sonst noch so gut geformte, mit schlechtem Temperament behaftete Pferd von der Zucht auszuschließen. Auf durchaus ruhigen Stand ist mit Rücksicht auf die Vererbbarkeit von Temperamentfehlern zu achten.

d. Schwere

Die Schwere des Kaltblutpferdes, d. h. die ins Geschirr gebrachte, natürliche Masse, stellt ein Rassemerkmal von wirtschaftlich weitreichender Bedeutung dar: Eine einheitliche Festlegung des Ausmaßes der Schwere ist nicht möglich. Schwankungen zwischen mittelschweren und allerschwersten Formen finden sich nicht nur in allen jüngeren Zuchten, sondern nicht minder in den Ursprungsländern Rheinland und Belgien. Den Ausschlag für die Anforderungen an die Schwere darf nicht das vorschwebende Idealziel, sondern nur die Wirtschaftlichkeit abgeben. Die Schwere wird für den Züchter bedingt durch die Erbmasse (bei Hengst und Stute), durch die Umwelteinflüsse (Klima, Futter- und Aufzuchtverhältnisse) sowie durch die Anforderungen bei der Verwendung. Für den Verbraucher, der nicht zugleich Züchter ist, ist nur der Verwendungszweck maßgebend.

Die unterste Grenze in den Anforderungen an die Schwere muß also dort liegen, wo ein weiteres Absinken die nutzbringende Verwendung eines Kaltblutpferdes in Frage stellen würde. Bei der Würdigung der oberen Grenze spielt wesentlich der Umstand mit, daß aufgrund der z. Z. überall vorhandenen Vorliebe für möglichst schwere Formen die Verkaufspreise mit der Schwere zu steigen pflegen, daß sich aber außerdem leichtere Nachzucht bei der Vererbung schwerer Eltern in bestimmtem Anteil herauszuspalten oder wenigstens unter dem Einfluß ungünstiger Umweltbedingungen an sich zutage zu treten pflegt. Die auffallend schweren Stuten verlieren oft an mütterlichem Charakter. Daß aber ein Mangel an Weiblichkeit nicht nur einen Schönheits-, sondern einen ernsten züchterischen Typfehler darstellt, wird durch die bereits gestreifte Tatsache belegt, daß derartige Stuten zum Güstbleiben und Verfohlen neigen oder sonst schlechte Mütter darstellen. Die Erklärung für diesen Zustand dürfte, soweit nicht schon die elterlichen Erbanlagen eine Rolle gespielt haben, in einer schädigenden Einflußnahme übertrieben starker Jugendernährung auf die Entwicklung der Geschlechtsorgane zu suchen sein.

e. Tiefe

Die Anforderungen an die Leichtfuttrigkeit des Rheinisch-deutschen Kaltblutpferdes haben eine genügende Tiefe zur Voraussetzung. Sie kennzeichnet sich durch möglichst geringen Abstand des Rumpfes vom Erdboden und wird vorzugsweise veranlaßt durch eine tiefe Lage des Buggelenkes und Kürze des Mittelfußes (»Röhrbeins«).

Die Tiefe soll bei der Beurteilung eines Zuchtpferdes ausschlaggebend in den Vordergrund treten. Sie muß – als Kennzeichen guter Erbmasse und sachgemäßer Aufzucht – bereits in jugendlichem Entwicklungszustande in Erscheinung treten und darf im Alter nicht verlorengehen, d. h. sie muß durch den Skelettbau bedingt werden, um vererbbar zu sein. Bei ganz besonders schweren Fohlen, die noch eine gewaltige Entwicklung vor sich haben, müssen die Jugendanforderungen an Tiefe diesem großen Rahmen angepaßt werden, dürfen also entsprechend geringer sein. Eine künstlich durch überreiche Fütterung und eine starke Ausdehnung des Bauches entstandene, scheinbare Tiefe ist züchterisch bedeutungslos. Vorsicht bei Beurteilung tragender Stuten. Sie erscheinen oft tiefer als sie in Wirklichkeit sind.

Auch beim Arbeitspferde (Wallach) ist übertriebene Hochbeinigkeit, die dann meist mit geringer Brust- und Rumpfbreite in Verbindung steht, ein fehlerhaftes Kennzeichen für geringere Leistungsfähigkeit, höheren Futterverbrauch und mäßigen Ernährungszustand. Doch sind hier die Anforderungen an Tiefe wesentlich weiter zu stecken. Auch ist zu bedenken, daß das mit der Kastration verbundene Längenwachstum eine natürliche und erwünschte Erscheinung zugunsten verstärkter Wucht im Zuge darstellt.

f. Allgemeiner Gesundheitszustand

Der Rheinisch-deutsche Kaltblüter soll über einen derartigen allgemeinen Gesundheitszustand verfügen, daß er den bei schwerer Arbeit an ihn herantretenden, besonders hohen Anforderungen an Zugleistung gewachsen ist. Verlangt wird deshalb ein massiger, und doch kraftvoller, muskulöser Körper auf kräftigen, straffen, geraden Beinen. Eine gute Wölbung des Rumpfes und kurzer Nierenschluß lassen auf gute Futterverwertung, ein frisches Auge, straffe Haltung und flotter, räumender Schritt auf Unempfindlichkeit gegen hohe Arbeitsleistung schließen.

Aufgeschwemmtes Aussehen, Auftreibungen an den Knochen, zumal an den Sprunggelenken und Fesseln, deuten auf übertriebene, für die gesunde Entwicklung, zumal in der Jugend, überaus schädliche Fütterungsweise. Chronische Überbeine sind nur selten auf äußere Beschädigung (Anschlagen), sondern fast immer auf Mängel in der Konstitution (vor allem auf Knochenweiche) zurückzuführen. Sorgfältige Untersuchung der Beine vor dem Ankauf von Zucht- und Gebrauchspferden ist deshalb auch bei Kaltblutpferden dringend anzuraten. Rachitische Stellung in der Jugend, frühes Verbrauchtsein in mittleren Jahren, zeugen vom Fehlen gesunder, zäher Veranlagung.

Auf gesunde Atmungsorgane ist mit Rücksicht auf die offenbar durch massige Fütterung und starken Fett- und Muskelansatz begünstigte Dämpfigkeit (Roaren) zu achten. Selbst bei dem erst in fortgeschrittenem Alter infolge von Krankheiten, wie Influenza oder Druse, auftretenden Roaren kann eine besondere Empfänglichkeit (Disposition) mitsprechen.

Wie ein guter Gesamttyp, so kann auch eine gesunde Konstitution über manchen Einzelmangel hinweghelfen, während die besten Einzeleigenschaften in ihrem Werte beschränkt bleiben, wenn sie an einem schwächlichen Körper vorhanden sind.

Im allgemeinen kann aber gesagt werden, daß beim Rheinisch-deutschen Kaltblutpferde infolge von dessen rauher Aufzucht Konstitutionsmängel selten sind.

g. Kopf

Bei der Beurteilung der einzelnen Körperteile spielt der Kopf eine wichtige Rolle, weil er, wie schon angedeutet, die Reinheit des Typs, des Geschlechtscharakters sowie des Temperaments am deutlichsten zum Ausdruck bringt. Er soll schwer, breit und gerade sein. Zu edle Formen, die an den Hechtkopf des Arabers, zu plumpe Köpfe, zumal mit Ramsnasen, die an den Hispano-Neapolitaner oder den Shire erinnern, sind als Anhaltspunkte für fremde Blutbeimischung zu betrachten. Verlangt wird ein freies, lebhaftes, aber gutmütiges Auge, ein verhältnismäßig kurzes, straffes Ohr, eine besonders stark ausgebildete Ganaschengegend, die gute Knochenbildung und kräftige Kaumuskulatur verrät sowie ein starker Schopf und eine voll und doch verhältnismäßig weich über den Hals herabfallende Mähne.

h. Hals und Widerrist

Der Hals geht in sanfter Wölbung absatzlos in den Kopf einerseits und den Widerrist andererseits über. Der Kamm ist kräftig bemuskelt. Bei Hengsten soll der männliche Charakter durch einen starken Aufsatz unterstrichen werden. Der Hals der Stute ist länger, leichter und flacher und hat sich dem Gesamtbilde harmonisch anzupassen.

Bei der starken Bemuskelung des Rheinisch-deutschen Kaltblutpferdes tritt der Widerrist wenig in Erscheinung, doch sollte seine stärkere Herauszüchtung erstrebt werden, da er für die Kraftentwicklung im schweren Zuge nicht ohne Bedeutung ist.

i. Rücken und Kruppe

Der Rücken soll breit und gut bemuskelt sein und vom Widerrist an zunächst möglichst geradlinig verlaufen, darf dann aber nach der Kruppe leicht ansteigen. Ein solches beschränktes »Überbautsein« kann die schwere Abstützarbeit des Lastpferdes erleichtern. Vielfach stellt es auch nur die natürliche, rein äußerliche Folgeerscheinung der starken Bemuskelung dar. Ein schlaffer Rücken ist besonders bei Hengsten zu tadeln. Die kurze, steil abfallende, stark gespaltene Kruppe, wie sie ursprünglich dem belgischen Lastpferde eigen war, wird beim rheinisch-deutschen Typ nicht gern gesehen. Vielmehr soll die Kruppe lang sein und in sanfter Neigung in die nicht zu tief eingesetzte Schweifrübe übergehen. Doch sollte in den Anforderungen an diese »gefälligen« Formen der Kruppengestaltung nicht zu weit gegangen werden, da sich eine gewisse Eckigkeit aus dem anatomischen Aufbau des zu schwerer Arbeitsleistung bestimmten Knochengerüstes der Hinterhand folgerichtig von selbst entwickelt haben dürfte, solange die Hand des Züchters nicht »verschönernd« eingegriffen hat.

Solche natürlichen Grundlagen für schwere Arbeitsleistung gänzlich beseitigen, bedeutet leicht, die Leistung beeinträchtigen.

k. Brust und Schulter

Eine kräftige Brust gilt als Kennzeichen der rheinisch-deutschen Rasse. Der Brustkorb soll breit sein, um möglichst viel Raum zur Aufnahme des Herzens und der Atmungsorgane zu bieten.

Länge und Schrägstellung der Schulter sind zwar anzustreben, jedoch beim Schrittpferde unter normalen Arbeitsverhältnissen nicht in gleichem Maße als erwünschte Kennzeichen hoher Leistungsfähigkeit zu betrachten wie bei Lauf- und Springpferden. Besonders wichtig ist eine kräftige, gut herausmodellierte Bemuskelung von Schulter, Brust und Vorarm. Sie zeugt schon bei jungen Pferden von kräftiger Veranlagung, bei älteren von getätigter Arbeitsleistung.

Wie bereits in anderem Zusammenhange erwähnt wurde, soll der Brustkorb vorn möglichst tief an den Vorarm herabreichen. Solche Pferde, bei denen die Linie vom Buggelenk unter dem Rumpf entlang annähernd waagerecht verläuft, jedenfalls nach rückwärts möglichst wenig abfällt, tragen durch ihre Brusttiefe alle Vorbedingungen für die so erwünschte Gesamttiefe, da bei ihnen selten das richtige Verhältnis zwischen Rumpf und Gliedmaßen verlorengeht.

l. Mittelstück

Das Mittelstück des Rumpfes soll sich ohne Absatz aus der Schultergegend herausentwickeln und ebenso in die Hinterhand übergehen. Eine gute Rippenwölbung ist Voraussetzung und Kennzeichnung gesunder Futterverwertung, bedeutender Schwere und hoher Zugleistung. Bei Stuten bedeutet, im Gegensatz zum Hengst, ein etwas größeres Längenwachstum im Mittelstück keinen ausgesprochenen Fehler. Derartige Stuten weisen sogar oft recht gute Zugleistung auf. Doch ist bei männlichen und weiblichen Kaltblütern auf eine ziemlich kurze, nicht zu hochliegende Flankengegend und eine wohlgewölbte, nicht eingefallene Nierenpartie (»guten Schluß«) Wert zu legen, da diese Eigenschaften mit guter Futterverwertung und Arbeitsleistung in Verbindung stehen. Eine starke »Aufschürzung« der Hinterhand, wie sie zumal bei Stuten bisweilen beobachtet wird, gilt als fehlerhaft, weil die mit solchem Mangel behafteten Pferde selten gute Futterverwerter darstellen.

m. Becken und Oberschenkel

Bei Zuchtstuten genießt die Hinterhand für die Aufnahme der Zeugungsorgane und der Leibesfrucht erhöhte Bedeutung, vor allem soll hier das Becken genügend lang, breit und geräumig sein. Bei Hengsten tritt die Bedeutung der Hinterhand gegenüber der Vorhand etwas zurück, ohne daß jedoch darunter das harmonische Verhältnis des gesamten Körperbaues leiden darf.

Bei jeder Form des Typs, Hengst, Stute und Wallach, ist auf einen langen, schrägen, kräftig entwickelten Oberschenkel als Träger der Abstützarbeit im schweren Zuge, zumal beim Anziehen, Wert zu legen. Eine deutlich hervortretende Bemuskelung soll sich bis auf den Unterschenkel fortsetzen (»Hosenbildung«).

n. Vorder- und Hintergliedmaßen

An den nicht zu kurz gehaltenen, reichlich bemuskelten Vorarm schließt sich in gefälligem Übergange, ohne Einschnürung oben und unten, das Vorderfußwurzelgelenk an. Es soll sich breit, leicht gewölbt und gut modelliert herausheben, also weder flach, »geschliffen«, noch eingeschnürt erscheinen.

Der Vordermittelfuß (»Vorderröhrbein«) ist bei einem guten Zuchtpferde kürzer als der Vorarm, dabei sehr kräftig, gut gerundet, gerade (nicht ausgeschnitten), und geht ohne Absatz in ein kräftiges Fesselgelenk über. Knochenauftreibungen aller Art an Mittelfuß und Fesselkopf sind unerwünscht, da sie Kennzeichen von Knochenweiche und frühzeitigem Verbrauch darstellen.

Wie das Vorderfußwurzelgelenk, so soll auch das Sprunggelenk sowohl von der Seite, wie von hinten gesehen, breit, lang, kräftig und klar in absatzfreiem Übergange aus einem gut bemuskelten Unterschenkel hervorgehen und in gleicher Weise in einen kurzen, breiten Hintermittelfuß (»Hinterröhrbein«) verlaufen. Während für die Vordergliedmaßen eine senkrechte Stellung verlangt wird, indem beide Beine in gleicher Ebene abwärts verlaufen, sollen die Hinterbeine, von seitwärts gesehen, in leichtem Winkel zur Senkrechten stehen, von rückwärts betrachtet in leichter Schrägstellung, ohne starke oder plötzliche Krümmung bis zu den Sprunggelenken, von da an ebenfalls senkrecht nach unten gehen. In der Hinterhand ist weder eine zu steile Stellung noch eine zu starke Winkelung angebracht; dabei sollte jedoch berücksichtigt werden, daß eine beschränkte Winkelung bei dem zu kräftiger Zug- und Stützleistung berufenen Arbeitspferde anatomisch wohl begründet ist. Sie ganz beseitigen zu wollen, hieße, in den gleichen Fehler verfallen, der hinsichtlich der Kruppenform bemängelt wurde.

Spatgefahr, die sich leicht durch einen zu scharfen Übergang des Sprunggelenkes in den Hintermittelfuß äußert, besteht beim Rheinisch-deutschen Kaltblüter wegen seiner Verwendungsart als Schrittpferd kaum. Dagegen verdienen feste, knoten- und überbeinfreie Sehnen auch hier eine weit stärkere Bewertung, als sie ihnen bisher im allgemeinen zuteil wird. Oft wird in dem Streben nach besonders starkem »Röhrbeinumfang« nicht bedacht, daß hierbei

Äußerlichkeiten die Hauptrolle zu spielen pflegen, wie z. B. eine dicke Haut und starke Behaarung, die auf den Wert der Röhrbein-Stärke ohne jeden Einfluß sind. Jedenfalls ist die Anlage zu Überbeinen, wie bereits betont wurde, als Zeichen einer schwächlichen Konstitution einzuschätzen und muß als erblich angesprochen werden.

Zu tadeln ist eine zu lange und zu weiche Fesselung. Auch die »Bärenfüßigkeit« muß besonders gefürchtet werden, weil sie sich durch ganze Familien hindurch zu vererben pflegt. Sie bedeutet, zumal in Verbindung mit vorbiegiger Stellung, einen Gebrauchsfehler, doch ist der entgegengesetzte Mangel, nämlich eine zu steile, kurze Fessel (»Bockhuf«), noch dazu in Verbindung mit Rückbiegigkeit, weit schädlicher. Sie führt zu rascher Abnutzung des Pferdes. Rückständigkeit, d. h. das Untertreten der Vorderbeine unter den Leib, ist beim Kaltblüter nicht so zu verurteilen, weil sie das Abstützen und Anziehen erleichtert. Das Gegenteil, die Vorständigkeit, ist ein stärkerer Mangel.

Ein harter, kräftiger, genügend breiter, aber nicht zu flacher Huf soll der gewaltigen Masse eine genügende Auflage bieten.

o. Behang

Ein kräftiger und doch weicher Behang (Mähne und Schweif) sowie eine ausgesprochene, aber nicht zu starke Behaarung an den Beinen dienen als Rassemerkmal des Rheinisch-deutschen Kaltblutpferdes. Sie sollen sich dem gesamten Bilde von Wucht und Schwere anpassen. Ein zu feiner und zu dünner Behang läßt auf Beimischung zu »edlen« Blutes schließen. Doch ist auch der allzu starke Behang, wie er dem Shire an den Beinen eigen ist und sich nach Einkreuzung von Shire-Blut sehr leicht vererbt, wenig erwünscht.

Im Jahr 1928 wurden in der Rheinprovinz 186 086 Pferde gehalten. Davon gehörten 160 340 (86,2%) dem Rheinisch-deutschen Kaltblut an (Bäßmann 1931). Den höchsten Anteil bildete diese Rasse im Regierungsbezirk Aachen mit 92,5%. In der gesamten Rheinprovinz gab es damals zehn Landkreise, in denen ausschließlich das Rheinisch-deutsche Kaltblut gehalten wurde.

Während die Zahl der Gestütshengste von 1924 bis 1938 annähernd gleich blieb, erreichte die Zahl der Privathengste um 1932 einen Tiefstand; danach stieg der Bestand wieder an (Tab. 8). Ein ähnlicher Verlauf der Bestandszahlen läßt sich für die Genossenschaftshengste feststellen.

Der harmonischste und schönste Körperbau (Abb. 39) ist nur dann sinnvoll, wenn er das Pferd zu einer hohen Leistung befähigt. Deshalb führte der 1924 gegründete »Reichsverband der Kaltblutzüchter Deutschlands« 1927 Leistungsprüfungen ein. Die Zuchthengstzugleistungsprüfung umfaßte drei Prüfungsabschnitte:

Tab. 8: Zahl der gekörten Hengste des Rheinisch-deutschen Kaltbluts in der Rheinprovinz 1924–1938 (Van de Sand 1939).

Jahr	Gestütshengste	Privathengste	Genossenschaftshengste	zusammen	Anzahl der Genossenschaften
1924	110	515	114	739	56
1926	107	405	114	636	63
1928	105	287	95	497	63
1930	100	187	76	363	52
1932	100	175	71	346	45
1934	105	179	79	363	52
1936	115	208	89	412	52
1938	120	188	116	424	57

Rheinisches Kaltblut

Abb. 39. Rheinischer Kaltbluthengst Zeugmeister, geb. 1929, Braunschimmel, 1934.

1. Schrittleistungsprüfung
2. Zugfestigkeitsprüfung und
3. Dauerzugleistungsprüfung

Zugelassen waren dreijährige Kaltbluthengste, die bereits einmal staatlich angekört worden waren. Unabhängig von dieser Prüfung lieferten der Rheinisch-deutsche Kaltbluthengst Treu von Iveshof und ein Wallach die Spitzenleistung, indem sie 17 650 kg Last vorwärtsbewegten.

Ende der 30er Jahre waren die Orange-Jupiter-Linie und die Gerfaut-Condé-Linie die bedeutendsten Hengstlinien in der rheinischen Kaltblutzucht. Die Orange-Jupiter-Linie war sogar die weitverbreiteteste und wertvollste Blutlinie des deutschen Kaltbluts überhaupt. Schätzungsweise 80% aller eingetragenen Kaltblutpferde in Deutschland trugen damals sein Blut in ihren Adern. Die Linienbegründer waren in Belgien heimisch. Der bedeutendste Hengst dieser Linie in der Rheinprovinz war der 1916 in Brabant, Belgien, geborene Hengst Lothar III 651. Lothar war ein großrahmiger, sehr schwerer typischer Fuchsschimmel, der besonders durch seine mächtige, breite und tiefe Brust, seine kurzen (30 cm) Röhrbeine, gutgeformten Hufe, eine ungewöhnlich schöne Rückenlinie, feste Lende und gute Kruppenbildung auffiel. In der Wölbung der hinteren Rippe, der Winkelung der Hinterbeine sowie der etwas kurzen Vorder- und Hinterfessel genügte er nicht höchsten Ansprüchen. Diese Mängel störten den Gesamteindruck des mächtigen, den männlichen Geschlechtscharakter voll zum Ausdruck bringenden Hengstes nicht wesentlich.

Die Gerfaut-Condé-Linie kam im wesentlichen über die Hengste Biscuit und Brabancon in die Rheinprovinz. Biscuit wurde 1922 in Belgien geboren und als Vierjähriger vom Landgestüt Wickrath angekauft. Er stellte einen schweren, derben und kantigen Hengst mit gutem Gang dar. Seine männlichen Nachkommen, die fast alle auch Landbeschäler wurden, zeichneten sich durchweg durch korrekte Beine und guten Gang aus.

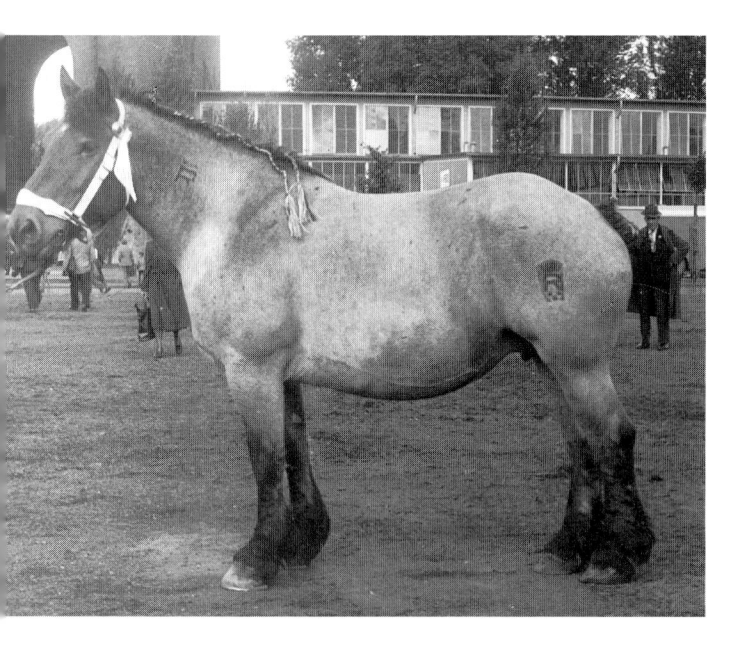

Abb. 40.
Rheinische Stute Rosemarie 38454, geb. 1946, Anfang der 50er Jahre.

Brabancon wurde 1921 in Brabant, Belgien, gezüchtet. Als 2½jährigen kaufte ihn die Hengsthaltungsgenossenschaft Ress-Land-Haffen-Mehr. Brabancon zeugte vor allem gute, korrekte weibliche Tiere mit gutem Gangwerk. Er selbst war kein allzu schwerer, jedoch korrekter und nerviger Hengst mit gutem Typ (Van de Sand 1939).

Durch die züchterische Entwicklung galt die oben dargestellte Linienbezeichnung nach dem Zweiten Weltkrieg als überholt. Von 520 Hengsten, die 1949 im Rheinland deckten, entfielen 56,5% auf die Albion-Linie und 31,5% auf die Lothar III-Linie. (Der bereits erwähnte Lothar III galt jetzt als Linienbegründer.)

Albion d'Hor, der Begründer der Albion-Linie, ging auf den züchterisch bedeutendsten Träger des Jupiter-B-Bluts zurück. Er war mittelgroß, breit und tonnig mit besonders guter Bemuskelung der Hinterhand. Albion d'Hor war der Former des tiefrumpfigen, kürzeren, mittelgroßen Belgiers. Er beherrschte zeitweilig die belgische Zucht eindeutig; 75% aller belgischen Zuchtklassentiere gehörten nach dem Zweiten Weltkrieg seiner Linie an (Zorn 1952).

Das Rheinland, Westfalen, Sachsen und Sachsen-Anhalt, die Provinzen mit dem intensivsten Ackerbau, bildeten bis zum Zweiten Weltkrieg die Gruppe der sogenannten alten Zuchtgebiete (Hammond et al. 1961). Später wurden eigene Zuchten in Brandenburg, Thüringen, Hessen, Mecklenburg und Baden sowie etlichen anderen Gebieten aufgebaut. Selbst in Holstein, dem Zuchtgebiet des hervorragenden Schleswiger Kaltbluts benachbart, gab es seit der Zeit nach dem Zweiten Weltkrieg einen eigenen Zuchtverband, der seit 1946 »Stammbuch für Rheinisch-deutsche Kaltblutpferde für Holstein e. V.« hieß. 1950 waren dem Rheinisch-deutschen Kaltblut in der Bundesrepublik 18 Zuchtverbände zuzurechnen (Abb. 40).

Bald nach dem Zweiten Weltkrieg setzte als Folge der zunehmenden Motorisierung ein rascher Rückgang der Kaltblutzucht ein. Ende der 50er Jahre wurde das Landgestüt Wickrath aufgelöst. Das Rheinisch-deutsche und das Westfälische Kaltblut wurden zum Rheinisch-Westfälischen Kaltblut zusammengefaßt.

Westfälisches Kaltblut

Der Bedarf der Landwirtschaft und der sich entwickelnden Industrie machte Mitte des 19. Jahrhunderts die Zucht eines Kaltblutpferdes in Westfalen zur wirtschaftlichen Notwendigkeit (Zorn 1952). Ein schwerer einheimischer Kaltblutschlag, der Davertnickel oder Münsterländer soll keine Aufbaugrundlage abgegeben haben. Deshalb holte man um 1875 zunächst britische Kaltblutpferde (Clydesdale und Suffolk) ins Land. 1881 kamen dann die ersten beiden Belgier. Es waren die beiden Hengste Flick und Flock; zwei Braune, die in der Industriegegend Dortmund und Bochum verwendet wurden. 1883 kamen Gick und Geck aus Belgien hinzu, 1884 Hepp und Hopp und 1886 Klipp und Klapp. Die wenig seriösen Namen dieser ersten belgischen Kaltbluthengste zeigen deutlich die distanzierte Einstellung des Landgestüts Warendorf gegenüber der neuen Zuchtrichtung. Durch die Polizeiverordnung wurde 1889 unter Zustimmung des Provinzialrates angeordnet, daß alle nicht dem königlichen Landgestüt angehörenden Hengste, die zum Decken fremder Stuten benutzt werden sollten, gekört sein mußten. Jeder Regierungsbezirk wurde in mehrere Körbezirke eingeteilt. Für jeden Körbezirk wurde eine Kommission gebildet. Es durften nur Hengste gekört werden, die frei von Erbfehlern waren. Die Besitzer gekörter Hengste hatten ein Deckregister zu führen. Wer einen nicht gekörten Hengst zum Decken einsetzte, hatte eine Strafe von 30 Mark zu entrichten; der Stutenbesitzer mußte 15 Mark zahlen.

Inzwischen gegründete Genossenschaften und Züchtervereinigungen der Landwirtschaftskammer führten Kaltblutstuten aus Belgien und der Rheinprovinz ein und erweiterten damit planmäßig die Zuchtgrundlage.

1898 wurden in der Provinz Westfalen 134 637 Pferde gehalten. Von ihnen waren 54 280 (40,3%) Kaltblutpferde. Ein »Westfälisches Kaltblut« gab es damals noch nicht. Die Belgier machten mit 52,0% den größten Anteil der Kaltblutpferde aus. Als einheimische Schläge wurden Landschlag und Eifler angegeben. Daneben kamen Ardenner, Franzosen, Dänen sowie Kreuzungen, jedoch keine britischen Pferde mehr vor (Wölbing 1900).

1904 wurde das Westfälische Pferdestammbuch eingerichtet. Als Zuchtziel für das Kaltblut legte man sich auf ein kräftiges, breites, gutgebautes und gängiges Arbeitspferd fest. Die Zuchtleitung sah ihre Hauptaufgabe in der Schaffung reingezogener guter Stutenstämme durch vermehrte Einfuhr von jungem weiblichem Zuchtmaterial, das die Anpassungsschwierigkeiten leichter überwand. Nach 1911 stellte die Landwirtschaftskammer diesen Stutenankauf jedoch ein und vergab statt dessen Erhaltungsprämien und Freideckscheine zur Festigung der bodenständigen Zucht. 1924 wurde ein Hauptstammbuch neu eingerichtet. Ab 1928 unterschied man auf Schauen und Körungen zwischen in Westfalen und nicht in Westfalen gezogenen Pferden (Zorn 1952). Seit 1931 waren ausländische Hengste von der Prämierung sogar ausgeschlossen.

Während 1898 die Mehrzahl der Pferde in Westfalen noch dem Warmblut angehörte, überwogen 1928, also nur 30 Jahre später, die Kaltblutpferde mit 57,4% deutlich. In den Regierungsbezirken Münster und Arnsberg waren es bereits mehr als 60%, während im Regierungsbezirk Minden noch das Warmblut überwog. Von den Landkreisen besaßen Schwelm und Altena mit mehr als 85% den höchsten Anteil an Kaltblutpferden (Bäßmann 1931).

1907 wurde zum erstenmal eine DLG-Ausstellung mit Pferden des westfälischen Arbeitsschlages beschickt. Die Reaktion war erstaunlich positiv. Man erkannte einen neuen Typ des Belgiers, den man in dieser Weise bisher noch nicht kennengelernt hatte. Das Westfälische Kaltblut

»trat so prägnant, so bestimmt und unverkennbar und so einheitlich auf, daß man nur mit aufrichtiger Bewunderung der Arbeit gedenken konnte, die die Westfalen in dem letzten Jahrzehnt in aller Stille in der Zucht des Arbeitspferdes geleistet haben. Wer diese Pferde bei den Vorführungen im großen Ring sah, der mußte unwillkürlich die Einheitlichkeit des Gesamtbildes bewundern und mußte glauben, er habe eine alte, konsolidierte und absolut typfeste Zucht vor sich«
(Mommsen in Schröder 1941).

Die späte Entwicklung der Kaltblutzucht in Westfalen läßt sich am Hengstbestand des 1826 gegründeten Landgestüts Warendorf ablesen. Bis Ende der 70er Jahre des 19. Jahrhunderts wurden dort überhaupt keine Kaltbluthengste aufgestellt. Die ersten beiden Hengste kamen 1881. Dann verlief die Entwicklung allerdings sehr rasch (Tab. 9). Ende des 1. Weltkrieges standen mehr als 100 Kaltbluthengste in Warendorf. Im Jahr 1919 wurden mit 10 389 die meisten Stuten in Westfalen gedeckt. Nach einem vorübergehenden Rückgang Mitte der 20er Jahre wurde 1931 die immer noch beachtliche Zahl von 8906 Kaltblutstuten gedeckt (Paßmann 1933). Diese Aufwärtsentwicklung setzte sich bis zum Zweiten Weltkrieg fort.

Wenn die intensive Zucht des Kaltblutpferdes in Westfalen auch erst ungefähr 20 Jahre

Tab. 9: Hengstbestand des Landgestüts Warendorf zwischen 1826 und 1931 (Paßmann 1933).

Jahr	Kaltblut	Warmblut und Vollblut
1826	0	13
1830	0	50
1835	0	63
1840	0	82
1869	0	75
1877	0	90
1881	2	97
1885	6	89
1890	16	85
1895	30	70
1900	59	52
1905	61	78
1910	90	97
1915	84	92
1920	121	90
1925	135	103
1930	150	80
1931	153	76

später als im Rheinland einsetzte, so war diese Verzögerung um 1930 kaum noch zu erkennen. Sehr bald hatte man schon ein in sich weitgehend einheitliches, solides Pferdematerial. Allerdings neigte der Westfale im Typ mehr zum mittelschweren Kaltblut.

Schon 1911 hatte die Landwirtschaftskammer den Ankauf belgischer und rheinischer Zuchtstuten eingestellt. Aus Mitteln der Landwirtschaftskammer wurden an die besten Mutterstuten und erfolgversprechenden jungen Zuchtpferde Prämien ausgezahlt, um die Reinzucht zu festigen und durch Erhaltung des besten weiblichen Nachwuchses gute Stutenstämme aufzubauen. Diese Prämien wurden von 1907 bis 1921 anläßlich der Stutenschauen vergeben. Für besonders typische Stuten gab es Deckbeihilfen. Nachdem die Vergabe von Erhaltungsprämien und Freideckscheinen 1921 aus finanziellen Gründen eingestellt werden mußte, wurden an erstklassige Stuten Vererbungsmedaillen und an die besten Saugfohlen Diplome ausgegeben. Ein Ersatz für die Erhaltungsprämien waren die Angeldprämien aus staatlichen Mitteln, die bis 1930 vergeben wurden.

Die Hengsthaltung in der Kaltblutzucht Westfalens lag vor dem Kriege fast ausschließlich beim Staat. Erst seit 1914 nahm die Privathengsthaltung einen größeren Umfang an. Mit dem Anwachsen der Zuchtstuten wurde immer mehr ein Mangel an Hengsten spürbar. Viele Züchter schlossen sich deshalb zu Genossenschaften zusammen und beschafften sich eigene Hengste. Allerdings stand der Entwicklung der Privathengsthaltung eine Körordnung entgegen, die die Bestrebungen der Züchter erschwerte. Es kam hinzu, daß für die Landbeschäler ein sehr niedriges Deckgeld verlangt wurde, wodurch die Privathengste nicht konkurrenzfähig waren. Die Landwirtschaftskammer entschloß sich deshalb, Aushilfshengste auf den staatlichen Deckstellen aufzustellen.

Eigentlichen Aufschwung bekam die Privathengsthaltung erst, als 1911 eine neue Körordnung in Kraft trat. 1912 wurde erstmals eine Zentralkörung durchgeführt. Die Zahl der privaten Hengste dieser Rasse war in Westfalen 1922 mit 428 am höchsten, nahm anschließend jedoch kontinuierlich ab.

In den 30er Jahren nahm die Kaltblutzucht in Westfalen einen unerwarteten Aufschwung. Dies war teilweise darauf zurückzuführen, daß bei der Wehrmacht wieder schwere Zugpferde verwendet wurden. Den Erfolg führte man jedoch auch auf eine konsequente Blutlinienzucht zurück. Ab 1938 durften nur Hengste gekört werden, für die mütterlicherseits der Nachweis von drei Generationen zuchtbuchmäßig erbracht wurde und deren Mütter Hauptstammbuchstuten waren.

In der Zeit bis 1925 waren die Macdonald-Linie, die Zigeuner-Linie und die Marquis de Kleyen-Linie die bedeutendsten Hengstlinien der westfälischen Kaltblutzucht. »Macdonald« wurde 1902 in Belgien geboren. Über Vater und Mutter stammte er von dem Hengst Jupiter ab. »Macdonald« soll ein mächtiger Fuchshengst gewesen sein, der trotz seiner Schwere über hervorragende Gänge verfügte. Hervorgehoben wurden seine eisenfesten Hufe und seine ungewöhnlich guten Sprunggelenke. 48 seiner Söhne wurden als Deckhengste aufgestellt.

Der Hengst Zigeuner wurde 1895 ebenfalls in Belgien geboren. Er war der erste Landbeschäler, der sich in der westfälischen Kaltblutzucht hervortat. »Zigeuner« stand im Typ des Ardenners. Er war ein starkknochiger, kurzbeiniger und gängiger Hengst. Seine Vererbungstreue war so groß, daß er allen seinen Nachkommen neben seiner Fuchsschimmelfarbe auch seinen Typ mitgab. Zigeuner lieferte bestes Stutenmaterial, das in der ganzen Provinz begehrt war. Seine Söhne waren weniger bedeutungsvoll.

Marquis de Kleyen wurde 1905 in Westflandern geboren. Als Sechsjähriger kam er 1911 in den Besitz der weitbekannten Genossenschaft Recklinghausen, wo er bis 1925 zur Zucht genutzt wurde. Marquis de Kleyen war ein Dunkelfuchs mit starken Knochen, gutem Typ und ausgezeichneten Gängen. Er zeugte eine große Zahl von Hauptstammbuchstuten. Über seine zahlreichen Söhne fand sein Blut in Westfalen rasch Verbreitung (Schröer 1941).

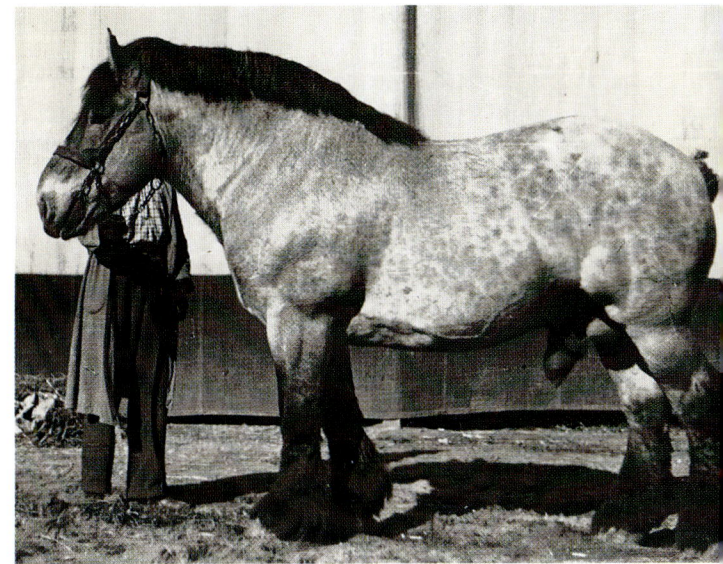

Abb. 41.
Westfälisches Kaltblut, Hengst Honved I, geb. 1944, Braunschimmel, 1951.

Abb. 42.
Rheinisch-Westfälisches Kaltblut (oben).

Ab 1925 galten folgende Hengstlinien:
- Lion de Flandre-Linie
- Cristal-de-Baele-Linie
- Espoir de Melsele-Linie
- Albion d'Hor-Linie
- Gaulois du Monceau-Linie
- Victorieux d'Hor-Linie
- Tapageur du Jongnoy-Linie
- Patriote de Vyverzelen-Linie
- Successeur de-Worte-Linie sowie
- Zorn-Linie

Acht dieser zehn Hengste wurden in Belgien geboren. Man wollte in Westfalen seit Beginn einer intensiven Kaltblutzucht Ende des 19. Jahrh. einen eleganten Belgier züchten. Das mittelschwere Pferd auf belgischer Grundlage war schon recht einheitlich im Typ und ab den 30er Jahren konnte man vom typischen »Westfälischen Kaltblut« sprechen, das sich deutlich vom »Rheinischen Kaltblut« unterschied.

Doch noch um 1928 wurde das Kaltblut in Westfalen offenbar noch nicht als eigenständige Rasse erkannt und anerkannt. In einer Erhebung über die Verbreitung der Pferdeschläge in Deutschland (Bäßmann 1931) werden nur drei Kaltblutrassen genannt: Rheinisch-deutsches Kaltblut, Schleswiger und Noriker. Das ist um so erstaunlicher als es 1928 in Westfalen 105 352 Kaltblutpferde gab. Sie machten 57,4% des westfälischen Pferdebestandes aus. Nur in wenigen Provinzen von Preußen war der Anteil der Kaltblutpferde höher.

Nach 1945 wurden wieder einige Original-Belgier im Landgestüt Warendorf aufgestellt. Das Jahr 1948 stellte, gemessen am Bestand, den Höhepunkt in der Zuchtgeschichte des westfälischen Kaltbluts dar.

In das Westfälische Pferdestammbuch waren damals 30 746 Stuten sowie ungefähr 800 Hengste eingetragen (Abb. 41). Anfang der 60er Jahre setzte das Nordrhein-Westfälische Landwirtschaftsministerium mit Unterstützung des Landgestüts Warendorf eine größere Anzahl schwedischer Kaltbluthengste ein mit dem Ziel, kleinere Kaltblutpferde mit trockeneren Beinen zu bekommen.

Auch das schwedische Kaltblut war weitgehend auf belgischer Grundlage gezüchtet worden. Da die Kaltblutzucht in jener Zeit rapide zurückging, konnten die schwedischen Hengste kaum Einfluß gewinnen.

Obwohl das Landgestüt Wickrath 1957 aufgelöst wurde und der noch verbliebene Pferdebestand ins Landgestüt Warendorf verlegt wurde, blieb das Rheinische Pferdestammbuch bestehen.

Das Rheinische Kaltblut ist heute jedoch nur noch in Restbeständen vorhanden. Im Hengstverteilungsplan von 1986 des Landgestüts Warendorf werden noch sieben Kaltbluthengste aufgeführt. Heute wird das Rheinisch-Westfälische Kaltblut nahezu ausschließlich in Westfalen gezüchtet. Eindeutig Vorrang hat der mittelschwere, trockene Typ mit leichteren Bewegungen (Abb. 42).

Sächsisches Kaltblut

Folgt man Schwarznecker (1902), dann stand es um die Jahrhundertwende nicht gut um die sächsische Pferdezucht. Er schreibt, daß Sachsen in hippologischer Beziehung, sowohl qualitativ wie quantitativ auf keinem besonders hohen Niveau gestanden habe. Zwar habe König Friedrich August sich um die Hebung der Landespferdezucht große Verdienste erworben. Seit aber durch die Abtretung der sächsischen Gestüte an Preußen im Jahre 1815 die »hippologische Hauptader« unterbunden sei, fehle es an jedem Aufschwung. Auch wenn diese Einschätzung Schwarzneckers erheblich später in der sechsten Auflage seines Buches wiederholt wird (Frölich und Schwarznecker 1926), steht sie doch in deutlichem Gegensatz zur Beurteilung anderer Pferdekenner.

Seit 1873 nahm die Zahl der Pferde im Königreich Sachsen bis zur Jahrhundertwende ständig zu:
    1873: 115 792
    1883: 126 886
    1892: 148 417
    1897: 185 995

Von dieser letztgenannten Zahl waren 64,0% Kaltblutpferde, die in Sachsen schon immer eine große Bedeutung gehabt hatten. Diese Kaltblutpferde gingen, in damaliger Zeit nicht unüblich, nur zu einem geringen Teil auf die bodenständige Zucht zurück. Lediglich 3,4% gehörten zum Landschlag, die überwiegende Mehrheit gehörte zahlreichen ausländischen Rassen an. Neben den Belgiern (43,2% aller Kaltblutpferde) fallen vor allem die britischen Kaltblüter (Clydesdales und Shires) mit 6,6% auf.

Im königlichen Landgestüt Kreuz gab es 1898 106 gekörte Kaltbluthengste. Von Züchtervereinigungen wurden weitere 26 kaltblütige Hengste gehalten.

Zusätzlich bestanden sechs Hengsthaltungsgenossenschaften mit je einem kaltblütigen Hengst. Rechnet man die nicht gekörten Hengste und nicht genannten Gruppierungen hinzu, dann deckten 1898 in Sachsen 246 Kaltbluthengste (Knispel 1900).

In der Provinz Sachsen war das Kören durch Polizeiverordnung geregelt. Jeder Regierungsbezirk hatte seine eigene Körordnung. Diese Ordnungen unterschieden sich allerdings nicht sehr voneinander.

Zuerst wurde eine Körordnung im Regierungsbezirk Erfurt eingeführt, und zwar 1896. Die Körordnungen der übrigen Bezirke folgten bis 1898.

Danach durfte der Besitzer seinen Hengst zum Decken fremder Stuten nur verwenden, wenn vom zuständigen Schauamt ein Erlaubnisschein ausgestellt worden war.

Frei vom Körzwang waren
• die vom Staat aufgestellten Deckhengste,
• die Hengste von Pferdezuchtvereinen, die mit Unterstützung des Staates und nach vorheriger Begutachtung durch einen Gestütsbeamten angeschafft worden waren und
• Vollbluthengste, für die mindestens 50 Mark Deckgeld gezahlt wurden.

Der Bezirk Merseburg gab auch ehemalige Haupt- und Landbeschäler frei.

In der Regel wurde für jeden Kreis eine Körkommission gebildet. Diese bestand aus dem Landrat als Vorsitzendem, dem Vorsteher des Königlichen Landgestüts und drei weiteren Mitgliedern. Zu jedem Körtermin war ein Tierarzt hinzuzuziehen. Es durften nur solche Hengste gekört werden, die frei von Erbfehlern waren und zur Erzielung guter Gebrauchspferde geeignet schienen. Kaltbluthengste mußten mindestens drei Jahre alt sein. Das Herumziehen mit Hengsten war verboten; der Regierungsbezirk Merseburg gestattete jedoch, daß einem Hengstbesitzer ausnahmsweise mehrere Deckstationen für seinen Hengst bewilligt werden konnten. Die Besitzer von angekörten Hengsten waren verpflichtet, ein Deckregister zu führen.

Zuchtziel war der schwere Arbeitsschlag, wie er von Shires, Clydesdales und vom Belgier verkörpert wurde. (Zum Verständnis: »Leichte« Arbeitsschläge waren Warmblutpferde.) Zur Verleihung von Staatsunterstützungen wurde die Provinz von der Landwirtschaftskammer in Zuchtbezirke unterteilt. Es wurde dabei nur die Zucht der genannten Rassen unterstützt. Zudem konnten sich nur Besitzer um Preise bewerben, deren Pferde entweder zur Zucht verwendet wurden oder hierfür vorgesehen waren.

Die Preisverteilung erfolgte in zwei Gruppen:
• Kaltblütige Arbeitsschläge
• Zuchtpferde in Form des Arbeitsschlages (Kreuzungen mit schweren Hengsten).

Prämierte Zuchttiere durften innerhalb Jahresfrist nicht nach außerhalb des Schaubezirks verkauft werden.

Gegen Ende des 19. Jahrhunderts wurden in Sachsen vier Pferdezuchtvereine gegründet, die sich die Zucht eines kräftigen Arbeitspferdes zum Ziel gesetzt hatten.

Der Züchterverband für die Zucht des schweren Arbeitspferdes in der Provinz Sachsen in Halle a. d. Saale und sein Gestütsbuch wurden 1897 gegründet. Dies geschah, um
• Zuchtnachweise über die eingeführten Stutfohlen der schweren Schläge zu erhalten,
• das schwere zur Zucht benutzte Stutenmaterial zu sichten und
• gemeinsam Ausstellungen zu beschicken.

Als Zuchtziel galt die Züchtung eines kräftigen, gängigen Arbeitspferdes.

Ende 1898 waren in das Gestütsbuch 782 Stuten eingetragen, davon 450 Shires, 86 Clydesdales, 164 Belgier und 82 Kreuzungsstuten (schwerer Landschlag). Die Mitgliederzahl war von 250 bei der Gründung auf 477 Ende 1898 angestiegen. 1899 stellte sich dieser Verband als selbständige Züchtervereinigung unter die Oberaufsicht der Landwirtschaftskammer, um die Züchtung der schweren Arbeitsschläge einheitlich für die Provinz festzulegen und diese durch Körung der Zuchttiere und Gestütbuchführung zu sichern. Dieser Zweck sollte erreicht werden durch:
• Beschaffung reinblütiger Zuchttiere,
• Ankörung von Hengsten und Stuten,
• Einrichtung und Führung von Gestütbüchern,
• Förderung des Umsatzes selbstgezogener Fohlen,
• Beschickung von Ausstellungen sowie
• Abhaltung von Verbandsschauen.

Zuchttiere mußten, um eingetragen werden zu können, den schweren Schlägen angehören und als zuchttauglich anerkannt und angekört sein. Als zuchttauglich galten:
• Mit Staatsdarlehen angekaufte Vereinshengste schweren Schlags.
• Zuchthengste schweren Schlags, die von einer Körkommission als zuchttauglich anerkannt worden waren.
• Stuten schweren Schlags, die durch Vermittlung der Landwirtschaftskammer oder durch einen angeschlossenen Pferdezuchtverein als reinblütig angekauft worden waren.
• Stuten, die von der Verbandskommission als reinblütig nachgewiesen und von der Verbandskommission angekört worden waren.
• Nachzucht von Stammregisterstuten, d. h. Mutterstuten des schweren Landschlags sowie
• Nachzucht von Hengsten schweren Schlags.

Die Gestütbuchführung erfolgte für die einzelnen Schläge gesondert. Weil sich dem Verband die bereits bestehenden Pferdezuchtvereine anschlossen, waren alle Pferdezuchtbestrebungen der Provinz auf ein einheitliches Ziel ausgerichtet.

Der Mitteldeutsche Pferdezuchtverein, der unter dem Protektorat von Herzog Alfred von Sachsen-Coburg-Gotha stand, wurde 1895 gegründet. Er bezweckte die Zucht eines starken, den wirtschaftlichen Bedürfnissen Mitteldeutschlands entsprechenden kaltblütigen Pferdeschlags, vorwiegend in Form des belgischen oder thüringisch-belgischen Schlags. Dies sollte durch Einführung geeigneter Zuchttiere, enges Zusammenwirken mit den staatlichen Gestütsverwaltungen, Aufstellung eigener Hengste zur freien Benutzung für die Stuten der Vereinsmitglieder, Veranstaltung von Schauen, Verteilung von Freideckscheinen an Züchter, Belehrung der Züchter sowie Gestütbuchführung geschehen.

Der Verein erstreckte seine Tätigkeit über die preußischen Kreise Sachsens, das Großherzogtum Sachsen-Gotha und das Fürstentum Schwarzburg-Sondershausen. 1898 betrug die Mitgliederzahl 169. Eingetragen waren u. a. drei Shire-Hengste, 31 belgische Hengste und 77 belgische Stuten.

Der Pferdezuchtverein Bitterfeld-Delitzsch in Neuhaus bei Paupitzsch, 1886 gegründet, hatte sich ebenfalls die einheitliche Züchtung eines schweren Arbeitspferdes zur Aufgabe gemacht. Er erstreckte seine Tätigkeit über den Bezirk des Delitzsch-Bitterfelder landwirtschaftlichen Vereins. Für die Züchter standen sechs Shire-

Hengste und sieben belgische Hengste zur Verfügung. Fünf von ihnen gehörten dem Landgestüt Kreuz, die acht anderen waren angekörte Privathengste. Bei Gründung umfaßte der Verein 50 Mitglieder; bis 1898 stiegen sie auf 200. Zu dieser Zeit waren im Kreis Delitzsch 109, im Kreis Bitterfeld 37 Stuten angekört.

Der Pferdezuchtverein für den Kreis Merseburg wurde 1896 gegründet. Er bezweckte, die Zucht des schweren kaltblütigen, insbesondere des englisch-schottischen Pferdeschlags zu heben. Dies sollte durch Einführung und Züchtung guten Stutenmaterials, Aufstellung geeigneter Zuchthengste, Pferdemusterungen und -schauen sowie durch Belehrung der Züchter geschehen. Die Tätigkeit des Vereins erstreckte sich über die Kreise Merseburg sowie über Teile des Kreises Weißenfels und des Mansfelder Seekreises. 1898 waren im Kreis Merseburg 99, im Mansfelder Seekreis 17 und im Kreis Weißenfels fünf Stuten angekört. Für sie standen sieben gekörte Privathengste zur Verfügung (Knispel 1900).

In der Provinz Sachsen gab es 1899 sechs Genossenschaften, die Kaltbluthengste hielten. Sie besaßen Shire (4), Belgier (3) und Clydesdale (1). Des weiteren gab es Ende des 19. Jahrhunderts in Sachsen vier Vereine, die sich eine allgemeine Förderung der Pferdezucht zum Ziel gesetzt hatten. Allein dreien von ihnen ging es ausschließlich um die Verbesserung der Kaltblutzucht. Im ganzen kamen in den Jahren 1889 bis 1899 521 Shires, 144 Clydesdales und 248 Belgier nach Sachsen (Knispel 1900).

Der Anfang des 20. Jahrhunderts war in Sachsen durch zwei Entwicklungstendenzen gekennzeichnet:
- die Zahl der Pferde nahm weiterhin zu. 1928 wurden in der Provinz 232 290 Pferde gehalten.
- Der Anteil der Kaltblutpferde wurde noch höher. 170 151 der 1928 gehaltenen Pferde waren Kaltblüter. Sie machten damit 73,2% des Gesamtbestandes aus. Sehr hoch war damals der Anteil der Kaltblutpferde im Bezirk Merseburg mit 75,5%. Im Mansfelder Seekreis betrug ihr Anteil gar 93,5%. Sachsen galt damals als ausgesprochenes Kaltblutzuchtgebiet (Bäßmann 1931).

Während der ersten Jahrzehnte des 20. Jahrhunderts wandte man sich vermehrt der Zucht des Belgischen Kaltbluts zu. Dies geschah z. T. auf dem Umweg über das Rheinisch-deutsche Kaltblutpferd. Die Viehzählung 1936 ergab, daß in Sachsen 215 zur Zucht zugelassene Hengste gehalten wurden, von denen 115 (53,5%) dem Kaltblut angehörten (Tab. 10). Bei dieser Berechnung wurden auch die zu Preußen zählenden Bereiche Sachsens (Sachsen-Anhalt) berücksichtigt. In der Provinz Sachsen war damals der Bestand an Warmbluthengsten recht hoch; deshalb machten hier die Kaltbluthengste nur 53,5% des gesamten Hengstbestandes aus.

Tab. 10: Bestand und Rassenzugehörigkeit der 1936 in Sachsen zur Zucht zugelassenen Hengste (Statistisches Reichsamt 1937).

Besitz	Kaltblut	Warmblut	Englisches und Arabisches Vollblut sowie Traber	Hengste insgesamt
staatlich	42	68		
genossenschaftlich	1	3	1	
privat	72	28		
insgesamt	115	99	1	215

Noch nach dem Zweiten Weltkrieg sprach Zorn (1952) vom »Rheinisch-deutschen Kaltblut« im früheren Land Sachsen. Er hielt also offenbar das Kaltblut in dieser Gegend nicht für eine eigenständige Rasse. Möglicherweise führte erst die Entwicklung der letzten Jahrzehnte dazu.

In der DDR lag die Hengsthaltung im Süden des Landes ganz wesentlich in Moritzburg. Diese Hengststation wurde 1828 als königlich-sächsisches Landstallamt zu Moritzburg gegründet. Nach entsprechenden Stallumbauten wurden hier ab 1830 die Hengste zusammengefaßt, die den großen Bedarf an Pferden für Militär und Landwirtschaft sicherstellen sollten. Um die Jahrhundertwende wurden in Moritzburg neben Warmbluthengsten auch belgische Kaltbluthengste eingestellt. Letztere sollten hauptsächlich der Landwirtschaft in Gebieten mit schweren Böden dienen.

Nach dem Zweiten Weltkrieg führte der Mangel an Traktoren und Treibstoff zu einem erheblichen Anwachsen des Zuchtstutenbestandes. Der Bedarf an einem mittelschweren Kaltblutpferd war insbesondere in den damals noch vorhandenen kleineren landwirtschaftlichen Betrieben groß.

Auch der Moritzburger Hengstbestand wurde nach 1945 zielstrebig verstärkt. 1950 hielt das Moritzburger Landgestüt einen Bestand von 188 Hengsten; davon gehörten noch 65 (34,6%) dem Kaltblut an. Die übrige Hengsthaltung in der Region zählte im gleichen Jahr 156 Kaltbluthengste (Zorn 1952). Bei allen Kaltbluthengsten überwog das belgische Albion-Blut, und zwar hauptsächlich über die Hengste Gaulois de Monceau und Avenir de Salmonsart. Die besten Kaltblutzuchten befanden sich damals in den Kreisen Löban, Meißen, Döbeln, Oschatz, Grimma, Wurzen und Leipzig.

Mit der Gründung der Landwirtschaftlichen Produktionsgenossenschaften setzte eine rückläufige Tendenz ein. Ein dramatischer Einbruch in der Zucht geschah, wie fast überall, in den 60er Jahren (Tab. 11). Der stärkste Rückgang des Kaltblutbestandes in der DDR war in den Jahren 1969 und 1970 zu verzeichnen. Damals wurde der Bestand um ca. 90% reduziert. Entsprechendes galt für den Hengstbestand in Moritzburg. 1969 wurde der Gesamtentwicklung in der DDR durch Bildung von Pferdezuchtdirektionen organisatorisch Rechnung getragen. Moritzburg wurde Sitz der Pferdezuchtdirektion Süd und war damit verantwortlich für die Zucht in Sachsen und Thüringen. 1976 umfaßte die Restpopulation der Kaltblutpferde in der DDR 440 eingetragene Stuten und 21 gekörte Hengste.

Tab. 11: Bestandszahlen an eingetragenen Kaltbluthengsten in einzelnen Gebieten der DDR.

Jahr	Sachsen-Anhalt	Thüringen	Sachsen	Insgesamt
1953	13 085	5 660	3 278	22 023
1959	6 244	2 885	2 456	11 585
1963	3 894	1 393	1 442	6 729
1968	1 958	606	743	3 307
1971				613
1977				440

1977 betrug die Widerristhöhe der Kaltbluthengste im südlichen Teil der DDR im Mittel 161,3 cm, die der Stuten 159,6 cm (Tab. 12). Es gab sechs Farbschläge. Unter ihnen waren die Braunschimmel und Braunen zahlenmäßig am stärksten vertreten. Hieran änderte sich bis 1983 nur wenig (Tab. 13).

Das Kaltblutpferd Sachsens und der übrigen Gebiete der DDR galt als sehr leistungsbereit und zugwillig. Es war gut für die Forstwirtschaft geeignet. Diese nervlich und gesundheitlich stabilen Pferde galten als anspruchslos und robust. Die Tiere waren frühreif; die Trächtigkeitsrate lag bei 72% und ist damit als sehr günstig zu bezeichnen.

Tab. 12: Maße der Kaltbluthengste im südlichen Teil der DDR 1977 (Maße in cm).

	Hengste	Stuten
Widerristhöhe	161,3	159,6
Röhrbeinumfang	29,0	25,8
Brustumfang	207,9	211,7
Brusttiefe	74,0	76,7
Rumpflänge	169,7	169,5
Vorderbrustbreite	49,2	47,0
Kruppenhöhe	161,5	160,3
Lebendgewicht (kg)	802	775

Im Jahr 1991 zählten 17 Kaltbluthengste zum Hengstbestand von Moritzburg. Diese Hengste und die Kaltblutzucht im südlichen Teil der ehemaligen DDR insgesamt sind das Ergebnis einer weitgehend auf sich selbst gestellten, konsequenten Zucht. Nur noch vereinzelt wurden belgische Hengste angeschafft. Inzwischen haben Sachsen, Sachsen-Anhalt und Thüringen wieder eigene Zuchtverbände.

Tab. 13: Farbverteilung beim Kaltblut der DDR 1983.

	gesamt	Hengste	Stuten
Anzahl der Pferde	683	44	639
Füchse	83	5	78
Fuchsschimmel	55	1	54
Braune	187	7	180
Braunschimmel	332	29	303
Rappen	8	0	8
Rappschimmel	15	1	14
Schimmel	3	1	2

Das Kaltblut dieser drei Bundesländer ist jetzt ein schweres Zugpferd, das vor allem für Rückearbeiten in der Forstwirtschaft geeignet ist. Es ist ein im Typ massiges, wuchtiges, sehr gut bemuskeltes Pferd mit raumgreifenden Bewegungen, besonders im Schritt. Farblich besteht die Population vor allem aus Braunschimmeln und Braunen (Abb. 43).

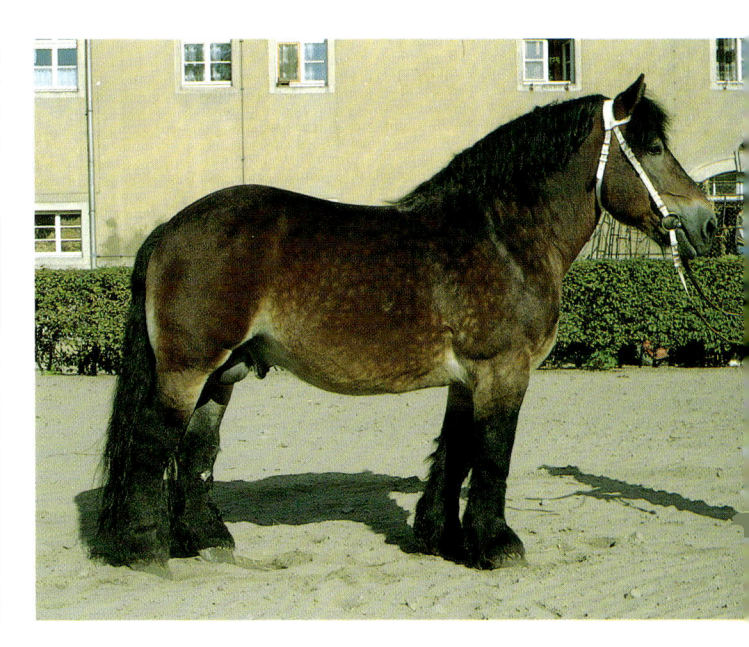

Abb. 43. Sächsisches Kaltblut.

Schwarzwälder Fuchs

Über die Entstehung dieser Rasse gibt es unterschiedliche Vermutungen. Es ist denkbar, daß die französische Kaltblutrasse des Jura, der Trait Comtois und der belgische Ardenner beteiligt gewesen sind. Auch eine Verwandtschaft mit dem Noriker, der aufgrund enger Bindungen der Schwarzwälder Klöster zu den österreichischen Stammländern von dort gekommen sein könnte, wird für möglich gehalten. Eindeutig läßt sich die Abstammung nicht sichern. Ohne Zweifel liegt dem Schwarzwälder Fuchs eine Vielzahl von Rassen und Schlägen zugrunde. Dabei darf nicht übersehen werden, daß gerade diese Rasse ganz erheblich das Ergebnis der besonderen geographischen und klimatischen Situation ist, und daß durch großes züchterisches Geschick etwas Eigenständiges geschaffen wurde.

Als erster sicherer Beleg für einen nicht unbeträchtlichen Pferdebestand im Schwarzwald gilt ein alter »Dingrodel« (Zehnt- und Lehensordnung) des Klosters St. Peter aus der Zeit zwischen 1453 und 1484. Nach diesem Dokument war für jedes Fohlen eine Abgabe von vier Pfennigen vorgesehen. Pferde benutzte man damals allerdings hauptsächlich zum Reiten, während man für die Arbeiten in der Landwirtschaft Ochsen verwendete. Deshalb wurde in der Regel pro Hof nur ein Pferd, meistens eine Stute gehalten. An steilen Durchgangsstraßen standen Vorspannpferde bereit, um die schweren Gespanne bergan zu ziehen. Hierbei handelte es sich oft um leistungsstarke und ausdauernde Hengste, denen von den Bauern in der Nachbarschaft zahlreiche Stuten zugeführt wurden.

Von einer geregelten Zucht konnte in jener Zeit noch nicht die Rede sein. Zumindest seit Beginn der Bauernkriege 1524 war der Schwarzwald für mehrere Jahrhunderte immer wieder Ort von Heeresdurchzügen. Hierbei wurden zwar viele einheimische Pferde geraubt, man darf aber davon ausgehen, daß auch viele Tiere von den durchziehenden Truppen zurückgelassen wurden. Einkreuzungen von Warmblutpferden machten den Schwarzwälder Fuchs leichter und trockener.

Durch aufkommenden Handel und zunehmendes Gewerbe wurden immer mehr Pferde als Zugtiere eingesetzt. Hinzu kamen Wanderreiter, die von Hof zu Hof zogen und ihre Hengste zum Decken anboten. Belegt ist gleichfalls, daß ungefähr ab der Mitte des achtzehnten Jahrhunderts von den Schwarzwälder Klöstern St. Peter, St. Blasien und St. Märgen, die dem Erzbistum Salzburg unterstanden, immer wieder Pinzgauer Hengste zur Blutauffrischung eingeführt und als Deckhengste aufgestellt wurden. Seit dieser Zeit kann im Schwarzwald von einer einigermaßen geordneten Pferdezucht gesprochen werden. Das Ergebnis war ein mittelstarkes, ungemein zähes, fruchtbares und langlebiges Pferd.

1880 trat ein Körgesetz in Kraft, nach dem Hengste nur dann zum Decken verwendet werden durften, wenn eine Körkommission ihre Zuchttauglichkeit festgestellt hatte. Ziel war es, die einheimischen Hengste durch schwere belgische Beschäler zu verdrängen. Damals wurde allgemein ein schwereres Pferd verlangt. Von den im Schwarzwald heimischen Hengsten erhielt nur ein einziger den Segen der Körkommission.

Nun entsprachen aber die vom Landgestüt in Karlsruhe aufgestellten Hengste durchaus nicht den Vorstellungen der Bauern. Da die Verwendung anderer Hengste zur Zucht jedoch bei Geldstrafe verboten war, blieben zunächst viele Stuten ungedeckt. Zur Ergänzung der Pferdebestände wurden minderwertige Fohlen aus anderen Gegenden eingeführt. Zu dieser Zeit kam das »Wildern« auf. Die Stutenbesitzer nutzten die schlechten Befruchtungsraten der importierten belgischen Hengste aus, indem sie ihre Stuten nach dem Decken mit einem solchen Hengst ein weiteres Mal durch einen bodenständigen Hengst beschälen ließen. So bestand jedenfalls eine nicht unbeträchtliche Chance, Schwarzwälder Hengsten zur Fortpflanzung zu verhelfen. Als schließlich nach und nach vier »Wälderhengste« gekört worden waren, gründete man für sie in St. Märgen die erste Deckstation.

Um die Zucht besser organisieren und weitere Deckstationen errichten zu können, schlossen sich die Züchter des Hochschwarzwaldes 1896 zur »Schwarzwälder Pferdezuchtgenossenschaft« mit Sitz in St. Märgen zusammen. Ziel dieser Genossenschaft war es, das Schwarzwälder Pferd in seiner ursprünglichen Form zu erhalten. Doch schon bald nach der Gründung dieser Genossenschaft kam man zu der Überzeugung, die »Wälderhengste« abschaffen und die »Füchse« durch Einkreuzung von Ardenner- und Belgier-Hengsten massiger und harmonischer machen zu müssen. In geringer Zahl wurden sogar belgische Stuten eingeführt. Die Bauern wehrten sich gegen solche Maßnahmen, und so nahm das bereits erwähnte »Wildern« wieder erhebliche Ausmaße an.

Bald mußte man allerdings erkennen, daß als Folge der offiziellen Maßnahmen das, was man an Masse gewann, an Ausdauer und Langlebigkeit wieder verlorenging. Daraufhin griff man wieder auf bodenständige Hengste zurück. 1901 wurde in St. Märgen der Hengst Marquis B 7 aufgestellt. Er war im Typ des edlen, alten Ardenners: mittelgroß, breit und tief sowie mit hervorragendem Gangvermögen. Dieser Hengst hinterließ eine vorzügliche Nachzucht.

Doch diese Phase währte nur kurz. Nach dem Abkören von Marquis B 7 im Jahre 1905 wurde offiziell bis zum Beginn des Ersten Weltkriegs wiederum mit eingeführten schweren Pferden gezüchtet, während die Bauern weiterhin ihre »wilden« Hengste benutzten. Bei den Pferdemusterungen zu Beginn des Ersten Weltkriegs sollen fast ausschließlich Pferde als geeignet eingezogen worden sein, die von ungekörten »Wälderhengsten« abstammten.

Offiziell galt jedoch, daß sich zwischen 1895 und 1923 folgende zehn Zuchthengste bestimmend auf die Zucht auswirkten:
Hirschle, geboren 1888, Stichelfuchs, St. Märgener Schlag, und aufgestellt seit 1893 als Körhengst für den Schwarzwald.
Coquet, Original-Ardenner, geboren 1824, Schweißfuchs mit Blesse, Begründer der neuen Zuchtrichtung; als subventionierter Zuchthengst in St. Märgen seit 1896, später in Waldkirch und Freiburg.
Montblanc, Original-Ardenner, geboren 1893, Rotfuchs, seit 1899 als staatlich subventionierter Deckhengst in Freiburg tätig; sein Verwendungskreis lag mehr in den westlichen Talbezirken als auf den Schwarzwaldhöhen.
Lux, Rheinländer im Ardenner Typ, geboren 1902, von Löwe, a. d. Lisette, Schweißfuchs, Schnippe, Unterlippe weiß, Edelfleck an der linken Hüfte. 160 cm Stock; stand in St. Märgen und St. Peter.
Faktor, Original-Ardenner, Fuchs, wirkte seit 1911 im Kirchzartener Tal, war wegen seiner kräftigen Knochen und seines gedrungenen Gebäudes bei den Züchtern der Schwarzwaldtäler sehr beliebt.
Fakir, Original-Ardenner, geboren 1905 a. d. Rossette Nr. 42 215 von Farceur Nr. 20 730, Stichelfuchs mit Blesse und hellem Langhaar, auf der linken Kruppe Edelfleck; anfänglich auf dem Hochschwarzwald, später in Kirchzarten, schließlich im Waldkirchner Tal; brachte gute, kräftige Fohlen.
Sein Sohn **Fann**, geboren 1916 aus Berta (letztere nach Coquet aus einer unterbadischen Stute) wurde gezüchtet von Lippenbauer Kleiser in Eckbach-Breitnau und war seit 1919 staatlich subventionierter Beschäler in St. Märgen.

Marquis, geboren 1896 in Unterbaden, eingetragen im dortigen Stutbuch, Schweißfuchs mit Blesse und Milchmaul, vorn links und hinten beiderseits gestiefelt, nur 153 cm Stock. Dieser anfänglich auch von der Genossenschaftsleitung verkannte Hengst, der seiner geringen Röhrenstärke und seines zierlichen Wuchses halber erst später gekört wurde, sollte sich im Laufe der Jahre als Stammvater einer ganzen Hengstreihe und zahlreicher durch Ausgeglichenheit und Typtreue ausgezeichneten Wälderpferdezuchtfamilien erweisen. Er wurde 23 Jahre alt und hat auf dem Hochschwarzwald bis an sein Ende gedeckt.
Markus nach Marquis aus einer Stute des Tännlebauern Saier auf Spirzen, geboren 1910, Schweißfuchs mit Blesse, genau wie sein Vater, 158 cm Stock. Er kam als Absatzfohlen in gute Hände nach Breitnau, wurde als Dreijähriger gekört und von dortigen Züchtern sowie solchen der ganzen Schwarzwaldhochebene als Zuchthengst sehr begehrt. Im Frühjahr 1919 gelangte Markus als staatlich subventionierter Beschäler auf die Station Freiburg, von wo er mit 14 von ihm gedeckten Stuten nebst Nachkommen auf der Zuchtpferdeschau der Freiburger landwirtschaftlichen Herbstwoche 1922 den Ia Zuchtgruppenpreis erwerben konnte. Vier seiner männlichen Nachkommen dienten als gekörte, bzw. staatlich subventionierte Zuchthengste (darunter Merker und Moritz).
Marder, geboren 1917 nach Marquis aus einer Wälderstute des Scherrpeterbauern Hummel in Eschenbach; Dunkelfuchs mit weißem Langhaar und Strichblesse, diente seit 1920 als Beschäler in St. Märgen. Er war wegen seines flotten Ganges, seines Temperamentes und seiner Farbe im Hochschwarzwald sehr beliebt; in der Röhre hätte er stärker sein können.
Mars, geboren 1918 nach Marquis aus einer Wälderstute in Langenortnach, ebenfalls Schweißfuchs, seinem Halbbruder Markus sehr ähnlich, wurde 1921 gekört und deckte im Waldkirchner Tal.

Unter dem Einfluß dieser Hengste hatte sich im Laufe der Zeit im Schwarzwald eine zielbe-

Abb. 44. Zehnjährige Schwarzwälder Stute Marzella, v. Markus, 1932.

wußte Pferdezucht entwickelt, die zu einer nach Typ, Größe, Farbe und Gang ausgeglichenen Rasse führte. Der Schwarzwälder Fuchs war schon damals ein leichtes Gebirgs-Kaltblutpferd von angepaßter Gebrauchsfähigkeit.

Nach dem Ersten Weltkrieg griff man erneut auf bodenständige Hengste zurück. Das ging nur bis 1924 gut, weil die Hengsthalter später – selbst mit staatlicher Unterstützung – kein Geld mehr für die Beschaffung guter Zuchthengste hatten. Die »Schwarzwälder Pferdezuchtgenossenschaft« wurde deshalb 1925 in eine e.G.m.b.H. umgewandelt. Beschaffung und Haltung der Hengste gingen an die Gesellschaft über. Es wurde auf Hengste belgischer Herkunft zurückgegriffen, mit denen man bis 1929 züchtete. Unter ihnen war Deutschritter B 36 der beste Vererber, den die deutsch-belgische Zucht im Schwarzwald je hatte.

Um 1930 wird der Schwarzwälder Fuchs folgendermaßen charakterisiert:

Das Schwarzwälder Pferd ist der Typ eines mittelgroßen, mittelschweren Kaltblutschlages in gedrungenem Rechteckformat (Abb. 44). Es ist ein anspruchsloses, langlebiges und fruchtbares, zu jedem Dienst für Schritt und Trab brauchbares Bauernpferd, das Ausdauer und gute Gänge zeigt.

Das Exterieur im einzelnen

Der Kopf ist in der Regel trocken, verhältnismäßig klein und zierlich. Stirn- und Gesichtsanteil sind gut proportioniert.

Die Stirn ist schmal, das Gebiß meist gut und regelmäßig; Abnormitäten sehr selten. Lippen gut geschlossen, Nüstern weit. Profillinie meist gerade.

Ganaschen breit, gut bemuskelt, Kehlgang mäßig weit. Augen ziemlich groß; Blick lebhaft, dabei gutmütig. Die kleinen Ohren werden aufrecht getragen. Übergang von Kopf zu Hals in leichter Wölbung.

Der Hals ist mittellang, Bemuskelung gut, aber nicht besonders stark, dagegen häufig reichlicher Fettansatz am Kammrand. Der Übergang vom Kamm in den Widerrist vollzieht sich meist unmerklich, ohne Eindellung.

Der Widerrist ist verhältnismäßig stark ausgeprägt, mehr als sonst beim Kaltblut üblich, und hebt sich zwischen den Schultern deutlich ab. Er ist nicht hoch, fällt nach hinten steil ab und reicht etwa bis zum 9.–12. Rückenwirbel.

Die Vorderbrust ist schmal, ihre Bemuskelung gut, mittlere Brustfurche deutlich, Seitenbrustfurchen wenig ausgeprägt.

Die Seitenbrust ist ebenfalls relativ schmal und auch die Brusttiefe ist geringer als bei anderen Kaltblutschlägen. Somit besteht eine relative Hochbeinigkeit.

Der Brustumfang ist genügend und mit dem des Oberländers zu vergleichen. Die Rippenwölbung ist somit nicht sehr stark, die Breite des Rumpfes nimmt nach hinten zu.

Der Bauch ist ziemlich umfangreich, von dem voluminösen, wenig gehaltreichen Futter herrührend. Es besteht vielfach Neigung zum Hängebauch.

Der Rücken ist daher etwas schwach.

Der Flankenschluß ist gut.

Die Kruppe überragt den Widerrist wenig. Sie zeigt typische Kaltblutform, ist kräftig bemuskelt, fast immer gespalten, fällt gegen den Schweif stark ab und erscheint daher relativ kurz.

Der Schweif ist gut behaart, tief angesetzt, und fällt gleich ab, also nicht im Bogen getragen.

Schwarzwälder Fuchs

Die Schulter ist ziemlich lang, mittelschräg und gestattet freien, räumenden Gang. Die Schulterblattgräte tritt zwischen gut markierter Muskulatur meist deutlich hervor.

Die Vorhand ist für ein Kaltblutpferd trocken und im Verhältnis zum Rumpf etwas leicht, ihre Stellung fast stets regelmäßig. Der Oberarm ist mittellang und gut bemuskelt. Das Ellbogengelenk, mit ca. 100° gewinkelt, tritt, von Muskulatur und Fett stark umgeben, wenig in Erscheinung. Der Unterarm steht zum Oberarm im Winkel von ca. 145°, ist ziemlich lang und ermöglicht somit räumenden Gang. Die Bemuskelung ist gut. Das Karpalgelenk ist gut geformt, kräftig und ausdrucksvoll. Es geht ohne merkliche Einschnürung in die Röhre über. Auffallend an der Röhre ist ihr geringer Umfang im Verhältnis zu anderen Kaltblutschlägen. Sie ist die natürliche Folge der Verhältnisse im Schwarzwald, Ausdruck des verfeinerten Knochenbaues, der bei sämtlichen Tiergattungen dieser Gegend zu beobachten ist. Röhrbein und Sehnen zeichnen sich deutlich ab. Knochenauftreibungen und Sehnenverdickungen sind selten. Das Fesselgelenk ist kräftig und hat eine Winkelung von etwa 45°. Die Hufe sind mittelgroß, meist regelmäßig geformt, ihr Horn von glatter, zäher Beschaffenheit. Der Strahl ist meist kräftig, Zwanghufe sind daher sehr selten.

Die Hinterhand ist ebenfalls relativ leicht. Die Muskulatur der »Hosen« ist meist schwach ausgebildet. Der Unterschenkel ist mittellang, gut bemuskelt, seine Richtung etwas schräg, wodurch das Sprunggelenk eine spitze Winkelung erhält, Ausdruck der häufig vorkommenden Säbelbeinigkeit. Das Sprunggelenk ist kräftig und trocken, der Sprunggelenkhöcker gut ausgebildet. Deformationen und Erkrankungen am Sprunggelenk sind sehr selten. Die Hinterröhre übertrifft in der Länge die Vorderröhre um mehr als ein Viertel und im Umfang durchschnittlich um 2,85 cm. Das Fesselgelenk ist gut ausgebildet, seine Winkelung beträgt 50–55°. Die Fesselung ist also hinten steiler als vorn. Vom Hinterhuf gilt dasselbe wie vom Vorderhuf. Außer der erwähnten Säbelbeinigkeit ist häufig auch kuhhessige Stellung anzutreffen, d. h. die Sprunggelenke sind gegeneinander, die Zehen dagegen voneinander weg nach außen gedreht.

1930 wurde endgültig die Abschaffung der rheinisch-belgischen Hengste beschlossen. Statt dessen suchte man nun nach Beschälern mit norischer Abstammung. Ausschlaggebend für diese Entscheidung war, daß man beim Noriker alten Blutanschluß vermutete und die Zuchtgebiete dieser Rasse Ähnlichkeit (z. B. die Kalkarmut) mit denen des Schwarzwälder Pferdes aufwiesen.

Schon 1896 hatte man die Einfuhr von Pinzgauer Hengsten erwogen, wegen Schwierigkeiten bei der Beschaffung allerdings wieder davon abgesehen. Diesmal wurden Oberländer, also der leichte Schlag des Norikers, angeschafft. Man wollte sie jedoch nur so lange einsetzen, bis genügend bodenständige Hengste zur Verfügung standen.

1932 machte der Verein der badischen Bezirkstierärzte unter dem Vorsitz von Veterinärrat Dr. Hall eine Eingabe zur Errichtung eines Verbandes der Schwarzwälder Pferdezuchtgenossenschaften an das Ministerium des Innern.

Abb. 45. Fohlenmarkt bei den Schwarzwälder Füchsen in Hinterzarten, 1930.

Man empfahl die Verwendung von Pinzgauer Hengsten mit folgenden Argumenten:

»Dem Gebiet der Schwarzwälder Pferdezuchtgenossenschaft ähnliche Verhältnisse finden sich auch auf dem übrigen Schwarzwald und in den dem Schwarzwald vorgelagerten Gebieten. Es scheint daher auch in diesen Gebieten, und zwar in den Bezirken Waldkirch, Neustadt, Waldshut einschließlich der früheren Bezirke Bonndorf und St. Blasien, in Teilen der Bezirke Schopfheim und Säckingen, ferner in den Bezirken Donaueschingen und Villingen sowie schließlich im Kinzigtal die Zucht mit Pinzgauer Hengsten angezeigt und erfolgversprechend«.

Man vertrat die Ansicht, daß durch den Zusammenschluß aller Pferdezuchtgenossenschaften im angegebenen Gebiet

»der Gedanke der bodenständigen Zucht rasch und kraftvoll vorgetrieben und auch die Aufzucht- und Absatzverhältnisse auf breiter und daher tragfähiger Grundlage wirksam und erfolgreich gestaltet werden könnte«.

Von seiten des Ministeriums kam im April 1933 eine Zustimmung, doch bereits im Juli desselben Jahres wurde mitgeteilt, daß zum Ankauf von Pinzgauer Hengsten die finanziellen Mittel fehlten. Unabhängig von dieser Entscheidung kam es 1935 zur Gründung des badischen Pferdestammbuchs. Mitte 1936 wurde die alte Genossenschaft mit sechs Deckstationen und sieben Hengsten aufgelöst.

Die Schwarzwälder Pferdezucht mit dem »St. Märgener Schweißfuchs« bekam nun eine breitere Grundlage. Die Bezirksgruppe Freiburg (St. Märgen) stellte mit 184 eingetragenen Stuten den größten Anteil der insgesamt 550 Stuten. 16 Deckstationen wurden mit insgesamt 21 Hengsten beschickt. Sowohl die Zahl der Deckstationen als auch die der Hengste vergrößerte sich in den folgenden Jahren ständig. Bald waren es 27 Hengste auf 19 Deckstationen. Allerdings gehörten diese Tiere noch einer Vielzahl von Kaltblutschlägen an (Henniger 1948). Die große Organisation erforderte eine zentrale Zuchtbuchführung. Für die Hengste wurde eine Kartei geführt; für die Stuten galten Hauptstammbuch, Stammbuch und Vorbuch.

Auf Ausstellungen des Reichsnährstandes in Frankfurt und München schnitt das »Schwarzwälder Gebirgskaltblut« hervorragend ab. In Frankfurt errang der Hengst Nachbar 43 aus

Abb. 46. Schwarzwälder Kaltblutstute Rose 1959 (vierjährig).

St. Peter 1936 einen II. Preis. Dieser Hengst besaß viel Typ und einen korrekten Gang. Die Stute Berta erzielte einen IIa-Preis und ihre Tochter Hilde 892 einen I. Preis. Die Stute Elsa 825 und ihre Tochter Flora 839 konnten je einen II. Preis erringen. Zwei weitere Stuten wurden mit einem III. Preis bedacht. An der Eignungsprüfung für Zweispänner nahm ein Stutengespann mit gutem Erfolg teil. An der Dauerzugleistungsprüfung über 60 km nahm ein Gespann teil, das die Strecke mit 3 Tonnen Nutzlast in 7 h 19 min 12 sec zurücklegte.

1937 in München wurde der schon erwähnte Hengst Nachbar 43 mit einem Ia-Preis und der Hengst Max 60 mit einem II. Preis ausgezeichnet. Die Stute Hilda 892 bekam wiederum einen II. Preis; drei weitere Stuten erhielten einen Ia- bzw. einen Ib-Preis und einen II. Preis.

1947, also kurz nach dem Zweiten Weltkrieg, gab es 21 Hauptstammbuchstuten, 346 Stammbuchstuten und 390 Vorbuchstuten, die als Schwarzwälder bezeichnet werden konnten. Hinzu kamen in Baden zahlreiche Kaltblutstuten anderer Abstammung. Soweit die Herkunft bekannt war, handelte es sich vorwiegend um Oberländer, Pinzgauer und Rheinisch-Deutsches Kaltblut, im Einzelfall auch um dänisches, französisches und ungarisches Kaltblut. 1948 war die Zahl der Bezirksgruppen auf neun, die der Hengste auf 47 und die der Stuten auf 1083 angestiegen. Von den registrierten Stuten waren allerdings nur 756 (69,8%) Schwarzwälder. Die übrigen verteilten sich auf ungefähr 15 weitere Rassen bzw. waren unbekannter Abstammung. Sie alle gingen mehr oder weniger in die Zucht des Schwarzwälder Fuchses ein.

Die Tiere hatten damals folgende Durchschnittsmaße (cm):

	Hengste	Stammbuchstuten
Widerristhöhe	158,5	155,2
Brustumfang	201,1	193,6
Brusttiefe	75,8	71,4
Röhrbeinstärke	24,8	21,5

Das Gewicht der Hengste betrug im Mittel 686 kg, das der Stammbuchstuten 603 kg. Nach dem Zweiten Weltkrieg waren Schwarzwälder Kaltblutpferde nicht nur Füchse. Bei 773 entsprechend ausgewerteten Stuten ergab sich folgende Farbverteilung (Henniger 1948):

Farbe	Anzahl	Anteil in %
Füchse	554	71,7
Braune	153	19,8
Schimmel	39	5,1
Rappen	25	3,2
Schecken	1	0,1
Isabellen	1	0,1

Beliebt waren weiße Abzeichen und sehr helles Langhaar bei den Füchsen.

Beklagt wurden nach dem Zweiten Weltkrieg die schlechten Haltungsbedingungen und die frühe Nutzung. Schwarzwälder Füchse waren damals nur selten in eigenen Pferdestallungen untergebracht. Im allgemeinen wurde für sie ein Stand im Rinderstall abgetrennt. Die Tiere wurden oft schon als Zwei- oder Dreijährige zu schwerer Arbeit herangezogen. Schlechte körperliche Entwicklung und frühes Ausscheiden waren die Folge.

Abb. 47. Ländliche Reitergruppe auf Schwarzwälder Kaltblut am Pferdetag in St. Märgen 1957.

Nach 1954 wurde der Wert des alten »Wäldertyps« für die Bedingungen des Hochschwarzwaldes wieder erkannt und bestätigt. Man züchtete erneut in Richtung auf den alten Typus (Abb. 47). Bereits nach wenigen Jahren konsequenter Selektion konnte sich das Zuchtgebiet wieder mit eigenen Hengsten versorgen. Der Aufwärtstrend hielt bis Ende der 60er Jahre an. Dann kam es, bedingt durch die fortschreitende Technisierung in Land- und Forstwirtschaft, zu einem Stillstand der züchterischen Entwicklung. Das Pferd wurde auch in den Hanglagen des Hochschwarzwaldes immer mehr durch den Motor ersetzt. Die Folge war ein starker Rückgang der Deckziffern. Wurden im Jahr 1948 von 47 Hengsten noch weit über 1000 Stuten gedeckt, so waren 1975 nur noch fünf Hengste aufgestellt, denen 100 Stuten zum Decken zugeführt wurden (Tab. 14).

Durch den starken Rückgang der Deckziffern wurde die Auswahlmöglichkeit unter den Hengstanwärtern immer geringer, die Gefahr der Inzucht größer. Viele Fohlen wurden, da es sonst keine Abnehmer gab, über die nahe französische Grenze an Pferdemetzger verkauft. In Offenhausen wurde eine eigene Hengstaufzuchtstation eingerichtet, auf der alle Hengstanwärter nach sorgfältiger Auswahl zusammengefaßt und gemeinsam aufgezogen wurden. Von 1976 an erklärte sich das Land Baden-Württemberg bereit, jedem Züchter, der seine Stute mindestens drei Jahre zur Zucht nutzte, eine Beihilfe zu gewähren. Seitdem ist die Zahl der eingetragenen Stuten leicht, die der gedeckten Stuten sogar beträchtlich angestiegen.

Zuchtziel und Leistungsvermögen des Schwarzwälder Fuchses sind nur bei Betrachtung der geographischen und klimatischen Situation des Zuchtgebietes verständlich. Das eigentliche Zuchtgebiet beschränkt sich auf den südlichen Schwarzwald. Hauptzuchtgegend ist die Region um die Gemeinden St. Märgen und St. Peter. Es handelt sich bei diesem Gebiet um ein altes, von fast mediterranen bis zu subalpinen Verhältnissen aufsteigendes Gebirge vulkanischen Ursprungs. Die Böden sind kalkarm und wenig ertragreich. Die Jahresdurchschnittstemperaturen liegen im Zuchtgebiet zwischen 4,5 und 8,5 °C. Die Niederschlagsmenge beträgt 900–2300 mm pro Jahr, im Mittel liegt sie bei 1300 mm. Das Klima im südlichen Schwarzwald ist rauh. Die durchschnittliche Vegetationsdauer beträgt je nach Standort 175–230 Tage. Zwischen 100 und 150 Tagen im Jahr ist eine geschlossene Schneedecke anzutreffen. Solchen Verhältnissen ist nur ein robustes und anpassungsfähiges Pferd gewachsen.

Tab. 14: Entwicklung der Zucht der Schwarzwälder Füchse für das Gebiet des Badischen Pferdestammbuches Neustadt (bis 1978) bzw. die Verbandsabteilung Titisee-Neustadt (nach 1978).

Jahr	eingetragene Stuten	gedeckte Stuten	Stutbuchaufnahmen	aufgestellte Hengste	gebrannte Fohlen
1947	1234	1091	222	46	131
1950	966	584	111	45	128
1955	602	446	83	26	89
1960	495	288	48	19	89
1965	340	200	39	14	83
1970	246	141	20	10	62
1975	181	100	11	5	43
1980	163	135	25	6	49
1985	213	186	31	10	79
1988	215	238	26	8	91
1992	308	275	31	7	125

Die weitaus bedeutendsten von den acht Hengstlinien innerhalb der Schwarzwälder Füchse sind die M- und die D-Linie, die auf die Hengste Milan B 41 bzw. Deutschritter B 36 zurückgehen. Der Blutlinienbegründer Milan B 41, geboren 1927 in Osttirol, war der erste Noriker, der 1932 im Gestüt Schwaiganger in Oberbayern erworben wurde. Er war Pinzgauer, gehörte also dem schwereren Schlag des Norikers an. Sein Sohn Mittler B 65, geboren 1936 und gekört 1939, wurde der Stempelhengst der Zucht. Er wird als wertvoller Hengst beschrieben, der bis ins hohe Alter wegen seiner guten männlichen und weiblichen Nachzucht zur Zucht verwendet wurde und gut befruchtete. Sieben seiner Söhne und 55 Töchter wurden ins Zuchtbuch eingetragen. In der dritten Generation gingen bereits 22 Zuchthengste auf ihn zurück; insgesamt wurden es bis 1983 27 Stück. Heute gibt es kaum ein Wälderpferd, welches nicht Mittler B 65 über irgendeinen von dessen Söhnen oder Töchter im Stammbaum hat. Die M-Linie kennzeichnet den besten Charakter, Adel und Trockenheit. Durch die fortwährende Zucht auf diesen Hengst sank aber auch das Stockmaß z. T. auf unter 150 cm, während Mittler B 65 selber schon dreijährig 152 cm maß.

Nicht weniger Verbreitung als die M-Linie erreichte die D-Linie. Sie zeichnete sich durch Wuchs, Kaliber und Nerv aus (Frey 1984). Deutschritter B 36 war ein Fuchshengst belgischer Abstammung. Er wurde 1926 geboren und als Dreijähriger in Aachen gekauft. Mit einem Stockmaß von 157 cm war er überdurchschnittlich groß, im übrigen kurz, geschlossen und tief gebaut. Auf Deutschritter B 36 gehen drei Söhne und 91 Töchter zurück. Einer dieser Söhne, Deutscher B 61, mußte bereits nach fünf Jahren aus der Zucht ausscheiden, da sein Charakter nicht einwandfrei war. Die Linie über einen zweiten Sohn, Deutmar B 40, endete mit dem 1951 geborenen Hengst Deuter. Doch über Deutobert B 60, den dritten Sohn, hält

Abb. 48. Schwarzwälder Fuchs.

sich diese Linie, die in der 10. Generation noch in der Zucht steht. Insgesamt gingen bis 1983 20 Zuchthengste auf Deutschritter B 36 zurück. Weitere fünf Hengstlinien sind gegenwärtig nur schwach in der Zucht vertreten.

Durch Inzuchtdepression sind die Schwarzwälder Füchse im Verlaufe der letzten Jahrzehnte immer kleiner geworden. Der Einsatz weiterer Noriker birgt die Gefahr, das typische Rassebild des Schwarzwälders zu verfälschen. Frey (1984) spricht sich deshalb ausdrücklich für eine Reinzucht aus. Nur 1979 und 1983 wurde durch den Einsatz von zwei Freiberger Hengsten aus der Schweiz, die dem Schwarzwälder Fuchs im Rahmen entsprachen, gezielt frisches Blut in die Rasse gebracht. Sie vererbten ein verändertes Aussehen: Schienen und Fesseln waren für Kaltblut zu lang. Der Freiberger hat meist einen längeren und feineren Kopf sowie ein leichtes Fundament. Auffallend sind seine raumgreifenden, schwungvollen Gänge.

Bei Hengstleistungsprüfungen leisten die Schwarzwälder Füchse Hervorragendes. Diese Prüfung verfolgt den Zweck, Arbeitswilligkeit, Ausdauer, Charakter und Temperament eines Hengstes zu erkennen. Sie gilt als bestanden, wenn eine Strecke von 1000 m im Schritt in 12,5 min bei dreimaligem Anhalten durcheilt wird. Der Zugwiderstand beträgt 25% des Hengstgewichtes. Schwarzwälder Füchse übertrafen Noriker und Belgisches Kaltblut meist sehr deutlich. Die Spitzenleistung erreichte ein 610 kg schwerer Hengst, der die Strecke in 8,5 min zurücklegte.

Eine solche Leistung darf als Zeichen für Ausdauer sowie für Reaktionsgeschwindigkeit beim Anhalten und wieder Anziehen gewertet werden. Es wundert deshalb nicht, daß Schwarzwälder Füchse auch beim Holzrücken sehr leistungsfähig sind. In Baden-Württemberg werden daher auch Hunderte von Schwarzwälder Füchsen als Rückepferde eingesetzt. Pferde, die auf diese Weise genutzt werden, müssen wendig und stark sein und vor allem ihre Aufgabe rasch erfassen. Geeignet sind also bewegliche, intelligente Pferde, die zudem genügsam und robust sind.

In der Landwirtschaft des Schwarzwaldes werden die Füchse nur noch bedingt eingesetzt. Sie machen sich vorwiegend in der Grünlandbewirtschaftung nützlich (Wiesen abschleppen, eggen, striegeln). Von den Bauern werden für diese Art der Nutzung vor allem Verminderung des Bodendruckes, Bearbeitung steiler Hänge, Kosteneinsparung und einfache Handhabung genannt. Eine weitere Verwendungsmöglichkeit liegt in Fremdenverkehr und Kurbetrieb. Schwarzwälder Füchse sind hervorragende Kutsch- und Schlittenpferde, lassen sich aber auch gut reiten.

Seit 1949 findet ungefähr alle zwei Jahre in Sankt Märgen ein traditionelles Roßfest statt. Dieses Fest ist weitgehend ein Ereignis des Schwarzwälder Fuchses. Auf einem eindrucksvollen Festzug formieren sich Reiter, Festwagen, Trachtengruppen und Musikkapellen, denn dieses zentrale Ereignis des Schwarzwaldes ist gleichzeitig ein Heimat- und Volksfest. Es werden nicht nur Schwarzwälder Füchse prämiert, sondern Interessenten informieren sich auch über Kaufmöglichkeiten. Seit Ende der 80er Jahre nehmen am Roßtag so viele Pferde teil wie in der Zeit nach dem Zweiten Weltkrieg.

Der Schwarzwälder Fuchs soll sich durch Eleganz, Größe, Körperbau und Gang deutlich vom größeren Süddeutschen Kaltblutpferd abheben. Er besitzt einen feinen Kopf und einen kurzen, kräftigen und gut angesetzten Hals. Die Mittelhand ist kurz, die Kruppe breit. Das Fundament des Schwarzwälder Fuchses ist kräftig und trocken mit nur geringem Kötenbehang (Abb. 48). Angestrebt werden ein möglichst dunkles Kurzhaar und ein sehr helles Langhaar. Noch vor wenigen Jahren wurden Pferde mit Abzeichen abgelehnt, doch ist inzwischen die Toleranz gestiegen.

Die Population besteht gegenwärtig fast nur aus Füchsen unterschiedlicher Schattierung (vom Stichelfuchs bis zum Kohlfuchs). Bei ca. 70% der Stuten ist das Langhaar hell abgesetzt, bei ca. 30% weiß. Aus einer alten Schimmelfamilie gibt es noch eine Schimmelstute, daneben mehrere »Weißfuchsen«, d. h. Füchse mit viel Stichelhaaren. Unter den echten

Schwarzwälder Stuten sind nur vier Braune. Da 97,8% der 416 Stuten Füchse sind, entspricht die Farbe also dem Rassenamen: Schwarzwälder Fuchs (Brodauf 1992).

1986 wurde beschlossen, die Durchschnittsmaße der Hauptstammbuchstuten von 148,4 cm Widerristhöhe auf ca. 152 cm zu erhöhen. Es werden keine Stuten unter 148 cm mehr ins Hauptstammbuch aufgenommen. Die Entscheidung zeigt schon erste Ergebnisse. Die Widerristhöhe schwankt jetzt um 150 cm bei einem Brustumfang von ca. 200 cm. Auf diese Weise grenzt sich der Schwarzwälder Fuchs deutlich von den Konkurrenzrassen, dem kleineren Haflinger und dem größeren Süddeutschen Kaltblut, ab. Die durchschnittliche Widerristhöhe der Hengste liegt bei 153,2 cm, ihr Gewicht beträgt im Mittel 610 kg (Brodauf 1992). Als mittleres Maß wird bei Hengsten eine Widerristhöhe von 156 cm angestrebt.

Aufgrund des für Kaltblutpferde unüblich flotten Schrittes und Trabes und des hierdurch möglichen Einsatzes als Freizeitpferd kann die Nachfrage nach Schwarzwälder Füchsen von den gegenwärtig ca. 300 Stuten nur knapp gedeckt werden.

Noriker (Pinzgauer)

»Wir haben zu unserer Belustigung und und Recreation fuhrgenommen, ein Gestued in dem Pinzgau anrichten zu lassen«,

heißt es in einem Erlaß von 1565 des Erzbischofs Johann Jakob von Kuen. Dies ist einer der ersten Hinweise auf eine gezielte Pferdehaltung im Gebiet des Norikers, der von römischen Legionspferden abstammen soll. Ihren Namen verdankt diese Rasse der ehemaligen römischen Provinz Noricum, die sich mit dem jetzigen Zuchtgebiet nahezu deckt. Die erste Errichtung eines Gestüts erfolgte 1576 im Schloß Rief bei Hallein, dem rasch weitere in Nonnthal und Weitwörth folgten. Über den Typ der damaligen Hengste des bischöflichen Marstalls gibt noch heute die berühmte Pferdeschwemme in Salzburg Aufschluß. Die stilisierten Bilder zeigen Pferde mit Ramskopf, schwerem Körper, tief angesetztem Schweif und gespaltener Kruppe, also unverkennbar Kaltblutpferde.

Auch später waren die Salzburger Erzbischöfe eifrige Förderer der Pferdezucht. Der Gestütsbetrieb wurde ausgedehnt; bald wurden auch die Stuten der Bauern von erzbischöflichen Hengsten gedeckt, und von 1652 an standen in Saalfelden und Goldeck Beschäler, die rege zur Zucht herangezogen wurden. Das Gestüt behielt sich das Vorkaufsrecht an den Fohlen vor. Zur Hebung der Zucht wurden ab 1655 regelmäßige Stutenmusterungen abgehalten und auch strikte Ausfuhrverbote wurden erlassen.

Den bedeutendsten Markstein für die Norikerzucht setzte Erzbischof Ernst Graf Thun mit folgender 1688 erlassenen Anordnung:

a) Die inländischen Stuten dürfen nicht mehr durch aus dem Ausland stammende Beschäler belegt werden.
b) Zum Belegen dürfen nur Hofbeschäler verwendet werden.
c) Vom Staat dürfen nur Fohlen angekauft werden, die vom Hofbeschäler stammen.

Von da an wurden regelmäßig die besten Hengstjährlinge angekauft, um den Bedarf an Beschälern zu decken. Das Prinzip der Reinzucht in der Norikerzucht datiert also von 1688, nachdem vorher zur Verbesserung der Zucht auch spanisch-andalusische und neapolitanische Hengste eingekreuzt worden waren (Abb. 49). Die Zahl der Beschälstationen stieg, und die Hengste deckten z. T. auch im »Gau-

Pferde

Abb. 49. Pinzgauer Tiger um 1760. Man beachte außer der rassekennzeichnenden Scheckung die barocken Formen, die auf Vorfahren spanischer und neapolitanischer Abstammung schließen lassen.

ritt«, d. h. sie fanden im Umherziehen als Deckhengste Verwendung.

Da neben den Hofbeschälern auch private Hengste deckten, wurde 1703 von den Bischöfen angeordnet, daß der Gestütsmeierei Salzburg alle zum Beleggeschäft verwendeten Hengste vorgeführt werden mußten und von ihr eine Bescheinigung ihrer Brauchbarkeit erhalten sollten. Das ist offenbar die erste Körungsvorschrift für private Deckhengste. Infolge dieser Maßnahmen erreichte die Zucht einen hohen Stand, so daß der Noriker auch außerhalb seiner ursprünglichen Heimat als Beschäler sehr beliebt war.

In der Blütezeit der Zucht war den Bauern der ausgeübte Zwang plötzlich zuviel. Die hohen Kosten der Hofbeschäler erregten allgemeines Ärgernis. Nachdem bereits 1780 ohne Erfolg die Übergabe der Hofbeschäler in Privatpflege gefordert worden war, wurden die staatlichen Deckhengste ab 1788 doch auf Bauernhöfen untergebracht. Allerdings kamen schon sechs Jahre später die ersten Klagen über den Rückgang der Zucht und Nichtbeachtung der Vorschriften. Daraufhin wurde 1802, also gegen Ende der erzbischöflichen Regierungszeit, eine neue, strengere Körordnung herausgegeben. Erst diese Vorschrift kann tatsächlich als eine für die bäuerliche Pferdezucht nützliche Maßnahme bezeichnet werden. Dagegen hatten alle früheren Erlasse zum Ziel, dem bischöflichen Marstall möglichst billig geeignete Reit- und Wagenpferde zu beschaffen. Dies geschah zum Teil durch Anpaarung mit neapolitanischen und andalusischen Warmblutpferden. Wie aus verschiedenen Eingaben hervorgeht, hatten die Pferdezüchter unter den Bauern aber bald erkannt, daß die Einkreuzung von Warmblut für das Gebirge nicht günstig war. Diese Pferde waren nicht nur für das schwierige Gelände zu temperamentvoll, sondern benötigten auch ein besonders gehaltvolles Futter; außerdem ließ die Fruchtbarkeit zu wünschen übrig. Für die Landwirtschaft waren die herkömmlichen Arbeitspferde besser geeignet als die nach den Vorstellungen der Erzbischöfe höher im Blut stehenden Pferde.

Ab 1803 lenkte dann der weltliche Landesfürst die Landespferdezucht in die richtigen Bahnen und sorgte für ihre weitere Verbesserung. Doch mit der französischen Invasion 1809 wurde der Pferdebestand stark dezimiert, da die Franzosen einen großen Teil der besten Pferde mitnahmen. Insbesondere der Mangel an Zuchthengsten zwang die kaiserliche Regierung, Deckstationen mit schweren Hengsten im Pinzgau einzurichten. Die Regierung zahlte Prämien für gute Zuchtprodukte und unterstützte den Kauf von Privathengsten. 1834 griff man aus Mangel an geeigneten Norikerhengsten vorübergehend auf Burgunderhengste zurück. Mit dieser Maßnahme wurden zugleich Nerv und Adel des Norikers positiv beeinflußt.

Viele süddeutsche Pferdehändler erwarben zu dieser Zeit Norikerhengste für die Zucht in ihrer Heimat. Die hierdurch bedingte Minderung des ohnehin geringen Bestandes führte 1840 zu einem Ausfuhrverbot, da andernfalls nicht genügend Deckhengste im Land zur Verfügung gestanden hätten. Daraufhin stieg auch die Zahl der Privatbeschäler wieder an. Verstärkt wurde diese Tendenz dadurch, daß der Staat jährlich 20–30 Hengstjährlinge von den Bauern aufkaufte, die dann in dem noch heute bestehenden Fohlenhof Ossiach in Kärnten großgezogen wurden. Bald hatten auch die Bauern wieder genügend eigene Hengste zur Verfügung, um die Zucht eigenständig weiterführen zu können. Die Zahl der staatlichen Stationen nahm daraufhin wieder ab, und von 1862–1867 stand im Land Salzburg kein einziger staatlicher Hengst mehr.

Die reine Privathengsthaltung hatte erneut einen so starken Rückgang der Norikerzucht zur Folge, daß Abhilfe durch Reglementierung des Privatbeschälwesens und Ankauf von Staatsbeschälern geschaffen werden mußte. Durch Ministerialverordnung wurde 1866 bestimmt, daß Privatbeschäler durch eine Kommission auf Zuchttauglichkeit und Gesundheit untersucht werden mußten. Darüber hinaus schrieb man Begrenzung des Deckbezirks, Gauritt, Untersuchung während der Deckzeit, Führung eines Deckregisters und Kennzeichnung der Hengste vor. Im Verlaufe der Jahre wurden diese Vorschriften ergänzt, die 1885 in eine Körvorschrift für das Herzogtum Salzburg einmündeten. Deren wichtigste Bestimmungen waren:

- Beantragung einer Lizenz für den Hengst vor der Deckperiode.
- In der Lizenz wurde festgelegt, an welchem Standort der Hengst zum Decken eingesetzt werden darf.
- Bestellung einer Körkommission durch die Landesregierung.
- Bei jeder Körung mußte ein Tierarzt anwesend sein.
- Es durften nur Hengste der reinen Pinzgauer Rasse gekört werden.
- Der wilde Gauritt wurde verboten.
- Jeder lizenzierte Hengst mußte während der Deckzeit einmal im Monat durch einen von der Landesregierung zu bestimmenden Tierarzt untersucht werden.
- Verstöße gegen das Körgesetz wurden bestraft.

Anlaß für das neue Körgesetz waren vorausgegangene Versuche, den Noriker durch fremdes Blut zu verbessern: Ein Yorkshire-Schimmelhengst war angeschafft worden; 1870 kamen zwei Clydesdale-Hengste und 1884 ein Belgischer Hengst. Man wollte mit diesen Einkreuzungen Fehler des Norikers wie mangelhafte Stellung der Extremitäten, Senkrücken, schlechte Hufe und mangelhaften Gang beseitigen. Alle Hengste wurden aber nur ein Jahr zur Zucht verwendet, da ihre Nachkommen in jeder Hinsicht unbrauchbar waren. Insbesondere konnte man sie nur auf Weiden mit leichtem Gefälle bringen; im Gebirge waren sie nicht zu verwenden. Zu dieser Auffassung kam auch Schwarzecker (1902). Er vermutete, daß es besser sei, ohne Einkreuzung mit den besten eigenen Hengsten zu züchten. Ab 1884 wurde ausschließlich das Ziel verfolgt, eine weitere Verbesserung durch Reinzucht bei strenger Zuchtwahl der Hengste zu erreichen (Abb. 50).

Ein bedeutender Schritt vorwärts wurde durch die Gründung von zwölf Pferdezuchtgenossenschaften in den Jahren 1897 und 1898 getan. Sinn dieses Zusammenschlusses war »die Hebung und Förderung der Pinzgauer Pferdezucht im allgemeinen, namentlich aber die Hebung und Förderung der Reinzucht des Norischen Pferdes, dokumentiert durch die Führung eines Stutengrundbuches und eines Hengstenregisters«. Ziele der Genossenschaften waren Reinzucht und Veredelung des Norischen Pferdes. Dieses Zuchtziel versuchten die Genossenschaften durch folgende Richtlinien zu erreichen:

- Richtige und sorgfältige Auswahl der Zuchttiere, um die Norische Rasse rein zu erhalten und um sie aus sich selbst verbessern und fördern zu können.
- Einführung der Stuten- und Hengstengrundbücher, aus denen die Abstammung, die Nachkommenschaft und die Beschaffenheit der Tiere zu entnehmen ist.
- Beschaffung nur reinrassiger, lizenzierter Hengste verläßlicher Abstammung sowie mit vorzüglichen Körperformen und Gängen.
- Kontrolle und Beglaubigung der für die Eintragungen in die Grundbücher gelieferten Angaben.
- Bestreben, die besten Mutterstuten der Genossenschaft zu erhalten.
- Ausscheiden der für Zuchtzwecke nicht geeigneten Tiere.
- Veranstaltung von Genossenschaftsschauen und Beteiligung an größeren Pferde- und Tierschauen des In- und Auslands.
- Erteilung von Auskünften an auswärtige Interessenten und Käufer; Führung von Listen über verkäufliche Pferde; redliche und anständige Reklame sowie Förderung des direkten Absatzes.
- Kennzeichnung der in das Grundbuch aufgenommenen Stuten und Hengste mit den hierfür festgesetzten Brandzeichen.
- Belehrung über Zucht, Aufzucht und Haltung der Zuchttiere.

Schon wenige Jahre später wurde der Band I des Gestütbuches vom Verband der Pinzgauer Pferdezuchtvereine des Landes Salzburg herausgegeben. Er registrierte im Jahre 1903

Noriker (Pinzgauer)

135 Hengste und 1081 Stuten. Die in die Stutbücher aufgenommenen Stuten erhielten auf die linke Schulter das Brandzeichen mit dem Buchstaben P sowie einer Zahl, die die Nummer der Genossenschaft angab. Bereits 1906 wurde der Band II des Gestütbuches angelegt, in welchem 176 Hengste und 1256 Hauptstammbuchstuten registriert waren. Fortgesetzt wurde diese Reihe erst 1928.

Ende des 19. Jahrhunderts zeichnet Schwarznecker kein sehr positives Bild von der Rasse. Seiner Ansicht nach hatten diese Pferde gewöhnlich ziemlich gerade, aber grobe, fleischige Köpfe mit kleinen Augen. Der Hals war kurz und verlor sich unmerklich in dem niedrigen Widerrist. Die Schultern waren steil und weit nach vorn gelagert; der Rücken tief, der Rumpf breit, wenn auch zuweilen etwas lang. Die Kruppe war gespalten und abgeschlagen (Abb. 51). Die Beine waren im ganzen kräftig mit ziemlich normalem Fesselwinkel, die Hufe breit, aber doch nicht bröcklig. Das Stockmaß betrug damals 165–170 cm. Die beliebtesten Farben waren Tigerschecken, Schabrackenschecken (Braune oder Rappen mit großen weißen Flecken auf beiden Seiten der Kruppe) und Mohrenschimmel, während Braune oder Füchse selten vorkamen. Die Tiere nutzten sich nach Aussage von Fachleuten rasch ab und alterten früh.

Im Ersten Weltkrieg wurden die guten Zuchtstuten geschont; dies soll ein Gönner im Kriegsministerium bewirkt haben. Nach dem Ende des Krieges begannen als erste die Züchter in Pinzgau, Pongau und Umgau mit dem Wiederaufbau der Zucht.

Schon 1922 wurden zwei weitere Pferdezuchtgenossenschaften gegründet und 1925 schlossen sich die 14 damals bestehenden Genossenschaften zum »Verband der Pinzgauer Pferdezuchtgenossenschaften des Landes Salzburg« zusammen.

Der Höhepunkt zu jener Zeit war 1927 die Gründung des österreichisch-bayerischen Verbandes für norische Pferdezucht, der sämtliche Noriker-Zuchtorganisationen in Österreich und Bayern umfaßte. Der Austausch von Pferden intensivierte sich in den folgenden Jahren. Seinen Höhepunkt hatte er in der Zeit der Angliederung Österreichs an das Deutsche Reich.

Nach dem Zweiten Weltkrieg hatte die Norikerzucht bis 1950 eine kurze Blütezeit. Von da an kam es mit zunehmender Mechanisierung und Technisierung in Land- und Forstwirtschaft sowie beim Gütertransport zu einem ständigen Abbau der Pferdebestände, insbesondere der Kaltblutrassen. Die Verantwortlichen sahen es als ihre Aufgabe an, in jener schwierigen Zeit des Rückgangs das beste Stuten- und Hengstmaterial des Hauptzuchtgebietes zu erhalten, damit nicht mit dem zahlenmäßigen Rückgang ein Qualitätsverlust einhergehe. So konnte unter umsichtiger Verbandsführung, verbunden mit verständnisvoller Züchterarbeit, ein wertvoller Restbestand erhalten werden. Im Vergleich mit anderen Rassen konnte der Noriker sich dennoch gut behaupten und dem Konkurrenzdruck der Sportpferderassen zumindest in seinem Stammzuchtgebiet standhalten, ohne in besonderer Weise gefördert zu werden. Erst Mitte der 60er Jahre erwachte das Interesse am Noriker erneut, und man baute die Zucht mit Hilfe des Staates wieder aus.

Ursprünglich waren die Noriker zumeist Braune in allen Abstufungen. Durch die Verwendung mediterraner Rassen traten ungewöhnliche Färbungen wie Isabellen, Schecken und die noch heute vorkommenden »Tiger« und »Mohrenköpfe« auf. Auch die jetzt noch vorhandenen Braun-, Rot- und Blauschimmelfarben sind durch solche Einkreuzungen zu erklären.

Nach dem Ersten Weltkrieg wurde der Noriker folgendermaßen beschrieben:
»Der Kopf ist meist lang und keilförmig. Gelegentlich kommen Ramsköpfe vor. Die gutmütigen Augen sind meist mäßig groß. Die Länge des gut aufgesetzten Halses ist unterschiedlich. Die Mähne ist lang und dicht; sie fällt zu beiden Seiten des Halses herab. Der Rumpf ist tief und breit, der Widerrist kurz und nicht sehr ausgeprägt. Der Rücken ist lang, mit einer Neigung zum Senkrücken bei zu früher Arbeitsbenutzung und schlechten Haltungsbedingungen. Der Schluß

Abb. 50. Pinzgauer Tigerschecke 1884.

ist meist gut. Die Kruppe ist tief gespalten, mäßig lang und abschüssig. Der Schweif ist dicht behaart und lang. Die Vorderbrust ist breit, läßt aber in der Herzgegend öfters zu wünschen übrig. Die Vorderbeine sind meist kräftig entwickelt, mit guten Gelenken. Die Hinterschenkel sind oft mäßig behost, die Sprunggelenke oft etwas flach. Kuhhessige und säbelbeinige Stellung ist in den alpinen Zuchtgebieten häufig anzutreffen. Die Fesseln sind von mittlerer Länge, die Köten mehr oder weniger stark behaart. Die Hufe sind gut und hart. Der Gang ist sehr fördernd, der Trab leicht und anhaltend.«

Man war allerdings damals schon der Überzeugung, daß manches, was dem Noriker als Exterieurfehler angerechnet wurde, durch die besonderen Verhältnisse seiner Heimat bedingt war.

Es wäre verkehrt gewesen, diesem Gebirgspferd Eigenschaften eines Niederungspferdes anzüchten zu wollen. So kann zum Beispiel eine säbelartige Stellung der Hintergliedmaßen einem Pferd, das große Leistungen im Gebirge vollbringen soll, nützlich sein.

Um 1930 waren die Noriker überwiegend Braune; auch Füchse sah man oft. Die früher sehr verbreiteten Tiger und Schecken waren nur noch in wenigen Exemplaren vertreten.

Hauptzuchtgebiet des Norikers war von jeher das Bundesland Salzburg. 1880 gab es allein hier 11 050, 1890 gar 11 310 Noriker, »zum größten Teil dem schwersten Arbeitsschlage angehörig« (Schwarznecker 1902). Doch auch in anderen Gebieten Österreichs und des benachbarten Auslands züchtete man Noriker. In Kärnten waren 1868 ungefähr 60 Warmbluthengste sowie 47 Norikerhengste im Deckeinsatz. Bis ins Jahr 1880 dominierte dort das Warmblut, doch schon 1891 gab es in Kärnten 88 Norikerhengste und nur noch 41 Warmbluthengste.

Noriker (Pinzgauer)

Abb. 51. Noriker Anfang des 20. Jahrhunderts.

In Oberkärnten wurde der Noriker damals rein gezüchtet, im übrigen Kärnten setzte man belgische und britische Kaltbluthengste als Beschäler ein. Ähnlich entwickelte sich die Zucht in der Steiermark und in Oberösterreich. Die an das Land Salzburg angrenzenden Gebiete züchteten den Noriker rein, in den übrigen Gebieten der beiden Bundesländer wurde der Noriker mit belgischen und britischen Hengsten gekreuzt. Im Norden Tirols war ursprünglich der Noriker heimisch, während in den pferdezüchtenden Gegenden des Südens der Haflinger gehalten wurde. Mitte des 19. Jahrhunderts machten die Tiroler Norikerzüchter den Fehler, kleine norische Stuten mit orientalischen Hengsten zu kreuzen. Außerdem führten die Tiroler, ebenso wie ihre Nachbarländer, Belgier in ihr Zuchtgebiet ein. Von diesen Fehlentscheidungen konnte sich die Norikerzucht erst zu Beginn des 20. Jahrhunderts erholen, als gekörte Norikerhengste aus Salzburg geholt wurden. In den übrigen Gebieten Österreichs bestanden im 19. Jahrhundert mehr oder weniger ausgedehnte Mischzuchten, die aber alle nicht die Qualitäten des reingezüchteten Salzburger Norikers erreichten.

Seit 1920 bestand südlich von München im staatlichen Gestüt Schwaiganger eine eigene Zuchtstätte für die beiden norischen Zuchtrichtungen Pinzgauer und Oberländer. Diese Jahreszahl markiert den Beginn der Reinzucht des Norikers in Bayern. Es wurden wie in Österreich Züchtervereinigungen gegründet, die als Zuchtziel den Noriker leichter (Oberländer) oder schwerer Form (Pinzgauer) hatten. Die in das Stutbuch eingetragenen norischen Stuten wurden in Bayern im Gegensatz zu Österreich auf dem linken Hinterschenkel gebrannt. Dies geschah mit dem Buchstaben N und einer Nummer, die den Zuchtbezirk angab.

Abb. 52.
Der Hengst Marzon-Nero VII 1950 als Zweijähriger.

Abb. 53.
Noriker Fuchshengst Oase-Nero VIII, 1958.

Eine Besonderheit des Hauptzuchtgebietes in Österreich ist der Abtenauer Schlag. Diese kleinste Variante der ursprünglich sechs Norikertypen findet man in der Abtenau, einem hochgelegenen Tal ca. 60 km südöstlich von Salzburg. Der Abtenauer ist auch jetzt kleiner als die übrigen Noriker, sowie sehr tief und breit (Abb. 54). Schon die ersten Stuten, die 1898 im Vereinsregister des Abtenauer Pferdezuchtverbandes eingetragen wurden, zeigten die typischen Abtenauer Maße. Die Eigenständigkeit, die sich dieser Norikerschlag durch die Abgeschlossenheit seines Zuchtgebietes erhielt, ist seit annähernd 200 Jahren belegt. Seine geringe Größe wird mit den dürftigen Ernährungsbedingungen und dem Mangel an bestimmten Substanzen und Spurenelementen im Boden erklärt.

Da seit langer Zeit kein Hengst aus der eigenen Zucht den Anforderungen eines Beschälers genügen konnte, wurden bei den Abtenauern kleine Noriker aus anderen Zuchtgebieten eingesetzt. In diesen sind die nur dem Abtenauer eigenen Besonderheiten nicht genetisch verankert.

Die Zucht des österreichischen Norikers basiert derzeit auf fünf Blutlinien:

Die Vulkan-Linie stellt sehr typische, schwere Pferde mit derbem Adel, etwas langem, geramsten Kopf, guter Halsung, guter Oberlinie, viel Rahmen und kräftigem Fundament bei guten Gängen dar. Sie haben einen guten Charakter und sind frühreif. Ihren Namen bekam die Linie von dem 1887 geborenen braunen Hengst Vulkan. Seine Nachkommen haben, als durchschlagende Vererber im Hauptzuchtgebiet eingesetzt, dazu beigetragen, daß diese Blutlinie heute einen Anteil von über 50% innerhalb der Rasse besitzt (Tab. 15).

Die Nero-Linie wurde ebenfalls schon im 19. Jahrhundert begründet, und zwar von dem braunen Hengst Optimus. Dieser hatte sechs gekörte Söhne. Die Nero-Pferde sind gut gewachsene, elegante, kräftige und figurale Pferde mit gutem Fundament und meist sehr gutem Gangvermögen. Sie werden von den Bauern als durchwegs fleißige Pferde beschrieben. Die Hengste sind eifrige, typvolle und wuchtige Beschäler.

Die Diamant-Linie ist ein eher leichterer, sehr typischer Schlag. Trocken und drahtig mit strengen Kopflinien und guten Proportionen. Ein feuriges, lebhaftes Auge hat angeblich zu dem Namen »Diamant« geführt. Die Pferde dieser Linie sind schön und willig, aber etwas anspruchsvoll in Behandlung und Pflege. Der 1903 geborene Linienbegründer Diamant war ein Brauner.

Die Elmar-Linie ist die einzige Tiger-Linie und hat auch andalusisches Blut in den Adern. Es sind durchwegs schnittige, edle und temperamentvolle Pferde mit trockenem Kopf und feinem Fundament; wenig Breite und Tiefe sowie kurzer Rippe, aber guten Leistungsanlagen und zäher Konstitution. Linienbegründer war Achat-Elmar IV. Die Tigerpferdezucht ist im Hauptzuchtgebiet auf einige Zuchtinseln beschränkt.

Die Schaunitz-Linie ist die anteilmäßig kleinste und stammt aus Kärnten. Sie ist eine mittelrahmige, mäßig tiefe und breite Linie, deren Begründer der Hengst Schaunitz war. Die Schaunitz-Pferde sind harte und gute Arbeitspferde, schnell und temperamentvoll. Bei zu starker Blutführung sind sie teilweise empfindlich und schwer zu behandeln. Die Schaunitz-Linie ist vom Aussterben bedroht. Während sie 1970 immerhin noch acht Deckhengste stellte, gab es 1984 nur noch zwei Beschäler dieser Linie. Glücklicherweise gelang in den letzten Jahren die Aufzucht einiger verheißungsvoller Junghengste, so daß der Fortbestand dieser Blutlinie in den nächsten Jahren gesichert sein dürfte.

Einige weitere wertvolle Blutlinien sind infolge der Wirren des Ersten und Zweiten Weltkriegs und aufgrund verfehlter Zuchtlenkung ausgestorben. Die bekannteste und älteste erloschene Blutlinie war die Steffel-Konstanz-Linie, deren Begründer 1870 geboren wurde.

Noch nach dem Zweiten Weltkrieg betrug in Österreich der Anteil der in der Landwirtschaft gehaltenen Pferde ca. 96%. Pferdebestand und Deckziffern nahmen jedoch nach 1950 ständig ab (Hammond et al. 1961). Durch die Betriebsstruktur der Landwirtschaft hatte der Noriker in diesem Land neben dem Traktor immer noch seine Daseinsberechtigung. Um 1960 waren 82,5% aller österreichischen Pferde Noriker.

Angestrebt wurde in der Nachkriegszeit ein mittelschweres, nicht zu großes, tiefes und hartes Arbeitspferd mit bestem Fundament und raumgreifenden Bewegungen. Man war bemüht, die etwas schweren Ramsköpfe und die Stellung der Hinterbeine zu verbessern. Der vielfach etwas lange Rücken war für die Arbeit in den Bergen zweckmäßig. Die Widerristhöhe betrug in den 50er Jahren 156–160 cm, der Röhrbeinumfang 22–24 cm und das Körpergewicht 600–700 kg. Die Hälfte aller Pferde waren Braune; auch Füchse kamen häufig vor (Abb. 53). Die früher für den Noriker typischen Tigerschecken gab es kaum noch.

Leistungsprüfungen wurden nach dem »Reglement für die Durchführung von Leistungsprüfungen bei norischen Zuchtpferden« abgehalten. Sie bestanden aus einer Zugleistungsprüfung mit gleichbleibendem Zugwiderstand über 1500 m, einer Zugwilligkeitsprüfung, einer Schrittprüfung über 500 m und Trabprüfung über 1000 m. Die Durchführung der Leistungsprüfungen oblag den Züchterverbänden.

1968 gab es in Österreich noch 34 510 Noriker. Zehn Jahre später hatte sich ihre Zahl auf 9599 verringert. Nach dem rapiden Rückgang

Tab. 15: Anteil der einzelnen Blutlinien des Norikers am Deckhengstbestand in Österreich.

Jahr	Linie									
	Vulkan		Nero		Diamant		Elmar		Schaunitz	
	Anzahl	%	Anzahl	%	Anzahl	%	Anzahl	%	Anzahl	%
1959	194	54	82	23	70	20	8	2	2	1
1970	75	49	46	30	21	14	4	3	8	5
1975	72	56	32	25	13	10	7	5	5	4
1980	62	55	25	22	10	10	12	11	3	3
1984	62	58	17	16	15	14	10	9	2	1

Pferde

Abb. 54. Abtenauer, eine spezielle Zuchtrichtung des Norikers.

Abb. 55. Tigerschecken sind auch heute noch eine typische Färbung des Norikers.

Noriker (Pinzgauer)

Abb. 56.
Eine seltene jedoch für den Noriker typische Färbung: der »Mohrenkopf«.

der Zucht in den 60er und 70er Jahren kam es in den letzten Jahren zu einer Stabilisierung und sogar zu einem leichten Anstieg der Population. Die Zuchtstutenbestände wurden ausgebaut und die Zahl der Belegungen stieg (Tab. 16). Zur Verbesserung der Absatzchancen wird in Österreich eine Exportförderung gezahlt, die 1986 bei 1000 Schilling (ca. 143 DM) lag.

Tab. 16: Deckhengste und Belegungen beim Noriker in Österreich 1980–1988.

Jahr	Hengste	Belegungen
1980	113	2699
1981	110	2869
1982	108	2724
1983	107	2681
1984	106	2806
1985	105	2769
1986	109	2782
1987	105	2836
1988	115	2969

Für die Eintragung von Stuten in das Stutbuch sind dreijährige und ältere Stuten zugelassen. Sechsjährige und ältere Stuten müssen mindestens einmal gefohlt haben. Das Aufnahmeprotokoll muß folgendes beinhalten:
• Züchter, Aufzüchter, Besitzer und gegebenenfalls Besitzerwechsel.
• Stutbuchnummer, Name, Geburtsdatum, Farbe, Abzeichen, Brandzeichen, Eintragungsdatum.
• Widerristhöhe (Stock- und Bandmaß), Brustumfang und Röhrbeinumfang.
• Drei Vorfahrensgenerationen mit Angabe des Namens und der Zuchtbuchnummer, einschließlich der Leistungsabzeichen nach den Bestimmungen der österreichischen Arbeitsgemeinschaften.
• Bewertung: Typ, Exterieur und Bewegung.

Diese Beurteilung erfolgt nach dem Beurteilungsschema der österreichischen Leistungsprüfungsordnung, das insgesamt bis zu 100 Punkte vorsieht. Die Bewertung gliedert sich in 10 Kriterien (Typ, Kopf, Hals, Vorhand,

Mittelhand, Hinterhand, Vorder- und Hintergliedmaßen, Korrektheit des Ganges sowie Raumgriff), für die jeweils 1–10 Punkte vergeben werden. Erhält das Pferd in einem Kriterium nur vier Punkte, so ist die Aufnahme in Frage gestellt. Bei weniger als 60 Gesamtpunkten kann die Stute nicht in das Stutbuch aufgenommen werden.

In Deutschland ist der Noriker regelmäßig auf der Equitana in Essen sowie der Euro-Cheval in Offenburg vertreten.

Kennzeichen
Mittelschweres Kaltblutpferd mit viel Adel, harmonischen Breiten- und Tiefenmaßen, trokkenen, genügend starken Knochen und Gelenken. Korrektes Fundament. Folgende Maße werden als Norm angesehen:

Der Kopf soll trocken und gerade sein, mit breiten Ganaschen, lebhaften Augen und mittelgroßen Ohren. Der Hals soll breit und gut angesetzt, von mittlerer Länge und trockener Bemuskelung sein. Der Widerrist ist meist kurz und wenig ausgeprägt. Wichtig ist ein genügend langer, fester, gut bemuskelter Rücken, guter Lendenschluß und eine gut ausgebaute, breite Kruppe mit leichter Neigung, die mit einer langen Schenkelmuskulatur eine starke Kraftentfaltung im Zug ergibt. Auf eine tiefe Spaltung der Kruppe wird Wert gelegt. Der Schweif ist tief angesetzt. Die Brust muß tief und breit sein. Der Brustumfang soll um mindestens 25 cm stärker sein als das Widerristbandmaß. Die Schulter ist lang und tief gelagert, um raumgreifende Gänge zu ermöglichen. Das Fundament ist kräftig mit starken Schienen und breiten, trokkenen Gelenken ohne gravierende Stellungsfehler. Die Röhrbeinstärke soll bei Stuten 22–24 cm, bei Hengsten 23–26 cm betragen, wobei man heute aufgrund der schlechten Erfahrungen mit zu starkem Knochenwachstum eher das feinere Fundament bevorzugt.

	Hengst	Stute
Widerristhöhe (cm)	157	154
Gewicht (kg)	750	650–680

Der Abtenauer besitzt eine im Durchschnitt 5,5 cm geringere Widerristhöhe, der Brustumfang ist um ca. 6 cm geringer und die Röhrbeinstärke um 0,9 cm schwächer. Er ist zierlicher, gedrungener und besitzt die geschlossenere Form. Das Gewicht ist mit 570–680 kg etwas geringer als das der übrigen Norikerschläge.

Je ca. 30% der Noriker sind Rappen, Braune und Füchse. Die übrigen 10% nehmen zu ungefähr gleichen Teilen Tiger (Abb. 55) und Blauschimmel ein. Die gelegentlich vorkommenden Blauschimmel mit schwarzem Kopf werden als »Mohrenköpfe« bezeichnet (Abb. 56). Vor einiger Zeit stellte man fest, daß der Abtenauer durch die Einkreuzung kleiner Noriker immer kleiner wurde. Seitdem setzt man vermehrt größere Hengste ein. Im Gegensatz zu den übrigen Norikern sind Abtenauer sehr häufig Rappen; es kommen nie Tigerschecken vor.

Leistung
Gute Gänge, verbunden mit viel Gleichgewichtsgefühl und Trittsicherheit. Gutes Steigvermögen. Wendig. Große Zugwilligkeit. Fleißig. Ruhiges Temperament. Nerv und Ausdauer. Robust. Die Fruchtbarkeit läßt zur Zeit etwas zu wünschen übrig.

Durch das steigende ökologische Bewußtsein wird in letzter Zeit auch die Verwendung des Pferdes in den alpinen Regionen und in der Forstwirtschaft verstärkt. Der Noriker ist für solche Einsätze bei der Bewirtschaftung von Steilflächen und der Waldnutzung gut geeignet. Er hat aber auch seine Eignung als Gespannpferd für Schlitten- und Kutschenfahrten in den Fremdenverkehrsgebieten und als vielseitiges Freizeitpferd unter Beweis gestellt.

Gegenwärtige Verbreitung
Österreich, Deutschland, Pakistan. Der Noriker hat von allen europäischen Kaltblutrassen das größte geschlossene Zuchtgebiet.

Anzahl noch vorhandener Tiere
Ca. 7500. Davon 3000 Hauptstammbuchstuten und etwa 120 Deckhengste. Der Noriker ist lange von fremdem Blut unbeeinflußt geblieben.

Rinder

Bei dieser Tierart gibt es drei Nutzungsrichtungen: Fleisch, Milch und Arbeit. Rassen, die vorwiegend zur Arbeit herangezogen werden, kommen in Mitteleuropa nicht mehr vor. Sie wurden mit zunehmender Technisierung in der ersten Hälfte des 20. Jahrhunderts umgezüchtet oder starben aus. Bei den in den deutschsprachigen Ländern bodenständigen Rindertypen handelt es sich ausschließlich um Zweinutzungsrassen, die sowohl der Milch als auch des Fleisches wegen gehalten werden. Im allgemeinen steht die Milch- oder die Fleischleistung im Vordergrund. Man spricht dann von milch- bzw. fleischbetonter Zweinutzungsrasse. Es gibt aber auch Rassen mit gleicher Betonung von Milch- und Fleischleistung.

Das Zuchtziel kann sich bei veränderten wirtschaftlichen Voraussetzungen wandeln. Innerhalb von einem oder zwei Jahrzehnten kann aus einer milch- eine fleischbetonte Rasse werden; im allgemeinen war es in den letzten Jahren jedoch umgekehrt. Etliche Rassen, die bei uns Zweinutzungsrassen, ja sogar milchbetonte Zweinutzungsrassen sind, werden in anderen Ländern in Mutterkuhherden gehalten und nicht gemolken. Sie gelten also als Fleischrassen. Bei dieser Änderung des Zuchtziels ist es nicht verwunderlich, daß diese Tiere – gewollt oder unbewußt – auf mehr Fleisch und weniger Milch selektiert werden. Es ist zu erwarten, daß solche Rinder schon nach einigen Generationen einem anderen Typ entsprechen, auch wenn der Name sich nicht geändert hat. Für unsere einheimische Zucht sind derartige Rinder kaum noch geeignet. Anders ausgedrückt: eine Rasse kann bei uns gefährdet sein, auch wenn weltweit noch große Tierzahlen vorhanden sind.

In Süd- und Osteuropa sowie in weiten Teilen der übrigen Welt wird ein erheblicher Teil der in der Landwirtschaft anfallenden Arbeit durch Rinder erledigt. Außerhalb der Industriestaaten, auch in Schwellenländern, sind Rinder bei der Bodenbearbeitung oder im Transportsystem ein übliches Bild. Angepaßte Rassen leisten dabei nahezu ebenso viel wie Pferde. Sie sind stark, schnell und arbeitswillig (Abb. 57).

Bodenständige Landrassen im eigentlichen Sinne gibt es in Mitteleuropa nicht mehr. Die Fleisch- und Milchleistung auch der weniger produktbetonten Rassen geht weit über die von Landrassen hinaus. Dennoch haben sie gegenüber den Hochleistungsrassen meist deutliche Vorteile:
- Robustheit
- Anspruchslosigkeit
- harte Klauen
- gute Fruchtbarkeit und
- geringere Anfälligkeit für Eutererkrankungen

Trotzdem sind diese Rassen gefährdet. Das liegt daran, daß lange Zeit vorwiegend auf Produktmenge geachtet wurde. Tägliche Zunahmen der Masttiere sowie Milchmenge der Kühe waren die wesentlichen Kriterien der Zucht. Schwer faßbare Eigenschaften wie geringere Krankheitsanfälligkeit und Langlebigkeit wurden kaum beachtet. Sie werden erst in den letzten Jahren bei den üblichen Rassen berücksichtigt und damit allgemein anerkannt. Nicht unwesentlich in diesem Zusammenhang ist, daß man sich auch in der Gentechnik auf die guten Eigenschaften gefährdeter Rassen besinnt. Die Biotechnologie will die für günstige Eigenschaften verantwortlichen Gene auf die üblichen Wirtschaftsrassen übertragen und diese damit weniger anfällig machen.

Robustheit und Anspruchslosigkeit müssen relativ gesehen werden. Sie bedeuten nicht, daß diese Rassen wie Wildtiere behandelt werden können. Selbstverständlich brauchen auch diese Rinder im Winter Schutz vor Kälte, schar-

Rinder

fem Wind und Nässe. Fraglos benötigen sie auch im Sommer bei sengender Hitze einen Schattenplatz. Ohne Witterungsschutz kann man auch solche Rassen nicht halten.

Weltweit gibt es ca. 500 Rinderrassen. Ihre Zahl läßt sich nicht genau angeben, weil nahverwandte Rassen in benachbarten Regionen oft unterschiedliche Namen haben oder deutlich verschiedene Rassen in verschiedenen Ländern gleich benannt werden.

In den Industrieländern konzentriert sich die Rinderhaltung auf wenige Rassen. Die meisten anderen Rassen, es sind nicht nur Landrassen, umfassen nur noch eine sehr begrenzte Individuenzahl und sind gefährdet. In Ländern der dritten Welt sieht die Situation bei oberflächlicher Betrachtung zunächst noch anders aus. Hier überwiegen Landrassen; die Milch- und Fleischleistung tritt gegenüber der Arbeitsleistung zurück. Doch auch in diesen Ländern achtet man bei zunehmender Technisierung auf größere Produktmengen. Dadurch wurden manche der europäischen Fleisch- und Milchrassen nahezu weltweit verbreitet. Es wird bei dieser Entwicklung leicht übersehen, daß solche Rassen in der Fütterung anspruchsvoller und in der Haltung komplizierter sind.

In Deutschland werden mehr als 19 Millionen Rinder gehalten, in Österreich sind es 2,6 Millionen und in der Schweiz 1,8 Millionen (Tab. 17). Unter den Herdbuchtieren machen in Deutschland die vier häufigsten Rassen nahezu 97% aus (Tab. 18).

Tab. 17: Rinderbestände in den deutschsprachigen Ländern. Angaben in 1000 (FAO Production Year Books).

	1952	1972	1992
Bundesrepublik Deutschland	11 375	13 891	17 134
Deutsche Demokratische Republik	3 801	5 379	
Liechtenstein	6	8	6
Österreich	2 284	2 499	2 532
Schweiz	1 682	1 911	1 783

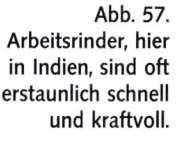

Abb. 57. Arbeitsrinder, hier in Indien, sind oft erstaunlich schnell und kraftvoll.

Tab. 18: Anteil der Rassen an den Herdbuchrindern Deutschlands. 1951 nur alte Bundesländer (u. a. Rinderproduktion in der Bundesrepublik Deutschland, Ausgabe 1998, verändert).

	1951 %		1997 Anzahl	%	
Schwarzbunte	34,3	⎫	1 540 928	56,3	⎫
Fleckvieh	38,5	⎬ 86,7	710 292	26,0	⎬ 96,6
Braunvieh	5,5		177 293	6,5	
Rotbunte	8,4	⎭	212 529	7,8	⎭
Gelbvieh	7,7		8 590	0,3	
Rotvieh	2,1		17 724*	0,6	
Jersey	0,0		2 489	0,1	
Vorderwälder		⎫	5 787	0,2	
Hinterwälder	0,8	⎭	724	0,0	
Pinzgauer	0,7		292	0,0	
Murnau-Werdenfelser	0,2		158	0,0	
Charolais		⎫	11 532	0,4	
Galloway			10 840	0,4	
Angus	0,4	⎬	8 658	0,3	
Limousin		⎭	7 849	0,3	
Highland	–		5 440	0,2	
Hereford	–		3 696	0,1	
Salers	–		2 013	0,1	
Welsh Black	–		938	0,0	
Sonstige	1,4		9 321	0,3	
Insgesamt			2 737 093		

* einschließlich Angler

Daß Zuchtziele sich ändern können, wurde bereits betont. Unsere Rinderrassen sind in Aussehen und Leistung nicht mehr dieselben wie vor 50 oder gar 100 Jahren. Mit-der-Zeit-gehen bedeutet jedoch nicht, daß Bewährtes aufgegeben werden sollte. Rinder als Kulturgut erhalten heißt, sie in erkennbarer Form zu belassen und sie behutsam weiterzuentwickeln.

Angler

Angeln ist eine Halbinsel an der schleswig-holsteinischen Ostküste, unmittelbar südlich der dänischen Grenze. Sie ist im Norden, Osten und Westen von der Ostsee umgeben. Im Westen bildet die Verbindungslinie zwischen den Städten Flensburg und Schleswig die Grenze. Von hier aus zogen um 450 n. Chr. Bevölkerungsgruppen mit den Sachsen und Jüten (Anglo-Sachsen) nach England (Angelland). Wie sich durch Knochenfunde belegen läßt, wurden in Angeln schon im 4. Jahrtausend vor Beginn der Zeitrechnung Rinder gehalten. Ob es sich bei diesen Tieren um Vorläufer der heutigen Angler handelte, läßt sich ebensowenig sagen wie bei den Funden von Haitabu, einer Siedlung unmittelbar neben Angeln, die vom 8. bis 10. Jahrhundert bestand.

Der erste schriftliche Nachweis des Angler Rindes stammt aus dem 17. Jahrhundert. Zu jener Zeit waren die Tiere noch nicht einheitlich; sie unterschieden sich stark in Größe und Aussehen. Vor allem kamen neben den einfarbig roten auch rotbunte Tiere vor. Stets war das Angler Rind wegen seiner guten Milchleistung auch außerhalb des eigentlichen Zuchtgebietes sehr beliebt. So läßt sich z. B. belegen, daß von 1830–1840 aus nur sechs Kirchspielen des nördlichen Angelns jährlich ca. 800 Starken (Färsen) zum Preis von 18–20 Thlr. Courant ausgeführt worden sind.

Starke Impulse bekam die Rinderzucht in Angeln durch den Theologen Probst P. E. Lüders, der mehr als 50 Bücher über Landwirtschaft schrieb und 1754 durch König Friedrich V. – Angeln war damals dänisch – als Lehrer in der Landwirtschaft eingesetzt wurde. Lüders gründete 1760 den ersten landwirtschaftlichen Verein in der in Angeln gelegenen Stadt Glücksburg unter dem Namen »Königlich dänische Acker-Akademie«. Wie groß die Verdienste von Lüders waren, kommt in einem Nachruf eines Pastors Petersen zum Ausdruck (Georgs 1910):

»Wer früher 7 elende Kühe hielt, hatte nun 12–14 Kühe, und jede von diesen gab jetzt mehr Milch, als man ehemals von zweien erhielt. Wohlhabende Menschen, reiche Kornfelder, Scharen von kraftvollem Vieh, Kleeweiden, diese sind Lüders ein Ehrendenkmal, das nicht wie mancher Marmor Verdienste lügt«.

Die ersten landwirtschaftlichen Vereinsbestrebungen wurden 1837 durch den in Kappeln gegründeten Landwirtschaftlichen Verein an der Schlei erweitert. Anfangs ging das Vereinsgebiet über Angeln hinaus, seit 1848 umfaßte es den zu Angeln gehörenden Teil des Kreises Schleswig und hatte seitdem seinen Sitz in Süderbrarup. Bereits 1842 hielt der Verein in Süderbrarup seine erste Tierschau ab. Er legte schon damals ein Zuchtziel für das Angler Rind fest:

»feine Haare, weiche, lose Haut, proportioniertes Kreuz, hängender Bauch, großes Euter mit starken Milchadern, große Grube unter dem Bauch, tief sitzender Quirl von Haaren vor der Stirn und einen langen, gut behaarten Schwanz.«

Als charakteristisch für das Angler Rind wurde die blutrote Farbe angesehen.

Zur Erhaltung des schon damals guten Rufes des Angler Milchviehs im Ausland führte der Verein 1843 die Kennzeichnung der Jungrinder durch Brandzeichen ein.

Bereits 1858 wurde festgelegt, die Rasse lediglich durch Reinzucht zu fördern und auf Einheitlichkeit zu achten. Die Züchter verpflichteten sich, nur in Angeln geborene Tiere nach auswärts zu verkaufen. 1879 wurde das erste Herdbuch eingerichtet. 1885 waren darin bereits 100 Stiere und 3000 weibliche Tiere eingetragen.

1856 wurden Angler zu einer Ausstellung nach Paris geschickt. Die Tiere erzielten dort mehrere Auszeichnungen und wurden anschließend zu sehr hohen Preisen verkauft. Selbst die Fachwelt war voll des Lobes:

»Unter allen ausgestellten Kühen war es die Angler Kuh, bei welcher die Zeichen großer milchproduzierender Tätigkeit des Euters am meisten vertreten sind. Es scheint, daß sie die letzte Faser ihres Fleisches in Milch umsetzt.«

Angler waren also offenbar schon zu jener Zeit extreme Stoffumsatztypen.

Damals umfaßte das Zuchtgebiet des »Angeler-Schlages« nicht nur Angeln, sondern auch die benachbarte Halbinsel Schwansen (Wilkkens 1876). Die Rasse war von mittlerer Körpergröße und von roter oder braunroter Farbe. Die Widerristhöhe der Kühe betrug ca. 120 cm, die der Stiere 130 cm (Abb. 58). Auch Wilckens betont, daß das Angler Rind vor allem wegen seines Milchreichtums, aber auch wegen seiner guten Mastfähigkeit berühmt gewesen sei. Bei einem mittleren Körpergewicht von ca. 400 kg gaben die Kühe durchschnittlich 3000 Liter Milch im Jahr, Spitzentiere erreichten 4000 Liter. Für den Zugdienst wurden Angler nicht herangezogen. Dies lag nicht an mangelnder Eignung, sondern an der Abneigung der Bauern, Rinder einzuspannen.

Die Rasse war schon im 19. Jahrhundert frühreif. Färsen wurden bereits mit $1^{3}/_{4}$ Jahren gedeckt, so daß sie im Alter von $2^{1}/_{2}$ Jahren zum erstenmal kalbten. Wilckens betonte, daß in Angeln die Rinderzucht sehr sorgfältig betrieben wurde.

Dieses Urteil wurde 1877 von einem namhaften schlesischen Züchter, der eine Herde Angler gekauft hatte, bestätigt:

»Das Vieh ist nur klein; eine ausgewachsene Kuh wiegt 600–800 Pfund. Der Körper ist tief und wohl proportioniert. Die größte Genügsamkeit macht sie zur Weidenutzung ausgezeichnet geeignet und ermöglicht eine sehr hohe Futterverwertung. Obgleich sie natürlich nicht das Gewicht einer Holländer Kuh erreichen können, besitzen sie große Mastfähigkeit und werden von den Fleischern gern gekauft. Die Angler Kühe akklimatisieren sich außerordentlich leicht, gewöhnen sich sehr schnell an die verschiedenen Futtermittel und sind für jede gute Pflege sehr dankbar. Außerdem geben sie, im Verhältnis zu ihrer Körperschwere, nicht nur recht viel sondern auch sehr fette Milch, obgleich sie nicht mit großen, fleischigen, herabhängenden und unnatürlichen Eutern prahlen.«

1883 wurde der allgemeine Angler Viehzuchtverein durch Zusammenschluß von 16 landwirtschaftlichen und zwölf viehzüchterischen Vereinen unter dem Namen »Vereinigung Angler Viehzüchter« straffer organisiert. Zur festeren Organisation der schleswig-holsteinischen Rinderzucht wurden 1896 für die einzelnen Rassen fest abgegrenzte Zuchtgebiete beziehungsweise Zuchtverbände gebildet. Die »Vereinigung Angler Viehzüchter« wurde zum »Unterverband Vereinigung Angler Viehzüchter« des Viehzuchtverbandes für das rote schleswigsche Milchvieh. 1906 nahm man eine weitere Neuorganisation der Rinderzucht vor, indem aus den Unterverbänden Zuchtbezirke eingerichtet wurden. An die Stelle der alten »Vereinigung Angler Viehzucht« trat der »Zuchtbezirk Angeln«. Mit dem »Zuchtbezirk Nordschleswig« bildete er bis zum Ende des Ersten Weltkriegs den Verband »Rote Schleswiger«. Durch die Verbesserung des Absatzes von Milch und Käse stiegen die Angler Rinderbestände Ende des 19. und Anfang des 20. Jahrhunderts beträchtlich an (Tab. 19). Wie sehr Angeln damals schon Rinderland war, zeigen Vergleichszahlen. Während in Schleswig-Holstein auf einem km^2 55 Rinder gehalten wurden, hielt man in Angeln auf der gleichen Fläche 70 Rinder. Durch bessere Zuchtwahl sowie sorgfältige Haltung und Pflege konnte zudem die Leistung bedeutend angehoben werden. 1896/97 lag die durchschnittliche Milchmenge von 17 geprüften Kühen bei 4161 kg pro Jahr. Der Fettanteil betrug allerdings nur 3,25%. Die beste Kuh hatte eine Milchmenge von 5763 kg.

Tab. 19: Entwicklung der Viehbestände in Angeln um 1900.

Jahr	Rinder	Pferde	Schweine	Schafe
1883	49 771	8 062	21 616	9 469
1892	57 537	8 842	30 793	6 785
1900	60 549	10 323	59 365	3 615
1907	70 087	10 152	93 521	2 649

Obwohl erstes Zuchtziel eine gute Milchmenge war, vernachlässigte man die Fleischleistung durchaus nicht. Die Angler wurden jedoch leicht fett, wie auch 1898 in Berlin nachgewiesen werden konnte. Zur 24. Mastviehausstellung hatte der Zuchtbezirk Angeln vier Kühe und einen Stier geschickt. Diese Tiere fielen durch ihr ausgezeichnetes Mastergebnis zwar besonders auf, das Fleisch wurde nach Farbe und Qualität jedoch nur als gut, aber nicht als ausgezeichnet beurteilt. So kam es dann nicht zur Verleihung der in Aussicht gestellten »Kaisermedaille«.

Um 1900 galt folgendes Zuchtziel
Hohe Milchleistung, allmähliche Erhöhung des Lebendgewichts, eine kräftige Körperkonstitution sowie strengste Vermeidung jeglicher

**Abb. 58.
Angler Kuh
im Jahre 1869.**

Kreuzung mit anderen Rassen. Dieses Ziel sollte erreicht werden durch:
• Körung und Revision der männlichen und weiblichen Tiere;
• Herdbuch- und Stammregisterführung;
• Errichtung von Bullenstationen;
• Auswechslung reinblütigen Zuchtmaterials;
• Kennzeichnung der angekörten Tiere und deren Nachkommen durch Ohrmarken;
• Kontrolle der Zuchtleistungen;
• Beschickung einheimischer Schauen.

Wie bereits erwähnt, war die rote Farbe typisches Merkmal der Angler Rinder. Nur bei sonst hervorragenden Tieren war nach dem Zuchtziel um 1900 etwas Weiß an der Schwanzquaste gestattet. Eine gelblichrote oder schwarze Farbe schloß von der Zucht aus. Der Kopf des Stieres mußte einen männlichen Eindruck machen; er brauchte deshalb nicht länglich wie bei der Kuh zu sein, die Stirn sollte aber nicht zu breit sein. Außerdem sollte der Stier ein lebhaftes, hervortretendes Auge, weiße, nicht zu lange und nicht zu grobe Hörner mit schwarzer Spitze sowie ein schwarzes Flotzmaul haben. Der Hals sollte lang und schlank, doch kräftig sein; die Brust breit. Ein gerader Rücken, ein breites Kreuz und ein breites Becken waren weitere Eigenschaften, die von einem erstklassigen Zuchtstier verlangt wurden. Der Schwanz mußte lang, dünn und fein behaart sowie mit einem starken Haarbüschel versehen sein. Die Hinterbeine durften nicht krumm sein; im allgemeinen war ein kräftiger Körperbau mit feinen, trockenen Knochen für Zuchtstiere Bedingung. Als Minimalgewicht

Angler

dreijähriger Stiere wurden 650 kg gefordert. Das Gewicht der Kühe betrug 400–480 kg.

Des weiteren sollte bei Kühen auf eine weiche, lose Haut und große Milchgruben als besondere Merkmale für die Vererbung guter Milchergiebigkeit geachtet werden. Ein fein behaartes, nicht fleischiges aber regelmäßiges Euter mit ausgeprägtem Adernetz wurde als Zeichen hoher Milchergiebigkeit angesehen. Zudem wurden ausgeprägte Zitzen gefordert. Der Gesamteindruck einer Angler Kuh sollte der eines milchergiebigen Tieres bei kräftigem Körperbau sein.

Die Tiere wurden nach einem Punktesystem mit folgenden Höchstzahlen beurteilt:
Für Milchergiebigkeit: 50 Punkte
Für Körperschönheit: 30 Punkte
Für Mastfähigkeit: 20 Punkte

Auch dieses Punktesystem läßt erkennen, daß der Milchleistung des Angler Rindes ein besonderer Stellenwert eingeräumt wurde. 1902 beschloß man, zur Hebung der Zucht ganze Viehstapel zu prämieren. Die erste Prämierung wurde von der Landwirtschaftskammer in Verbindung mit dem Landwirtschaftlichen Bezirksverein vorbereitet, die Durchführung dem »Zuchtbezirk Angeln« übertragen. Die Prämierung fand unter folgenden, von der Landwirtschaftskammer festgesetzten Bedingungen statt:

1. Teilnehmen konnten alle Besitzer von Rindviehbeständen in Angeln, die Mitglieder des »Zuchtbezirks« waren, mindestens vier Kühe besaßen, und deren Tiere ins Herdbuch bzw. Stammregister eingetragen waren.

2. a) Die Anmeldung mußte Auskunft geben über Namen und Wohnort des Besitzers, Größe des Viehbestandes (Stiere, Kühe, Färsen, Kälber), Zahl der angekörten, selbst aufgezogenen und zugekauften Tiere, Boden- und Ernährungsverhältnisse.

b) Die Besitzer der teilnehmenden Rinderbestände bewarben sich in einer von zwei Klassen, und zwar diejenigen mit 4–12 Milchkühen in der einen, und diejenigen mit 13 und mehr Milchkühen in der anderen Klasse.

c) Für die Preise standen 800 Mark zur Verfügung. Der höchste Preis betrug 250 Mark, der niedrigste 50 Mark. Bei zahlreicher Beteiligung war eine Erhöhung der Gesamtsumme der Preise nicht ausgeschlossen.

d) Die Besitzer der teilnehmenden Rinderbestände waren verpflichtet, etwaige Veränderungen in ihrem Viehbestande während der Konkurrenz dem Vorsitzenden des Zuchtbezirks und dem Vorsitzenden der Prämierungskommission anzuzeigen; sie hatten ferner der

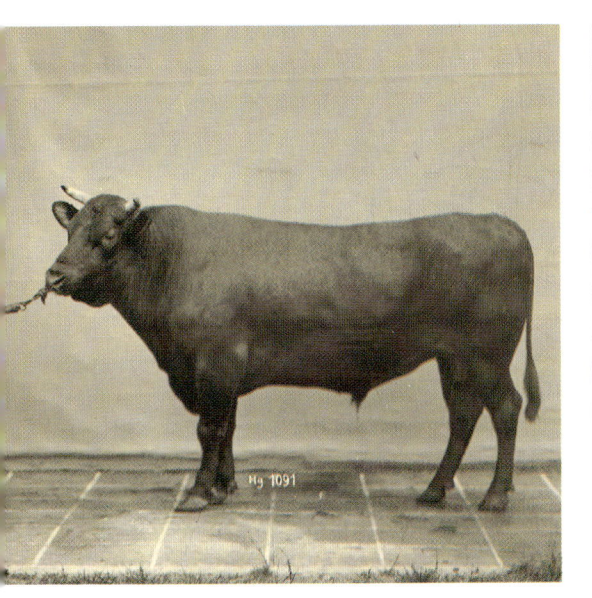

Abb. 60.
Dieser Angler Bulle Peter, geb. 1906, gewann 1910 auf der Wanderausstellung der DLG in Hamburg den Sieger-Ehrenpreis.

Abb. 59.
Angler Kuh Ende des 19. Jahrhunderts.

Rinder

Abb. 61. Angler Kuh Henny, 1912.

Abb. 62. Die Angler Kuh Lore hatte 1935 eine Jahresmilchleistung von 6556 kg mit 4,32 % Fett.

Preisrichterkommission oder einzelnen Mitgliedern derselben die Besichtigung der Viehbestände jederzeit zu gestatten und jede gewünschte Auskunft über die bei der Prämierung in Betracht kommenden Verhältnisse zu geben.

3. Die Prämierung erfolgte nach folgenden Punkten:

a)	Ausgeglichenheit des ganzen Viehbestandes	12
b)	edler Typus (die Form) der einzelnen Tiere	8
c)	Milchergiebigkeit	20
d)	Körpergewicht (Mastfähigkeit)	8
e)	Widerstandsfähigkeit	15
f)	Eigene Aufzucht	9
g)	Fütterung und Weideverhältnisse	5
h)	Pflege und Haltung	8
i)	Stalleinrichtung	5
k)	Probemelken und Melkregister	10

zusammen 100 Punkte

4. Die Besichtigung der teilnehmenden Viehbestände hatte während der Konkurrenzdauer mindestens dreimal von der ganzen Prüfungskommission zu erfolgen.

5. Die Konkurrenz begann am 1. Januar 1904 und endete am 31. Dezember des gleichen Jahres.

Diejenigen Viehbestände, welche in diesen verschiedenen Teilen die größte Punktzahl auf sich vereinigten, waren als die prämierungswürdigsten anzusehen. Viehbestände, die nicht mindestens die Hälfte der Punkte erreichten, konnten nicht prämiert werden.

27 Rinderbesitzer nahmen an dieser Konkurrenz teil. Vergeben wurden elf Prämien in einer Gesamthöhe von 1200 Mark. Die Milchleistung der teilnehmenden Betriebe pro Tier und Jahr ist überliefert. Sie erreichte folgende Werte:

Milchleistung pro Kuh (kg)	Zahl der Betriebe
2400–2500	2
2500–2600	4
2600–2700	2
2700–2800	4
2800–2900	1
2900–3000	7
3000–3100	1
3100–3200	0
3200–3300	3
3300–3400	2
über 3400	1

1910 waren 279 Bullen, 4654 Kühe und 7850 Kälber ins Herdbuch eingetragen; insgesamt gab es 70 000 Angler. Schon im 19. Jahrhundert war das Angler Rind weit über Deutschland hinaus verbreitet. Abnehmer waren zunächst Dänemark und Schweden, später verkaufte man auch Tiere nach Polen, Rußland und Böhmen, ja selbst nach Italien und Argentinien.

Angler

Die Leistung wurde ständig verbessert. Nach dem Ersten Weltkrieg bot sich folgendes Bild: Das Angler Rind hatte eine mittlere Frühreife und wies eine schlanke, ebenmäßige, edle Form mit schwacher Bemuskelung auf. Die Farbe war einfarbig hell- und dunkelbraunrot. Die Formen deuteten auf hohe Milchergiebigkeit. Das Lebendgewicht ausgewachsener Kühe betrug im Mittel 450 kg. Die Milchleistung pro Kuh lag 1925/27 bei 3333 kg mit 3,5% Fett. Gemessen am Körpergewicht wurde das Angler Rind in der Milchleistung von keiner anderen deutschen Rasse übertroffen. Die Mastfähigkeit war dagegen weniger bemerkenswert. Zwar nahmen Masttiere bei entsprechender Fütterung gut zu und hatten auch ein zartes, wohlschmeckendes Fleisch; sie besaßen aber ein zu geringes Körpergewicht. Aus diesem Grund war man bestrebt, die Tiere ungefähr 100 kg schwerer zu züchten.

Die auf DLG-Schauen ausgestellten Tiere näherten sich diesem Zuchtziel schon bald. In der Zeit von 1924 bis 1936 wogen sie durchschnittlich 531 kg. Damit waren sie aber immer noch reichlich 150 kg leichter als die Kühe des Schwarzbunten Niederungsviehs (Hofmann 1980). Der Gesamtbestand belief sich nach der Viehzählung 1936 auf 86 667 Tiere. Die Zucht des Angler Rindes konzentrierte sich 1936 mit 81 456 Tieren (94,0%) erwartungsgemäß auf Schleswig-Holstein. Den größten Anteil innerhalb dieses Landes hatte der Kreis Flensburg mit 39 345 Tieren (45,4%). Es folgte der benachbarte Kreis Schleswig mit 33 377 Tieren (38,5%). Das Angler Rind war allerdings schon 1936 in Deutschland keine Lokalrasse. Die weite Verbreitung spricht für seine Beliebtheit. Angler wurde sogar in Bayern, Sachsen und im Saarland gehalten (Tab. 20).

Schon bald wurden als Zuchtziel 4000 kg Milch pro Jahr mit 4,0% Fett angestrebt (Abb. 62). Seit 1932 standen die Angler in der Milchfettleistung an der Spitze aller deutschen Rassen. Das Zuchtziel, eine 1000 Pfund schwere Kuh zu züchten, verlor allerdings schon bald wieder an Bedeutung. Gefragt war in der Kriegs- und Nachkriegszeit der kleinere,

Tab. 20: Verbreitung des Angler Rindes in Deutschland 1936 (Statistisches Reichsamt 1937).

Land	Zahl der Tiere	Anteil in %
Preußen	83 484	96,32
Bayern	276	0,32
Sachsen	724	0,84
Württemberg	102	0,12
Baden	208	0,24
Thüringen	986	1,14
Hessen	87	0,10
Hamburg	29	0,03
Mecklenburg	414	0,48
Oldenburg	291	0,34
Braunschweig	31	0,04
Anhalt	4	0,00
Lippe	2	0,00
Lübeck	14	0,02
Saarland	15	0,02
Zusammen	86 667	100,0

anspruchslose »Wirtschaftstyp«. Trotz der schlechten Futterversorgung stiegen die Fettprozente der Milch. Der »Verband der Züchter des Angler Rindes« trat die Nachfolge des Herdbuch-Kontrollvereins Angeln an. Er proklamierte 1949 die »Deutsche Butterkuh« mit 4000 kg Milch und 5% Fett (Hofmann 1980).

Die ausgewachsene Kuh wog damals 9–10 Zentnern. Sie sollte den edlen Milchtyp verkörpern, der sich im Gesamterscheinungsbild zu offenbaren hatte: bei betont guter Brust- und Flankentiefe mußte er eine gute Körperharmonie aufweisen. Gefordert wurde die im Stoffumsatztyp stehende Kuh mit edlen Körperformen und lebhaftem Ausdruck. Leichte bis mittelschwere, dabei korrekte Fundamente mit klaren Gelenken waren ebenso Zuchtziel wie die ausreichende Festigkeit bei breiter Nierenpartie und guter Gesamtlänge.

Die Beurteilung der einzelnen Körperpartien geschah nach der »Arbeitsgemeinschaft Deutscher Rinderzüchter e. V.« 1953 folgendermaßen:

Hals: Bei Kühen gut am Kopf angesetzt; in gerader Linie fortlaufend; voll in Widerrist und Schulter übergehend. Bei Bullen derber und kürzer, jedoch bei beiden Geschlechtern feine Hautfältelung.
Brust: Tief und mittelbreit.
Schulter: Lang, schräg und gut geschlossen.
Rippe: Lang und bei Schrägstellung leicht gewölbt; tonnig nach unten und weit nach hinten gehend.
Flanke: Tief, breit und voll.
Rücken: Fest, mittelbreit und gut bemuskelt.
Lende: Fest, breit mit guter Muskulatur und gutem Anschluß an das Becken.
Becken: Betont lang, dabei mittelbreit; gut bemuskelt. Kreuzbein leicht hervortretend. In der Hüfte – ohne daß diese nach oben hervortritt – etwas weiter als im Umdreher.
Schwanz: Lang und fein; nicht im Becken eingeklemmt.
Gliedmaßen: Mittelstark. Vorarm breit und gut bemuskelt. Keule gut entwickelt. Sprunggelenk ausdrucksvoll und im richtigen Winkel stehend. Gelenke trocken und klar.
Haut: Rein bis mittelstark; elastisch, leicht abhebbar. Haar fein, kurz, dicht anliegend und glänzend.
Euter: Geräumig mit feiner, leicht abhebbarer Haut; von hinten gesehen breit und voll bis zur Scham reichend; nach vorn lang, eine große Grundfläche bedeckend; fest am Körper angeschlossen. Alle vier Euterviertel gleichmäßig, nicht auffällig getrennt entwickelt; feine, mittellange, weit auseinanderstehende Zitzen. Milchadern gewunden, weit nach vorn reichend. Milchgruben groß; Eutergewebe volldrüsig.
Farbe und Abzeichen: Einfarbig braunrot in helleren und dunkleren Tönen; die dunklen bei Bullen vorgezogen. Die Färbung des Kopfes am dunkelsten. Hellere Färbung des Schopfes, der Augenränder und der Umgebung des Nasenspiegels nicht sehr beliebt. Vereinzelte weiße Flecken an Bauch und Euter, wenn auch nicht gewünscht, so doch gestattet. In der schwarzbraunen Schwanzquaste meistens weiße Haare. Nasenspiegel, Zunge, Gaumen und Flotzmaul schwarz oder dunkelgrau. Klauen schwarz.

Kopf: Bei Kühen mittellang und fein geschnitten. Stirn mittelbreit; zwischen den Augenbögen leicht eingesenkt. Nase gerade; klares aufnehmbares Auge, weite Nüstern, ziemlich breites Flotzmaul. Ganaschen kräftig, weibliches Gepräge. Bei Bullen kürzer, breiter mit männlichem Gepräge.
Horn: Bei Kühen weiß mit schwarzer Spitze; seitwärtsstehend, mit der Spitze nach innen gebogen. Bei Bullen kräftiger, seitwärtsstehend, nur wenig nach innen gebogen.

Abb. 63.
Die Angler Kuh Soni, geb. 1951, erbrachte 1957 eine Jahresmilchleistung von 5012 mit 6,05 % Fett. Auf dem Foto achtjährig.

Abb. 64.
Edle Angler-Kuh auf der DLG-Ausstellung in Frankfurt, 1959.

Die Überlegenheit der Angler über sämtliche anderen Rindviehrassen in Deutschland in bezug auf Milch- und insbesondere Milchfettleistung war so groß, daß sie seit der Nachkriegszeit in alle anderen roten Rassen eingekreuzt wurden und diese nahezu verdrängten. Das galt auch für das gelbe Glan-Donnersberger Rind, das konsequenterweise später zu den Rotviehschlägen zählte. Die vorübergehende Einkreuzung von Anglern in das Gelbvieh (Frankenvieh) ist noch immer an dem dort jetzt nahezu üblichen schiefergrauen Flotzmaul erkennbar. Auch die Nachfrage aus dem Ausland hielt unvermindert an. Das galt insbesondere für die Sowjetunion, in der zeitweilig jährlich mehr als eine Million Erstbesamungen mit Sperma von Angler Bullen zur Verbesserung des dort heimischen Rotviehs durchgeführt wurde.

Auch auf Ausstellungen im Inland blieb die Anerkennung nicht aus. Auf DLG-Ausstellungen wird die Kuh mit der höchsten Leistung und Fruchtbarkeit mit dem Johannes-Hansen-Preis ausgezeichnet. Diesen Preis errang 1951 die Angler Kuh Lotte, die damals 22 Jahre alt war. 1986 wurde mit der Kuh Erika erneut eine Angler mit diesem Preis ausgezeichnet.

Der »Verband Angler Rinderzüchter« (VAR) baute 1949 eine eigene Besamungsstation in Süderbrarup auf. 1959 schuf er als erster Zuchtverband der Welt eine eigene Aufzucht- und Prüfstation zur Zuchtwertschätzung von Jungbullen.

Nach 75 Jahren Milchleistungsprüfung erreichten die Angler Herdbuchkühe eine Jahresleistung von durchschnittlich 5131 kg Milch mit 4,7% Fett und 3,7% Eiweiß.

**Abb. 65.
Angler Kuh des heutigen Typs.**

Tab. 21: Anteil der Angler an den Herdbuchrindern in der Bundesrepublik.

Jahr	Anzahl	Anteil in %
1972	19 135	1,9
1974	15 201	1,4
1976	18 077	1,7
1981	13 980	1,0
1983	14 437	0,9
1986	14 031	0,8
1989	12 537	0,7
1997*	17 724	0,6

* einschließlich Rotvieh

Trotz des guten Renommées ging die Zahl der Angler Rinder unverständlicherweise zurück. 1898 lag der Anteil der Angler am Gesamtrinderbestand des Deutschen Reiches bei 1,6%; bis 1936 war er auf 0,8% gesunken. Von den Herdbuchtieren in der Bundesrepublik gehörten 1972 noch 1,9% zu den Anglern; 1996 waren es, gemeinsam mit den anderen Rotviehrassen, nur noch 0,7% (Tab. 21).

Die »Arbeitsgemeinschaft Deutscher Rinderzüchter e. V.« faßt Angler und Rotvieh jetzt zu einer Rasse zusammen. Der Verband Angler Rinderzüchter arbeitet heute auch eng mit den skandinavischen Rotviehzüchtern zusammen.

Angestrebt werden 7000 kg Milch mit 5% Fett und 4% Eiweiß. Die besten Herdenleistungen liegen bei 7500 kg mit 5,5% Fett. Die höchste Jahresleistung erbrachte 1984 die Kuh Colli mit 12 463 kg. Bisher hatten 20 Kühe eine Lebensleistung von mehr als 4000 kg Fett in der Milch.

Die durchschnittlichen Leistungen der Herdbuchkühe im Jahre 1996 betrugen 6369 kg Milch, 5,02% Fett und 3,61% Eiweiß. Der hohe Anteil an Kappa-Kasein-B bietet günstige Voraussetzungen für eine gute Käsequalität und -ausbeute.

Die Rasse zeichnet sich durch ein ökonomisches Verhältnis von Gesamtfutteraufwand zu Milchertrag, leichte Kalbungen, geringe Kälberverluste, hervorragende Marschfähigkeit durch gesundes Beinwerk und gute Klauen sowie hohe Dauerleistungen und problemlose Anpassung an alle Klimazonen aus. Große Bedeutung hat die Zucht auf Eutergesundheit. Die Jungrinder sind frohwüchsig und frühreif, so daß Färsen im Einzelfall schon im Alter von 24 Monaten abkalben. Das durchschnittliche Erstkalbealter liegt bei 28 Monaten. Jungbullen in der Mast erreichen in einem Jahr 400 kg Gewicht. Ihre täglichen Zunahmen liegen im Durchschnitt bei 1150 g. Ausgewachsene Bullen wiegen 1100 kg, Kühe 650 kg. Die durchschnittliche Höhe der Kühe beträgt 140 cm, die der Bullen 145 cm (Abb. 65).

In der Angler Zucht wurde 1991 zusätzlich zur üblichen Kuhbewertung die lineare Exterieurbeschreibung für Bullennachzuchten eingeführt. Sie berücksichtigt alle funktionell wichtigen Körperbau- und Eutermerkmale im Hinblick auf ihre Produktions- und Lebenstüchtigkeit. Das Verfahren ermöglicht eine exaktere Beschreibung der Form-, Typ- und Eutermerkmale. Es dient dem Züchter als Entscheidungshilfe bei seinen züchterischen Überlegungen.

Nach dem neuen System werden 15 Körpermerkmale berücksichtigt, die die Wirtschaftlichkeit der Kühe beeinflussen können. Um eine exakte Beschreibung der einzelnen Merkmale durchführen zu können, wurde eine Notenskala von 1–9 gewählt. Zusätzlich zu diesen Einzelmerkmalen werden evtl. auftretende wirtschaftlich wichtige Körpermängel erfaßt, um einer Verbreitung dieser Mängel vorbeugen zu können.

Die lineare Exterieurbeschreibung ist keine Benotung im schulischen Sinne, sondern eine Beschreibung der Ausprägung einzelner Merkmale zwischen den beiden Extremen einer natürlichen Variation. Der Züchter kann mit ihrer Hilfe die wesentlichsten Besonderheiten der Töchter und somit die Vererbungstendenzen der Bullen erkennen.

Mitteldeutsches Rotvieh

Im 19. Jahrhundert gab es in Deutschland zahlreiche rein rote Rassen oder Schläge. Von ihnen ließ sich das Angler Rind nach Herkunft, Vorkommen und Aussehen deutlich abgrenzen, und auch das Ostfriesische Rotvieh war als Tieflandrind gesondert zu betrachten. Alle anderen Rassen bzw. Schläge ähnelten einander in der Nutzung und damit auch im Typ sehr. Da ohnehin ein Austausch von Zuchttieren zwischen den einzelnen Zuchtgebieten üblich war, faßte man 1911 mehrere Schläge zum »Mitteldeutschen Rotvieh« zusammen. Zu ihnen gehörten Vogelsberger, Waldecker, Sieger- und Sauerländer, Harzer, Odenwälder sowie Bayerisches, Sächsisches und Schlesisches Rotvieh. Spätere Angaben beziehen sich größtenteils auf alle Schläge gemeinsam; nur selten werden Angaben über einzelne gemacht (Tab. 22).

Seit Ende des Zweiten Weltkriegs wurde das Mitteldeutsche Rotvieh zunehmend mit Anglern gekreuzt, zum Teil fand Verdrängungskreuzung statt. Da die Angler sich vom sonstigen Rotvieh in Deutschland u. a. durch ein schiefergraues Flotzmaul unterscheiden, sind reine Angler und Kreuzungen mit Anglern gut erkennbar. In manchen Gegenden, so z. B. im Odenwald und in Bayern, sieht man zuweilen noch Rotvieh, es handelt sich hier um reine Angler. In anderen Gegenden starb das Rotvieh völlig aus. Lediglich das Vogelsberger Rind, mit starkem Vorbehalt das Harzer Rotvieh, und möglicherweise auch das Vogtländer Rotvieh, konnten sich in Restbeständen halten. Diese drei Rassen kamen 1936 noch in beträchtlicher Zahl vor. Ihre Verbreitung war nicht auf das Ursprungsgebiet beschränkt (Tab. 23).

Tab. 22: Verbreitung des Mitteldeutschen Rotviehs im Deutschen Reich 1936 (Statistisches Reichsamt 1937).

	Anzal der Tiere	Anteil am Gesamtbestand in %
Bayerisches Rotvieh	21 318	0,11
Vogelsberger	82 331	0,44
Vogtländer	1 489	0,01
Harzer	44 019	0,23
Waldecker	12 078	0,06
Westfälisches Rotvieh	31 094	0,16
Schlesisches Rotvieh	106 243	0,56
Odenwälder	3 283	0,02
Landvieh im Rotviehgepräge	107 740	0,57
zusammen	409 595	2,16

Tab. 23: Verbreitung von drei Rotviehrassen in Deutschland 1936 (Statistisches Reichsamt 1937).

Land	Vogelsberger	Harzer	Vogtländer
Preußen	65 758	37 381	478
Sachsen	7	7	808
Württemberg	17	1	1
Baden	90	0	0
Thüringen	74	1 305	147
Hessen	16 371	0	14
Mecklenburg	1	7	0
Braunschweig	8	3 671	10
Anhalt	5	1 642	31
Saarland	0	5	0
zusammen	82 331	44 019	1 489

Vogelsberger Rind

1892 gab es im Großherzogtum Hessen 21 443 Vogelsberger Rinder, in der Provinz Hessen-Nassau 68 156, im Rheinland 37 693, in Westfalen 1589 und in Bayern 59 686. Diese insgesamt 188 567 Vogelsberger machten 1,07% aller Rinder im Deutschen Reich aus. Nach der »Anweisung für die Schauwarte und Preisrichter« von 1892 besaß die Rasse folgende Eigenschaften und Merkmale:

Rinder

1. Die Haarfarbe ist rot; von hellrot, blutrot bis braunrot. Die Bullen haben in der Regel eine dunklere Farbe als die weiblichen Tiere, besonders in der Nähe des Kopfes.
2. Die Haut ist elastisch und zart, im Sommer sehr dünn behaart, und die Hautfarbe ist rötlich.
3. Das Euter und der Milchspiegel sind voll und abgerundet, bei den besseren Tieren wenig behaart und von heller Fleischfarbe, doch kommen auch zuweilen weiße Flecken vor (letztere wurden allerdings nicht gern gesehen; Verf.).
4. Der Kopf und die Hörner sind öfters stark, die Hörner im Grunde rötlich-weiß mit schwarzer Spitze, welche jedoch erst mit nahezu zwei Jahren zum Vorschein kommt.
5. Der Hals ist stark.
6. Der Widerrist ist breit, die Wamme nicht sehr stark.
7. Der Leib ist länglich-rund. Rücken, Lenden und Kreuz sind breit, mit öfter etwas hohem Schwanzansatz. Die Rippen sind oval.
8. Der Schwanz ist dünn und mit einem rötlich-weißen Büschel versehen.
9. Die Hüften und das Becken sind weit gestellt. Die hinteren Gliedmaßen sind feinknochig, öfters etwas stark gebogen.
10. Schwarzes Haar und dunkler Nasenspiegel sind fehlerhaft. Im Büschel des Schwanzes dürfen rötlich-weiße Haare nicht fehlen.

Obwohl im 19. Jahrhundert Rinder allgemein deutlich weniger wogen als heute, zählte das Vogelsberger Rind damals zu den leichteren Rassen. Das Gewicht der Kühe lag im Mittel bei 350 kg. Es konnte bei Einzeltieren 450 kg betragen, erreichte aber bei schlecht ernährten Tieren des höheren Vogelsbergers nur 250 kg oder weniger (Leithiger 1896). Ältere Bullen wurden »bei reichlicher Ernährung« 650–750 kg schwer, Zugochsen erreichten dasselbe Gewicht.

Der Kopf des Vogelsberger Rindes war trocken und besaß eine breite Stirn. Die recht kräftigen Hörner waren nach oben geschwungen. Sie waren wachsgelb mit braun- oder blauschwarzen Spitzen. Der Hals war schmal, Bullen besaßen im Nacken oft einen Ansatz zum Höcker. Die Wamme war kräftig entwickelt. Die Mittelhand galt unter Kennern als zu lang, der Rücken als nicht genügend breit. Die Beine waren kurz; dies wurde aber nicht als Fehler angesehen (Leithiger 1896). Die Bemuskelung der Vorderbeine war gut, die der Hinterbeine ließ zu wünschen übrig (Abb. 66).

Das Vogelsberger Rind präsentierte sich am besten in der Bewegung. Es hatte ein lebhaftes Temperament, einen geräumigen, sicheren Schritt und ein harmonisches Äußeres.

Ende des 19. Jahrhunderts galt diese Rasse vor allem als Milchrind. Sie war aber auch sehr zugtauglich und genügsam. Eine jährliche Milchmenge, die dem fünffachen des Körpergewichts entsprach, galt damals allgemein als durchschnittlich. Das Vogelsberger Rind soll in seiner Leistung meist darüber gelegen haben. Die Kühe der »Zuchtviehhöfe«, also bestimmter herausragender Betriebe, hatten infolge der besseren Fütterung, Haltung und Pflege ein Gewicht von 400–500 kg. Diese Höfe lagen dann auch deutlich über der durchschnittlichen Leistung. So gaben sechs Kühe des Zuchtviehhofes Zwiefalten im Jahre 1894 durchschnittlich 2658 Liter Milch mit 4,25% Fett und die besten Kühe des Zuchtviehhofes Bingmühle bei Grünberg lagen von 1890–1894 bei jährlich ca. 3000 l mit 4% Fett.

Als Zugtiere waren die Vogelsberger Rinder unübertroffen. Auf Zugprüfungen der Deutschen Landwirtschafts-Gesellschaft haben sie stets erste Preise errungen, so z. B. 1889 in Magdeburg und 1895 in Köln. Bei der Preisverteilung in Köln hieß es:

»Die beiden Vogelsberger Kühe, 8 bzw. 5½ Jahre alt, 479 bzw. 488 Kgr. schwer, zogen einen Wagen mit 45 Zentnern beladen, auf der sog. Wallstraße, 4 Kilometer lang, in 38 Minuten. Der Weg hatte zuerst eine Steigung von 1:2,9 und dann einen Fall von 1:2,8; da derselbe nur 1 km lang war, so mußten die Gespanne diesen viermal zurücklegen und dreimal drehen. Die Vogelsberger Kühe waren ausgezeichnet eingefahren, zogen sehr gut, blieben aber im ersten Hindernis (30 cm hoher Sandhaufen) stecken, aus dem sie aber ohne Hülfe wieder herauskamen.«

Gefördert wurde die Zugtüchtigkeit durch die vorzüglichen Klauen. Während andere Rassen, besonders in steinigem Gelände, beschlagen werden mußten, war dies beim Vogelsberger nicht erforderlich.

Ende des 19. Jahrhunderts hatte das Vogelsberger Rind unter den mitteldeutschen roten Landschlägen die weiteste Verbreitung. Der Vogelsberg, Ausgangsregion dieser Rasse, machte damals nicht mehr den Mittelpunkt seines Zuchtgebietes aus. Aus einzelnen Regionen dieses Ursprungsgebietes war es schon ganz oder teilweise verdrängt.

Der eigentliche Vogelsberger Kreis Schotten und der im Westen liegende Kreis Gießen hatten noch in größerer Zahl Vogelsberger Vieh. Im Kreis Wetzlar hielt man sogar noch ausschließlich Vogelsberger Rinder. In den damaligen Kreisen Marburg, Kirchhain, Frankenberg, Biedenkopf und Dillenburg überwog diese Rasse weitgehend.

Es wurde angenommen, daß darüber hinaus das Lahnvieh und das ausgestorbene Schwälmer Vieh aus dem Vogelsberger Rind hervorgegangen sind (Leithiger 1896). Mit der Gründung der Züchtervereinigung 1885 begann die systematische Förderung.

1896 wurde in Marburg der »Verband der Herdbuchgesellschaften für das Vogelsberger Rind« gegründet. Der Verband setzte sich aus folgenden Einzelorganisationen zusammen: Oberhessen (Großherzogtum Hessen) mit den Zuchtvereinen Gießen und Schotten sowie in der Provinz Hessen-Nassau je ein Zuchtverein für die Kreise Biedenkopf, Kirchhain, Marburg und Wetzlar. 1896 gehörten von den 321 641 Rindern im Großherzogtum Hessen 21 443 (6,6%) zu den Vogelsbergern (Hansen und Hermes 1905). Um die Jahrhundertwende galten folgende Durchschnittsmaße:

	Stier	Kuh
Widerristhöhe (cm)	130	126
Gewicht (kg)	663	483

Ochsen erreichten ein Gewicht von 700–800 kg (Lydtin und Werner 1899). Die Maße stammen jedoch von Tieren der Zuchthöfe, die jene der

Abb. 66. Vogelsberger Kuh Lotti, geb. 1890, auf der Wanderausstellung des DLG in Stuttgart-Cannstatt 1896.

Abb. 67.
Vogelsberger Kuh Amalie IIc, 1912.

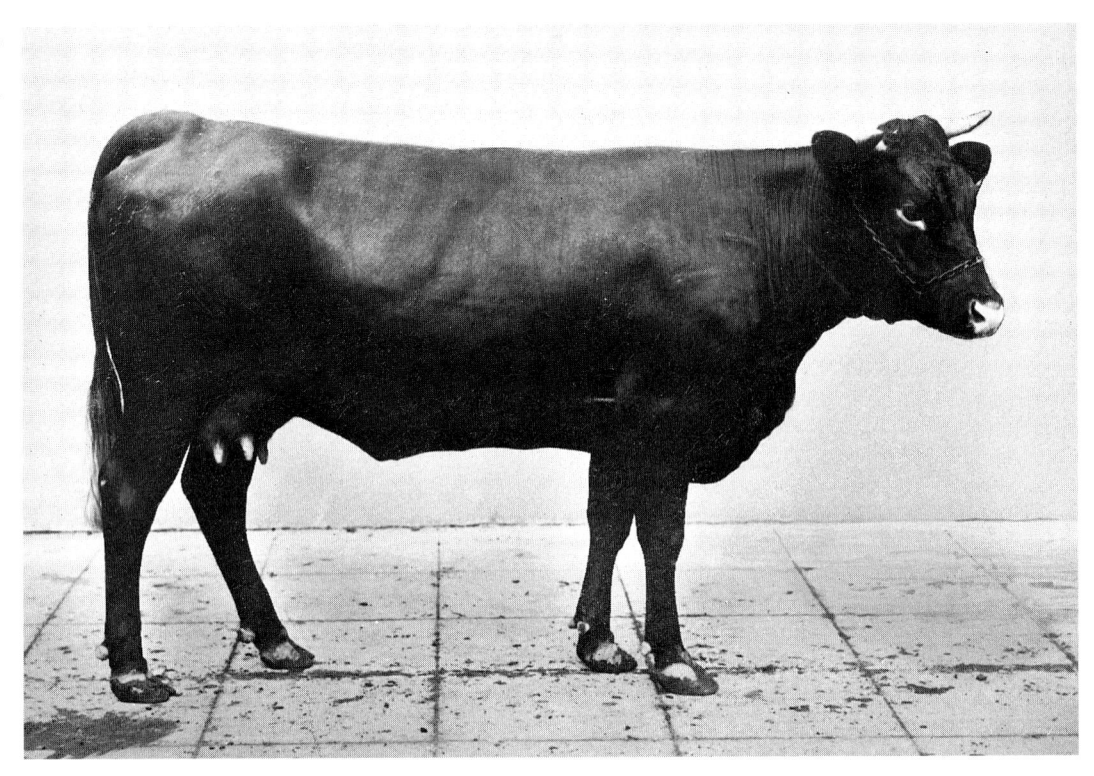

Landeszucht deutlich übertrafen. Deren Widerristhöhe lag stets unter 120 cm. Die geringen Körpermaße wurden allerdings weniger für eine Rasseeigentümlichkeit als für eine Folge dürftiger Ernährung und früher Zuchtnutzung angesehen.

Anfang des 20. Jahrhunderts war das Vogelsberger Rind in Mitteldeutschland der verbreitetste Rotviehschlag (Werner 1902). Er kam bis nach Thüringen vor und soll im Nordosten an das Zuchtgebiet des Harzer Rotviehs gegrenzt haben. In seinem Hauptverbreitungsgebiet Nordhessen bildete er nur einen gewissen Anteil des Rinderbestandes (Werner 1902), doch »man war bestrebt, diese Gebiete ganz für den Vogelsberger Schlag zu gewinnen«.

Zuchtziel war zu dieser Zeit ein zur Milch-, Arbeits- und Mastleistung geeignetes Rind, das mäßige Ansprüche an das Futter stellte. Die Milchmenge betrug 1500–2000 kg bei 4% Fett. Lobend wurde hervorgehoben, daß Kühe dieser Rasse bei richtiger Ernährung 2400 kg Milch und mehr lieferten. Die Tiere besaßen ein zartes, wohlschmeckendes Fleisch. Sie galten als hart und genügsam. Ältere Bullen wogen 500–750 kg, Kühe 450–500 kg. Ochsen sollen ein Gewicht von 700–800 kg besessen haben.

Bei unverändertem Zuchtziel war das Aussehen während der vorausgegangenen Jahre annähernd gleich geblieben. Das Vogelsberger Rind hatte die Gestalt eines kleinen bis mittelgroßen, oft edel gebauten Arbeitstieres mit Neigung zum feinknochigen Milchtyp. Die Farbe war nach wie vor rot bis braunrot ohne weiße Flecken, die Schwanzquaste weiß mit rotbraunem Mantel, Nasenspiegel und Schleimhäute ohne dunkles Pigment (Abb. 67).

1911 wurden die Züchtervereinigungen für die Schläge des Mitteldeutschen Rotviehs zum »Verband Mitteldeutscher Rotviehzüchter« zusammengefaßt. Dieser strebte ein gemeinsames Zuchtziel für alle angeschlossenen Schläge an. Es wird jedoch betont, daß das Vogelsber-

Vogelsberger Rind

ger Rind noch weitgehend frei von Einkreuzungen war (Rödenbeek 1930), und der bisherige Name fand deshalb nach wie vor Verwendung.

Obwohl das Vogelsberger Rind sein Verbreitungsgebiet in den ersten Jahrzehnten des 20. Jahrhunderts nach Osten und Süden ausdehnen konnte, nahm die Zahl der Tiere ab. Bei den amtlichen Zählungen gab es 1896 127 592 Vogelsberger, 1906 hatte sich der Bestand mit 66 723 nahezu halbiert und bis 1925 sank er auf 63 999 Individuen. Das waren 0,9% aller deutschen Höhenrinder. Der Bestand an Herdbuchtieren war dagegen leicht gestiegen. Im gesamten Vogelsberger Zuchtgebiet, ohne Berücksichtigung von Kurhessen, waren im Jahre 1913 2749 eingetragene Kühe vorhanden; ihre Zahl stieg bis 1928 auf 3130 an. Im Kreis Schotten wurde 1930 ausschließlich Vo gelsberger Rotvieh gezüchtet. Im Kreis Biedenkopf machten die Vogelsberger mit 17 910 Individuen 1925 noch zwei Drittel des Rinderbestandes aus. Außerdem kamen Vogelsberger damals noch im Kreis Wetzlar und im Regierungsbezirk Kassel vor. Der geschlossene Zuchtbezirk, in dem fast ausschließlich Vogelsberger gehalten wurden, umfaßte Anfang des 20. Jahrhunderts ein Gebiet von 3230 km^2 (Deutsche Landwirtschafts-Gesellschaft 1912).

Um 1930 war das Vogelsberger Rind durchaus nicht einheitlich. Zum einen hatte man teilweise noch den »alten Typ« wie ihn Moll (zit. in Rödenbeek 1930) 1870 beschrieben haben soll. Zum anderen wurde in jedem Landkreis ein anderer Typ gezüchtet. Dies war wohl eine Folge des damals noch sehr diktatorischen Vorgehens der Tierzuchtbeamten. Dennoch ergibt sich folgendes durchschnittliches Erscheinungsbild: Die Haarfarbe war im allgemeinen einfarbig rot bis braunrot, bei manchen Tieren fast schwarzrot oder gelbrot. Diese Abweichungen von der Norm wurden jedoch nicht gern gesehen; man schloß aus ihnen auf Einkreuzungen. Die Schwanzquaste war weiß mit braunem Mantel. Hin und wieder traten regellos kleine rehfarbene sog. Wildflecken auf. Im allgemeinen war die Farbe in Oberhessen mittelrot, in den Kreisen Biedenkopf und Wetzlar sowie in Kurhessen dagegen vorwiegend dunkelrot. Die Hörner waren kurz. Sie verliefen zunächst waagerecht nach außen, dann vorwärts, aufwärts, und die Spitzen zeigten schließlich nach hinten und innen (»aufgeworfen«). Die Hörner waren weiß oder weißgelb gefärbt mit schwarzer oder dunkelbrauner Spitze, die Klauen schwarz und sehr hart. Der Kopf war mittellang. Es fällt auf, daß »Fliegenköpfe« damals weder dem Namen noch der Beschreibung nach vorkamen. Folgende Maße wurden erreicht:

	Stier	Kuh
Widerristhöhe (cm)	130–149	125–129
Gewicht (kg)		450–500

Von ausgewachsenen Stieren liegen aus der Zeit um 1930 keine Gewichtsangaben vor. Offenbar waren die Vogelsberger im Verlaufe der vorausgegangenen Jahrzehnte deutlich schwerer geworden. Die Größe der Stiere schwankte jedoch erheblich. Als vorbildlich galten die Kühe des Selgenhofes, des Zuchthofes der Landwirtschaftskammer.

1930 wurde die Arbeit immer noch für die wichtigste Leistung der Kühe gehalten (Rödenbeek 1930). Diese waren fähig, schwere und langdauernde Arbeiten zu verrichten. Hinzu kommt allerdings, daß Pferdehaltung im Verbreitungsgebiet als Luxus galt, den sich die Landwirte im allgemeinen nicht leisten konnten. Selbst die Ochsenhaltung war zu kostspielig. Die Wertschätzung kommt am besten im wörtlichen Zitat zum Ausdruck:

»Es ist die Fahrkuh, die jegliche Gespannarbeit ausführen muß. Im Frühjahr zieht sie unentwegt Furche auf Furche zu schrägem, buckligem Raine, damit den schmalen Ackerbeeten das Sommerkorn einverleibt werden kann. Fuder auf Fuder bringt sie unermüdlich den kostbaren, über Winter bis zur Fensterhöhe der Wohnstube aufgesetzten Mist die steilen Berge hinan; wenn zwei Kühe es nicht schaffen, dann im Verein mit vieren, fünfen oder gar sechsen... Gutwillig geht die Fahrkuh nach dem Zurufe ihres Herren.«

Tab. 24. Milchleistung von Vogelsberger Kühen mit und ohne Arbeitsleistung 1926/27 (Rödenbeek 1930).

	Kontrollverein Wittgenstein		Verband Kurhessischer Rotviehzüchter	
	mit Arbeitsleistung	ohne	mit Arbeitsleistung	ohne
Bestände	16	11	10	14
Kühe	46	35	29	44
Milch (kg)	2 661	2 635	2 993	2 776
Fett %	3,73	3,74	3,92	3,86
Fett kg	99,4	98,5	117,3	107
Körpergewicht ⌀	425	431	510	491
Arbeitsleistung h	312	–	498	–

Die Milchleistung, gemessen an der Futtermenge, galt als sehr gut. Sie lag im Mittel bei nahezu 3000 kg jährlich. Erstaunlich ist, daß die Arbeit der Kühe sich kaum mindernd auf die Milchleistung auswirkte (Tab. 24).

Die Fleischleistung hatte beim Vogelsberger Rind untergeordnete Bedeutung. Die Kühe wurden möglichst lange zur Arbeit und zur Zucht genutzt aus der Überzeugung heraus, daß jeder Wechsel im Stall Geld kostet. Auszumerzende Tiere wurden selten gemästet. Eine Mast wäre viel zu teuer gewesen, weil Kraftfutter hätte gekauft werden müssen und die Verfütterung viel zu teuer gewesen wäre. Dennoch sollen Vogelsberger auf den Schlachtviehmärkten der Umgebung stets begehrt gewesen sein. Die Ausschlachtung soll bei männlichem und weiblichem Magervieh 50–55%, bei Mastvieh 60% betragen haben.

Der Verband Mitteldeutscher Rotviehzüchter, denen die Züchter des Vogelsberger Rindes angeschlossen waren, hatte in den 30er Jahren folgendes Zuchtziel definiert, von dem das tatsächliche Erscheinungsbild jedoch wohl etwas abwich:

Körpermaße: Widerristhöhe bei ausgewachsenen Bullen 135–145 cm, bei ausgewachsenen Kühen 128–133 cm.
Kopf bei Kühen mittellang, derb, breite Stirn, Stirnnasenbein gerade, Ganaschen kräftig, Flotzmaul und Nasenspiegel breit, Ohren groß und derb; bei Bullen kurz, derb mit männlichem Gepräge.
Horn bei Kühen mittellang und fein, bei Bullen kurz und kräftig, jedoch nicht übermäßig dick.
Hals bei Kühen mittellang, kräftig, gut am Kopf angesetzt, in gerader Linie verlaufend, voll in Widerrist und Schulter übergehend, faltenreich mit gut ausgebildeter Wamme; bei Bullen derber, kürzer, mit Kammbildung bei Tieren über zwei Jahren.
Brust tief und breit, Brusttiefe mindestens 52% der Widerristhöhe bei ausgewachsenen Tieren; Rippen gewölbt, lang und kräftig, an Widerrist und Wirbelsäule voll angesetzt, tonnig nach unten und weit nach hinten gehend.
Flanke tief, breit und voll.
Rücken eben, breit, voll bemuskelt.
Lende (Niere) kräftig, breit, mittellang, voll bemuskelt, Querfortsätze lang und hoch liegend mit geradem Anschluß an die Hüften.
Hüften breit ausgelegt, Hüftknochen nicht zu stark hervortretend.
Kreuz lang und breit, mit dem Rücken eine Linie bildend.
Becken lang, breit, eben, gut bemuskelt.
Schwanzansatz kräftig, eben erwünscht, ansteigender Ansatz nicht fehlerhaft; Schwanz lang, bis zum Sprunggelenk reichend.
Gliedmaßen kräftig, trocken; Vorarm breit, gut bemuskelt; Keule breit, lang, tief bemuskelt; Sprunggelenk breit, kräftig und gut eingeschient, in richtigem Winkel stehend.

Vogelsberger Rind

Klauen dunkel, rund und hart.
Stellung regelmäßig, lotrecht.
Gang geräumig, regelmäßig.
Haut mittelstark, leicht verschiebbar, rot ohne helle und schwarze Farbeinlage.
Haar dicht, kräftig, glänzend, mittellang.
Euter gut entwickelt, regelmäßig und breit gegen den Bauch angesetzt, von vorne lang, eine große Grundfläche bedeckend. Dünn behaart, kernig sich anfühlend; Striche kräftig, mittellang, weit auseinanderstehend, gleichmäßig lang.
Farbe einfarbig rot bis dunkelbraunrot, um Augen und Nasenspiegel heller (hellere Tönung an Innenseite der Gliedmaßen und Euter nicht fehlerhaft). Sichtbare Schleimhäute und Nasenspiegel fleischfarben (etwas schwarze Farbeinlage am Nasenspiegel gestattet). Horn im Grunde hell, wachsgelb; Schwanzquaste weiß mit roten Haaren vermischt. Weiße Flecke an Euter oder Hodensack gestattet.
Ausschließende Merkmale: Mangelhafter Ausdruck der Geschlechtszeichen, erhebliche Baufehler, Zwerg- oder Riesenwuchs, ungenügende Entwicklung des Euters, feine Knochen, fehlerhaft gestellte Gliedmaßen, Hochbeinigkeit, lose Schulter, Einschnürung hinter Widerrist und Ellenbogen, magere, schmale eingedrückte Tiere, Schweinekeule, schwarze oder blaue Farbeinlage an Schleimhäuten und Nasenspiegel, durch andersfarbige Haare hervorgerufenes buntes oder gleichmäßig andersfarbiges Haarkleid, überwiegend schwarze Innenbehaarung der Ohrmuscheln.

Rödenbeek (1930) wendet sich gegen die Verdammung einer etwas schwachen Rückenlinie beim Vogelsberger Rind und das Streben nach einer ebenen Beckenlage. Er zitiert Köppe, der mit einem Beispiel aus dem menschlichen Leben zu überzeugen versucht:

»Dem tafelförmigen Becken machen wir … reichlich Konzessionen. Es geht uns wie dem Jüngling, der in der jungen strahlenden Dame nur die begehrenswerte Schönheit sucht. Als erfahrene Züchter sollen wir mehr dem Zweckmäßigen der Form den Vorrang geben.«

Wünschenswert sei, unabhängig von der Form, die Festigkeit des Rückens bis ins hohe Alter. Rödenbeek zitiert des weiteren Walther, der nicht einsieht,

»warum die Rückenbrücke so unheimlich straff gespannt sein muß. Dagegen weiß ich von Landschlägen, bei denen jede Kuh zum mindesten einen weichen Rücken hat, die aber über eine erstaunlich große Zahl von Kühen verfügen, die bis ins hohe Alter hinein mit größter Regelmäßigkeit ihr Kalb bringen; bei denen Kühe mit ›unmöglichem‹ Rücken im Winter auf schlechten Waldwegen Langholzfuhren leisten, daß einem angst und bange werden kann.«

Während des Zweiten Weltkriegs galt das Mitteldeutsche Rotvieh, und damit auch das Vogelsberger Rind, als das »Vollblut unter den Arbeitsrindern«, weil es lebhaft, wendig und leicht beweglich war (Zorn 1944). Es nahm in Hessen noch 9% des Rinderbestandes ein. Im Gegensatz zu anderen Rotviehschlägen konnte es seinen Anteil zu jener Zeit gut halten. Zuchtziel war nach wie vor ein nicht zu kleines, mittelschweres, leichtfuttriges, leistungsfähi-

Abb. 68.
Vogelsberger Kuh Maid auf der DLG-Ausstellung 1955.

Rinder

Abb. 69. Kuh Mairose 51802, geb. 1949, etwa 1960. Höchste Jahresmilchmenge 5286 kg mit 4,46 % Fett.

ges Wirtschaftsrind mit dreifacher Nutzungsmöglichkeit (Arbeit, Milch und Fleisch) bei langer Nutzungsdauer. 1941 wurde die Bezeichnung »Deutsches Rotvieh« eingeführt. Es umfaßte sowohl das Rote Höhenvieh als auch die Angler.

Als »Vollblut unter den Arbeitsrindern« galt das Rote Höhenvieh, und damit das Vogelsberger Rind, auch noch in der Nachkriegszeit (Roemer et al. 1953).

Gefordert wurde jetzt eine Jahresmilchmenge, die dem Sechsfachen des Körpergewichts entsprach, bei 3,8% Fett. Vereinzelt kamen schon Jahresleistungen von 10 000 kg Milch und eine Lebensleistung von rund 60 000 kg Milch vor. Organisiert war die Rasse im »Landesverband der Rinderzüchter in Hessen-Nassau, Abtlg. c«. Jährlich fanden zwölf Versteigerungen statt, und zwar in den Orten Gießen, Frankenberg und Erndtebrück.

Wenig später wurde das Rote Höhenvieh folgendermaßen charakterisiert (Schmidt et al. 1957):

»mittelgroße und mittelschwere, kräftige, harte und sehr bewegliche Tiere mit tiefen, fest geschlossenen Figuren, kräftigem, ebenmäßig gestelltem Knochengerüst, breitem Körperbau, tonniger, tiefer Vorhand, mächtigen Flanken und guter Bemuskelung (Abb. 69). Angestrebt wurde eine sehr gute Arbeitsleistung (1957!) bei flottem, räumendem Gang.«

Die Leistungsanforderung hatte sich also in den vorausgegangenen Jahren nicht geändert.

Als Durchschnittsmaße für ältere Tiere auf DLG-Ausstellungen galten:

	Stier	Kuh
Widerristhöhe (cm)	143	134
Gewicht (kg)	937	606

Auffallend war die geringe Anfälligkeit für Tuberkulose. Während bei anderen Rassen meist bei mehr als 10% der Schlachttiere Tbc nachgewiesen werden konnte, waren es beim Rotvieh nur 3,8% (Hammond et al. 1961).

Im Jahre 1983 wurde in Hessen ein »Arbeitskreis zur Erhaltung der Genreserven des Roten Höhenviehs« gegründet.

Eine Bestandsaufnahme ergab aber dann, daß nur noch wenige Tiere im Typ des Vogelsberger Rindes vorhanden waren. Als glücklicher Zufall muß es bezeichnet werden, daß in einer hessischen Besamungsstation noch ein Vorrat von ca. 70 Spermaportionen des letzten gekörten Vogelsberger Bullen Uwe R 12 lagerte. Neun Kühe wurden zunächst mit diesem Sperma besamt.

1985 wurde aus dem Arbeitskreis ein Verein. Dieser nahm etliche weibliche Tiere in ein Zuchtprogramm; zusätzlich wurde ein Embryotransfer durchgeführt. Weiterhin wurde Sperma des Bullen Uwe R 12 eingesetzt.

Um eine zu enge Blutführung zu vermeiden, kam außerdem Sperma von zwei weiteren Stieren zum Einsatz. Der Beirat des Vereins erarbeitete eine Zuchtordnung, durch die aus einer Rasse mit wesentlicher Nutzung zur Arbeit ein Zweinutzungsrind moderner Prägung werden konnte.

Gegenwärtig sind über 30 aktive Züchter mit über 500 Tieren an Zucht und Erhaltung des

Roten Höhenviehs beteiligt. Es ist heute ein Rind im mittleren Rahmen vom Zweinutzungstyp (Abb. 70). Bei recht hoher Milchleistung ist es nach wie vor robust, anspruchslos und widerstandsfähig. Empfohlen wird die Haltung auf Grenzstandorten, Mittelgebirgsweiden und zur Restgrünlandnutzung (Bremond 1989). Als günstig hat sich die Mutterkuhhaltung erwiesen.

Harzer Rotvieh

Gelegentlich, insbesondere zu Beginn des 20. Jahrhunderts, wurde angenommen, daß das Rotvieh durch die Kelten schon vor Beginn der Zeitrechnung nach Mitteleuropa gebracht worden sei. Danach ließe sich das Harzer Rotvieh auf das keltische Rind zurückführen. Derartige Vermutungen sind jedoch fragwürdig. Zu sehr wird davon ausgegangen, daß die jetzt vorhandenen einheitlichen Rassen schon immer im Ursprungsgebiet vorgekommen sind. Diese Ansicht ist nachweislich falsch. Einheitlichkeit im Aussehen wird erst seit ungefähr 200 Jahren verfolgt. Zuweilen kam es vor, daß Rinder der einen oder anderen Farbe überwogen, doch variierte dies von einem Bestand zum anderen. Häufig war das Erscheinungsbild auch von kurz vorher importierten und dann eingekreuzten Tieren geprägt.

Die im 17. und 18. Jahrhundert auf den Gräflich-Stolbergschen Domänen bei Werningerode gehaltenen Rinder, repräsentativ für das Harzer Vieh, waren durchaus nicht nur rot. 1623 überwogen rein schwarze Tiere und solche mit weißen Abzeichen. 1691 waren von den 41 vorhandenen Rindern 29 schwarz und nur vier rot.

Die Situation änderte sich jedoch im folgenden Jahrhundert: Von den 1775 vorhandenen 70 Rindern waren 45 rot und nur noch vier schwarz. Dieser Wandel ist wohl nicht erst auf Einfuhren zurückzuführen. Nach Lydtin und Werner (1899) sollen schon Anfang des 18. Jahrhunderts die meisten Rinder im Harz braun gewesen sein.

Bereits im 17. Jahrhundert brachten die Grafen Stolberg von ihren Besitzungen in Hessen Rinder in den Harz. Ob diese Tiere rot waren, ist nicht bekannt. Es wird für denkbar gehalten, daß es sich um Vogelsberger gehandelt hat. Wahrscheinlicher ist, daß nicht das Land Hessen, sondern ein Dorf gleichen Namens gemeint war, das ca. 20 km von Wernigerode entfernt im Harz liegt (Heine 1910).

Historisch belegt ist, daß Fürst Friedrich zu Bernburg die Rinderzucht fördern wollte und deshalb in der zweiten Hälfte des 18. Jahrhunderts Tiere aus der Schweiz kommen ließ. Auch von amtlicher Seite wurden zu jener Zeit Schweizer Bullen eingeführt. Über die Rassezugehörigkeit dieser Tiere können nur Vermutungen angestellt werden. Zu Beginn des 19. Jahrhunderts kamen ein Bulle und sechs Kühe aus Tirol nach Elbingerode im Harz. Es soll sich um (rotes) Zillertaler Vieh gehandelt haben. Ein Teil der Nachkommen der Tiroler Kühe wurde nach Braunlage gebracht. Hier begann man um 1830, konsequent auf rote Tiere zu selektieren.

Selbst rote Rinder mit weißen Abzeichen wurden nicht zur Zucht verwendet. Man erhielt bald einen roten Schlag, der zunehmend von den angrenzenden Orten übernommen und als »Braunlager Rasse« bezeichnet wurde (Creydt 1879). So gelang es, in wenigen Jahren einen Schlag zu züchten, der Anfang der 40er Jahre des 19. Jahrhunderts folgendermaßen beschrieben wurde (Lydtin und Werner 1899):

»**Farbe:** gleichmäßig braun mit weißer Schwanzspitze, zuweilen ein weißer Fleck am Euter; Nase fleischfarben; Horn an der Wurzel gelblichweiß, nicht bläulichweiß (die bläulichweiße Färbung ist durch Kreuzungen später entstanden), dann ins Schwärzliche übergehend und in eine wachsgelbe Spitze auslaufend.
Haar: den klimatischen Verhältnissen entsprechend etwas länger und dicker als bei den Niederungsrassen, öfters gekräuselt (pudelig); aus der Ohrmuschel büschelförmig heraushängend; oft auch auf die Stirn herabhängende Haarbüschel; Euter meist behaart, selbst bei den besten Milchgebern.
Haut: mäßig dick, aber weich, am Halse mit mäßig starker Wamme.

Rinder

kurzes kräftiges Bein, weite Sprunggelenke; gerader, kräftiger Stand; Schwanz lang und mäßig stark, mit starkem, oft bis zur Erde herabhängendem weißem Haarbüschel. Schalen (Klauen) rund und hart infolge der starken Weidemärsche; leichter Gang. Die Tiere waren im allgemeinen gute Milchgeber, sie ließen sich leicht mästen. Bei der Mast entwickelten sich vorzugsweise die Körperteile gut, welche bei Masttieren allgemein hoch geschätzt werden. Sie besaßen ein feinfaseriges Fleisch, waren sehr marschfähig und lieferten sowohl reinrassig wie in ihren Kreuzungstieren mit Landrassen ein gutes Material für Zugvieh.«

Wegen der »guten Eigenschaften« kam es um die Mitte des 19. Jahrhunderts zu einem wachsenden Verkauf von Harzer Zucht- und Nutztieren nach außerhalb. Es sollen nur minderwertige Tiere im Zuchtgebiet verblieben sein (Lydtin und Werner 1899). Zum Ausgleich wurden Allgäuer (Braunvieh), Glanvieh und Simmentaler eingekreuzt. Deren Nachkommen ertrugen jedoch das rauhe Klima schlecht, und die dürftige Ernährung hemmte das Wachstum. Leistungen und Gesundheitszustand verschlechterten sich.

Zu Anfang der 70er Jahre des 19. Jahrhunderts zeigte der Rinderbestand im Harz ein »buntscheckiges Aussehen« (Lydtin und Werner 1899). Es war schwer, noch reinrassige Harzer Rinder zu finden. Deshalb beschloß der Landwirtschaftliche Hauptverein Göttingen, zu dessen Tätigkeitsbereich der größte Teil des Zuchtgebietes gehörte, im Jahre 1878, die Situation der Rinderzucht im Harz zu überprüfen, die Ursachen des Rückgangs der Zucht zu ermitteln und Wege zu ihrer Verbesserung aufzuzeigen. Eine Kommission wurde ernannt, die das Zuchtgebiet bereiste und die Situation der Zucht erfaßte. Auf den Bericht dieser Kommission hin wurde beschlossen, die Wiederherstellung des Harzer Rotviehs im ganzen Zuchtgebiet mit allen Mitteln zu versuchen. Empfohlen wurden folgende Maßnahmen:

1. Veröffentlichung der Kennzeichen der alten Harzrasse.
2. Bildung von Zuchtvereinen.
3. Einführung einer Stierkörungsordnung. Der Vorsitzende dieser Kommission war für den

Abb. 70. Vogelsberger Rind.

Abb. 71. Harzer Bulle Harras, geb. 1886 in Clausthal mit einer Widerristhöhe von 142 cm.

Knochenbau: fein und fest.
Kopf: sogenannter »Fliegenkopf«, d. h. Stirn breit, unterer Teil spitz und kurz; Horn bei der Kuh dünn und schlank gewunden, beim Bullen an der Wurzel kräftig, schlank bis zur Spitze auslaufend, mäßig nach vorn gebogen.
Körperform: Nacken breit, Hals tief angesetzt und kräftig bis zum Kopf verlaufend, jedoch nicht stumpf; Rücken gerade mit hoch angesetzter Schwanzwurzel; Brust tief und breit; kräftige Schultern; Widerrist platt; Rippen tonnenförmig; Kreuz im Vergleich zur Länge des Tieres breit und voll, tief herabhängend;

Harzer Rotvieh

Abb. 72.
Harz-Vieh um 1900.

ganzen Harz vom Hauptverein Göttingen zu ernennen, um ein einheitliches Vorgehen zu sichern.
4. Auslobung von Prämien.
5. Errichtung eines Herdbuchs.
6. Bildung kleiner Stammherden in geeigneten Stallungen, in denen die besten noch vorhandenen Tiere zusammenzustellen seien, um durch die Führung von Stamm- und Milchregistern eine sachgemäße Weiterzucht zu ermöglichen, sicherzustellen und durch Abgabe von Zuchtvieh auf die Verbesserung der übrigen Herden einwirken zu können.

1880 wurde im ganzen Harz eine Körordnung eingeführt; im gleichen Jahr wurde in der Pixhayer Mühle bei Clausthal die erste Stammherde gegründet. Dieser folgte 1882 eine zweite im Forsthaus Wietfeld bei Tanne. Das alte Herdbuchwesen schlief allmählich ein. An seiner Stelle hatten sich seit Anfang der 90er Jahre eine Anzahl von Rindviehzuchtgenossenschaften gebildet.

Der Erfolg der Maßnahmen soll recht zufriedenstellend gewesen sein. Dennoch wurde darüber geklagt, daß der sehr verteilte landwirtschaftliche Besitz die Arbeit des Hauptvereins und der Behörden erschwerte. So ging denn auch die Rinderzucht im Harz stellenweise zurück. Gründe hierfür waren, daß die Forstbehörden die Waldweide beschränkten, und die kleinen Landwirte sich mehr auf das Vermieten von Wohnungen konzentrierten und keine Rinder mehr hielten (Lydtin und Werner 1899).

Ende des 19. Jahrhunderts zählte man das Harzer Rotvieh zu den mittelgroßen Höhenschlägen (Abb. 71). Ein besonderer Nutzungstyp kommt in der äußeren Erscheinung nicht deutlich zum Ausdruck. Am ehesten war es unter die Arbeitsrinder einzustufen. Dem Vo-

Rinder

gelsberger Rind glich es in der Farbe, nicht jedoch in der Gestalt; im allgemeinen war es größer und schwerer. Die Rasse war jedoch in sich nicht einheitlich. Im Oberharz waren die Tiere kleiner und leichter als im Unterharz. Dieser Unterschied, der bei allen Gebirgsrassen festzustellen ist, wurde jedoch nicht für genetisch bedingt gehalten. Er galt als Folge der unterschiedlichen Klima-, Boden- und Wirtschaftsverhältnisse.

Das Aussehen wird Ende des 19. Jahrhunderts folgendermaßen beschrieben (Lydtin und Werner 1899):

»**Farbe:** einfarbig braunrot bis dunkelbraun. Hals und Kronsaum dunkler, ebenso der Nacken der Bullen. Bei einzelnen Tieren Andeutung eines Aalstrichs. Kinn und Euter heller; an letzterem zuweilen ein weißer Fleck. Schwanzquaste weiß, von roten Haaren ummantelt (sog. Blume). Wimpern in der Regel schwarz. Haare des Ohrrandes, Ohrpinsel und gewöhnlich auch Stirnschopf rotbraun, bisweilen heller; an manchen Tieren schwarzbraun. Flotzmaul, Lippen, Augenlider, unbehaarte Hautstellen und Schleimhäute fleischfarben; zuweilen braun gefleckt oder dunkel getupft, selten schiefergrau. Hörner gelblichweiß, gegen die Spitze ins Schwarze übergehend, die Spitze selbst wachsgelb. Klauen rötlich bis dunkelbraun (Abb. 72). Als fehlerhaft galten ein heller Ring um die Augen (sog. Brillen), schwarzes Pigment am Nasenspiegel und größere weiße Flecken im Haarkleid.

Kopf: bei der Kuh mittellang bis lang. Breite Stirn; der Gesichtsschädel deutlich schmaler und deshalb scharf vom Hirnschädel abgehoben (sog. Fliegenkopf). Profillinie leicht hechtförmig. Nasenrücken schmal. Hörner der Kühe meist im Grunde seitwärts, dann aufwärts und an der Spitze rückwärts geschwungen. Verhältnismäßig großes Auge.

Rumpf: Schulter ziemlich kurz, Rücken ziemlich lang. Gut ausgeprägte Hinterhand. Schwanzwurzel höher als der Widerrist.

Euter: gewöhnlich nicht sehr groß und fest anliegend; meist stark behaart.

Beine: beim Bullen kurz und stämmig, bei der Kuh länger und im unteren Teil feiner.«

Maße der Tiere in den Zuchtgenossenschaften, Stammherden und den Orten am Rande des Harzes:

	Stier	Kuh
Widerristhöhe (cm)	138	127,5
Gewicht (kg)	750–800	500–550

Um 1900 züchtete man in fünf Provinzen Harzer Rotvieh. Es waren dies die Herzogtümer Braunschweig und Anhalt, die Provinzen Hannover und Sachsen sowie das Fürstentum Schwarzburg-Sondershausen. Die Viehzählungen von 1896 und 1906 erbrachten in diesen Bezirken das von Knispel 1907 zitierte Ergebnis (Tab. 25). Im Verlaufe von nur zehn Jahren hatte der Gesamtbestand des Harzer Rotviehs um 15,8% abgenommen, obwohl der Rinderbestand in den genannten Provinzen von 1 878 932 auf 2 109 939 deutlich angestiegen war.

Tab. 25: Bestände des Harzer Rotviehs 1896 und 1906 in den fünf Bezirken des Verbreitungsgebietes.

Bezirk	1896	1906
Herzogtum Braunschweig	15 173	18 544
Provinz Hannover	57 118	57 367
Provinz Sachsen	53 685	31 126
Herzogtum Anhalt	4 799	4 062
Fürstentum Schwarzburg-Sondershausen	1 098	–
zusammen	131 873	111 099

Im Herzogtum Braunschweig wurde in drei Kreisen Harzer Rotvieh gehalten. Während sein Anteil in den Kreisen Wolfenbüttel und Gandersheim 1896 nur jeweils 10% betrug, machte diese Rasse im Kreis Blankenburg 70% des Rinderbestandes aus. Hier wurden 34 angekörte Harzer Bullen gehalten.

In der Provinz Hannover kam Harzer Rotvieh in sieben Kreisen vor. Den größten Anteil bildete diese Rasse 1896 in den Kreisen Zellerfeld (90%), Osterode (80%) und Ilfeld (74%). In der gesamten Provinz gab es 257 gekörte Harzer Bullen.

Harzer Rotvieh

Abb. 73. Harzer Rotvieh-Kuh um 1920.

In der Provinz Sachsen ermittelte man 1896 in acht Kreisen Harzer Rotvieh. Den höchsten Anteil mit 40% hatte der Kreis Wernigerode. In dieser Provinz gab es zu jener Zeit 323 gekörte Bullen des Harzer Rotviehs. Die vier Stammzuchtgenossenschaften Wernigerode, Wippra, Bennungen und Benneckenstein gehörten zunächst dem »Verband für die Züchtung des Harzviehs in der Provinz Hannover« an. Sie kündigten ihre Mitgliedschaft dort jedoch und bildeten ab 1904 den »Verband zur Züchtung von Harzvieh in der Provinz Sachsen in Halle an der Saale«. Die ursprüngliche Satzung wurde allerdings beibehalten.

Im Herzogtum Anhalt wurde das Harzvieh von der »Stammzuchtgenossenschaft für Harzvieh, Ballenstedt 1900« herdbuchmäßig gezüchtet. 1905 umfaßte diese Genossenschaft 58 eingetragene Mitglieder. Sie gehörte zum Verband der Zuchtgenossenschaften des Harzrindviehs in Zellerfeld (Hannover) und hatte damit auch die von diesem Verband vorgeschriebenen Satzungen, Körbestimmungen und Zuchtziele übernommen. Im Kreis Ballenstedt machte das Harzer Rotvieh 20% des Rinderbestandes aus. Im Fürstentum Schwarzburg-Sondershausen schied das Harzer Rotvieh bis 1906 völlig aus.

1910 wiesen die Zuchtbücher erste genetische Beurteilungen der Vatertiere auf. Drei Töchter eines Vatertieres wurden beurteilt. Dem Halter des prämierten Vatertieres wurde von der Zuchtgenossenschaft eine Erhaltungsprämie von 100 Mark als Altbullenzuschuß bezahlt. Mit der Zahlung dieser Geldprämie war die Anerkennung als guter Vererber verbunden. Die Summe sollte die Züchter anspornen, gute Vatertiere zu erhalten. Ein weiterer Schritt in diese Richtung wurde Ende des Jahres 1910 gemacht. Der Kreisausschuß Zellerfeld wollte auf dem Sorgeschen Gehöft vor Zellerfeld eine Aufzuchtstation für Bullen einrichten. 1911 wurde der Verband der Harzvieh-Zucht-Genossenschaft in der Provinz Sachsen, Sitz in Sangerhausen, ins Leben gerufen. Dieser Verband veranstaltete 1912 die erste Verbandsschau in Nordhausen, das bis Ende des 2. Weltkriegs

Mittelpunkt der züchterischen Arbeit der Harzer Rinderzucht und Versteigerungsort für Zuchtvieh war.

Ab 1914 (Abb. 73) bekam der Verband der Harzviehzüchter vom preußischen Staat eine jährliche Beihilfe aus den Westfonds. Im Jahre 1928 erhielt er folgende Gelder: Vom Staat 2000 RM, Kreis Zellerfeld 4000 RM, Kreis Ilfeld 2000 RM, Kreis Osterode 1000 RM, aus der Milchkontrolle 3000 RM, aus den Beiträgen der Mitglieder 750 RM; zusammen also 12 750 RM. Von dieser Summe wurden der Tierzuchtinspektor und drei Milchkontrolleure bezahlt. Außerdem wurden 100–150 Reichsmark für jeden aufgezogenen Bullen als Aufzuchtprämie verwendet.

Erst 1924 wurde der Verband der Zuchtgenossenschaften des Harzrindes, Geschäftsstelle Clausthal, gegründet. Durch ihn wurde die Bedeutung der Milchkontrolle zur Förderung der Leistungszucht anerkannt und eingeführt. Die Milchkontrolle durch den Kontrollverein Clausthal begann 1925/26 mit 36 Kühen und einer Durchschnittserzeugung von 2270 Liter Milch pro Kuh und Jahr. »Blümchen«, geboren 1920, war die erste amtlich kontrollierte Harzkuh mit einer Jahresleistung 1925/26 von 1805,6 kg Milch; 78,27 kg Fett und 4,33% Fett. Zu erwähnen ist aus dieser Zeit die Leistung der Kuh »Röschen« 1042, geboren 1925, mit der Höchstleistung im Jahr 1934 von 3989 kg Milch; 163,4 kg Milchfett und 4,2% Fett. Ihr 16jähriger Durchschnitt waren 3343 kg Milch, 134 kg Fett und 4,01% Fett. Diese Kuh schied erst 1943 mit 18 Jahren und nach 16 Abkalbungen aus.

Trotz des Zusammenschlusses der verschiedenen Zuchtverbände stellte das Rotvieh im Zweiten Weltkrieg nur noch 2% des deutschen Rinderbestandes. Sein besonderer Wert wurde in der Bodenständigkeit, der Stetigkeit seiner Leistungen, Anspruchslosigkeit, Gesundheit, Härte und Widerstandsfähigkeit gegen Seuchen (Tuberkulose) gesehen (Zorn 1944). Außerdem »entartete« es bei dem im Verbreitungsgebiet vorherrschenden kärglichen, meist rohfaserreichen Futter weniger als hochgezüchtete Rassen und sei daher für manche Gegenden unersetzlich gewesen.

Das Harzrind galt jetzt als Schlag des Rotviehs, das dennoch zunächst weitgehend frei von Fremdblut weitergezüchtet wurde. Auch in den 40er Jahren des 20. Jahrhunderts hielten klimatische und wirtschaftliche Bedingungen im Unter- und Oberharz verschiedene Typen aufrecht. Im waldreichen, rauhen Oberharz wurden pro Betrieb nur ein bis zwei Kühe gehalten, die als Arbeitsrinder verwendet wurden und im Sommer auf armen Waldlichtungen und Bergweiden, im Winter mit wenig Heu in schlechten Stallungen ernährt wurden. Diese Tiere waren zäh und anspruchslos. Als Zuchtziel galt auch nach 1950 noch ein mittelschweres, kräftiges Wirtschaftsrind mit dreifacher Nutzungsmöglichkeit: Arbeit, Milch und Fleisch (Roemer et al. 1953).

Im Jahre 1946 wurde dem Verband der Harzviehzüchter die Weiterarbeit von der Militärregierung genehmigt. Außer mit dem großen Problem der Futterknappheit mußte der Verband 1946 darum kämpfen, das Harzrind vor der Beschlagnahmung als Schlachtvieh zu schützen. Ganz wie in früheren Jahren war man bis 1948 wieder auf die Selbstversorgung mit Nahrungsmitteln angewiesen. So litt auch die Fortentwicklung der Leistungszucht während dieser Zeit. Die mäßigen Milchleistungen waren nach der Währungsreform 1948 ein Hemmnis für die Harzviehzucht. Deshalb wurde nach einer Möglichkeit gesucht, aus dem Harzer Vieh in kurzer Zeit ein edles Milchrind zu züchten. Dabei schien die Einkreuzung des Dänischen Rotviehs zur Erhöhung der Milchmenge und des Milchfettgehaltes am geeignetsten. Gestützt wurde diese Überzeugung auf umfangreiche Erfahrungen aus dem Vogelsberg und dem Vogtland.

Durch eine Revision des Tierzuchtgesetzes am 7. Juli 1949 wurden die Gemeinden von der Pflicht der Bullenhaltung entbunden. Diese lag nun bei den Rinderhaltern. Die Gemeinden selbst wurden nämlich durch ein preußisches Gesetz vom 27. Juli 1900 zur Bullenhaltung verpflichtet, um die Hirten zu entlasten.

Harzer Rotvieh

In den Jahren nach 1948 zeichnete sich ein Wandel in der Rinderhaltung ab. Mehr als die Hälfte des ursprünglichen Zuchtgebietes lag durch die politische Teilung Deutschlands nach 1945 auf dem Gebiet der DDR. Trotzdem versuchten die Zuchtorganisationen in Ost und West mit aller Kraft, wieder eine Rotviehzucht im Harz entstehen zu lassen.

Nach Kriegsende wurden aus dem Osten verdrängte Landwirte im Harz seßhaft. Siedlungsgesellschaften waren für die Verteilung des Landes an die Übersiedler zuständig. Die neuen Vollerwerbsbetriebe waren dazu verpflichtet, Rotvieh zu halten. Anfangs führte man zusätzlich Dänisches Rotvieh ein, da die Harzer Züchter den aufkommenden Bedarf an Zuchttieren nicht decken konnten.

Da die Harzviehzucht wieder neuen Aufschwung bekommen hatte, wurde nach 15jähriger Unterbrechung 1950 in Clausthal eine Kreistierschau abgehalten. Diese Schau veranstalteten der Verband der Harzviehzüchter Goslar und das Tierzuchtamt Braunschweig; sie wurde von allen Gemeinden des Kreises Zellerfeld beschickt. Im Katalog waren 196 Nummern verzeichnet, die sich auf 7 Bullennachzuchtsammlungen, 14 Kuhfamilien, 17 Bullen, 141 Kühe, 27 Färsen sowie 30 kleine und große Zuchtsammlungen verteilten.

Die Rotviehherden wurden mit Kühen anderer Rassen durchsetzt, weil reinrassige Harzer selten angeboten wurden. Da sich die Futterlage verbessert hatte, fing man im Oberharz wieder an, die alten Bestände zu ergänzen und überzählige Tiere zu verkaufen. Aus diesem Grunde wurde auch im Kreis Zellerfeld eine Schau abgehalten. Da hier nur Rotvieh gezüchtet wurde, sollte der Kreis in Zukunft als Lieferant von weiblichen Nachzuchten wirken.

Die Ausschreibung der Schau erfolgte nach der Klasseneinteilung der DLG. Bei den Kühen und Färsen wurde eine Einteilung in Weidevieh und Koppelvieh vorgenommen. Der Grund für diese Unterteilung lag in den großen Entfernungen, die das Weidevieh täglich zurücklegen mußte. Diese Belastung beeinträchtigte den Zustand der Tiere beträchtlich.

Von den aufgetriebenen Tieren wurden
27 in die Leistungsklasse I,
41 in die Leistungsklasse II und
83 in die Leistungsklasse III eingestuft.

Bei den Bullennachzuchtsammlungen wurden drei erste Preise vergeben. Dies ist deshalb beachtlich, weil bis 1945 die Bullenaufzucht fast ausschließlich in den Kreisen der späteren DDR lag und diese 80% der benötigten Bullen geliefert hatten.

Bei der Bewertung der Kühe wurde besonders auf einen edlen, mittelschweren Milchtyp mit gutem Sitz des Euters und weiblichem Ausdruck von Kopf und Hals, auf gute Flankentiefe und langes Becken geachtet. Den ersten Preis erhielt die 14jährige Rinderleistungsbuchkuh »Vrani 7773« der Heilstätte Schwarzenbach mit einer Lebensleistung von 25 855 kg Milch, insgesamt 1078 kg Fett, 4,17% Fett und 12 Kälbern.

Im Jahre 1952 wurden, bedingt durch die Däneneinkreuzung, pro Kuh durchschnittlich 3030 kg Milch mit einem Fettgehalt von 4,06% erzielt. Solche Erfolge zeigten sich aber nur in Betrieben mit einer intensiven Milchwirtschaft, bei der Stallhaltung und Weidegang betrieben wurden und in denen für eine ausreichende Fütterung gesorgt werden konnte. In der Waldweidehaltung stellte sich keine Verbesserung der Leistungen ein. So wurden 1957 bei Dänentöchtern nur 84–93% der Milchleistung ihrer Harzer Mütter verzeichnet. Ebenso lagen die Fettleistungen nur bei 81–90% der Muttertiere (Arnold 1985). Trotz des Erfolges in der intensiven Milchviehhaltung konnte das eigentliche Ziel der Däneneinkreuzung, ein leistungsstarkes Rind zu schaffen, welches mit den kargen Verhältnissen des Harzes zurechtkommen sollte, nicht erreicht werden.

In einer Broschüre der Arbeitsgemeinschaft Deutscher Rinderzüchter e. V. von 1953 wird als Rasse lediglich das Rote Höhenvieh angegeben. Nur einer dort enthaltenen Verbreitungskarte läßt sich entnehmen, daß dieses im Harz noch vorkam. Es fanden damals auch jährlich

Abb. 74.
Harzer
Rotvieh-Kuh
1956.

noch zwei Versteigerungen statt, in Scharzfeld im Kreis Osterode. Als Durchschnittsmaße und -gewichte wurden auf DLG-Schauen folgende Werte gefunden (Schmidt et al. 1957):

	Stier	Kuh
Widerristhöhe (cm)	139	132
Gewicht (kg)	894	595

1955 hatte der Verband der Harzviehzüchter etwa 400 Mitglieder mit rund 1000 eingetragenen Tieren in 44 Ortschaften im Oberharz und seinem westlichen Vorland (ungefähr bis zum Göttinger Wald und zum Seeburger See). Die Geschäftsstelle des Verbandes in Goslar wurde mit der Außenstelle des Tierzuchtamtes Braunschweig vereinigt.

Um im Oberharz existenzfähige landwirtschaftliche Betriebe zu schaffen, wurde die Agrarstruktur bis in die 60er Jahre umgewandelt. 1958 hatten 84% der Harzer Betriebe weniger als 5 ha Land und nur 1% von ihnen besaß mehr als 20 ha. Jetzt wurden kleine Betriebe zu einer Größe von 15–20 ha zusammengelegt. Diese Aktion führte man aber so unsachgemäß durch, daß es zur Ausbreitung von Rinderseuchen kam. Bedeutende Zuchtbetriebe wurden Opfer dieser Seuchen und die Schwächung des Rinderbestandes war noch lange in der Harzviehzucht bemerkbar. Durch die Folgen der Umstrukturierung konnten die entstandenen Lücken aus eigener Zucht nicht mehr aufgefüllt werden. Man war besonders zur Zeit der Tbc-Umstellung auf Importe aus Dänemark angewiesen, um die Vollerwerbsbetriebe mit Rotvieh zu ergänzen. Da sich das Dänische Rotvieh für den Oberharz nur bedingt eignete, schieden die meisten Tiere schon nach einer Laktationsperiode wieder aus und stellten für den betreffenden Betrieb und für die zuschußgewährenden Stellen eine untragbare finanzielle Belastung dar.

Im Jahre 1962 wurde der Verein der Harzviehzüchter e. V. aufgelöst. Es entstand der Verband der Harz- und Rotviehzüchter e. V. mit Sitz in Goslar, der durch den Angler Verein betreut wurde. Zudem wurde vom Angler-Zuchtverein die Herdbuchführung übernommen. Grund für den Zusammenschluß war der Wunsch von Züchtern aus dem niedersächsischen Raum und aus den Gebieten Braunschweig und Winsen/Luhe, dem Zuchtverband beizutreten. Diese Gebiete betreute vorher der niedersächsische Rotviehverband; man züchtete Rotvieh mit Angler Blutführung. Durch den Zusammenschluß der Rotviehschläge wurde der Verband wieder etwas größer, sein Wirkungsbereich aber auch großflächiger. Zu einem Austausch von Zuchttieren zwischen den einzelnen Räumen kam es allerdings nicht. Das Zuchtvieh wurde später in Angeln gekauft.

Aus Gründen der Rationalisierung schloß man das Zuchtamt des Verbandes der Harz- und Rotviehzüchter in Goslar. Der Verband wurde fortan kommissarisch von Braunschweig, später von Northeim aus betreut. Er beschickte im Zweijahreszyklus Harz- und Heideausstellungen und veranstaltete 1971 eine Rotviehschau in Clausthal. 1972 übernahm die Angler-Zuchtorganisation auch züchterisch die kommissarische Leitung des Verbandes der Harz- und Rotviehzüchter, wobei dem Verband die Beibehaltung der Eigenständigkeit zugestanden wurde. Die neuen Zuchtziele sahen ein nutzungsbetontes Rind vor. Dieses sollte an die Leistungen moderner Rinderrassen anknüpfen können. Eine gezielte Paarung mit Harzer Bullen war jedoch seit 1967 nicht mehr möglich, da die Körung entsprechender Vatertiere abgelehnt wurde.

Ein zunächst noch behutsames Vorgehen wurde von Zuchtverband und Behörden durch Verdrängungskreuzung und Aufbau reiner Angler-Herden abgelöst. Letzte Versuche, das Harzer Rotvieh als Genreserve zu erhalten oder jedenfalls einen gewissen Spermavorrat reinrassiger Harzer Bullen für spätere Zeiten zu bewahren, waren durch die bürokratischen Maßnahmen zunichte gemacht worden. Ab Mitte der 60er Jahre führte der Tierarzt Dr. F. Knorr in Goslar einen geradezu verzweifelten Kampf für die Rettung des Harzer Rotviehs. Vergeblich! Die Vernichtung des Samendepots des letzten reinrassigen Harzer Bullen Quell 2528 im Jahre 1966 muß als ein einschneidendes Ereignis in der Zucht dieser Rasse gesehen werden. Mit dieser Maßnahme war das Schicksal des Harzer Rotviehs besiegelt. Reinrassige Tiere gab es bald nicht mehr. Erst seit Beginn der 80er Jahre interessierte sich ein gewisser Personenkreis für diese Rasse. Zu diesem Interesse mag beigetragen haben, daß ältere Erholungssuchende sich wiederholt nach den Rindern erkundigten, die es früher im Harz gegeben hatte und die sie jetzt vermißten.

Konsequenterweise wurden für die weitere Zucht Angler Rinder eingekreuzt. Die Erfolge sprachen für sich. Das Rotvieh produzierte immer noch weniger Milch als die Schwarzbunten, doch war es mit einem Fettgehalt von 4,6% gegenüber der des Schwarzbunten Viehs mit 4,0% qualitativ überzeugender. Zudem war die Wirtschaftlichkeit des Harzviehs gegenüber dem Schwarzbunten Vieh besser.

Seit 1942 sind die Rotviehzüchter dem Herdbuchkontrollverband Angeln angeschlossen. Nach 1945 wurde der »Verband deutscher Rotviehzüchter« als Dachverband gewählt (Hammond et al. 1961). An der Milchleistungskontrolle nahmen 1958 noch 154 Betriebe mit Harzer Rotvieh teil. Die 415 ganzjährig kontrollierten Kühe gaben im Durchschnitt 3451 kg Milch mit 4,14% Fett. Spitzenkühe erreichten über 6000 kg Milch und über 300 kg Fett.

1945 wurde durch die Festlegung der Besatzungszonen und die sich daraus ergebenden politischen Verhältnisse das Zuchtgebiet des Harzer Rindes geteilt. Die Züchter der späteren DDR hatten keine Möglichkeit, mit ihrer Herdbuchzentrale in Verbindung zu treten. Damit waren alle Zuchtunterlagen, die in Goslar und somit im westlichen Teil des Harzes lagen, nicht mehr erreichbar.

Die Rinderbestände waren durch den Krieg und seine Folgen stark geschwächt. Zudem herrschten sehr mäßige Futterverhältnisse. Aufgrund dieser schlechten Voraussetzungen waren Züchter und Behörden in der DDR gezwungen, Maßnahmen zur Verbesserung der gegebenen Verhältnisse zu ergreifen.

Durch einen Beschluß sollten folgende vier Ziele erreicht werden:

1. Versorgung der Landeszucht im Harz mit Vatertieren

Dieses Vorhaben sollte durch die Erfassung aller noch deckfähigen Bullen in sämtlichen Gemeinden, die Registrierung der körfähigen Jungbullen bei den Herdbuchzüchtern und deren Freistellung von der Schlachtung erreicht werden.

Es zeigte sich bald, daß die Aufzucht der Jungbullen die privaten bäuerlichen Züchter zumindest in den ersten Nachkriegsjahren überforderte. Daher wurden wertvolle Bullenkälber aus dem Oberharz, in dem es keine geeigneten Aufzuchtmöglichkeiten gab, von den beiden volkseigenen Gütern mit Harzviehzucht, der Versuchswirtschaft der Landesregierung in Siptenfelde und dem Versuchsgut der Universität Halle in Bärenrode, aufgekauft. Dort wurden sie unter besonders guten Futter- und Pflegeverhältnissen aufgezogen und der Landeszucht zur Verfügung gestellt. Mit dieser Maßnahme gelang es schon 1946, alle Deckstationen im Harz mit gekörten Bullen zu versorgen.

2. Zusammenfassung der Züchter zu einer neuen Organisation mit ehrenamtlichen Helfern

Alle Züchter wurden von der Zuchtleitung aufgesucht, um zu prüfen, ob sie gewillt waren, die Harzviehzucht noch weiter zu betreiben. Schon im Jahre 1945 wurden 30 Landwirte erfaßt und als erste Mitglieder der neuen Zuchtorganisation registriert. Durch gezielte Arbeit aller zuständigen Stellen steigerte sich die Anzahl von Züchtern und Tieren deutlich (Tab. 26).

3. Aufstellung eines neuen zentralen Herdbuches für den auf dem Gebiet der DDR liegenden Teil des Harzes

Da alle Herdbuchunterlagen in Goslar und damit im westlichen Teil des Harzes lagen, mußte für die DDR ein zentrales Herdbuch neu geschaffen weerden. Aus den Stallbüchern der Mitglieder und den örtlichen Unterlagen der Milchleistungsprüfungen wurde eine neue Herdbuchkartei erstellt. Erst 1950 gelang es, fehlende Angaben aus Goslar zu erhalten und die Unterlagen zu vervollständigen.

4. Wiedereinrichtung und Verbesserung der Leistungsprüfung

Auch bei der Wiedereinrichtung und Verbesserung der Leistungsprüfung ließ man keine Zeit verstreichen. Schon ab 1945 wurden größere Gebiete der Herdbuchzucht im Harz wieder in die Leistungsprüfung aufgenommen.

Auf der ersten Harzviehschau nach dem Kriege (1949) wurden Tiere gezeigt, die teilweise gute Anlagen zur Milch- und Fettleistung hatten. Es waren zähe, langlebige Tiere mit guter Futterverwertung. Sie hatten aber größtenteils kurze, schlecht gelagerte Becken und wenig schöne Euter mit schlecht ausgebildeten Vordervierteln; zudem besaßen sie vielfach keine befriedigenden Milch- und Fettleistungen. Um sich in der züchterischen Bearbeitung auf eine fundierte Erfassung der Mängel dieser Tiere stützen zu können, wurden zwei Maßnahmen beschlossen.
1. Im Rahmen einer wissenschaftlichen Untersuchung sollten neben Feststellungen von Körpermaßen und Gewichten die wichtigsten Leistungsstämme und Leistungsvererber des bodenständigen Harzviehes ermittelt werden. Die Ergebnisse sollten durch Töchter-Mütter-Vergleiche gesichert werden und dazu beitragen, die besten Vatertiere auszuwählen.

Tab. 26: Entwicklung der Herdbuchzucht beim Harzer Rotvieh in der DDR.

Jahr	Anzahl der Züchter	Herdbuchtiere
1946	223	1 103
1947	499	1 408
1948	640	1 517
1949	666	1 627
1950	755	2 020
1951	856	1 917
1952	910	2 374

Tab. 27: Leistungssteigerungen der Rotviehkühe mit ganzjährigem Abschluß in den Jahren von 1947–1951 in der DDR.

Jahr	Zahl der ganzjährigen Abschlußkühe	Milch kg	Fett %	kg
1947	913	1 816	3,69	67
1948	1 086	1 779	3,71	66
1949	1 190	2 134	3,84	82
1950	1 382	2 316	3,89	90
1951	1 509	2 605	3,94	103

2. Die seit 1948 betriebene Einkreuzung von Roten Dänen auf der Versuchswirtschaft Siptenfelde sollte, sowohl versuchsmäßig als auch um die Auswirkung auf die Herdbuchzucht zu prüfen, auf eine breitere Grundlage gestellt werden.

Die Durchführung zentraler Absatzveranstaltungen und die Beratung in Züchtung, Vatertierhaltung, Kälberaufzucht und Fütterung brachten deutliche Leistungssteigerungen (Tab. 27). Die Milchmenge stieg um 43%, die Fettmenge um 35%, und die Fettprozente konnten um 0,25% angehoben werden.

Den zweiten Beschluß begründete man damit, daß es sich bei einer Anpaarung mit Roten Dänen nicht um eine Kreuzung verschiedener Rassen mit allen damit verbundenen Unsicherheiten in der Vererbung handele, sondern um die Einzüchtung eines Rotviehschlages mit gleicher Rassenherkunft und -grundlage. Einzelne Schläge wie die Dänen erreichten dank guter Futterverwertung hohe Leistungen in Milch und Fett sowie eine wünschenswerte Körperform. Die männlichen F_1-Tiere besaßen eine feste Oberlinie, guten Schluß, hervorragende Nieren- und Beckenpartie, eine für das Harzvieh wichtige Beckenverlängerung mit guter Schwanzlage, gute Brust- und Flankentiefe sowie beste Gesundheit und gesteigertes Futteraufnahmevermögen. Bei den weiblichen F_1-Tieren kam eine Verbesserung der Euterform, vor allem der Vorderviertel, und eine Laktationsleistung hinzu, die weit über dem Durchschnitt der reinen Harzer lag. Zum Beispiel brachte die Kuh Senta – Mutter Harzkuh Spitz 718, Vater Dänenbulle Volker 100 – 1952 als Erstlaktationsleistung 3640 kg Milch und 163,4 kg Fett bei 4,49% Fett.

Angesichts dieser Erfolge hoffte man, daß die F_1-Kälber Härte, Langlebigkeit und Fruchtbarkeit der Harzstämme mit der Vitalität, dem Futteraufnahmevermögen und dem hohen Fettgehalt der Dänen-Rinder verbinden könnten. Bei der Auswahl von geeigneten Zuchttieren wurde davor gewarnt, Tiere zu verwenden, die nicht dem Typ des Harzviehs entsprachen. Man fürchtete, daß zu großrahmige Tiere im Oberharz durch einen zu großen Bedarf an Erhaltungsfutter die Leistungen erheblich herabsetzen würden, zumal eine verbesserte Futtergrundlage für den höheren Futterbedarf der Kreuzungstiere erst noch geschaffen werden mußte. 1961 wurde zur 10. Züchterbeiratssitzung des Instituts für Tierforschung Dummerstorf, Versuchsstation Harz in Hänichen, über die Fortschritte in der Rotviehzucht berichtet. Der Direktor des Institutes betonte, daß die Leistungen des Mitteldeutschen Rotviehs durch die Einkreuzung des Roten Dänischen Milchviehs beachtlich gesteigert werden konnten. In sieben Vorträgen wurden dann folgende Probleme erörtert:

1. Stand der Dänenzucht und ihre ökonomische Bedeutung

In diesem Referat wurde vor allem der volkswirtschaftliche Nutzen der Däneneinkreuzung nachgewiesen und den Züchtern an praktischen Beispielen vor Augen geführt, daß durch eine optimale Fütterung und Haltung des mitteldeutschen Rotviehs die Leistungen gesteigert werden könnten. So brachte z. B. die untersuchte Gruppe von Kühen in 28 Leistungsjahren unter schlechten Umweltverhältnissen eine durchschnittliche Jahresleistung von 2437 kg Milch, 4,12% Fett und 100 kg Fett. Nach Umstellung in bessere Umweltverhältnisse erbrachten die gleichen Kühe in 29 Leistungsjahren eine durchschnittliche Leistung von

4282 kg Milch bei 4,23% Fett und 182 kg Fett im Jahr. Dies bedeutet eine durchschnittliche Gesamtsteigerung von 76% bei der Milch und 82% beim Fett.

2. Betrachtungen über die Rinderleistungskühe des mitteldeutschen Rotviehs

In diesem Referat wurde die Leistungsfähigkeit sowie Langlebigkeit und Fruchtbarkeit des mitteldeutschen Rotviehs anhand von 398 untersuchten Rinderleistungskühen nachgewiesen. Diese Kühe erbrachten eine durchschnittliche Leistung in 8,1 Leistungsjahren von 3163 kg Milch, 4,14% Fett und 131 kg Fett. Das Erstkalbealter betrug 31,4 Monate; die durchschnittliche Zwischenkalbezeit bei 7,7 lebend geborenen Kälbern lag bei 379 Tagen. Aufgrund dieser Untersuchungen wurde eine Erhöhung der Eintragungsbedingungen für das Rinderleistungsbuch zur Diskussion gestellt und vom Züchterbeirat beschlossen.

3. Vorläufige Ergebnisse der Bullenmastprüfung

Durch die Däneneinkreuzung wurde auch eine Verbesserung der Fleischwüchsigkeit beim mitteldeutschen Rotvieh erwartet. Aus diesem Grunde wurden je zwölf männliche Nachkommen aller Besamungsbullen der Besamungsstation Hänichen auf ihre Mastfähigkeit geprüft. Die in Einzelfütterung gehaltenen ersten Versuchsgruppen erbrachten folgende Durchschnittszunahmen:
- Nachkommenschaftsgruppe des Bullen Theo:
  Im Mastabschnitt von 70 bis 420 kg eine Zunahme von 1029 g/Tier und Tag, erreicht mit 3067 StE pro kg Zunahme.
- Nachkommenschaftsgruppe des Bullen West Wiking:
  Im Mastabschnitt von 70 bis 420 kg eine Zunahme von 1060 g/Tier und Tag, erreicht mit 3086 StE pro kg Zunahme.

4. Die Verbreitung des mitteldeutschen Rotviehs im Harz

Anhand der Rassenerhebung vom März 1959 wurde in Absprache mit den Räten der Harzkreise und der Bezirksinspektionen das Haltungsgebiet des mitteldeutschen Rotviehs festgelegt. Den Ausschlag für die Festlegung gaben der Grünlandanteil an der landwirtschaftlichen Nutzfläche und die klimatischen Bedingungen des Harzkerngebietes.

5. Ergebnisse der Bullennachzuchtprämierung

6. Perspektive der Zucht und Haltung des mitteldeutschen Rotviehs

Für die Zukunft des mitteldeutschen Rotviehs wurde für das Jahr 1965 eine durchschnittliche Leistung von 3690 kg Milch, 4,20% Fett und 155 kg Fett angestrebt. Eine Vergrößerung des Herdbuchbestandes war ebenfalls vorgesehen. Des weiteren sollte der Export von besten tragenden Färsen in Zukunft noch mehr Bedeutung erlangen.

7. Ertragreicher Futterbau im Mittelgebirge – Voraussetzung für die Leistungssteigerung der Tierbestände

Die Leistungssteigerung der Herdbuchkühe auf dem Gebiet der DDR in der Zeit von 1912 bis 1965 (Tab. 28) war beträchtlich. Bei der Milchmengen- und Fettsteigerung muß allerdings beachtet werden, daß seit 1948 Rotes Dänenvieh zur Leistungserhöhung eingekreuzt wurde und somit die erzielten Steigerungen nicht allein auf Harzer Vieh zurückgeführt werden konnten.

Wie in der Bundesrepublik wurde die Zucht des Harzer Rotviehs in der DDR von der Zuchtleitung boykottiert. Dies geht aus der folgenden Benachrichtigung zur Einstellung der Rotviehzucht hervor:

»Die züchterische Bearbeitung der Rasse DR (Deutsches Rotvieh = Harzer Rotvieh, Verf.) als selbständige Rasse läuft im Zuchtjahr 1968 aus. Die im Zuchtgebiet der Rasse des DF der Bezirke Suhl, Erfurt, Gera vorhandenen Zuchtbestände können züchterisch bei Eingliederung in dieser Rasse weiter bearbeitet werden. Bedingung ist jedoch, daß diese DR-Kühe ohne Einschränkung mit F_1-(JxDF)-Bullen angepaart werden. Für die im Zuchtgebiet der Rasse DSR (Deutsches Schwarzbuntes Rind, Verf.) liegenden Zuchten der Rasse DR, wie z. B. auch im

Tab. 28: Jahresdurchschnittsleistungen der Herdbuchkühe des Harzer Rotviehs auf dem Gebiet der DDR.

Jahr	Herdbuch-kühe	Milch kg	Fett %	Fett kg
1912	–	2 678	3,92	95
1925–1919	130	2 793	3,88	108
1930–1934	355	2 904	3,92	114
1935–1939	477	2 941	3,86	113
1940–1944	704	2 504	3,81	99
1945–1946	856	1 949	3,76	73
1947	913	1 816	3,69	67
1948	1 086	1 779	3,71	66
1949	1 190	2 134	3,84	82
1950	1 382	2 316	3,89	90
1951–1954	1 515	2 511	3,96	95
1955–1956	1 220	2 884	4,00	116
1957	–	2 860	3,92	112
1958	504	2 989	4,01	120
1959	636	3 166	4,01	127
1960	710	3 097	4,00	124
1961	664	3 007	4,12	124
1962	614	2 777	4,07	113
1963	623	2 932	4,09	120
1964	526	3 025	4,07	123
1965	396	3 302	4,16	137

Bezirk Halle, ist die Aufnahme in die Rasse DF unzweckmäßig, da sie territorial nicht zu den Zuchtzentren dieser Rasse eingegliedert werden können. Für sie entfällt somit künftig die züchterische Bearbeitung. Für die weitere Nutzung der Rinder dieser Rasse ist die Besamung mit Bullen der Rasse DSR in der Perspektive festgelegt worden. Nach eingehender Beratung bieten sich dafür Bullen der ZL 11 (Holländer) an, die den Rindern der ehemaligen Rasse DR eine Verbesserung der wichtigen wirtschaftlichen Merkmale, wie Milchmenge, Melkbarkeit und Mastfähigkeit für die Zucht einer großbetriebsresistenten Kuh der industriemäßigen Haltung und Nutzung bringen können.«

Der Grund für die Einstellung der Zucht des Mitteldeutschen Rotviehs war nach Meinung von privaten Landwirten der ehemaligen DDR darin zu sehen, daß der Staat die Verbundenheit des Bauern mit der Scholle zerstören wollte. Diese Verbindung wurde durch das ursprüngliche Harzer Rotvieh, das nun im Mitteldeutschen Rotvieh weiterlebte, aufrechterhalten. Allerdings war schon früher die Einstellung der Zucht abzusehen, denn die 1953 eröffnete Versuchsstation Hänichen, die für die Erfolge in der Rotviehzucht verantwortlich war, wurde bereits 1963 geschlossen. Die LPG Nordhausen besaß noch bis 1977 eine Herde Rotvieh mit Däneneinschlag. Sie bestand aus ca. 50 Tieren und ging später in der Spezialrasse der DDR auf.

1984 waren nur noch in wenigen Betrieben F_1-Tiere aus Harzer Kühen anzutreffen. Reinrassige Harzer Bullen gab es damals nicht mehr. Arnold (1985) schlug vor, Sperma des Bullen Uwe R12, der dem Vogelsberger Rind entstammt und von dem noch Tiefgefriersperma vorhanden war, einzusetzen. Nur so ließe sich aus dem vorhandenen Zuchtmaterial wieder eine breite Genreserve schaffen.

1992 wurde der »Verein zur Erhaltung der Harzkuh und der Harzziege« in Wildemann gegründet. Nach seiner Satzung verfolgt dieser Verein die Pflege von Landschaft, Heimat und Kultur. Er bemüht sich, die Heimat in ihrer natürlichen und geschichtlichen Eigenart zu schützen und zu pflegen, und tritt dafür ein, daß das mitteldeutsche Höhenrind sowie die traditionell überlieferten Hüt- und Weiderechte erhalten bleiben.

Dem Namen nach besteht die Rasse allerdings auch jetzt offiziell noch. In Niedersachsen besteht der »Verband der Harz- und Rotviehzüchter«, dessen Vorsitzender der schon erwähnte Dr. Fr. Knorr, Goslar, ist. Von hier aus wurden Kontakte mit ehemaligen landwirtschaftlichen Produktionsgenossenschaften in den neuen Bundesländern hergestellt. Diese zeigten aus alter Tradition heraus Interesse an der Umstellung ihrer Betriebe auf Rotvieh.

Vogtländer Rotvieh

Die Grundlage dieser Rasse bildete das einfarbige mitteldeutsche Gebirgsvieh (Ramm 1901). Sie entstand vermutlich im 17. Jahrhundert.

Abb. 75. Voigtländer Rotvieh um 1850.

Damals wurden Zillertaler Rinder eingeführt, die zu jener Zeit jedenfalls teilweise rein rot waren. Zillertaler wurden auch im 18. und 19. Jahrhundert in die bodenständige Rinderpopulation eingekreuzt.

Das Vogtland, die Heimat dieser Rasse, wird aus den südwestlichen Gebieten Sachsen und der im Süden hieran angrenzenden Region Bayerns gebildet. Es soll eine enge Verwandtschaft zwischen dem Sächsischen Rotvieh und dem Oberpfälzer Rotvieh in Bayern bestanden haben.

Nach Wilckens (1876) war das Vogtländer Rotvieh in der zweiten Hälfte des 19. Jahrhunderts kastanienbraun ohne Abzeichen. Die Schwanzquaste besaß hellgelbe, das Euter hellrote Haare. Zunge und Flotzmaul waren hellrot gefärbt (Abb. 75). Wie nach der Abstammung nicht anders zu erwarten ist, ähnelte das Vogtländer Rotvieh dem Zillertaler Rind im Aussehen sehr. Es war ein Kurzkopfrind; die sehr kurzköpfigen Kühe sahen wie Stiere aus. Die Widerristhöhe von Stier und Kuh betrug im Mittel 122 cm (die gemessenen Stiere scheinen nicht ganz ausgewachsen gewesen zu sein oder es handelte sich um Hungerformen). Das Gewicht der Kühe lag bei 350–400 kg. Die Tiere im bayerischen Vogtland, in der Umgebung von Weiden, sollen schwerer gewesen sein als die in Sachsen.

Die Milchproduktion war um 1875 gering. Sie betrug im Mittel jährlich nur 1500 Liter. Dagegen waren Mastfähigkeit und Zugleistung »rühmenswert« (Wilckens 1876). Deshalb waren Vogtländer-Ochsen im übrigen Sachsen sowie in Norddeutschland sehr gesucht. Obwohl die Kühe nur eine mittlere Höhe erreichten, waren die Ochsen an Größe und Stärke kaum zu überbieten. Sie zogen schwerste Lasten und galten als sehr arbeitswillig. Als Nachteil wurde gewertet, daß sich die Ochsen, wie die Rasse insgesamt, nur langsam entwickelte.

Die »hervorragende Veranlagung zur Zugleistung« wurde auch um die Jahrhundertwende hervorgehoben (Ramm 1901). Die Körperbeschaffenheit wurde damals folgendermaßen gekennzeichnet: breite Stirn, starke Hörner. Kräftiger Hals und tiefe Brust. Stämmige, gut bemuskelte, trockene Beine. Besonders hervorgehoben wurde der Größenunterschied zwischen Kuh und Stier. Während Kühe im Mittel um 1900 nur 121 cm groß wurden, erreichten Stiere eine mittlere Widerristhöhe von 131,5 cm.

Die Farbe der Rasse wurde als hellrot bis schwarzbraun bezeichnet, wobei die dunkleren Tiere besonders häufig vorgekommen sein sollen. Neugeborene Kälber wogen um 1900 34–35 kg, Kühe 350–620 kg und ausgewachsene Ochsen 650–750 kg. Die Milchleistung soll früher besser gewesen sein (Ramm 1901). Das bedeutet, daß sie um 1900 unter 1500 Liter lag, nach Angaben von Lehnert (1896) bei 1200–1500 Liter. 13–14 Liter ergaben 0,5 kg Butter. Das Fleisch galt als besser und zarter als das aller übrigen Höhenschläge. Das Ausschlachtungsergebnis ausgewachsener Ochsen lag bei 56–60%. Die Arbeitsleistung war unverändert gut. Zwölf Ochsengespanne legten auf DLG-

Vogtländer Rotvieh

Schauen mit normal beladenem Wagen einen Kilometer in durchschnittlich 9,04 min zurück. Lehnert (1896) beklagte, daß »das wertvolle Vogtländer Vieh leider in den letzten Jahren sehr zurückgegangen« sei. Das träfe besonders für das Königreich Sachsen zu. Deshalb galt Ende des 19. Jahrhunderts die bayerische Oberpfalz als das wichtigste Zuchtgebiet dieser Rasse. Weiter heißt es:

»Das Vogtländer Rind gehört wohl zu den aller genügsamsten Schlägen die wir haben. Es leistet für das Wenige, das es erhält, ganz Vorzügliches.«

Nach dem Ersten Weltkrieg ist man im Vogtland weitgehend zur Haltung von Niederungsrassen und Fleckvieh übergegangen (Hansen 1921). Ursache dieses Wandels war der gute Milchabsatz; mit Vogtländer Rotvieh konnte die Nachfrage nicht befriedigt werden. An dieser Situation änderte auch die 1897 gegründete »Vogtländer Herdbuchgesellschaft« nichts. Dabei war die Milchleistung seit der Jahrhundertwende deutlich gestiegen. Die erhöhte Milchmenge ist offensichtlich auf den 1904 gegründeten Vogtländischen Milchkontrollverein zurückzuführen. Die Jahresmilchmenge lag um 1920 bei 1800–2000 kg. Vom Kontrollverein wurden sogar durchschnittlich 2500 kg mit 3,85% Fett ermittelt.

Dabei hatte die Rasse wegen ihrer guten Zugochsen nach wie vor einen guten Ruf. Die beweglichen, ausdauernden Tiere waren im mittleren Zug von anderen Rassen kaum zu übertreffen. Sie mästeten sich leicht und lieferten ein gutes, feinfaseriges Fleisch.

Das Vogtländer Rind war nach dem Ersten Weltkrieg einfarbig hellrot bis dunkelbraun. Es besaß einen Kopf, der damals als mittellang geschildert wurde, und einen kräftigen Hals mit ausgeprägter Wamme. Die Rippenwölbung soll nur mäßig gewesen sein, ebenso die Brusttiefe.

Typisch waren eine schräge, fleischige Schulter, ein ziemlich langer Rücken und ein ansteigendes, etwas spitz zulaufendes Kreuz. Das Euter war, der nicht sehr hohen Milchleistung entsprechend, nur mäßig entwickelt.

Das Vogtländer Rind galt infolge knapper Ernährung als spätreif (Hansen 1921). Ausgewachsene Kühe wogen zwischen 450 und 500 kg, doch konnten bei guter Fütterung auch bis zu 600 kg und mehr erreicht werden.

Als Einschnitt muß das Jahr 1935 gelten. Damals erklärte man das gesamte Vogtland zum Fleckviehzuchtgebiet. Das Herdbuch wurde nur noch von privater Seite weitergeführt. Bei einer Umfrage 1936 konnten lediglich 1489 Tiere des Vogtländer Rotviehs ermittelt werden. 808 von ihnen (54,3%) wurden in Sachsen gehalten; es folgte Thüringen mit 147 Individuen dieser Rasse. Innerhalb Sachsens lag der Schwerpunkt der Zucht in den Kreisen Auerbach (377 Tiere), Plauen (220) und Oelsnitz (156). Die Rasse war damit weitgehend auf ihr Entstehungsgebiet, das Sächsische Vogtland, zurückgedrängt worden.

Zorn (1944) nennt das »Sächsische Vogtländer« um Plauen und im Erzgebirge nur noch als einen der neun Schläge, aus denen das Einfarbig Rote Höhenrind gebildet wurde. Die folgenden Angaben gelten deshalb nicht ausschließlich für die Vogtländer. Hervorgehoben werden Langlebigkeit und Anspruchslosigkeit. Die Rasse »entarte« bei dem vorherrschenden kargen, rohfaserreichen Futter weniger leicht als hochgezüchtete Rinderrassen und sei daher für manche Gegenden unersetzlich. Offenbar wurde diese Ansicht von Zorn später von den Verantwortlichen nicht geteilt.

Nach dem Zweiten Weltkrieg begann zunächst ein neuer Aufschwung. Der Herdbuchverein wurde neu gegründet, und die Zahl der Tiere stieg wieder auf 600 an. Hinzu kam eine verbesserte Leistung. In den 60er Jahren lag die durchschnittliche Jahresmilchmenge bei 4000 kg mit mehr als 4% Fett.

Ende der 60er Jahre schuf man in der DDR aus der Kreuzung von Schwarzbunten und Jersey eine neue Rinderform. Diese Neuzüchtung, das Schwarzbunte Rind der DDR, sollte für dieses Land die einzige Rinderrasse werden. Die Landrassen wurden von der Zucht ausgeschlossen. Rotviehkühe durften nur mit dem Sperma von Jerseybullen besamt werden. Mit einem 1969 gegründeten Betriebsherdbuch versuchte die LPG »Vogtländer« den letzten Rotviehbestand zu retten. Nachdem auch diese Tiere nach und nach ausgeschieden waren, gab es nur noch einige mehr oder weniger verkreuzte Rinder dieser Rasse in Privatbesitz.

1989 begannen Mitarbeiter des Vogtländischen Bauernmuseums, die Reste des Vogtländer Rotviehs aufzuspüren. Sie entdeckten noch sechs Kühe, unter ihnen ein reinrassiges Tier.

Dieser Bestand wurde bis 1993 auf 20 weibliche Tiere ausgebaut, die von zehn Züchtern gehalten werden. Die Entwicklung fand mit der Gründung vom »Verein Vogtländisches Rotvieh e. V.« 1991 ihren vorläufigen Höhepunkt. Die Anerkennung der Regierung blieb nicht aus. Ab 1993 fördert das Sächsische Staatsministerium für Ernährung, Landwirtschaft und Forsten mit einem Aufzucht- und Erhaltungsprogramm die Verbreitung dieser Rasse.

Glan-Rind

Diese Rasse bestand ursprünglich aus zwei verschiedenen Schlägen, die im Gebiet von Rheinland-Pfalz getrennt voneinander gezüchtet wurden: das Glan-Rind, das man in dem vom Flüßchen Glan durchzogenen Tiefland hielt, und das Donnersberger Rind, benannt nach dem gleichnamigen Höhenrücken. Beide Schläge werden seit der zweiten Hälfte des 18. Jahrhunderts namentlich genannt, waren aber bis zur Mitte des vergangenen Jahrhunderts außerhalb ihres Zuchtgebietes nur wenig bekannt. Grundlage für beide Schläge soll das rote Landvieh Süddeutschlands gewesen sein. Im 18. Jahrhundert wurden unter der Regierung der Herzöge von Nassau wiederholt »Schweizerbullen« (Simmentaler) eingeführt, die zur Verbesserung des Glanviehs wesentlich beitrugen. Auch Limpurger sollen schon sehr früh eingekreuzt worden sein (Werner 1902). Herzog Christian IV. von Zweibrücken (1742–1775) hielt Simmentaler und Friesländer Vieh (Stiere und Kühe), welches er an Gemeinden und Landwirte unentgeltlich oder doch nur gegen einen sehr geringen Preis abgab. Dies geschah, weil die Rinder damals sehr heruntergekommen waren. Stiere von der Größe eines Milchkalbes sollen keine Seltenheit gewesen sein. Ab ungefähr 1820 wurde das Glanvieh rein gezüchtet.

Die Entstehung der Donnersberger vollzog sich ähnlich, nur daß hier im 18. Jahrhundert nicht nur mit Simmentalern, sondern auch mit Braunvieh gekreuzt wurde. Dies zeigte sich noch sehr viel später beim Auftreten von schwarzem Pigment. Für das Donnersberger Rind bildeten die Bezirke Kaiserslautern und Kirchheim-Bonlanden, für das Glan-Rind die Bezirke Homburg, Kaiserslautern und Kusel einen gemeinsamen Stammzuchtbezirk.

1803 fiel die Pfalz an Frankreich. Die französische Verwaltung erkannte die vorzüglichen Eigenschaften des Glan- und Donnersberger Viehs, erklärte es zum »Normalviehschlag« für Ostfrankreich und kreuzte sie in andere französische Rassen ein. Um eine Verbesserung zu erreichen, achtete die französische Verwaltung auf die Beschaffung hervorragender Zuchtstiere. Der Präfekt des Départements am Donnersberg machte in einer Verordnung sämtlichen Gemeinden zur Pflicht, einen Schweizer Stier zu halten; außerdem durfte kein Stier gekauft werden, der nicht vorher von einer Kommission auf seine Eignung für die Zucht untersucht worden war. Diese Körkommission, bestehend aus dem Bezirksrat des Kantons, einem Landwirt und einem Metzger, wurde mit weitgehenden Befugnissen ausgestattet. Sie hatte auch die bereits angekörten Stiere später noch ein zweitesmal auf Haltung, Pflege und Leistungsfähigkeit zu untersuchen. Entsprach das Tier nicht den Anforderungen der Kommission, hatte diese das Recht, es schlachten zu lassen.

Der Export nach Frankreich hielt auch dann noch an, als die Pfalz 1815 wieder an Deutschland gefallen war. Den Verlust guter Zuchttiere versuchte die Regierung zu verhindern, indem sie den Export mit Zoll belegte. Da diese Abgabe für alle Tiere gleich war, erreichte man jedoch das Gegenteil. Verständlicherweise kauften die Händler bevorzugt die schwersten Tiere; nur die leichteren blieben zur Zucht zurück. Dies wirkte sich schon bald aus: die einheimischen Glan- und Donnersberger Tiere wurden in Zukunft nur noch nachlässig gehandhabt. Jeder Züchter tat, was er wollte. Die Qualität der Tiere sank.

Daraufhin wurden durch einen Erlaß der Regierung die Körkommissionen, die vorher ihre Tätigkeit eingestellt hatten, wieder eingesetzt. In einigen Bereichen gehörte ihnen jetzt ein Tierarzt an, der zudem die Zuchtstiere zweimal jährlich auf Haltung und Brauchbarkeit zu untersuchen hatte. Zumindest im Bezirk Kusel konnte bald eine Besserung erzielt werden. Die Tiere dieser Gegend hatten einen starken Körperbau. Sie waren leicht zu mästen und erreichten ein hohes Gewicht. Die Farbe war meist rotbraun. An der Lauter gab es viele Tiere mit gelber Farbe.

Die von der Regierung ab 1841 eingeholten Gutachten über die Erfahrungen mit den Körkommissionen fielen unterschiedlich aus. Insbesondere wurde bemängelt, daß diese nicht genügend unparteiisch seien. Deshalb erließ die Regierung 1846 folgende Verfügung:

1. Die Fassel-(= Zuchtstier)kommissionen sind in jedem Jahr im Januar neu zu wählen.
2. Jeder dieser Kommissionen wird der Bezirkstierarzt beigegeben. Dieser hat gemeinsam mit der Kommission die Untersuchung bei Anschaffung wie auch die jährlich zweimal stattfindende Überprüfung zu machen.
3. Nur auf das Zeugnis des Tierarztes hin dürfen die Zuchtstiere zur Zucht verwendet werden.
4. Der Untersuchung unterliegen alle Zuchtstiere in der Gemeinde, ohne Unterschied, ob sie öffentlich verpachtet werden, ob Turnushaltung herrscht oder ob sie Privatpersonen für ihren eigenen Gebrauch gehören, aber anderen Viehbesitzern überlassen werden.
5. Der Bezirkstierarzt hat für die regelmäßigen Untersuchungen 45 Kreuzer, wenn ein Fassel, 30 Kreuzer wenn mehrere vorhanden sind, als Gebühr zu erheben.
6. Die Kosten sind den Viehbesitzern zur Last zu legen.
7. Über das Ergebnis der Untersuchungen hat der Tierarzt dem Landkommissariat zu berichten.
8. Künftig muß in jeder Gemeinde auf 80 Kühe ein Zuchtstier gehalten werden.

Schon um die Mitte des 19. Jahrhunderts wurden die Simmentaler eine Bedrohung für das Glan- und Donnersberger Vieh. Dabei sollen die beiden einheimischen Schläge bei gleicher Fütterung besser mästbar gewesen sein und eine höhere Milchleistung gehabt haben. Zu ihrer Förderung errichtete man im Bezirk Kusel drei und am Donnersberg zwei sogenannte Mustersprungstationen, auf denen hochwertige Kühe und Zuchtstiere herangezüchtet werden sollten.

Bei fähigen Züchtern wurden geeignete Stiere aufgestallt und diesen eine Anzahl guter und typischer Kühe beigegeben (Abb. 76). Die notwendigen Mittel sollten vom Kreis aufgebracht werden. Diesen Deckstationen wurde aber nur geringes Interesse entgegengebracht, so daß man sie 1862 wieder auflöste.

Der Verkauf der besten Tiere ins Ausland hielt an. Die hierdurch bedingte Wertminderung der heimischen Zucht mußte ausgeglichen werden. Man entschloß sich zur Einkreuzung von Shorthorn. Dies geschah insbesondere bei den Donnersbergern, die man schwerer machen wollte und die ohnehin die bessere Mastleistung erbrachten. Die Einkreuzungen liefen jedoch recht planlos ab; die Milchleistung ließ nach und auch im Körperbau waren die Kreuzungstiere nicht zufriedenstellend. Man gab diesen Versuch deshalb bald wieder auf; meist jedoch nicht um Reinzucht zu betreiben, sondern um es wieder einmal mit Simmentalern zu

Abb. 76.
Glan-Schlag 1853.

versuchen. Insgesamt ging das Gewicht der Tiere zurück. Man erkannte offenbar nicht, daß Tiere mit größerem Rahmen und hoher Milchleistung eine bessere Ernährung und andere Haltungsbedingungen erforderten.

Ein neuer Abschnitt in der Entwicklung der Rasse wurde 1873 eingeleitet. Damals hielt man in sechs Distrikten der Pfalz (Kusel, Lauterecken, Wolfstein, Obermoschel, Dahn und Waldfischbach) ausschließlich, in drei weiteren Distrikten teilweise Glan- bzw. Donnersberger Rinder. Nach eingehender Begutachtung der Verhältnisse im Zuchtgebiet wurden Empfehlungen gegeben, die sich insbesondere auf Aufzucht, Fütterung und Haltung bezogen. Um das erstrebte Ziel zu erreichen, gründete man Stammzuchtbezirke, und zwar je einen für das Glan- und das Donnersberger Gebiet. In diesen Stammzuchtbezirken bildeten sich Genossenschaften. Ziel war die Reinerhaltung und Verbesserung des Glan- und des Donnersberger Schlages. Man versuchte dies durch folgende Maßnahmen zu erreichen:

1. Errichtung von Stammzuchtgenossenschaften mit verbindlichen Statuten und Stammzuchtregistern. Letztere waren so einzurichten, daß ihre Einträge auch für das Register des gesamten Stammzuchtbezirkes benützt werden konnten.
2. Ankauf der besten Rassezuchtstiere des Donnersberger- und Glanschlages vom Bezirkskomitee und ihre Versteigerung an die Gemeinden oder Zuchtgenossenschaften des betreffenden Stammzuchtbezirkes. Solche Gemeinden oder Genossenschaften waren durch schriftliche Verträge verpflichtet, die Stiere in gutem Zustande und möglichst lange zur Zucht zu verwenden. Gegen Zuwiderhandlungen setzte man entsprechende Konventionalstrafen fest.
3. Erteilung von Prämien aus Mitteln der Bezirkskomitees, Distrikte und Gemeinden an diejenigen Zuchtstierhalter, welche rasereine, anerkannt gut produzierende Zuchtstiere längere

Zeit für die Zucht in Gemeinden oder Genossenschaften verwendeten. Diese Prämien wurden jährlich einmal durch eine Genossenschaft zuerkannt, welche durch das zuständige Bezirkskomitee hierzu ernannt worden war.
4. Regelmäßige Abhaltung von Preisviehmärkten.
5. Zuerkennung von Geldpreisen auf den Preisviehmärkten an diejenigen Züchter, welche Mitglieder des landwirtschaftlichen Vereins waren und rassereine, schön gebaute, gutgehaltene Rindviehstücke ausgestellt hatten. Diese Preise wurden unabhängig davon zuerkannt, ob ein Zuchtstier im gleichen Jahr eine Prämie für erfolgreiche Verwendung nach Ziffer 3 erhalten hatte oder nicht.
6. Durch Anlage von Gemeindefasselställen oder von Zuchtstiergenossenschaften nach dem Vorbild des Schmalfelderhofes.

Die Bestrebungen der Genossenschaften konnten nach 1875 wirkungsvoller unterstützt werden, weil von da an jährlich aus öffentlichen Mitteln den Stammzuchtbezirken beträchtliche Zuschüsse zur Verfügung gestellt wurden. Bei den Prämierungen wurden vorwiegend Stiere und Jungvieh berücksichtigt. Die Prämierung der Jungtiere wirkte sich positiv aus, weil sie eine sorgfältigere Auswahl künftiger Zuchttiere und bessere Ernährung in den ersten Lebensmonaten bewirkte. Besondere Aufmerksamkeit erforderte stets die Zuchttierhaltung.

Aus Kreisen der Züchter kamen Klagen, daß das Körgesetz von 1888, dessen teilweise günstigen Folgen man nicht verkannte, doch einige Mängel aufweise. Besonders war es die Bestimmung, daß die Beschaffung und der Unterhalt von Zuchtstieren ausschließlich den Viehbesitzern überlassen wurde. Solches wäre für die pfälzischen Rinderhalter nicht angemessen. Die Betroffenen wären sich noch nicht genügend bewußt, welchen Wert ein guter Stier für die Zucht hätte. Turnushaltung, also nur vorübergehende Haltung bei einem Züchter, der

Abb. 77. Glan-Bulle auf einer Ausstellung in Straßburg 1890.

deshalb meist nicht für optimale Ernährung und Haltungsbedingungen sorgte, blieben bestehen oder bürgerten sich von neuem ein, desgleichen Versteigerung an den Wenigstnehmenden, also denjenigen Züchter, der für die Stierhaltung die geringsten Gebühren erhob. Die Gemeinden waren ohne Hilfe der Viehbesitzer nicht fähig, solche Mißstände abzustellen. Als weiterer Mangel wurde angesehen, daß nur die zum Decken fremder Kühe verwendeten Stiere dem Körzwang unterlagen. Hierdurch war das Material von Landwirten, die ihre eigenen Stiere zum Decken einsetzten, oft sehr schlecht. Auch die landwirtschaftliche Wanderversammlung sprach sich 1899 für die Änderung des Körgesetzes aus; diese Änderung wurde 1910 durchgeführt.

Durch die für beide Schläge getroffenen Maßnahmen waren Glan-Rind und Donnersberger Rind einander immer ähnlicher geworden und schließlich ließ sich eine Unterscheidung nicht mehr aufrechterhalten. Man gründete deshalb für beide Stammzuchtbezirke 1898 den »Zuchtverband für das Glan-Donnersberger Vieh« mit Sitz in Kaiserslautern. Dieser Zuchtverband hatte sich die Reinzucht und Veredelung der Glan-Donnersberger zur Aufgabe gemacht. Er versuchte sie durch folgende Maßnahmen zu lösen:

- Beschaffung bester Zuchtstiere
- Auswahl und Körung geeigneter weiblicher Tiere
- Eintragung aller gekörten Zuchttiere und deren Nachkommen in Herdbücher. Eingetragene weibliche Tiere durften nur von eingetragenen Stieren gedeckt werden
- sorgfältige Aufzucht der zuchttauglichen Nachkommen eingetragener Tiere
- Errichtung von Laufställen, Tummelplätzen und Weiden
- möglichst lange Erhaltung der besseren Zuchttiere
- Veranstaltung von Tierschauen, Zuchtviehmärkten und Stallprämierungen sowie
- Beteiligung an größeren, den Absatz fördernden Ausstellungen.

Um eine möglichst lange Nutzung zu erreichen, wurde schon damals vom Verband für längeres Halten von Stieren (3 bis 4 Jahre) eine Erhaltungsprämie gezahlt. Diese Maßnahmen sowie die Einrichtung von Bullenaufzuchtstationen wirkten sich auf die Verbesserung des Zuchtviehs deutlich aus. Das hatte steigende Wertschätzung der Glan-Donnersberger auch außerhalb des eigentlichen Zuchtgebietes zur Folge. Größere Zuchtviehtransporte gingen 1914 nach Oberbayern und in das Erzgebirge. Die Landwirtschaftskammer für die Rheinprovinz kam nach Erhebungen am Kölner Schlachthof zu dem Ergebnis, daß die Glan-Donnersberger die besten Schlachttiere seien. Man beschloß deshalb 1910, daß außer den bereits früher bestimmten preußischen Landkreisen jetzt noch weitere 36 preußische Kreise mit über 1000 Ortschaften angehalten wurden, als Zuchtstiere nur noch Glan-Donnersberger einzusetzen (Eßkuchen 1922). Mit welcher Zielstrebigkeit die Zucht Anfang des 20. Jahrhunderts betrieben wurde, läßt sich allein daran erkennen, daß es damals eine selbständige »Zeitschrift für das Glan-Donnersberger Rind« gab, deren Erscheinen allerdings bald wieder eingestellt wurde.

Das Glan-Donnersberger Rind war um die Jahrhundertwende einfarbig gelb; erbsengelb war besonders beliebt. Flotzmaul, sichtbare Schleimhäute sowie schwachbehaarte Hautstellen waren hellfleischfarben, gelblich oder bräunlich. Die gleichmäßig gelblichen Hörner hatten dunkelbraune Spitzen. Gelbe, bei dunkler gefärbten Tieren braune Klauen. Feines, glattes und glänzendes Haar, mäßig langer Stirnschopf. Langer, oft weicher Rücken; breite Lende; tiefes Becken; kräftige, trockene Gliedmaßen. Die Hinterhand war nur mäßig stark bemuskelt.

Obwohl immer wieder zur Reinzucht aufgerufen wurde, kam es schon 1906 zur Einkreuzung von Frankenvieh. Diese Rasse schien hierfür nicht nur als Gelbviehrasse besonders geeignet; man versprach sich auch eine kräftigere Konstitution und vor allem eine bessere Entwicklung der Hinterhand. Diese Erwartung traf ein. Die Nachkommen der eingeführten Frankenstiere zeigten eine außerordentlich gute Entwicklung bei kräftigem Knochenbau. Auch 1921 kam ein Transport Frankenbullen, die in verschiedenen Gemeinden zur Zucht aufgestellt wurden.

Der 1. Weltkrieg warf die Zucht weit zurück. Gut veranlagte Jungtiere mußten abgeliefert werden. Wegen Arbeitsüberlastung der wenigen nicht zum Militärdienst eingezogenen Verantwortlichen unterblieben Körungen, Zuchtbücher wurden nicht mehr geführt, die erst 1910 begonnene Milchleistungsprüfung mußte eingestellt werden, die Bullenaufzuchtstation Schmalfelderhof wurde aufgelassen. Erst gegen Ende der 20er Jahre begann eine etwas lebhaftere Entwicklung. Die DLG hatte die Anerkennung von der Errichtung eines zentralen Herdbuches abhängig gemacht. Daraufhin gründete man 1931 in den Regierungsbezirken Trier und Koblenz je einen Herdbuchverband. In beiden Bezirken wurden zentrale Herdbücher angelegt (Singhof 1954). Aber damit war die organisatorische Entwicklung der Zucht dieser Rasse noch nicht abgeschlossen. Die beiden Herdbuchverbände Trier und Koblenz wurden wieder aufgelöst und die einzelnen Zuchtgenossenschaften unmittelbar dem ins Leben gerufenen »Verband Rheinischer Glanviehzuchtgenossenschaften« eingegliedert, der 1934 in »Verband Rheinischer Glanviehzüchter« umbenannt wurde. Diese Organisation übernahm nun die Aufgaben der beiden Herdbuchverbände.

In Frankfurt a. M. wurde 1930 der »Reichsverband für die Zucht des Gelben Höhenrindes« gegründet. In diesem Verband bildeten die Glan-Donnersberger Rinder mit 400 000 Tieren nach dem Frankenvieh (500 000) die zweitgrößte Gruppe. Außerdem waren das Lahnvieh und die Limpurger vertreten. Ziel des Zusammenschlusses war die Zucht eines gesunden, anspruchslosen, futterdankbaren, für den klein- und mittelbäuerlichen Betrieb geeigneten Wirtschaftsrindes, das in den grünlandarmen Gebieten Mittel- und Süddeutschlands durch eine andere Rasse nicht zu ersetzen sei. Gleichzeitig hoffte man, dem Ansturm des Fleckviehs und der Niederungsrassen besser standhalten zu können. Die Folge war, daß ab 1933 wieder vermehrt Frankenbullen im Gebiet des Glan-Donnersberger Rindes zur Zucht eingesetzt wurden.

Tab. 29: Entwicklung der Glan-Donnersberger in der Pfalz von 1873–1925.

Jahr	Anzahl der Tiere	bezogen auf 1873 in %
1873	221 834	100,0
1883	218 975	98,7
1892	247 139	111,4
1904	255 415	115,1
1914	261 490	117,8
1919	213 712	96,3
1925	268 946	121,2

Die Widerristhöhe von Kühen lag nach Messungen von Eßkuchen (1922) bei durchschnittlich 132,2 cm. Das Körpergewicht betrug Ende des vergangenen Jahrh. 450–500 kg. Bis 1920 stieg das Gewicht auf 500–600 kg an (Abb. 78).

Der Gesamtbestand an Glan-Donnersbergern in der Pfalz hat sich seit 1873 bis zum 1. Weltkrieg deutlich vergrößert (Tab. 29). Die Verringerung nach dem Krieg darf nicht als Folge einer Verdrängung durch andere Rassen angesehen werden; sie war das Ergebnis einer kriegsbedingten Minderung der Rinderbestände. Noch immer wurden in den Distrikten Kusel, Lauterecken, Wolfstein und Obermoschel ausschließlich, in den Distrikten Otterberg, Winnweiler und Rockenweiler zu über 95% Glan-Donnersberger gehalten.

Der »Verband Rheinischer Glanviehzüchter« entwickelte sich bis Kriegsende sehr positiv. Auch danach konnte er vorübergehend seinen inzwischen geminderten Bestand halten (Tab. 30). Die Entwicklung der Herdbuchbestände in der Pfalz verlief ähnlich.

Die in Tab. 30 aufgeführten Tiere stellen jedoch nicht die gesamte Population dar. Im Verlaufe der Zeit wurden Glan-Donnersberger immer beliebter und sie konnten ihr Verbreitungsgebiet ausdehnen. Glan-Donnersberger

Rinder

Abb. 78. Glan-Donnersberger Kuh Lina, 1920.

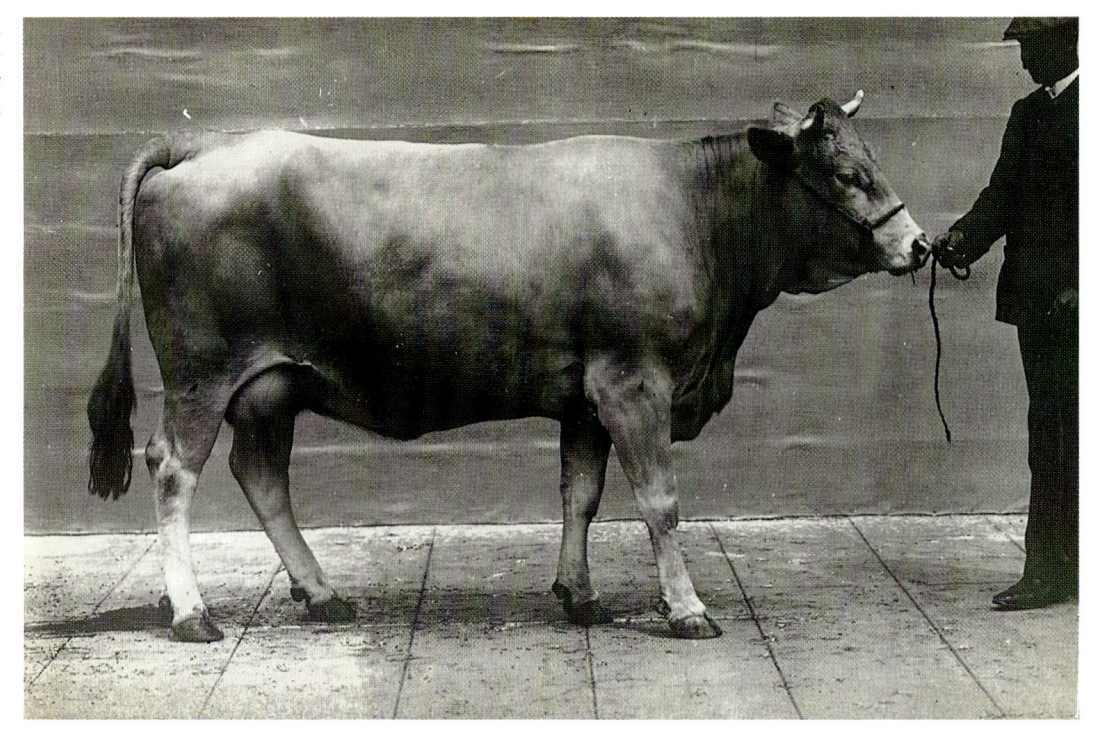

Abb. 79. Glan-Donnersberger Kuh Meta 9283 im Jahre 1950.

Glan-Rind

Abb. 80. Glan-Rind.

kamen z. B. auch im Regierungsbezirk Köln vor. 1925 gab es dort 1710 Tiere dieser Rasse.

Glan-Donnersberger galten als widerstandsfähig, genügsam und ausdauernd. Es war ein Dreinutzungsrind mit gleicher Betonung von Milch, Fleisch und Arbeit. Bei Zugproben der Deutschen Landwirtschaftsgesellschaft anläßlich der Wanderausstellung 1904 in Berlin legte ein Paar Donnersberger Kühe die Strecke von 3576 m vor dem beladenen Wagen in 28 min, ein weiteres Gespann in 29 min zurück. Kühe, die in den durchwegs kleineren landwirtschaftlichen Betrieben der Pfalz täglich zur Arbeit herangezogen wurden, gaben dennoch eine ansehnliche Milchmenge. Durchschnittsleistungen lagen bei mäßigen Kraftfuttergaben um 1920 bei 2000–2500 kg Milch pro Tier und Jahr. Spitzentiere erreichten eine Jahresleistung von 3500 kg Milch mit etwas mehr als 4% Fett. Angestrebt wurde, daß eine Kuh mindestens das Fünffache ihres Körpergewichts als Jahresmilchleistung erbrachte. Dieses Zuchtziel erreichte man vor dem 2. Weltkrieg (Tab. 31). Spitzenleistungen von Einzeltieren lagen bei 6000 kg. Das Fleisch war durchwachsen und feinfaserig. Es galt als sehr zart (Eßkuchen 1922). Die Schlachtausbeute lag bei 50–60%.

Tab. 30: Bestand an Mitgliedern und eingetragenen Rindern des Verbandes Rheinischer Glanviehzüchter (Singhof 1954).

Jahr	Zahl der Mitglieder	Zahl der Herdbuchtiere	
		Stiere	Kühe
1935	1480	794	4593
1937	2192	446	5575
1939	2350	380	5782
1941	2145	320	5298
1943	1650	356	5040
1947	1298	270	3640
1949	1333	261	3743
1951	1145	223	3564
1953	1027	216	3770

Tab. 31: Jahresleistung der Herdbuchkühe unter Milchkontrolle 1930–1939 bei den Glan-Donnersbergern.

Jahre	Anzahl Kühe	Milch (kg)	Fett (%)	Fett (kg)
1930	338	2431	3,93	95,5
1933	606	2475	3,81	94,3
1936	1469	2504	3,75	93,9
1939	1754	3166	3,92	124,1

Der bedeutendste Stier, den die Glan-Donnersberger Zucht bis zum 1. Weltkrieg hervorgebracht hat, war der 1906 geborene Benno 556. Er wurde auf dem Zentrallandwirtschaftsfest in München 1909 und 1910 jeweils mit dem Ehrenpreis ausgezeichnet. Benno-Nachkommen waren bald über das ganze Zuchtgebiet verbreitet.

Zwischen den beiden Weltkriegen galten für die Glan-Donnersberger folgende Durchschnittswerte:

	Stier	Kuh
Widerristhöhe (cm)	149	132
Gewicht (kg)	950–1200	500–650

Auch nach dem Zweiten Weltkrieg war das Glan-Donnersberger Rind in der Farbe nicht einheitlich. Erwünscht war ein sattes und leuchtendes Erbsengelb, das jedoch nur ein Teil der Tiere besaß. Andere Individuen hatten eine hellere (weißgelbe) oder dunklere (dunkelrotbraune) Farbe. Im Zuchtbuch wurden nur die Farbgruppen hellgelb, gelb und dunkelgelb geführt. Die hellgelbe Farbe war nicht mehr erwünscht und trat immer mehr zurück. Am häufigsten war die gelbe Farbe, und zwar vom lichten Erbsengelb bis zum tiefen Goldgelb. So gefärbte Tiere besaßen am Bauch, an den Unterbeinen sowie um Flotzmaul und Augen Aufhellungen (Abb. 79). Die Haut und die sichtbaren Schleimhäute waren bei den gelben Tieren fleischfarben, Hörner und Klauen gelb bis gelbbraun. Die genannten Aufhellungen trafen auch für die dunkleren Tiere zu. Bei den gelben und dunkelgelben Tieren waren Hals, Nacken und Wamme dunkler gefärbt. Das galt insbesondere für Stiere.

Dadurch, daß früher mehr Gewicht auf Arbeitsnutzung und Mast gelegt wurde, war die Milchleistung erst später Gegenstand züchterischer Maßnahmen. Durch mangelhafte Absatzmöglichkeit fehlte der Anreiz, auf höhere Milchleistung zu züchten. Erst mit der 1910 einsetzenden Milchkontrolle wurde die Milchleistung den anderen Zuchtzielen gleichgesetzt. Damit wurde ein großer Wandel eingeleitet.

In den letzten Kriegs- und den ersten Nachkriegsjahren wurden über Milchleistungsprüfungen keine Verbandsabschlüsse erstellt. Sie liegen für den Bereich des Verbandes Rheinischer Glanviehzüchter erst ab 1948 wieder vor (Tab. 32). Weder in der Zahl der Abschlüsse noch in der Milchleistung konnte an die Vorkriegsverhältnisse angeknüpft werden.

Die vom Zuchtverband in den fünfziger Jahren beschlossene Anpaarung mit Rotem Dänenvieh führte zwar zu einer Verbesserung der Milchleistung und des Fettgehalts der Milch; sie änderte aber auch den Typ der Rasse: aus Gelbvieh wurde Rotvieh. Der »Verein Rheinischer Glanviehzüchter« besteht seit Mitte der sechziger Jahre nicht mehr. Anfang der 80er Jahre wurde ein »Arbeitskreis zur Erhaltung des Glanrindes« gebildet. Im März 1985 entstand aus diesem Arbeitskreis der »Verein zur Erhaltung und Förderung des Glanrindes«. Dieser Verein wurde vom Ministerium für Landwirtschaft,

Tab. 32: Jahresabschlüsse vom »Verband Rheinischer Glanviehzüchter« 1948–1953 (Singhof 1954).

Jahr	Zahl der Kühe	Jahresmilchleistung (kg)	Fett %	Fett kg
1948	2824	2316	4,08	94,5
1949	3284	2625	4,09	107,4
1950	3359	2727	4,11	112,1
1951	3247	2858	4,16	118,9
1952	3218	2761	4,13	114,0
1953	3078	2779	4,07	113,1

Weinbau und Forsten von Rheinland-Pfalz als förderungswürdig eingestuft und finanziell unterstützt. Zweck des Vereins ist die Erhaltung und Förderung des Glanrindes mit dem Ziel, die Rasse als Kulturgut zu erhalten und züchterisch zu verbessern. Dies soll der Satzung nach unter anderem durch folgende Maßnahmen erreicht werden:
• Erfassung und Ohrmarkung aller noch vorhandenen weiblichen und männlichen Tiere der Glanrasse und solcher Tiere, die dem Zuchtziel der Rasse weitgehend entsprechen.
• Kälberregistrierung, Nachzuchtbewertung und Auswahl von Bullen und weiblichen Zuchttieren zur Aufnahme in das Herdbuch bei einer anerkannten Züchtervereinigung.
• Beschaffung von Bullen und Sperma, die zur Förderung der Glanrasse geeignet erscheinen.
• Beratung der aktiven Mitglieder des Vereins in Fragen der Haltung und Zucht.
• Vertretung der Interessen der Glanviehhalter und -züchter gegenüber Behörden und der Öffentlichkeit.

1986 standen in 25 angeschlossenen Mitgliedsbetrieben noch 74 einfarbig gelbe Kühe im Glan-Typ. Im gleichen Jahr konnte der erste Glan-Bulle seit 20 Jahren gekört werden. Es handelte sich um den Hannibal-Sohn Hallo. Durch einen Glücksfall besaßen einige Besamungsstationen noch Spermaproben von inzwischen längst nicht mehr lebenden, hervorragenden Bullen der Rasse.

Glan-Rinder sind einfarbig gelb. Bei dunkleren Tieren bestehen Aufhellungen um Augen und Flotzmaul. Heller sind auch der Bauch sowie die Unterbeine. Der Kopf zeichnet sich durch eine breite Stirn und kurze Nasenpartie aus. Glan-Rinder besitzen ein helles Flotzmaul. Die Hörner sind meist leicht abwärts geneigt. Sonstige Merkmale: gerade, feste Rückenlinie. Breites, langes Becken. Gut gestellte, kräftige Gliedmaßen (Abb. 80).

	Stier	Kuh
Widerristhöhe (cm)	150	140
Gewicht (kg)	900–1000	600–700

Leistung: Robust und anspruchslos. Dankbare Futterverwerter. Gute Milchleistung aus Grundfutter. Frohwüchsig, hohe Fruchtbarkeit, leichte Geburten, langlebig. Jahresmilchleistung im Durchschnitt 4000 kg mit über 4% Fett. Hohe Ausschlachtung (60–65%), gute Fleischqualität.
Gegenwärtige Verbreitung: Rheinland-Pfalz.

1998 umfaßte der Bestand 422 Kühe. Von ihnen standen 40 unter Milchleistungskontrolle. Es bestehen sechs Vaterlinien. Der »Verein zur Erhaltung und Förderung des Glanrindes« hat 165 Mitglieder, darunter nahezu 80 Züchter.

Ansbach-Triesdorfer

Ursprünglich wurden in der Gegend von Ansbach fränkische Landschläge von unterschiedlichem Aussehen gehalten. Zumeist waren es kleine, rote Viehstämme, häufig mit Blesse. Daneben kamen auch braune Rinder vor und schließlich auch gelbe, die Vorläufer des heutigen Gelbviehs, die als Mainländer Vieh bis in die Gegend von Ansbach auftraten. Rot- und Schwarzschecken waren gleichfalls zu finden. Milchergiebigkeit, Zug- und Mastfähigkeit aller dieser Tiere wurden als mäßig bezeichnet.

Im 18. Jahrhundert versuchten die Landesfürsten, unter anderem zur Hebung ihrer Staatsfinanzen, der landwirtschaftlichen Erzeugung neue Impulse zu geben. Zu diesem fortschrittlichen Personenkreis gehörten auch die Markgrafen von Ansbach, die ihre Maßnahmen zunächst auf ihrem eigenen Grundbesitz durchführten.

Der »wilde« Markgraf Carl Wilhelm Friedrich – er regierte von 1729–1757 – lernte auf Reisen nach Holland die für ihn ungewohnt großen und milchergiebigen, schwarz-weiß gezeichneten Niederungsrinder kennen. Er ließ 1740 sechs Kühe dieser Rasse zur Deckung des Milchbedarfs seiner Hofhaltung nach Ansbach kommen. Die Tiere wurden zur Grundlage einer »Holländerey« nach Triesdorf geschafft. Daß diese Kühe bereits damals Aufmerksamkeit erregten, zeigt folgende Beschreibung:

»Die Ostfriesische Rasse (sie entsprach den holländischen Tieren) ist mehrenteils schwarz und weiß gefleckt oder getigert, sehr milchreich und zur Mastung wohl geschickt und daher auch schon vielfältig zur Veredelung anderer deutscher Rassen gebraucht worden«.

Zur Bestandsvermehrung ließ der Markgraf wenig später durch einen Viehhändler 15 weitere schöne friesisch-holländische Kühe und Stiere einführen. Die Tiere wurden ingezüchtet und die Nachkommen teilweise an die umliegenden Bauern abgegeben, um die neue Rasse in der Gegend zu verbreiten.

Ab 1740 wurden also die mittelfränkischen Landschläge mit dem friesisch-holländischen Niederungsvieh gekreuzt. Dies geschah einerseits, um die Viehzucht der Untertanen zu fördern, andererseits aber auch, um Inzucht bei den Schwarzbunten zu vermeiden. Man darf nicht vergessen, daß das Heranschaffen weiterer Rinder von der Küste damals beschwerlich und teuer war, so daß stets nur wenige Tiere kamen.

Die Kreuzungsprodukte entsprachen zunächst nicht den Erwartungen, wie alte Beschreibungen belegen (Lehnert 1896):

»Die Nachzucht bestand aus hochbeinigen Tieren mit oft schiefen, kuhhessigen Hinterbeinen und einwärtsgebogenen Sprunggelenken. Kopf und Hals waren lang, Brustkasten und Widerrist schmal, Rippen flach, das Kreuz hintenabfallend und alle Formen mehr eckig. Solche Tiere konnten in einer Gegend, in der der mittlere und kleine Besitz vorherrschte und die Gespannarbeit meistens mit Rindern ausgeführt wird, in dem also der gute Wuchs und die Arbeitstüchtigkeit des Rindes im Vordergrund standen, keinen Anklang finden«.

Carl Alexander, Sohn des wilden Markgrafen und letzter Markgraf zu Ansbach (1757–1791), befahl deshalb gleich zu Beginn seiner Amtszeit, nicht nur die Inzucht durch Einfuhr weiterer friesischer Bullen zu durchbrechen; er veranlaßte auch den Ankauf schwarzweißer Höhenrinder aus der Westschweiz. Die Farbgleichheit mit den friesisch-holländischen Tieren war in der damaligen Zeit des Formalismus sehr wichtig.

Die Bauern nahmen diese Rinder wegen ihrer für Arbeit und Mast geeignet erscheinenden Körperformen gern an. Die Tiere wurden als schwer und grobknochig geschildert, hatten einen kräftigen, schweren Kopf und einen mittellangen, kräftigen Hals mit starker Wamme. Die Muskulatur war gut ausgebildet. Das Lebendgewicht der eingekauften Kühe betrug 800–850 kg. Für die damalige Zeit waren solche Rinder in Deutschland wahre Ungetüme.

Die Einkreuzung von Schweizer Tieren in die bodenständigen Rinderbestände erwies sich als so erfolgreich, daß Markgraf Carl Alexander 1780 einen weiteren Transport von 24 schwarzweißen Kühen und einem Bullen aus den Kantonen Bern und Freiburg nach Triesdorf veranlaßte. Er verwandelte so die »Holländerey« seines Vaters allmählich in eine »Schweitzerey«. Der hier geprägte Begriff führte bald in ganz Deutschland dazu, in der Rinderhaltung tätige Personen als »Schweizer« zu bezeichnen. Schon hieran ist erkennbar, welche Berühmtheit die Triesdorfer Rinderzucht damals besaß und welche Bedeutung man ihr beimaß.

Nach Abbildungen und Beschreibungen waren die Ansbach-Triesdorfer im letzten Viertel des 18. Jahrhunderts beeindruckend. Ein Kupferstich, den ein Nürnberger Metzgermeister von sich und seinem größten Schlachttier anfertigen ließ, enthält folgende Unterschrift:

Ansbach-Triesdorfer

Abb. 81. Ansbach-Triesdorfer Ochse im Alter von 6 Jahren. Er soll eine Widerristhöhe von ungefähr 180 cm besessen haben, 1803.

»Akkurate Abbildung des großen und fetten Ochsen von einer Schweizer Art, der im Leben 25 Zentner und 40 Pfund gewogen hat, welcher in Hochfürstlich Ansbachischer Schweizerei zu Triesdorf erzogen worden und zu Nürnberg von Heinrich Clemens Schwammeis, Metzgermeister, nach 5/4jährlicher Mastung am 12. April 1775 geschlachtet worden ist. Dessen Größe oder Länge war 9 Schuh 8 Zoll (303 cm) vom Schwanz bis an den Kopf, die Höhe 6 Schuh (187 cm) und der Umfang des Leibes 10 Schuh 9 Zoll (335 cm). Die Haut hat gewogen 74 Pfd, das Unschlitt 356 Pfd und das Fleisch 1276 Pfd – Christoph Daniel Henning, del. st. nat., sculps et excudit. Norimbergae.«

Eine weitere Beschreibung von damals lautet folgendermaßen:

»Der Rosenwirt zu Ansbach kaufte im Jahr 1787 für 1200 Gulden in Triesdorf zwei Mastochsen mit einem Gewicht von 32 und 34 Zentnern. Er verschickte sie zum Schlachten nach Paris; doch zuvor wurden sie dort in einem Zelt als Sehenswürdigkeit gegen Eintrittsgeld zur Schau gestellt.«

Die angegebenen Größen und Gewichte sind sicher mit Vorsicht aufzunehmen. Sie zeigen aber zumindest, daß die Einkreuzung fremder Rassen bei guter Fütterung Rinder von außerordentlichem Gewicht hervorbrachte. Daß die angeführten Beispiele keine Ausnahmen waren, beweisen Aufzeichnungen der obersten Behörden.

Durch zwei Seuchenzüge 1792 und 1800 (Lungenseuche) ging der Rinderbestand in Triesdorf nahezu vollständig verloren. Doch die Zuchtleitung ließ sich durch diesen Rückschlag nicht entmutigen. 1801 wurden nach einem Beschluß der preußischen Domänenkammer – Triesdorf war inzwischen preußische Staatsdomäne geworden – erneut zwei Männer aus der Ansbacher Gegend in die Schweiz geschickt, um Rinder zu kaufen. Sie gingen jedoch nicht bis ins Berner Oberland, sondern erwarben bereits im Unterland, dem Emmenthal und Entlebuch, 17 Kühe und einen Bullen. Dort wurden damals noch Rinder von schwarzbrauner bis weißgrauer Farbe gehalten. Sie waren kleiner und milchbetonter als die schweren Fleckviehrinder. Ein geplanter Einkauf von weiteren Schweizer Rindern wenige Jahre später unterblieb, weil inzwischen Krieg ausgebrochen war.

1806 wurde Franken bayerisch und Triesdorf damit bayerisches Staatsgut. Die neue Zuchtleitung griff erst 1830 die Pläne zum Ankauf von Niederungsrindern wieder auf. Sie ließ sich durch einen Viehhändler aus Jever zwölf ostfriesische Kühe und zwei Bullen liefern. In dieser Zeit bemühte sich der Landrat des Kreises sehr um die Rinderzucht, und so wurden auf Rechnung des Kreisfonds 1834 wiederum Rinder eingeführt. Diesmal waren es sowohl Simmentaler aus der Schweiz (2 Bullen und 10 weibliche Tiere) als auch ostfriesisches Niederungsvieh (1 Bulle und 9 Kühe), die verschiedene Landratsmitglieder für Triesdorf erwarben.

Doch damit nicht genug: Zwei Jahre später kaufte man erneut Höhenvieh ein. Diesmal waren es zwölf Kühe und zwei Bullen aus dem Mürztal in der Steiermark. Wiederum zwei Jahre später, 1838, wurden wiederum Höhenrinder erworben, und zwar graubraunes Allgäuer Vieh. Diese beiden Einkäufe erwiesen sich jedoch als wenig tauglich und fanden keine Zustimmung bei den Züchtern. Sie sollen lediglich die große Bereitschaft zur Kreuzungszucht deutlich machen. Als sinnvolle Einkreuzungen sind allein die Importe von Simmentalern und ostfriesischem Vieh zu werten.

Zwei Gemälde aus der zweiten Hälfte des 18. Jahrhunderts, die noch heute im Triesdorfer Schloß hängen, geben einen guten Eindruck von Körperform und Farbverteilung dieser Rasse. Der Bulle ist ein kräftiges schwarzweißes Tier mit Farbtupfen in der weißen Bauch- und Rückenzeichnung. Er soll eine Widerristhöhe von $5^{1}/_{2}$ Schuh (172 cm) besessen haben. Der Rumpf der Kuh ist dagegen überwiegend weiß mit feinverteilten Farbspritzern an Schulter, Rücken und Becken. Das Tier besitzt eine ausgeprägte braune Maske und braune Ohren. Der feine Knochenbau und der lange Kopf deuten auf Nähe zu den Niederungsrindern hin. Charakteristisch ist also die »Tigerung« beider Tiere, ein die Rasse später kennzeichnendes Merkmal (Abb. 82).

Der guten Entwicklung, welche die Zucht der Ansbach-Triesdorfer Rinder nahm, wurde 1849 durch den erneuten Ausbruch der Lungenseuche ein jähes Ende gesetzt. Die Tierbestände wurden stark dezimiert, und auf der Domäne Triesdorf selbst verendeten nahezu sämtliche Rinder. Doch die Verantwortlichen gaben die Zucht nicht auf. Die Regierung von Mittelfranken beschloß 1851 den erneuten Ankauf von Höhen- und Niederungsvieh.

Der damalige Vorstand des Staatsgutes Triesdorf war dadurch befugt, zwölf schöne Kühe und einen jungen Zuchtbullen der Berner-Simmentaler-Rasse einzukaufen. Der ebenfalls geplante Ankauf von Niederungsvieh verzögerte sich bis 1853, da das Geld hierfür zunächst fehlte.

Simmentaler Vieh wurde zwischen 1861 und 1895 noch siebenmal importiert; auch rotbuntes Niederungsvieh kaufte man von 1864 bis 1888 noch viermal hinzu. Letztere waren Breitenburger Rinder. Anlaß für deren Ankauf war eine DLG-Ausstellung, auf der gut gebaute, getigerte Breitenburger zu sehen waren.

Mitte des 19. Jahrhunderts war die Farbe des Ansbach-Triesdorfer Rindes rötlich mit weißen und schwarzen Flecken. Auch getigerte Tiere sowie Rot- und Schwarzschecken kamen vor (Abb. 83).

Nach anderen Angaben überwogen damals »Gelb-, Roth- und Schwarztiger, oder derartige Schecken« (May 1856). May erwähnt außerdem die Abneigung der Bauern gegen die schwarze Farbe. Sie leiten aus ihr eine verringerte Mastfähigkeit der Tiere ab. Diese Ablehnung galt auch später noch:

»Die Farbe (der Ansbach-Triesdorfer) ist rothbunt oder gelbbunt, öfter getigert; die schwarzbunte Farbe der Holländer kommt selten vor, und ist nicht beliebt.«

Genauso verschieden wie Farbe und Zeichnung war die Form dieser Rasse. Die Tiere neigten entweder dem Niederungstyp zu mit Hochbeinigkeit, langem Hals, schmalem Kopf und abgedachtem Kreuz, oder sie gerieten mehr nach dem Höhentyp, der breiter gebaut und besser bemuskelt war. Für die damalige Zeit war die

Leistung beachtlich. Die Rasse imponierte nicht nur durch enorme Gewichte. Es wird eine Kuh erwähnt, die nach dem Kalben 33 bayer. Maß (16,5 l) Milch pro Tag gab.

Ansbach-Triesdorfer Kühe sollen zu zweit landwirtschaftliche Fahrzeuge und Geräte gezogen haben, die
»von vier Stücken solchen Viehs aus anderen und fast allen Gegenden unseres Vaterlandes in keine Bewegung gebracht werden könnte[n]«.

Vor allem die Ochsen des Ansbach-Triesdorfer Viehs waren als Arbeitstiere sehr begehrt; sie wurden auch in anderen Gegenden gern gekauft. Im Zuchtgebiet selbst mußten Kühe und Kalbinnen neben den Ochsen alle Spanndienste leisten. Den Ochsen wurden 50 bis maximal 70 Zentner Zuglast zugemutet, den weiblichen Tieren 30–40 Zentner, aber nur auf gepflasterten Straßen.

Werner (1902) kam später zu folgender Beurteilung:
»Die Tiere sind ausdauernd und auch im übrigen bei der Arbeit recht brauchbar. Die Ochsen entwickeln sich in der ersten Lebenszeit nur langsam, erreichen aber nach dem dritten Jahre einen großen Körperumfang und ein bedeutendes Gewicht. Im Alter von 2–3 Jahren werden sie sehr sorgfältig zum Zugdienst angelernt, wobei Stirnplatten in Gestalt von Halbjochen zur Verwendung kommen. Ausgewachsene Ochsen zeichnen sich durch lebhaften und räumenden Gang, Lenksamkeit und Zähigkeit aus. Dabei sind sie in Ernährung und Pflege wenig anspruchsvoll.«

Die Gewichte der Kühe wurden Mitte des 19. Jahrhunderts mit 14–15 bayer. Zentnern, Ende des Jahrhunderts mit 12–14 Zentnern (600–700 kg) angegeben.

Die Größe dieser Rasse war eine Folge spezieller Selektion. Ihre Hauptverwendung bestand in der Nutzung zur Arbeit. Die Abstufung von Arbeit, Fleisch und Milch war für damalige Zeit gut gewählt. Milch war wegen ihrer begrenzten Haltbarkeit noch immer vorwiegend ein Nebenprodukt. Erst eine erweiterte Käseproduktion veränderte dies. Fleisch wurde erst in der zweiten Hälfte des 19. Jahrhunderts aufgrund des wirtschaftlichen Aufschwungs und wegen billiger Importfuttermittel zu einem Nahrungsmittel breiterer Bevölkerungskreise.

Die ursprünglich in Mittel- und später auch in Unterfranken verbreitete Rasse konnte sich zwischen 1860 und 1880 bis nach Oberfranken und Nordschwaben ausbreiten. Auch nach England und Frankreich exportierte man sie.

Im April 1888 wurde von der bayerischen Regierung ein für die weitere Entwicklung der Rinderzucht entscheidendes Gesetz verabschiedet: das Körgesetz. Es besagte, daß fremde Kühe und Kalbinnen nur durch Zuchtstiere gedeckt werden durften, die von einer Körkommission angekört worden waren. Diese Kommission wiederum hatte die Tiere nach bestimmten Rassemerkmalen zu beurteilen. Mit Einführung des Gesetzes mußten die fränkischen Züchter ihre Kreuzungspolitik weitgehend aufgeben und sich auf die vorhandenen Tierbestände stützen. Es kam hinzu, daß die weitere Zufuhr von Breitenburger Niederungsvieh aus finanziellen Gründen abgelehnt wurde. Deshalb beschloß man, das bunte Rassengemisch, welches in 150 Jahren entstanden war, zu konsolidieren. Die Ansbach-Triesdorfer wurden aufgeteilt in einerseits Fleckvieh und andererseits »Tiger-« bzw. »Mohrentypen«. Allein der Tigertyp wurde in Zukunft akzeptiert. Diese Maßnahme hatte zur Folge, daß sich die Zuchtbasis schlagartig drastisch verringerte. Die Ansbach-Triesdorfer im Fleckviehtyp zogen mehr Simmentaler Fleckvieh nach.

Mit Beginn der durch das Körgesetz erzwungenen Reinzucht der »Tiger« und der damit verbundenen drastischen Bestandsreduktionen begannen gleichzeitig die Maßnahmen zur Erhaltung der Rasse. 1891 bestimmte der Landrat, daß in Triesdorf die Weiterzucht mit den Breitenburger Rindern, die sich nicht bewährt hatte, aufgegeben werden sollte. Er ordnete als Ersatz die Zucht sorgfältig ausgewählter getigerter Tiere an, die in der Umgebung von Ansbach und Leutershausen gekauft wurden. Darüber hinaus errichtete der landwirtschaftliche Kreisausschuß von Mittelfranken in Leu-

Abb. 82.
Ansbach-Triesdorfer Rinder um 1850.

Abb. 83.
Ansbach-Triesdorfer Rind, 1809.

Abb. 84.
Dreijährige Ansbach-Triesdorfer Kuh im Gewicht von 650 kg auf der Mastviehausstellung in München 1909.

Ansbach-Triesdorfer

Abb. 85. Ansbach-Triesdorfer (Kreuzung).

tershausen und Windsbach Musterzuchtstationen, deren Aufgabe es war, geeignete Tigerbullen aufzuziehen und aufzustellen. Von seiten des Staates wurden zudem seuchengesetzliche Vorschriften erlassen, die der Zucht der Ansbach-Triesdorfer die früher häufigen Rückschläge ersparen sollten.

Das Tigervieh verlor dennoch immer mehr an Bedeutung. Deshalb wurde 1896 festgelegt, daß auf dem Gut Triesdorf bis auf weiteres 12–15 Kühe und ein Bulle gehalten werden mußten.

Im Grunde verurteilte man den »Tiger« aber zu einem Schattendasein. Der damalige Leiter von Triesdorf äußerte folgende Überzeugung:

»Wer je in seinem Stalle Simmentaler Tiere und deren Kreuzungsprodukte neben Ansbachern stehen hatte, will sicher von der Reinzucht der Ansbach-Triesdorfer nichts mehr wissen« (Schreiner in Beutner 1925).

Ihm antwortete Schwarz-Artelshofen und hob die Vorwürfe des Ansbach-Triesdorfer Tigerviehs noch einmal hervor:

»Will man zu einer raschen Verwertung seiner Aufzucht gelangen und ist reichlich gutes Futter vorhanden, so wird man sich zu einer reinen Simmentaler Zucht entschließen. Will man vortreffliches Arbeitsvieh, gute Milchtiere mit feiner Fleischfaser ziehen, so muß man bei dem Kreuzungsprodukt, das heißt dem Ansbach-Triesdorfer Schlag, bleiben.«

Schwarz-Artelshofen (in Beutner 1925) verweist auf die Nachteile des Fleckviehs. Er erwähnt die ständige Einfuhr von Original-Simmentalern aus der Schweiz, um gute Formen und Leistungen zu erzielen. Angeblich degenerierten die Tiere oft trotz guter Fütterung. Des weiteren schreibt er,

»ganz dieselbe Zuchtliebhaberei macht sich nun bei uns in Mittelfranken und leider auch in den anderen Kreisen breit. Durch die Simmentaler soll alles andere verdrängt werden, ganz gleichgültig, ob diese Tiere für die Gegend geeignet sind oder nicht. Dem raschen Wachstum und der ›merkwürdigen Vererbung‹ dieser Tiere muß alles andere unterliegen. Es werden jetzt Kelheimer, Allgäuer, Scheinfelder, Voigtländer usw. mit diesen Simmentalern gekreuzt, ganz ohne Rücksicht, ob dadurch die vorhandenen wertvollen edlen Tiere, die vielleicht nur etwas degeneriert sind und durch gute Haltung sich von selbst wieder heben, dem Untergange geweiht sind, und ob der Kleingütler sein herrliches Arbeits- und Nutzvieh verliert: für alle Viehzüchter eine recht traurige Sache.«

1897 wurde dann die »Stammzuchtgenossenschaft zur Reinzucht des Ansbach-Triesdorfer Rindes in Ansbach und Umgebung« gegründet. Sie vergrößerte sich schnell durch die Bildung von Ortsvereinen. Man begann, ein (unvollständiges) Herdbuch anzulegen, in dem das Äußere der Eltern sowie Deck- und Abkalbedaten festgehalten wurden. Leistungsangaben fehlten jedoch vollständig. Als Folge einer mangelhaften Organisation bestand diese Genossenschaft nicht lange. Sie schloß sich ein Jahr später dem neu gegründeten »Zuchtverband für das Fleckvieh Simmentaler Charakters in Mittelfranken« an, der dann die Herdbuchführung übernahm.

Im Jahr 1900 wurden in einer Anleitung zum Richten von Rindern folgende Anforderungen an den Ansbach-Triesdorfer Schlag gestellt:

Zuchtziel: Erzeugung von Rindern, die Milch, Fleisch und Arbeit vereint zu liefern vermögen.
Größe und Gewicht: Widerrist jüngerer Kühe 1,29 m, volljährig 1,34–1,35 m, 3jährige Bullen 1,36–1,37 m im Mittel.
Lebendgewicht älterer Bullen: 900–1000 kg
Lebendgewicht von Kühen: 500–675 kg
                           ausnahmsweise
                           bis 700 kg
Körperbau: Zwei verschiedene Gestaltungen kommen vor. Beiden gemeinsam sind: ein verhältnismäßig langer, am Stirnkamm schmaler, an der Nasenwurzel ziemlich breiter Schädel mit tief angesetzten Ohren; mittellange, fein nach oben, hinten und außen gewundene Hörner (Kuh); ziemlich langer Rumpf mit schwacher Neigung zur Bugleere und Schnürgurte; breites und langes Becken, insbesondere breites Gesäß; kräftige Gliedmaßen; nicht selten ziemlich große Gestellhöhe.
Stand und Bewegung: Meistens regelmäßig; Gang der Tiere lebhaft und räumend.
Haut: An manchen Tieren derb und dick, an anderen fein und dünn, gewöhnlich pigmentiert.
Haar: Verschiedenartig, bei einigen Tieren rauh, bei anderen weich und glatt, selten zu Wirbeln zusammengestellt; am Kopf und Hals der Bullen oft kraus; kurzer Stirnschopf.
Milchzeichen: Euter von verschiedener Beschaffenheit, mäßig groß, etwas nach dem Bauche vorgeschoben, fein und spärlich behaart, beim Anfühlen derb; mittellange, regelmäßig abstehende Striche, oft zwei bis drei Überstriche.
Farbe und Abzeichen: Tiger und Mohren.
Tiger: Weißes Grundkleid; auf demselben kleine rundliche, gelbe oder rotbraune Flecke (Gelb- oder Rottiger); Kopf gewöhnlich gelb oder rotbraun, jedoch mit meist unterbrochener Blesse versehen (Abb. 84).
Mohren: Ebenfalls weißes Haarkleid; Kopf durchweg gelb, rot oder rotbraun (Gelb- oder Rotmohren).

Hörner gelblich-weiß, gewöhnlich schwarze Spitze; Klauen meistens schwarz, manchmal auch weiß oder gefleckt. In der neueren Zuchtrichtung sind die Tiger – rote und gelbe – als schlagecht bevorzugt.
Ausschließende Eigenschaften und Merkmale: Scheckige, dem großen Höhenfleckvieh ähnlich gefärbte Tiere gelten nicht als schlagecht und werden nicht zu den Ansbach-Triesdorfern gerechnet. Schwarzes Pigment schließt nicht aus.

1914 regte Tierzuchtinspektor Schmid, Ansbach an,
»alle Anhänger des einst wegen seiner vorzüglichen Eigenschaften weit über die Grenzen unseres engeren Vaterlandes beliebten und mit Recht geschätzten Viehschlages zu einer größeren Zuchtgenossenschaft zusammenzuschließen, um die Bullenaufzucht, event. auch die Einfuhr, zu fördern, sowie den Austausch und Zukauf weiblicher Tiere zu ermöglichen, und auf diese Weise das bisher zerstreute, gute Zuchtmaterial in den Genossenschaften zu sammeln. Es wäre damit einem lange gehegten und berechtigten Wunsche

der so zäh und mit besonderer Liebe an ihrem Viehschlag hängenden Züchter Rechnung getragen.«

Einen letzten Versuch zur Erhaltung des Tigerviehs starteten 1917 die Züchter des Ortsvereins Ansbach. Sie forderten vom Zuchtverband für Fleckvieh in Mittelfranken, zur Hebung der Tigerzucht einen Breitenburger Bullen sowie einige Kalbinnen zu importieren. Wegen des Ersten Weltkriegs ruhte das Vorhaben zwei Jahre, dann wurde die Frage einer erneuten Einkreuzung in die Tiger wieder aufgegriffen. Nachdem diese Anfrage praktisch über das weitere Schicksal des Tigerviehs entschied, war eine Anhörung des Verbandsausschusses des Zuchtverbandes für Fleckvieh in Mittelfranken nötig geworden. Dieser entschied nach einer Zählung der noch vorhandenen Tigerviehbestände folgendermaßen:

»Der Verbandsausschuß hält die fernere Reinzucht des Ansbach-Triesdorfer Schlages nicht für aussichtsreich. Bis auf weiteres sollen jedoch in Ortsvereinen dieser Zuchtrichtung mit einem überwiegenden Bestand an getigertem weiblichen Zuchtvieh Herdbuchaufnahmen von Ansbach-Triesdorfer Rindern vorgenommen werden. Tigerbullen sind nur in ein Herdbuch einzutragen, wenn sie strenger Beurteilung standhalten.«

Züchterische Schwierigkeiten bestimmten immer mehr das Bild des Tigerviehs. Es mangelte vor allem an guten Bullen, so daß die Gemeinden bald Simmentaler-Fleckviehbullen aufstellten. Aus Triesdorf wurden zwar noch ab und zu Zuchtstiere an die Gemeinden abgegeben, aber die Tiere konnten sowohl farblich als auch von den Körperformen her den züchterischen Anforderungen zumeist nicht gerecht werden. Man griff in Triesbach schließlich zum letzten Mittel: der In- und Inzestzucht. Aber die Herde war bereits zu klein, um züchterisch noch erfolgreich operieren zu können.

Nach 1919 lag die Weiterzucht der Ansbach-Triesdorfer Rasse nur noch in den Händen kleiner Bauern in benachteiligten Gebieten und von Handwerkern. So verwundert es nicht, daß 1925 nur noch wenige Bullen gekört wurden (Tab. 33). Das Städtchen Leutershausen war

Tab. 33: Anzahl der gekörten Stiere des Ansbach-Triesdorferrindes seit 1892.

Jahr	gekörte Stiere
1892	1097
1898	483
1906	210
1919	29
1925	12

das letzte Refugium dieser Rasse. Aber auch dort soll das Tigervieh bis zum Beginn des Zweiten Weltkriegs weitgehend verschwunden sein.

Hauptursache für den Untergang dieser Rasse war vermutlich, daß man es versäumt hatte, sie von einem Arbeitsrind auf ein Zweinutzungsrind moderner Prägung mit entsprechender Milchleistung umzuzüchten. Im Rückblick scheint das Ansbach-Triesdorfer Rind die erste deutsche Hochzuchtrasse gewesen zu sein. Es wurden aber lange Zeit zu viele andere Rassen eingekreuzt, so daß Erscheinungsbild und Zuchtziel zu wenig einheitlich waren. Hinzu kommt, daß die Rasse zum Fettansatz neigte und damit in Zeiten des Wohlstands nicht die Verbrauchererwartung traf.

Ein letztesmal für lange Zeit wurde die Aufmerksamkeit 1925 durch eine Publikation auf diese Rasse gelenkt (Beutner 1925). Beutner maß und beschrieb die letzten reinrassigen Ansbach-Triesdorfer. Viele Körpermaße hatten sich seit 1899 kaum verändert. Beutner wies auf die beachtlichen Leistungen dieser Rasse hin. Dennoch zeigt er Verständnis für die Tierzuchtverbände. Diese könnten zur Erreichung ihres Ziels – Einheitlichkeit der Zucht in größeren Gebieten – auf kleine, eingesprengte Schläge keine Rücksicht nehmen. Die Verbände dürften sich in ihren Zuchtbestrebungen auch nicht dadurch beeinflussen lassen, daß der kleine Bauer – der letzte Züchter aussterbender Rinderschläge – sich gegen deren Verdrängung auflehnt. Waren das nicht vergleichsweise harmlose Vorboten einer in anderer Hinsicht tödlichen Rigorosität gegenüber Minderheiten?

Auf Anregung eines Bezirksrats wurde 1987 vom Tierzuchtamt Ansbach geprüft, in welchen Betrieben noch Rinder stehen, die der Ansbach-Triesdorfer Rasse ähnlich sind. Reinrassige Tiere wurden nicht mehr gefunden. Es gab jedoch etliche Rinder, die vom üblichen Erscheinungsbild des jetzt vorherrschenden Fleckviehs deutlich in Richtung Ansbach-Triesdorfer abwichen. Auffallend ist, daß diese Tiere farbige Beine und viel Pigment am Kopf besitzen (Abb. 85). Der Rumpf ist in der Regel mit kleinen Pigmentflecken übersät. Es kommt hinzu, daß bei manchen Tieren außer braunem Pigment manche Körperteile teilweise schwarz gefärbt sind.

Auf spätere Einkreuzungen lassen sich diese Sonderformen nicht zurückführen. Ein kleiner Kreis von engagierten Interessenten bemüht sich um Erhaltung und Weiterzucht dieser Ansbach-Triesdorfer-Kreuzungstiere.

Limpurger

Als Stammform dieser Rasse gilt der Schwäbisch-Hällische Schlag, in den im Verlaufe der Jahrhunderte zahlreiche andere Rassen eingekreuzt wurden, u. a. Simmentaler, Grau- und Braunvieh. Ohne Zweifel handelte es sich aber schon seit Jahrhunderten um eine Rasse im Gelbviehtyp. Das belegen nicht nur alte Beschreibungen und Abbildungen; es blieb ein Jahrhunderte alter mumifizierter Kopf erhalten, der deutlich gelb gefärbt ist.

Die bis in die 70er Jahre des 19. Jahrhunderts in Württemberg vorhandene Vielzahl an Rinderrassen führte zu den verschiedensten Kreuzungen. Man begann zunächst, Limpurger Kühe mit »roten Berner Bullen« zu decken, um die Größe der Limpurger zu verbessern und ihre Arbeitsleistung zu steigern. Das Ergebnis fiel zufriedenstellend aus. Die Nachzucht gewann an Größe, und die guten Eigenschaften der Limpurger, Milchergiebigkeit, zartes Fleisch und vorzügliche Brauchbarkeit zum Zug, blieben erhalten. Das Gewicht ausgewachsener Kühe betrug damals 450–550 kg, ihre Widerristhöhe lag bei 126–131 cm. Dagegen wogen »reinrassige« Limpurger Kühe nur 350–450 kg bei einer Widerristhöhe von 115–123 cm. Allerdings kam es bei der Einkreuzung von Fleckvieh häufig zu Schwergeburten. Dies lag daran, daß die Kälber sehr groß waren und die Limpurger Kühe zu engen Becken neigten. Langfristig hielt man Fleckvieh zur Förderung der Wüchsigkeit nicht für geeignet.

Ab 1870 wurden Stiere verschiedener Rassen und unterschiedlichen Typs zur Zucht verwendet. Reinzucht wurde schwierig; es gab nur noch eine begrenzte Zahl wertvoller Zuchttiere, vor allem in der Leintaler Gegend. Eine Zählung ergab, daß nur noch 1275 reinrassige Limpurger vorhanden waren. Man befürchtete eine zu starke Inzucht. Deshalb beschloß der Landwirtschaftliche Bezirksverein Aalen 1886, die Reinzucht der Limpurger Rasse aufzugeben. Nach erneuten unbefriedigenden Einkreuzungen von Fleckvieh und auch von Allgäuern (Braunvieh) versuchte man es mit »Original Schwyzertieren«. Diese Kreuzung hatte den Vorteil, daß die Nachkommen der F_1-Generation vollkommen gelb waren, wenn man importierte Kühe durch Limpurger Bullen decken ließ. Das Aussehen der Limpurger (Abb. 86) blieb also gewahrt. Paarte man Schwyzer Stiere mit Limpurger Kühen, dann entstanden ungewöhnliche Pigmentierungen: Schecken, »Tiger« oder Sprenkelungen. Deshalb wurde auch an der Kreuzung mit Schwyzer Vieh nicht festgehalten. Um die Jahrhundertwende be-

Limpurger

Abb. 86. Kuh des Limpurger Schlages, 1853.

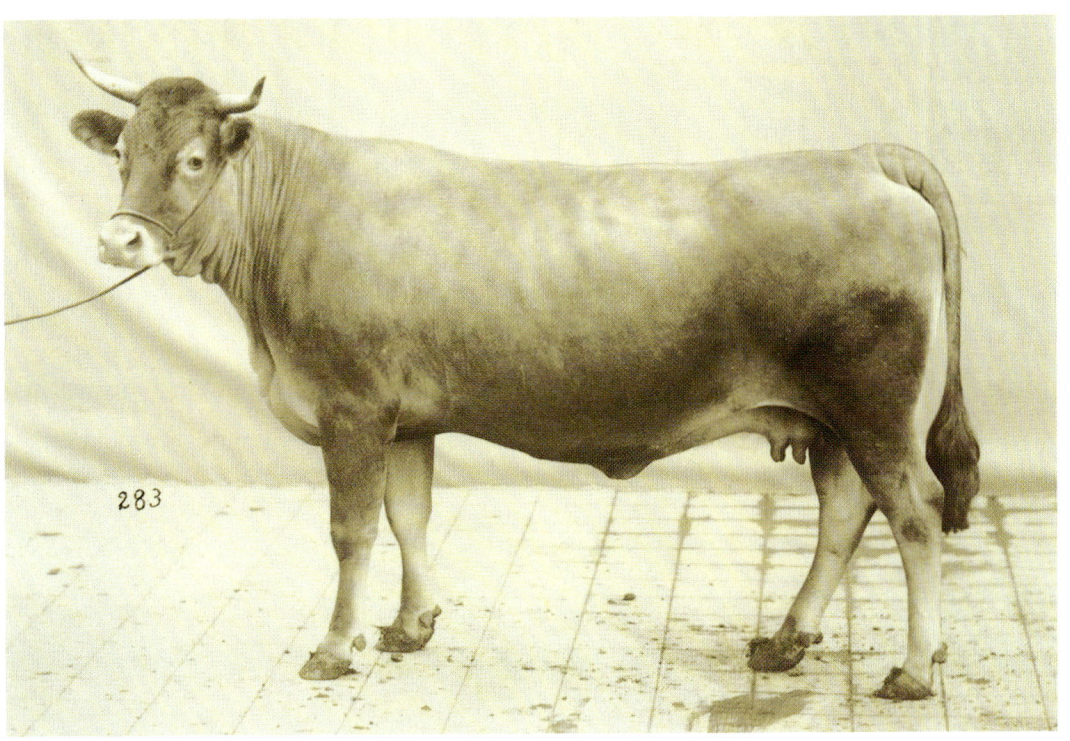

Abb. 87. Limpurger Kuh Rote, geb. 1897, auf der DLG-Wanderausstellung 1902 in Mannheim. Körpergewicht 660 kg; Widerristhöhe 135 cm.

schränkte man sich auf »Veredelungskreuzungen« mit nahe verwandten Rassen des einfarbig gelben Höhenviehs. Versuche zwischen 1895 und 1900 mit Glan-Donnersbergern waren gleichfalls unbefriedigend.

Die Zuchtgeschichte des Limpurger Rindes muß stets in Zusammenhang mit den Maßnahmen gesehen werden, die vom Staat zur Förderung der Rinderzucht getroffen wurden. Ziel war es, die Fleisch- und Milchversorgung sicherzustellen und den Wohlstand zu fördern. Neben den seit 1818 auf dem Landwirtschaftlichen Hauptfest in Cannstatt abgehaltenen Rindviehschauen wurden seit 1891 jährlich in den einzelnen Oberamtsbezirken staatliche Bezirksrindviehschauen durchgeführt. Durch Prämierung wertvoller Tiere sollten die Züchter zu einer leistungsgerechten Aufzucht und Haltung der Rinder motiviert werden. Für Stiere wurden Preise von 140–180 Mark und für Kühe von 120–160 Mark vergeben.

In Württemberg wurde die Bullenhaltung zum erstenmal durch das Gesetz vom 16. Juni 1882 geregelt. Die Gemeinden wurden verpflichtet, die für die Zucht erforderlichen Bullen anzuschaffen und zu halten. Mindestens ein Bulle sollte für je 80 zuchttaugliche weibliche Tiere gehalten werden. Auf der »ordentlichen Bezirksfarrenschau« 1909 wurden 146 Limpurger Stiere vorgestellt.

Daneben zahlte die Staatsregierung in Württemberg seit 1891 Beiträge zur Errichtung von Jungviehweiden. Weidegang sollte den Tieren »zu guten Formen verhelfen und sie an einem billigen Futtertisch zu hoher Leistung« führen.

Bessere Erfolge erzielte man mit der Einkreuzung von Frankenvieh, die seit 1903 durchgeführt wurde. Auf diese Weise gelang es, Körpergewicht und Größe der Limpurger zu erhöhen, die Form zu verbessern sowie Wüchsigkeit und Frühreife zu fördern. Allerdings soll die Milchleistung abgenommen haben und die einheitliche Färbung zum Teil verlorengegangen sein.

Das Limpurger Rind war lange ein gleichbetonter Dreinutzungstyp. Dieses Zuchtziel war wie bei vielen Höhenrassen durch die Produktionsbedingungen (Klima, Boden, Betriebsgröße, Marktsituation) vorgegeben. 1911 lagen die bei Leistungsprüfungen erzielten Ergebnisse bei einer jährlichen Milchmenge von 1950 kg mit 4,1% Fett. Und bei 418 in den Jahren 1910–1919 geprüften Kühen betrug die jährliche Durchschnittsleistung bei einer Laktationsdauer von 282 Tagen 2204 kg Milch mit 4,0% Fett. Bei dieser Leistung muß berücksichtigt werden, daß die Kühe im Sommer nur Grünfutter, im Winter neben Heu und Stroh nur einige Rüben erhielten. Kraftfutter war nahezu unbekannt.

Spitzenleistungen lagen dennoch schon damals bei 4500 kg Milch. Die Kuh Alwine wurde 1934 mit einer Jahresleistung von 6281 kg Milch und 258,5 kg Fett in das Deutsche Rinderleistungsbuch aufgenommen.

Die Durchschnittsleistungen stiegen nur allmählich an und lagen in der Nachkriegszeit gar deutlich unter den vorher erzielten Ergebnissen (Tab. 34).

Hervorgehoben wurde stets das ausgeprägte Fleisch- und vor allem das Fettbildungsvermögen. Außergewöhnliche Fleischqualität, hohe Ausschlachtungsergebnisse und geringe Krankheitsanfälligkeit waren Gründe für einen guten Absatz auf den Schlachtviehmärkten vom 19. Jahrhundert bis zum Zweiten Weltkrieg. Das Fleisch wurde als besonders saftig, außergewöhnlich zart, feinfaserig, gut marmoriert und wohlschmeckend und »dem der besten

Tab. 34: Durchschnittsleistungen aller ganzjährig geprüften Limpurger Kühe.

Jahr	Anzahl Kühe	Milchmenge (kg)	Fett %	kg
1931	58	2497	4,03	102
1933	77	2707	3,98	108
1935	218	2482	3,98	99
1938	561	2408	3,85	93
1942	375	2352	3,93	93
1949	530	1789	4,01	72
1959	104	3311	3,87	128
1962	64	3321	3,90	129

englischen Fleischviehrassen vielfach überlegen« beschrieben.

Im Zeitraum 1825–1829 hatten die Kühe ein Durchschnittsgewicht von ungefähr 425 kg. Die täglichen Zunahmen von Jungtieren lagen bei 520–530 g.

Der Zuchtfortschritt ist daran erkennbar, daß Kühe im Zeitraum 1910–1919 ein Durchschnittsgewicht von 524 kg hatten. Anfang unseres Jahrhunderts betrug die Schlachtausbeute nach Werner (1912) für
- ältere Stiere
  und Ochsen: 52–56% des Lebendgewichtes
- jüngere Stiere: 50% des Lebendgewichtes
- ältere Kühe: 46–48% des Lebendgewichtes
- jüngere Kühe: 48–50% des Lebendgewichtes
- Kälber: 60% des Lebendgewichtes

Auf Mastviehausstellungen erzielten Limpurger meist gute Ergebnisse. 1881 wurden von 16 vorgestellten Tieren fünf prämiert.

Werner (1912) führt an, daß 41,1% aller in Württemberg gehaltenen Kühe zur Arbeit verwendet wurden. Bei den Limpurger Kühen dürfte der Anteil aufgrund der guten Arbeitstauglichkeit und der geringen Betriebsgrößen noch höher gewesen sein. Kleine und mittlere Betriebe bewirtschafteten die schweren Böden fast ausnahmslos mit Kühen. Der jährliche Arbeitseinsatz wird mit 120 Tagen und mehr angegeben. 1903 benötigten bei einer Zugleistungsprüfung die drei besten von insgesamt zwölf Gespannen pro Kilometer – die Gesamtstrecke betrug 2,5 km – 8,5 min. Die Tiere hatten auf der Strecke mit erheblichen Steigungen und Gefälle das Doppelte ihres Körpergewichts zu transportieren.

1909 wurden in Schwäbisch Gmünd von 198 Limpurger Tieren nur 6,5% als tuberkulös diagnostiziert. Bei 232 Tieren anderer Rassen waren es 15,5%. Aus diesem Grunde wurden bei den Lymphgewinnungsanstalten in Cannstatt und Stuttgart Limpurger Jungbullen für die Gewinnung von Lymphe zur Pockenschutzimpfung beim Menschen bevorzugt.

Die Gründung der Limpurger Viehzuchtgenossenschaften geschah kurz vor der Jahrhundertwende. Schon 1897 hatten sie 1369 Mitglieder. Über 200 Stiere und 1000 Kühe waren ins Stammregister beziehungsweise Herdbuch eingetragen.

Es wurden nur zuchtreife, voll entwickelte und von der Schaukommission als tauglich befundene Tiere in das Herdbuch aufgenommen. Ziel der Zuchtgenossenschaften war, das bodenständige Limpurger Rind zu erhalten und durch Reinzucht sowie sorgfältige Aufzucht und Pflege einen rationellen Zuchtbetrieb zu erreichen. 1903 schlossen sich die Zuchtgenossenschaften zum »Zuchtverband für das Limpurger Vieh in Württemberg« zusammen. Zweck und Zuchtziel lauteten folgendermaßen:

»Der Zuchtverband erstrebt die Erhaltung des für den bisherigen Verbreitungsbezirk unentbehrlichen Limpurger Viehschlags, sowie die Hebung der Zucht in den ihm angehörenden Zuchtgenossenschaften nach gleichen Grundsätzen. Das Limpurger Vieh soll in der bisherigen Weise rein auf mehrseitige Nutzung: Milch, Arbeit und Fleisch fortgezüchtet und höchstens eine Blutauffrischung durch eng verwandte Schläge zugelassen werden. Dabei soll der Erhaltung des Limpurger Viehs als mittelgroßer Viehschlag die größte Aufmerksamkeit geschenkt werden.«

Seinen Zweck suchte der Verband durch folgende Maßnahmen zu erreichen:
1. eine einheitliche Zuchtbuchführung und Kennzeichnung der Tiere bei sämtlichen ihm angeschlossenen Zuchtgenossenschaften.
2. Anbahnung einer zweckmäßigen Aufzucht des Jungviehs im Stalle und auf Jungviehweiden sowie durch Verhinderung der zu frühen Benützung der jungen Tiere zur Zucht.
3. den gegenseitigen Austausch von Zuchtvieh und durch gemeinsame Beschaffung guter Vatertiere.
4. Veranstaltung und Beschickung von Ausstellungen und Zuchtviehmärkten.
5. Förderung der Einrichtung von Jungviehweiden und Bullenaufzuchtstationen.

Abb. 88. Limpurger Kuh Thekla 98, Ende der 30er Jahre.

Der Verband wurde 1904 von der Deutschen Landwirtschaftsgesellschaft anerkannt. In Württemberg gab es 1907 30 000 Limpurger. Das waren 3% des Gesamtrinderbestandes. Zwischen 1906 und 1910 litten die Zuchtbestrebungen des Verbandes erheblich unter der geringen Mitgliederzahl. Hinzu kam, daß die gesteckten Ziele von den Züchtern wenig konsequent verfolgt wurden. In den Anfangsjahren war es ein besonderes Anliegen des Verbandes, die Zucht- und Haltungsbedingungen des Limpurger Viehs zu verbessern. Dadurch sollte eine Ausgangsbasis für weitere Tätigkeiten geschaffen werden. Es stellte sich heraus, daß Limpurger Färsen durchschnittlich ein Jahr früher als Fleckvieh zur Zucht verwendet wurden. Stiere hatten im allgemeinen nur eine kurze Nutzungsdauer: 25% schieden im Alter von drei Jahren, 50% im Alter von vier Jahren und die übrigen 25% im Alter von fünf Jahren aus.

Der Verband organisierte Jungvieh- und Familienprämierungen. Jährlich wurden drei Bullenversteigerungen veranstaltet. Daneben beteiligten die Züchter sich auch mit gutem Erfolg an Mast- und Schlachtviehausstellungen. Aus einem Jahresbericht geht hervor, daß der Verband eine ausgedehnte Werbekampagne für die Limpurger unternahm, nachdem er in den Kriegs- und Nachkriegsjahren immer weniger Beachtung gefunden hatte. Auf dem Landwirtschaftlichen Hauptfest 1924 in Cannstatt und auf der Rinderausstellung der Deutschen Landwirtschaftsgesellschaft in Stuttgart wurden Limpurger Tiere ausgestellt. An mehrere landwirtschaftliche Hochschulen verschickte man Bilder von Limpurger Rindern zu Demonstrationszwecken. In Fachzeitschriften erschienen einige Artikel, und in den Gemeinden wurde über Plakate auf die Rasse aufmerksam gemacht.

Die Aktionen hatten Erfolg; die Zahl der Mitglieder im Verband und der eingetragenen Herdbuchtiere nahm deutlich zu. Diese Entwicklung wurde durch die damals bessere Beurteilung der »Landschläge« begünstigt. Immer mehr Betriebe, selbst Fleckviehzüchter, gingen wieder zur Reinzucht von Limpurgern über. Als gravierendster Mangel wurde das Fehlen guter Zuchtstiere genannt. Die Verbandsleitung ließ alle angemeldeten Stiere zu Versteigerungen zu, um den Züchtern uneingeschränkte Absatz- und Vergleichsmöglichkeiten zu bieten.

Durch das Überangebot wurden die Preise aber auf ein Maß gedrückt, das dem besserer Schlachttiere entsprach. Viele Bauern sahen sich durch den Verlust dieser Einnahmequelle nicht mehr in der Lage, die Bestrebungen des Verbandes konsequent fortzuführen. Die Zahl der Mitglieder im Verband sank ab 1932 deutlich. Dieser bemühte sich daraufhin, möglichst viele Mitglieder zur Teilnahme an den Milchleistungsprüfungen zu bewegen, um die Ergebnisse für eine planmäßige Zucht verwenden zu können. Während sich 1933 nur 16 Betriebe mit 97 Kühen beteiligten, waren es 1935 schon 40 mit 212 Kühen.

Dennoch wurden immer mehr Fleckviehbullen eingesetzt. Im Jahresbericht 1937 warf man den Mitgliedern vor, diesen Prozeß mitverschuldet zu haben, indem sie ihn kritiklos duldeten und zu wenig mit dem Verband zusammenarbeiteten. Im Jahre 1941 wurde der »Zuchtverein für das Limpurger Vieh« im Kreis Aalen aufgelöst.

Limpurger wurden fast ausschließlich in einem eng begrenzten Gebiet gehalten. 12 734 der 1936 noch vorhandenen 12 983 (98,1%) Tiere registrierte man in Württemberg. Außerhalb dieses Gebietes gab es nur in Bayern mit 150 Tieren einen nennenswerten Bestand. Hauptverbreitungsgebiet war mit 12 089 (93,1% des Gesamtbestandes) der ehemalige Jagstbezirk. Der Schwerpunkt der Zucht lag damals in den Kreisen Gmünd und Aalen (Tab. 35). Limpurger machten in diesen Kreisen 27,4% bzw. 22,7% des Rinderbestandes aus.

1932 beschloß der Verbandsausschuß, keine Zuchttiere aus fremden Zuchtgebieten mehr zu importieren. Dabei war ausschlaggebend,

»daß die Franken für unsere Limpurger Tiere zu großrahmig sind und die Glan-Donnersberger und auch das Lahnvieh teilweise wegen ihrer Größe, dann aber ganz besonders wegen ihrer eigenen, aus der Frankeneinfuhr herrührenden Unausgeglichenheit und Vererbungsunsicherheit außer Betracht bleiben müssen.«

Man beschränkte sich ab Mitte der 30er Jahre darauf, Stiere des Glanviehs mit ähnlicher Form und Größe wie die Limpurger zur Zucht einzusetzen (Abb. 88).

Bei der Gründung des »Arbeitsausschuß für einfarbig gelbes Höhenvieh« 1948 war neben Zuchtverbänden des Frankenviehs und dem Verband Rheinischer Glanviehzüchter auch der Zuchtverband für das Limpurger Vieh vertreten. Ein Jahr später wurde für alle diese Rassen ein gemeinsames Zuchtziel festgelegt: Im Durchschnitt sei doch die 12-Zentner-Kuh die richtige, die über gute Tiefe in Brust und Flanke, über genügend Breite und Rippenbildung und befriedigende Festigkeit verfügen müsse. Die Knochenstärke sollte dabei in Harmonie zum Gesamtkörper stehen, wobei sowohl die Überfeinerung als auch eine gewisse, zu stark

Tab. 35: Verteilung der Limpurger 1936 im ehemaligen Jagstbezirk (Statistisches Reichsamt 1937).

Kreis	Anzahl der Tiere	Anteil am Gesamtbestand in %
Aalen	3594	27,7
Crailsheim	41	0,3
Ellwangen	204	1,6
Gaildorf	1639	12,6
Gerabrunn	52	0,4
Gmünd	4827	37,2
Hall	283	2,2
Heidenheim	44	0,3
Künzelsau	54	0,4
Mergentheim	4	0,0
Neresheim	383	3,0
Öhringen	95	0,7
Schorndorf	313	2,4
Welzheim	556	4,3

betonte Derbheit vermieden werden müsse. Wichtiger als die Knochenstärke sei die Korrektheit des Fundaments, die straffe Formung der Gelenke und ein räumender Gang. Bei all diesen Anforderungen müsse aber – diese Frage sei besonders wichtig – ein geräumiges, drüsiges, möglichst gut geformtes Euter im Vordergrund stehen und für die Gesamtbeurteilung eines Tieres den Ausschlag geben. Arbeitstüchtigkeit und eine gewisse Mastfähigkeit müßten dabei erhalten bleiben. Entscheidend sei aber die Milchleistung.

Im Jahre 1952 wurden noch 57,3% aller Limpurger Kühe zur Arbeit verwendet. Einen großen Vorteil bot bei dieser Nutzung das harte und widerstandsfähige Klauenhorn. Die Kühe mußten höchstens während der Wintermonate beschlagen werden. Daneben wurden stets gute Konstitution, Fruchtbarkeit, Härte, Futterdankbarkeit, Anspruchslosigkeit sowie Gesundheit betont.

Ab Mitte der 50er Jahre begann die Diskussion über die Auflösung des Zuchtverbandes. Wie aus einem Schreiben des Geschäftsführers an das Ministerium für Ernährung, Landwirtschaft und Forsten hervorgeht, stimmten 1954 auf einer Mitgliederversammlung von den 39 anwesenden Mitgliedern elf für eine Auflösung, sieben Mitglieder waren für eine Angliederung an den Fleckviehzuchtverband in Schwäbisch Hall. Da, wie in der Satzung vorgegeben, keine Mehrheit von ³/₄ der Stimmen erreicht wurde, bestand der Verband weiter. Auf der Mitgliederversammlung 1963 in Heuchlingen war die Auflösung nahezu beschlossen. Der Zuchtverband zählte nur noch sechs Mitglieder mit insgesamt 17 Herdbuchkühen. Nur noch drei Mitglieder waren am Fortbestand des Verbandes interessiert. Es soll nicht unerwähnt bleiben, daß den Züchtern seit 1955 von offizieller Seite bei jeder Gelegenheit mit Nachdruck empfohlen wurde, auf Fleckvieh umzustellen. Obwohl sich die Bauern darüber beklagten, wurden in Reinzuchtgebieten fast ausschließlich Fleckviehstiere zur Zucht aufgestellt. Rückblickend läßt sich sagen, daß die Zahl der Mitglieder und Herdbuchtiere bereits seit dem

Tab. 36: Mitglieder und Anzahl der Tiere des Limpurger Zuchtverbandes.

Jahr	Mitglieder	Herdbuchtiere	
		Stiere	Kühe
1945	188	58	?
1948	179	59	529
1951	134	45	394
1954	78	20	243
1957	27	10	80
1960	20	4	46
1963	8	3	20

Ende des Zweiten Weltkriegs stetig abnahm (Tab. 36).

Ab dem Ende der 60er Jahre galt das Limpurger Rind als ausgestorben. Nachforschungen 1986 ergaben, daß noch etliche limpurgerblütige Tiere vorhanden waren. Das Interesse an der Rasse war immer noch wach. Daraufhin trafen sich im April 1987 in Horn zahlreiche Züchter, Tierzuchtbeamte und sonstige Interessenten zu einer Vorbesprechung. In einer lebhaft verlaufenen Diskussion wurden Maßnahmen zur Erhaltung der letzten Limpurger beschlossen.

Zunächst sollten alle Limpurger Färsen und Kühe herdbuchmäßig erfaßt werden. Dann wollte man versuchen, Bullen mit größtmöglichen Anteilen von Limpurger Blut nach dem Ausnahmeparagraphen im Tierzuchtgesetz zur Körung zu bringen, um die Voraussetzungen zum Deckeinsatz erfüllen zu können.

Im Mai 1987 traf man sich wieder und gründete die »Züchtervereinigung Limpurger Rind«. Sie umfaßte zunächst 14 Mitglieder. Die Zahl der Mitglieder war bis Ende 1992 auf über 60 angestiegen. Im Sommer 1987 wurde ein Bestand von 56 Kühen gezählt. Ihre Zahl hat sich innerhalb von fünf Jahren auf 117 erhöht und damit mehr als verdoppelt. Das Zuchtbuch der Limpurger ist sowohl für reinrassige als auch für eingetragene Zuchttiere in Abteilungen gegliedert. Die Zuordnung der Zuchttiere in Abteilungen erfolgt bei der Eintragung unter Berücksichtigung von Abstammung und Leistung.

Tab. 37: Zuchtbucheinteilung der Limpurger. Anforderungen in den verschiedenen Herdbuchabteilungen.

Hauptabteilung, Abt. A

Bullen
- Eltern und Großeltern im Zuchtbuch der Limpurger eingetragen und
- Ergebnis der Leistungsprüfung vorhanden und
- Bulle gekört (äußere Erscheinung mindestens Note 4) und
- Vater in Abteilung A oder C eingetragen

Kühe
- Eltern und Großeltern im Zuchtbuch der Limpurger eingetragen und
- Ergebnis der Leistungsprüfung vorhanden und
- Vater in Abteilung A oder C eingetragen

Hauptabteilung, Abt. B

Bullen
- Eltern und Großeltern im Zuchtbuch der Limpurger eingetragen und
- Bulle nicht gekört (äußere Erscheinung kleiner als Note 4) oder
- Vater in Abteilung B eingetragen

Kühe
- Eltern und Großeltern im Zuchtbuch der Limpurger eingetragen und
- Vater in Abteilung B eingetragen oder
- Mängel in der Zuchttauglichkeit am Tier selbst oder bei Vater oder Mutter (z. B. Erbfehler)

Abteilung C

Bullen
- Bulle gekört (äußere Erscheinung mindestens Note 4)
- und alternativ:
  a) Eltern im Zuchtbuch der Limpurger eingetragen oder
  b) Eltern und Großeltern in einem Zuchtbuch einer fremden Rasse eingetragen und Vereinsbeschluß zur Eintragung des Bullen selbst oder
  c) Söhne von unter b) eingetragenen Bullen, wenn vom Zuchtverband festgestellte Mindestanforderungen erfüllt sind.

Kühe
- Eltern im Zuchtbuch der Limpurger eingetragen und
- Ergebnis der Leistungsprüfung vorhanden

Vorherdbuch

- Rassetypische Merkmale oder
- Abstammungsnachweis nach Eigentümerwechsel liegt nicht vor oder
- Mängel in der Zuchttauglichkeit am Tier selbst oder bei Vater oder Mutter (z. B. Erbfehler)

Zweck und Aufgabe der Vereinigung ist nach der Satzung

»die Zusammenfassung der Restbestände des Limpurger Rindes mit der Absicht, die vom Aussterben bedrohte Rasse zu erhalten und deren züchterische Weiterentwicklung zu fördern«.

Zu den Aufgaben des Vereins gehörten:
- Förderung der planmäßigen Herdbuchzucht
- Wahrnehmung aller in Zusammenhang mit der Zuchtarbeit entstehenden Aufgaben und Belange
- Öffentlichkeitsarbeit und Beschickung von Ausstellungen
- Beratung in Fragen der Haltung und Zucht von Limpurger Rindern
- Erstellung eines Zuchtzieles, welches die typischen Merkmale des Limpurger Rindes beschreibt
- Führung des Zuchtbuches
- Kennzeichnung der Zuchttiere
- Planung von Zuchtmaßnahmen
- Zusammenarbeit mit den staatlichen Stellen für Tierzucht.

Nur Herdbuchzüchter mit eingetragenen Limpurger Rindern können ordentliche Mitglieder werden. Außerordentliche Mitglieder sind Freunde und Förderer der Züchtervereinigung. Die Züchtervereinigung für das Limpurger Rind ist Mitglied des Rinderzuchtverbandes in Baden-Württemberg e. V.

Bemerkenswert ist, daß man im Verlaufe der Zeit auf einige Züchter außerhalb des eigentlichen Zuchtgebiets stieß. So war z. B. eine Züchterin mit Limpurgern aufgewachsen und hielt später auf einem Pachthof im Zuchtgebiet selbst Limpurger.

Als die Familie nach Bayern übersiedelte, nahm sie sieben ausgewählt schöne Limpurger mit, die den Grundstock einer umfangreichen Zucht bildeten. Noch 1979 umfaßte ihr Bestand 90 Limpurger Tiere. Wenige Jahre später waren es nur noch ungefähr 20 Stück Vieh (Kühe und Jungtiere). Diese bilden aber eine wertvolle Bereicherung der Population im eigentlichen Zuchtgebiet.

Man unterscheidet zwischen einfarbig gelben Kühen (A-Kühe) (Tab. 37) und Kühe mit weißen Abzeichen an Kopf oder Bauch (B-Tiere). Letztere werden in der jetzigen Übergangsperiode auch ins Herdbuch aufgenommen. Bei ihnen handelt es sich um Kreuzungen mit Fleckvieh. Die A-Kühe besitzen Blutanteile von Frankenvieh. Im Typ entsprechen sie Limpurger Tieren aus der Zeit um 1920. Im Mai 1988 umfaßte der Bestand 55 Kühe. Davon waren 33 A-Kühe und 22 B-Kühe. Um 1990 standen der Population drei gekörte Vatertiere bzw. deren Sperma zur Verfügung. Es ist bemerkenswert, daß nach längerer Zeit intensiver Öffentlichkeitsarbeit immer noch einzelne limpurgerblütige Tiere auf entlegenen Höfen entdeckt wurden.

Angestrebt wird ein widerstandsfähiges, langlebiges Zweinutzungsrind mit gleicher Betonung von Milch- und Fleischleistung, regelmäßiger Fruchtbarkeit, Frohwüchsigkeit und guter Fleischbeschaffenheit. Besonderer Wert wird auf gleichmäßige, drüsige Euter, korrekte trockene Gliedmaßen und harte Klauen gelegt (Abb. 89).

	Stier	Kuh
Widerristhöhe (cm)	143–148	134–137
Gewicht (kg)	1000–1100	600–650

Leistungen
Milchleistung. Im Jahre 1997 erbrachten 121 ganzjährig geprüfte Limpurger Herdbuchkühe 4384 kg Milch, 4,00% Fett, 175 kg Fett, 3,41% Eiweiß und 148 kg Eiweiß.
Fleischleistung. Die Fleischleistungsdaten wurden an der Eigenleistungsprüfstation Neuhof ermittelt. Die durchschnittlichen Tageszunahmen von 25 bisher geprüften Bullen betrugen im Prüfungsabschnitt vom 112. bis zum 350. Lebenstag 1356 g.
Fruchtbarkeit und Nutzungsdauer. Nach den Ergebnissen des Landesverbandes für Leistungsprüfungen in der Tierzucht in Baden-Württemberg e. V. liegen die Durchschnittswerte für das Erstkalbealter und die Zwischen-

Limpurger

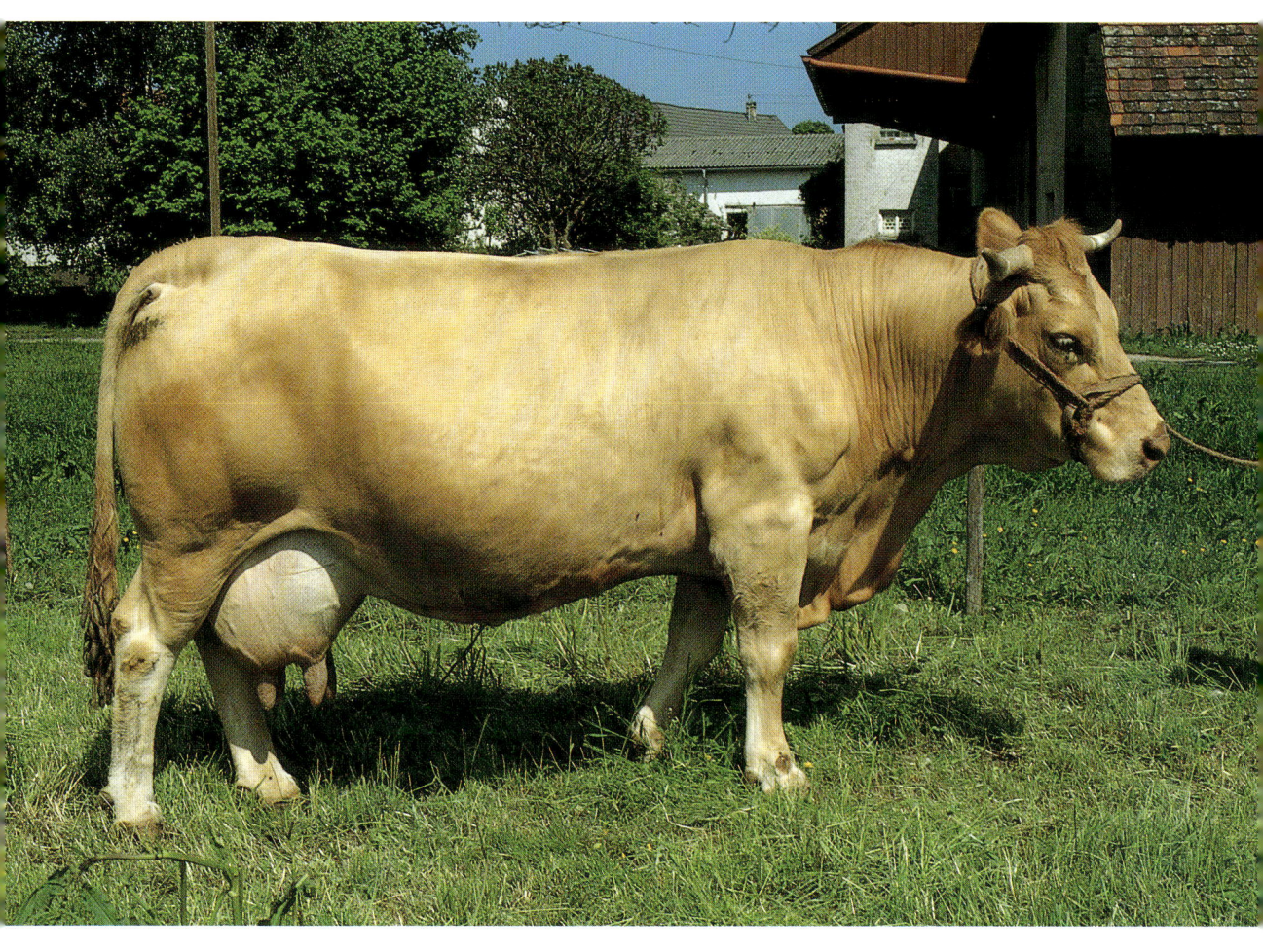

kalbezeit bei 30,4 Monaten bzw. 377 Tagen. Das Durchschnittsalter der geprüften Limpurger Kühe beträgt 5,5 Jahre. Das Zuchtgebiet liegt in Baden-Württemberg im Raum Aalen – Schwäbisch Gmünd – Gaildorf. Die Zahl noch vorhandener Tiere beträgt ca. 250.

Bereits zum Zeitpunkt der Gründung der Züchtervereinigung stand mit Herzog ein rassetypischer Bulle zur Verfügung. Daneben wurden der Glan-Donnersberger Bulle Habet und die beiden Gelbviehbullen Heidenreich und Inntal, die beide ebenfalls Glan-Donnersberger Blut führen, eingesetzt. Um einer weiteren Blutlinienverengung entgegenzuwirken, werden alle Kühe in Herdbuchbetrieben gezielt angepaart. Für die Zucht geeignete Bullenkälber werden auf der Bullenprüfstation Neuhof zur Eigenleistungsprüfung aufgestellt. Inzwischen stehen der Population nachgezogene Jungbullen aus allen 4 Bullenlinien über die Besamung und den Natursprung zur Verfügung. Ziel ist es, auf diese Weise eine weitere Zuführung von Fremdblut überflüssig zu machen.

Mit Hilfe von Embryotransfer in In-vitro-Befruchtung wird versucht, die Nachkommenzahl von Kühen mit hohen Limpurger Genanteilen zu vergrößern.

1998 gab es ungefähr 40 Züchter mit insgesamt 240 Kühen. Von ihnen stehen 121 unter Milchleistungskontrolle. Es wurden Stiere aus fünf Vaterlinien eingesetzt.

Abb. 89. Limpurger.

Vorderwälder

Die erste Erwähnung der guten Eigenschaften von im Schwarzwald heimischen Rindern geschah in der 1544 erschienenen »Cosmographia Universalis« von Sebastian Münster. Dieser rühmte bereits damals die vortreffliche Fleischqualität des Schwarzwaldviehs. Es ist anzunehmen, daß es sich um Tiere handelte, aus denen das heutige »Wäldervieh« hervorgegangen ist. Urkundlich wird dieses Wäldervieh 1829 zum erstenmal erwähnt. In einer Übersicht über die in Baden vorhandenen Rinderrassen wird die Schwarzwälderrasse als einer der am weitesten verbreiteten Rinderschläge bezeichnet. Ihr Aussehen wird so beschrieben:

»Die Rasse hat einen feinen, proportionierten, runden, vollen Körperbau. Hirschartiges Aussehen, dünner Hals, kurze Beine. Sie ist rüstig, kräftig und flink. Gewöhnlich von rotbrauner Farbe, mit und ohne weiße Blässen und Flecken, hat feine Haare, dünnes, rundes, sauberes und geschmeidiges Gehörn. Diese Art liefert bei magerer Weide und schlechtem Futter vorzüglich gute Milch, tüchtige Arbeiter und gute Mäster, ein überaus zartes Fleisch und eine dauerhafte Haut. Man unterscheidet eine größere und eine kleinere Wälderrasse. Die kleinere scheint ausschließlich dem Hochgebirge anzugehören, die größere den Vorgebirgen. Gewöhnlich liefert die erste mehr Butter, die letztere mehr Milch.«

Schon damals waren also zwei Wälderrassen bekannt. Wann und wodurch die Trennung zustande kam, läßt sich heute nicht mehr ermitteln. Vermutlich konnten die Vorderwälder sich in den tieferen Lagen durch bessere Futterverhältnisse zu einer größeren und schwereren Rasse entwickeln. In Ackerbaugebieten wurden Rinder damals vorwiegend als Düngerlieferanten gehalten. Die Milchproduktion reichte gerade für den Eigenbedarf der Bauernfamilie aus. Besser sah es in Gebirgslagen mit absolutem Grünland aus, das nicht beackert werden konnte. Viehhaltung war meist die einzige Form der Bewirtschaftung.

Die Verbesserung dieser Zustände und die Anfänge der geschichtlichen Entwicklung der Rinderzucht wurden von zwei Faktoren wesentlich beeinflußt:
- die Bullenhaltung als Grundlage einer geordneten Rinderzucht wurde gesetzlich geregelt,
- rascher Bevölkerungsanstieg und beginnende Industrialisierung erhöhten die Nachfrage nach Milch- und Fleischprodukten.

Nach einem 1837 erlassenen Gesetz waren die Gemeinden verpflichtet, geeignete Zuchtbullen aufzustellen und auf regelmäßige Fütterung zu achten. Das angestrebte Ziel, die Haltung der Farren (Stiere) zu verbessern und die Leistungsfähigkeit der Rinderzucht zu heben, konnte auf diese Weise aber nicht erreicht werden. Daraufhin wurde 1865 die »Gemeindefarrenverordnung« zum Gesetz erklärt. Dieses Gesetz regelte die Zahl der zu haltenden Stiere, die Wahl der Rasse (den örtlichen Verhältnissen entsprechend), die Art der Haltung sowie die Überwachung durch die »Farrenschaukommission«. Es enthielt außerdem Richtlinien über Körperbau und Gesundheitszustand als Voraussetzung für die Zulassung zur Zucht sowie über Ankauf und Überwachung der Stiere. Ein festgelegtes Zuchtziel gab es damals noch nicht. Die Bedeutung einer Zuchtrichtung wurde erst später erkannt und führte dann zur Gründung von Zuchtgenossenschaften.

Die Gründung der ersten Vorderwälder-Zuchtgenossenschaften erfolgte 1895 in Neustadt/Schwarzwald sowie 1896 in Freiburg i. Br. Beide Genossenschaften entstanden nicht auf Anregung der Züchter, sondern sie wurden durch staatliche Maßnahmen gebildet. Die Erfolge der badischen Fleckvieh-Zusammenschlüsse bei der Förderung der Rinderzucht sollten auf die Vorderwälderzucht ausgedehnt werden. Die Gemeinden wurden aufgefordert, die Bauern zum Beitritt anzuhalten. Mangelnde Bereitschaft der Züchter von Vorderwälder-Rindern sowie Fehlen jeglicher Richtlinien über das anzustrebende Zuchtziel verhinderten jedoch größere Erfolge bei den Vorderwäldern. Es war z. B. nicht prinzipiell eine Reinzucht der

Vorderwälder· geplant und die Weiterentwicklung innerhalb der Rasse nicht grundsätzlich vorgesehen. Man dachte auch an die Einführung von Zuchtvieh aus der Schweiz. So kam es, daß Züchter, welche die Vorderwälder rein weiterzüchten wollten, nicht in die Zuchtgenossenschaften eintraten. Erst mit Rückbesinnung auf die Reinzucht konnte der Verband später Einfluß auf die Verbesserung der Vorderwälder nehmen. Auch von Maßnahmen der Regierung zur Förderung der Rinderzucht – Einrichten von Stammzuchten und Jungviehweiden, Maßnahmen zur Intensivierung der Weidewirtschaft, Beihilfen für Zuchtgenossenschaften und zum Ankauf wertvoller Zuchtstiere – wurde kaum Gebrauch gemacht. Die Züchter fühlten sich von den vielen staatlichen Eingriffen eingeengt.

Die erste genaue Viehzählung in Baden nach Rassen und Schlägen stammt aus dem Jahr 1896 (Tab. 38). Davor wurde bei Zählungen nur eine Unterteilung nach Farben vorgenommen, die aber keine Aussage über die tatsächliche Rassenverteilung zuließ. Ganz war das auch damals noch nicht möglich, denn in der Statistik erscheinen zahlreiche Gruppierungen wie »Landvieh mit Rotviehcharakter« oder »Unbestimmter Höhenschlag«. Man muß davon ausgehen, daß es um die Jahrhundertwende noch sehr viele Kreuzungstiere gab. Eines aber wurde im Verlaufe der Viehzählungen deutlich: die zunehmend dominierende Stellung des Fleckviehs.

Erkennbar war eine Rassenkonsolidierung durch Verschwinden von kleinen Rassen und Kreuzungstieren. Diese Entwicklung wurde erst um 1950 abgeschlossen.

Bedingt durch die natürlichen Verhältnisse und die sich daraus ergebende kleinbäuerliche Agrarstruktur waren die Vorderwälder im 19. Jahrhundert die führende Rasse im Schwarzwald. Dieses Verbreitungsgebiet zog sich im Norden bis Pforzheim und im Süden bis zur schweizerischen Grenze hin. Auch in den angrenzenden Ebenen wurden bis zur Verdrängung durch das Fleckvieh vereinzelt Vorderwälder gehalten.

Vorderwälder besaßen damals häufig einen leichten Senkrücken und einen hohen Schwanzansatz. Sie waren untersetzt und hatten eine tiefe Vorhand mit weit herabhängendem Triel. Die Rasse hatte einen leichten Knochenbau, was vor allem am feinen Fundament erkennbar wurde. Häufig kamen »Rückenschecken« vor: auf dem Rücken befand sich ein zusammenhängender weißer Streifen. Daneben waren auch Kopf, Bauch und Unterbeine weiß. Diese Art der Färbung muß so häufig vorgekommen sein, daß man die Vorderwälder gelegentlich sogar der Rassengruppe der Rückenschecken zuzählte. In der Tat wurden, wahrscheinlich nach einer Dezimierung der Bestände durch Rinderpest, 1820 durch die Klöster St. Peter und St. Märgen Pinzgauer und damit ganz ausgeprägte Rückenschecken eingeführt. Daß die typische Färbung der damaligen Vorderwälder auf diesen Import zurückzuführen ist, ist jedoch zu bezweifeln. Vermutlich ist diese Farbverteilung eigenständig entstanden. Es sei daran erinnert, daß die Rückenscheckung für das in der Nähe beheimatete Vogesenrind rassetypisch ist. Rückenschecken kommen bei Rindern weltweit vor (z. B. Hereford, Texas Longhorn, Zebus in Kenia) und werden auch beim Yak angetroffen. Die Rückenschecken-Färbung ging bei den Vorderwäldern durch Einkreuzung von Fleckvieh weitgehend verloren.

Schon Anfang des 20. Jahrhunderts wurde in der Verdrängung regionaler Landschläge nicht nur ein Zuchtfortschritt gesehen, denn die sich ausbreitenden Rassen stellten höhere Ansprüche an Futter und Umwelt. In den höheren

Tab. 38: Verbreitung einiger Rinderrassen und -kreuzungen in Baden.

Rasse	1896	1906	1925
Höhenfleckvieh	373 663	486 720	534 362
Vorderwälder	59 835	39 843	47 089
Hinterwälder	31 749	37 876	17 977
Braunvieh	15 875	8 424	2 855
Sonstige	153 862	78 891	18 984
Insgesamt	634 984	651 754	621 267

Abb. 90.
Vorderwälder-
Färse Rösle,
geb. 1900,
im Jahre 1902.
Körpergewicht
488 kg;
Widerristhöhe
128 cm.

Lagen des Schwarzwaldes, in denen eine stärkere Intensivierung aufgrund geologischer, topografischer und klimatischer Verhältnisse nicht möglich ist, kann ihr Leistungspotential nicht ausgeschöpft werden. Die Einführung anspruchsvoller, nicht angepaßter fremder Rassen hätte sich somit als Fehlschlag erweisen können, und die wertvollen Eigenschaften der verdrängten Schläge wären für immer verloren gewesen.

Um die Jahrhundertwende waren Rückenschecken selten geworden. Die Grundfarbe war Weiß. Das galt insbesondere für den Kopf mit Ausnahme der Ohren. Die Scheckung wurde gebildet durch größere oder kleinere gelbe, rote oder rotbraune Pigmentflecken. Der Rahmen hatte sich durch Einkreuzungen vergrößert; die Tiere waren schwerer geworden. Vorderwälder waren damals jedoch häufig schmal mit geringer Flankentiefe und schwacher Bemuskelung.

Die Fleischleistung der Mastochsen nahm durch die mangelnde Bemuskelung ab. Vor allem ging die früher gepriesene Ausgeglichenheit der Rasse fast völlig verloren. Es galten folgende Mittelmaße:

	Stiere	Kühe
Körpergewicht (kg)	550–600	350–500
Widerristhöhe (cm)	139	129
Brustumfang (cm)	197	174
Rumpflänge (cm)	167	154

Die Milchleistung guter Kühe lag bei knapp 3000 kg, die von durchschnittlichen Kühen bei 2000 kg pro Jahr. Nach anderen Angaben lieferte eine angemessen ernährte Kuh durchschnittlich 3200 l jährlich, wobei Spitzenleistungen von 4000 l vorgekommen sein sollen.

Vorderwälder

1902 erfolgte der Zusammenschluß zum Vorderwälder-Zuchtverband. In diesem Zuchtverband setzte sich die Erkenntnis durch, daß die Einhaltung einer bestimmten Zuchtrichtung für eine angemessene Leistung entscheidend war. Man formulierte daraufhin folgendes Zuchtziel:

»Das Vorderwälder Rind in seinen Formen und Leistungen zu vervollkommnen, insbesondere ein gutes, gesundes und genügsames Milchrind heranzuzüchten, dessen männliche verschnittene Nachkommen arbeitstüchtig sind und saftiges Fleisch erzeugen.«

Außerdem wurde eine Veredelung der Rasse ohne Kreuzung mit anderen Schlägen gefordert. Allerdings waren 1907 von ungefähr 40 000 Vorderwäldern nur 1% ins Zuchtbuch eingetragen. Diese Tatsache macht die geringe Einflußmöglichkeit des Zuchtverbandes deutlich. Den Zuchtgenossenschaften Freiburg und Neustadt/Schwarzwald waren 1907 21 Ortsvereine mit 201 Mitgliedern angeschlossen. Im Zuchtregister standen 33 Stiere und 358 Kühe. Der Verband der Vorderwälder-Zuchtgenossenschaften zerfiel jedoch schon im Ersten Weltkrieg wieder. Nach dem Kriege erfolgte keine Neugründung, da die Züchter nicht genügend interessiert waren.

Eine ausführliche Beschreibung der Rasse liegt vom Anfang des 20. Jahrhunderts vor (Hink 1906). Danach bot das Vorderwälder Rind damals folgendes Bild:

Gesamterscheinung: Eine Mittelform zwischen Simmentaler und Hinterwälder, im Knochenbau, namentlich der Gliedmaßen, und auch in der Farbe letzterer Rasse ähnlich. Mehr untersetzte, breite und tiefe Figur. Durchschnittliche Widerristhöhe bei erwachsenen Stieren 135 cm, bei Kühen 128 cm. Lebendgewicht: Kühe 350–500 kg, ältere Farren 550 bis 600 kg, Ochsen 550 bis 650 kg.

Milchleistung: Nach dem Ergebnis von Probemelkungen liefert eine ordentlich ernährte Kuh eine mittlere Milchmenge von rund 3200 l jährlich oder rund 9 l pro Tag. Es kommen auch Kühe vor, welche 4000 l jährlich geben. Die Milch ist fettreich (3,6%–5,5%) und wohlschmeckend.

Fleischleistung: Zur Mast gut geeignet; Fleisch feinfaserig und schmackhaft. Schlachtgewicht bei Ochsen 58–60, bei Farren 55–57, bei Kühen 44–52% des Lebendgewichts.

Arbeitsleistung: Die Ochsen, welche fast ausschließlich zur Arbeit verwendet werden, sind sehr leistungsfähig und ausdauernd. Beschlag bei den kräftigen, harten Klauen unnötig.

Äußere Erscheinung: Kopf ziemlich kurz und keilförmig; Stirn ausgedehnt, etwas länger als breit, ziemlich eben; Nasenspiegel mäßig breit; Auge groß, dunkelbraun, mit langen Oberlidwimpern; Ohren ziemlich groß, innen mit dichten Haarbüscheln besetzt. Horn mittellang, rund oder am Grunde wenig abgeplattet, mittelfein, beim Farren nach außen und oben, bei der Kuh nach außen, oben, hinten und mit der Spitze nach außen gedreht. Hals mittellang, ziemlich tief angesetzt, mit Kopf und Schultern gut verbunden, im Gang hochgetragen. Wamme beim Farren stark, bei der Kuh mäßig entwickelt. Widerrist bei älteren Farren muskulös und breit, bei weiblichen Tieren etwas schmäler, mitunter scharf. Schulter mindestens so lang wie das Becken, ziemlich schräg, gut bemuskelt und am Brustkorb anliegend. Rücken mittellang, waagerecht, beim Farren breiter als bei der Kuh, straff mit dem Widerrist und der Lende verbunden. Lende kurz und breit, gegen das Kreuz nur mäßig ansteigend. Bauch an den Brustkorb sich ohne Ausbuchtung anschließend, mit gut geschlossener Flanke. Becken lang und genügend breit, nach rückwärts sich mäßig verschmälernd, ziemlich eben; Kreuzbeinkamm gegen den Schwanzansatz meist mäßig ansteigend; letzterer gewöhnlich etwas aufgewölbt (Abb. 90).

Gliedmaßen: Gestell im ganzen mittelkräftig, trocken, im Verhältnis zum Rumpf mäßig hoch; beim Farren in der Regel niedriger als bei der Kuh. Oberarm und Vorarm kräftig, gut bemuskelt, letzterer lang und gerade. Vorderknie kräftig, flachrund; Schiene ohne Schnürung mit ihm verbunden, mäßig lang, flach mit trockenen Sehnen und senkrecht stehend, Fessel kräftig,

kurz und steil; Klauen ziemlich groß, stark, in den Trachten hoch; Afterklauen stark entwickelt. Sprunggelenk hoch und flach, trocken, mit straffer Achillessehne und langem Fersenbein.
Gang: lebhaft, räumend und regelmäßig.
Haut: ziemlich dünn, lose und mit kurzen, feinen Haaren besetzt; über den Augen, an den Bakken, am Hals und zwischen den Schenkeln gefaltet.
Farbe: ledergelbe bis rote Grundfarbe, verschieden mit weiß gemischt (gescheckt, gefleckt, rückenscheck). Am beliebtesten ist eine gleichmäßige Scheckfarbe. Kopf und untere Teile der Gliedmaßen in der Regel weiß. Doch kommen auch Brillen und Backenflecken vor. Flotzmaul, Lippen- und Augenlidränder, Maul- und Zungenschleimhaut, After, Wurf, Euter und Hodensack rosarot bzw. hellgelb, Augenwimpern, Haare in den Ohren, am Schlauch, in der Schwanzquaste hell oder gelb oder rötlich gefärbt. Hörner und Klauen wachsgelb oder weiß; bei satter, bis an die betreffenden Teile heranreichender Färbung Hörner mit rötlichbraunen Streifen oder Spitzen; Klauen mit ebensolchen Streifen versehen.

Eine Viehzählung 1925 ergab, daß die Vorderwälder vor allem in den Bezirken Freiburg und Neustadt/Schwarzwald konzentriert waren. Die Rasse umfaßte 47 089 Individuen, die sich auf elf Bezirke verteilten (Tab. 39).

Eine planmäßige und geregelte Zucht des Vorderwälder Rindes begann 1927 mit dem Wiederaufbau der Zuchtgenossenschaften. Die entscheidende Beratung fand am 4. März in Neustadt/Schwarzwald statt. Dort sollten zwei Fragen geklärt werden:
- Ist die Neubelebung der Zucht möglich, und
- wird dies von seiten der Züchter gewünscht?

Beide Fragen wurden bejaht. Die auf der Gründungsversammlung Anwesenden stellten folgende Grundsätze auf, die für die Weiterentwicklung der Rasse unumgänglich waren:

»1. Nur bei entsprechendem Interesse der Züchter können Fortschritte in der Zucht erreicht werden und nur so kann das Vorderwälder Vieh wieder zu seiner Bedeutung finden.

Tab. 39: Verteilung der Vorderwälder auf einzelne Bezirke 1925.

	Anzahl	Anteil am Gesamtrinderbestand (%)
Donaueschingen	3 260	11,5
Säckingen	3 582	40,0
Villingen	7 404	42,7
Waldshut	3 608	10,0
Freiburg	10 841	43,0
Neustadt	10 579	74,0
Oberkirch	768	12,0
Schopfheim	1 110	5,0
Staufen	254	2,0
Waldkirch	4 860	50,0
Wolfach	823	7,0

2. Förderungswürdig ist nur der bodenständige Vorderwälder Schlag. Einkreuzungen werden nach den gemachten Erfahrungen vollständig abgelehnt.
3. Aus dem vorhandenen Tiermaterial soll ein den Verhältnissen in jeder Weise angepaßter Schlag herausgezüchtet werden.
4. Die Züchter sollen ständig belehrt werden; insbesondere über die Verbesserung von Wiesen und Weiden.«

Unglücklicherweise waren nur noch wenige reinrassige Vorderwälder vorhanden. Es überwogen Vorderwälder mit Fleckviehcharakter.

In rascher Folge entstanden zahlreiche Zuchtgenossenschaften. Schon 1928 umfaßte der Verband 70 Ortsvereine mit 780 Mitgliedern. 111 Stiere und 1896 Kühe waren eingetragen. 1930 hat sich die Zahl der Ortsvereine auf 90, die der Mitglieder auf 1336 erhöht. Damit war die Basis für eine geordnete Zucht geschaffen. Die Verbandssatzung wurde 1931 den DLG-Bestimmungen angeglichen, gleichzeitig wurde der Verband in das Vereinsregister eingetragen.

In den ersten Jahren wurden vom Verband einige für die Zucht wichtige Maßnahmen getroffen: Einführung von Milchleistungsprüfungen und Melkregistern für die im Zuchtbuch eingetragenen Kühe sowie Durchführung von Viehhaltungs- und Melkkursen.

Vorderwälder

1932 wurde der Milchleistungsnachweis der Mütter von Zuchtstieren empfohlen (ab 1935 Pflicht). Ankaufprämien für Genossenschaftstiere wurden abhängig gemacht vom Vorliegen des Abstammungsnachweises und von Ergebnissen aus der Milchleistungskontrolle. Im 1936 erlassenen »Gesetz zur Förderung der Tierzucht« definierte man die Körbestimmungen neu und verschärfte sie. Im gleichen Jahr wurde der Verband der Vorderwälder-Zuchtgenossenschaften aufgelöst. Es entstand die Abteilung Wäldervieh im Landesverband Badischer Rinderzüchter. Das 1927 vom Verband formulierte Zuchtziel bildete die Basis für die weitere Zuchtarbeit. Es lautete folgendermaßen:

»Das Zuchtziel des Verbandes ist die Reinzucht eines bodenständigen, gesunden, mittelgroßen und mittelschweren, tiefen und breiten, vor allem in Milch, ferner in Zug und Fleisch leistungsfähigen Schwarzwaldrindes – Vorderwälder – das den wirtschaftlichen und natürlichen Verhältnissen weitgehend entspricht.«

Biegert (1938) beklagt, daß dem Vorderwälderrind »von mancher Seite die Existenzberechtigung überhaupt abgesprochen« wurde. Dies lag daran, daß man es teilweise für ein Hinterwälderrind hielt, das in den tieferen Lagen dank der besseren Futterverhältnisse im Rahmen größer geworden ist. Zuweilen wurde aber auch angenommen, daß es sich bei dieser Rasse lediglich um eine Kreuzung von Hinterwäldern und Fleckvieh handele. Tatsächlich soll es in den 30er Jahren viele Kreuzungstiere gegeben haben. Das einigermaßen rassereine Vorderwälderrind (Abb. 91) war nur noch auf entlegenen Schwarzwaldhöfen anzutreffen.

Tab. 40: Durchschnittsmaße beim Vorderwälder 1934. Alle Tiere waren über vier Jahre alt.

	Stiere	Kühe
Gewicht (kg)	798	485
Widerristhöhe (cm)	142	132
	(136–149)	(122–141)
Brustumfang (cm)	218	184
Rumpflänge (cm)	170	157

Im Jahre 1934 setzten erste Maßnahmen zur Rettung des unveränderten, nicht mit Fleckvieh gekreuzten Vorderwälders ein. Das Ziel war zunächst, innerhalb des Zuchtgebietes den für die magere Futtergrundlage einzig geeigneten Typ herauszustellen. An 640 in das Herdbuch eingetragenen Tieren wurden Erhebungen vorgenommen. Im Vergleich mit dem Ende des 19. Jahrhunderts waren die Vorderwälder deutlich größer und schwerer geworden (Tab. 40). Aufgrund dieser Meßwerte wurden Richtmaße angegeben, die dem Züchter als Orientierung dienen sollten:
- Ausgewachsene Stiere über vier Jahre alt: 138–145 cm Widerristhöhe bei einer Brusttiefe von 55% und einem Gewicht von etwa 850 kg.
- Ausgewachsene Kühe über vier Jahre alt: 126–134 cm Widerristhöhe bei einer Brusttiefe von mindestens 52% und einem Gewicht von ungefähr 450–500 kg.

Schon wenige Jahre später, nämlich 1937, wurden anläßlich von Herdbuchaufnahmen an weiblichen Tieren erneut Messungen durchgeführt (Biegert 1938). Die Ergebnisse deckten sich weitgehend mit denen von 1934. Die durchschnittliche Widerristhöhe der 128 Kühe über vier Jahre lag bei 129,5 cm. Ihr Brustumfang lag im Mittel bei 179,8 cm, die Brusttiefe betrug 52,5%.

Die Zahl der auf Milchleistung geprüften Kühe stieg rasch (Tab. 41). Die durchschnittliche Milchleistung läßt jedoch zunächst noch keine steigende Tendenz erkennen. Dies ist darauf zurückzuführen, daß sich anfangs nur die leistungsfähigeren Betriebe der Kontrolle anschlossen.

Der Zuchtfortschritt wurde durch die neu unter Milchleistungskontrolle stehenden schwächeren Betriebe überlagert.

Die Spitzenleistung 1931 wurde durch die Kuh Blum mit 7637 kg Milch, 3,9% Fett und 293 kg Fett erreicht. Neben der Milch- und Fleischleistung ist bei den Vorderwäldern immer auch auf die konstitutionellen Eigenschaften wie Langlebigkeit, Widerstandsfähigkeit und Fruchtbarkeit geachtet worden. Vor dem

Rinder

Abb. 91.
Vorderwälder-Kuh
Flecke 1016, geb. 1932, Ende der 30er Jahre. Ihre durchschnittliche Jahresmilchmenge betrug 3451 kg mit 3,56 % Fett.

Abb. 92.
Vorderwälder Kühe bei der Arbeit. Anfang der 40er Jahre.

Abb. 93.
Vorderwälder Kuh Toni, 1953, Körpergewicht 580 kg; Widerristhöhe 128 cm. Gelobt wurden tiefe Brust und Flanke sowie die gute Rückenlinie.

Abb. 94.
Vorderwälder.

Zweiten Weltkrieg waren ungefähr 7% der Vorderwälder herdbuchmäßig erfaßt (Abb. 92).

Der Wiederaufbau der Rinderzucht nach dem Zweiten Weltkrieg war auch im Schwarzwald schwierig und langwierig. Das 1955 vom Verband formulierte Zuchtziel war die
»Züchtung eines gesunden, widerstandsfähigen, langlebigen, fruchtbaren und bodenständigen Rindes im Landschlagtyp mit mäßigen Futteransprüchen, gutsitzendem, regelmäßigem und geräumigem Drüseneuter, bei guter Milch- und

Vorderwälder

Tab. 41: Ergebnisse der Milchleistungsprüfungen für Vorderwälder.

	Zahl der Kühe	Jahres-milch-menge (kg)	Fett-gehalt (%)	Fett-menge (kg)
1930	366	2820	3,8	106
1931	1410	2633	3,8	100
1933	2377	2992	3,9	117
1935	2650	2558	3,8	97
1937	3751	2351	3,9	92

hoher Fettleistung zur Arbeit in bergigem Gelände bestens nutzbar. Mit guter Brust- und Flankentiefe, ausreichender Röhrbeinstärke, korrekter Stellung, räumendem Gang und harten Klauen.«

Die Zielsetzung für die Milchleistung war bei wirtschaftseigenem Futter 3500 kg Milch im Jahr und mindestens 4,10% Fett. Für ausgewachsene Bullen wurde eine mittlere Widerristhöhe von 135–138 cm und ein Lebendgewicht von 750–850 kg angestrebt. Bei Kühen sollte die Widerristhöhe 125–129 cm, das Gewicht 450–550 kg betragen.

Ungefähr 1967 wurden die im Zuchtziel geforderten 3500 kg Milch erreicht. 1976 wurde die 4000 kg-Marke von den milchleistungsgeprüften Kühen überschritten. Organisatorisch gab es bis 1978 keine Veränderungen. Seitdem ist der »Zuchtverband für Fleckvieh und Wäldervieh« in Titisee/Neustadt als einziger Verband für die Betreuung der Vorderwälder zuständig.

Aufgrund der geringen Population der Vorderwälder war der angestrebte schnelle Zuchtfortschritt durch Selektion und Leistungszucht innerhalb der Rasse allein nicht zu erreichen. Die qualitativen Eigenschaften der Rasse, insbesondere gute Leistung bei Grundfutter, konstitutionelle Merkmale und die Arbeitsleistung, verloren an Bedeutung. Gefragt war eine hohe Milchleistung, wobei oft wenig beachtet wurde, auf welche Weise sie zustandekam. Es begann die Zucht auf Höchstleistungen und die Anpassung der Tiere an geänderte Produktionsbedingungen, z. B. Melk- und Stalltechnik sowie höherer Kraftfuttereinsatz. Hinzu kam, daß die Gefahr der Inzucht anstieg. 1965 betrug der Bullenabgang wegen Inzucht am Standort 46%; von 358 vorhandenen Stieren mußten 165 von der Zucht ausgeschlossen werden. Man entschloß sich zur Einkreuzung einer anderen Rasse. Diese sollte den Vorderwälder-Typ nicht allzu stark verändern, die Rasse aber hinsichtlich Leistungsfähigkeit (Milchmenge), Euterausbildung und Melkbarkeit verbessern sowie vorhandene Formmängel (Schwanzansatz, Becken) beseitigen.

Diesen Anforderungen entsprach Ayrshire am besten. Diese Rasse weist neben einer hohen Milchleistung eine besonders gute Euterausbildung auf. Die mittelrahmigen und feinknochigen Kühe besitzen regelmäßige, gut entwickelte Viertel und eine straffe Euteraufhängung. Auch bei hoher Milchleistung und langer Nutzungsdauer treten keine Hängeeuter auf. Dieser Vorteil fällt vor allem beim Maschinenmelken ins Gewicht. Als nachteilig wurden die flache Bemuskelung und die kurzen Striche der Ayrshire angesehen.

Das Einkreuzungsprogramm der Ayrshire in die Vorderwälder begann 1967. Dabei wurden vier Stiere eingesetzt (A-, B-, F- und U-Linie). Diese Ayrshire-Stiere wurden an je 60 Vorderwälder-Kühe angepaart. Es wurden Kühe ausgewählt, die hinsichtlich Gewicht, Milchmenge (über dem Verbandsdurchschnitt von 3500 kg), Fettgehalt der Milch (über 4,0%) und Gesamterscheinung (Typ-, Form- und Euterbewertung mindestens Note 3) gewissen Anforderungen genügen mußten. Damit sollte gewährleistet werden, daß aus der Anpaarung überdurchschnittlich veranlagte Nachkommen hervorgehen. Die erste Filial-Generation mit 50% Ayrshire-Blutanteilen sollte in Gemeinden mit hoher Herdbuchdichte eingesetzt werden, um den Zuchtfortschritt zu beschleunigen. 21 dieser 50prozentigen Ayrshire-Nachkommen wurden gekört und 19 davon ins Herdbuch aufgenommen. Durchgesetzt hat sich vor allem die B-Linie. Aufgrund von Leistungsprüfungsergebnissen und Beobachtungen aus der Praxis

waren folgende Auswirkungen der Einkreuzung erkennbar:
- Milchmenge und absolute Fettmenge wurden gesteigert, der prozentuale Fettgehalt dagegen leicht vermindert.
- Melkbarkeit und Euterform, Drüsigkeit des Euters und Eutersitz wurden verbessert.
- Bemuskelung in Vorderhand und Keule war deutlich flacher.
- Bei Kreuzungstieren zeigten sich verstärkte Mängel im Fundament (Spreizklaue, längere Fesseln, zehenweite Stellung).
- Bei hohem Blutanteil zeigten sich Mängel in der Farbzeichnung (kleine, unruhige Schecken; zuviel Weiß) und Mängel bei der Hornstellung der Kühe (längere, spitze Hörner).

Die Einkreuzungsquote war bald so hoch, daß nach einer gewissen Zeit kaum noch Vorderwälder Tiere ohne Ayrshire-Blutanteil vorkamen. Für Ayrshire-blütige Tiere wurden die höchsten Preise erzielt. Der Blutanteil in der Gesamtpopulation liegt jetzt bei ungefähr 6,25%.

Ende der 70er Jahre wurde in Baden-Württemberg verstärkt Red Holstein in die Deutschen Rotbunten eingekreuzt. Es schien naheliegend, diese Rasse auch für einen neuerlichen Einkreuzungsversuch bei den Vorderwäldern zu verwenden. Mit einer solchen Einkreuzung sollte eine weitere Erhöhung der Milchleistung erreicht werden, und das Überhandnehmen der Ayrshire-B-Linie mit der damit verbundenen Inzüchtung verhindert werden. Fünf kanadische Red-Holstein-Stiere wurden in diesem Einkreuzungsprogramm verwendet. Wiederum erfolgte gezielte Anpaarung mit je 60 Vorderwälder Kühen. Die ausgewählten Kühe mußten eine Widerristhöhe von 128–130 cm aufweisen und ein Gewicht von 500 kg besitzen. Auf diese Weise sollten Schwergeburten vermieden werden, denn es waren größere und schwerere Kälber als normal zu erwarten. Wichtig war auch, daß der Ayrshire-Blutanteil nicht höher als 25% sein dürfte, um das Überwiegen von Fremdblut innerhalb bestimmter Linien auszuschließen.

Von den männlichen Nachkommen der Einkreuzung wurden 13 als Testbullen vorgestellt. Allgemein können folgende Einflüsse durch die Red-Holstein-Einkreuzung auf die Vorderwälder festgestellt werden:
- Milchmenge und Inhaltsstoffe der Milch wurden deutlich verbessert.
- Widerristhöhe und Körperlänge nahmen zu. Die Nachkommen wurden rahmiger, wobei das Gewicht nicht im gleichen Ausmaß zunahm.
- Eine weitere Verbesserung von Eutersitz und Aufhängung konnte nicht festgestellt werden.
- Bemuskelung und Fleischansatz nahmen deutlich ab.
- Fundamentsmängel (verdrehtes Bein, Spreizklauen) wurden besonders bei intensiver Bullenaufzucht und -mast sichtbar.
- Bei Kühen wurden des öfteren schlechte Klauen bemängelt. Dadurch wird die Weidetüchtigkeit beeinträchtigt.
- Die dunkelrote Farbe wurde großflächig bis hin zu fast vollständiger Einfarbigkeit vererbt.
- Eine Erhöhung der Schwergeburtenrate konnte nicht festgestellt werden.

Tab. 42: Bestandentwicklung der Vorderwälder in den letzten Jahrzehnten.

Jahr	Individuen insgesamt	Milchkühe	Küher unter Milchleistungsprüfung	aktive Zuchtpopulation
1968	93 741	46 908	8 266	–
1972	74 237	34 257	8 492	1 472
1977	56 534	21 517	8 785	1 821
1981	48 244	17 892	8 429	2 589
1985	42 000	16 100	7 118	2 775
1988	40 000	15 500	6 390	3 099

Vorderwälder

Trotz der nachteiligen Auswirkungen auf ehemals wichtige Merkmale der Vorderwälder Rasse haben sich die von Red-Holstein beeinflußten Vorderwälder stark durchgesetzt. Besonders bevorzugt werden die M- und die T-Linie. Für die weitere Züchtung wird jetzt eine Rückkreuzung angestrebt. Auf der Besamungsstation in Freiburg befinden sich tiefgefrorene Spermaportionen von reinen Vorderwäldern.

Seit vielen Jahren geht die Zahl der Vorderwälder zurück. Diese Tendenz konnte auch die Leistungsverbesserung durch Einkreuzung mit Ayrshire und Red Holstein nicht aufhalten. Bemerkenswert ist die stetige Vergrößerung der aktiven Zuchtpopulation (Tab. 42). Darunter versteht man Kühe, die an der Milchleistungsprüfung teilnehmen und künstlich besamt werden. Möglicherweise kündigt sich hierdurch eine Trendwende an.

Im Jahre 1980 lag der Kuhbestand bei ca. 30 000. In 420 Herdbuchzucht-Betrieben wurden 6241 Herdbuchkühe gehalten. Die durchschnittliche Leistung dieser Tiere lag bei 4295 kg Milch mit 3,95% Fett und 3,43% Eiweiß. Es gab 416 Herdbuchbullen. Die täglichen Zunahmen der zur Körung vorgestellten Bullen lagen bei 971 g. Die Zuchtbetriebe hielten im Durchschnitt 14,9 Kühe. 22,3% der Kühe hatten ein Alter von mehr als 8 Jahren. 1988 gab es noch 364 Herdbuchbetriebe mit insgesamt ca. 5700 Kühen.

Das Aussehen der Vorderwälder kann folgendermaßen beschrieben werden: ausgeglichene Formen, gute Rumpfigkeit und harmonisches Gesamtbild. Tiefe, breite Brust, schmales Becken. Recht feines Fundament. Edles Erscheinungsbild. Rotbraun bis dunkelrot gescheckt, z. T. auch gedeckt. Weißer Kopf, z. T. mit Abzeichen (Abb. 94).

	Stier	Kuh
Widerristhöhe (cm)	140	134
Gewicht (kg)	850–900	600

Die Milchleistung der Vorderwälder konnte in den letzten Jahrzehnten beachtlich gesteigert werden (Tab. 43). Das gilt sowohl für die Herdbuch- als auch für die Nichtherdbuchkühe. Um diese Leistung angemessen beurteilen zu können, müssen vor allem die geringe Körpergröße und die schwierigen Standortbedingungen berücksichtigt werden. Aus der Tabelle geht neben der Leistung hervor, daß die Anzahl der Kühe beständig abnimmt.

Die Kuh Walli erbrachte 1984 eine Jahresmilchleistung von 9389 kg mit 4,0% Fett und 3,3% Eiweiß. Die beste Lebensleistung hält die Kuh Sarah von K.-J. Winterhalter, Spriegelsbuch, mit 96 557 kg (1996).

Jungbullen liegen in der täglichen Zunahme bei ca. 1100 g. Die Eigenleistungsprüfung auf Station von Stieren ergab im Prüfungsabschnitt (112. bis 330. Lebenstag) tägliche Zunahmen von durchschnittlich 1240 g. Neben der Vergrößerung des Rahmens hat die Einkreuzung von Red-Holstein eine Tendenz zu früherer Mastreife gebracht.

Vorderwälder besitzen eine gute Fruchtbarkeit und erreichen eine lange Nutzungsdauer. 23,3% aller MLP-Kühe waren 1991 älter als 8 Jahre. Harte Konstitution. Trockene, klare Fundamente mit guter Winkelung und ausgezeichnete Klauen ermöglichen die Beweidung auch schwieriger Hanglagen.

Gegenwärtige Verbreitung: Mittlerer und südlicher Schwarzwald, ausgenommen die höchsten Lagen. Die Anzahl noch vorhandener Tiere liegt bei 40 000.

Tab. 43: Milchleistung aller im Zuchtbuch eingetragenen ganzjährig geprüften Vorderwälder-Kühe.

Jahr	Anzahl der Kühe	Milch (kg)	Fett %	kg	Eiweiß %	kg
1964	4210	3309	4,12	136	–	–
1971	3388	3658	4,07	149	–	–
1975	3434	3883	4,08	158	–	–
1980	3175	4295	3,95	170	3,43	147
1985	2638	4646	3,98	185	3,38	157
1991	5601	4844	4,02	195	3,30	160
1996	5412	4962	4,14	205	3,36	167
1997	5427	5093	4,15	211	3,32	169

Hinterwälder

Die Rinder des Schwarzwaldes wurden schon vor Jahrhunderten gelobt. Sebastian Münster berichtet 1618 in seiner »Cosmographia Universalis« im Stil der damaligen Zeit: »Der Schwartzwald ist ein rauch birgig und winterig Land, hat viel Thannwäld, doch wächst da ziemlich Korn. Es hat reiche Bawren, daß einer wol zwölff Küh außwintern mag. Darumb so zeucht es viel Vieh, und besonder gut Ochsen, die am Fleisch besser seind, wie alle Metzger das bekennen, dann die Ungerischen, Böhmischen, Polnischen oder auch die Schweitzer Ochsen.«

Damals unterschied man noch keine Rassen in unserem Sinne, aber es waren mit Sicherheit Vorläufer des »Wälderviehs« gemeint.

Erst viel später wurde dieses Wäldervieh in Vorderwälder und Hinterwälder unterteilt. Die beiden Bezeichnungen waren zunächst nicht Namen für deutlich voneinander getrennte Rassen. In den tieferen Lagen und dem vorderen Teil von Tälern mit besserer Ernährungsgrundlage hielt man die rahmigeren Vorderwälder, in den höheren Berglagen und am Ende der Täler, wo die Weideperiode kürzer und die Ernährung karg war, wurden Hinterwälder gehalten. Die Populationen waren lange Zeit nicht deutlich voneinander getrennt.

Daß die Hinterwälder auch im vergangenen Jahrhundert und früher meist einen weißen Kopf hatten, mag zu der Ansicht geführt haben, es handele sich um verzwergte Simmentaler, also um eine Kümmerform. Die Hinterwälder gab es im Schwarzwald schon lange, bevor Simmentaler nach Südwestdeutschland eingeführt wurden. Fragwürdig ist allerdings auch die andere Ansicht, nach der das Hinterwälder Rind direkt vom Keltenrind abstamme. Weitgehende Übereinstimmung in Größe und Proportionen sind kein Beweis. Mutation und gezielte Selektion können aus einem kleinen, zierlichen Rind ohne Einfluß fremder Zuchttiere durchaus zu massigen oder gar riesenhaften Tieren führen. Die direkte Abstammung wäre dann nicht mehr erkennbar. Umgekehrt mögen osteuropäische oder z. B. das japanische Mishima-Rind eine gewisse Ähnlichkeit mit dem aus Knochenfunden rekonstruierten Keltenrind haben, obwohl sie eine völlig eigenständige Entwicklung durchmachten. Allein das Vorkommen der Hinterwälder im Schwarzwald spricht für einen möglichen Zusammenhang mit dem Keltenrind.

Wie so oft war das Urteil der offiziellen Vertreter der Tierzucht anders als das der Züchter selbst. Während letztere meist aus umfangreicher Erfahrung eine begründete Vorstellung von den Stärken (und auch Schwächen) ihrer Rasse besaßen, sahen erstere in erster Linie die Produktmenge. Schon in der zweiten Hälfte des 18. Jahrhunderts war man mit der Leistung bei den Rindern in Baden allgemein unzufrieden. Man machte sich Gedanken über eine mögliche Verbesserung:

»Das Resultat gehet dahin, daß durch Anschaffung besseren Faselviehes (Zuchttiere) und deren gute Fütterung dieser Endzweck vollkommen erreicht werden könne, weshalb für das Rindvieh Schweizer Farren (Bullen) anzuschaffen vorgeschlagen wurde.«

In einem Bericht von 1768 wurden die Rinder Badens (und damit auch die im Zuchtgebiet des Wäldervieh) als »traurige Art« bezeichnet. Obwohl man die Einfuhr größerer Rinder für problematisch hielt, führte man »fremde Viehrassen zur Kreuzung« ein. Allein der südliche Schwarzwald blieb von dieser Maßnahme verschont. So kam es umgekehrt: Die züchterische Isolierung und wohl auch eine stärkere Abwehrkraft führten offenbar dazu, daß eine schwere Rinderpestepidemie in Südwestdeutschland das Wäldervieh weitgehend verschonte. Die dezimierten Bestände auch außerhalb des Schwarzwaldes wurden anschließend mit Wäldervieh wieder aufgefüllt. Doch dieser Qualitätsbeweis reichte nicht; es kam auch beim Wäldervieh zu Einkreuzungen.

Das Hinterwälder Rind ist also ursprünglich als der besonders rein erhaltene Teil des alten badischen Landviehs anzusehen. Vom Anfang des 19. Jahrh. liegt folgende Beschreibung vor:

Hinterwälder

Abb. 95. Hinterwälder-Kuh im Alter von vier Jahren auf der Wanderausstellung der DLG in Stuttgart-Cannstatt 1896. Körpergewicht 344 kg; Widerristhöhe 117 cm.

»Die Schwarzwälder Race hat einen feinen, proportionierten, runden Körperbau, hirschartiges Aussehen, dünnen Hals, kurze Beine. Die Thiere sind rüstig, kräftig und flink; gewöhnlich von rotbrauner Farbe mit oder ohne weiße Blässen und Flecken; hat feine Haare; dünnes, rundes, sauberes und geschmeidiges Gehörn; liefert bei magerer Weide und schlechtem Futter vorzüglich gute Milcher, tüchtige Arbeiter und gute Mäster, ein vorzüglich zartes Fleisch und eine dauerhafte Haut. Man unterscheidet eine größere und eine kleinere Wälderrace: die kleinere scheint ausschließlich dem Hochgebirge anzugehören. Sie findet sich rein über den ganzen Schwarzwald verbreitet, vorzüglich in Zell, Schönau und in den ehemals St. Blasischen Orten.«

Der zunächst geringen Einkreuzung Anfang des 19. Jahrhunderts folgten dann doch weitere, obwohl kritische Stimmen unüberhörbar waren (Lydtin und Werner 1899):
»Wie gewöhnlich wurde das Heilmittel (gegen die kleinen und unansehnlichen Wäldertiere, Tröndle 1924) nicht in der Nähe, sondern in der Ferne gesucht. Man holte Schweizer Braunviehbullen, um sie mit dem Wälder Vieh zu kreuzen... Der einzige nachhaltige Einfluß dieser Kreuzung zeigte sich in der Haarfarbe, die heller wurde.«

Ein anderer Fachmann der damaligen Zeit bemängelt
»Experimente, die je nach der herrschenden Mode alle paar Jahre wieder eine neue Viehrace zur Einfuhr und Kreuzung empfehlen.«

Daß auch Fachleute sich zuweilen durch das Äußere blenden lassen und kleinere Tiere ablehnen, weil sie Zusammenhänge nicht überblicken, wird an folgendem Urteil über Hinterwälder aus den 70er Jahren des 19. Jahrhunderts deutlich:
»Der erste Eindruck, welchen die Thiere auf den Besucher machen, ist gewöhnlich kein günstiger. Die Thiere sind nämlich klein, 1,05–1,18 M hoch... Ein schwerer angemästeter Fasel (Zuchtstier) wiegt 425 Kilogr. und eine Kuh von 6½ Zentner gehört schon zu den größten. Der Hinterwälderstamm... trägt das Gepräge des wenig cultivierten und nicht im Überflusse lebenden, erst spätreifen Waidethieres.«

Im Jahre 1886 erscheint eine ausführliche Monographie über den »Hinterwälder Rindviehschlag«, wie er damals bezeichnet wurde. Danach sollen

»seit ca. 40 Jahren (also seit ungefähr 1846) viele Landwirthe, durch Erzielung höherer Viehpreise aufgeweckt, aus dem früheren Schlendrian herausgetreten«

sein (Ringele 1886). Sie versuchten

»den von Alters her im Bezirke vorhandenen Viehschlag durch richtige Auswahl der Zuchttiere und durch bessere Fütterung und Pflege des Jungviehs zu verbessern.«

Ganz wesentlich soll hierzu die 1865 in Kraft getretene »Faselordnung« und die dadurch bedingte bessere Farren-(Bullen-)haltung beigetragen haben. Die Faselhaltung (Haltung zuchtfähiger Rinder) unterstand der Staatsaufsicht und wurde mindestens einmal im Jahre durch eine Kommission, bestehend aus einem beamteten Tierarzt und zwei Landwirten, einer Schau unterzogen. Die von dieser Kommission für zuchtuntauglich befundenen Stiere mußten abgeschafft und durch taugliche ersetzt werden. 1885 wurden von 73 vorgestellten Bullen nur zwei für untauglich befunden, was möglicherweise für die inzwischen erreichte gute Verfassung der Bullen spricht.

Bullen wurden ab einem Alter von $1^{1}/_{2}$ Jahren zur Zucht herangezogen und schieden mit 3–$3^{1}/_{2}$ Jahren bei einem Lebendgewicht von 335–475 kg (!) aus. Es handelte sich damals also bei dieser Rasse noch um sehr kleine Tiere.

Weibliche Zuchttiere wurden gewöhnlich schon mit $1^{1}/_{2}$ Jahren zum Bullen geführt. Es wird auch von weiblichen Jungrindern berichtet, die bereits mit $1^{1}/_{4}$ Jahren (fehl-)gedeckt wurden. Die kräftigsten und schönsten Kühe sollen verständlicherweise die gewesen sein, die erst mit drei Jahren zum erstenmal kalbten.

Folgende Farben waren bei den Hinterwäldern um 1880 vorwiegend vertreten
- Gelbschecken mit semmel- bis hellgelben Haaren und unregelmäßigen weißen Flecken. Dieser Farbtyp umfaßte nahezu 90% der Tiere.
- Rotschecken mit gelblich- bis dunkelrotem Haar und weißen Flecken. Hierzu gehörten nahezu 10% aller Hinterwälder.
- Einfarbig gelbe und rote Rinder.

Der Kopf war bei den meisten Tieren ganz weiß (Abb. 95). Einige hatten sog. Brillen. Bemerkenswert ist, daß zu jener Zeit gelegentlich noch schwarze Tiere mit »helleren Rücken« auftraten, die ungefähr dem Vogesenrind entsprochen haben müssen. Da damals Gelb- und Rotschecken am beliebtesten waren, darf es nicht verwundern, daß bald von schwarzen Tieren nicht mehr die Rede war, zumal schwarze und schwärzliche Farbeinlagen als fehlerhaft galten.

Lobend wird hervorgehoben, daß Kühe ein Gewicht von 350–450 kg und noch mehr erreichen können. Da aber die Ernährung allgemein unzureichend war, lagen die üblichen Gewichte deutlich darunter. Folgende Durchschnittsgewichte und Maße galten damals, wobei der Ernährungszustand nahezu überall als »ziemlich gut« angegeben wurde:

	Stier	Kuh	Ochse
Widerristhöhe (cm)	116	113	110
Gewicht (kg)	300–340	250–300	240–290

Hierbei handelt es sich um Angaben von Rindern aus dem »hinteren Bezirk« des Amtsbezirks Schönau, die um einiges kleiner und leichter waren als die aus dem »vorderen Bezirk«.

Die »Körperformen« wurden um 1880 folgendermaßen beschrieben:

»Der Hinterwälderschlag ist klein von Statur. Charakteristisch ist das Feine und Zierliche in allen Theilen. Der Kopf ist verhältnismäßig klein, Stirne und Maul breit, die Hörner dünn, bei ältern Kühen recht lang und von der Mitte bis zur Spitze nach oben gebogen mit rückwärts gebogener Spitze. Der Hals ist dünn, doch proportioniert. Eine zu starke Wamme ist nicht beliebt. Der Rücken ist bei den meisten Tieren gerade, gelegentlich kommen Senkrücken vor. Hinterwälder sind oft etwas überbaut. Breite, gut gewölbte Brust; breites Becken; gut behoste Hinterschenkel. Der Schwanz ist zuweilen hoch angesetzt. Die Gliedmaßen sind fein und sehnig, die Klauen kurz und meist hell.«

Das Temperament der Hinterwälder wurde als lebhaft beschrieben. Der Ausdruck war lebendig und freundlich. Bei guter Ernährung besaßen sie hohe tägliche Zunahmen, große Ausdauer und Zähigkeit in der Arbeit sowie gute Mastfähigkeit. Die gemästeten Ochsen und weiblichen Tiere lieferten ein vortreffliches, feines, durchwachsenes Fleisch. Deshalb war Hinterwälder Mastvieh bei den Metzgern der Umgebung, hauptsächlich aber bei Schweizer Metzgern begehrt und wurde besser bezahlt als andere Rinderrassen (Ringele 1886).

Viele kleine Landwirte benutzten zur Arbeit gewöhnlich nur Kühe. Diese wurden mit $1^1/_2$ Jahren schon angewöhnt und konnten nach einigen Proben zum Zug verwendet werden. Die Tiere sollen mit viel mehr Sicherheit als Pferde gearbeitet haben.

Die Fruchtbarkeit war gut. Kühe haben sehr oft Zwillinge geworfen, und es sollen einzelne Fälle von Drillingsgeburten zu verzeichnen gewesen sein (Ringele 1886).

»Kühe wurden in der Regel 4 bis 5 Wochen, nachdem sie gekalbt hatten, wieder rinderig, dann zum Farren geführt und blieben gewöhnlich beim ersten oder zweiten Begattungsakt trächtig.«

Besonders gelobt wurde die Milchleistung der Hinterwälder:
»Das durchschnittliche Jahresquantum an Milch von einer im mittleren Ernährungszustande befindlichen Kuh beträgt 2150 Liter und steigt bei guter Ernährung bis zu 2400 Liter ... 28 Liter Milch liefern 1 Kilo Butter und $5^1/_2$ bis 6 Liter 1 Kilo mageren Käse. Viele der besser genährten Kühe stehen fast nie trocken, andere aber geben Milch bis auf 4 oder 5 Wochen vor dem Kalben.«

Hinterwälder besaßen eine große Widerstandskraft gegen Klima und mäßige Fütterung sowie schlechte Haltungsbedingungen. Weder rauhes Klima noch schlechtes Futter konnten den Gesundheitszustand der Tiere empfindlich stören. Seuchen traten selten auf. Es wurde betont, daß 1885 nur 0,6% aller Hinterwälder notgeschlachtet werden mußten, wobei der häufigste Grund
»nicht sachgemäße Hilfeleistung bei Geburten«
war. Ringele (1886) kommt beim Abwägen aller Vor- und Nachteile zu dem Ergebnis, daß
»die Verbreitung des im hiesigen Bezirke (Amtsbezirk Schönau) noch rein erhaltenen Viehschlages (nämlich der Hinterwälder) sich in Folge der bei demselben nach allen Seiten hin entwickelten großen Nutzungseigenschaften im Interesse der Viehzucht empfehlen dürfte. Die Haltung dieser Thiere wird die Erwartungen weit übertreffen.«

Dieses Urteil ist deshalb so bemerkenswert, weil Ringele vor gut 100 Jahren ein abwägendes Urteil zeigte, wie es heutzutage kaum noch anzutreffen ist. Für ihn zählte nicht nur die Milch- und Fleischleistung. Er beurteilte die Arbeitsfähigkeit, die Futterverwertung, das Wesen der Tiere, ihre ökologische Bedeutung und vieles mehr. In Einzelaspekten mag diese Art der Gesamtschau heute überholt sein, grundsätzlich ist diese Betrachtungsweise etwas, an dem sich die moderne Tierzucht orientieren sollte.

Hinterwälder sollen um 1880 fast ausschließlich im Amtsbezirk Schönau vorgekommen sein. Dieser Bezirk liegt südöstlich von Freiburg und umfaßte damals 26 Gemeinden mit ca. 15 000 Einwohnern. Das Gebiet war nur 219 km² groß. Bereits Ende des 19. Jahrhunderts verschwand die Rasse aus Teilen ihres Zuchtgebietes, z. B. aus dem ganzen vorderen Wiesental.

1889 wurde eine Stammzuchtgenossenschaft gegründet, die sich über den Amtsbezirk Schönau erstreckte. Sie wurde 1899 reorganisiert. Diese Genossenschaft hatte die Aufgabe, die Zucht des Hinterwälder Viehschlages durch ausschließliche Verwendung von zuchttauglichen Hinterwälder Bullen und durch gemeinsame Aufzucht von Jungvieh zu verbessern. Insbesondere sollten Kreuzungen von Jungvieh mit anderen Rassen verhindert werden. Die angekörten Tiere wurden in das Herdbuch eingetragen und durch Brandzeichen gekennzeichnet. Sämtliche weibliche Tiere wurden von gekörten

Bullen gedeckt. Durch jährliche Sichtungen konnten zuchtuntaugliche Tiere abgekört werden. In jedem Mai fand in Schönau ein Zuchtviehmarkt statt.

Nach Gesetzen von 1890 und 1896 mußten auch die im Privatbesitz befindlichen, öffentlich aufgestellten Bullen gekört sein. Einen weiteren Anreiz zur Verbesserung der Zucht gab die 1884 eingeführte staatliche Prämierung von Zuchtvieh. Zur besseren Auswahl weiblicher Tiere und zur Förderung der Hochleistung wurde 1901 ein Verband gegründet. Ihm gehörten die Stammzuchtgenossenschaften Schönau und Schopfheim sowie die Genossenschaft Münstertal an. Bereits im ersten Jahr nach der Gründung hatte der Verband 263 Mitglieder. 1914 waren es rund 1000 Mitglieder mit über 2000 eingetragenen Tieren. 1938 erfolgte die Eingliederung als Abteilung in den Landesverband badischer Rinderzüchter.

Das Zuchtziel für das Hinterwälder Rind ergab sich aus der »Körordnung für die Hinterwälder Stammzuchtgenossenschaften« von 1905: Die Bullen wurden in das Farrenregister eingetragen. Sie mußten mindestens 15 Monate alt und ihrem Alter entsprechend genügend entwickelt sein. Die in das Stammzuchtregister aufzunehmenden Kühe sollten nicht unter $2^{1}/_{2}$ Jahren sein. Angestrebt wurde die Züchtung einer edelgeformten, genügsamen, gesunden, namentlich tuberkulosefreien, viel und fettreiche Milch liefernden Kuh, sowie gängiger, zugtüchtiger und in der Mast durch ein feinfaseriges, fettdurchwachsenes, saftiges Fleisch sich auszeichnender Ochsen. Die durchschnittliche Widerristhöhe der erwachsenen Farren sollte nicht mehr als 124 cm, die der erwachsenen Kühe nicht mehr als 117 cm betragen. Als Lebendgewicht älterer Bullen wurden 500–550 kg, als das erwachsener Kühe 280–400 kg angestrebt.

Die beachtlichen Eigenschaften des Hinterwälder Rindes, seine Leistungen und die Anspruchslosigkeit haben vor und nach der Jahrhundertwende weit entfernt liegende Gebiete veranlaßt, diese Rasse einzuführen. Insbesondere wurden in größerem Umfang Zuchttiere in das Saarland gebracht, so daß dort bereits 1899 Zuchtgenossenschaften für das Hinterwälder Rind entstanden. Vor dem 1. Weltkrieg kamen Hinterwälder auch in das damalige Deutsch-Südwest-Afrika, das heutige Namibia.

1903 gab es nach einer Viehzählung 30 022 Hinterwälder. Das waren 4,7% des badischen Rinderbestandes. Die Population war bis zum Jahr 1912 auf 28 549 Tiere zurückgegangen. Durch den Ersten Weltkrieg soll sie allerdings »in ungeahntem Maße zugenommen« haben (Tröndle 1924), ohne daß exakte Zahlen vorliegen. Im Zuchtgebiet selbst machten sich schon seit längerer Zeit Bestrebungen bemerkbar, das Wäldervieh durch größere Rinder zu ersetzen.

Die Züchter größerer und anspruchsvoller Rinder mußten jedoch einsehen, daß diese Tiere unter der schwierigen Gebirgssituation nicht gediehen und schon bald »nur Zerrbilder ihrer Rasse darstellten«.

Eine ausführliche Beschreibung der Rasse liegt vom Beginn des 20. Jahrhunderts vor (Hink 1906). Danach bot sie damals folgendes Bild:

»**Gesamterscheinung.** Uralter, kleinster deutscher gelbscheckiger Viehschlag (ausgewachsene Kühe im Mittel 115 cm, ausgewachsene Bullen 122 cm Widerristhöhe), von ausgeglichener, edler und sehr gefälliger Form und Farbe, lebhaftem Temperament, genügsam und gesund. Lebendgewicht ausgewachsener Tiere: Farren und Ochsen 500–550 kg, Kühe 280–400 kg.
Milchleistung. In Anbetracht der geringen Körpergröße vorzüglich. Gut genährte Kühe von bester Abstammung und wohlausgebildetem Euter sollen durchschnittlich 8 l Milch pro Tag, also rund 2900 l jährlich liefern (häufig den zehnfachen Betrag des Lebendgewichtes). Es gibt aber auch Kühe, welche 3500 l, ja über 4000 l Milch jährlich melken lassen. Fettgehalt der Milch mindestens 4%, meist 5%.
Fleischerscheinung. Seit Jahrhunderten berühmt. Bei hervorragender Futterverwertung ist das Hinterwälderrind, namentlich der Hinterwälderochse, sehr leicht und rasch, nicht selten nur mit gutem Heu und etwas Kleie, zu mästen. Fleisch von allererster Qualität, auffallend zart in der Faser, schön mit Fett durchwachsen, saftig und wohlschmeckend.

Hinterwälder

Arbeitsleistung. Zur Arbeit werden namentlich die bis zu 130 cm und darüber hoch werdenden, dabei aber nicht hochbeinigen Ochsen verwendet; diese sind außerordentlich gängig, zäh und ausdauernd. Wegen der Härte des Klauenhornes wird das Beschlagen in der Regel nur im Winter nötig. Bei vorgenommenen Lastproben zogen tüchtige Ochsenpaare das Dreizehnfache ihres Körpergewichtes und legten das Kilometer in 8 Minuten zurück, eine Leistung, welche von keinem andern Viehschlage erreicht wurde.

Äußere Erscheinung. Kopf mittellang, edel geformt und trocken. Stirn etwas länger als breit, in der unteren Hälfte, namentlich bei der Kuh, vertieft (hirschartig); oberhalb der Augenbögen verschmälert. Stirnkamm oder Stirnwulst zwischen den Hörnern aufgezogen. Auge auffallend groß, hervortretend, mit dunkler Regenbogenhaut, von langbewimperten feinhäutigen Oberlidern beschattet. Blick munter und frei. Ohren waagerecht, mit feiner Muschel, lebhaft beweglich. Horn bei der Kuh mittellang bis lang, aber fein, im Querschnitt mehr rund, leierförmig nach oben, hinten und außen gewunden mit fein ausgezogener Spitze. Hals lang, ziemlich tief angesetzt, daher Kopf hochgetragen, gegen Schulter und Vorderbrust sich verbreiternd und waagerecht in den Widerrist übergehend; am Kammrand (Genick) bei älteren Farren starkes Fettpolster. Wamme bei der Kuh schwach, mitunter fast fehlend. Widerrist bei gutgenährten erwachsenen Tieren breit, gewölbt und besonders beim Farren fleischig, mit den Schulterblättern gut verbunden. Schulter namentlich beim Farren kräftig bemuskelt und abgerundet, mäßig lang, gut am Brustkorb anliegend. Brustkorb lang, mit guter Rippenwölbung, daher breiter, mit dem Widerrist staff verbundener Rücken; Gurte namentlich beim Farren, möglichst tief. Flanke gut geschlossen. Becken im ganzen lang, ziemlich breit, gegen das Gesäß zu sich etwas verschmälernd; in der Kreuzlinie nach hinten schwach ansteigend; Kreuzspitze nur wenig höher als der Widerrist (bei älteren Farren mitunter etwas niederer, da diese in der Vorhand meist mächtig entwickelt sind). Schwanz möglichst waagerecht mit dem Kreuzbein verbunden; eine mäßige Aufwölbung im Ansatz aber als Rasseeigentümlichkeit häufig vorkommend, daher höchster Punkt des Schwanzansatzes mitunter 6–8 cm höher als der Widerrist.

Die Gliedmaßen: im ganzen fein, mit trockenen Muskeln und Sehnen. Vordergliedmaßen, von vorne und der Seite gesehen, gerade, beim erwachsenen Farren weitgestellt. Vorarm lang und senkrecht stehend. Vorderknie straff, flachrundlich, mit der mittellangen Schiene oder Schnürung verbunden. Beugesehnen straff hervortretend. Fessel kurz und steil. Klauen kräftig, mit sehr hartem, gelbem Horn, in der Zehe mäßig spitz, in den Trachten hoch. Afterklauen stark entwickelt. Hintergliedmaßen gleichfalls möglichst gerade gestellt. Innenflächen der Unterschenkel, Sprunggelenke und Schienen parallel. Sprunggelenk scharf umrissen, sehr straff, neben Fersenbein und Achillessehne ausgehöhlt.

Gang: flink, elastisch und räumend. Sehr sicher auf den Füßen.

Euter: meist erst nach zweimaligem Kalben mit vollen und gleichmäßigen, durch leichte Rinnen voneinander getrennten Vierteln, breit zwischen den Schenkeln liegend, mit feinen weißen Haaren besetzt, Striche regelmäßig, mittellang; Afterzitzen in der Regel vorhanden, mitunter, auch bei guten Kühen, fehlend oder nur auf einer Seite. Milchspiegel breit und weit heraufreichend; vom Euter an der Innenseite der Schenkel nach aufwärts eine Anzahl feiner Hautfalten; sichtbares Blutadernetz an den Eutervierteln und kräftige, geschlängelte Milchadern mit weiten Milchschüsselchen.

Haut: dünn, weich, leicht abhebbar, an den Backen, über den Augenbögen, am Hals und zwischen den Schenkeln in mehr oder weniger feine Falten gelegt; Haar bei gutgenährten Tieren kurz, glatt und fein.

Farbe: gelbscheck (nicht zu hell), ledergelb bis rotgelbscheck am beliebtesten; mitunter geblümt. Kopf meist, mit Ausnahme der Ohren, weiß. Augenflecken oder Brillen, ein- oder beiderseits, bei kräftig gefärbten Tieren nicht selten. Wimpern in der Regel weiß. Unterbrauch und Gliedmaßen vom Ellenbogen, bzw. Mitte des Unterschenkels abwärts weiß, desgleichen Schwanzquaste und Schlauchpinsel. Flotzmaul rosafleischfarbig, hie und da, namentlich bei Tieren mit satter Farbe, Brillen oder Backenflecken, helleberbarbig gefleckt. Sichtbare Schleimhäute sowie Augenlidränder, äußere Wurfhaut, unbehaarte Haut am Euter rosarot bzw. gelbrötlich. Hörner und Klauen wachsgelb; wenn die leder- bzw. rotgelbe Haarfarbe bis an den Grund der Hörner reicht oder Fessel- und Klauenkrone mit rotgelben oder roten Haaren besetzt sind, überhaupt eine satte Haarfarbe vorliegt, zeigen sich nicht selten rötlichbraune Hornspitzen, ein- oder beiderseits, oder ebensolche Färbung, bzw. Streifung des Klauenhorns.«

**Abb. 96.
Typische
Hinterwälder-Kuh
vor dem
2. Weltkrieg
(1938).
Körpergewicht
335 kg;
Widerristhöhe
108 cm.**

Nach dem Ersten Weltkrieg hatte die typische Hinterwälder Kuh einen feinen, trockenen Kopf. Der Nasenrücken war gerade, das Auge trat deutlich hervor. Die Hörner waren »hirschartig« ausgezogen und lyraförmig. Der lange Hals war tief angesetzt, die Wamme mäßig entwickelt. Die Tiere waren – nach Tröndle (1924) war das typisch für alle Höhenrinderschläge – überbaut, der Schwanzansatz stark überhöht. Das lange Becken endete in einem »spitzen Gesäß«. Die Extremitäten waren fein, trocken und sehnig. Hinterwälder waren damals offenbar ausnahmslos gelb- oder rotgescheckt. Unterer Teil der Gliedmaßen und Kopf waren weiß, die Ohren pigmentiert.

Die mittlere Widerristhöhe der Kühe betrug um 1920 113 cm, doch konnte innerhalb des Zuchtgebietes eine deutliche Dreiteiligkeit in der Körpergröße festgestellt werden. Mit zunehmender Höhe über dem Meeresspiegel des landwirtschaftlichen Betriebes nahm die Größe der Tiere ab. Während die Widerristhöhe auf einer Höhe von 450 m ü. M. und der entsprechenden guten Fütterung im Mittel 117 cm betrug, besaßen Kühe in 950 m Höhe eine Widerristhöhe von durchschnittlich nur 109 cm. Das mittlere Körpergewicht der Kühe lag bei 360 kg. Damit war das Hinterwälder Rind auch damals schon die kleinste mitteleuropäische Rinderrasse. Hervorgehoben wurde die geringe Krankheitsanfälligkeit der Rasse. Dies sei bereits – ungewöhnliches aber vielleicht doch stichhaltiges Argument – an der geringen Zahl der Tierärzte im Zuchtgebiet erkennbar. Als häufige Behandlungsursache wurden Unglücksfälle angegeben, »die bei der Lebhaftigkeit der Tiere nicht verwunderlich« waren. Sie galten als temperamentvoll und »sanguinisch«. Daß Hinterwälder Bullen leicht bösartig wurden, führte man auf die meist schlechten Haltungsbedingungen und rohe Behandlung zurück.

Zwar wurden Hinterwälder Kühe nach dem 1. Weltkrieg üblicherweise noch zur Arbeit herangezogen, die Hauptnutzung lag jedoch in der Milchproduktion. Die Jahresmilchmenge lag im Mittel bei 3000 kg; Spitzenleistungen von über 4000 kg kamen vor. Der Fettgehalt lag bei knapp 4%. Hinterwälder konnten nicht als »Mast- oder Quantitätsfleischtiere« angesprochen werden. Sie imponierten durch ihre gute Fleischqualität. Ochsen schlachteten sich zu 50–60% aus, bei Kühen waren es 40–60%. Als Arbeitsrinder galten sie als zäh und ausdauernd. Wegen der »eisenharten« Klauen war ein Beschlag nicht erforderlich.

In den »Anleitungen für das Richten von Hinterwälder Rindern auf DLG-Ausstellungen« von 1937 wird folgendes gefordert:

»**Zuchtziel:** Kleine und leichte, den natürlichen Bedingungen des hohen Schwarzwaldes angepaßte, feste und sehr bewegliche Tiere. Zierliche, aber angemessen tiefe und breite, gut geschlossene Körper auf feinen Gliedmaßen (Abb. 96): Euter verhältnismäßig kurz, aber breit und tief, regelrecht geformt. Gang sehr behend und räumend. Hohe Milch- und Fettleistung, sehr gute Arbeitstüchtigkeit und gute Mastfähigkeit.

Farbe und Abzeichnung: Gelbschecken oder Rotschecken, auch gefleckt oder geblümt oder Schimmel-Gelbfleck ohne schwarze Farbeinlage. Kopf – mit Ausnahme der rot oder gelb gefärbten Ohren –, untere Bauchwand und der größte Teil der Gliedmaßen, insbesondere die Unterfüße, in der Regel weiß; häufig gelbe Ringe um die Augen

Hinterwälder

Abb. 97. Gespann mit Hinterwälder-Kühen auf der DLG-Ausstellung in Köln, 1952.

(Brillen), Schwanzquaste weiß. Bei Tieren mit gelbem oder rotem Kopf oder mit gelb oder rot umsäumtem Maul ist der Nasenspiegel oft hellbräunlich belegt. Hörner und Klauen hellwachsgelb oder hellbräunlich.«

1954 erstreckte sich das Hauptverbreitungsgebiet der Hinterwälder über die höchstgelegenen Teile des Kreises Lörrach und kleine Bereiche der Kreise Neustadt, Säckingen, Müllheim und Freiburg. Das Gebiet umfaßte ungefähr 1000 km², war also in den vorausgegangenen Jahrzehnten nicht kleiner geworden. Das bedeutendste Zuchtgebiet lag am Fuße des Belchen, des zweithöchsten Berges im Schwarzwald. Das ist das Gebiet der früheren, schon weiter vorn von Ringele beschriebenen Amtsstadt Schönau. Die landwirtschaftlichen Betriebe hatten damals im allgemeinen eine Größe von 5–6 ha und besaßen im Durchschnitt 5–6 Rinder. Zur Pferdehaltung waren die Betriebe zu klein, und wegen der hervorragenden Arbeitsleistung des Hinterwälder Rindes waren Pferde eigentlich auch überflüssig. Die wenigen Pferde wurden fast nur bei der Waldarbeit eingesetzt. Außerhalb des genannten Gebietes befanden sich Zuchtinseln dieser Rasse weiter nördlich in den Kreisen Rastatt, Bühl und Freudenstadt. 1949 wurden noch ca. 18 000 Hinterwälder gezählt.

Nach dem 2. Weltkrieg legte die Deutsche Landwirtschaftsgesellschaft für Hinterwälder folgendes Zuchtziel fest:

»Züchtung eines gesunden, widerstands- und anpassungsfähigen, sehr leichtfuttrigen und langlebigen, fruchtbaren und bodenständigen Rindes im Landschlagtyp. Die Tiere dürfen in ihren Futteransprüchen nur sehr mäßig sein, müssen sich auf kargstem Boden erhalten können und in der Lage sein, auf steilen und ärmlichen Bergweiden ihr Futter zu suchen. Dementsprechend müssen sie trockene, feine Gliedmaßen, kräftige und harte Klauen, sowie flinken, räumenden und sicheren Gang aufweisen und zur Arbeitsleistung in bergigem Gelände bestens geeignet sein (Abb. 97). Sie müssen guten Schluß, ausreichende Festigkeit im Rücken, gute Brust- und Flankentiefe, sowie ein festansitzendes, gut geviertetes Drüseneuter zeigen (Abb. 98), hohe Milch- und beste Fettleistung, bezogen auf das geringe Lebendgewicht, nachweisen. Die Bemuskelung darf mit Rücksicht auf die Haltungsverhältnisse weniger voll als bei den übrigen Höhenrindern sein.«

	Stier	Kuh
Widerristhöhe (cm)	123–126	112–115
Gewicht (kg)	550–650	350–400

**Abb. 98.
Hinterwälder-Kuh
Viktoria.
Siegerkuh auf der
DLG-Ausstellung
1955 in München.
Jahres-
höchstleistung
3419 kg mit
4,39 % Fett.**

Angestrebt wurde eine Milchleistung von 2500 kg mit mindestens 4,2% Fett. Bei einer einigermaßen ausreichenden Fütterung sollen gute Hinterwälder Kühe schon 1930 im Durchschnitt rund 3000 Liter Milch im Jahr gegeben haben. Kühe mit 4000 Litern waren nicht selten, und Tiere von bester Abstammung konnten es auf 5000–6000 kg jährlich bringen. Dabei hielt die gute Milchleistung lange an, da die Kühe sehr langlebig waren. Es wird von einer 22jährigen Kuh in Geschwend bei Schönau berichtet, die frischmelkend »noch längere Zeit 16 kg Milch täglich« gab. Die Durchschnittsleistung lag freilich weit darunter (Tab. 44).

Die Hinterwälder galten in der ersten Hälfte unseres Jahrhunderts als spätreif, soweit es die Körperentwicklung betraf. Hierzu gehört, daß sie während der ersten Laktation eine noch verhältnismäßig geringe Milchleistung brachten. In bezug auf Zuchtreife und Deckfähigkeit galten sie als frühreif. Die Bullen wurden sehr früh eingesetzt und schieden auch früh aus. Dreijährige Deckbullen waren selten, vierjährige und ältere kamen fast nie vor. Verbunden mit der Spätreife war aber eine ausgesprochene Langlebigkeit. Dies spricht für Widerstandsfähigkeit und robuste Konstitution, wobei allerdings auch gute Dauerleistungen dazugehören. Ohne entsprechende Nutzung läßt kein Züchter ein Tier alt werden. In das Rinderleistungsbuch wurden von 1940–1954 29 Kühe eingetragen.

Während beim Fleckvieh und bei den Vorderwäldern 1951 nur 0,4% bzw. 0,8% aller Kühe älter als 14 Jahre waren, nahm der Anteil bei den Hinterwäldern 1,1% ein. Kühe im Alter von 20–30 Jahren mit 20 und mehr Kälbern waren keine Seltenheit (Eble 1954). Seuchenhafte Er-

Tab. 44: Leistung von Hinterwälder-Kühen unter Milchleistungskontrolle.

Jahr	Anzahl der Kühe	Milch (kg)	Fett (%)	Fett (kg)
1939	5018	1826	4,07	74,3
1950	806	1966	4,12	81,0
1955	1197	2222	4,19	93,1
1960	1136	2440	4,22	103,0
1965	815	2524	4,22	106,5
1970	760	2686	4,17	112,0
1975	492	2765	4,21	116,4
1977	513	2800	4,16	116,5
1987	562	3198	3,95	126,3
1991	622	3278	4,00	131,1

Abb. 99. Hinterwälder Kühe.

krankungen hatten im Gebiet der Hinterwälder eine geringere Bedeutung als anderswo.

In den vergangenen Jahrzehnten sind die Hinterwälder aufgrund von Intensivierungsmaßnahmen in der Landwirtschaft in Verbindung mit einer stärkeren ökonomischen Ausrichtung der landwirtschaftlichen Betriebe stark zurückgegangen. Die aktive Zuchtpopulation nahm von 1955 (1197) bis 1975 (492) auf 41,1% ab. Herdbuchbetriebe und -tiere sanken von 1955 bis 1977, also in einem Zeitraum von nur 22 Jahren, gleichfalls besorgniserregend (Tab. 45).

Tab. 45: Entwicklung der Herdbuchzucht bei Hinterwäldern von 1955–1977.

Jahr	Betriebe	Zuchtstiere	Kühe	Kühe bezogen auf 1955 in %
1955	281	65	947	100
1960	251	61	1040	110
1965	191	71	622	66
1970	107	62	451	48
1975	76	58	315	33
1977	71	55	319	34

Dieser Entwicklung wollte das Land Baden-Württemberg Einhalt gebieten. Vordringliches Ziel war es, das Hinterwälder Rind als eigenständige Rasse zur Landschaftspflege der extensiven Hochweiden zu erhalten. Trotz dieser Bemühungen konnte ein weiterer Rückgang nicht verhindert werden. 1980 wurde der Bestand auf nur noch 3000 Tiere geschätzt. Um weitere Überlegungen über Maßnahmen zur Förderung und Erhaltung des Hinterwälder Rindes anstellen zu können, wurde eine Erfassung des Bestandes für zwingend erforderlich gehalten. Anfang 1986 wurde eine Zählung durchgeführt. Sie ergab, daß noch in 33 Gemeinden und 623 landwirtschaftlichen Betrieben Hinterwälder gehalten wurden.

Nach Angaben des Regierungspräsidiums Freiburg wurde dabei insgesamt ein Bestand von 4316 Hinterwäldern festgestellt. Man ging davon aus, daß der Bestand vollständig erfaßt wurde. Alle Tiere werden im Bereich der Landwirtschaftsämter Freiburg, Lörrach, Müllheim und Bad Säckingen gehalten. Der Schwerpunkt der Haltung liegt im Amtsbezirk Lörrach, in dem 47,6% aller Hinterwälder stehen. Noch immer gibt es einige Gemeinden, in denen mindestens 75% aller Rinder Hinterwälder sind,

z. B. Bernau mit 93,5% und Wieden mit 94,3%. In weiten Bereichen des Verbreitungsgebietes ist der Anteil der Hinterwälder auf weniger als 25% gesunken. In etlichen Gebieten des ursprünglichen Verbreitungsgebietes, so z. B. St. Blasien und weiten Teilen des Kleinen Wiesentals, kommen Hinterwälder nicht mehr vor.

Bei 2328 der 4316 Hinterwälder handelte es sich um Kühe (53,9%). Von diesen Kühen waren 165 älter als zwölf Jahre (7,1%). Der durchschnittliche Viehbestand in Betrieben mit Hinterwäldern liegt unter zehn Tieren. Er ist damit nach Angaben des Regierungspräsidiums Freiburg deutlich geringer als der Durchschnitt aller rinderhaltenden Betriebe in den gleichen Amtsbezirken.

In den letzten Jahrzehnten wurden behutsam in geringem Umfang Vorderwälder in die Hinterwälder eingekreuzt, um die Tiere etwas rahmiger zu machen. Diese Maßnahme schien erforderlich, weil viele Züchter unzufrieden waren. Die absolut (nicht bezogen auf das Körpergewicht) geringe Milchmenge führte dazu, daß viele Züchter die Haltung dieser traditionsreichen Rasse aufgaben und, sofern sie weiterhin Rinder halten wollten, zumeist auf Fleckvieh umstellten.

Die Schweizer Stiftung zur Erhaltung gefährdeter alter Nutztierrassen und Nutzpflanzen »Pro Specie Rara« hat von 1981 bis 1985 50 Hinterwälder alter Prägung erworben und in die Schweiz eingeführt. Die Stiftung will zum Überleben der Rasse beitragen, indem sie Zuchtgruppen zur Risikominderung dezentral an geeignete Halter ausleiht.

Eine Zuchtgruppe umfaßt fünf weibliche und ein männliches Tier. Die Schweizer Population ist inzwischen auf ungefähr 300 Tiere angewachsen. Ein Teil der Tiere wird in Mutterkuhhaltung genutzt.

Die meisten Hinterwälderkühe läßt man im Natursprung decken; die künstliche Besamung besitzt nur untergeordnete Bedeutung. Dennoch wurde ein Spermadepot angelegt, um einerseits eine Gen-Reserve zu schaffen und andererseits Nachfragen von außerhalb des Zuchtgebietes befriedigen zu können. 1987 wurden zwei Hinterwälderbullen und 35 Kühe zu Zuchtzwecken ins Ausland verkauft. 1988 gab es 533 Kühe, die unter Milchleistungsprüfung standen. Die aktive Zuchtpopulation (künstliche Besamung und Milchleistungsprüfung) umfaßte damals 36 Kühe.

Aussehen
Zierliche, grazile Rasse mit viel Adel. Feiner, ausdrucksvoller Kopf. Bei alten Kühen lange, meist zunächst seitlich, dann nach vorn und schließlich aufwärts und nach hinten gerichtete Hörner. Langer, tiefer Rumpf mit spitzem Becken. Feine, sehr trockene Gliedmaßen mit hervorragenden Gelenken und sehr harten Klauen (Abb. 99). Straffes, mittelgroßes, drüsiges Euter. Ledergelb bis rot. Meist gescheckt, aber auch gedeckt.

	Stier	Kuh
Widerristhöhe (cm)	125–130	118–122
Gewicht (kg)	750	400–450

Leistung
Anspruchslos und widerstandsfähig. Temperamentvoll, aber gutmütig. Leichte Abkalbungen. Jahresdurchschnittsleistungen von etwas mehr als 3300 kg Milch mit 4,2% Fett; bei sehr guter Fütterung sind Leistungen von mehr als 4500 kg möglich. Tägliche Zunahmen von Mastbullen um 900 g. Hervorragende Fleischqualität. Lange Nutzungsdauer, langlebig. Gut geeignet für die Landschaftspflege.

Gegenwärtige Verbreitung
Hauptzuchtgebiet ist eine Region von ca. 500 km² im südlichen Schwarzwald südöstlich von Freiburg. Außerhalb des Ursprungsgebiets gelegentlich wegen geringer Trittschäden und damit verbundener geringer Erosionsgefahr im Landschaftsschutz eingesetzt, zuweilen als Mutterkuhherden. Seit einigen Jahren Bestände in der Schweiz und auf Korsika.

Anzahl noch vorhandener Tiere
Ca. 4500. Davon ungefähr 2500 Milchkühe und 50 Zuchtbullen. Im Herdbuch sind 66 Kühe.

Vogesenrind

Es wird vermutet, daß der Ursprung dieser Rasse im 17. Jahrhundert liegt. Während des 30jährigen Krieges (1618–48) sollen Rinder aus Skandinavien in die Vogesen gebracht worden sein. Zumindest wird die Rasse seit Jahrhunderten in den Vogesen – daher der Name – in Ostfrankreich gehalten. Sie ist ausgezeichnet an die kalkarmen Granitformationen dieses Gebirges mit seinen speziellen klimatischen Bedingungen angepaßt. Um die Jahrhundertwende war das Vogesenrind in weiten Teilen der Vogesen die führende Rasse (Abb. 100). Im Weißbach- und Münstertal gehörten ihr z. B. 80% der Rinderbestände an (Werner 1902). Damals war das Vogesenrind ein kleines bis mittelgroßes, noch wenig ausgeglichenes Gebirgsrind. Die Widerristhöhe ausgewachsener Kühe betrug im Durchschnitt 1,26 cm. Zwei- bis dreijährige Bullen wogen 300–400 kg, Kühe 400–480 kg, Ochsen bis 600 kg.

Die Tiere hatten folgendes Aussehen: meistens Schwarz-Rückenschecken, d. h. Seitenflächen des Halses und Rumpfes schwarz. Breiter, vom Hinterkopf bis zur Schwanzwurzel reichender, unregelmäßig geränderter und über dem Becken breiter werdender weißer Streifen. Breiter weißer, von der Vorderbrust bis zur Schamgegend sich erstreckender Bauchstreifen (Abb. 101). Meist weißer Schwanz. Der Kopf entweder weiß und schwarz gesprenkelt oder schwarz mit Blässe bzw. ganz schwarz. Maul und Augen schwarz gesäumt. Unterbeine gewöhnlich weiß. Charakteristisch waren schwarze Tupfer an Bauch und Beinen. Flotzmaul stets, Zitzen oft schwarz. Klauen schwarz oder dunkel gestreift. Hörner weiß mit dunkler Spitze. Tief angesetzter Hals, mit deutlichem Absatz in die Schulter übergehend. Kreuz und Schwanzansatz meistens überbaut. Hinterhand kräftig entwickelt. Trockene Gliedmaßen.

Das Vogesenrind galt als anspruchslos. Es war ein mehr zur Milchleistung als zu Arbeit und Mast bestimmtes Rind und soll auf 100 kg Körpergewicht durchschnittlich 375 kg Milch im Jahr gegeben haben; umgerechnet dürfte das einer Milchmenge von 1500–1800 kg entsprochen haben. Den Höhepunkt ihrer Entwicklung hatte diese Rasse 1914. Sie umfaßte damals 125 000 Tiere, die in acht Départements der Vogesen sowie deren Umgebung gehalten wurden. Später ging ihre Bedeutung ständig zurück, so daß sie schon in den 70er Jahren auf der Westseite der Vogesen kaum noch vorkam. 1932 umfaßte der Bestand noch 72 000 Tiere (0,5% des französischen Rinderbestandes). 1943 war er auf 40 000 zurückgegangen; er sank bis 1958 weiter auf 23 000. 1967 waren nur noch 13 000 Vogesenrinder vorhanden, das waren 0,1% des französischen Rinderbestandes. Bereits 1947 war die Rasse von der Verbreitungskarte der französischen Rinderrassen gestrichen worden.

1971 wurden 200 Spermaproben des ähnlich aussehenden norwegischen Telemarkrindes importiert; außerdem setzte man vier Kreuzungsstiere Telemark × Vogesenrind in der künstlichen Besamung ein. Diese Maßnahmen bewährten sich jedoch nicht und wurden deshalb nicht fortgesetzt. Ihren absoluten Tiefpunkt hatte die Rasse 1976; damals gab es nur noch 3000 Vogesenrinder. Das Landwirtschaftsministerium stellte daraufhin 1977 einen Plan zu ihrer Erhaltung auf, und man erkannte sie auch wieder offiziell an. Nachdem die Rasse 1976 außer im Département Vosges (Vogesen) in nur drei weiteren Départements vorkam, dehnte sich ihr Verbreitungsgebiet inzwischen wieder auf acht Départements aus. 1984 wurde ein weiteres Förderungsprogramm im Rahmen eines Planes zur Entwicklung der Vogesen aufgestellt. Von Bedeutung für die Rasse waren hierbei folgende Punkte:
• Vergrößerung der Selektionsbasis
• Einbindung der Züchter in ein technologisches Programm
• Betreuung der Herden
• Förderung der Färsenaufzucht
• Entwicklung der künstlichen Besamung
• Ausarbeitung eines Selektionsprogrammes

Rinder

Abb. 100. Vogesenbulle Greby als Zweijähriger auf der DLG-Wanderausstellung 1896 in Stuttgart-Cannstatt. Körpergewicht 525 kg; Widerristhöhe 131 cm.

Abb. 101. Vogesenrind um 1900.

Vogesenrind

Abb. 102. Vogesenrind.

Dieses Förderungsprogramm trat 1986 in Kraft, wobei folgende Aspekte Vorrang hatten:

- Erhaltung der Robustheit
- Erhaltung der genetischen Vielfalt unter Berücksichtigung der verschiedenen Linien
- Verbesserung der Leistung; insbesondere sollen die Milchmenge, die Trockensubstanz der Milch und vor allem der Eiweißgehalt der Milch wegen ihrer hauptsächlichen Nutzung zur Käsefabrikation erhöht werden
- Verbesserung der Melkbarkeit
- Erhaltung des Typs einer Zweinutzungsrasse; es wird also auch auf die Fleischleistung Wert gelegt.

Bis 1990 war der Bestand wieder deutlich angestiegen.

Aussehen
Mittelgroß. Kurzer Kopf mit quadratischer Stirn und breitem Maul. Gerade Profillinie des Kopfes. Mittellange Hörner; entweder weiß mit schwarzen Spitzen oder ganz schwarz. Kurzer,

Tab. 46: Entwicklung der Milchleistung von kontrollierten Kühen des Vogesenrindes.

Jahr	Anzahl der Tiere	mittlere Laktationsdauer in Tagen	durchschnittliche Jahresmilchmenge in kg	Fett %	Eiweiß %
1979	352	282	2948	3,84	3,10
1982	480	273	2935	3,79	3,12
1985	506	272	3093	3,74	3,13
1988	564	267	3188	3,69	3,14
1991	659	259	3358	3,74	3,12

gerader Hals. Wenig entwickelte Wamme. Kräftiger, aber wenig hervorstehender Widerrist. Tiefe Brust. Gerader, breiter Rücken. Beine im oberen Teil gut bemuskelt. Weit hinabreichende Behosung. Unterbeine fein und trocken. Relativ kurzbeinig.

Schwarze Seitenplatten, die Hals und Rumpf umfassen. Ränder aufgelöst und in Sprenkelung übergehend. Flotzmaul und Augen schwarz umrahmt oder Kopf überwiegend schwarz. Unterbeine meist weitgehend schwarz. Klauen und Hornspitzen schwarz. Flotzmaul schwarz oder schiefergrau (Abb. 102).

	Stier	Kuh
Widerristhöhe (cm)	130–135	125–135
Gewicht (kg)	850–950	450–550

Leistung

Anspruchslos und robust. Hohe Krankheitsresistenz. Bemerkenswert langlebig. Frühreif, gute Fruchtbarkeit, leichtkalbig. Temperamentvoll. Beachtliche tägliche Zunahmen. Hohe Ausschlachtung und hoher Fleischanteil im Schlachtkörper. Hervorragende Fleischeigenschaften. Die durchschnittliche Jahresmilchleistung liegt bei 3400 kg mit 3,9% Fett (Tab. 46). Bei der Milchmenge ist zu berücksichtigen, daß sowohl die Böden als auch das Klima keine guten Voraussetzungen für eine hohe Leistung bieten. Spitzenleistungen liegen über 6000 kg. Die Fettkügelchen sind sehr klein; die Milch rahmt deshalb nur langsam auf. Sie ist besonders gut zur Bereitung des berühmten Münster-Käses geeignet.

Gegenwärtige Verbreitung

Hochlagen der elsässischen Vogesen. Anzahl noch vorhandener Tiere: 6500.

Murnau-Werdenfelser

Ursprünglich entstand diese Rasse offenbar aus Kreuzungen des Oberinntaler Viehs mit dem Braunvieh. Die Klöster Ettal und Murnau führten aus den Herden des Klosters Stams im Tiroler Inntal Oberinntaler Vieh ein.

Über weitere Einkreuzungen, die zur späteren Ausprägung der Rasse führten, gehen die Ansichten auseinander. Es wird berichtet, daß gelegentlich Graubündner und Montafoner zur Verbesserung eingekreuzt wurden. Lange Zeit war es auch üblich, zur Erhaltung der gelben Färbung Ellinger Vieh einzukreuzen.

Berühmt wurde diese Rasse vor allem durch ihre schweren, arbeitswilligen Zugochsen, die in der zweiten Hälfte des 19. Jahrhunderts zu einer raschen Verbreitung im Süden von München beitrugen. Doch gerade die Stärke dieser Rasse, die Produktion bester »Gangochsen«, wirkte sich nachteilig aus. Meist wurden die besten Stierkälber zur Ochsenaufzucht verwendet, und es entstand ein Engpaß in der Stierhaltung.

Dadurch war man gezwungen, Ellinger-, Franken-, Allgäuer- (Braunvieh) und Montafoner Stiere zur Zucht einzusetzen. Verschont blieben hiervon, von einigen wenigen Ausnahmen abgesehen, nur die Bezirke Garmisch und Murnau.

Schon Mitte des 19. Jahrhunderts wurden als Verbreitungsgebiete »die reizenden Gebirgsgegenden von Partenkirchen, Altwerdenfels, Garmisch, Farchant, Grainau, Mittenwald und Warnberg« genannt (May 1856).

Die Rasse war genügsam und anspruchslos; in der Milch- und Fleischleistung entsprach sie damaligen Erwartungen. Vor allem aber wegen der schweren, gängigen Zugochsen, die für viele Betriebe die Haupteinnahmequelle darstellten, setzte eine starke Nachfrage ein. So gehörten 1880 im Bezirk Weilheim von den 22 000 vorhandenen Rindern 16 000 den Murnau-Werdenfelsern an. Bis Ende des Jahrhunderts dehnte sich das Verbreitungsgebiet dieser Rasse immer mehr aus. Deshalb konnte Lehnert (1896) folgendes schreiben:

»In der äußersten nördlichen Peripherie des Verbreitungsbezirks der graubraunen Gebirgsrasse finden wir das Murnau-Werdenfelser Vieh. Es ist der südwestlichste Vorgebirgsteil Oberbayerns, nördlich vom Zugspitz und dem Wettersteingebirge im Loisach-Thal bei Garmisch, Partenkirchen bis zum einsamen Walchensee mit seiner großartig schönen Natur, dem stillen, von hohen Bergen umschatteten Kochelsee und dem freundlichen Murnau am inselreichen Staffelsee, der uns ein Braunvieh bietet, das durch die sorgfältige Zucht einer sehr strebsamen, fleißigen, braven Bevölkerung sich fortschreitend verbessert und eine immer weitere Beachtung findet... Wir finden es bereits im Norden bis Uffing und Weilheim, am Würm- und Ammersee und südwestlich vom Loisach-Thal bei Ettal im Graswang-Thal bis zum Ammer-Wald«.

Einer gleichzeitig erschienenen Übersicht über die Rinderschläge in Deutschland läßt sich entnehmen, daß es damals im Königreich Bayern nahezu 62 000 Murnau-Werdenfelser gab. Sie machten damit 1,9% der gut 3,3 Millionen Rinder in Bayern aus. Insgesamt wurden noch 19 Rassen angegeben, wovon Fleckvieh 28,7% und Braunvieh 7,4% ausmachten.

1896 hieß es,

»die Milchergiebigkeit ist gut. Im Durchschnitt schätzt man den jährlichen Milchertrag auf 2000 bis 2400 Liter, und werden von 12 bis 13 Liter Milch 1 Pfund Butter und von 6–7 l Milch 1 Pfund halbfetter Käse gewonnen.«

Dabei muß berücksichtigt werden, daß das Murnau-Werdenfelser Rind damals ein Dreinutzungsrind war mit Zucht auf Milchergiebigkeit, Mastfähigkeit und Arbeitstüchtigkeit. Frischmilchende Kühe lieferten um die Jahrhundertwende 10,3–12,4 Liter, sehr gute Kühe bis 15 Liter Milch täglich. Der Fettgehalt der Milch schwankte zwischen 3,5 und 5%.

Die Ausdehnung des Zuchtgebietes einerseits, andererseits die Produktion großer Mengen von Ochsen mußte zwangsläufig zur Kreuzung mit anderen Rassen führen. Es entstand bald in der nördlichen Hälfte des Verbreitungsgebietes ein buntes Rassengemisch. Da im Westen mit dem Braunvieh und im Osten mit dem Fleckvieh leistungsfähige und gut durchgezüchtete Rassen sich anboten, wurde die Zucht von Murnau-Werdenfelsern in weiten Gebieten wieder aufgegeben. Während im Miesbacher Gebiet bereits ein Fleckviehzuchtverband und im Allgäu eine Herdbuchgesellschaft erfolgreich die Arbeit aufgenommen hatten, war bei den Murnau-Werdenfelsern nichts dergleichen geschehen. Dieser unbefriedigende Zustand war Grund für die Forderung der Züchter nach Vereinheitlichung der Zucht. Deshalb traten 1898 die Vertreter der landwirtschaftlichen Bezirksvereine Garmisch, Landsberg, Murnau, Starnberg, Weilheim und Wolfratshausen zur Gründung eines Zuchtverbandes zusammen.

Meinungsverschiedenheiten über die anzustrebende Zuchtrichtung verhinderten jedoch die gewünschte Einheitlichkeit. Im Gegenteil: die Vertreter aus Schongau und Landsberg waren nicht damit einverstanden, daß in diesen beiden Bezirken noch weiterhin Murnau-Werdenfelser Vieh gehalten werden durfte. Sie forderten seine rasche Verdrängung. Mit dieser Forderung standen sie in krassem Widerspruch zu den Vertretern der Bezirke Garmisch und Murnau. Sie beantragten, Sitz und Leitung des Zuchtverbandes in den Bezirk Garmisch zu legen, und forderten, daß nur Eintragungen von Tieren der Murnau-Werdenfelser Rasse in das Herdbuch vorgenommen würden. An diesen gegensätzlichen Standpunkten scheiterten die Verhandlungen.

Drei Jahre später wurde ein erneuter Versuch unternommen. Die Vertreter der landwirtschaftlichen Bezirksvereine fanden sich am

7. Januar 1901 unter Vorsitz des königlichen Landesinspektors für Tierzucht in Bayern, Dr. Vogel, in Weilheim zusammen und gründeten den »Zuchtverband für einfarbiges Gebirgsvieh in Oberbayern«. Zweck des Verbandes war die Förderung von Zucht, Leistung und Absatz des einfarbigen Gebirgsviehschlages, worunter allerdings außer den Murnau-Werdenfelsern auch das Braunvieh verstanden wurde.

Die ersten 20 Jahre nach der Gründung des Zuchtverbandes bemühte man sich, eine Rassenbereinigung herbeizuführen (Kling 1976). ein Aufbau der Zucht wurde erreicht durch Gründung von Zuchtstiergenossenschaften, Aufnahme ins Herdbuch mit Punktierung des Einzeltieres, Abhaltung von Viehschauen sowie Anlage von Jungviehweiden. Zudem kaufte eine Kommission 1904 in der Schweiz Zuchtstiere und Färsen auf.

Im Jahre 1904 wurde das Zentrallandwirtschaftsfest in München erstmals mit 16 Murnau-Werdenfelsern beschickt. Dort zeichnete man vier dieser Tiere mit einem Ehrenpreis und einen Stier mit dem Siegerehrenpreis aus. Bereits ein Jahr später wurde durch den Zuchtverband die Wanderausstellung der Deutschen Landwirtschaftsgsellschaft (DLG), die damals in München stattfand, beschickt.

Der Zuchtfortschritt war erfreulich; vor allem konnte der Tierzuchtinspektor 1909 auf das gute Stiermaterial hinweisen. Kurz vor dem 1. Weltkrieg war das Interesse der Bauern am Zuchtverband so groß, daß dem Inspektor ein technischer Assistent an die Hand gegeben werden mußte. Der Verband hatte einen Bestand von 1655 Mitgliedern mit 4946 Herdbuchtieren erreicht.

Der Ausbruch des 1. Weltkriegs hemmte die erfolgreiche Aufbauarbeit der Zucht beträchtlich. Ungünstig wirkte sich die Nähe der Großstadt München aus. Während vorher der gute Milchabsatz eher förderlich war, brachte die Zwangsablieferung für Rinder Rückschläge. Es kam zu harten Eingriffen in die Zuchtviehbestände, wertvolle Herdbuchtiere mußten geschlachtet werden. Hinzu kam, daß niemand die Geschäfte des Zuchtverbandes weiterführen konnte, nachdem der Tierzuchtinspektor wegberufen worden war. Die Herdbuchführung wurde eingestellt, züchterische Maßnahmen unterblieben. Dennoch kam es zu einer leichten Leistungssteigerung (Tab. 47). Das Gewicht der milchleistungsgeprüften Kühe lag zwischen 1909 und 1920 bei 550 kg (Eß 1921).

Nach dem 1. Weltkrieg gingen die Zuchtbestrebungen zunächst ein gutes Stück voran. Den Züchtern des Murnau-Werdenfelser Rindes wurde innerhalb der Zuchtverbände für einfarbiges Gebirgsvieh eine eigene Abteilung zugestanden. Bei den Tierschauen wurden erstmals Milchleistungspreise vergeben und zur Ausbildung der Bauern führte man Melk- und Viehhaltungskurse durch.

Die Zeit zwischen den beiden Weltkriegen war gekennzeichnet durch Seuchen und die Weltwirtschaftskrise. Tuberkulose, Brucellose und immer wieder die Maul- und Klauenseuche forderten ihren Tribut. Inflation und Schulden brachten den Zuchtverband an den Rand des Ruins. Zahlreiche gemeindliche und genossenschaftliche Stierhaltungen mußten aufgegeben werden; die für einen zum Schlachten abgegeben Stier erlöste Summe reichte nicht zum Ankauf eines neuen Zuchtstieres. Später kam es zu Absatzschwierigkeiten; die Viehvermittlung des Verbandes wurde nur noch wenig in Anspruch genommen (Kling 1976). Die Züchter ließen sich jedoch nicht entmutigen. Sie sprachen sich für eine Erhaltung und Verbesserung ihrer Rasse auf Grundlage der Reinzucht und

Tab. 47: Milchleistung des Murnau-Werdenfelser Rindes zu Beginn des 20. Jahrhunderts (ESS 1921).

	1909–1913	1914–1920
Kühe insgesamt	527	1466
Jahresmilchmenge	2376	2471
Fett (%)	3,66	3,70
Fett (kg)	87,0	91,4

Murnau-Werdenfelser

gegen eine Verdrängungskreuzung aus. Im Frühjahr 1927 besuchte eine vom Zuchtverband aufgestellte Kommission das gesamte Zuchtgebiet der Murnau-Werdenfelser. Bei einer Zählung kam man noch auf 30 000 Individuen. Im Bezirksamt Garmisch waren die Murnau-Werdenfelser auch damals noch die einzige registrierte Rinderrasse. Die Kommission empfahl daraufhin ihre Erhaltung.

1936 wurden in Deutschland 30 195 Murnau-Werdenfelser gezählt. Wie nicht anders zu erwarten, gab es in Oberbayern mit 27 216 (90,1%) weitaus die meisten. Daneben kam diese Rasse in kleineren Beständen bis nach Oberschlesien (15), Brandenburg (25) und Westfalen (4) vor. Innerhalb Oberbayerns lagen die höchsten Bestände in den Kreisen Weilheim (13 037), Garmisch-Partenkirchen (9592) und Landsberg (2346). Im Kreis Garmisch-Partenkirchen machten die Murnau-Werdenfelser damals 93,6% aller Rinder aus (Abb. 103).

1952 wurde ein eigenständiger »Zuchtverband für das Murnau-Werdenfelser Vieh« gegründet. Nach wie vor waren Tiere dieser Rasse auf Ausstellungen zu sehen, so z. B. auf dem Zentrallandwirtschaftsfest in München 1954. Zwei Jahre danach wurde im Zusammenhang

Abb. 103.
Murnau-Werdenfelser Kuh Diana, geb. 1955, nach dem ersten Abkalben, 1957.

Abb. 104.
Murnau-Werdenfelser Stier, etwa 1950.

Abb. 105.
Murnau-Werdenfelser Ochsen bei der Ernte, etwa 1937.

Tab. 48: Zahlenmäßige Veränderungen bei den Murnau-Werdenfelsern (nach Bassmann et al. 1927 und anderen).

Jahr	Zahl der Tiere	Anteil in % am bayerischen Rinderbestand
1896	61 896	0,40
1906	40 206	0,24
1925	10 315	0,06
1936	23 000	0,12
1986	550	0,00
1992*	114	0,01

* Nur Herdbuchtiere.

mit dem Körgesetz für die Zulassung zur Körung eine Mindestleistung von 2900 kg pro Jahr gefordert. Wenig später erreichten sieben Murnau-Werdenfelser-Betriebe einen Stalldurchschnitt von 4000 kg Milch mit 3,8% Fett als Voraussetzung für die Verleihung von Stallplaketten durch den Zuchtverband.

Ein Rückgang der Rasse setzte bereits im 19. Jahrhundert ein (Tab. 48). In den 60er Jahren beschleunigte sich der schon seit Jahrzehnten erkennbare Trend der Umstellung von Betrieben auf andere Rassen rapide. Diese Tendenz setzte sich fort. Während es 1970 noch 60 Herdbuchbetriebe gab, waren es 1975 nur noch sechs. Erst vor wenigen Jahren kam es zu einer Stabilisierung der Restbestände. Seitdem wurden glücklicherweise vom Zuchtverband mit Unterstützung des Bayerischen Staatsministeriums für Ernährung, Landwirtschaft und Forsten 7200 Samenproben von neun Stieren aus drei Linien sowie 30 Embryonen tiefgefroren. Auf einem Nebenbetrieb vom Haupt- und Landgestüt Schwaiganger wird vom Bayerischen Staat eine Mutterkuhherde der Murnau-Werdenfelser als Genreserve gehalten. Das immer noch vorhandene Interesse an dieser Rasse kam 1986 auf einer Versammlung in Eschenlohe zum Ausdruck. Damals trafen sich ungefähr 90 Interessenten, unter ihnen mehr als 40 Halter dieser Rasse. Einen gewissen Anhaltspunkt für Entwicklung und Abstieg der Rasse stellt die Entwicklung der Betriebe mit Milchleistungsprüfung dar (Tab. 49).

Die Murnau-Werdenfelser sind weniger Gebirgsrinder als vielmehr eine Rasse des Alpenvorlandes. Es ist naheliegend, daß sie auf den moorigen Böden bei schlechter Futtergrundlage und fast ausschließlicher Verfütterung von wirtschaftseigenem Grundfutter nicht die Leistung wie andere Rassen erbringen konnten. Die Milchleistung der Kühe wurde immer mit der von anderen Rassen verglichen, die die Murnau-Werdenfelser östlich (Fleckvieh) und westlich (Braunvieh) bedrängten. Dies geschah ohne darauf zu achten, wie die Leistung zustandekam. Dabei war der Milchertrag der Murnau-Werdenfelser unter den vorhandenen Bedingungen recht beachtlich (Tab. 50).

Kühe mit Milchleistungen zwischen 5000 und 6000 kg waren schon Anfang der 60er Jahre keine Seltenheit. 1962 lag die Jahresmilchmenge der besten Kuh bei 6574 kg mit 4,04% Fett.

Zudem besitzen Murnau-Werdenfelser sehr gute Masteigenschaften. 1962 lagen die täglichen Zunahmen von Masttieren bei durchschnittlich 996 g. Sie waren damit im Durchschnitt um 17 g besser als die des bayerischen Braunviehs. Das Fleisch der Masttiere war wegen seiner Feinfaserigkeit und Zartheit stets sehr geschätzt. Es soll nicht übersehen werden, daß die Murnau-Werdenfelser gewöhnlich ein recht hohes Erstkalbealter besaßen.

Tab. 49: Murnau-Werdenfelser unter Milchleistungskontrolle.

Jahr	Betriebe	Kühe
1930	44	272
1950	198	1811
1960	121	1350
1970	60	946
1975	6	90
1981	2	42
1986	3	56

Tab. 50: Milchleistung der Murnau-Werdenfelser Kühe.

Jahr	Milchmenge kg/Jahr	Fett %	Fett kg
1938	3078	3,6	110
1950	3077	3,8	117
1960	3652	3,9	143
1970	3908	3,9	151
1997	4129	3,6	150

Besonders hevorgehoben wurde zu Zeiten, als man in der Landwirtschaft noch auf die Arbeitskraft von Tieren angewiesen war, Kraft und Arbeitswilligkeit der Murnau-Werdenfelser. Hinzu kam ein gutes Fußwerk mit festen Gelenken und harten Klauen.

Mitte des 19. Jahrhunderts bot die Rasse folgendes Erscheinungsbild:

»Sie ist von mittlerer Größe; der Kopf ist klein und trocken, die Hörner sind stark und nach vorne zu und aufwärts gekrümmt; die Ohren klein, und der Blick des Tieres ist lebhaft. Der Hals ist kurz und dick. Der Leib zeigt sich geräumig; Rücken und Kreuz sind breit, die Gliedmaßen stämmig gebaut. Die Farbe ist durchgängig weißgelb oder lichtgrau.«

Bereits damals hatte man bestimmte Vorstellungen von der Färbung (May 1856), denn

»Braune und Schecken kommen nur einzeln vor und werden selbst bei guten Eigenschaftem ausgemerzt.«

Ende des Jahrhunderts war die Rasse

»von hellgelber oder graugelber Farbe, wobei die charakteristischen Abzeichen des Braunviehs, wie dunkler Nasenspiegel, hier mit hellverbrämtem Flotzmaul, dunkle Zunge und Gaumen, hellfarbene Haarbüschel in den großen Ohren, heller Stirnschopf, heller Rückenstreifen, dunkle Klauen und helle, feine Hörner mit schwarzen Spitzen nicht fehlen. Der Kopf ist fein und nicht lang, wird zum Maule zu etwas spitz. Das Maul selbst ist wieder breit, der Hals und Triel sind mittelmäßig stark, der Widerrist oft etwas scharf, der Rücken gerade. Kreuz, Hüften und Lenden sind breit. Die Brust ist tief, der Leib gut gerundet und öfter das Vorderteil besser und kräftiger entwickelt als das Hinterteil«

(Lehnert 1896). Es wird betont, daß »von einer Ausgeglichenheit des Schlages im ganzen Bezirke noch nicht die Rede« sein könne.

Ende des 19. Jahrhunderts wogen ausgewachsene Kühe 400–540 kg. Bullen hatten ein Gewicht von 600–750 kg, das der Ochsen wird mit 500–700 kg angegeben. Um die Jahrhundertwende waren folgende Körpermaße zu verzeichnen (Angaben in cm; Lydtin und Werner 1899).

	Widerristhöhe	Brustumfang	Körperlänge
Bullen	133	210	89
Kühe	129	188	88
Färsen	123	167	80

Aussehen

Es hat sich vorwiegend eine rotbraune Grundfärbung durchgesetzt. Stärker pigmentierte Tiere sind eher graubraun. Häufig sind die Umgebung der Augen sowie die Stirn dunkel. Man bezeichnet eine solche Färbung als Maske. Außerdem sind dann Ohren, Hals und unterer Teil der Gliedmaßen dunkel, gelegentlich fast schwarz. Stiere sind im allgemeinen dunkler als Kühe, manchmal fast völlig schwarz. Das dunkle Flotzmaul ist hell eingefaßt, häufig gesäumt von stärkerer Pigmentierung. Klauen und Hornspitzen sind dunkel (Abb. 106).

	Stier	Kuh
Widerristhöhe (cm)	138–145	128–132
Gewicht (kg)	850–950	500–600

Leistung

Die durchschnittlichen Milchleistungsergebnisse lagen 1997 bei 4100 kg mit 3,6% Fett und 3,4% Eiweiß. Diese Leistung wird weitgehend ohne Kraftfutter und Maissilage erzielt. Jahreshöchstleistungen einzelner Kühe liegen über 6000 kg Milch. Es kommen Lebensleistungen von mehr als 70 000 kg Milch vor. Mastprüfun-

Abb. 106. Murnau-Werdenfelser.

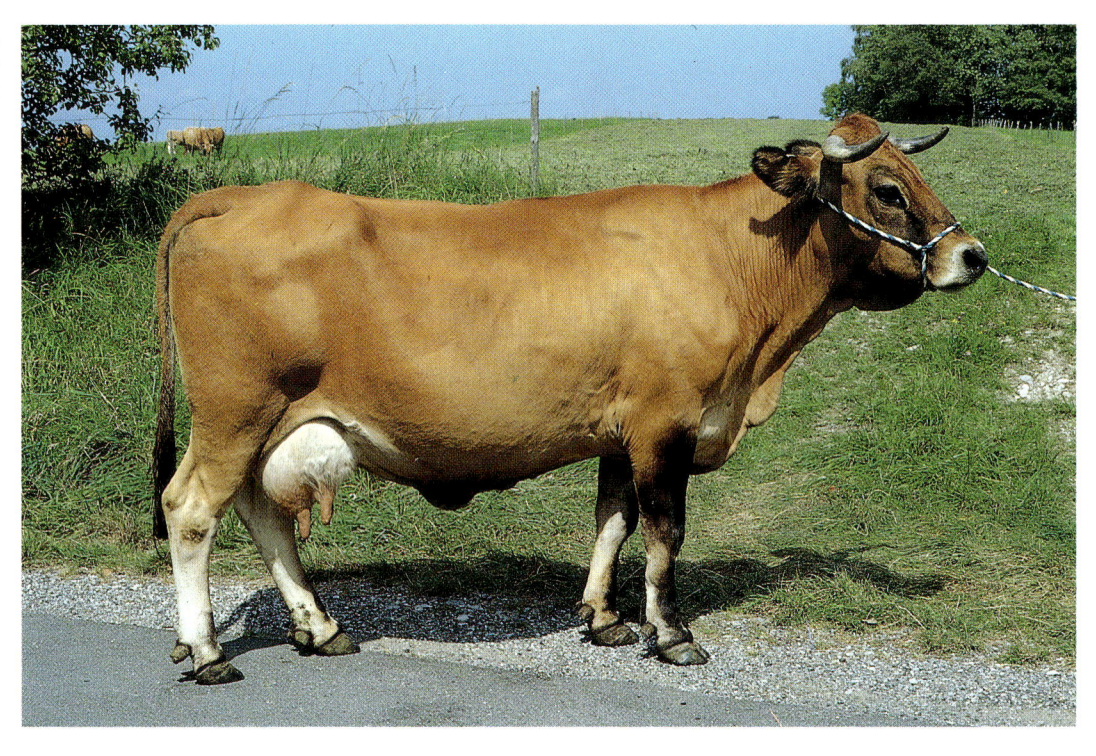

gen von Stieren ergaben tägliche Zunahmen von teilweise mehr als 1250 g.

Murnau-Werdenfelser sind anspruchslos, robust, sehr anpassungsfähig und besonders langlebig, bei guter Grundfutterverwertung. Sie sind recht spätreif, besitzen eine gute Fruchtbarkeit. Sie sind auffallend temperamentvoll.

Gegenwärtige Verbreitung
Die Rasse ist noch in ca. 80 landwirtschaftlichen Betrieben anzutreffen. Die größte Konzentration liegt bei Garmisch-Partenkirchen und Mittenwald. Im Norden reicht das Verbreitungsgebiet bis zur Umgebung von Murnau. Es sind nur noch wenige reine Bestände vorhanden. In der Regel kommen Murnau-Werdenfelser gemischt mit Rindern anderer Rassen im gleichen Bestand vor. Seit einigen Jahren werden sie gelegentlich auch außerhalb des ursprünglichen Zuchtgebietes gehalten.

Anzahl noch vorhandener Tiere: ca. 600, darunter 200 Herdbuchkühe.

Pinzgauer

Der Name dieser Rasse leitet sich von dem zum Land Salzburg gehörigen Pinzgau (Bezirk Zell am See) ab. Als Schlag- beziehungsweise Herkunftsbezeichnung erscheint der Name schon sehr früh. In einer Handschrift des Augsburger Kaufmanns Philipp Hainhofer berichtet dieser schon vor Jahrhunderten über den Verkauf von

»12 Schweitzer und 12 Pintzger Ochsen umb 924 fl.«

Pinzgauer

Pintzger steht hier für Pinzgauer; noch heute wird diese Rasse in Südbayern so genannt. Die Bezeichnung »Pinzgauer Rasse« erscheint erstmals 1846; als Herkunftsbezeichnung war jedoch »Pinzgauer Fasel oder Schlag« schon früher gebräuchlich (Abb. 107).

Die Abstammung der Rasse ist ungewiß. Die um die Jahrhundertwende beliebten, einander widersprechenden Versuche, die Herkunft von Rassen anhand von Färbung, Größe, Kopfform und anderen morphologischen Merkmalen zu bestimmen, sind nicht mehr haltbar. Zwar ist die Einkreuzung von Berner Vieh (Simmentaler) belegt, aber die Zahl solcher Tiere war beschränkt. Durch neuere Blutgruppenuntersuchungen konnte nachgewiesen werden, daß die Pinzgauer näher mit den Niederungsrassen als mit den Rassen der Westalpen verwandt sind.

Bemerkenswert ist, daß Wilckens dies schon 1876 vermutete. Nach seiner Einschätzung kamen beim Pinzgauer
»auch Niederungsköpfe vor. Es ist nicht unmöglich, daß von der Niederungsrasse abstammendes Landvieh in den Pinzgau eingeführt worden ist.«

Anfang des 19. Jahrhunderts setzte, vom Ursprungsgebiet im Land Salzburg ausgehend, eine beachtliche Expansion in alle Richtungen ein (Abb. 108). Das Pinzgauer Rind verdrängte damals weitgehend die Landrassen der angrenzenden Gebiete. Auf dem Höhepunkt seiner Entwicklung war das Pinzgauer Rind die führende Rasse in großen Gebieten Österreichs, Sloweniens und in weiten Teilen Norditaliens. Es kam auch nach Oberbayern, wo es nach Verbreitung und Leistung bald eine erstaunliche Blüte erlebte.

Eine weitere Ausbreitungswelle kam durch die Österreichisch-Ungarische Monarchie zustande und betraf alle ihre Mitgliedsländer. Über diesen Bereich hinaus wurde es in weitere Länder des Balkans und Osteuropas verbreitet. Es wurde z. B. in zwei Gebiete Rumäniens eingeführt: 1825–1855 in Siebenbürgen sowie in die Karpaten und in den Jahren 1860–1870 in die Bukowina. In der Ukraine liegt ein Zuchtgebiet im Karpatenbogen um Tschernowitz. Die

Abb. 107. Pinzgauer im Jahre 1793.

Abb. 108. Kuh des österreichischen Landviehs mit Pinzgauerfärbung Anfang des 19. Jahrhunderts.

Abb. 109. Stier und Kuh des Pinzgauer Rindes, 1853.

größte Population des Pinzgauer Rindes außerhalb Österreichs befindet sich in der Slowakei, und zwar im Gebiet der Hohen Tatra. In diese Region kamen die ersten Importe zwischen 1820 und 1830. Auch in der Mittel- und der Ostslowakei sind sie weithin dominierend.

Um die Mitte des 19. Jahrhunderts wurden die Pinzgauer als hellbraun, semmelfalb und rotbraun beschrieben, mit weißem Streifen auf dem Rücken. Schwanz, Euter, Bauch und Brust waren in der Regel gleichfalls weiß, selten nur weiß gesprenkelt (Abb. 109). Wenige Jahrzehnte später wurde betont, daß auch der hintere Teil der Oberschenkel weiß sei. Immer gab es auch einige schwarze Tiere. Sie galten als Glücksbringer, deshalb hatten die Züchter meist eine schwarze Kuh im Bestand. Um die Jahrhundertwende wurde die Färbung der Pinzgauer sehr formalistisch beurteilt. Man akzeptierte von behördlicher Seite als Pigment nur ein kräftiges Kastanienbraun. Vor allem wurden seitdem keine schwarzen Stiere mehr gekört, so daß die schwarze Farbe nur über die Kuh weitergegeben werden konnte und schon deshalb seltener wurde. Daneben wurde darauf geachtet, daß die Tiere weiße Streifen (Fatschen) über Unterschenkel und Oberarm besaßen.

Bald danach wurde ein regelrechter Farbenkult getrieben. Man wurde in Hinblick auf farblich abweichende Tiere immer strenger und unduldsamer. Geringe Farbabweichungen wurden geahndet; für korrekt gezeichnete Tiere zahlte man wesentlich höhere Preise. Das galt auch dann, wenn sie in Körperbau und Leistung durchaus nicht zufriedenstellend waren. Später wurde diese Art des Vorgehens allerdings als geradezu skrupellos bezeichnet. Im 19. Jahrhundert war das Zuchtziel in erster Linie auf kräftige Zugtiere ausgerichtet. Eine Beschreibung von 1851 besagt, daß sich das Pinzgauer Rind

»in der Regel durch den gedrungenen, kräftigen, gut gewölbten, abgerundeten, niedrig gestellten Körper, durch das hohe Kreuz, die abgerundeten Hüften, die breite Brust, den dicken Hals mit starker Wamme, dann durch den breiten, kurzen Kopf und durch das mäßig große, meist seit- und aufwärts gebogene Gehörn auszeichnet.«

Rinder im Typ der Pinzgauer gab es nie nur allein im Pinzgau; auch in den benachbarten Bereichen kamen sie vor. Diese trugen zunächst noch eigene Namen: Lungauer Schlag, Pongauer Schlag usw. In Bayern wurden sie zunächst als Neuer Miesbacher Schlag bezeichnet. Erst später faßte man mehrere Schläge zu einer Rasse unter dem jetzigen Namen zusammen. Die Kärntner Rinder dieser Färbung wurden gar bis 1925 unter dem Namen »Mölltaler« (Abb. 110) als eigene Rasse geführt.

Diese Mölltaler waren im Möll-, Drau-, Gail- und Liesertal, also in ganz Oberkärnten verbreitet. Sie unterschieden sich von den ihnen nahestehenden anderen Schlägen des Pinzgauer Rindes durch geringere Größe, feineren Körperbau, dunklere Färbung und durch ihre hohe Milchleistung. Dabei sollen sie geringe Ansprüche an Futter und Haltung gestellt haben. Die als »eigentliche Mölltaler« geschilderten Tiere hatten in der Regel ein Körpergewicht von nur 300–400 kg. Sie kamen vor allem in den Bergregionen vor. In den Tälern soll es Kühe von 500 kg oder gar 600 kg Körpergewicht gegeben haben. Die Tiere werden als gedrungen geschildert, was aus heutiger Sicht

Abb. 110.
Das Mölltaler Rind in Kärnten sah um 1873 ähnlich aus wie das Pinzgauer. Es war aber kleiner als dieses und mit 300–400 kg deutlich leichter.

aus den Abbildungen nicht hervorgeht. Sie waren meist tief gestellt, besaßen einen kurzen, zierlichen Kopf, eine kräftige Wamme, tonnenförmigen Rumpf und eine besonders gut entwickelte Nachhand.

Die Farbe der Mölltaler war meist dunkelrot, gelegentlich heller und ins Gelbliche spielend. Im Widerrist begann ein weißer Streifen. Oberschenkel, Schwanz, Bauch und Streifen über dem Unterarm waren ebenfalls weiß. Die Hörner waren hell, das Flotzmaul fleischfarben. Wegen ihrer guten Milchleistung waren Mölltaler bei den Milchviehbetrieben sehr begehrt und es wurden hohe Preise für sie gezahlt.

Im Jahr 1893 zog in München ein Pinzgauer Ochsenpaar bei einer Zugleistungsprüfung das 5,1fache seines Körpergewichtes. Bei der Zugprüfung der DLG 1894 in Berlin legte ein Pinzgauergespann vor dem belasteten Wagen 3576 m in 29,5 min zurück oder umgerechnet einen Kilometer in wenig mehr als 8 min. Es war damit 3 min schneller als die Konkurrenten anderer Rassen.

Zur Förderung der Zugleistung verlegte sich die Zucht Ende des 19. Jahrhunderts vermehrt auf höhere Fleischleistung. Man bevorzugte große, breite Tiere. Noch bis zur Jahrhundertwende wurde das Pinzgauer Rind vor allem wegen seiner Größe und seines Gewichts gern gekauft. Als bald darauf die Milchleistung immer größere Bedeutung bekam und auch in Österreich die Leistungserhebungen einsetzten, war eine Änderung des Zuchtziels nahezu zwangsläufig. Das galt vor allem deshalb, weil sich viele Züchter anderen Rassen zuwandten. Die Zucht wurde seit 1900 und insbesondere nach dem Ersten Weltkrieg vom schweren Typ umgestellt. Gefragt war jetzt ein mittelschweres Rind mit guten Milchzeichen und der Anlage zu hoher Milchleistung, mit tiefem, gedrungenem Körperbau, guter Bemuskelung und vollen Fleischpartien. Hinzu kamen geräumiger Gang, gute, trockene Sprunggelenke und robuste Konstitution (Flucher 1930).

Da Milchleistungskontrollen weder üblich noch durchführbar waren (z. B. Fettbestimmung), gibt es aus dem 19. Jahrhundert nur ungefähre Angaben über die Milchleistung der Pinzgauer. So heißt es um die Mitte des vergangenen Jahrhunderts nur, daß sie »reichlich« Milch geben. Eine Angabe von 1863, nach der Pinzgauer täglich 11,3–14,2 l Milch gaben, läßt nicht erkennen, in welchem Abschnitt der Laktationsperiode die Messung vorgenommen wurde (vermutlich aber auf dem Höhepunkt der Laktation). Auch mit der Feststellung, daß 11,3–12,7 l Milch 1 Pfund Butter ergeben, besagt heute wenig. Konkreter die Angabe von 1876, nach der Pinzgauer Kühe 2200, einzelne auch 3000 l Milch im Jahr gaben. Ende des vergangenen Jahrhunderts wurden als Spitzenleistung 3500 l Milch mit 3,5–3,8% Fett angegeben. Die Durchschnittsleistung einer 5–7jährigen Kuh soll Anfang des 20. Jahrhunderts bei 2500 kg mit 3,5–3,8% Fett gelegen haben.

In Bayern waren Pinzgauer Mitte des 19. Jahrhunderts in einem Gebiet verbreitet, das im Norden von der Verbindungslinie Burghausen – Landsberg, im Westen vom Lech und im Süden sowie Osten durch Österreich begrenzt war. In diesem Bereich wurden jedoch keineswegs ausschließlich Pinzgauer gehalten; sie kamen nur zu einem gewissen Anteil vor, und es gab außerdem viele Kreuzungstiere. 1863, also schon wenig später, wurde das Verbreitungsgebiet in Bayern mit Alpen und Alpenvorland angegeben, und 1899 war es das Gebiet östlich und südlich des Inns. Diese Region durfte damals als fast ausschließliches Pinzgauergebiet angesehen werden. 1883 gab es in Oberbayern 125 463 Pinzgauer, wobei vermutlich Kreuzungstiere mitgezählt wurden. Bei den 1892 vorhandenen 85 744 Pinzgauern dürfte es sich dagegen weitgehend um Reinzuchttiere gehandelt haben. Sie bildeten 13,1% des oberbayerischen Rinderbestandes. Außerdem gab es damals noch 13 859 Pinzgauer in Niederbayern. Das waren 2,4% des dortigen Rinderbestandes.

Der bayerische Pinzgauer-Zuchtverband wurde 1896 gegründet und umfaßte die Bezirkszuchtgenossenschaften Traunstein, Rosenheim, Prien, Laufen, Tittmoning, Reichenhall und Berchtesgaden. Nach der Viehzählung

Tab. 51: Pinzgauer in Österreich nach der Viehzählung von 1930 (Schotterer 1933).

Bundesland	Stiere	Kühe	zusammen
Wien	–	192	192
Niederösterreich	211	9 191	9 402
Oberösterreich	3 172	59 447	62 619
Salzburg	2 364	66 879	69 243
Steiermark	590	17 678	18 266
Kärnten	879	37 442	38 321
Tirol	608	27 978	28 586
Vorarlberg	–	27	27
Burgenland	34	685	719
Insgesamt	7 858	219 517	227 375

Tab. 52: Verbreitung der Pinzgauer in Deutschland 1936 (Statistisches Reichsamt 1936)

Land	Anzahl der Tiere	Anteil in %
Preußen	795	1,04
Bayern	75 520	98,64
Württemberg	60	0,08
Thüringen	33	0,04
Hessen	23	0,03
Mecklenburg	5	0,01
Braunschweig	3	0,00
Anhalt	114	0,15
Lippe	2	0,00
Saarland	6	0,01
zusammen	76 561	

am 1. Dezember 1900 gab es in Altbayern 101 880 Pinzgauer. Die Mitglieder des Zuchtverbandes besaßen damals insgesamt 20 584 weibliche Zuchttiere. 3871 Pinzgauer Kühe und 348 Stiere waren ins Herdbuch eingetragen. Unter Milchleistungskontrolle standen 2640 Kühe in 210 Betrieben. Die Durchschnittsleistung betrug 2821 kg Milch mit 3,7% Fett. Der höchste Stalldurchschnitt lag bei 4063 kg; die höchste Einzelleistung einer Kuh betrug 5092 kg (Abb. 111).

Bis zum 1. Weltkrieg galten die Pinzgauer als die führende bayerische Rinderrasse. Danach wurden sie durch das Fleckvieh zurückgedrängt. Schon um 1930 gab es in Bayern nur noch 85 000 Pinzgauer.

Das Pinzgauer Rind hatte stets seine größte Verbreitung im Bundesland Salzburg, seinem Ursprungsgebiet. Um 1930 gab es in Österreich jedoch kein Bundesland, in dem keine Pinzgauer gezüchtet wurden (Tab. 51).

In Österreich und Deutschland bestanden um 1930 307 Zuchtgenossenschaften oder Ortsvereine, die länderweise zu Zuchtverbänden zusammengefaßt waren:

1. der »Verband für Reinzucht des Pinzgauer Rindes in Oberbayern« in Traunstein mit 2527 Mitgliedern in 96 Ortsvereinen.

2. der »Kärntner Pinzgauer Zuchtverband in Möllbrücken« mit 948 Mitgliedern in 33 Zuchtgenossenschaften.

3. der »Verband der Pinzgauer Züchter in Schwanenstadt«, Oberösterreich, mit 39 Ortskreisen und 508 angeschlossenen Züchtern.

4. die »Pinzgauer Rinderzuchtgenossenschaft für das obere Innviertel« in Oberösterreich mit 4 Ortskreisen und 61 Züchtern.

5. die »Pinzgauer Rinderzuchtgenossenschaft für das o.-ö. Salzkammergut« in Bad Ischl, mit 10 Ortskreisen und 218 Mitgliedern.

6. der »Verband der Zuchtgenossenschaften für die Reinzucht des Pinzgauer Rindes in Salzburg« in Zell am See. Derselbe zählte 29 Zuchtgenossenschaften mit 1694 Mitgliedern.

7. der »Verband der Pinzgauer Viehzuchtgenossenschaften in Steiermark« mit Sitz in Irdning. Ihm waren 10 große Genossenschaften mit 1008 Züchtern angeschlossen.

8. die »Pinzgauer Viehzuchtgenossenschaft Eibiswald« in der mittleren Steiermark mit 189 Mitgliedern.

9. der »Verband der Nordtiroler Pinzgauer Viehzuchtgenossenschaften« in St. Johann in Tirol mit 358 Mitgliedern in 23 Genossenschaften.

10. der »Verband der Osttiroler Pinzgauer Viehzuchtgenossenschaften« in Lienz mit 51 Zuchtgenossenschaften und 764 Züchtern.

Pinzgauer

Für die Verbände war es nicht leicht, zuchtfördernde Arbeit zu leisten. Die Zucht fand weitgehend in kleinen und mittelgroßen Betrieben statt. 82% der Betriebe besaßen nicht mehr als zehn Kühe. Von den im Zuchtgebiet vorhandenen 243 150 Pinzgauer Kühen nahmen 1930 nur 10,7% an der Milchleistungsprüfung teil. Ermittelt wurde ein Durchschnitt von 2550 kg Milch mit 3,72% Fett (Abb. 114).

Trotz einer gemeinsam angestrebten Änderung des Zuchtziels ließen sich noch um 1930 zwei verschiedene Pinzgauer Typen unterscheiden: Der eine war nördlich, der andere südlich des Tauernhauptkamms verbreitet. Ersterer war tiefrumpfiger, feiner und in der Farbe dunkler. Die Gewichte der Kühe schwankten zwischen 400 kg und 600 kg. Der zweite Typ erstreckte sich über Osttirol, Kärnten und Lungau; eine Region, die seit altersher Ochsenzuchtgebiet war. Er war infolgedessen ein wenig höher gestellt, knochiger und meist heller.

Die Ochsenzucht zur Schaffung von kräftigen Arbeitstieren ist im Laufe der letzten Jahrzehnte in dem Maße zurückgegangen, in dem die Motorisierung in der Landwirtschaft zunahm. 1944 erreichte der Bestand an Zugochsen und -stieren in Bayern eine Entwicklungsspitze mit 319 000 Stück; danach nahm er stetig ab. Die gute Arbeitsleistung der Pinzgauer Ochsen, auch als Übertäuerer bezeichnet,

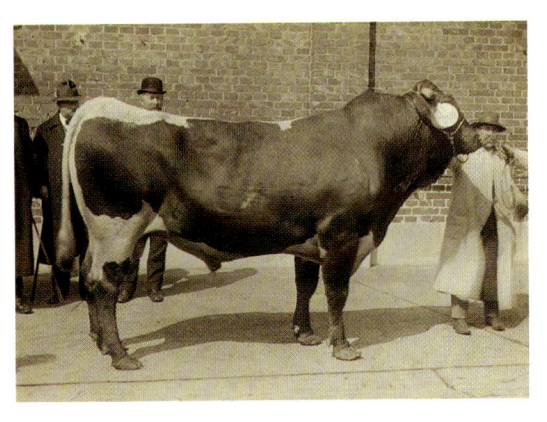

Abb. 111.
Pinzgauer Kuh um 1900.
Abb. 112.
Stark entwickelter
Pinzgauer Ochse um 1930.
Abb. 113.
Pinzgauer Rinder auf
der Kammerer Hochalpe im
Sulzbachtal 1928.
Abb. 114.
Pinzgauer Kuh um 1930.

war allseits bekannt. Sie wurden gerne aufgrund ihrer verläßlichen Zugleistungen von Brauereien verwendet oder auch, bis kurz vor dem 2. Weltkrieg, in die großen Zuckerrübenanbaugebiete nach Nord- und Mitteldeutschland verkauft (Tab. 52). Spann schrieb 1925 über die Zugleistung:

»Die Pinzgauer Ochsen erfreuen sich wegen ihrer großen Kraftentfaltung, ihrer Ausdauer, ihrer ausgezeichneten Gängigkeit, ihrer kräftigen Knochen und leistungsfähigen Muskulatur, auch der guten Klauen überall, namentlich auch in Norddeutschland großer Beliebtheit. Da ihre Aufzucht meist eine sehr harte ist, sind die Tiere als sehr genügsam und futterdankbar zu bezeichnen. Die Ochsen erreichen eine Widerristhöhe bis zu 170 cm und darüber und ein Körpergewicht von 24 Zentnern. Die Pinzgauer zählen zu den schwersten Zugrindern, die wir kennen. Ihr Brustumfang schwankt zwischen 200 und 270 cm.« (Abb. 112).

Der große Einbruch in der Population erfolgte nach dem 2. Weltkrieg, insbesondere in den 60er Jahren. Die Bestandsentwicklung der Herdbuchkühe in Bayern spiegelt dies wider:

Jahr	Anzahl der Herdbuchkühe
1960	2053
1970	785
1980	257
1990	286

Weltweit gibt es in 25 Ländern ungefähr 1,2 Millionen Pinzgauer. Aus dieser Zahl läßt sich zweifellos keine Gefährdung der Rasse ableiten. Daß die Pinzgauer hier dennoch berücksichtigt werden, hat folgende Gründe: Diese Rasse ist seit langer Zeit eine Zweinutzungsrasse mit gleicher Betonung von Milch und Fleisch. In den meisten Ländern gilt sie jetzt jedoch als Fleischrind. Man hält Mutterkuhherden; die Kühe werden also nicht gemolken. Diese Art der Nutzung bedeutet, daß im Hinblick auf die Milchleistung kein Zuchtfortschritt erzielt wird, weil eine entsprechende Selektion fehlt. Die Tendenz läuft in Richtung einer Fleischrasse. In Österreich hat man in den letzten 15 Jahren Red Holstein in die Pinzgauer eingekreuzt, um die Milchleistung zu heben. Die dortige Population ist also nur noch mit Vorbehalt als reinrassig zu bezeichnen. Die in Bayern gehaltenen Tiere entsprechen noch eher dem alten Typ. Zwar wird es sich nach Aussage der Verantwortlichen auf die Dauer nicht vermeiden lassen, hin und wieder mit einem »Spritzer« Red-Holstein-Blut aufzufrischen. 25% Fremdblutanteil sollen jedoch nicht überschritten werden.

Die Österreichische Arbeitsgemeinschaft der Pinzgauer Rinderzüchter, die aus dem »Reichsverband österreichischer und bayerischer Zuchtorganisationen für das Pinzgauer Rind« hervorging, fungiert heute auch als internationale Dachorganisation der Pinzgauer Rinderzüchter. Sie ist für Absatzwerbung, Planung sowie Durchführung des Zuchtprogrammes verantwortlich und hält Kontakt mit den Rinderzüchtern in den ausländischen Zuchtgebie-

Tab. 53: Pinzgauer in Österreich nach dem Zweiten Weltkrieg.

Jahr	Anzahl	Anteil am Gesamtrinderbestand Österreichs
1947	363 754	16,7
1954	361 648	15,7
1959	337 696	14,6
1964	304 053	12,9
1969	254 312	10,5
1974	199 947	7,8
1978	155 475	6,0
1985	97 000	3,7

Tab. 54: Gewichte der Österreichischen Pinzgauer im 20. Jahrhundert.

Jahr	Stiere	Kühe	Ochsen
1900	900	650	
1910	900	650	
1922		600–700	1000–1200
1927		620–760	
1956	900	600–700	
1985	1000–1100	600–700	

Pinzgauer

ten. Seit 1968 werden internationale Pinzgauer-Symposien abgehalten, um die Zusammenarbeit mit den Auslandszuchtgebieten zu intensivieren.

Die Arbeitsgemeinschaft der Pinzgauer Rinderzüchter untergliedert sich in Österreich in vier Zuchtverbände. 1957 umfaßte das Hauptzuchtgebiet das gesamte Österreich mit den angrenzenden Gebieten in Bayern und Südtirol. Zu dieser Zeit waren die Pinzgauer mit einem Bestand von etwa 450 000 Stück Vieh immer noch die am weitesten verbreitete Rasse in den österreichischen Alpen. Von da an erfolgte eine ständige Abnahme ihres Rasseanteils, welche sich in den ersten Jahren nur leicht, dann aber von Viehzählung zu Viehzählung deutlicher bemerkbar machte (Tab. 53).

Früher, als Arbeits- und Fleischleistung bei den Pinzgauern noch im Vordergrund standen, war der Körperbau entsprechend kräftig (Abb. 115). Das Pinzgauer Rind gehörte zu den größten und schwersten Höhenviehrassen. Bevorzugt wurden geschlossene, breite und rumpfige Tiere. Sie zeichneten sich durch eine gute Brust- und Flankentiefe sowie starke Bemuskelung aus. Die mittlere Widerristhöhe lag vom Anfang dieses Jahrhunderts bis nach dem 2. Weltkrieg ziemlich konstant bei 130–135 cm. Durch den Einfluß von Red Holstein tendiert dieser Wert in Österreich nach oben und beträgt jetzt im Mittel ungefähr 137 cm. Die Widerristhöhe der Bullen liegt 10 cm höher.

Das durchschnittliche Lebendgewicht blieb lange Zeit annähernd gleich (Tab. 54), dürfte aber in den letzten Jahren deutlich angestiegen sein.

Kühe, die an der Milchleistungsprüfung teilnahmen, wogen in der Zeit von 1909–1913 im Mittel 570 kg, zwischen 1914 und 1920 durchschnittlich 569 kg (Eß 1921).

Nach dem 2. Weltkrieg vollzog sich ein starker Wandel in der Gesamtentwicklung der Fleischproduktion. Zug- bzw. Gangochsen, die ehemals eine große Rolle gespielt hatten, wurden im Verlaufe der Motorisierung von Traktoren abgelöst. Die früher beliebte Mast von Einstellochsen mußte durch das geänderte Konsumverhalten des Verbrauchers, der mehr mageres Fleisch wünschte, der Bullenmast weichen. 1983 schnitten Pinzgauer in einer Mast- und Schlachtleistungsprüfung im Vergleich mit dem Fleckvieh in fast allen heute gefragten Kriterien schlechter ab. Sie hatten nicht nur um 42 g geringere tägliche Zunahmen, sondern wurden auch nur zu einem geringen Anteil in die höchste Handelsklasse eingestuft (wobei zu bemerken ist, daß eine solche Einstufung fragwürdig ist). Die seit altersher berühmte ausgezeichnete Marmorierung des Fleisches konnte allerdings durch die genannte Prüfung bestätigt werden. Dies wird bei vergleichsweise geringem Fettgewebsanteil erreicht. Die Ochsenbraterei auf dem Münchner Oktoberfest brät seit eh und je Pinzgauer Ochsen am Spieß. Fleisch von Pinzgauer Bullen, die auf dem Münchner Schlachthof geschlachtet werden, kommt oft gar nicht erst in den offiziellen Handel. Es wird wegen seiner hervorragenden Qualität unmittelbar an einen speziellen Kundenkreis abgegeben. Um so unverständlicher ist die Tatsache, daß die Preise für Kälber und Masttiere dieser Rasse niedriger sind als beispielsweise für Fleckvieh.

In Österreich wird das Pinzgauer Rind zu einer mittel- bis großrahmigen Zweinutzungsrasse mit deutlich gehobener Milchleistung umgeformt. Nach der Einkreuzungsphase mit »Red Friesian«, die zu der erwünschten Steigerung in der Milchleistung führte, wird eine

Abb. 115. Die 1942 geborene Pinzgauer Kuh Waldin, Herdbuch-Nr. 36606, hier um 1950, hatte eine durchschnittliche Jahresmilchleistung von 3567 kg mit 3,8 % Fett.

Rinder

Konsolidierung im Typ angestrebt. Damit der ursprüngliche Charakter der Rasse erhalten bleibt, soll der Anteil von »Red Friesian« in der Zuchtpopulation im Durchschnitt 25% nicht überschreiten. Durch die starke Einkreuzung von Red Friesian darf eine höhere Milchleistung erwartet werden. Zuchtziel sind in Österreich 6000 kg Milch mit dem beachtlichen Fettanteil von 4,5% und 3,5% Eiweiß. Der Durchschnitt im Bundesland Salzburg (Hauptzuchtgebiet) lag 1987 bei 4630 kg Milch mit 4,0% Fett und 3,2% Eiweiß. Die Kuh mit der höchsten Leistung erreichte 1987 eine Milchmenge von 10 210 kg mit 4,9% Fett. Die bisher höchste Lebensleistung erbrachte die Kuh Gams mit 100 283 kg Milch bis zum Alter von 16 Jahren.

Als zweite wichtige Zuchtzielkomponente gilt die Fleischleistung. Angestrebt werden in der Bullenmast 1300 g tägliche Zunahme mit 58% Ausschlachtung. Zur weiteren Verbesserung der Wirtschaftlichkeit soll einer großen Aufnahme von wirtschaftseigenem Futter, einer regelmäßigen Fruchtbarkeit sowie der Frohwüchsigkeit und Anpassungsfähigkeit besonderes Augenmerk geschenkt werden. Es wird besonders auf korrekte, trockene Gliedmaßen mit festen Klauen und auf leichtmelkende, gutgeformte Euter mit einer festen Aufhängung geachtet.

Abb. 116. Betty, die Siegerkuh auf der DLG-Ausstellung München, 1955.

Abb. 117. Almabtrieb Pinzgauer Rinder vom Krimmler Achental im Land Salzburg über den Krimmler Tauern in das Ahrntal in Südtirol, etwa 1960.

Abb. 118. Vier Pinzgauer Kühe mit besonders gutem Euter auf der Bezirksrinderschau in Mittersill am 20. Oktober 1956. Die durchschnittliche Jahresmilchmenge dieser Alpkühe lag bei 3254 kg Milch mit 3,93 % Fett.

Tab. 55: Milchleistung der Pinzgauer in Deutschland.

Jahr	Anzahl der Kühe	Milchmenge in kg pro Kuh	Fett %	Fettmenge in kg
1914–20	958	2077	3,77	78
1923	670	2248	3,84	86
1933	1757	2687	3,67	99
1943	5107	2392	3,91	94
1953	5788	2823	3,80	107
1963	4163	3384	3,93	133
1972	1677	3574	3,88	139
1982	211	3848	3,90	150
1991	312	3990	3,84	153
1997	447	4411	3,85	170

Pinzgauer

In Deutschland wurden planmäßige Probemelkungen in einem größeren Zuchtgebiet ab 1894 vorgenommen, und zwar zunächst in Bayern. 1910 begann auch der Pinzgauer Zuchtverband mit der Milchleistungsprüfung. Er stellte als erster bayerischer Verband einen eigenen Zuchtwart an. Das war 14 Jahre nach Gründung des Zuchtverbandes, der sich anfangs nur auf die Farbe der Tiere konzentrierte. Da man zunächst nur danach trachtete, möglichst gut gebaute und robuste Tiere zu züchten, verbreitete sich die Ansicht, daß das Pinzgauer Rind gegenüber anderen Rassen der Alpenländer nur zu einer geringen Milchleistung fähig sei.

Zu Beginn (1914) wurde auch nur in wenigen Betrieben (13 mit insgesamt 64 Kühen) regelmäßig die Milchleistung kontrolliert, da die Zucht auf Fleisch und Arbeit erheblich einträglicher war als die auf Milch. Erst als 1926 die Milchleistungsprüfung für Verbandsmitglieder zur Pflicht wurde, begann eine intensivere Zucht in dieser Richtung. Der Erfolg war an den steigenden durchschnittlichen Jahresmilchleistungen – abgesehen von der Kriegszeit – deutlich erkennbar (Tab. 55; Abb. 116).

Das gegenwärtige Zuchtziel für Bayern lautet nach Angaben des Traunsteiner Zuchtverbandes 5000 kg mit 4,0% Fett und 3,5% Eiweiß als 305-Tage-Leistung. Spitzenleistungen liegen freilich bereits schon jetzt über 6000 kg. Dabei muß berücksichtigt werden, daß in Bayern kaum andere Rassen eingekreuzt wurden.

Bei der vergleichsweise geringen Milchleistung dürfen die Haltungsbedingungen dieser Rasse nicht vergessen werden. In Österreich wird ein großer Teil der Kühe geälpt. Allein der Aufstieg zu den Weidegründen und der Abtrieb sind so beschwerlich, daß Tiere anderer Rassen ihn möglicherweise gar nicht überleben würden (Abb. 117). Pinzgauer Kühe haben zum Teil ausgezeichnete Euter (Abb. 118).

Ungefähr seit 1900 gibt es keine hellen Tiere mehr. Die im allgemeinen kastanienbraune Färbung fällt heute lediglich bei einigen Pinzgauern etwas heller aus. Gelegentlich besitzen

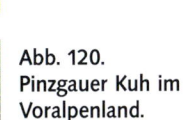

Abb. 119. Nur noch vereinzelt kommen schwarze Pinzgauer vor.

Abb. 120. Pinzgauer Kuh im Voralpenland.

Abb. 121. Jochberger Hummeln sind von Natur aus hornlose Pinzgauer.

Abb. 122. Pinzgauer Herde.

einzelne Individuen eine gewisse Apfelung. Man bezeichnet solche Tiere im Traunsteiner Gebiet als »doiring« (von Delle, Beule). Vereinzelt kommen schwarze Tiere vor (Abb. 119). Bei ihrer Einordnung ist jedoch Vorsicht geboten. Nur bei wenigen handelt es sich um reinrassige Pinzgauer. Die meisten derart gefärbter Rinder sind aus Kreuzungen von Pinzgauern mit Schwarzbunten hervorgegangen.

Der Kopf der Pinzgauer ist ohne Abzeichen. Flotzmaul und Klauen sind dunkel pigmentiert, die Hörner gelb bis braun, die Hornspitzen dunkel (Abb. 120).

Als Sonderform sollen die Jochberger Hummeln genannt werden. Es handelt sich um hornlose Pinzgauer, die als eigenständiger Schlag anzusehen sind (Abb. 121). Diese Tiere gehen zurück auf ein fast weißes Kuhkalb, das 1834 bei Kitzbühel in Tirol geboren wurde. Die hornlosen Nachkommen dieses Tieres waren rasch so beliebt, daß in der dortigen Gegend bald zahlreiche Betriebe ausschließlich »Hummeln« hielten. Trotz eindeutiger Vorteile – die Tiere sind sehr friedfertig, Personen sind weniger gefährdet – ließ das Interesse an ihnen später nach. Wesentlicher Grund war, daß die Kopfjochanspannung wegen des Fehlens von Hörnern nicht möglich war und die Tiere deshalb nicht zur Arbeit herangezogen werden konnten. Es kam hinzu, daß nach dem vollständigen Wechsel der Milchzähne Schwierigkeiten bei der Altersbestimmung auftraten. Schließlich hielt nur noch der Ausgangsbetrieb »Hummeln«, dieser jedoch bis auf den heutigen Tag. Die Population umfaßt gegenwärtig ca. 20 Tiere. Seit 1988 werden zwei Stiere auf einer Besamungsstation bei Salzburg gehalten.

Heute beschränkt sich das Zuchtgebiet der Pinzgauer in Österreich hauptsächlich auf den Pinzgau und die übrigen Salzburger Gebirgsgaue; außerdem auf die angrenzenden Gebiete in Nord- und Osttirol sowie Kärnten, während in den übrigen österreichischen Bundesländern kaum noch Pinzgauer gehalten werden. Auch hier ist durch die Entwicklung eine gewisse Gefährdung zu erkennen. In der Bundesrepublik werden Pinzgauer in dem Gebiet Oberbayerns gehalten, das westlich und nördlich vom Inn begrenzt wird (Abb. 122). In anderen Ländern werden Pinzgauer seit langer Zeit sehr geschätzt.

Schon 1902 wurden zwei Pinzgauer Kalbinnen und ein Bulle von einem bayerischen Siedler nach Südwestafrika gebracht. Die Tiere paßten sich rasch an die dortigen extensiven Weidebedingungen an und ließen sich gut mit einheimischen Rassen kreuzen. Hierdurch ermutigt, holte man weitere Pinzgauer, von denen später ein Teil nach Südafrika gelangte. Auch nach 50 Jahren hatten sie nichts von ihrer Härte, Anspruchslosigkeit und Marschleistung eingebüßt und unterlagen auch nicht wie andere Rinderrassen der tropischen Degeneration. 1955 wurde der »Verein der Pinzgauer Züchter für das südliche Afrika« mit Sitz in Windhoek gegründet. Den dortigen Bestand schätzt man gegenwärtig auf 100 000 Tiere.

Weitere beachtliche Pinzgauerpopulationen befinden sich in Nord- und Südamerika. 1971/72 wurden die ersten Einfuhrgenehmigungen nach Kanada erteilt. In der Folgezeit exportierten Bayern und Österreich dorthin rund 110 Reinzuchttiere. Durch intensive Anwendung der Künstlichen Besamung und durch Embryotransfer erfuhr die Rasse eine rasche Verbreitung. Pinzgauer kommen hier vor allem in den Provinzen Alberta, Saskatchewan und Manitoba vor. Später kamen sie auch in die USA, wo Pinzgauer jetzt hauptsächlich in Kalifornien, Texas, Minnesota und Wyoming verbreitet sind. Die weltweite Beliebtheit dieser Rasse läßt nicht nach. Mit Erfolg wird sie auch in den Tropen und Subtropen gehalten. Nach Nigeria, Zaire, Angola und Mozambique nutzt man sie seit 1980 mit gutem Erfolg auch in Ägypten. Weltweit gibt es ungefähr 1,2 Millionen Pinzgauer.

Tiroler Grauvieh

Grauvieh kam im vergangenen Jahrhundert fast überall in Nordtirol vor; in Südtirol war es im Etschtal bis Meran, im Passeier- und Sarntal, im Eisacktal sowie in den Dolomiten verbreitet. Darüber hinaus gab es Bestände in Vorarlberg und einen ähnlichen Schlag in Graubünden in der Schweiz. Kaltenegger (1879) unterteilte das Grauvieh noch in Oberinntaler, Wipptaler und Etschtaler Schlag. Das Verbreitungsgebiet des Oberinntaler Rindes (Abb. 123) war damals das gesamte obere Tal des Inns mit fast allen Nebentälern. Im Norden grenzte es an das Gebiet des Lechtaler und im Westen an das des Montafoner Rindes. Im Osten und Süden des Verbreitungsegbietes kamen Wipptaler und Etschtaler Schlag vor.

Der Wipptaler Schlag bestand eigentlich aus Kreuzungen von Oberinntalern und Etschtalern sowie rotbraunen und schwarzbunten Rindern wie Pustertalern und Tuxern, die am Oberlauf von Sill und Eisack beheimatet waren. Um die Mitte des 18. Jahrhunderts wurde dann das gesamte Wipptal in ein einheitliches Zuchtgebiet umgewandelt. Es entstand der Wipptaler Schlag, der besonders hell war (Abb. 124).

Das Etschtaler Rind war bedeutend größer als das Oberinntaler. Am nächsten stand ihm der in Graubünden heimische Oberländer Schlag. Etschtaler hatten auch eine gewisse Ähnlichkeit mit Chianina. Das Verbreitungsgebiet der schließlich zu einer Rasse zusammengeschmolzenen drei Schläge ging also über das obere Inntal weit hinaus (Abb. 125).

Schon Ende des 19. Jahrhunderts ging die Zahl der Tiere zurück und das Zuchtgebiet wurde kleiner. Verdrängt wurde das Grauvieh insbesondere vom Braunvieh. Ursache des Rückgangs war unter anderem, daß viele der besten Kühe als Abmelkvieh in die Großstädte Österreichs, Süddeutschlands und Italiens gingen. Weitere gute Zuchttiere wurden nach Südosteuropa verkauft. Dieser Aderlaß führte zu einer Leistungsminderung, die manchen Tierhalter dazu brachte, eine andere Rasse zu wählen. Bei einem solchen Wechsel ließen die Rinderhalter sich von den größeren, rahmigeren Braunviehkühen mit der verständlicherweise höheren Milchleistung sehr beeindrucken.

Um 1880 galten für das Grauvieh folgende Angaben:

	Stier	Kuh
Widerristhöhe (cm)	130–135	121–135
Gewicht (kg)	330–400	250–400

Lobend wurde hervorgehoben, daß Ochsen im Gewicht von 550–600 kg keine Seltenheit gewesen seien.

In der 2. Hälfte des 19. Jahrhunderts galt das Grauvieh als die Rasse mit der höchsten Milchleistung in Tirol und im Vorarlberg. Kühe mittleren Gewichts lieferten jährlich durchschnittlich 1600 Liter. Von der Wintermilch waren im Durchschnitt 23–26 Liter, von der Sommermilch auf guten Alpen 19–22 Liter erforderlich, um 1 kg Butter machen zu können. Für die Produktion von 1 kg magerem Käse benötigte man 14–18 Liter Milch.

Neben der hervorragenden Arbeitsleistung der Ochsen wird vor allem das Fleisch gepriesen. Auch Kaltenegger (1879) betont

»die vorzügliche Güte des Fleisches. Es ist sowohl die Muskelfaser fein, als auch mit Fleischsaft reichlich durchtränkt, und bei vorgeschrittener Mast mit fettigen Theilen genügend durchzogen und von bestem Geschmack.«

Anfang des 20. Jahrhunderts wurde der »Oberinntaler Grauviehzuchtverband« gegründet. Das 1905 formulierte Zuchtprogramm lautete folgendermaßen:

Zuchtziel: Milchleistung und Zug.
Färbung: weiß, licht- bis dunkelgrau, gelb sowie graubräunlich. Verboten ist die braune Farbe. Angestrebt wird die blaugraue Färbung. Weiße, abgegrenzte Flecken sind verboten.
Kopf: möglichst kurz.
Beine: nicht zu lang.
Wamme: stark entwickelt.

Rinder

Wüchsigkeit: Vergrößerung ist anzustreben durch bessere Jugendernährung und vorsichtige Zuchtwahl. In bezug auf allgemeinen Körperbau wird ein in allen Körperteilen richtig geformter, gesunder, widerstandsfähiger Rindertyp angestrebt.

Gleichzeitig wurde ein Zuchtprogramm für das aus der Kreuzung von Grau- und Braunvieh entstandene »Graubraune Tiroler Gebirgsvieh« aufgestellt, mit dem eine systematische Verdrängung des Grauviehs eingeleitet wurde. Dies gelang nur unvollständig, da das Grauvieh besser mit der harten Aufzucht und den kargen Alpweiden zurechtkam und das Graubraune Gebirgsvieh zu anspruchsvoll war. 1908 erschien die Denkschrift eines angesehenen Grauviehzüchters, in der dieser Maßnahmen zur Sicherung der Rasse forderte. Besonders betont wurden die im Verhältnis zum geringen Körpergewicht hohe Milchleistung, Genügsamkeit, Widerstandsfähigkeit und Gängigkeit in steilem Gelände. Es wurde betont, daß jede Änderung der Rasse umwälzende und in ihrer Auswirkung auf das Bauerntum nicht abzusehende Änderungen des wirtschaftlichen Gefüges zur Folge haben würde. Man forderte, das Grauvieh bei Prämierungen gesondert vom Braunvieh zu beurteilen. Doch die Mahnungen stießen nicht auf Verständnis. Die Verdrängung war nicht aufzuhalten. Erheblicher Schaden entstand im Ersten Weltkrieg durch »Viehrequisitionen«. Trotzdem erwachte nach Kriegsende erneut das Interesse an der Grauviehzucht. Der Grund hierfür wird in der gesteigerten Nachfrage nach Arbeitsochsen von seiten der Südtiroler Weinbauern gesehen. Sie zahlten für Grauvieh mit schöner Farbe und guten Formen damals überhöhte Preise.

Im Jahre 1922 schlossen sich die Züchter von fünf Gemeinden zu Genossenschaften zusammen. 1924 erfolgte die Loslösung der Grauviehzüchter vom Zuchtverband für die Graubraunen Rinder und die Gründung des »Verbandes der Oberinntaler Grauviehzüchter«. Den ersten Genossenschaften des Jahres 1922 folgten bald weitere, so daß es 1926 schon elf und 1931 22 waren.

Abb. 125.
Etschtaler Rinder 1911. Sie gehören jetzt zum Tiroler Grauvieh.

Abb. 123.
Oberinntaler Kuh um 1895.

Abb. 124.
Wippthaler Kuh um 1895.

Tiroler Grauvieh

Ab 1932 galt ein neues Zuchtprogramm mit folgendem Inhalt:

»Das Zuchtziel ist die Heranzüchtung einer einheitlichen, gesunden, widerstandsfähigen Milchrasse mit guter Eignung als Zugvieh. Hierbei wird auf die Verbesserung der Körperformen, weitere Steigerung des Milchertrages und des Fettgehaltes besonderer Wert gelegt. Der angestrebte Typ hat einen kurzen, trockenen, feingemeißelten Kopf mit breitem Flotzmaul, lebhaftem Blick und feinen, schön geschwungenen Hörnern. Der Hals ist kurz, mit tiefer, feingefältelter Wamme. Der Rumpf ist langgestreckt, gut geschlossen und tief. Er bildet die Form eines Rechtecks. Die Schulter ist breit, gut bemuskelt und nicht zu steil. Die Brust ist gut gewölbt und tief. Die Rückenlinie ist gerade und horizontal, der Schwanzansatz nicht erhöht. Das Becken ist gleichmäßig breit, das Kreuz nicht abgedacht. Die Extremitäten sind kräftig, aber nicht grob, die Klauen hart.
Die Farbe ist als wichtigstes Rassemerkmal besonders zu beachten. Sie ist silber- bis eisengrau mit dunkleren grauen Farbschattierungen an Kopf, Hals, Schulter, Bauch und Schenkeln. Stiere sollen immer dunkler sein. Die Hörner sind am Grunde weiß, an den Spitzen schwarz.«

Es wurden zwei Typen angestrebt. Die leichteren Tiere sollten ein Gewicht von 400 kg und eine Widerristhöhe von 120 cm haben. Sie wurden im Obergericht, Pitz- und Ötztal sowie den Seitentälern des Wipptals gezüchtet. Der schwerere Schlag kam im Inn-, Stubai- und Wipptal vor. Kühe mit einem Gewicht von mehr als 550 kg waren nicht erwünscht. Weil Tiroler Grauvieh zierlich und leichtfüßig war, dabei aber eine hervorragende Milchleistung hatte, wurde es oft mit Jersey verglichen, und man bezeichnete es gelegentlich als »Jersey der Berge«.

Im Verlauf der 30er Jahre kam es zu einer stetigen Aufwärtsentwicklung der Rasse. Die Zahl der Genossenschaften stieg bis 1942 auf 61. Der Verband umfaßte zu jener Zeit 1214 Mitglieder mit 2480 Herdbuchkühen und 90 Herdbuchstieren. Insgesamt gab es damals 28 236 Grauvieh-Rinder.

Während noch Anfang des 20. Jahrhunderts vier Farbschläge, jeder mit Schwerpunkten in bestimmten Gebieten, nebeneinander vorkamen, waren die »Gelben« um 1942 zugunsten der »Blauen« fast verdrängt. Bei letzteren kamen alle Abstufungen von hellem Blaugrau bis zum intensivsten Schwarzblau vor.

In Abweichung vom Zuchtziel sollen die Kühe des kleinen Typs Anfang der 40er Jahre im Durchschnitt ein Gewicht von 200–250 kg gehabt haben, während die des schwereren Schlages im Mittel ein Lebendgewicht von 325–400 kg erreichten. Abweichungen nach unten und oben kamen vor. So wird von einer Kuh im Pitztal berichtet, die in der 12. Laktationsperiode ein Gewicht von nur 110 kg (!) hatte, während Kühe mit 700 kg im Stubaital nicht selten waren. Auffallend geringes Körpergewicht wurde allerdings auf schlechte Aufzuchtbedingungen und frühe Zuchtnutzung zurückgeführt. Da die Stiere beider Schläge annähernd gleichschwer gewesen sein sollen, scheiden genetische Unterschiede ohnehin weitgehend aus.

Im Kontrolljahr 1940/41 wurde bei 1495 Abschlüssen eine durchschnittliche Milchleistung von 2408 kg mit 3,78% Fett erzielt. Diese Leistung wurde weitgehend ohne Kraftfutter und im Winter bei mäßiger Heufütterung erreicht. Abmelkwirtschaften im Flachland gaben 4000–5000 kg Jahresmilchleistung als Durchschnitt an. Die beste Milchleistung erbrachte eine bestimmte Kuh nach dem achten Kalb bei einem Gewicht von 492 kg mit 5832 kg Milch und 3,74% Fett.

Hervorgehoben wurden außerdem unverwüstliche Gesundheit, Widerstandsfähigkeit gegen Krankheiten und gute Fruchtbarkeit. Tuberkulose war so gut wie unbekannt. Trotz des feinen Knochenbaues war das Grauvieh, wohl vor allem wegen der guten Schulterstellung und der harten Klauen, ein ausgezeichnetes Arbeitstier.

Grauvieh-Ochsen sollen bei der Mast tägliche Zunahmen von 1380 g gehabt haben. Die Schlachtausbeute war hoch, das Fleisch galt als zart und saftig.

Nach dem 2. Weltkrieg ging die Zahl der Grauvieh-Rinder stetig zurück. Gleichzeitig

Tab. 56: Entwicklung des Tiroler Grauviehs, gemessen am Gesamtbestand der Rinder Österreichs.

Jahr	Rinder insgesamt	Grauvieh Zahl der Tiere	Anteil am Gesamtbestand (%)
1930*	1 207 137	20 759	1,7
1947	2 174 624	42 450	2,0
1959	2 308 249	38 592	1,7
1969	2 417 930	29 412	1,2
1978	2 593 606	31 281	1,2
1985	2 650 574	18 500	0,7

* Nur Kühe und Stiere über 1 Jahr

sank ihr Anteil am Rinderbestand Österreichs (Tab. 56). Der Name könnte den Eindruck erwecken, daß das Grauvieh nur in Tirol vorkam. Das war durchaus nicht der Fall. Über Jahrzehnte hinweg kam diese Rasse in jedem österreichischen Bundesland vor (Tab. 57).

Im (Nord-)Tiroler Grauviehzuchtverband sind 85 Vereine mit ungefähr 1500 Mitgliedern zusammengefaßt. Die Vereine erfassen die Zuchtdaten und organisieren die gemeinsame Bullenhaltung, die Leistungserhebung und die Zuchtviehausstellungen. Der Verband führt das zentrale Herdebuch, erläßt Zuchtrichtlinien aufgrund der Leistungsauswertung und stellt die Absatzeinrichtungen zur Verfügung. Die Betriebe sind im allgemeinen klein. 40% der Besitzer halten nur 1–2, weitere 50% nur 3–5 Kühe (Abb. 126).

In Südtirol umfaßte die Grauviehpopulation 1972 noch 42 127 Tiere. Von den 25 819 Kühen standen 5201 unter Leistungskontrolle. Bei optimaler Haltung und Fütterung waren Milchleistungen von 6000 kg und sogar 7000 kg keine Seltenheit. Das Südtiroler Zuchtgebiet war damals in vier Gebiete eingeteilt, die von je einem hauptberuflichen Zuchtwart betreut wurden.

Das Grauvieh ist in Südtirol nach dem Braunvieh noch immer die zweithäufigste Rinderrasse. Sie hat sich als bodenständiges Rind in Anpassung an die Umwelt und in Verbindung mit der Zuchtauslese über Generationen ganz besonders für die Bewirtschaftung des Berggebietes und der Almen bewährt.

1987 gab es in Südtirol 886 Züchter von Grauvieh; ihre Zahl steigt inzwischen wieder leicht an. In den 96 Viehzuchtvereinen dieser Rasse waren 5907 Herdbuchkühe und 76 Herdbuchstiere registriert. Mit den nicht im Herdbuch geführten Kühen gab es 1987 in Südtirol 7079 kontrollierte Grauviehkühe. In jenem Jahr wurde als zusätzliches Selektionskriterium bei den Stiermüttern und den Nachkommen aus künstlicher Besamung die Melkbarkeitsprüfung eingeführt.

Zwischen Landeck und der Finstermünzschlucht an der Grenze zur Schweiz hat sich ein kleiner Bestand Grauvieh bis heute gehalten. Die Tiere dort sind eng mit dem ausgestorbenen kleinrahmigen Albulavieh in der Schweiz verwandt. Die Schweizer Stiftung zur Erhaltung gefährdeter alter Rassen »Pro Specie Rara« hat deshalb von den genannten Tieren im Oberinntal zahlreiche Individuen angekauft. Bewußt wurden nur Rinder mit einer Widerristhöhe von 113–120 cm und einem Gewicht von

Tab. 57: Verteilung des Oberinntaler Grauviehs auf die einzelnen Bundesländer Österreichs (Schotterer 1933, Österreichisches Statistisches Zentralamt 1960).

Bundesland	1930*	1954	1959
Wien	47	187	41
Niederösterreich	3 070	8 948	6 870
Oberösterreich	2 002	2 143	2 986
Salzburg	54	118	199
Steiermark	1 376	3 299	2 270
Kärnten	197	900	1 055
Tirol	13 650	25 014	24 729
Vorarlberg	199	255	368
Burgenland	164	201	74
Gesamt	20 759	41 065	38 592

* nur Stiere über 1 Jahr und Kühe

420–470 kg gewählt. Die Tiere wurden in Bergzonen angesiedelt und erwiesen sich als gut geeignet für Extensivhaltung, zum Teil in Mutter- und Ammenkuhhaltung. Der Bestand ist dort inzwischen auf nahezu 300 Tiere angewachsen.

Aussehen

Hell- bis stahlgrau. Kopf, Hals und Schultern dunkler gefärbt (Abb. 126). Stiere insgesamt dunkler bis nahezu schwarz. Besonders hell sind Umgebung des Flotzmaules, Innenseite der Ohren und Euter. Hornspitzen und Klauen schwarz.

	Stier	Kuh
Widerristhöhe (cm)	130–135	122
Gewicht (kg)	900–1000	500–600

Leistung

Anspruchslos und robust; gute Fruchtbarkeit; langlebig. Besonders weidetüchtig durch hohe Vitalität, gesundes Fundament und harte Klauen. Die Durchschnittsleistung der Herdbuchtiere liegt bei annähernd 4000 kg mit 3,9% Fett und 3,4% Eiweiß. Spitzenleistungen von mehr als 7000 kg Milch pro Jahr kommen vor. Die täglichen Zunahmen von Mastbullen liegen bei 1150 g. Die Schlachtausbeute beträgt mehr als 60%.

Gegenwärtige Verbreitung

Nord- und Südtirol. Größere Zuchtinseln im Bundesland Salzburg, Niederösterreich sowie Oberitalien. Exporte nach Jugoslawien, Albanien und Bulgarien. In Deutschland kleinere Bestände in Oberbayern. Die Zahl der noch vorhandenen Tiere beträgt ca. 80 000.

Abb. 126. Kuh des Tiroler Grauviehs.

Abb. 127. Tiroler Grauvieh-Herde.

Tux-Zillertaler Rind

Tuxer bzw. Duxer und Zillertaler galten ursprünglich als eigenständige Rassen. Sie kamen in verschiedenen Gebieten vor und sahen unterschiedlich aus. Deshalb werden sie nachstehend zunächst getrennt voneinander abgehandelt.

Das Tux-Zillertaler soll stark vom Eringer Rind beeinflußt worden sein, das Siedler aus dem Wallis in das Zillertal mitbrachten. Deren Herkunft wird u. a. aus Orts- und Familiennamen geschlossen. Im Zillertal gibt es das Dorf Vals, und Kaltenegger (1889) gibt an, daß in

Rinder

**Abb. 128.
Schwarz-Weißes
Tuxer
Rind um 1895.**

**Abb. 129.
Rot-Weißes
Zillertaler
Rind um 1895.**

Hintertux früher »Walser Vieh« gezüchtet worden sei. Diese Ansicht über die Abstammung ist umstritten. Andere Fachleute meinen, daß die auffallende Übereinstimmung mit den Eringern in Aussehen und Verhalten zufällig zustandegekommen sei. Sie halten die Tux-Zillertaler für das Ergebnis bodenständiger Rinderzucht.

Im Verlaufe des 19. Jahrhunderts wurden mehrfach Tiere anderer Rassen eingekreuzt, um den Rahmen zu verbessern; so z. B. Paznauer, Montafoner und Appenzeller sowie lokal begrenzt vorkommende Schläge aus Schmirn, Pfitsch und dem Ahrntal. Hierdurch wurden mehr weiße Abzeichen in die Rasse eingebracht. Während früher ganzfarbig rote Tiere ohne weiße Abzeichen nicht unüblich waren, galten jetzt bestimmte pigmentlose Stellen als rassetypisch. Eine stärkere Weißzeichnung war aber unerwünscht. Vor allem weiße Bänder über Oberarm und Unterschenkel (»Fatschen«, typisch für Pinzgauer) wurden abgelehnt.

Anfang des 19. Jahrhunderts war in Tirol die dunkelbraune und schwarze Farbe der Rinder ausgesprochen Mode. Dieser Umstand führte zu einer großen Verbreitung der Tuxer. Sie kamen schließlich weit über das Zillertal hinaus vor und wurden auch im Inntal und zahlreichen seiner Nebentäler östlich von Innsbruck gehalten. In den dreißiger und vierziger Jahren des 19. Jahrhunderts wurden an zahlreichen Orten der Region Zuchten von Tuxer Rindern aufgebaut. Sie verdrängten nahezu alle anderen Rassen, so daß um die Mitte des Jahrhunderts nicht nur im Zillertal sondern auch im Unterinntal und im Pustertal das Tuxer Rind die beherrschende Rasse war. Auch außerhalb von Tirol, in Oberbayern, Kärnten und dem Land Salzburg, waren Rinder im Typ des Tuxer Rindes (zum Teil allerdings auch einfarbig dunkelbraune) häufig anzutreffen. So war z. B. auch das frühere »Miesbacher« Rind dunkelrotbraun bis schwarzbraun und teils mit, teils ohne weiße Abzeichen. Durch starke Einkreuzung von Tuxer Rindern aus Tirol konnte sich dieser Typ längere Zeit halten. Bis Mitte des vergangenen Jahrhunderts kamen Tuxer in mehreren Zuchtinseln in Südtirol vor; sie sollen die Pustertaler Schecken stark beeinflußt haben.

Die Vorherrschaft der Tuxer währte jedoch nicht lange. Außerhalb des Kernzuchtgebietes (Zillertal) änderte sich die Farbenmode. Man war nun der Ansicht, die dunklen Rinder seien gröber und weniger leistungsfähig. Da Kreuzungen mit helleren Tieren häufig als unschön empfundene Mischfarben lieferten, entstand in den fünfziger Jahren des 19. Jahrhunderts ziemlich unvermittelt eine Abneigung gegen dunkle Tiere (Gleiches galt übrigens auch beim Braunvieh, und zu dieser Zeit wurden die »Berner« (= Simmentaler) von den schwarzbunten Individuen bereinigt, die dann zu den Freiburger Schwarzschecken wurden). In Tirol schienen damals die braunroten Zillertaler den schwarzen Tuxern überlegen. Die Abneigung gegen schwarze Rinder verhalf den Pinzgauern außerhalb ihres Ursprungsgebietes zum Durchbruch. Sie und das aus dem Westen kommende Oberinntaler Grauvieh verdrängten die Tuxer.

Tux-Zillertaler Rind

Schon Ende des 19. Jahrhunderts beschränkte sich deren Verbreitung fast nur noch auf das Zillertal.

Das Tuxer Rind (Abb. 128) war schwarzbraun bis rußschwarz mit kleinen weißen Abzeichen (insbesondere der »Feder« auf dem Kreuzbein). Nach einer zeitgenössischen Beschreibung vom Ende des 19. Jahrhunderts waren Haut, Klauen und Hornspitzen dunkelgrau bis schwarz pigmentiert. Sie hatten einen
»breiten Kopf mit kurzem und stumpfem Maul sowie einen breiten Nasenrücken. Die hervorquellenden Augäpfel galten als gutes Milchzeichen. Die Hörner waren kräftig, lang und weitgestellt. Kurzer, dicker Hals. Rumpf in allen Hauptdimensionen voll und massig entwickelt. Rücken und Becken auffallend breit, flach und eben. Brust tief und weit; Schultern, Vorarme und Oberschenkel ungemein fleischig. Beine kurz und breitspurig angeordnet. Schwanzansatz erhöht.«

Diese Beschreibung zeigt in der Tat eine deutliche Ähnlichkeit mit den Eringern. Das Gewicht der Tuxer soll damals im Durchschnitt bei 570 kg gelegen haben. Die mittlere Widerristhöhe betrug 124,4 cm (Kaltenegger 1889).

Vereinzelt kamen sehr schwere Kühe vor. So wog eine 1885 in Budapest ausgestellte sechsjährige Kuh 900 kg. Das Gewicht ausgewachsener Bullen betrug 1000–1100 kg (Werner 1902). Obwohl die Milchleistung gegenüber der Mastfähigkeit zurückstand, war sie für damalige Zeit keineswegs unbedeutend. Es gab sehr leistungsstarke Stämme, z. B. im Tauferer Tal. Außerhalb des Zuchtgebietes, wohl bei bester Fütterung, lieferten die Kühe »bei Ernährung eines Kalbes« 2900–3300 l fettreiche Milch (Werner 1902). Im Ursprungsgebiet stellte sich bei karger Ernährung die mittlere Jahresmilchleistung auf 1400–1600 kg ein. Gewöhnlich konnte aus 15–16 kg Milch 1 kg Butter gewonnen werden. Spitzenwerte sollen bei 8,0% Fett gelegen haben.

In einem Teil des Zillertals, den Bezirken Fügen und Zell, wurde, »eingekeilt« von der Unter-Inntaler Rasse und dem Tuxer Rind, das Zillertaler Rind (Abb. 129) gezüchtet. Dieser Schlag, von Kaltenegger (1889) als Farbvariante des Tuxer Rindes bezeichnet, war weichsel- bis kastanienrot. Er soll außerdem in einigen weiteren Tälern Tirols vorgekommen und in Südtirol sogar zahlreich vorhanden gewesen sein. Obwohl eine andere Entstehungsgeschichte angenommen wurde, unterschieden sich Tuxer und Zillertaler bis auf die Farbe kaum.

Zillertaler und auch Tuxer Rinder waren am Entstehen der russischen Rassen Gorbatov, Rote Tambov und Yurino maßgeblich beteiligt. Durch eine Votivtafel von 1848 in St. Georgenberg in Tirol findet sich ein Beleg dafür, daß schon vor der Mitte des 19. Jahrhunderts Tiere nach Rußland kamen. Die Inschrift der Votivtafel lautet

»zur großen dancksagung der Allerheiligsten Mutter Gottes am St. Georgenberg, für Ihre wunderbare Leistung auf der langen und schweren Reise nach dem Asiatischen Rusland in das Königreich Kassan, Gubernament Simbersk, Kreißstadt Sgsran an dem Wolga Fluß. Entfernung 574 Meilen 1848.«

Dargestellt sind ca. 15 rotbraune Rinder.

Das Zillertaler Rind war nach einer Beschreibung von ca. 1890 braunrot bis rotbraun ohne oder mit nur kleinen weißen Abzeichen. Hautpigment fehlte. Ansonsten deckt sich die Exterieurbeschreibung weitgehend mit der des Tuxer Rindes. Auch der Kopf des Zillertaler Rindes stimmte in seinen Proportionen mit dem

Abb. 130.
Tuxer Rinder auf einer Ausstellung 1911.

der Tuxer nahezu überein. Allerdings war er nicht ganz so trocken, sondern wirkte gröber. Durch viel subkutanes Bindegewebe bildete sich nicht selten auf der Stirn eine kräftige Querfalte und überdeckte die Augen in einem wulstigen Bogen. Diese Falte über den Augen soll viele Tiere daran gehindert haben, die Augenlider ganz anzuheben. Die Augen schienen daher kleiner als bei den Tuxern, was dem Zillertaler Vieh einen schläfrigen, träumerischen Blick verlieh (Kaltenegger 1889).

Gelegentlich kamen Querfalten auf dem Nasenrücken vor, die den Kühen das Aussehen von Stieren gaben. Diese Falten galten im Zillertal als Zeichen großer Kraft; man meinte, solche Tiere seien besonders geeignet als »Stechkühe« (Kampfkühe). Für beide Schläge galt außerdem, daß sie ausgezeichnet mastfähig waren. In der Zugleistung sollen diese muskulösen Rassen schwächer gewesen sein als schlankere und hochwüchsige Rassen. Indes bestand ein Unterschied in der Milchleistung: Während die Milchergiebigkeit des Tuxer Rindes sehr gut war, galt das Zillertaler Rind in dieser Beziehung als mittelmäßig. Bemerkenswert ist, daß die Zuchttauglichkeit der Zillertaler lange angehalten haben soll, sie scheinen also langlebig gewesen zu sein (Abb. 130).

Bereits nach dem Ersten Weltkrieg war kein geschlossenes Zuchtgebiet mehr vorhanden. Im Inntal selbst, zwischen Innsbruck und der Einmündung des Zillertales, waren nur noch einige Bestände vorhanden. Der Hauptbestand des Inntals befand sich an den Hängen und in den Plateaulagen; u. a. werden Ampass, Tulferberg, Wattenberg,, Weerberg und Arzberg genannt. Auch im Zillertal war die Rasse auf landwirtschaftlichen Betrieben im Tal fast nicht mehr zu sehen. Nur in Gagering, Fügen und Karpfing sowie in der Umgebung von Stumm fanden sich noch einzelne Bestände. Außerhalb dieses Zuchtgebietes gab es noch isolierte Bestände im Alpbachtal, in der Wildschönau und in Kirchbichl.

Die Rasse war aus der Mode gekommen; verdrängt von Pinzgauern, Fleckvieh und Tiroler Grauvieh. Reste fanden sich nur noch in Rückzugsgebieten. Ein geschlossenes Zuchtgebiet gab es nicht mehr. Zählungen ergaben, daß noch 750 Tuxer (dunkle Variante) und 800 Zillertaler (rote Variante) vorhanden waren; hinzu kamen 450 Tiere, die farblich zwischen den beiden genannten standen. Insgesamt waren also schon um 1920 lediglich 2000 Tux-Zillertaler vorhanden. Eine Ausnahme machte die Gemeinde Wattenberg, in der sie noch 20% des Rinderbestandes ausmachten.

Die Widerristhöhe ausgewachsener Kühe lag um 1925 bei 123 cm. Die große Variationsbreite von 114–136 cm läßt eine gewisse Unausgeglichenheit der Rasse erkennen. Der Bau war massig und gedrungen bei kurzen Gliedmaßen. Tux-Zillertaler besaßen einen kurzen Kopf mit breiter Stirn, eingedellter Profillinie und breitem Flotzmaul. Der Hals war stark bemuskelt, die Brust breit und tief. Hinzu kamen breiter Rücken, hoher Schwanzansatz, kräftig entwickeltes Becken und starke Behosung. Die Rasse galt als anspruchslos und widerstandsfähig. Das mittlere Gewicht der Kühe lag um 1925 bei 500 kg. Tiere mit mehr als 700 kg kamen damals nur gelegentlich vor, sollen aber früher häufiger gewesen sein.

Über die Milchleistungen liegen keine genauen Untersuchungen vor. Man schätzte die durchschnittliche Jahresmilchmenge auf 2300 l. Die Unterschiede zwischen den einzelnen Beständen, wobei neben unterschiedlichen Haltungsbedingungen sicher auch genetische Differenzen Bedeutung hatten, sollen beträchtlich gewesen sein. Spitzenbetriebe erreichten eine durchschnittliche Jahresmilchleistung von weit über 3000 l pro Tier. Der Fettgehalt der Milch lag um 1925 bei 3,8%, soll aber früher höher gewesen sein. Die Abnahme des Fettanteils wurde auf die höhere Milchleistung zurückgeführt. Früher wurden die Tux-Zillertaler im wesentlichen wegen ihrer Schönheit, Schwere und Kampftüchtigkeit gehalten. Kampfkühe wurden nach der ersten Abkalbung oft während mehrerer Jahre nicht gedeckt, um eine gute Körperverfassung zu erhalten. Solche Tiere gaben dennoch über Jahre hinweg Milch, und sei es auch nur einen Liter am Tag. Bei einer derartig geringen Milchmenge stieg dann der Fettgehalt bis auf 7%.

Die Tuxer besaßen eine starke Angriffslust. Beim ersten Weideaustrieb im Frühjahr wurde die soziale Rangordnung durch Kämpfe gefestigt bzw. neu geregelt. Nach dem Almauftrieb kam es zwischen den stärksten Kühen der verschiedenen Herden zu erbitterten Kämpfen (Kuhstechen). Die Siegerin, »Moarin« oder »Roblerin« genannt, übernahm für die Dauer des Alpsommers die Führung der Herde und soll diese immer zu den besten Weideplätzen geleitet haben. Solche Kühe gaben sich sehr selbstbewußt und wurden von allen anderen Rindern der Alm respektiert. Neben der eigentlichen »Moarin« gab es noch die »Nachmoarin«, die im Rang an zweiter Stelle stand. Bei Anwesenheit mehrerer Kühe ähnlicher Qualität als Kampftiere gab es evtl. noch eine »Drittmoarin«, die ähnlich wie Moarin und Nachmoarin von den übrigen Herdenmitgliedern mit Respekt behandelt wurde. Moarinnen verschiedener Besitzer erkannten einander auf der Alm immer sofort.

Wenn Tuxer mit Kühen anderer Rassen gemeinsam in einer Herde gehalten wurden, nahmen sie immer eine besondere Stellung ein. Die Tuxer mischten sich fast nie mit den anderen, sondern hielten sich stets getrennt von der übrigen Herde auf. Kam eine einzelne Tuxer-Kuh unter andersrassige Tiere, so ordneten sich diese ihr unter. Vielfach kauften Besitzer anderer Rassen speziell für den Alpsommer eine Tuxer Kuh als »Glockkuh«, um eine Führerin und Beschützerin für ihre Herde zu haben. Im Brixental, einem Pinzgauerzuchtgebiet, war noch um 1925 der Ankauf von Tuxern für diesen Zweck üblich.

Tuxer und Zillertaler wurden zwar wegen des Unterschieds in der Farbe meist getrennt beschrieben, man behandelte sie aber nach 1900 nicht wie getrennte Populationen; der Doppelname Tux-Zillertaler wurde üblich.

1933 bot die Rasse folgendes Erscheinungsbild (Schotterer 1933):

»das Haarkleid der Tuxer Rinder besaß eine einheitlich schwarze Farbe, die mitunter etwas ins Rotbraune spielte. Weiß waren nur ein kurzer, in der Lendengegend beginnender und nach hinten zu gewöhnlich etwas breiter werdender Rückenstreifen, sowie Unterbauch und Unterbrust. Weiße Abzeichen sollten möglichst klein sein. Flotzmaul und Zunge waren schiefergrau, Hornspitzen und Klauen schwarz pigmentiert. Es wurde als bemerkenswert hervorgehoben, daß Kälber der Tuxer Rasse fast immer rot geboren wurden. Der spätere Haarwechsel nahm von den Haarwirbeln an Kopf und Rücken seinen Ausgang.«

Tuxer Kühe erreichten ein Durchschnittsgewicht von 650–700 kg. Zu ihren markantesten Formmerkmalen gehörten ein kurzer, in seinem Stirnteil breiter Kopf mit großen, starken Hörnern, ein stark gewölbter und tiefer Brustkorb sowie eine auffallend kräftige Bemuskelung, die besonders stark an Hals, Nacken, Widerrist und Schenkeln hervortrat. Zillertaler glichen auch um 1930 den Tuxern in der Körperform vollständig. Der Unterschied zwischen den beiden Farbschlägen bestand nur darin, daß die Zillertaler statt des schwarzen ein kräftiges rotes bis braunrotes Haarkleid aufwiesen. An Zunge, Flotzmaul, Hornspitzen und Klauen besaßen sie Pigment wie die Pinzgauer.

1928 waren die ehemals so zahlreichen Tux-Zillertaler in Tirol auf ungefähr 1500 Exemplare geschrumpft. Man zählte noch 800 Tuxer und etwas mehr als 600 Zillertaler. Laut Verordnung durften sie nur in den Gemeinden der Gerichtsbezirke Zell am Ziller, Fügen, Schwaz, Hall und Innsbruck gezüchtet werden. In einigen dieser Orte waren sie allerdings schon damals nicht mehr zu finden. Größere Zuchten gab es noch bei Fügen, Jenbach, Kolsaß, Wattens und Terfens. Schotterer bedauerte bereits damals, daß diese Rasse zum Aussterben verurteilt sei. Sie galt als ausgezeichneter Fleischtyp, ihre Muskulatur enthielt wenig Fett und Bindegewebe. Sie soll sich vorzüglich zur Herstellung feiner Wurstwaren geeignet haben. Besonders hervorgehoben wurden die hohen Ausschlachtungsergebnisse, die unter gleichen Haltungsbedingungen weit größer als bei allen anderen österreichischen Rinderrassen gewesen sein sollen. Gerade die große Nachfrage durch die Metzger wurde für den Rückgang der

Rinder

70er Jahre auf Privatinitiative hin die Suche nach den letzten typisch gezeichneten Tieren. Drei Kühe kamen in den Salzburger Tiergarten und wurden dort mit Sperma von Eringer-Stieren besamt. Einige weitere Tiere brachte man als Genreserve an die Tierärztliche Universität Wien. Es handelte sich zwar bei den verbliebenen Tieren nicht mehr um reinrassige Tuxer, doch war man bestrebt einen Blutanteil von mindestens 80% zu erhalten.

Unterstützt wurden die Bemühungen durch die Landesregierung von Tirol, die für die Zucht von Tux-Zillertaler Rindern wieder eine gesetzliche Grundlage schuf. Jeder Züchter von Tux-Zillertaler Rindern (es ist üblich geworden, jetzt unabhängig von der Farbe nur noch von Tuxern zu sprechen) erhält jährlich eine Prämie. Die »Österreichische Nationalvereinigung für Genreserven« (Öngene) ist bestrebt, die Tuxer im Rahmen eines Programmes zu erhalten: Zum einen wird am Aufbau einer Herde von etwa 200 Tieren gearbeitet, zum anderen sind an der Bundesanstalt für Künstliche Besamung in Wels 100 tiefgefrorene Embryonen eingelagert. Darüber hinaus soll die Haltung von Tieren auf landwirtschaftlichen Betrieben im Ursprungsgebiet unterstützt werden. Zusätzlich hat sich 1984 in Trins im Geschnitztal eine Vereinigung zur Erhaltung des Tuxer Rindes gebildet. Ziel dieses Vereins ist es, die restlichen Tuxer aufzufinden, zu registrieren, unter Umständen aufzukaufen und die weitere Zucht mit ihnen zu ermöglichen.

Rasse verantwortlich gemacht. Unglücklicherweise verkauften die Bauern die besten Kühe und Stiere zur Schlachtung.

Zweifellos hatte diese Rasse stets im Zillertal ihre größte Verbreitung. Das bedeutet nicht, daß sie auf dieses Tal beschränkt blieb. Noch nachdem die Bestände alarmierend zurückgegangen waren, gab es 1930 in allen österreichischen Bundesländern sowohl Tuxer als auch Zillertaler, die damit getrennt erfaßt wurden (Tab. 58).

Nachdem in den 50er und 60er Jahren des 20. Jahrhunderts die Tux-Zillertaler bis auf Restbestände ausstarben, begann Ende der

Abb. 131. Tux-Zillertaler Kuh um 1950.

Abb. 132. Tux-Zillertaler Kuh.

Aussehen
Mittelgroß. Kurzer und breiter Kopf. Kräftige Hörner mit nach vorn und außen gerichteten Spitzen. Diese sind schwarz, der übrige Teil der Hörner pigmentfrei. Eingedellte Profillinie. Relativ kurze Ohren. Muskulöser, kräftiger Hals, der vor dem Widerrist häufig einen kleinen Buckel bildet. Rücken und Becken breit und abgeflacht. Gut gewölbte, tiefe Brust. Auffallend starke Bemuskelung an Schulter, Vorhand und Oberschenkel. Grundfarbe schwarz (Tuxer) oder rotbraun (Zillertaler). Unterseite und teilweise der Schwanz weiß. Gestreckter weißer

Tab. 58: Verbreitung der Tuxer und Zillertaler in Österreich 1930 (SCHOTTERER 1933).

Land	Tuxer			Zillertaler		
	Stiere	Kühe	insgesamt	Stiere	Kühe	insgesamt
Wien	–	13	13	–	106	106
Niederösterreich	5	224	229	27	581	608
Oberösterreich	27	431	458	69	1045	1114
Salzburg	–	4	4	–	36	36
Steiermark	15	275	290	7	490	497
Kärnten	1	30	31	1	122	123
Tirol	16	495	511	5	394	399
Vorarlberg	–	2	2	–	3	3
Burgenland	2	42	44	6	126	132
insgesamt	66	1516	1582	115	2903	3018

Fleck auf dem Becken (Feder). Z. T. gelblicher oder rötlicher Rückenstreifen (Abb. 132).

	Stier	Kuh
Widerristhöhe (cm)	130–135	125
Gewicht (kg)	900–1000	500–600

Leistung

Jahresmilchmenge von 2500–2700 kg mit 4,7–5,0% Fett. Robust, anspruchslos und berggängig. Temperamentvoll und kampflustig, jedoch gutmütig. Feinfaseriges Fleisch. Harte Klauen. Die Zahl der noch vorhandenen Tiere liegt gegenwärtig bei ca. 100.

Waldviertler Blondvieh

In Niederösterreich gab es im 19. Jahrhundert eine Blondviehrasse, die als Gföhler oder Zwettler Schlag, gelegentlich auch als Waldvieh oder Waldviertler bezeichnet wurde. Gföhl und Zwettl sind Städte im damaligen Hauptverbreitungsgebiet der Rasse, dem Waldviertel. Im Bezirk Gföhl soll dieses Rind am reinsten vorgekommen sein. Das Verbreitungsgebiet reichte im Süden bis zur Donau, im Norden bis nach Böhmen und Mähren. Hier bezeichnete man es als Wallern- oder Budweiser-Vieh.

Die Herkunft dieser Rasse ist umstritten. Gelegentlich wurde sie auf einen roten Landschlag zurückgeführt, zuweilen nahm man an, sie sei aus der Kreuzung von Mariahofern mit Mürztalern entstanden. Böhmisches Scheckenvieh und Ungarische Steppenrinder sollen ebenso beteiligt gewesen sein wie Grauvieh und Simmentaler aus der Schweiz (Hammond et al. 1961). Östlich von Gföhl wurde der Stokkerauer Schlag gehalten. Zoepf (1881) sah nach Aussehen und Herkunft keinen großen Unterschied zwischen beiden Formen. Noch um 1880 wurden regelmäßig Mürztaler und Mariahofer eingekreuzt, wobei bei den Gföhlern Mariahofer, bei den Stockerauern Mürztaler überwogen.

Die Tiere waren meist sehr hell, häufig aber auch gelb und insbesondere in der Nähe der Grenze zu Böhmen rötlich. Flotzmaul und Zunge waren bläulich. Die Hörner waren gleichmäßig schmutzig-gelb mit aufwärts gerichteter Biegung. Die Klauen waren meist hell. Eine Milchleistung von 1500–1700 l wurde als befriedigend angesehen (Zoepf 1881). Kühe hatten bei einem Gewicht von 300–420 kg eine Widerristhöhe von 112–131 cm.

Die Ochsen waren »rühmlichst bekannt« durch ihre vorzügliche Eignung als Arbeitsrinder und die ausgezeichnete Mastfähigkeit. Die fetten Waldviertler – hiermit war die Gegend gemeint, nicht die Rasse – gehörten stets zu den beliebtesten und bestbezahlten Ochsen des Wiener Fleischmarktes.

Um 1900 bezeichnete man die Rasse als Arvesbacher oder Waldviertler Rind; daneben wurde das Stockerauer Rind geführt. Die Arvesbacher hatten ihre Heimat im Gebiet der Manhartsberge. »Gföhler« oder »Zwettler Schlag« wurden sie nur in der Umgebung dieser Ortschaften genannt. Das Gewicht war mit 350–400 kg gegenüber früheren Zeiten nahezu unverändert; die Qualität des Fleisches galt immer noch als ausgezeichnet (Hansen und Hermes 1905).

Inzwischen hatte der Landtag von Niederösterreich eine Zuchtgebietseinteilung für Rinder geschaffen. Danach wurden für die einzelnen Landesteile bestimmte Rassen festgesetzt. Rinder konnten nur im zugewiesenen Gebiet einen Preis erhalten und Stiere durften nur dort gekört werden.

Die Einteilung führte durch die vielen Rassen zu einem bunten Bild. Neben Waldviertlern kamen in Niederösterreich damals Mürztaler, Mariahofer (d. h. Kärntner Blondvieh) und Murbodner vor. Folgende Maßnahmen zur Förderung der Rinderzucht wurden durchgeführt:
• Körung der zur öffentlichen Zucht bestimmten Stiere;
• Veranstaltung von Stier- und Kalbinnenschauen sowie Gewährung von Preisen;
• Erteilung von Subventionen über die k. k. Landwirtschafts-Genossenschaft in Wien.

Das Körgesetz von 1894 legte fest, daß die fünf Mitglieder der Kommission für sechs Jahre ernannt wurden. Obmann der Kommission mußte ein im betreffenden Bezirk ansässiger Vertrauensmann sein. Ein angekörter Stier durfte nicht jünger als 15 Monate und nicht älter als fünf Jahre sein.

Für die Prämierung kamen nur Stiere im Alter von 1–3 Jahren in Frage. Ein Züchter, der in fünf aufeinanderfolgenden Jahren mindestens viermal mit selbstgezogenen Stieren derselben Rasse Landesprämien bekommen hatte, hatte Anspruch auf eine Landeszuchtprämie. Diese bestand aus einem Ehrendiplom oder einem Geldpreis von 100–200 Kronen. Jährlich wurden bei Stierschauen durchschnittlich 1300 Stiere aufgetrieben. 1903 fanden 30 Stierschauen statt.

Die k. k. Landwirtschafts-Gesellschaft in Wien bildete den landwirtschaftlichen Zentralverein Niederösterreichs. Innerhalb der Gesellschaft bestand eine besondere Sektion für Tierzucht, die ihrerseits jährlich ein Kommittee für Rindviehzucht wählte. Die Maßnahmen der Gesellschaft waren:
• Veranstaltung von Ausstellungen,
• Verteilung von Subventions-Stieren,
• Errichtung von Rinderzuchtstationen,
• Führung eines niederösterreichischen Landesherdbuches.

Zum Ankauf von Subventions-Stieren standen der Gesellschaft im Jahr 1902 umgerechnet 65 155 Mark zur Verfügung. Angekauft wurden 190 Stiere von denen 18 Waldviertler waren. Schon daraus läßt sich schließen, daß diese Rasse damals in Niederösterreich eine untergeordnete Bedeutung hatte. Das Herdbuch wies Ende 1902 einen Rinderbestand von 3609 Tieren auf. 230 (6,4%) gehören zum »Waldviertler Landschlag«, wie er damals offiziell hieß (Hansen und Hermes 1905).

Wenig später wurden vom Landeskulturrat für Niederösterreich für das »Viertel ober dem Manhartsberge« gleich mehrere Gelb- bzw. Blondviehschläge bestimmt: Waldviertler, Scheinfelder (Frankenvieh) und Mariahofer (Kärntner Blondvieh) sowie deren Kreuzungen mit dem Landschlag (Jentsch 1909). Dies sei hervorgehoben, weil später offenbar alle diese Zuchtrichtungen im Waldviertler Blondvieh aufgingen.

1933 wurde der Verband für Waldviertler Blondvieh gegründet. Da die benötigte Zahl von Stieren im Zuchtgebiet nicht aufgebracht werden konnte, entschied man sich in den Jahren 1938 bis 1945 zur Einfuhr von Frankenvieh und Glan-Donnersberger Stieren. Sie ähnelten dem Waldviertler Blondvieh in Farbe und Aussehen. Weil sich die kleineren Glan-Donnersberger mit ihrem geringeren Gewicht als geeigneter erwiesen, verlegte man sich später nur auf jene (Scherfler 1972). Insgesamt sollen damals ca. 50 Frankenstiere und mindestens 240 Glan-Donnersberger Stiere im Zuchtgebiet des Waldviertler Blondviehs aufgestellt worden sein. Es war jedoch keine Verdrängungskreuzung geplant. Man hielt am Gedanken der Reinzucht weiterhin fest und bemühte sich um eine Verbesserung weitgehend aus der Rasse selbst.

Nach dem Zweiten Weltkrieg wurde das Waldviertler Blondvieh als lichtsemmelgelb bis weiß mit hellem Horn und hellen Klauen geschildert. Die Kühe sollen bei einem durchschnittlichen Körpergewicht von 550 kg eine mittlere Widerristhöhe von 131 cm gehabt haben. Ihre Jahresmilchleistung lag 1950 bei 2987 kg mit 3,92% Fett. Das Waldviertler Blondvieh machte in der Nachkriegszeit noch 7% des österreichischen Rinderbestandes aus (Roemer et al. 1953).

Noch 1958 schreibt Müller, daß sich im Waldviertel neben dem Waldviertler Blondvieh wegen des rauhen Klimas und der mäßigen Futtergrundlage keine andere Rasse durchsetzen konnte. Das galt angeblich auch für das »stammverwandte« Kärntner Blondvieh (Müller 1958). Einer Verteilungskarte nach der Rassenzählung von 1954 läßt sich entnehmen, daß das westliche Niederösterreich nördlich der Donau damals noch nahezu reines Blondviehgebiet war. In 750 Betrieben wurden 4000 Kühe gehalten, die unter Milchleistungskontrolle standen. Sie galten als Grundlage für einen weiteren Ausbau der Zucht.

Unter Erhaltung der Härte und der Angepaßtheit an das Gebiet wollte man in der zweiten Hälfte der 50er Jahre, unter Bewahrung der vorzüglichen Fleischqualität, den Fleischansatz und die Wüchsigkeit fördern, zudem sollte die Milchleistung angehoben werden. Man war sich bewußt, daß dies nur durch eine bessere Fütterung gelingen konnte. Die beste Lebensleistung erbrachte damals die 1944 geborene Kuh »Lore 10 570« der Bäuerlichen Fachschule Edelhof. Sie lieferte in zwölf Laktationen insgesamt 41 926 kg Milch mit 3,80% Fett. Lore war gleichzeitig die Kuh mit der höchsten Jahresmilchmenge. Sie gab 1953 6140 kg Milch.

Bei der Erhebung der Rinderrassen Österreichs 1959 wurde das Waldviertler Blondvieh nicht getrennt erfaßt. Mit einem gewissen Vorbehalt durfte alles Blondvieh in Niederösterreich dieser Rasse zugerechnet werden. Von 1954 – damals gab es 173 599 Tiere dieser Rasse in Niederösterreich – war die Zahl der Gelbviehrinder bis 1959 nur geringfügig auf 171 601 zurückgegangen. Sie machten 7,4% des österreichischen Rinderbestandes aus.

Die offizielle Beschreibung der Rasse lautete 1959: Einfärbig licht bis blond, auch falb (ziegelrotbraun). Schleimhäute, Hörner und Klauen hell. Leichtes bis mittelschweres Rind mit kombinierter Leistung von karger Waldviertler Scholle. Bekannt hervorragende Fleischqualität. Relativ hohe Milchleistung, hoher Fettgehalt (Österreichisches Statistisches Zentralamt 1960). Die durchschnittliche Widerristhöhe betrug 140 cm (Stiere) bzw. 130–135 cm (Kühe).

Das Waldviertler Blondvieh stimmte um 1960 in den Körpermaßen mit dem Blondvieh von Kärnten und der Steiermark weitgehend überein (Hammond et al. 1961). Die früher stärker betonte Mastfähigkeit und Fleischleistung wurde damals durch eine verbesserte Milchleistung ergänzt. Das Waldviertel bot aufgrund seiner Bodenbeschaffenheit und der mäßigen Fütterungsbedingungen keine günstigen Voraussetzungen für die Rinderzucht. Es ließ sich nur ein leichtes, feinknochiges Rind erzeugen, das anspruchslos und bodenständig sein mußte (Hammond et al. 1961). Die Rasse zeichnete sich zudem durch hohe Fruchtbarkeit und Langlebigkeit aus.

Dennoch konnte das Waldviertler Blondvieh dem leistungsmäßig überlegenen Fleckvieh nicht standhalten. Es wurde in klimatisch un-

Abb. 133. Waldviertler Blondvieh-Kalbin Mitte der 30er Jahre.

Abb. 134. Waldviertler Blondvieh-Stier in den 50er Jahren.

Waldviertler Blondvieh

Abb. 135. Waldviertler Blondvieh, etwa 1965, ein typisches Dreinutzungsrind.

Abb. 136. Waldviertler Blondvieh.

günstige Gegenden mit dem ärmsten Boden zurückgedrängt. Die Zahl der Tiere ging nach 1960 rasch zurück.

Während 1962/63 noch 1404 Kühe an der Milchleistungsprüfung teilnahmen, waren es 1965/66 nur noch 255. Gleichzeitig sank die Milchleistung von durchschnittlich 2744 kg auf 2587 kg. 1966 wurde der »Zuchtverband der Waldviertler Blondviehzüchter« in »Zuchtverband der Waldviertler Rinderzüchter« umbenannt. Um das Jahr 1970 gab es nur noch einige hundert reinrassige Tiere. Das Zuchtgebiet war auf eine kleine Region südlich von Zwettl begrenzt.

Nach 1980 war die Zahl der verbliebenen Tiere sehr gering (Abb. 136). Der »Österreichische Nationalfonds für Genreserven« (Öngene) hält einige Tiere an der landwirtschaftlichen Fachschule Edelhof bei Zwettl/NÖ. In einem landwirtschaftlichen Betrieb im Waldviertel wird eine Nucleus-Herde aufgebaut. Von ca. 50 fortpflanzungsfähigen weiblichen Tieren Mitte der 80er Jahre ist die Zahl bis 1993 auf ungefähr 100 angestiegen. Man unterscheidet drei Stierlinien. Von staatlicher Seite wird die Haltung dieser Rasse mit umgerechnet 700 DM pro Tier und Jahr unterstützt. Bisher steht kein Betrieb unter Milchleistungskontrolle.

Murbodner

Diese Rasse ging im 19. Jahrhundert aus der Kreuzung von Mürztalern (Abb. 137) mit anderen Rassen hervor. Mur und Mürz sind zwei Flüsse in der Steiermark, deren Täler aneinandergrenzen. Zunächst gab es zwei Schläge: Murtaler und Mürztaler. Die Verbreitungsgebiete dieser beiden Schläge gingen ineinander über. Bis Mitte des 19. Jahrhunderts war das Mürztaler Rind die bekannteste Rinderrasse Österreichs mit dem größten Verbreitungsgebiet.

Die Zuchtgeschichte begann mit den früher auftretenden Mürztalern (Abb. 138). Diese Rinder sollen ursprünglich aus der Kreuzung von Kurzhornrindern mit Ungarischem Steppenvieh hervorgegangen sein. Noch Ende des 19. Jahrhunderts wurde Ungarisches Steppenvieh vielfach mit Mürztalern gekreuzt, da die Nachzucht sehr geschätzt wurde. Mürztaler wurden Ende des 19. Jahrhunderts von Lehnert (1896) folgendermaßen geschildert:

»**Das Haar** liegt weich an, ist mittellang, von weißgrauer bis grauschwarzer Farbe. Das einzelne Haar ist meist zweifarbig, in der Mitte etwas dunkler gefärbt als am Grunde und an der Spitze. Zwischen Nase und Wange, am Kamm des Halses, an Oberarm, Oberschenkel, Bauch und Weiche ist das Haar von etwas dunklerer Farbe, die Haarbüschel in den Ohren sowie der Stirnschopf sind gelblich gefärbt, die Schwanzquaste ist dunkel. Bei dem Bullen ist die Haarfarbe immer dunkler.
Der Nasenspiegel ist grauschwarz und hat in seiner Mitte die charakteristische Schnippe des Mürztaler Viehs. Diese Schnippe, die am Maule etwas breiter ist und nach der Nase zu spitzer wird, ist heller als die Farbe des Nasenspiegels. Flotzmaul und meistens auch die Augen sind von einem helleren Ring umgeben.
Die Haut ist dunkel, etwas dick, aber recht weich und elastisch.
Das Euter ist ziemlich groß, aber nicht gut entwickelt. Seine vordere Hälfte ist oft zu klein, schon zum Ziegeneuter hinneigend. Insgesamt ist das Euter fein behaart, die Striche sind groß. Milchspiegel und Milchadern sind mäßig entwickelt.
Der Kopf ist lang, besonders lang ist im Verhältnis die Nase. Die Stirn ist nicht breit, zwischen den Augen kaum breiter als an der Zwischenhornlinie. Unter den Wangen ist der Kopf etwas eingeschnürt. Die Bullen haben sehr oft, die Kühe zuweilen eine Ramsnase. Die Stirn ist bei den Bullen meist mit ziemlich langen, krausen Haaren besetzt.
Die Hörner stehen bei dem Bullen waagerecht ab, die Spitzen sind dabei häufig etwas nach hinten gebogen. Bei den Kühen gehen sie seitwärts und sind dann hübsch aufwärts gebogen. Zuweilen sind

Murbodner

die Hörner auch von der Hornwurzel aus gleich nach oben gerichtet und die Spitzen dann nach hinten. Diese Form gilt als unschön. Die Hörner sind nicht grob, von weißer Farbe und mit schwarzen Spitzen.
Der Hals ist ziemlich lang und schmal.
Die Wamme ist ziemlich groß.
Das Widerrist ist etwas hoch gelegen, nicht breit, Hals und Schultern sind nicht gut angeschlossen.
Der Rücken ist ziemlich gerade und lang, aber nicht breit.
Die Lenden sind ziemlich lang, aber wenig breit und nach dem Kreuz zu etwas aufsteigend.
Der Schwanz ist recht gut angesetzt, lang und fein.
Die Brust ist recht tief, aber nicht breit.
Die Rippen sind mäßig gewölbt, die Tiere oft bugleer.
Hüften und Becken sind meist schmal und eckig, das Kreuz ist spitz und oft dachartig abfallend. Die Extremitäten sind ziemlich lang, die Vorderbeine normal gestellt, die Hinterbeine oft kuhhessig, die Beine insgesamt wenig bemuskelt.
Das Gewicht: Die ausgewachsene Kuh wiegt beim Alpenvieh 350 bis 400 kg, beim besser ernährten Talvieh 400 bis 550 kg. Gemästete Ochsen wiegen beim Alpenvieh 550 bis 700 kg, beim Talvieh 700 bis 900 kg. Das neugeborene Kalb ist 28 kg bis 40 kg schwer.
Die Reifezeit ist keine frühe, und es ist im Interesse der Zucht zu beklagen, daß Kalbinnen trotzdem meist schon im Alter von 18 bis 20 Monaten zum Bullen kommen.«

Die Milcherträge waren Ende des 19. Jahrhunderts mäßig. Im Durchschnitt gaben die kleineren Tiere in den Bergregionen 1500–2000 l pro Jahr; die größeren und besser ernährten Kühe in den Tälern hatten eine durchschnittliche Jahresmilchmenge von 2000–3000 l. Im allgemeinen ergaben 15 bis 16 l Milch 0,5 kg Butter; das entspricht einem Anteil von nur wenig mehr als 3% Fett.

Innerhalb des Ursprungsgebietes war das Mürztaler Rind am reinsten im oberen und unteren Talsystem der Mürz sowie an der Mur; es kam aber auch in den umliegenden Gebieten von Leoben und Knittelfeld bis Judenburg vor. Im Verlaufe der Zeit dehnte sich das Zuchtgebiet der Mürztaler nach Kärnten, Niederösterreich sowie bis Passau und den Bayerischen Wald aus.

Das Murbodner Rind (Abb. 140) wurde 1869 als vierte steirische Landesrasse (neben Pinzgauern, Mürztalern und Ennstalern) anerkannt. Es war damals noch wenig einheitlich in der Farbe. Mit der Anerkennung als Landesrasse waren jedoch besondere Anforderungen an Farbe und Erscheinungsbild verbunden. Sie führten zu einer strengen Selektion, die vielfach auf Kosten der Wirtschaftlichkeit ging (Müller 1958).

Bei Ramm (1901) wird um die Jahrhundertwende, also wenige Jahre nach Erscheinen des Buches von Lehnert, das »Murbodenvieh« unter den einfarbigen gelben Schlägen der österreichischen Alpenländer an erster Stelle abgehandelt. Das »Mürzthaler Vieh« wird eher beiläufig unter dem Kapitel »andere einfarbige gelbe Schläge« genannt. Ein Zusammenhang von Murbodnern und Mürztalern wird nicht erwähnt. Offenbar hatte sich ersteres inzwischen durchgesetzt.

Das Murbodner wird von Ramm als kräftiges, urwüchsiges Gebirgsvieh geschildert. Die Hinterhand war gut geformt, Bugleere käme jedoch nicht selten vor. Auch die Brusttiefe ließe gelegentlich zu wünschen übrig. Nachdem Lehnert noch kurz zuvor nur für die großen Tiere im Tal eine Widerristhöhe von 129 cm angegeben hatte – die kleineren Tiere in den Bergen hatten nach seinen Angaben eine Widerristhöhe von nur 117 cm – betrug die Widerristhöhe nach Ramm im Durchschnitt 128,8 cm.

Die Farbe war im allgemeinen semmelgelb bis falb, konnte im Einzelfall aber auch hellrot oder aschblond sein. Bisweilen fanden sich auf der Haardecke »schneeflockenförmige Glanzlichter«, die auch »Spiegel« genannt wurden, ferner dunckelbraune Streifen über den Augen und entlang der Nase. Flotzmaul, Hornspitzen, Klauen und Schweifquaste waren grau. Häufig befand sich in der Mitte des Flotzmaules eine blattförmige pigmentlose Stelle (»Herzl«), die als besonders typisches Rassekennzeichen galt.

Auch Hansen und Hermes (1905) widmen dem Mürztaler nur wenige Zeilen. Bemerkenswert ist ihre Feststellung, daß das frühere Zuchtgebiet dieser Rasse weitgehend den Mur-

Abb. 137.
Mürztaler Kuh Vesta, 1869.

Abb. 138.
Murbodner um 1920.

Abb. 139.
Mürztaler Stier 1827.

Murbodner

bodnern zugefallen sei. Nach Jentsch (1909) gingen die Mürztaler immer mehr in den Murbodnern auf.

Diese seien größer, schwerer und auch besser in der Form als die Mürztaler. Neugebildete Zuchtgenossenschaften »arbeiteten eifrig an ihrer Verbesserung«. Alle Autoren der damaligen Zeit hoben die guten Zugleistungen hervor; auch in der Mastfähigkeit seien die Murbodner zufriedenstellend gewesen (Hansen und Hermes 1905).

Für Kaltenegger (1904), die größte Autorität auf dem Gebiet der österreichischen Rinderzucht um 1900, ist der »Murbodner Typus« eine »erst neuzeitlich zur selbständigen Entwicklung gekommene Sonderform«, die zwischen Mürztalern, Mariahof-Lavanttalern (Kärntner Blondvieh) und den erst vor wenigen Jahren ausgestorbenen Ennstaler Bergschecken einzuordnen ist. Er hält sie sogar für eine Kreuzung der drei genannten Rassen.

Bemerkenswert ist die Äußerung von Kaltenegger, daß

»vor kaum 1½ Jahrhunderten (also ungefähr Mitte des 18. Jahrhunderts) noch das ganze Oberlaufgebiet der Mur und Enns... und ebenso die Quellentäler der Mettnitz, Olsa und Lavant weder von den Mürztalern noch von den Mariahof-Lavanttalern, sondern fast ausschließlich von der scheckigen Bergrasse (Ennstaler Bergschecken) besetzt gewesen« seien. Er vermutete sogar, daß »auch noch Blut einer vierten, und zwar der breitstirnigen, beziehentlich kurzköpfigen Hauptrasse – sei es nun etwa durch Zillertaler-Duxer oder Original-Walliser Vieh (Eringer) hinzugetreten wäre.«

Abb. 140.
Murbodner Kuh kurz vor 1900.

Kaltenegger begründet seine Vermutung ausführlich. Er hält es für denkbar, daß die Sekkauer Bischöfe früher über die Bischöfe in Brixen und Salzburg Rinder solchen Ursprungs auf ihren Meierhöfen aufgestellt hatten.

Murbodner galten als besonders harmonisch und »wohlgeformt« (Abb. 138). Der Rumpf war tief und tonnig, die Hinterhand gut bemuskelt. Diese Rassemerkmale mögen dazu beigetragen haben, daß Kaltenegger sie zu den ausgezeichnetsten Zug- und Mastrassen der österreichischen Alpenländer zählte. Ochsenaufzucht war der wesentlichste Produktionszweig.

Allmählich verschmolzen die verschiedenen Blond- und Gelbviehschläge der Obersteiermark und der im Norden angrenzenden Gebiete; sie wurden alle als Murbodner bezeichnet. Dabei sah man die Form- und Farbmerkmale der im Mur- und Mürztal vorherrschenden Schläge als verbindlich für die Rasse an. Als rassebestimmende Merkmale wurden gelbweiße Farbe, dunkles Flotzmaul sowie dunkle Hornspitzen und Klauen verlangt (Rohrbacher 1970). Bis 1930 war das ganze noch verbliebene Zuchtgebiet der Mürztaler im Murbodner Zuchtgebiet aufgegangen.

1931 gab es in der Steiermark beim Verband Graz 14 Murbodner Viehzuchtgenossenschaften mit 4032 Mitgliedern. 14 Betriebe standen unter Milchkontrolle. Von den 121 Kontrollkühen lagen 73 Jahresabschlüsse vor. Die mittlere Jahresmilchleistung betrug 2472 kg mit 3,98% Fett. Der höchste Stalldurchschnitt lag bei 3126 kg Milch im Jahr mit 4,25% Fett. Die Kuh mit der höchsten Leistung gab 4178 kg Milch (Schotterer 1933).

Außerdem gab es damals noch 15 Murbodner-Mürztaler Viehzuchtgenossenschaften, die dem Verband St. Michael angeschlossen waren. Sie umfaßten 3588 Mitglieder. Die 261 Milchkontrollbetriebe hielten 2859 Kontrollkühe; man registrierte 2431 Jahresabschlüsse. Die mittlere Jahresmilchleistung lag bei 2745 kg mit 4,05% Fett. Der höchste Stalldurchschnitt betrug 4489 kg Milch mit 5,29% Fett. Die Kuh mit der höchsten Leistung gab 7269 kg Milch (Schotterer 1933).

Tab. 59: Verteilung der Murbodner auf die einzelnen Bundesländer Österreichs (Schotterer 1933, Österreichisches Statistisches Zentralamt 1960).

Bundesland	1930*	1954	1959
Wien	18	57	48
Niederösterreich	50 164	100 368	82 582
Oberösterreich	14 796	22 221	13 816
Salzburg	30	17	297
Steiermark	66 610	137 971	108 199
Kärnten	2 381	8 842	8 067
Tirol	141	18	22
Vorarlberg	22	2	–
Burgenland	179	603	337
Gesamt	134 341	270 099	213 367

* nur Stiere über 1 Jahr und Kühe

Tab. 60: Stand der Herdbuchorganisation bei den Murbodnern 1956 (Müller 1958).

Bundesland	Mitglieder	Herdbuchtiere
Steiermark Verband Obersteiermark	952	4085
Verband Mittelsteiermark	759	786
Niederösterreich	415	1114
Oberösterreich	109	251
Kärnten	32	67

Bei der Viehzählung vom 14. Juni 1930 ermittelte man einen Gesamtbestand von mehr als 134 000 Murbodnern. Diese verteilten sich auf alle neun Bundesländer Österreichs (Tab. 59). Der »Verband der Murbodner Rinderzüchter Niederösterreichs« wurde 1934 gegründet. Im gleichen Jahr vereinigten sich alle

Murbodner

Abb. 141. Murbodner Kuh.

Murbodner Verbände in der »Arbeitsgemeinschaft der Murbodner Rinderzüchter Österreichs« mit der Geschäftsführung beim obersteierischen Verband in Bruck a. d. Mur (Müller 1958).

Die Rinderrassenerhebung von 1954 ergab mit insgesamt 270 099 Murbodnern sogar eine erstaunliche Steigerung, wobei allerdings die unterschiedliche Zählweise berücksichtigt werden muß. Bald darauf sanken die Bestände beträchtlich. 1959, also nur fünf Jahre später, umfaßte diese Rasse in Österreich nur noch 213 367 Tiere. Die Zahl der Herdbuchtiere war ohnehin vergleichsweise gering: Eine Zählung 1956 ergab 6303 Rinder. Sie verteilten sich auf vier Bundesländer (Tab. 60).

Die Rasse wurde zu jener Zeit so charakterisiert: Semmelfarbig bis hellbraun; vielfach getalert. Rötlicher Schopf. Schleimhäute, Schwanzquaste und Hornspitzen dunkel. Stiere dunkler gefärbt; an Kopf, Hals, Vorhand und Beinen angeraucht. Mittelschweres bis schweres, mittelfrühreifes Zug- und Schlachtrind. Durch harte Klauen besonders für steinige Alpen geeignet. Bereits gute Milchleistung; hervorragender Fettgehalt der Milch. Gute Masteignung und besondere Fleischqualität.

Nach dem Zweiten Weltkrieg wurde in erheblichem Maße Deutsches Gelbvieh (Frankenvieh) eingekreuzt. Ende der 60er Jahre gab es reinrassige Murbodner lediglich als Restbestände. Rohrbacher erfaßte 1967/68 noch 112 Tiere und glaubte, damit einen großen Teil der vorhandenen Tiere erfaßt zu haben. 1978 wurden die Murbodner bei der Viehzählung nicht mehr getrennt ermittelt. Man faßte sie mit dem Kärntner und Waldviertler Blondvieh sowie dem Frankenvieh zum Gelbvieh zusammen.

Auch wenn man den Überbegriff »Gelbvieh«, an dem das Murbodner nur einen kleinen Anteil hat, zur Grundlage eines Vergleichs macht, sind die Zahlen aufschlußreich: Während das Gelbvieh in Österreich 1947 noch 25% des Rinderbestandes ausmachte, waren es 1978 nur noch 0,7%. Erhaltungsmaßnahmen der zahlenmäßig verschwindend geringen Rasse setzten zu Beginn der 80er Jahre ein. Seit 1986 wird in Zusammenarbeit mit dem Österreichischen Nationalfond für Genreserven (Öngene) durch das Bundesgestüt Piber in der Steiermark eine Herde Murbodner gehalten (Abb. 141). Spermaproben von Murbodner Stieren lagern tiefgefroren in verschiedenen Besamungsstationen.

Kärntner Blondvieh

Der Ursprung des lichten Höhenviehs in Kärnten wird im Steppenvieh gesehen. Man vermutet, daß diese Rinder aus Südosteuropa mit dem Vieh neuer Siedlungsgruppen gekreuzt wurden. Diese Siedler waren einerseits die Bajuwaren mit ihren kelto-illyrischen Rindern, zum anderen Slaven mit Kurzkopfrindern. Von weiteren Überschichtungen, z. B. mit Schweizer Tieren, wird ausgegangen.

Bevor das Blondvieh seinen jetzigen Namen bekam, unterschied man »Mariahofer« und »Lavanttaler«. Das Mariahofer Vieh (Abb. 142) bekam seinen Namen vom Gut Mariahof bei Neumarkt in der Steiermark, einer Filialstelle des Stiftes St. Lamprecht. Das Stift hatte bodenständige Rinder mit Schweizer Rassen gekreuzt. Bei diesem Schlag traten häufig »Helmete« auf, also Tiere mit weißem Kopf. Dieser »Helm« wird als Folge der Einkreuzung von Simmentalern angesehen.

Vom Gut Mariahof breitete sich der Schlag in die Gegenden von St. Veit und Friesach sowie in die Täler von Glan und Metnitz aus. Mariahofer hatten einen langen, schmalen Ramskopf und eine hellgelbe bis semmelblonde Farbe. Die Tiere waren hochbeinig und besaßen grobe Knochen. Das Flotzmaul und die Zunge waren dunkler.

Der Lavanttaler Schlag (Abb. 143) entstand im Tal des Flüßchens Lavant durch Kreuzung des ursprünglichen Landviehs mit Frankenvieh und Simmentalern. Die Farbe dieser Tiere war etwas heller als die der Mariahofer. Am häufigsten soll eine lichtblonde Färbung (Heiterfalchen) gewesen sein. Flotzmaul und Zunge waren stets fleischfarben. Der Kopf war etwas länger; ansonsten entsprach dieser Schlag den Mariahofern.

Durch das ähnliche Aussehen der beiden Schläge schien eine unterschiedliche Benennung bald nicht mehr gerechtfertigt. Deshalb wurden sie 1890 in Kärnten offiziell unter der Bezeichnung »Kärntner Blondvieh« zusammengefaßt (Hansen und Hermes 1905). Außerhalb Kärntens blieb jedoch fast ausschließlich die Bezeichnung »Mariahofer« in Gebrauch.

Um 1900 war die Farbe milch- oder schmutzigweiß, erbsengelb, semmelblond oder bis ins Rotgelbe spielend. Neben den einfarbigen Tieren kamen immer noch die »Helmeten« vor mit reinweißem Gesichtsteil des Kopfes, während der übrige Körper blond war. Kärntner Blondvieh war damals vergleichsweise groß. Kühe wogen durchschnittlich 500–550 kg; die Ochsen sollen 50% schwerer als die Kühe gewesen sein. Das Blondvieh zählte zu den Rassen mit kombinierter Leistung. Im Vordergrund standen Zugtüchtigkeit und Mastfähigkeit; die Milchleistung soll recht beträchtlich gewesen sein.

Ein 1902 erlassenes Gesetz schrieb die Körung der im Herzogtum Kärnten zur öffentlichen Zucht benutzten Stiere vor. Dem Blondvieh als einem der beiden Hauptrassen in Kärnten wurde ein bestimmtes Gebiet zugewiesen, und zwar hauptsächlich Mittel- und Unterkärnten. Gekört wurden im vorgesehenen Zuchtgebiet nur solche Stiere, die ohne erkennbare Einkreuzung waren. In jedem Gerichtsbezirk gab es eine Körkommission mit fünfjähriger Amtsdauer. Jährlich fand eine Körung im Frühling und eine im Herbst statt. Bei Mangel an gekörten Stieren in einer Gemeinde hatte diese für eine ausreichende Zahl von Vatertieren zu sorgen (Hansen und Hermes 1905).

Die k. k. Landwirtschaftsgesellschaft für Kärnten in Klagenfurt erhielt zur Förderung der Rinderzucht erhebliche Staats- und Landessubventionen. Sie betrugen z. B. 1902 umgerechnet 29 240 Mark. Die Subventionen sollten folgendermaßen verwendet werden:
• Veranstaltung von Rinderschauen
• Führung eines Herdbuches
• Gewährung von Subventionen für gute Zuchtstiere und
• Unterstützung der Anlage von Jungstieralpen.

Im Jahre 1902 führte man in Kärnten für das Blondvieh 15 Rinderschauen durch. Dabei wurden 1030 Tiere vorgestellt, von denen 494 ein Preis zuerkannt wurde. Ein Herdbuch war

Kärntner Blondvieh

Abb. 142.
Mariahofer Kuh
um 1895.

Abb. 143.
Lavanttaler Kuh
um 1895.

schon 1898 gegründet worden. Bis Ende 1901 wurden 180 Blondvieh-Tiere eingetragen; eine vergleichsweise geringe Zahl. Im Jahre 1901 kamen nur fünf Tiere ins Herdbuch, 1902 wurden neun Blondvieh-Stiere neu aufgestellt. Hierfür wurden 7395 Mark an Subventionen aufgewendet. Im gleichen Jahr konnte im Blondviehgebiet durch Subventionen eine Alp mit 18 Jungstieren beschickt werden.

Obwohl es schon seit 1890 offiziell nur noch die Bezeichnung »Kärntner Blondvieh« gab, unterschied man im Verbreitungsgebiet weiterhin Mariahofer und Lavanttaler. Trotz vieler Gemeinsamkeiten unterschieden sie sich in etlichen Merkmalen. So waren die Mariahofer Kühe mit einer Widerristhöhe von durchschnittlich 135 cm um einiges größer als die Lavanttaler mit einer mittleren Widerristhöhe von nur 128 cm. Die Mariahofer hatten auch ein deutlich höheres Gewicht. Ihre Milchleistung war um die Jahrhundertwende mit jährlich wenig mehr als 1500 l nur mäßig. Diese geringe Milchmenge wurde auf eine Besonderheit im Verhalten zurückgeführt: Sobald die Sonne sie beschien, stellten sie sich im Gegensatz zu anderen Rassen in den Schatten von Bäumen, fraßen also nicht und kamen mit leerem Euter heim (Kaltenegger 1904). Mariahofer Ochsen besaßen bei einem Gewicht von 1000–1200 kg eine Widerristhöhe von bis zu 175 cm. Wegen der guten Qualität dieser Ochsen war die Rasse lange Zeit auch unter dem Namen »Ochsenmutter« bekannt.

Kaltenegger (1904), der in besonderer Weise auf die immer noch vorhandenen Unterschiede der beiden Ausgangsschläge hinwies, nahm 1898 an Probeschlachtungen teil. Es wurden je zwei ausgewachsene und gemästete Mariahofer und Lavanttaler Ochsen geschlachtet. Nach 36stündigem Fasten wogen die Mariahofer 815 kg bzw. 900 kg. Die Lavanttaler Ochsen waren mit 730 kg bzw. 745 kg deutlich leichter. Die Schlachtkörper wogen 479,5 kg und 524,5 kg bzw. 425,3 kg und 455,5 kg. Damit ergab sich ein Schlachtkörperanteil von 58,8% bzw. 58,3% für die Mariahofer Ochsen und von 58,3% bzw. 61,1% für die Lavanttaler. Der gute Ruf des Kärntner Blondviehs in Wien soll vor allem auf die vorzüglichen Ochsen zurückzuführen gewesen sein. Ihr Fleisch war hell, feinfaserig und zart.

Im März 1923 zählte man in Kärnten 185 661 Rinder. Nach den Pinzgauern war das Kärntner Blondvieh mit 80 220 Stück am zweithäufigsten vertreten. Es machte 43,2% des Gesamtbestandes aus (dem Fleckvieh gehörten damals nur 1,45%, dem Braunvieh 0,64% aller Rinder an). Das Verbreitungsgebiet zu jener Zeit wird mit 3313 km^2 angegeben (Schotterer 1933). Zuchtziel für Kärntner Blondvieh war in den 30er Jahren ein tiefes, tonniges Rind mit geschlossenem Körper und korrekt gestellten Beinen. Immer noch war es ein Dreinutzungsrind, doch lag die Betonung jetzt auf Milch und Fleisch, weniger auf Arbeit. Das Haarkleid sollte einheitlich gelb sein. Flotzmaul und Zunge wünschte man fleischfarben. Klauen und Hornspitzen mußten den Farbton von dunkelgelbem Wachs besitzen.

Die besten Tiere des Kärntner Blondviehs standen nach dem Ersten Weltkrieg im Bereich der Genossenschaften St. Salvator, Althofen und Gurk. Gute Kühe erreichten dort ein Gewicht von 600 kg; sie waren wohlproportioniert und hatten schöne Euter. Jahresmilchmengen von 4000 kg sollen recht häufig vorgekommen sein. Der gute Zustand der Tiere und ihre Leistung wurden weitgehend auf die gute Führung der recht großen Betriebe zurückgeführt. Die in Althofen und St. Salvator organisierten Besitzer hatten durchschnittlich 15–17 Kühe (Schotterer 1933). Die Einführung der Milchleistungskontrolle in Kärnten führte bald zu einer deutlichen Leistungssteigerung (Tab. 61). Auffallend ist die jährlich gestiegene Buttermenge.

Von 1938 an faßte man die einzelnen Verbände von Kärnten mit den übrigen einfarbig blonden Rindern zum »Blondviehverband Südmark« zusammen. Von da an wurde ein zentrales Herdbuch geführt.

Eine Unterscheidung des Kärntner Blondviehs vom Waldviertler Blondvieh war später nur nach geographischen Gesichtspunkten möglich. Noch in der Zeit nach dem Zweiten

Kärntner Blondvieh

Tab. 61: Ergebnisse der Milchleistungskontrolle beim Blondvieh in Kärnten.

Jahr	Jahres-abschlüsse	Milch (kg)	Fett %	kg
1924	626	2347	3,70	86,8
1925	1460	2312	3,81	88,1
1926	1325	2434	3,74	91,0
1927	1515	2526	3,79	95,7
1928	2014	2485	3,90	96,9
1929	2121	2622	3,87	101,5
1930	2150	2708	3,91	105,9
1931	2160	2783	3,95	109,9
1939	3858	2431	3,83	93,1
1942	7345	2453	3,95	96,9
1948	7154	2370	3,96	93,9
1953	6283	2747	3,97	109,1
1956	8173	2697	3,97	107,1

Tab. 62: Jahresmilchleistung der Herdbuchkühe des Kärtner Blondviehs.

	1950	1951	1952
Betriebe	926	881	921
Kuhbestand	6832	6688	6563
Vollabschlüsse	1831	1798	2242
Milch (kg)	2912	2849	2858
Fett (%)	3,95	3,90	4,03
Fett (kg)	115,0	111,1	115,2

Weltkrieg umfaßte das Verbreitungsgebiet des Kärntner Blondviehs das mittlere, östliche und südliche Kärnten sowie den an Kärnten grenzenden Teil der Obersteiermark und Sloweniens. Die Zählung ergab 103 000 Individuen. Der Blondviehverband umfaßte elf Genossenschaften mit über 1000 Mitgliedern und ca. 3100 Herdbuchtieren.

Nach 1945 strebte man ein mittelschweres, starkknochiges, gut proportioniertes Rind an, das bei alleiniger Verfütterung von Rauhfutter seine Leistungen beibehielt und möglicherweise noch verbesserte. Das Kärntner Blondvieh galt damals als Zweinutzungsrind mit den Zuchtzielen Milch und Fleisch. Die Milchleistung sollte ohne Beeinträchtigung der guten Fleischqualität weiter gehoben werden. Guter Stand sowie leichter und schneller Gang galten als Voraussetzung für die Alpung und für die vielseitige Arbeitsverwendung. Der Durchschnitt der Jahre 1950–52 betrug bei 5977 Abschlüssen 2575 kg Milch mit 3,95% Fett. Die Leistung der Herdbuchbetriebe lag deutlich über diesem Mittel (Tab. 62). Spitzenbetriebe hatten eine Durchschnittsleistung von nahezu 5000 kg aufzuweisen. Die besten Kühe lagen bei 7300 kg Milch pro Jahr. Der höchste Fettanteil betrug 5,01%.

Das Kärntner Blondvieh war auch um 1950 (Abb. 144) noch zäh und ausdauernd. Es konnte bis zu acht Stunden am Tag im Zug verwendet werden. In Kleinbetrieben spannte man Kühe ein; in mittleren und größeren Betrieben wurden dagegen für die Arbeit vorwiegend Ochsen und kastrierte Kalbinnen, sog. Schnitzkalbinnen, verwendet. Tiere, die ständig zur Arbeit herangezogen wurden, beschlug man hinten und vorn. Solche, die nur gelegentlich arbeiten mußten, blieben ohne Eisen. Die relative Hochbeinigkeit der Rasse erlaubte einen flotten Gang. Die Durchschnittslast von Kuhgespannen betrug 1200–1500 kg, die von Kalbinnen 1600–2100 kg und die von Ochsen 2000–3000 kg.

Schon vor und nach dem Ersten Weltkrieg sollen in größerem Maße Kreuzungen mit Fleckvieh stattgefunden haben. Die Kreuzungsprodukte waren jedoch im Futter zu anspruchsvoll und weniger gängig. Deshalb kehrte man trotz besserer Milchleistung »reumütig« zum reinen Blondvieh zurück. Zur gleichen Zeit fanden Einkreuzungen von Frankenvieh statt. Auch hier sollen die Ergebnisse nicht zufriedenstellend gewesen sein. Nach dem Zweiten Weltkrieg kam in vermehrtem Maße Frankenvieh nach Kärnten; gelegentlich wurden auch Rotbunte aus Norddeutschland eingekreuzt.

Obwohl das Kärntner Blondvieh nach dem Zweiten Weltkrieg in allen Bezirken zurückging, war es nach der Erhebung vom Dezember 1959 immer noch die zweitstärkste Rinderrasse in Kärnten. Ihr Anteil am Gesamtrinderbestand war allerdings von 40% (1954) auf 36% (1959) zurückgegangen. Eine Ausnahme bilde-

Rinder

Abb. 144. Kärntner Blondvieh-Kuh 1950.

Abb. 145. Kärntner Blondvieh-Kuh.

Kärntner Blondvieh

te nur der Gerichtsbezirk Eisenkappel (Österreichisches Statistisches Zentralamt 1960).

Im Merkblatt zur Erhebung der Rinderrassen in Österreich 1959 wird für das Kärntner Blondvieh folgendes Zuchtziel angegeben: Einfärbig licht bis blond, selten falb (ziegelrotbraun); Schleimhäute, Hörner und Klauen hell. Mittelschwere bis schwere veredelte Landrasse mit kombinierter Leistung. Zug- und Schlachtrind mit hervorragender Fleischqualität. Mittlere bis gute Milchleistung; sehr hoher Fettgehalt.

Die meist kleinbäuerliche Haltung führte zu einer außerordentlichen Langlebigkeit und einer hervorragenden Fruchtbarkeit. Die Anzahl der Tiere in Kärnten betrug 1959 noch 66 845.

Das Zuchtziel um 1958 verlangte ein mittelrahmiges Milch- und Mastrind, bei dem immer noch auf Arbeitstüchtigkeit geachtet wurde. Als Grundelemente wurden robuste Gesundheit und gute Fruchtbarkeit gefordert. Hinzu kam die Fähigkeit, mit überwiegend wirtschaftseigenem Futter eine befriedigende Leistung zu erzielen (Müller 1958).

In den 50er Jahren gab es etliche Kühe mit einer Jahresmilchmenge von mehr als 6000 kg (Tab. 63). In dem vor dem Zweiten Weltkrieg eingeführten Kärntner Rinderleistungsbuch erzielte das Blondvieh im Rassenvergleich die höchste Zahl an Eintragungen.

Besonders hervorzuheben ist die hervorragende Fruchtbarkeit der 1942 geborenen Kuh »Gräfin 16 161 BS«. Bis 1956 hatte sie 13 Kälber geboren und aufgezogen bei einer durchschnittlichen Zwischenkalbezeit von 362 Tagen (Müller 1958).

Seit Beginn der 80er Jahre ist nur noch eine geringe Anzahl von Tieren vorhanden (Abb. 146). Um die Erhaltung bemühen sich die Landeslandwirtschaftskammer Kärnten und die Österreichische Nationalvereinigung für Genreserven (Öngene). Von einem Stier wurden Spermaportionen eingefroren.

Abb. 146 Kärntner Blondvieh auf der Alm.

Tab. 63: Kärntner Blondviehkühe mit einer Jahresmilchmenge von mehr als 6000 kg zwischen 1953 und 1956 (Müller 1958).

Name und Nr.	Leistungsjahr	Jahresmilchmenge	Fett %	Fett kg
Vronelle 19478	1956	7209	4,22	304
329/48 BS 17508	1954	6874	4,31	296
329/48 BS 17508	1955	6422	4,17	268
Bibi 21573	1956	6709	3,95	265
Försterin BS 17861	1953	6201	4,31	267
Försterin BS 17861	1954	6252	4,38	274

Pustertaler Schecken

Kaltenegger (1889) vermutet, daß diese Rasse vom Eringer Rind abstammt, welches Siedler aus dem Wallis nach Tirol mitgebracht haben sollen. Diese Tiere seien mit einheimischen gelbrot und rotweiß gezeichneten Rindern, die zahlenmäßig weit überlegen waren, gekreuzt worden. Diese Annahme ist jedoch umstritten. Anfang des 19. Jahrhunderts soll es die Pustertaler in ihrer charakteristischen Zeichnung als Rasse noch nicht gegeben haben (Kaltenegger 1889). Sie soll sich erst später, z. T. unter dem Einfluß der auch von den Eringern abstammenden Zillertaler- und Tuxer Rindern, herausgebildet haben. Es wird außerdem angenommen, daß die Pustertaler durch slawische Rinder – die Slawen stießen im 6. Jahrhundert vom Osten kommend bis ins Pustertal vor – beeinflußt wurden.

In der zweiten Hälfte des vergangenen Jahrhunderts waren die Pustertaler nur im Bereich der Flüsse Eisack, Rienz und Taufer, also im unteren Pustertal verbreitet. Kaltenegger hielt deshalb den damals wie heute gebräuchlichen Namen für irreführend und schlug die Bezeichnung »Rienztaler« und »Unter-Pustertaler« vor. Die Rasse muß damals schon ziemlich durchgezüchtet gewesen sein, denn die auf Abb. 147 dargestellten Rinder sind in Typ und Färbung recht einheitlich. Es fehlt allerdings die heute typische »Sprinzen«-Zeichnung mit Auflösung der Konturen im Randgebiet der Pigmentierung. Die Zeichnung wurde von Tieren angefertigt, die 1873 zur Weltausstellung in Wien kamen. Im zugehörigen erläuternden Text wird zum Ausdruck gebracht, daß das Pustertaler Rind dem Pinzgauer nahe steht und über die Tauern in das Pustertal gekommen sei. Weiter heißt es: »Groß und weit im Knochenbaue; mit langem Kopfe, aufwärts stehenden Hörnern«. Damals waren Pustertaler rot-weiß und gelb-weiß gefärbt. Schwarz-weiße Tiere werden nicht erwähnt. Die Pustertaler Mastochsen waren sehr begehrt. Die Rasse wurde zu jener Zeit im ganzen Pustertal sowie bei Brixen und in der Gegend von Sterzing gehalten.

Ende des 19. Jahrhunderts war die Rasse vom Nacken über Rücken, Kreuz und Rückseite der Hinterhand weiß gezeichnet (Abb. 148). Weiß waren außerdem der Schwanz sowie die Unterseite bis in die Kehlgegend hinauf. Das Weiß umfaßte in ziemlich breiter Bahn oben wie unten die Seitenwandungen des Rumpfes und schloß sich in einer sehr unregelmäßig verlaufenden, zackenförmig aus- und einspringenden Begrenzung an die farbigen Teile an. Das Pigment beschränkte sich vorwiegend auf die Mitte der Rumpfseitenflächen sowie auf den Kopf und den unteren Teil der Beine. Die Pigmentierung an den Beinen und am Kopf war häufig kleingetüpfelt. Man nannte so gezeichnete Tiere »Sprinzen« und sprach von Kopf- oder Leibsprinzen. Daneben kamen sowohl vollständig gefärbte Tiere ohne weiße Abzeichen als auch vereinzelt nahezu reinweiße Tiere vor. Bei letzteren war nur am Kopf und an den vorderen Rumpfseiten eine sehr schüttere Sprenkelung vorhanden. Als Besonderheit kamen zwei- oder dreifarbig gestromte Tiere vor; eine Zeichnung, die für das Normanner Rind rassetypisch ist.

Die Farbe der Pustertaler Schecken war sehr unterschiedlich. Gelbrote bis tiefschwarze Tiere kamen vor, wobei die dunkleren Typen von braunrot bis schwarz häufiger waren. Die Hauptfarben waren Dunkelrot, Weichsel- und Kastanienbraun sowie Braun- bis Rußschwarz. Als bemerkenswert wurde empfunden, daß von ganzfarbig tiefschwarzen Elterntieren lichtbraune und selbst rotgelbe, gefleckte oder ungefleckte Kälber gezeugt wurden und umgekehrt von braunroten Kühen und einem ebenso gefärbten Stier nicht selten dunkelschwarze Kälber abstammten (Kaltenegger 1889). Ungewöhnlich war außerdem, daß Einzeltiere im Verlaufe der Zeit »nachfärbten«; sie bekamen im Alter von 8–12 Wochen ein dunkleres Haarkleid. Ein solches Nachfärben kam gewöhnlich nur bei einfarbig roten oder braunen Kälbern vor, wenn sie mit dunklem Flotzmaul, blauer Zunge und pigmentierten Augenlidern sowie

Pustertaler Schecken

Abb. 147. Pustertaler Kühe, die 1873 zur Weltausstellung in Wien kamen.

Abb. 148. Pustertaler Kuh kurz vor 1900.

Rinder

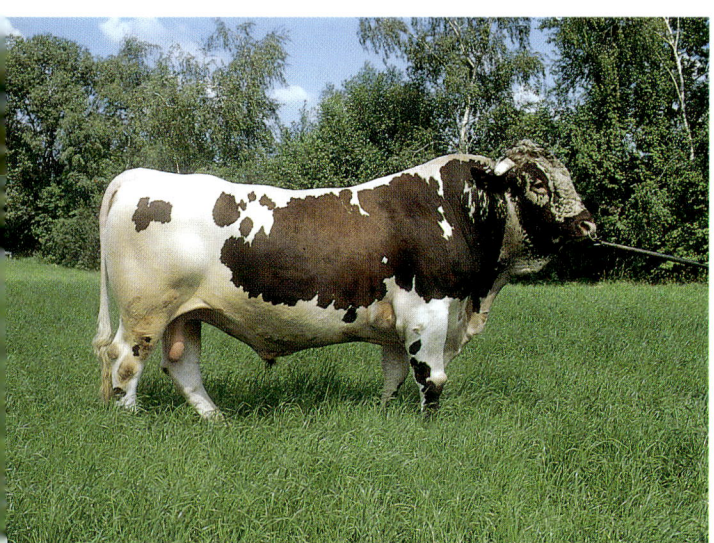

Abb. 149.
Pustertaler Sprinzen
bei Brunneck 1929.

Abb. 150.
Pustertaler Stier.

Abb. 151.
Pustertaler Kuh.

mit schwarzer Schwanzspitze, Innenseite der Ohren und »Krone« (Stirnwulst) geboren wurden. Bei gefleckt geborenen Kälbern und solchen mit hellem Flotzmaul trat keine Umfärbung ein. Manche Züchter hatten sowohl schwarze als auch braune Tiere. Im allgemeinen hielten die Bauern, insbesondere die größeren, nur Tiere einer Farbe, manchmal besaßen sogar ganze Ortschaften ausschließlich gleichfarbige Tiere. Gelegentlich kam es vor, daß die Züchter eines Dorfes lediglich Schwarzschecken, die des Nachbarortes ausschließlich Rotschecken und die des folgenden Dorfes wieder nur Schwarzschecken besaßen (Paßler 1987).

Ende des 19. Jahrhunderts stellten die Pustertaler in den gesamten Ostalpen unter den damals sehr zahlreichen Rinderrassen den am kräftigsten entwickelten und schwersten Schlag dar. Während Fleckviehkühe im Mittel 520 kg erreichten, wogen Pustertaler Kühe im Durchschnitt 600 kg. Die Widerristhöhe betrug durchschnittlich 130,4 cm. Damit waren Pustertaler 5 cm höher als Fleckviehkühe. Hinzu kam eine außerordentlich gute Bemuskelung. Die Pustertaler wurden deshalb damals als die österreichischen Shorthorns bezeichnet. Sie übertrafen jedoch die anderen Rassen dieser Region auch in der Milchleistung. Schon Ende des vergangenen Jahrhunderts wurde auf einem größeren Betrieb eine durchschnittliche Jahresmilchmenge von 2725 Liter Milch erzielt: Die höchste Leistung lag bei nahezu 4500 Litern. Pustertaler waren Ende des 19. Jahrhunderts in ganz Mitteleuropa begehrt, und man exportierte sie sogar nach Ägypten.

Anfang des 20. Jahrhunderts wogen Pustertaler Kühe gar 600–650 kg (Hansen und Hermes 1905). Mastfähigkeit und Arbeitsfähigkeit galten als gut. Als Färbung wird dunkelrot mit weißer, über Rücken, Hinterhand und Unterbauch sich hinziehender Zeichnung angegeben. Daß damals keine schwarzgezeichneten Tiere vorgekommen sein sollen, ist allerdings sehr zu bezweifeln. Als Verbreitungsgebiet werden Pustertal und linkes Ufer der Eisack angegeben. Hansen und Hermes wiesen bereits darauf hin, daß Pustertaler in Reinzucht kaum noch vorkamen. Sie waren damals vielfach mit Pinzgauern gekreuzt.

Auch für die Pustertaler galt das Zuchtstiergesetz von 1896. Danach oblag die Verantwortung für die Beschaffung einer ausreichenden Zahl guter Stiere den Gemeinden. Wo sich die Deckzeit auf höchstens drei Monate erstreckte, mußte auf 100 deckfähige Rinder (Kühe und Färsen) ein Zuchtstier gehalten werden. Sofern sich die Deckzeit über einen größeren Teil des Jahres hinzog, genügte ausnahmsweise ein Stier für 150 zuchtfähige Rinder. Zur Zucht durften nur »lizenzierte« (gekörte) Stiere verwendet werden. Die Körung lag in der Hand besonderer Viehzuchtkommissionen. Die Leitung der übrigen züchterischen Maßnahmen hatte der Landeskulturrat für Tirol. Er bestand aus einer deutschen und einer italienischen Sektion. Die deutsche Sektion erhielt von Staat und Land erhebliche Subventionen zur Förderung der Rinderzucht. Diese wurden verwendet zum

- Prämieren von Rindvieh auf Schauen
- Gewähren von Subventionen zu Stierankäufen
- Unterstützen von Viehzuchtgenossenschaften.

In den Viehzuchtgenossenschaften sah der Landeskulturrat das wertvollste Mittel zur Reinzucht und Veredelung der Rindertypen Tirols. Sie führten die Zuchtbücher, machten Probemelkungen und tätowierten die Tiere. Für den Ankauf guter Zuchtstiere erhielten sie beträchtliche Geldbeträge. Die ersten Tiroler Viehzuchtgenossenschaften wurden 1894 gegründet. Ende 1903 gab es insgesamt 52 solcher Genossenschaften, allerdings keine einzige für das Pustertaler Rind.

Im Aussehen wiesen die Pustertaler mit den Pinzgauern, Tuxern und Ennstaler Bergschecken Ähnlichkeiten auf. Von der Färbung her gesehen können die Pinzgauer mit dem in der Mittellinie umlaufenden weißen Streifen als der zentrale Typ angesehen werden. Während sich der weiße Streifen beim Tuxer auf einige Bereiche reduziert (z. B. die »Feder« am Kreuzbein) ist er bei Pustertalern und Ennstalern sehr ausgedehnt. Durch Untersuchung von Blutgruppen und biochemischen Polymorphismen konnte eine Verwandtschaft von Pinzgauern, Tuxern und Pustertalern nachgewiesen werden (Zetner 1969). Gleichzeitig konnte man belegen, daß in der Entwicklung der Rassen für die Pustertaler eine Eigenständigkeit begann, bevor die beiden anderen genannten Rassen sich voneinander trennten.

Eine wichtige Ursache für den qualitativen Niedergang der Rasse war der ständige Verkauf bester Kühe nach Wien und in andere Gebiete. Die Abmelkbetriebe waren bereit, hohe Preise zu zahlen, verlangten allerdings hochwertiges Material. Hierdurch sank die Qualität vieler Betriebe (Paßler 1987). Bezeichnend scheint, daß man hervorragend entwickelte und leistungsfähige Kühe im Pustertal damals als »Wiener Kühe« bezeichnete. Die Bauern mußten ihre Bestände mit Tieren anderer Rassen von geringerer Qualität aufstocken. Einige größere Betriebe stellten schon um die Jahrhundertwende auf Simmentaler um, eine Rasse, die damals gerade ihren Siegeszug in nahezu ganz Europa antrat. In anderen Gegenden, insbesondere in Gebieten mit Anschluß an die Pinzgauer, wurden diese häufig übernommen oder doch zumindest eingekreuzt. Es kommt hinzu, daß durch die Abtrennung Südtirols von Österreich nach dem Ersten Weltkrieg die Pustertaler von den wichtigsten Absatzgebieten abgeschnitten waren.

Im Jahre 1927 wurden die rotscheckigen Pustertaler durch einen Erlaß des landwirtschaftlichen Inspektorates von der Körung gänzlich ausgeschlossen. Damals gab es noch 8000–10 000 Tiere. Ab diesem Zeitpunkt verminderte sich ihre Zahl zusehends. Schwarzscheckige wurden zwar bei entsprechenden Voraussetzungen gekört, durften aber nur zum Decken der Kühe im eigenen Betrieb verwendet werden. Zum Decken von Rotschecken durften nur Pinzgauer verwendet werden.

Nach dem Zweiten Weltkrieg besaßen nur noch einige größere Bauern im mittleren Pustertal massige und schöne Schwarzscheckenbestände. Sie hatten sich damals zur Erhaltung der Rasse sogar genossenschaftlich organisiert (Paßler 1987). Eine durch Privatinitiative entstandene Zählung ergab 1984 nur noch ca. 70 Tiere (Schedel 1984). Davon gehörten 20 der rotweißen und 50 der schwarzweißen Farbvariante an. Neben 55 weiblichen Tieren waren noch 15 männliche aus drei nichtverwandten Stierlinien vorhanden. Noch im gleichen Jahr wurden zwei männliche und vier weibliche Jungrinder aufgekauft und in die Bundesrepublik gebracht. Weitere Tiere folgten, so daß jetzt ca. 70 Individuen dieser Rasse nördlich der Alpen stehen, die sich gut vermehren. Hier wurde auch eine gewisse Anzahl von Spermaproben von zwei Stieren tiefgefroren.

Aussehen

Kopf überwiegend weiß. Ohren sowie Umgebung von Flotzmaul und Augen pigmentiert. Der übrige Teil des Kopfes mehr oder minder stark mit Farbtupfern (Sprinzen) versehen (Abb. 150). Breiter, weißer Streifen vom Kopf über Rücken, Hinterhand, Unterbauch bis zum Kehlgang. Unterbeine mehr oder weniger pigmentiert. Das Pigment nimmt gelegentlich nur einen kleinen Bereich an Hals- und Rumpfseiten ein. Bei entsprechender Ernährung kommen auch heute noch massige Kühe vor (Abb. 151). Gute Rumpftiefe. Relativ feiner Knochenbau.

	Stier	Kuh
Widerristhöhe (cm)	140	125–135
Gewicht (kg)	800–900	500–600

Pustertaler Schecken sind temperamentvoll, robust und anspruchslos. Sie erzielen eine gute Leistung aus dem Grundfutter. Die durchschnittliche Jahresmilchmenge beträgt ca. 3000 kg. Masttiere erreichen hohe tägliche Zunahmen. Die Rasse hat harte Klauen.

Die gegenwärtige Verbreitung beschränkt sich auf einzelne Betriebe in einem kleinen Gebiet des Pustertals/Südtirol, Provinz Bozen, das im Norden von den Zillertaler Alpen, im Süden vom Campill-Tal, im Osten vom Staller Sattel und im Westen vom Eisacktal begrenzt wird. Die Anzahl noch vorhandener Tiere beträgt insgesamt ungefähr 150.

Schafe

Weltweit gibt es 500–600 Schafrassen. Ihre Zahl läßt sich nicht genau ermitteln. Die Ursache ist, daß die gleiche Rasse in benachbarten Ländern zuweilen unterschiedliche Namen hat. Umgekehrt gibt es manchmal in verschiedenen Ländern Schafe mit gleichem Namen (z. B. Bergschaf), die aber deutlich voneinander abweichen.

Hauptnutzungszwecke von Schafen sind Wolle, Fleisch und Milch. Viele Rassen sind im wesentlichen auf ein einziges Zuchtziel ausgerichtet, wobei die anderen Nutzungseinrichtungen meist nicht unbeachtet bleiben. Oft ist die Einordnung schwierig. Das Merinofleischschaf, der Name sagt es, ist eine Fleischrasse. Gleichzeitig besitzt diese Rasse unter den Schafrassen in Mitteleuropa die feinste Wolle.

Nach der Qualität der Wolle lassen sich fünf Kategorien unterscheiden:
- Merinorassen,
- Rassen mit Crossbredwolle,
- schlichtwollige Rassen,
- mischwollige Rassen und
- Haarschafe.

Die feinste Wolle besitzen Merinos. Mischwolle besteht dagegen aus zwei Haartypen: feine Wolle als Unterhaar und lange, markhaltige und gröbere Deckhaare. Haarschafe haben keine Wolle. Sie besitzen – wie der nichtdomestizierte Vorfahre aller Hausschafe, das Mufflon – lediglich Haare. Solche Rassen sind in Gegenden heimisch, in denen aufgrund des Klimas Wolle für Kleidung nicht benötigt wird. Es kommt hinzu, daß in diesen Regionen bewollte Schafe die Hitze kaum überleben würden, zudem ist die Anfälligkeit für Hautparasiten gerade für bewollte Schafe in den Tropen besonders groß.

In den letzten Jahren ist der Wollmarkt weltweit nahezu zusammengebrochen. Der Wollpreis deckt in der Regel kaum die Schur- und Vermarktungskosten. In den Haupterzeugerländern liegen zwei Woll-»Ernten« auf Halde. Zwar wird von führenden Merinozüchtern weiterhin Wert auf gute Wollqualität gelegt, weil an den Export von Zuchttieren gedacht werden muß. Die Haupteinnahmequelle liegt in Mitteleuropa jetzt jedoch beim Verkauf von Schlachtlämmern. Gefragt sind Schafe mit guter Fruchtbarkeit und hohen täglichen Zunahmen der Lämmer, die zudem einen hohen Fleischanteil haben sollen.

Während früher bei uns fast ausschließlich mischwollige Schafe vorkamen (Abb. 152), gibt es hier durch Zucht und Importe seit einigen hundert Jahren schlichtwollige Schafe und seit nahezu 250 Jahren auch Merinos (Abb. 153). Obwohl seit langer Zeit immer wieder der Versuch unternommen wurde, misch- und z. T. auch schlichtwollige Schafe durch solche mit besserer Wollqualität zu ersetzen, kommen sie heute immer noch vor. Das hat gute Gründe. Gewöhnlich wird in der Tier-»produktion« vorwiegend auf quantitativ erfaßbare Produktionsmerkmale geachtet: möglichst feine Wolle, viel Milch und hohe Fruchtbarkeit. Doch das ist nicht alles, was diese Tierart leisten kann.

Schafe hält man meist so extensiv wie keine andere Nutztierart. Sie werden vor allem vom zeitigen Frühjahr bis zum Spätherbst gehütet oder geweidet. Ihnen werden oft Weidegebiete geboten, die für andere Tierarten nicht mehr nutzbar sind. Gerade die alten Landrassen sind genügsam und anspruchslos. Während Niederschläge in die gekräuselte Wolle von Merinoschafen leicht eindringen, perlt Regenwasser von misch- und schlichtwolligen Schafen ab wie vom Gefieder eines Vogels.

Zudem läßt sich nicht leugnen, daß Rassen sich an die speziellen Gegebenheiten ihres Verbreitungsgebietes anpassen. Es muß nicht besonders betont werden, daß die Situation an der Nordseeküste eine andere ist als die in den

Schafe

Abb. 152. Das Zaupelschaf als Beispiel für ein mischwolliges Schaf, um 1680.

Abb. 153. Auch Merinoschafe sahen früher anders aus: hier Anfang des 19. Jahrhunderts.

Schafe

Alpen, und daß die in der Lüneburger Heide sich von der der Mittelgebirge deutlich unterscheidet. Die in einer Gegend nicht heimischen Rassen können Anpassungsschwierigkeiten haben. Nicht von ungefähr ist unter den landwirtschaftlichen Nutztieren die Rassenvielfalt beim Schaf größer als bei allen anderen Tierarten.

Bei einer Art kann sich nicht nur die Hauptnutzungsrichtung ändern, auch ihre Bedeutung insgesamt kann sich wandeln. Im Deutschen Reich wurden zeitweilig 25 Millionen Schafe, vorübergehend aber auch auf nahezu gleicher Fläche weniger als vier Millionen Schafe gehalten. Meist sind die einzelnen Rassen von einem solchen Wandel unterschiedlich betroffen. Es muß aber nicht immer dieselbe Zuchtrichtung sein, die in ihrem Bestand stark schwankt. Als Ende des 19. Jahrhunderts die Schafhaltung sehr darniederlag, sollen die Landrassen anteilmäßig günstiger dagestanden haben. Während des großen Umbruchs in den 60er Jahren des 20. Jahrhunderts schwanden dagegen gerade die Landrassen bis auf Restbestände.

Es gibt nur wenige Schafrassen, die nahezu weltweit verbreitet sind. Andere Rassen dominieren in einzelnen Ländern und kommen möglicherweise auch in benachbarten Ländern vor. Ihre Bedeutung geht jedoch, bis auf Einzelbestände, nicht über die Region hinaus. Daneben gibt es zahlreiche Rassen von lediglich lokaler Bedeutung; meist sind dies Landrassen. Die Zahl der Individuen einer Rasse ist dementsprechend sehr unterschiedlich. Das trifft nicht nur für die Gegenwart zu, sondern galt auch schon in den dreißiger Jahren (Tab. 64) und im vergangenen Jahrhundert. Eine Rasse ist so gut wie die Förderung, die sie genießt. Schon Anfang unseres Jahrhunderts gab es bei Woll- und Fleischrassen sehr viel mehr Stammzuchten als bei den Landrassen. Der züchterische Fortschritt konnte deshalb bei letzteren nicht so groß sein wie bei den anderen Rassen.

Zweifellos muß sich die Zucht auch am Markt orientieren. Aber das ist nur einer von mehreren Gesichtspunkten. Es ist nicht möglich, eine Schafrasse als die beste herauszustellen. Die Einschätzung der einzelnen Rassen hängt stark von der Bewertung der unterschiedlichen Zuchtziele ab. Diese Ziele aber sind von verschiedenen Gegebenheiten abhängig, und sie können sich wandeln. Schon deshalb ist die Rassenvielfalt, unter Einschluß der alten Landrassen, wünschenswert.

Tab. 64: Rassenzugehörigkeit der Schafe im Deutschen Reich 1936 und Stammzuchten 1940 (Statistisches Reichsamt 1937 und Doehner 1941b).

	Schafe Anzahl	Anteil in %	Stammzuchten Anzahl	Anteil in %
Merinoschafe (Merinos und Merinofleischschafe)	1 993 575	50,9	231	40,9
Schwarzköpfige Fleischschafe	462 159	11,8	149	26,4
Weißköpfige Fleischschafe	220 341	5,6	6	1,1
Deutsches veredeltes Landschaf (Württemberger)	868 696	22,2	124	21,9
Ostfriesische und Wilstermarschschafe	85 770	2,2	1	0,2
Leineschaf	77 375	2,0	18	3,2
Rhönschaf	27 416	0,7	13	2,3
Hochgebirgschafe (Bergschafe)	16 753	0,4	1	0,2
Heidschnucken	85 502	2,2	8	1,4
Skudden	70 219	1,8	–	
Karakuls	9 758	0,2	8	1,4
Bentheimer Landschaf	–	–	6	1,1
Gesamtbestand	3 917 564	100	565	100

Schafe

Bei der Viehzählung 1934/35 wurden im Deutschen Reich nur elf Schafrassen erfaßt. Alle weiteren Rassen wurden nicht getrennt aufgeführt; man bezog sie in die offiziellen Rassen ein. Gegenwärtig gibt es in Deutschland 18 einheimische Herdbuchrassen mit eindeutig definiertem Zuchtziel.

Damit bestehen weit bessere Möglichkeiten als früher für die Förderung und Erhaltung kleiner Populationen.

Skudde

Dieses Schaf gehört zu einer Gruppe von Rassen, die in Nord- und Nordwesteuropa seit vielen Jahrhunderten gehalten werden. Alle sind mischwollig und haben einen kurzen, behaarten Schwanz. Die Tiere sind im allgemeinen klein und besitzen meist Hörner; das gilt vor allem für die Böcke. Solche Schafe kommen von den Färöern und Island bis zum Baltikum vor. Seit Mitte des 19. Jahrhunderts faßt man diese Tiere zur Gruppe der »kurzschwänzigen, mischwolligen (Heide-)Schafe« zusammen. Manche dieser Rassen fanden früh Eingang in die Lehrbücher (z. B. die Heidschnucke), andere wurden von der Wissenschaft lange nicht beachtet. Dies hing einerseits mit der mangelnden Einheitlichkeit der Rassen zusammen, andererseits befanden sich die Tiere oft in einem »beklagenswerten« Zustand. Sie wurden vielfach in ärmlichen, schlecht geführten landwirtschaftlichen Betrieben gehalten, dürftig ernährt und in der Haltung vernachlässigt. Dementsprechend war ihr Erscheinungsbild kläglich. Weil man aber Kondition und Konstitution nicht trennen konnte, hielt man die Tiere nicht für förderungswürdig und befaßte sich nicht mit ihnen; ja, man kannte oft nicht einmal die im Zuchtgebiet geläufigen Namen. Zu diesen Rassen muß auch die Skudde gezählt werden. Sie gehört zu den mischwolligen Schafen, die den ursprünglichen Schaftyp vor Einführung der schlichtwolligen Flamen- und Rheinischen Schafe darstellten und die es längst vor der Zucht von Merinoschafen in Mitteleuropa gab.

Laut Stieger (1884), der sie als erster namentlich erwähnte, stellt die Skudde eine Mittelform zwischen der Heidschnucke und dem Islandschaf dar. Nach diesem Autor ist sie das Landschaf Ostpreußens, insbesondere Masurens. Dort heißt es auch Masurenschaf. Außer dem Namen »Skudde« waren die Bezeichnungen »Kosse« oder auch einfach »Bauernschaf« gebräuchlich.

Die Skudde trug im 19. Jahrhundert grobe Mischwolle und hatte einen kurzen, 12–16 Wirbel umfassenden, grob behaarten Schwanz. Sie war meist weiß, schwarz mit bräunlicher oder grauer Tönung oder blaugrau mit schwarzen Extremitäten. Bei den weißen Individuen waren Kopf und Beine nicht selten »rostfarbig«, oder sie besaßen kleine schwarze Flecken. Skudden galten als wild, unbändig und aggressiv (Stieger). Sie hatten eine harte Konstitution und wurden wegen des ausgeprägten Haarwechsels zweimal jährlich geschoren. Diese Rasse war den Heidschnucken ähnlich, aber etwas größer und schwerer. Das durchschnittliche Körpergewicht lag Ende des 19. Jahrhunderts bei 40 kg. Die Behornung war nicht einheitlich. Stellenweise hatten die weiblichen Tiere keine Hörner oder besaßen lediglich Hornstümpfe; die Böcke waren gehörnt. In anderen Gegenden sollen die Muttertiere Hörner besessen haben und die Böcke hatten vier und zuweilen gar sechs Hörner (Stieger 1884).

Kirsch (1927) beschreibt den Versuch einer Verdrängung des »Mischwolle tragenden ostpreußischen Landschafes, genannt Skudde« mit dem veredelten württembergischen Landschaf. Dieser Versuch geschah in den 20er Jahren in der Gegend von Allenstein/Ostpreu-

Skudde

ßen. Kirsch betont, daß der ursprüngliche Typ der Skudde damals kaum noch anzutreffen gewesen sei. Beide Geschlechter trugen Hörner, die beim weiblichen Tier »große Ähnlichkeit« mit denen des »Graubündner Schafes« (Tavetscherschaf?) hatten. Die Knochen waren fein, der Kopf keilförmig, relativ schmal und trocken. Die Skudde hatte kleine, spitze und schmale Ohren (Rosenohren). Die Zahl der Schwanzwirbel war gering. Nach Kirsch gehörten die Tiere zur Gruppe der kurzschwänzigen Schafe. Der Schwanz war nur an der Wurzel bewollt; der untere Teil trug ca. 5 cm lange Stichelhaare.

Die Haut war pigmentiert, und zwar besonders stark an Kopf, Beinen und Bauch, gelegentlich trat eine Scheckung auf. Das Vlies war mischwollig und von schmutzig-grauer Farbe. Die Lämmer wurden schwarz geboren. Skudden lieferten damals eine Mischwolle im Sortiment E–F (40–43 µ). Das Schurgewicht war gering; es betrug ungefähr 3 kg bei einem Reinwollanteil von 68%. Die Rasse galt als spätreif, hatte jedoch eine große Fruchtbarkeit; in 67% der Geburten kamen Zwillinge.

Weibliche Skudden wogen je nach Herkunft im Durchschnitt 35 bis 42 kg. Der Schlachtkörperanteil betrug im Mittel 51,2% des Körpergewichts. Skudden hatten eine Widerristhöhe von durchschnittlich 61 cm.

1873 zählte man in Preußen noch 77 000 Skudden. In der Statistik des Deutschen Reiches (1937) wurde unter der Rassenbezeichnung »Skudde« auch das Rauhwollige Pommersche Landschaf erfaßt. Die einleitenden Bemerkungen lassen jedoch erkennen, wann es sich um Skudden im heutigen Sinn handelt. Man muß davon ausgehen, daß es sich bei den in Pommern gehaltenen Tieren um Rauhwollige Pommersche Landschafe, bei denen in Ostpreußen um Skudden gehandelt hat. Danach gab es 1936 in den Ostpreußischen Bezirken Königsberg, Gumbinnen und Allenstein zusammen 3621 Tiere dieser Rasse. Ihre größte Verbreitung hatte die Skudde in den Kreisen Pillkallen (414), Tilsit-Ragnit (408) und Goldap. In keinem Kreis machte sie jedoch mehr als 18,5% des Schafbestandes aus. Führend waren in dieser Region schon damals Schwarzköpfige und Weißköpfige Fleischschafe.

Nach Doehner (1939) hat sich die »echte« Skudde am längsten noch in den bäuerlichen Betrieben Masurens und der Kurischen Nehrung gehalten. Ende der 30er Jahre war sie in Ostpreußen kaum noch zu finden, kam aber nach Doehner noch in Litauen vor. Sie soll der grauen Heidschnucke in Körperbau, Wollqualität und Färbung sehr ähnlich gewesen sein. Die Böcke waren stets, die Muttern meistens gehörnt. Doehner unterschied von der Skudde ausdrücklich das **langschwänzige**, mischwollige ostpreußische Landschaf, das nach dem Ersten Weltkrieg in züchterische Bearbeitung genommen wurde, und auf das man den Namen »Skudde« übertrug.

Noch in den 40er Jahren wurde vor allem die Anspruchslosigkeit der Skudde gelobt (Diener 1949). Mutterschafe lieferten damals 2,5 bis 4 kg Wolle in C–D-Feinheit (30–36 µ) bei ca. 60% Feinwollgehalt.

1945 soll es nur noch ca. 1000 Tiere gegeben haben, die wohl zumeist den Wirren der Nachkriegszeit zum Opfer fielen. Im Ursprungsgebiet, das jetzt zu Polen und Rußland gehört, gilt die Skudde als ausgestorben. Nur in Litauen soll es noch Tiere im Typ dieser Rasse geben. Der Gesamtbestand aller heute vorhandenen Skudden geht vermutlich auf den Münchener Tierpark Hellabrunn zurück, der seit 1941 Skudden hält. Schon 1942 wurden Tiere von dort an den Zoologischen Garten Leipzig verkauft (Krische 1993). Es muß also dort schon zu Beginn des Zweiten Weltkriegs eine Zuchtgruppe gegeben haben. Über die Herkunft der Münchener Tiere und den Zeitpunkt ihrer Ankunft bestehen nur Vermutungen.

Die Skudde ist heute ein kleinrahmiges Schaf mit einer Widerristhöhe von ca. 50 cm. Böcke wiegen 50–55 kg, Mutterschafe 40–45 kg. Das mischwollige Vlies ist grauweiß, schwarz oder goldbraun. Gelegentlich wird angenommen, daß die von weiß abweichenden Farben eine Entwicklung der letzten Jahre sei. Das trifft nicht zu. Bereits Diener (1949) stellte

Schafe

fest, daß die Wollfarbe der Skudde »von weiß über grau und braun bis schwarz wechselt«. Böcke haben stets schneckenförmige Hörner, die bis zu 70 cm lang werden können (Abb. 155). Muttern sind hornlos oder besitzen lediglich Hornstummel. Der keilförmige Kopf mit breiter Stirn hat einen schmalen Nasenrücken. Skudden besitzen auffallend kleine Ohren. Der mittellange, tiefgestellte Rumpf geht in ein abfallendes Becken über. Die Beine sind kräftig, die Knochen fein, die Klauen zierlich und extrem hart. Kennzeichnend ist der kurze, oben bewollte, unten behaarte Schwanz.

Die Skudde ist widerstandsfähig, anspruchslos und fruchtbar. Da sie asaisonal brünstig wird, sind zwei Lammungen im Jahr möglich. Gewöhnlich werden drei Lammungen in zwei Jahren angestrebt. Das Ablammergebnis liegt bei 130%. Die Geburtsgewichte der Lämmer betragen durchschnittlich 2,5 kg. Skudden werden zweimal im Jahr geschoren; das jährliche Schurgewicht beträgt ca. 2 kg. Die rassetypische Mischwolle hat eine C- bis D-Feinheit (30–36 µ). Da die Böcke nicht aggressiv sind, eignen sich Skudden gut für die Haltung in Streichelgehegen und für die Landschaftspflege. Das magere Fleisch gilt als Delikatesse.

Die Zucht in der Bundesrepublik und der DDR entwickelte sich in der Nachkriegszeit aus kleinsten Anfängen. Zunächst wurden Skudden nur in Zoos und von Hobbytierhaltern gehalten. In den Lehrbüchern der Tierzucht wurde diese Rasse jahrzehntelang nicht erwähnt. Sie war damals als landwirtschaftliches Nutztier unbedeutend. Noch in der ersten Hälfte der 80er Jahre lag die Zucht in den Händen weniger Züchter. Erst danach stieg das Interesse, so daß die Skudde heute in fast allen Bundesländern vorkommt. Der Gesamtbestand wird auf 1000 Tiere geschätzt. 1984 wurde anläßlich einer DLG-Ausstellung in Frankfurt der »Zuchtverband für Ostpreußische Skudden und Rauhwollige Pommersche Landschafe e. V.« gegründet. Der Verband stellte ein Zuchtprogramm auf und legte ein Zuchtziel fest. Die Skudde ist jetzt Herdbuchrasse in den Farbschlägen Weiß, Braun und Schwarz.

Abb. 154.
Skudde mit Lamm im Leipziger Zoo 1971. Dieses Mutterschaf wurde zwölf Jahre alt und brachte zehn Lämmer.

Abb. 155.
Skudden. Links Bock, rechts weibliches Tier.

Rauhwolliges Pommersches Landschaf

Rauhwollige Schafe gab und gibt es in Mitteleuropa in verschiedenen Gegenden. Man darf annehmen, daß sie unabhängig voneinander in Anpassung an bestimmte geologische und klimatische Situationen entstanden sind. Die von vielen Grannenhaaren durchsetzte Wolle ist ein guter Schutz vor rauhen Bedingungen bei extensiver Haltung. Seit ungefähr 200 Jahren wird in den meisten Regionen versucht, die rauhwolligen Landschafe (heute ist der Ausdruck »mischwollig« üblicher) durch Einkreuzung von Schafen mit höherer Fleischwüchsigkeit und besserer Wolle zu verdrängen – oft vergeblich; schon nach wenigen Generationen entsprach die Population durch natürliche Selektion, und geformt durch das »Leitbild« der Züchter, wieder annähernd der Ausgangsform.

In Schlesien gab es nachweislich schon im 13. Jahrhundert rauhwollige Schafe. Derartige Tiere sollen aber bald danach nach Polen, Westpreußen und Ostpreußen vorgedrungen sein. Während im Laufe der folgenden Jahrhunderte besonders in Schlesien die Gutsherden in der Mehrzahl auf den Typ des schlichtwolligen Landschafes, also eines Schafes mit verbesserter Wollqualität, umgestellt wurden, behielten in den nördlicheren Provinzen, insbesondere die Betriebe mit nur wenigen Tieren, meist das bodenständige mischwollige Landschaf bei. Ein grundlegender Wandel erfolgte erst im 19. Jahrhundert. Damals wurden die Landschafe in den großen Betrieben durch Merinoschafe ersetzt oder verdrängt durch den Deckeinsatz von Merinoböcken. Nur Halter in abgelegenen, kargen Gegenden an der Ostsee, die nicht ausschließlich von den Schafen lebten, hielten noch am ursprünglichen Typ fest.

Später geschah eine derartige Verdrängung in Ostpreußen mit schweren englischen Rassen. Noch heute glaubt man, den Stirnschopf, die Andeutung einer Schaupe, der bei vielen Rauhwolligen Pommerschen Landschafen vorkommt, auf diese Einkreuzungen zurückführen zu können. Der jetzige Name war im 19. Jahrhundert noch nicht üblich. Man nannte sie Rauhwolliges Landschaf, Pommersches Landschaf oder Polnisches Landschaf. Gelegentlich wurde für diese Rasse auch der Name Skudde verwendet. Das mag daher kommen, daß das Verbreitungsgebiet der beiden Rassen aneinander grenzte. Sie gehören jedoch unterschiedlichen Rassekreisen an und sind typmäßig sehr verschieden. Während die zierliche Skudde einen kurzen, behaarten Schwanz besitzt und den nordischen Heideschafen zuzurechnen ist, gehört das Rauhwollige Pommersche Landschaf dieser Rassegruppe nicht an. Es ist mittelgroß und besitzt einen langen, bewollten Schwanz. Die Skudde lebte in Masuren, der Kurischen Nehrung und im Baltikum; dagegen drang das Rauhwollige Landschaf nie über die westliche Hälfte Ostpreußens nach Osten hinaus.

Da das Rauhwollige Landschaf als mischwollige Landrasse in Woll- und Fleischleistung sich deutlich von den veredelten Schafrassen unterschied, wurde es lange Zeit höchstens dem Namen nach erwähnt, oder die Beschreibung beschränkte sich auf wenige allgemeine Sätze. Die erste eingehende Untersuchung liegt aus der Zeit nach dem Ersten Weltkrieg vor (Gaede 1926). Danach war das »Pommersche grauwollige (!) Landschaf« ein feinknochiges Schaf von kleiner bis mittelgroßer Figur mit stahlblauer bis hellgrauer Wolle. Es erreichte eine Widerristhöhe bis zu 63 cm und ein Lebendgewicht von 50–60 kg.

Im einzelnen wurden damals folgende Angaben zum Exterieur gemacht:
»Der Kopf ist keilförmig, verjüngt sich nach vorn, ist selten grob und zeigt selbst beim Bock eine edle Form. Die Rasse neigt zur Ramskopfbildung. Dies wird gern gesehen, da man der Ansicht ist, daß derartige Vatertiere eine gute Vererbungskraft besitzen. Die Farbe des Kopfes soll durchweg dunkel sein. Oft zeigt sich am Maul eine hellere Tönung der Haare, die nicht als fehlerhaft angesehen wird. Der Kopf muß bis zu den Ohren

wollfrei bleiben (!) und soll hornlos sein. Die Ohren sind im allgemeinen grob und straff. Der Brustkorb ist oft sehr schmal, was auf eine schlechte Jugendernährung zurückgeführt wird. Auch das Becken ist durchweg zu schmal. Hervorgehoben wird die geringe Anfälligkeit gegenüber Lungenwürmern. Auch Herzerkrankungen konnte man nicht beobachten. Selbst in nassen Jahren leiden diese edlen Tiere recht selten.«

Nach dem Ersten Weltkrieg wurden im Kreis Greifswald zwei Stammherden gebildet, und zwar in Karlsberg bei Züssow und in Diedrichshagen, deren Aufgabe später bis zum Ende des Zweiten Weltkriegs die Zucht Rosengarten auf Rügen übernahm. Größere Bestände waren jedoch eher die Ausnahme. Im allgemeinen hielt man nur wenige Tiere, die gewöhnlich während der frostfreien Zeit ständig im Freien ohne Unterstand gehalten wurden. Die Ernährung war teilweise so dürftig, daß die Tiere Schilf und am Strand angespülten Tang fressen mußten. Die Aufstallung im Winter soll an Einfachheit nicht zu überbieten gewesen sein. Das Futter bestand nur aus Stroh, schlechtem Heu und Küchenabfällen. Sobald das Wetter es zuließ, wurden die Stalltüren geöffnet und man überließ die Schafe meist sich selbst. Sie wurden nur zum Scheren, das Ende Mai oder Anfang Juni stattfand, eingefangen. Ansonsten verwilderten sie weitgehend. Da sowohl Muttern als auch Böcke so gehalten wurden, war an eine gezielte Zucht nicht zu denken. Nur ein Teil der Tiere wurde in Hausnähe gehalten, und zwar tüderte man diese Schafe; eine Haltungsform, die sonst nur bei Milchschafen üblich ist.

In der ersten Hälfte des 20. Jahrhunderts gingen die Bestände des »Rauhwolligen Schafes« immer mehr zurück (Tab. 65). 1912 gab es nach einer Rassenerhebung der DLG zunächst noch mehr als 200 000 Tiere. Die tatsächlichen Zahlen lagen 1912 sogar noch bedeutend höher, denn von der DLG wurden damals nur Bestände von mehr als 30 Schafen erfaßt. Rauhwollige Landschafe wurden aber gerade in kleineren Betrieben gehalten.

In einer Statistik von 1936 erscheint für die Regierungsbezirke Stettin und Köslin (Pommern) bei den Schafen nur der Name »Skudde«. Es wird an anderer Stelle jedoch deutlich, daß es sich um Rauhwollige Pommersche Landschafe im heutigen Sinne handelt. Der Gesamtbestand umfaßte damals nur noch 66 436 Tiere. Schwerpunkt der Zucht lag in den Kreisen Neustettin (9845) und Belgard (8962). Auf Rügen, eindeutiges Zentrum der heutigen Zucht, gab es 1936 2411 Rauhwollige Pommersche Landschafe. Sie machten nur 11,9% der Schafe dieses Kreises aus. Dennoch war die Rasse auf Rügen damals viel stärker verbreitet als jetzt. Im Jahre 1992 gab es dort 258 Mutterschafe und 13 Zuchtböcke (Grumbach und Zupp 1992).

Eine ausführliche Schilderung der Rasse gab Arcularius (1939). Danach soll ihre außergewöhnliche Bodenständigkeit der Hauptgrund dafür gewesen sein, daß sich die »Rauhwoller« bis zum Ende der dreißiger Jahre ziemlich rein erhalten haben (Abb. 156). Es wird der Versuch erwähnt, dieses anspruchslose Schaf mit englischen Fleischrassen zu verbessern. Es hat aber, so Arcularius,

»alle Verbesserungsversuche gut überstanden«,

und die Tiere mit viel Erbgut fremder Rassen hätten sich bald von selbst wieder ausgemerzt. In Pommern soll das Rauhwollige Landschaf noch über die ganze Provinz verbreitet gewesen sein. Ende der dreißiger Jahre galt folgendes Zuchtziel:

Körperform: mittelgroß
Kopf: mit Stichelhaaren besetzt, meist kleiner Stirnschopf; schwarz bei blau- und grauwolligen, weiß bei weißwolligen Schafen.

Tab. 65: Rauhwollige Landschafe in Deutschland.

Jahr	Anzahl (in 1000)	% des Gesamtschafbestandes
1912	210	3,6
1927	160	4,4
1935	94	2,6
1936	70	1,8
1939	40	?

Rauhwolliges Pommersches Landschaf

Ohren: mittellang bis lang. Kurzohrigkeit unerwünscht.
Hals: bei älteren Böcken eine vom Hals bis zur Vorderbrust herabreichende Mähne von schwarzen Grannenhaaren.
Vorhand: entsprechend gute Schulter, breite Rippen, lange Brust.
Rumpf: möglichst tonnenförmig.
Hinterhand: breit mit entsprechend guter Keule. Stand enggestellt, jedoch nicht kuhhessig.
Haut: kräftig, derb.
Geschlechtsmerkmale: typisch ausgebildet.
Wollzuchtziel: Feinheit C–D–E. Lange Mischwolle. Ausgeglichenheit wird angestrebt. Spinnfähigkeit für Hausfleiß muß erhalten bleiben.
Wolle: Schlicht. Weiß, hellgrau, blaugrau, blau oder graubraun. Schwarze und braune Wollen sind unerwünscht.
Vlies: 15–22 cm lange Grannenhaare. Feine, dichte Unterwolle. Gute Bewachsenheit des ganzen Körpers wird gefordert.

Durchschnittliche Wolleistung:

Jährlingsböcke	5,0 kg
weibliche Jährlinge	2,5 kg
ältere Böcke	7,5 kg
Mutterschafe	4,5 kg

Reinwollgehalt: 60%

Körpergewicht im Mittel:

Lämmer, halbjährig	30 kg
Muttern	40–55 kg
Böcke	60–75 kg

Fleischleistung: Ausschlachtung 45%. Fleisch wohlschmeckend.

Milchleistung: sehr gut.

Von Arcularius wurde mit Genugtuung festgestellt, daß das rauhwollige Landschaf in seinen Körperformen sowie den Fleisch- und Wolleistungen in Pommern und auf Rügen verbessert worden sei. Es hatte eine kräftige Körperverfassung, war widerstandsfähig gegen Witterungsunbilden und anspruchslos in Haltung und Fütterung. Es gedieh auch bei weniger sachkundiger Haltung noch recht gut und eignete sich für alle Arten von schlechten Weideflächen wie trockene, ärmste Sandböden, Moorböden und nasse Weiden.

In Vorpommern setzte nach 1945 wieder eine starke Belebung der Haltung dieser Rasse ein. Sie ist durch die veränderte Struktur der landwirtschaftlichen Betriebe aufgrund der Bodenreform zu erklären. Die Vielzahl der zunächst geschaffenen kleineren landwirtschaftlichen Betriebe konnte den bei der Auflösung der Gutsherden in ihren Besitz gelangten Schafen nicht die erforderlichen Lebensbedingungen bieten. Man entschied sich nahezu zwangsläufig für das bodenständige Rauhwollige Landschaf, das sich für die Einzelhaltung sehr gut eignete.

Schon immer galten Rauhwollige Landschafe als anspruchslos und genügsam (Abb. 157). Stets wurde bei der Zucht auch Wert auf Wi-

Abb. 156.
Rauhwolliges Pommersches Landschaf 1935.

Abb. 157. »Rauhwoller« suchen sich ihre Nahrung in Sumpf und Schilf.

derstandsfähigkeit gelegt. Das galt nicht nur für die Fütterung, sondern auch für die Haltung. Nur Böcke bekamen etwas Kraftfutter. In der deckfreien Zeit waren das ca. 250 g täglich, in der Decksaison etwa die doppelte Menge.

Um auch außerhalb der Stammzuchten einen züchterischen Fortschritt zu erzielen, richtete man Bockhaltereien ein. Die erste wurde bereits 1910 besetzt, weitere kamen im Ersten Weltkrieg hinzu. Im Verlaufe der Jahre stieg die Zahl dieser Bockhaltereien ständig, bis sie 1943 mit 198 ihren Höchststand erreichte. Die für die Haltereien ausgewählten Böcke wurden von den staatlichen Stellen angekauft, verblieben aber im Eigentum der Haltereien.

Nach dem Ersten Weltkrieg war Wolle der Feinheit C bis D (30–36 µ) erwünscht. Von diesem Anspruch scheint man im Verlaufe der Jahre abgewichen zu sein, denn 1944 wird als Zuchtziel C–D–E-Sortiment angegeben. Während man zunächst eine silbergraue Farbe der Wolle wünschte, duldete man im Zweiten Weltkrieg Schafe mit weißer, hellgrauer, blaugrauer, blauer und graubrauner Wolle. Nur schwarze und braune Schafe wurden abgelehnt.

In den Kriegs- und Nachkriegswirren ging ein Großteil der wertvollen Zuchttiere verloren. Hierdurch ließen sich einige engagierte Züchter jedoch nicht entmutigen; sie begannen sofort, aus den Restbeständen eine neue Zucht aufzubauen. Bereits 1950 bestanden wieder 69 bäuerliche Herdbuchzuchten und eine Stammherde auf Rügen. 1955 waren in das Herdbuch wieder 800 Mutterschafe eingetragen. Das damalige Zuchtziel sah vor, ein den gegebenen Bedingungen entsprechendes Landschaf mit rauher Wolle bei guter Fruchtbarkeit und bester Kondition mit befriedigender Fleisch- und Wolleistung zu züchten. Dabei sollte die Wolle bei graublauer bis blaugrauer Farbe mit stahlblauem Glanz eine C- bis CD-Feinheit aufweisen (30–34 µ).

Anfang der 50er Jahre war das Rauhwollige Pommersche Landschaf weitgehend saisonal.

86% der Geburten fielen in die Monate Januar bis Mai, nur 4% in die Monate Juli bis November. Das Ablammergebnis lag bei 133%. 61,2% der Muttern warfen Einlinge, 37,4% brachten Zwillinge und in 1,4% der Fälle kamen Drillinge zur Welt. Dieses Ergebnis war weitgehend von der Intensität der Ernährung unabhängig. Das Geburtsgewicht von Einzellämmern betrug im Durchschnitt 4,0 kg, das von Zwillingslämmern 3,1 kg; dabei unterschieden sich die Geschlechter nur geringfügig.

Muttern hatten 1926 eine Widerristhöhe von 62–64 cm bei einem Gewicht von 42–48 kg. Bis 1944 war das Durchschnittsgewicht der Muttern auf 55 kg gestiegen. Böcke wogen zu dieser Zeit im Mittel 80 kg. Um 1950 galten folgende Werte:

	Böcke	Muttern
Widerristhöhe (cm)	72	69
Gewicht (kg)	78	74

Bis 1955 war die Widerristhöhe annähernd unverändert geblieben, das Gewicht aber deutlich zurückgegangen:

	Böcke	Muttern
Widerristhöhe (cm)	72	66
Gewicht (kg)	72	45

Die Rasse wurde Mitte der 50er Jahre folgendermaßen charakterisiert: Mittelgroß; langer, schmaler Kopf; lebhafte Augen; lange, leicht hängende Ohren. Gut angesetzter Hals. Ausgeprägter Widerrist. Leicht überbaut mit Neigung zum Senkrücken. Schmal und wenig Rumpftiefe. Feine, trockene Gliedmaßen. Im allgemeinen herrschte bei der Wolle eine graue bis graublaue Farbe vor; gelegentlich gab es aber auch schmutzigweiße, braune und tiefschwarze Tiere (Heidler 1955). Die Lämmer besaßen bei der Geburt schwarzgekräuseltes Haar. Kopf und Beine waren behaart. Gelegentlich trat ein weißer Stirnschopf auf. An Hals und Widerrist bildeten die Grannenhaare bei den Böcken einen »Überwuchs«; eine Mähne war unerwünscht. Die Feinheit der Wolle betrug im allgemeinen 28–36 µ. Der jährliche Wollertrag wurde mit 3–4 kg (Muttertiere) bzw. durchschnittlich 5 kg (Böcke) angegeben. Die Wolle erreichte im Verlaufe eines Jahres eine Länge von 12 cm. 1955 lag das Rendement bei 50–60%.

Nach 1956 wurde die Rasse züchterisch nicht mehr bearbeitet und geriet in Vergessenheit. Man förderte Rassen, die in Fleischfülle und Wollqualität deutlich günstigere Werte aufwiesen. Von seiten der Regierung wurde die Haltung von Rauhwolligen Landschafen nachdrücklich erschwert. So war es denn schließlich nur noch eine Handvoll Züchter, die die Rasse allen Schikanen zum Trotz am Leben erhielt. 1962 wurden zum letztenmal auf einer Landwirtschaftsausstellung drei Rauhwollige Landschafe vorgestellt. Dann begann ein zwanzigjähriges Schattendasein.

In den Jahren vor 1985 war die Zucht des Rauhwolligen Landschafes auf Rügen beschränkt. In den übrigen früheren Zuchtgebieten (Hiddensee, Usedom, Darß, die Bezirke Rostock und Neubrandenburg sowie die Mark Brandenburg und auch die Ostseegebiete Polens) gab es diese Rasse vorübergehend nicht mehr. Erst allmählich wurden kleinere Bestände außerhalb von Rügen auf dem Festland aufgebaut. In den alten Bundesländern gab es seit Anfang der 80er Jahre – abgesehen von einer Herde, die über Jahrzehnte hinweg in Süddeutschland gehalten wurde – nur einige kleinere Bestände.

Der Aufbau der Genreserve begann in der DDR 1982 mit sieben Böcken und 46 Muttern. Bei der Auswahl dieser Tiere wurde auf eine gute Entwicklung sowie einige rassetypische Kennzeichen geachtet: dunkle Zunge, typische Wolle und charakteristischer Kopf. 1984 wurde begonnen, eine größere Herde in Ummanz, im Westen der Insel Rügen, aufzubauen. Bis 1985 schlossen sich der Initiative 33 Züchter an. Sie bildeten mit dem Bestand ihrer Tiere die Grundlage für die weitere Entwicklung der Genreserve.

Abb. 158. Rauhwolliges Pommersches Landschaf.

Neben der Erweiterung des Bestandes der Rauhwolligen Landschafe sollten vor allem die Leistungen unter Beibehaltung des Landschaftcharakters entwickelt werden. Besonderer Wert wurde auf die Verbesserung der Wollqualität und des Exterieurs gelegt. Dies geschah über Körungen und Leistungsprüfungen, Anerkennung der Bockmütter und Verteilung der Böcke. Innerhalb des Zuchtverbandes waren fünf Zuchtwarte aus den Reihen der Züchter tätig. Sie faßten in ihrem Gebiet die Zuchtergebnisse zusammen, kontrollierten die Kennzeichnung und gaben Anleitungen.

Zunächst wurden 50% der Muttern als Bockmütter anerkannt, um die Reproduktion zu sichern. Das waren diejenigen weiblichen Zuchttiere, die unter Zugrundelegung des Rassetypus keine Mängel aufwiesen. Problematisch war der hohe Verwandtschaftsgrad der noch vorhandenen Tiere. Deshalb wurden sieben Zuchtlinien gehalten. Linienbegründer waren die sieben Böcke, mit denen 1982 begonnen wurde (Brockmann 1987). Die Anpaarung erfolgte nach einem Linienrotationsverfahren; Inzuchterscheinungen traten deshalb nicht auf.

Messungen im Jahre 1987 ergaben, daß sich die Körperform der Rauhwolligen Pommerschen Landschafe seit den 50er Jahren nicht verändert hatte. Die Widerristhöhe der Muttern betrug im Mittel 73,3 cm. Das Rendement der Wolle lag bei 69%. Die Wolle ist allerdings etwas gröber geworden; die Wollfeinheit betrug 1987 bei den Böcken (dreijährig und älter) im Durchschnitt 43 µ, bei den Muttern 37 µ. Die im Zuchtziel festgelegten Farben sind blau bis graublau bzw. stahlfarben (Abb. 158). Schwarze sowie braune, und jetzt auch weiße Wollen werden abgelehnt.

1990 faßte v. Stärk die bisherigen Ergebnisse der Gen-Erhaltung zusammen und kam zu folgendem Schluß: das Rauhwollige Pommersche Landschaf besitzt eine außergewöhnliche Widerstandsfähigkeit gegen Witterung und Klima, eine gute Resistenz gegen die Moderhinke und ist relativ anspruchslos hinsichtlich Haltung und Fütterung. Hervorzuheben ist der delikate, wildartige Geschmack. Das Vlies besteht aus einer sehr dichten und feinen Unterwolle und sehr langem Überhaar, welches vollschurig bis zu 20 cm lang wird. Aus diesen Eigenschaften ergibt sich eine hervorragende Spinnfähigkeit und Haltbarkeit der Wolle. Sie wurde deshalb früher gern für Pullover der Fischer und für Socken verwendet; heute wird sie teilweise zu rustikalen Textilien und im Kunstgewerbe verarbeitet. Als vorrangige Zuchtziele werden Verbesserung der Wollqualität, Anspruchslosigkeit, Unempfindlichkeit und Resistenz gegen Klauen- und Parasitenerkrankungen angegeben.

Die Bestände entwickelten sich erfreulich (Tab. 66), nahmen jedoch in der DDR nie mehr als 0,02% des Gesamtschafbestandes ein. Die

Tab. 66: Bestandsentwicklung Rauhwolliger Landschafe in Vorpommern. Ab 1983 nur Angaben über Genreserve (v. Stärk 1991).

Jahr	Anzahl
1951	127 939
1982	100
1983	61
1985	190
1987	290
1989	371
1990	398

staatliche Genreserve umfaßte 1990 nahezu 400 Tiere. Hinzu kommen außerhalb der Genreserve bestehende Bestände sowie Tiere, die nicht im eigentlichen Zuchtgebiet gehalten werden. Der infolge der deutschen Wiedervereinigung und der hiermit verbundenen Umstrukturierung der Landwirtschaft eingetretene Rückgang der Viehbestände in der ehemaligen DDR galt nicht für das Rauhwollige Pommersche Landschaf. Im Gegenteil: die Bestände stiegen weiter an. Inzwischen wurden auch in den alten Bundesländern weitere Bestände aufgebaut. Dies ist ein Zeichen für die Wertschätzung, die diese Rasse genießt.

Graue Gehörnte Heidschnucke

Diese Rasse ist in ihrem Bestand nicht gefährdet. Da sie jedoch der Inbegriff einer alten Landrasse ist und aus ihr zwei heute gefährdete Schafrassen hervorgingen, soll sie dennoch berücksichtigt werden.

Einer der frühesten Berichte über die »Heydeschnucken« stammt vom Ende des 18. Jahrhunderts (Germershausen 1789). Zu jener Zeit waren es kleine, hornlose Schafe, die den größten Teil des Winters in Heidegebieten lebten und ihre Nahrung zuweilen mit den Klauen unter dem Schnee hervorscharren mußten. Das Verbreitungsgebiet erstreckte sich von Hannover bis Lüneburg. Damals soll es Hunderttausende von Heidschnucken gegeben haben, die in Beständen von fünf bis 6000 gehalten wurden. Die Vorzüge dieser Rasse lagen darin, daß sie eine robuste Gesundheit besaßen und ein wohlschmeckendes Fleisch lieferten. Als Vorteil wurde auch angesehen, daß sie sich ganzjährig vom »dürren, elenden Heidekraut« ernährten (Gerike 1804). Heidschnucken sollen damals sowohl dem Körperbau als der Wolle nach
»die allerschlechteste Sorte von Schaf, mit schwärzlich fallendem Haar eines zottigen Spitzhundes«
gewesen sein.

Die Schilderung von Schnee (1819 zit. in Hagen 1926) ist ähnlich:
»Die Heidschnucken haben sämtlich Hörner. Sie sind nie ganz weiß sondern grau, braun oder schwarz. Ihre Wolle ist haarig, grob und schwarz. Heidschnucken leben im Winter und Sommer von Heidekraut. Sie übernachten unter Schuppen, wo sie auch bei hohem Schnee mit trockenem Heidekraut, untergemengtem Pferdemist (!) und zur Lammzeit mit etwas Buchweizenstroh und Heu gefüttert werden. Wenn man sie in bessere Gegenden und Weiden versetzt, werden sie zwar bald fett, gewöhnlich aber auch krank«.

Die von Gerike (1804) beschriebenen Heidschnucken waren klein und hatten kleine Hörner. Sie scheinen im Typ einheitlich gewesen zu sein. Burger (1824) bezeichnet die Heidschnucken als »meistens gefärbt«. Demnach wird es damals auch weiße Tiere gegeben haben. Schnucken waren zu jener Zeit wohl nicht ausschließlich gehörnt, denn Petri (1825) beschreibt sie als gewöhnlich gehörnt. Heidschnucken waren 14–15 Zoll (35–38 cm) groß und sollen nur 18–20 Pfund schwer gewesen sein. Das Vliesgewicht betrug 1–1,5 Pfund Wolle.

In der ersten Hälfte des 19. Jahrhunderts soll die Schafhaltung in der Lüneburger Heide der bedeutendste Produktionszweig bei Nutztieren gewesen sein. 1848 gab es in Niedersachsen 638 304 Schafe, von denen 379 578 (59,5%) Heidschnucken waren.

Die erste eingehende Beschreibung stammt von Fitzinger (1859):
»Das deutsche Heideschaf oder die sogenannte Heidschnucke kann nur als eine auf klimatischen

und Bodenverhältnissen beruhende Abänderung des kurzschwänzigen Schafes beachtet werden, da es in allen Hauptmerkmalen mit der nordischen oder typischen Form desselben übereinkommt und sich nur durch einige minder wesentliche Merkmale von ihr unterscheidet. Es ist von kleiner Statur und steht in Bezug auf die Größe dem nordischen kurzschwänzigen Schafe noch nach. Die Ohren sind meistens fast völlig aufrechtstehend und nur selten etwas merklicher nach seitwärts geneigt. In der Regel sind beide Geschlechter gehörnt und nur bisweilen werden sie, insbesondere aber die Weibchen, auch ungehörnt getroffen. Die Gestalt der Hörner ist ziemlich beständig und Abweichungen von der gewöhnlichen Form kommen nur selten vor. Beim Männchen sind die Hörner ziemlich groß, lang und dick, insbesondere aber an der Wurzel, von wo sie sich gegen das stumpf zugespitzte Ende allmählich und nur wenig verschmälern. Sie wenden sich schon von ihrem Grunde angefangen in einem halbzirkelförmigen Bogen, der sich nur in geringer Höhe über den Scheitel erhebt, nach seit-, ab- und vorwärts, und mit der Spitze bisweilen auch etwas nach aufwärts. Beim Weibchen dagegen, wo sie beträchtlich kleiner, kürzer und auch dünner sind, bilden sie eine halbmondförmige Krümmung in gerader Richtung nach rückwärts und weichen gegen die Spitze zu auch etwas nach Außen voneinander ab.«

Auch in der weiteren Beschreibung wird die Heidschnucke von Fitzinger mit dem nordischen Heideschaf verglichen. Der Schwanz war bei ersterer kurz und besaß eine zottige Behaarung. Er hatte eine Länge von 5 Zoll (ca. 13 cm). Kopf und Bauch waren behaart. Das grobe, straffe »Grannenhaar« am Körper mit einer Länge von 5–6 Zoll (13–18 cm) hing in gewellten büschelartigen Zotten von den Körperseiten, herab und verlieh dem »Thiere ein fast ziegenähnliches Aussehen«.

Die Färbung war in der Regel an Kopf, Bauch und Beinen schwarz, an den übrigen Körperteilen grau. Gelegentlich kamen rötlichbraune und schwarze, selten auch weiße Exemplare vor. Das Körpergewicht betrug 18–30 Pfund; die von Fitzinger beschriebenen Heidschnucken hatten eine Widerristhöhe von ca. 55 cm (Böcke). Die weiblichen Tiere besaßen eine etwas geringere Größe. Eine andere Schilderung liefert zur gleichen Zeit Mentzel (1859). Danach wog diese »kleinste unter den Schafracen« lebend 40–60 Pfund. Die Farbe beschreibt er als weiß, grau, graublau und dunkler. Da »weiß« an erster Stelle genannt wird, scheint diese Färbung zumindest nicht selten gewesen zu sein. Die Wolle wird als sehr lang, schlicht und grob bezeichnet. Beide Geschlechter waren nach Mentzel gehörnt.

Ursprünglich soll die Heidschnucke in allen Heidegegenden Norddeutschlands vorgekommen sein. Bis zur Mitte des 19. Jahrhunderts wurde sie jedoch aus vielen Gebieten durch andere Schafrassen verdrängt. Vor allem in der Lüneburger und Bremer Heide sowie in den mit Heidekraut bestandenen Gebieten im westlichen Niedersachsen einschließlich Ostfriesland war die Rasse danach noch anzutreffen. Die Nahrung der Heidschnucke bestand ausschließlich aus Heidekraut, das »massenweise die weiten sandigen Ebenen überdeckte und von anderen Schafracen nur sehr ungern genossen« wurde.

Bei trockener Kälte und selbst bei stärkstem Frost oder tiefstem Schnee sollen die Herden im Freien geweidet worden sein, was »wesentlich zur Erhaltung ihrer Gesundheit« beigetragen haben soll. Die Nahrung scharrten sie dann mühsam und »bisweilen selbst mit blutigen Füßen aus dem gefrorenen Schnee« hervor.

In der Regel warfen Heidschnucken nach Fitzinger (1859) ein, selten zwei Lämmer. Auffallend ist die Synchronisation in der Fortpflanzung: Lämmer kamen nur von Ende März bis Anfang April. Die Heidschnucke war also streng saisonal. Das Vlies wog 1–2 Pfund. Die Wolle wurde zu Hüten, Strümpfen und Handschuhen verarbeitet.

Einkreuzung von »spanischen« (Merinos?) und »rheinländischen« Schafen bewährte sich nicht. Die Nachzucht verkümmerte bald. Auch der Versuch, die Rasse durch reichlichere Ernährung zu verbessern, scheiterte. Die Heidschnucken sollen durch das ungewohnte Futter verfettet sein; sie kränkelten und gingen teilweise ein.

Das Fleisch der Heidschnucke wird als weiß, weich, feinfaserig und wohlschmeckend geschildert. Wegen der geringen Körpergröße der

Tiere waren die Schlachtkörper »keineswegs besonders ausgiebig«.

Eine weitere ausführliche Beschreibung stammt von Bohm (1878). Danach war die »Haidschnucke ein Kind der moorigen Haide, das in der Lüneburger Heide, der Bremer Heide sowie auf den sandigen Steppen im Süden Oldenburgs und Ostfrieslands zu finden ist. Nach wie vor ist die Haidschnucke die kleinste und genügsamste Schafrasse.«

Es wird eine Höhe von 55 cm und eine Körperlänge von 56 cm angegeben.

»Beide Geschlechter sind durchweg gehörnt. Bei den Böcken sind solche ziemlich stark; bei den weiblichen Thieren sind sie bedeutend schwächer ... Der Kopf ist nicht allzu breit im Hinterkopfe, dabei nach dem Maule zu sehr spitz zulaufend. Die Stirn ist flach, der Nasenrücken ziemlich gerade. Der Rumpf ist flach gerippt, der Brustkasten ziemlich eng.
Kopf und Beine sind mit kurzen straffen Haaren besetzt, so auch der nur 12–13 Wirbel führende Schwanz ... Der ganze übrige Körper ist mit einem langen, zottigen Pelze bekleidet. Die Wolle erreicht bei 12monatlichem Wuchse eine Länge von 25 cm und darüber. Die Farbe ist bald ganz schwarz, bald braun, bald grau, doch findet man auch weiße Zuchten.«

Der 1830 gegründete »Land- und Forstwirtschaftliche Provinzialverein für das Fürstentum Lüneburg« versuchte schon im 19. Jahrhundert durch verschiedene Maßnahmen, die Schafhaltung tatkräftig zu fördern und ihre Wirtschaftlichkeit zu steigern. Dieses Anliegen führte 1876 zur Gründung des »Schafzuchtverein für das Fürstentum Lüneburg«, dem sofort nach der Gründung 98 Züchter beitraten. Der Verein wollte vor allem die Wolleistung und das Exterieur der Schnucken verbessern. Schon ein Jahr nach der Gründung wurde in Lüneburg die erste große Bezirksausstellung veranstaltet (Behrens et al. 1982).

Nach 1870 versuchte man vorübergehend, die Heidschnucke durch die britischen Rassen Southdown und Scottish Blackface zu verbessern. Auch diese Versuche sollen jedoch fehlgeschlagen sein (Hagen 1926). Bis kurz nach der Jahrhundertwende hat man zahlreiche weitere Rassen eingekreuzt, um ein Fleischschaf zu bekommen. In Einzelbetrieben kam es 1906 bis 1912 durch die Landwirtschaftskammer zu Kreuzungsversuchen mit Karakulböcken. Reinrassige Bestände waren damals die Ausnahme.

Die Zahl der Schafe im Königreich Hannover sank in der zweiten Hälfte des 19. Jahrhunderts rasch. Hierfür werden folgende Gründe angegeben:

1. Sinken des Wollpreises zwischen 1860 und 1880.
2. Verfall des Fleischpreises ab 1880.
3. Anwendung von Kunstdünger. So war die Urbarmachung großer Heideflächen möglich.
4. Krankheiten nahmen überhand.
5. Rinder- und Schweinehaltung dehnten sich aus.
6. Mangel an geeigneten Schäfern.
7. Aufforsten von Ödflächen, weil die Holzpreise stiegen.

Die Zahl der Schafe und der Anteil der Heidschnucken nahm erst im Ersten Weltkrieg wieder zu (Tab. 67).

Die 1899 gegründete Landwirtschaftskammer für die Provinz Hannover wählte 1905 einen Ausschuß für Schafzucht. Dieser hatte die Aufgabe, Eliteherden einzurichten. Schon 1907 wurden auch zwei Herden der Grauen Gehörnten Heidschnucke anerkannt. 1920 schlossen sich die Züchter zum »Schafzüchterverband für den Regierungsbezirk Lüneburg« zusammen. Dieser betreute auch die Schnucken

Tab. 67: Schafe im Königreich Hannover ab 1861 (Hagen 1926).

Jahr	Gesamtschafbestand	Heidschnucken	Anteil der Heidschnucken am Gesamtschafbestand in %
1861	2 211 927	772 765	34,9
1873	1 855 654	511 892	27,6
1911	472 490	116 412	24,6
1919	518 203	142 534	27,5

und stellte für sie ein Zuchtziel auf. Fortan wurden Woll-, Fleisch- und Fruchtbarkeitsleistung geprüft, außerdem beriet man die angeschlossenen Betriebe in Fragen der Züchtung, Haltung und Wirtschaftlichkeit. Es wurde ein Zuchtbuch eingerichtet, in das erste Eintragungen für Böcke ab 1923, für Muttern ab 1930 erfolgten (Behrens et al. 1982).

Nach dem Ersten Weltkrieg wurde zwar immer noch die geringe Körpergröße der Schnucke beklagt; sie schien jedoch insgesamt etwas größer geworden zu sein. Die Widerristhöhe ausgewachsener Tiere soll 60 cm, gelegentlich sogar bis über 80 cm betragen haben (Hagen 1926). Die Rasse besaß feine Knochen, dabei aber feste Gliedmaßen. Die Graue Heidschnucke war nach wie vor aber bei beiden Geschlechtern gehörnt. Die Hörner wiesen bei männlichen Tieren einen dreieckigen, bei weiblichen Tieren einen linsenförmigen Querschnitt auf. Während das weibliche Horn dem einer Ziege glich, war das Horn des Bockes schneckenförmig. »Der Habitus der ganzen Schnucke ist trocken«, hieß es.

Das Haarkleid wird von Hagen als mischwollig bezeichnet. In den Herden der grauen Heidschnucke kamen ca. 8% schwarze und gelegentlich rotbraune Tiere vor. Auch 1926 galt sie als die genügsamste und widerstandsfähigste aller Schafrassen. Man verwendete den Ausdruck »Naturrasse«, weil sie fast wildartig, sehr genügsam und unempfindlich gegen Witterungseinflüsse war. Große Hitze konnten Heidschnucken allerdings nicht vertragen; sie waren dann freßunlustig. Deshalb trieb man sie im Sommer während der heißen Mittagsstunden in den Stall. Wurden Schnucken im Frühjahr nicht geschoren, dann stießen sie die Wolle teilweise ab. Schnucken galten als sehr krankheitsresistent.

Man rechnete bei der grauen Heidschnucke mit $^2/_3$ Heideweide und $^1/_3$ Grasweide. Heidschnucken, die längere Zeit nur Gras geweidet hatten und anschließend wieder auf die Heideweide gebracht wurden, sollen gewöhnlich eingegangen sein. Sie hatten ihren »Heidemagen« verloren (Hagen 1926). Da schlechtgenährte Muttern nur wenig Milch gaben, trieb man sie während der Zeit des Säugens im Frühling häufig auf gutbestockten Winterroggen. Böcke erhielten in manchen Herden nur während der Deckzeit etwas Kraftfutter. Die Zuchtnutzung dauerte im allgemeinen bis zum siebten oder achten Jahr. Dann mußte die Schnucke geschlachtet werden, weil sich ihre Zähne lockerten und ausfielen. Sie war nicht mehr in der Lage, das harte, holzige Heidekraut abzubeißen und genügend zu zerkauen.

Von 100 Mutterschafen fielen Anfang unseres Jahrhunderts durchschnittlich 95 Lämmer. Zwillingsgeburten nahmen einen Anteil von 15% ein. Die Lämmer wogen bei der Geburt 1–1,5 kg. Sie galten als schnellwüchsig; im Herbst wogen die Lämmer bereits 25 kg, mit einem Jahr 30 kg. Gut entwickelte Kilberlämmer waren schon mit 7–8 Monaten geschlechtsreif, doch wurde von einer Zuchtnutzung vor 1,5 Jahren abgeraten. Früher sollen die Lämmer von zweijährigen Muttern nach der Geburt wegen der geringen Milchergiebigkeit getötet worden sein. Das Muttertier wurde dann einem anderen Lamm als Amme zugeteilt, so daß dieses Lamm an zwei Schafen saugte (Hagen 1926).

»Die Roherträge der Heidschnuckenzucht sind nicht sehr groß«, schrieb Hagen 1926, »aber dafür ist der Rohertrag beinahe Reinertrag. Die Schnucke lieferte Fleisch, Wolle und Dünger. Schon damals galt, daß diese Rasse ein feines, kurzfaseriges und nicht zu trockenes Fleisch mit einem ausgezeichneten, an Wildbret erinnernden Geschmack hatte.«

Allerdings soll Gras- und Stoppelweide den Geschmack etwas beeinträchtigt haben.

Die Viehzählung 1937 ergab, daß 2,2% der 4,7 Millionen Schafe im Deutschen Reich Heidschnucken waren. Um 1940 erstreckte sich das Verbreitungsgebiet der Grauen Gehörnten Heidschnucke über den Höhenrücken, der sich zwischen Elb- und Allermarsch von Südosten nach Nordwesten zieht und die Wasserscheide der Elbe und Weser bildet. Er betraf also einen Landstrich, der noch von Heide bedeckt war. Das Verbreitungsgebiet wurde neben der Fut-

Graue Gehörnte Heidschnucke

tergrundlage durch klimatische Bedingungen und Bodenverhältnisse bestimmt. Schnuckenherden umfaßten gewöhnlich 250–400 Tiere (Böhling 1942). Die Heidschnucken galten als sehr futterdankbar und erzielten im Verhältnis zu den geringen Ansprüchen einen sehr hohen Leistungsgrad. Die Hauptnahrung bestand damals zumeist aus Heidekraut, Moosen, Flechten, Ginster, Waldgräsern, Eicheln und Pilzen.

Außerhalb der Zeit von Ende September bis Anfang November wurde die Heidschnucke nicht brünstig. Sehr decklustige Böcke konnten bis zu sieben Jahre zuchttauglich sein; gewöhnlich wurden sie jedoch schon nach drei oder vier Deckperioden gemerzt, da die Geschlechtslust sank. Lamm und Muttertier blieben nach der Geburt zunächst 1–2 Wochen im Stall. Danach kam die Mutter auf die Weide und nahm wieder an der täglichen Hutung teil. Die Lämmer mußten im Stall zurückbleiben, da ihre Kräfte noch nicht ausreichten, um den weiten Weg zurücklegen zu können. Erst im Alter von 8–10 Wochen durften sie den ganzen Tag mit auf die Weide (Böhling 1942). Das Ablammergebnis lag um 1940 bei 95,5% und war damit gegenüber früher nahezu unverändert. Die Zahl der Fehlgeburten hielt sich mit 1,7% in engen Grenzen. Zwillingsgeburten nahmen einen Anteil von weniger als 2% ein.

Böhling meint, daß man den Wert der Heidschnucke in seiner ganzen Bedeutung nur dann ermessen könne, wenn man auch ihre mittelbaren Leistungen gebührend berücksichtige. So bestünden zwischen Schnuckenhaltung und Bienenzucht besonders enge Beziehungen. Durch das wiederholte Abweiden bliebe die Heide kurz und liefere mehr Honig. Die Imker wüßten dies zu schätzen und brächten ihre Völker mit Vorliebe in Gebiete, in denen noch Schafe vorhanden seien. Hier sei außerdem die Gefahr nicht so groß, daß Bienen sich in Spinnenweben verfangen, weil fast alle Netze von den Schnucken bei der täglichen Beweidung der Heide zerstört würden.

Nach dem Zweiten Weltkrieg kam es zunächst zu einem deutlichen Anstieg der Heidschnuckenbestände. 1949 wurde der »Verband

Abb. 159. Graue Gehörnte Heidschnucke, etwa 1935.

Abb. 160. Bock der Grauen Gehörnten Heidschnucke im Alter von sechs Jahren. Er gewann den 1a- und Ehrenpreis auf der DLG-Ausstellung in Köln 1953.

Abb. 161. Mutterschaf der Grauen Gehörnten Heidschnucke, 1953.

Abb. 162.
Graue Gehörnte Heidschnucken auf dem Weg zur DLG-Ausstellung in Köln, 1960.

Lüneburger Heidschnuckenzüchter e. V.« gegründet. Er umfaßte schon ein Jahr später 62 Mitglieder mit 82 Herden und 31 000 Schnucken. Obwohl ein neues, den damaligen Verhältnissen angepaßtes Zuchtziel formuliert wurde (Abb. 160, Abb. 161), ging die Schnuckenzucht bald wieder zurück. Die Zahl der dem Verband angeschlossenen Herden sank bis 1960 auf 44 und bis 1970 gar auf 38. Die Folge war, daß es in den nicht mehr von Schafen beweideten Gebieten rasch zu einem Nadelbaumanflug kam. Die Bäume erstickten das Heidekraut und die Heide verlor ihren für Mitteleuropa einzigartigen Landschaftscharakter.

Daß es später wieder zu einem Anstieg in der Schnuckenhaltung kam, ist weniger dem Interesse an der Rasse selbst zuzuschreiben. Man war an der Erhaltung der Heide interessiert und erkannte, daß dies ohne Heidschnucken nicht möglich war. Deshalb baute man, gestützt durch Behörden und Mäzene, langsam neue Herden auf und stellte den Züchtern neue Schafställe zur Verfügung, die vorwiegend dem traditionellen Bautyp mit Rethbedeckung und weit heruntergezogenem Dach entsprachen. Es kam hinzu, daß man die Herden aufstockte. Auf diese Weise konnte man die teurer werdende Arbeitskraft des Schäfers auf mehr Schafe verteilen (Behrens et al. 1982). Tatsächlich gelang es, durch Rodungsmaßnahmen und gestützt durch den Verbiß der Schafe, den ursprünglichen Charakter der Heide wiederherzustellen.

Es kam hinzu, daß sich die Hobbyschafhaltung zunehmend für diese ursprünglichste aller Rassen interessierte. Dadurch konnten Bestände in Deutschland weit außerhalb des ursprünglichen Zuchtgebietes sowie in den Nachbarländern aufgebaut werden.

Unverkennbar ist ein Anstieg des Körpergewichts im Verlaufe unseres Jahrhunderts (Tab. 68). Seit Ende des 19. Jahrhunderts hat sich das Gewicht der Grauen Gehörnten Heidschnucke mehr als verdoppelt. Es wird heute auf eine gute Ausbildung der wertvollen Fleischpartien (Keule, Rücken, Schulter) geachtet. Wie bei anderen Schafrassen bezieht der Schäfer einen wesentlichen Anteil seines Einkommens aus dem Verkauf von Lämmern. Deshalb ist er an einer großen Lammzahl, d. h. an einem hohen Anteil von Zwillingsgeburten interessiert.

Das war früher anders. Wegen der schlechten Ernährungssituation konnten die Schnuckenmütter nur ein Lamm aufziehen. Zwillingslämmer waren meist klein und schwächlich. Das Muttertier war durch zwei Lämmer nach einiger Zeit über Gebühr abgesäugt und geschwächt. Deshalb verschenkte oder tötete man das schwächere der Zwillinge. Zwillingsmütter schieden im allgemeinen aus der Zucht aus.

Tab. 68: Entwicklung der Lebendgewichte im Verlaufe der Zeit bei der Grauen Gehörnten Heidschnucke.

Jahr	Körpergewicht in kg	
	Bock	Mutter
1880–1900	35	25
1926	45–63	35–40
1936	67,5	42,5
1960	72,3	45,3
1980	77,0	50,3
1990	75	45

Weiße Hornlose Heidschnucke

Abb. 168. Weiße Hornlose Heidschnucken sind hervorragend an moorige Gegenden angepaßt. Sie heißen jetzt deshalb treffend auch »Moorschnucken«.

mend die Rassebezeichnung »Moorschnucke« ein; ein Name, der im Ursprungsgebiet dieser Rasse jedoch schon stets verwendet wurde (Hammond et al. 1961).

1981 wurden von acht Herdbuchzüchtern wieder 340 eingetragene Mutterschafe und etliche Böcke gehalten. Man vermutet, daß der Bestand im Gebiet der Landwirtschaftskammer Hannover damals, überwiegend im Nebenerwerb oder als Hobby, ca. 3700 Moorschnukken umfaßte. Seit der Zeit fand die Rasse wegen ihrer besonderen Eignung in Mooren und Feuchtgebieten (Abb. 167) mit Unterstützung durch Naturschutzbehörden über ihre ursprüngliche Heimat hinaus Verbreitung.

Das Lebendgewicht der feinknochigen, grazilen Mutterschafe liegt bei 40–50 kg, während Böcke 60–70 kg wiegen. Bei extensiver Hütehaltung in moorigem Gelände ist die Erzeugung von Hammeln üblich, die mit 15–18 Monaten bei 40–50 kg Lebendgewicht ein mageres, zartes und vorzüglich nach Wildbret schmekkendes Fleisch liefern, das unter Feinschmekkern als Delikatesse gilt. Bei Koppelhaltung und auf Grasweide ist die Moorschnucke schnellwüchsiger und frühreifer; Lämmer sind dann schon im ersten Herbst mit 25–30 kg schlachtreif.

Die Wolle der Moorschnucke besteht aus dem groben Grannenhaar von 37–39 µ Durchmesser. Dieses hängt langgewellt herab und erreicht jährlich eine Länge von 20–25 cm (Abb. 167). Das Unterhaar ist wesentlich feiner. Das Vliesgewicht beträgt 1,5–3,0 kg. Die Wolle ist gut geeignet zur Herstellung strapazierfähiger Teppiche.

Moorschnucken gehören zu den genügsamsten und anspruchslosesten Schafen Mitteleuropas. Ihr lebhafter, wildartiger Charakter und der starke Bewegungsdrang erfordern täglichen Austrieb auch bei Regen und Schnee. Nachts sollten die Tiere allerdings in luftigen Ställen gehalten werden, damit das Vlies abtrocknen kann.

Es ist beeindruckend zu sehen, wie die Weiße Hornlose Heidschnucke an das Leben im Moor angepaßt ist. Sie schreitet hemmungslos durch knietiefes Wasser, springt bei der Nahrungssuche von Blüte zu Blüte und befreit sich selbst, wenn sie in Moorlöcher rutscht (Abb. 168). Die älteren Lämmer liegen zuweilen bis zur Brust im Wasser, um an das Euter der Mutter zu kommen.

Die Weiße Hornlose Heidschnucke (Moorschnucke) ist ein den Verhältnissen der feuchten Moor-Heidelandschaft sehr gut angepaßtes Schaf. Es ernährt sich überwiegend von Heidekraut und Moorgräsern sowie Birkenaufwuchs, kann aber auch auf Grasweide gehalten werden. Die Rasse ist mischwollig. Beide Geschlechter sind hornlos. Der Kopf ist klein und länglich mit kleinen, schräg aufwärtsstehenden Ohren.

Die Fortpflanzung der Moorschnucke ist saisonal. Erstzulassung der weiblichen Tiere bei guter Körperentwicklung ab sieben Monaten ist möglich. Das Ablammergebnis liegt bei 110%. Bei der Zuchtwertermittlung werden Gewichtszunahmen und Bemuskelung, Wollqualität sowie Anzahl der geborenen und aufgezogenen Lämmer erfaßt. Es gelten folgende Durchschnittsleistungen:

	Körpergewicht (kg)	Vliesgewicht (kg)
Altböcke	70–75	4,0
Jährlingsböcke	50–60	2,5–3,0
Mutterschafe	40–45	1,7–2,5
Jährlingsschafe	30–40	1,5

Seit 1981 hat die Zahl der Herdbuchbetriebe laufend zugenommen und auch die Zahl der Tiere wird ständig größer. In den neuen Bundesländern wurden bereits kurz nach der Wende mehrere umfangreiche Moorschnuckenherden aufgebaut. Sie werden mit großem Erfolg in der Landschaftspflege eingesetzt.

Weiße Gehörnte Heidschnucke

Heidschnucken zählen zu den ältesten Schafrassen Mitteleuropas überhaupt. Zuweilen wurden diese Tiere direkt als Graue Heidschnucke bezeichnet, denn sie hatten vorwiegend diese Farbe; weiße Exemplare kamen im vergangenen Jahrhundert nur gelegentlich vor. Da die Schnucken aber als »gewöhnlich gehörnt« geschildert wurden ist anzunehmen, daß es auch weiße gehörnte Tiere gab. Ausdrücklich erwähnt wurde dies allerdings nicht.

Ende des 19. Jahrhunderts hielt man vereinzelt Bestände mit ausschließlich weißen Tieren, und nach der Jahrhundertwende wurden weiße hornlose Schnucken züchterisch getrennt erfaßt. Von einer gehörnten weißen Heidschnucke war auch damals noch nicht die Rede. Diese wurden offenbar erst nach dem Ersten Weltkrieg in Reinzucht gehalten (Abb. 169, Abb. 170).

1949 gründete man den »Verband Lüneburger Heidschnuckenzüchter e. V.«, der 1950 bereits 62 Mitglieder mit 31 000 Schafen zählte. Damals wurde das Zuchtziel neu festgelegt, wobei schon auf die Bedeutung der Heidschnucke für die Landschaftspflege hingewiesen wurde. Von diesem Zeitpunkt an gilt die Weiße Gehörnte Heidschnucke als eigenständige Rasse (Abb. 170). Sie hatte nie ein zusammenhängendes Zuchtgebiet. Die Herden, insbesondere die Stammherden, waren über das gesamte Weser-Ems-Gebiet verteilt. Allerdings gab es einige Schwerpunkte der Zucht mit dem Zentrum Cloppenburg; dort fand auch wiederholt der »Tag der Heidschnucken« statt. Auf der

Graue Gehörnte Heidschnucke

Heute ist eine angemessene Ernährung des Muttertieres durch zusätzliche Kraftfuttergaben unproblematisch. Daher ist die Aufzucht von zwei Lämmern zumutbar. Man ist jetzt bestrebt, den Anteil der Zwillingsgeburten zu erhöhen. Anfang der 80er Jahre wurde geprüft, wie sich die Einkreuzung von Romanovschafen auswirkt. Zwar konnte hierdurch die Fleischleistung verbessert werden, aber die Qualität der Felle, die einen nicht unerheblichen Marktwert besitzen, verschlechterte sich eindeutig.

Die Graue Gehörnte Heidschnucke ist heute fast eine mittelgroße Rasse. Beide Geschlechter sind gehörnt. Die Hörner der männlichen Tiere sind schneckenförmig gedreht (Abb. 163), die der Muttern sichelförmig nach hinten gebogen (Abb 164). Der Kopf ist länglich und keilförmig; die kleinen Ohren stehen schräg aufwärts. Der Rumpf ist tief und geschlossen, der Brustkorb gut gewölbt, das Fundament fein und trocken, die Klauen hart. Kopf und Beine sind glänzend schwarz und unbewollt. Zuchtziel ist ein silbergraues Vlies mit schwarzem Brustlatz. Die grobe Mischwolle steht im Sortiment E–EE (40–45 µ). Die Lämmer werden schwarz geboren; die rassetypische graue Farbe erscheint erst nach der ersten Schur.

Die Erstzulassung geschieht im Alter von 18 Monaten, die Schnucke ist spätreif. Da die Futtergrundlage besser geworden ist, selektiert man nicht mehr auf Einlinge. Im Durchschnitt wird ein Ablammergebnis von 120% und ein Aufzuchtergebnis von 106% erreicht. Die Wolleistung liegt bei 3,5–4,5 kg (Böcke) bzw. 2,0–2,5 kg (Muttern) Rohwolle bei einem Reinwollgehalt von 60%. Eine zusätzliche Einnahmequelle besteht im Verkauf dekorativer Felle. Das fettarme Fleisch der Grauen Gehörnten Heidschnucke gilt wegen seiner Zartheit und des wildartigen Geschmacks als Delikatesse. Es gelten folgende Körpermaße:

	Böcke	Muttern
Widerristhöhe (cm)	67	60
Körpergewicht (kg)	75–80	45–50

In bezug auf das anzustrebende Gewicht gibt es heute allerdings zwei Richtungen. Die Besitzer von Herden zur reinen Landschaftspflege bevorzugen den leichteren Typ, während verständlicherweise schwerere Tiere angestrebt werden, wenn gute Schlachtkörper gewünscht werden. Solche Schnucken sind dann allerdings auch anspruchsvoller in der Fütterung. Wie weit diese unterschiedlichen Zuchtziele eines Tages zur Aufspaltung der Zucht führen, ist noch nicht zu übersehen.

1992 gab es fünf Stammzuchten (in Niedersachsen) und ca. 50 Herdbuchbetriebe. Der »Verband Lüneburger Heidschnuckenzüchter e. V.« hat 200 Mitglieder. Die Zahl der Heid-

Abb. 163. Bock der Grauen Gehörnten Heidschnucke.

Abb. 164. Graue Gehörnte Heidschnucke. Mutterschafe mit Lämmern, die stets schwarz sind.

schnucken – alle drei Rassen zusammengenommen – beträgt ca. 39 000. Es darf davon ausgegangen werden, daß es sich bei ²/₃ dieser Tiere um Graue Gehörnte Heidschnucken handelt. Ihr Gesamtbestand liegt also bei 26 000. Nach grober Schätzung ist von 15 000 etwa bis 18 000 Mutterschafen auszugehen.

Herausragendes Ereignis ist jährlich der Heidschnuckentag in Müden/Oertze. Hier werden die besten Zuchttiere aus der gesamten Bundesrepublik ausgestellt und gekört. Bei der dieser Veranstaltung angeschlossenen Auktion erzielten Böcke in den letzten Jahren durchschnittlich Preise von 1000–1400 DM.

Weiße Hornlose Heidschnucke, Moorschnucke

Bis zur Mitte des 19. Jahrhunderts sprach man immer nur von der Heidschnucke. Diese war gewöhnlich grau, gelegentlich auch schwarz oder braun. Schnee (1819, zit. in Hagen 1926) betonte, daß Schnucken nie weiß seien. Gerike (1804) bezeichnet Schnucken dagegen als »meistens gefärbt«; es werden also auch weiße Exemplare vorgekommen sein. Fitzinger (1859) schreibt ausdrücklich, daß gelegentlich auch weiße Schnucken vorgekommen seien, und Mentzel (1859) nennt die weiße Farbe gar an erster Stelle. Schon wenige Jahre später spricht Bohm (1878) von weißen Schnuckenzuchten. Es entsteht der Eindruck, daß die weißen Tiere im Verlaufe der Zeit zugenommen haben. Ob es sich dabei um hornlose oder gehörnte Tiere gehandelt hat, wird nicht erwähnt. Um 1800 werden Heidschnucken noch als ausschließlich gehörnt, schon wenig später (Petri 1825) aber als »gewöhnlich« gehörnt bezeichnet. Es muß also auch hornlose Tiere gegeben haben; damit wären weiße, hornlose Schnucken schon damals möglich gewesen.

Die 1899 gegründete Landwirtschaftskammer für die Provinz Hannover errichtete 1905 einen Ausschuß, um die Schafzucht zu fördern. Der Ausschuß hatte die Aufgabe,

»Eliteherden für die in der Provinz bodenständigen Schafe zur Heranzucht von guten männlichen und weiblichen Zuchttieren einzurichten.«

Bei diesen Eliteherden wurde zwischen der weißen und der dunklen Heidschnucke unterschieden. Bei der weißen handelte es sich offenbar ausschließlich um den hornlosen Typ.

Hagen (1926) vermutet, daß es um die Jahrhundertwende noch mehr graue als weiße Heidschnucken gegeben habe. Nach dem Ersten Weltkrieg galt dies nicht mehr. 1919 wurden 57 815 graue und 111 219 weiße Schnucken gezählt. Schon vor 1922 wurde die Weiße Hornlose Heidschnucke im »Verband der Schafzuchtvereine für den Regierungsbezirk Stade« als eigene Abteilung geführt.

Damals galt folgendes Zuchtziel (Butz 1922):
»Der Körperbau soll feinknochig und nicht groß sein. Der Kopf wird klein gewünscht und darf keine Hörner tragen. Die Beine sollen gut gestellt sein, damit das Schaf mühelos weite Märsche zurücklegen kann. Die schlichte, haarartige, lange Wolle soll von gleichmäßig weißer Farbe sein (Abb. 165). Den Schafen muß eine große Widerstandsfähigkeit und Genügsamkeit innewohnen.«

Die Weiße Hornlose Heidschnucke war damals mit 1,5 Jahren zuchtreif. Sie hatte sich als der beste Futterverwerter der Heideflächen bewährt und lieferte selbst bei kärglichem Futter recht befriedigende Erträge. Das Fleisch war wildbretartig und außerordentlich wohlschmeckend; die Wolle besaß bei hohem Rendement E-Feinheit (40–41 µ). Die Lammzeit fiel in die

Weiße Hornlose Heidschnucke

Monate Februar bis Mai. Lämmer verbrachten die ersten Lebenswochen im Stall bei der Mutter und erhielten etwas Heu als Beifutter. Im Sommer wurden den Schafen Heide und schlechte Wiesen als Weideflächen zugewiesen.

Einmal im Jahr nahm der Zuchtleiter mit zwei oder drei vom Verband gewählten Landwirten eine Körung vor. Die dem Zuchtziel entsprechenden Schafe wurden zunächst in das Körbuch eingetragen. Diese Eintragungen wurden später von der Geschäftsstelle in das Zuchtregister übertragen. Bis 1922 registrierte man 60 Böcke und 300 Muttern (Butz 1922). Von der Geschäftsstelle des Verbandes wurden von Zeit zu Zeit Auktionen veranstaltet.

Die weißen hornlosen Schnuckenböcke hatten ein Gewicht von durchschnittlich 50 kg, die Muttern wogen im Mittel 35 kg. Die Widerristhöhe der Böcke betrug 65 cm, die der Muttern 60 cm. Bei ausreichender Weide sollen weiße Schnucken im Spätherbst sogar ein Gewicht bis 45 kg erreicht haben, während die grauen nur bis auf 40 kg kamen. Sie wurden 1926 hauptsächlich im Westen der Lüneburger Heide – in den Flußniederungen der Regierungsbezirke Osnabrück und Stade, in den Kreisen Sulingen, Stolzenau, Diepholz und Syke – gehalten. In Südoldenburg war zu dieser Zeit die Hälfte der Schnucken weiß. Außer reinweißen Schnucken gab es solche mit gelblichen und braunen Flecken an Kopf und Gliedmaßen (Hagen 1926).

Die weiße Heidschnucke soll an die Ernährung größere Ansprüche gestellt haben als die graue. Man rechnete bei ihr mit $^2/_3$ Grasweide und $^1/_3$ Heidweide. Dies mag mit Einkreuzungen von anspruchsvolleren Rassen zusammenhängen, von denen die weiße Farbe stammen könnte. Verschiedentlich wurden in kleinerem Umfang weiße Heidschnucken mit anderen Rassen gekreuzt, um fleischigere Tiere und schwerere Mastlämmer zu erzeugen. Empfohlen wurden Oldenburger Marschschafböcke, das Leine- sowie das Bentheimer Schaf. Vielleicht führten diese Einkreuzungen dazu, daß weiße Schnucken schwerer waren als graue.

Eine der größten Zuchten weißer Heidschnucken befand sich im Kreis Sulingen. Der durchschnittliche Bestand umfaßte 700 Mutterschafe, 30 Böcke und eine entsprechende Zahl von Lämmern. Dieser Bestand des Freiherrn von Lepel wurde in drei Herden geweidet. Es handelte sich vorwiegend um hornlose Tiere. Gelegentlich auftretende gehörnte Schafe wurden von der Zucht ausgeschlossen.

In den 40er Jahren war die Weiße Hornlose Heidschnucke vornehmlich in den Geest- und Moorgebieten verbreitet, die sich als westliche Ausläufer der Lüneburger Heide über die Kreise Bremervörde, Rotenburg und Verden erstreckten, sowie im Raum Diepholz, Sulingen und Uchte. 1936 betrug der Heidschnuckenanteil im Kreis Diepholz 94,3%, in Rotenburg 78,9% und im Kreis Bremervörde 65,7%. Es wird zwar nicht ausdrücklich erwähnt, doch spricht einiges dafür, daß es sich hier überwiegend um die Weiße Hornlose Heidschnucke handelte (Böhling 1942). Die Körpergewichte betrugen damals im Mittel 40 kg, die Schur erbrachte 1,65 kg Wolle (8-Monats-Wolle). Altböcke kamen auf ein Gewicht von 53 kg. Das Ablammergebnis betrug im langjährigen Mittel 94,5%; nur ca. 1,5% der älteren Schafe brachten Zwillinge zur Welt.

Unglücklicherweise werden die drei Heidschnuckenrassen seit jeher statistisch nur gemeinsam erfaßt. Es gibt deshalb keine Angaben über die Bestandsentwicklung der einzelnen Schnuckenarten. In den ersten Jahrzehnten nach dem Zweiten Weltkrieg konnte man wenig über die Weiße Hornlose Heidschnucke hören (Abb. 166). Es schien, als sollte Böhling (1942) mit seiner Befürchtung recht behalten, daß der Fortbestand dieser Rasse fraglich sei. Dank des besonderen Engagements von zwei Züchtern gelang es dem Landesschafzuchtverband in Hannover, die Herdbuchzucht aufrechtzuerhalten und ab 1974 auszubauen. Ursache für die steigende Beliebtheit war nicht ein Interesse an der Rasse selbst. Es hatte sich nach einigen Fehlschlägen herausgestellt, daß die Weiße Hornlose Heidschnucke sehr gut geeignet war, Moore und Feuchtgebiete zu erhalten bzw. deren ursprünglichen Charakter wiederherzustellen. Konsequenterweise bürgerte sich zuneh-

Schafe

Abb. 165. Elitemutterherde weißer (meist hornloser) Heidschnucken der Arbeiterkolonie Freistatt bei Varrel, um 1925.

Abb. 166. Weiße Hornlose Heidschnucke mit Lamm, um 1950.

Abb. 167. Moorschnucke.

ersten Veranstaltung stellte Gerhard Rolfes, Bösel, ein über Jahrzehnte die Zucht bestimmender und bis in die 90er Jahre hinein noch aktiver Züchter, den Siegerbock. Auch bei allen übrigen ausgezeichneten Böcken wurden die eindrucksvolle Rumpftiefe und die kräftigen Beine gelobt. Die Prämierung war gleichzeitig eine Absatzveranstaltung. Mit Freude wurde festgestellt, daß die Preise 1960 25% über denen des Vorjahres lagen. Den Spitzenpreis erzielte ein Bock, für den DM 150,- erlöst wurden.

Gelobt wurde der vorzügliche, wildbretartige Geschmack des Fleisches; es galt als Delikatesse. So manche Schnucke soll sich in einer Hotelküche in Rehbraten verwandelt haben, ohne daß dies aufgefallen sei.

Die Weiße Gehörnte Heidschnucke ist ein kleines, mischwolliges Landschaf, das für die Beweidung von Heide- und Moorflächen besonders geeignet ist. Es besitzt einen langen, keilförmigen Kopf mit schneckenförmigen Hörnern bei den Böcken (Abb. 173) bzw. nach hinten gebogenen Hörnern bei den weiblichen Tieren. Die Rippen sind gut gewölbt, das Fundament ist fein. Weiße Gehörnte Heidschnucken sind genügsam, widerstandsfähig und besonders geeignet für die Pflege von Heideflächen. Die Erstzulassung der Jungschafe geschieht mit 18 Monaten, ist aber auch früher möglich. Hervorzuheben sind die leichte Lammung und die guten Muttereigenschaften. Das Ablammergebnis liegt bei 100–110%. Gegenwärtig wird nachstehendes Zuchtziel verfolgt:

	Körpergewicht (kg)	Vliesgewicht (kg)
Altböcke	70–75	3,5
Jährlingsböcke	60–70	3,0
Lammböcke (6 Monate)	40	–
Mutterschafe	40–50	1,8
Jährlingsschafe	40	2,0

Diese Rasse kommt vor allem in Südoldenburg und im Emsland vor, doch gibt es beachtliche Zuchten auch außerhalb des ursprünglichen Zuchtgebietes (z. B. bei Rendsburg in Holstein sowie in Rheinland-Pfalz). Völlig grundlos ist der Weißen Gehörnten Heidschnucke der Aufschwung, den andere Landrassen hatten, versagt geblieben. Es fehlt nicht an der Leistung, sondern an einer geeigneten Lobby. Im Ursprungsgebiet der Rasse gibt es gegenwärtig nur einen Bestand, der in Hüteschafhaltung gehalten wird.

Die Zahl der Betriebe und Herdbuchtiere blieb in den letzten Jahrzehnten weitgehend konstant, war jedoch stets klein (Tab. 69). 1991 gab es nur noch zwölf Herdbuchbetriebe (Abb. 172).

Abb. 169. Weiße Gehörnte Heidschnucken um 1930 beim Eintrieb in den Stall.

Tab. 69: Bestandsentwicklung bei der Weißen Gehörnten Heidschnucke.

Jahr	Herdbuch-Betriebe	Tiere insgesamt	Herdbuchtiere
1969	13	2000	104
1973	13	1800	157
1977	12	2050	167
1981	11	1800	168
1985	10	500	122
1989	12	700	160
1991	12	1500	189

Schafe

Abb. 170.
Weiße Gehörnte Heidschnucken (rechts der Bock) um 1950.

Abb. 172.
Prachtvolle Böcke der Weißen Gehörnten Heidschnucke.

Abb. 171.
Bock der Weißen Gehörnten Heidschnucke um 1940.

Abb. 173.
Der Adel der Weißen Gehörnten Heidschnucke kommt besonders im Kopf von Altböcken zum Ausdruck.

Bentheimer Landschaf

Weder bei Fitzinger (1859) noch bei Mentzel (1859) wird, dem Namen oder dem Aussehen nach, diese Rasse erwähnt. Erste Hinweise auf das Bentheimer Schaf – zwar nicht dem Namen, aber doch dem Typ nach – finden sich bei May (1868). Er beschreibt das »gewöhnliche deutsche Schaf«, das seine Verbreitung von den südlichen Niederlanden bis zur Schweiz und von Frankreich bis Böhmen hatte. Vorzugsweise soll es in Franken, Schwaben, Württemberg, Thüringen, Mecklenburg und einigen Rheingegenden vorgekommen sein. Da diese Rasse sich in der zweiten Hälfte des 16. Jahrhunderts vom Unterrhein ausgebreitet haben soll, wurde sie in vielen Gegenden auch »rheinisches« oder »flämisches« Schaf genannt. Die Wolle dieser Tiere war weiß; die behaarten Körperteile (Kopf und Beine) konnten weiß, aber auch mit dunklen Pigmentflecken versehen sein und glichen damit den Bentheimer Landschafen.

Dieses Schaf wird in der zweiten Hälfte des 19. Jahrhunderts als ziemlich groß geschildert. Größere Exemplare hatten ein Lebendgewicht von 45–50 kg. Der Kopf war kräftig und etwas geramst, Hörner fehlten. Rücken und Becken waren ziemlich breit. Der bewollte Schwanz reichte bis unter die Sprunggelenke. Schultern und Keulen sollen fleischig gewesen sein. Die Beine waren von mittlerer Länge. Hervorgehoben wird die Ausdauer der Tiere im Gehen.

Die Wolle war feiner als die grobe Wolle der Zaupelschafe und neigte zu Wellungen. Man würde solche Tiere heute wohl als schlichtwollig bezeichnen. Dieses »deutsche Schaf« besaß eine kräftige Konstitution und ertrug das Pferchen sehr gut. Die Rasse war sehr mastfähig; Zwillingsgeburten kamen häufig vor.

Ungefähr seit 1870 verlor die Schafhaltung in Deutschland immer mehr an Bedeutung; die Bestände gingen stark zurück. Aus dieser Entwicklung zog man in der Provinz Hannover folgende Schlüsse:
1. Es darf nicht die Meinung aufkommen, als ob derjenige Landwirt, der sich mit der Schafhaltung beschäftigt, rückständig in seinem Berufe sei.
2. Notwendig ist, daß die Schafzucht, die man eben treibt, auch rationell betrieben wird.
3. Als ein weiteres Ziel wird die Bildung von Eliteherden zur Abgabe von Zuchtmaterial bezeichnet.
4. Im lokalen Ausstellungswesen sollen auch die Schafe die entsprechende Berücksichtigung finden und für die einzelnen Gegenden die Festlegung von Typen in Angriff genommen werden.
5. Endlich soll die Landwirtschaftskammer eine Kommission von Sachverständigen einsetzen, um diesem Zweig des Landwirtschaftsbetriebes dauernd die gebotene Aufmerksamkeit zu schenken (Herter und Wilsdorf 1918).

Durch das kräftige Eintreten der Landwirtschaftskammer wurden die Verhältnisse in der Provinz Hannover daraufhin deutlich verbessert. Unter anderem stellte man zwei Musterherden für das an der Ems heimische Bentheimer Schaf auf. Die eine der Musterschafherden befand sich in Nordfohme, die andere in Rheitlage.

An anderer Stelle wird bei Herter und Wilsdorf das sogenannte Bentheimer Schaf erwähnt. Demnach scheint es sich beim Bentheimer vor 1918 noch nicht um eine fest umrissene, klar definierte Rasse gehandelt zu haben.

Ursprünglich war das Bentheimer Landschaf in der niederländischen Provinz Drenthe beheimatet. Von dort kam es in die angrenzende Grafschaft Bentheim und auch nach Lingen. Vor allem brachte man Böcke aus den Niederlanden, die mit bodenständigen Heideschafen (die aber keine Schnucken waren) gekreuzt wurden. Das Vordringen der Böcke aus den Niederlanden und damit die Entstehung der Rasse wurde durch zwei Umstände begünstigt:
1. Die alten Heideschafe erhielten als Winterfutter nur Stroh. Durch Einführung des Kunstdüngers waren die Wiesen ergiebiger geworden. Man erntete mehr Heu und konnte sich

dadurch anspruchsvollere Schafe mit einem höheren Schlachtgewicht leisten.

2. Die Nachfrage nach Bentheimer Schafen war im Ausland nach 1900 groß. Die Jährlingshammel gingen im Frühjahr über die Grüne Grenze in die Niederlande. Sie wurden dort ausgemästet und dann nach Belgien weiterverkauft.

Das Bentheimer Schaf wurde Anfang des 20. Jahrhunderts als hochbeiniger und gestreckter als die Heidschnucke geschildert. Das Schlachtgewicht der ausgewachsenen Tiere betrug 35–40 kg. Die Farbe war weiß, die schlichte Wolle etwas feiner als die der Heidschnucke; zudem fehlten die haarartigen langen Strähnen der Schnucke. Die Wollmenge betrug 3,5–4 Pfund. Bentheimer Schafe waren hornlos. Der Kopf war flach und länglich, die Ohren groß und manchmal herabhängend. Kennzeichnend waren schwarze Platten zu beiden Seiten des Kopfes sowie ein langer, bewollter Schwanz, der beinahe die Erde berührte und Ähnlichkeit mit der Rute eines Fuchses hatte. Die Böcke besaßen eine mehr oder weniger ausgeprägte Ramsnase.

Damals wurde das Bentheimer Schaf vor allem in Heidegebieten gehalten, doch trieb man es auch auf Grasweide, die es gut ausgenutzt haben soll. Weidegang fand das ganze Jahr hindurch statt. Im Winter fütterte man Heu und Stroh zu. Die Zulassung der Mutterschafe begann Anfang September; Mitte Oktober wurden die Böcke aus der Herde genommen. Bei guter Haltung und Pflege warfen ungefähr 25% der Muttern Zwillinge. Das Fleisch des Bentheimer Schafes soll weniger zart und wohlschmeckend als das der Heidschnucke gewesen sein, wurde aber dennoch sehr geschätzt.

Bei »verhältnismäßig guten Leistungen« war das Bentheimer Schaf recht widerstandsfähig und fast ebenso anspruchslos wie die Heidschnucke. Man hielt es deshalb zur Zeit des Ersten Weltkriegs für gerechtfertigt, die Rasse rein weiterzuzüchten.

Die züchterische Bearbeitung des Bentheimer Schafes begann 1934. Schon wenig später wurden Stammherden geschaffen (Abb. 174). Man entwickelte die Rasse damals insbesondere in den Kruppschen Herden in Meppen systematisch weiter. In der Statistik der Viehzählung von 1935/36 wird diese Rasse jedoch nicht aufgeführt.

Ende der 30er Jahre war die Verbreitung des »Bentheimer Schafes«, so hieß die Rasse damals, sehr gering (Arcularius 1939). Sie beschränkte sich im wesentlichen auf die Kreise Bentheim und Lingen im Emsland. Hervorgehoben wurde, daß das Bentheimer Schaf nicht zu den Heidschnucken gehört und auch nicht durch Kreuzung mit weißen Heidschnucken entstanden ist.

Abb. 174.
Bentheimer Landschaf (Bock) 1935.

Bentheimer Landschaf

Das Bentheimer Schaf der damaligen Zeit war groß, hochbeinig und besaß einen langen Rücken. Es galt als außerordentlich gängig und konnte täglich mühelos 10 km zurücklegen. Der Kopf war schmal, ungehörnt und besaß eine schwarze Zeichnung um die Augen. Böcke hatten mäßig ausgeprägte Ramsnasen. Bentheimer Schafe besaßen große, an den Spitzen schwarze Ohren. Die Klauen waren hart und widerstandsfähig; Moderhinke kannte man nicht. Das Gewicht von Böcken betrug 75–80 kg, das von ausgewachsenen Mutterschafen 50–60 kg. Diese Angaben galten auch noch bis weit in die Nachkriegszeit hinein (Schmidt et al. 1953; Hammond et al. 1961).

Die reinweiße Wolle hatte eine D-DE-Feinheit (34–40 µ). Das Vlies war im Gegensatz zur Heidschnucke nicht misch- sondern schlichtwollig (Abb. 175). Die jährliche Wollmenge betrug 3–4 kg; vereinzelt kamen Schurgewichte bis zu 6 kg vor. Ursprünglich soll das Bentheimer Schaf einen unbewollten Bauch besessen haben. Solche Schafe wurden von den Schäfern geschätzt, da das Scheren des Bauches schwierig war. Später achtete man jedoch auf einen gut bewollten Bauch.

Die Zuchtreife lag bei 1,5 Jahren. Das Bentheimer Schaf galt als sehr fruchtbar; 30–60% der Muttern brachten Zwillinge. Im allgemeinen rechnete man mit einem Ablammergebnis von 150%. Das gute Gedeihen der Lämmer wurde auf den Milchreichtum der Muttern zurückgeführt. Meist ließ man jedoch bei Zwillingsgeburten nur ein Lamm bei der Mutter, das andere wurde mit der Flasche aufgezogen.

In Niedersachsen machte das Bentheimer Schaf 1952 3,20% des Schafbestandes aus. Beim Gesamtschafbestand der Bundesrepublik ergab das einen Anteil von 0,9%.

Das Bentheimer Landschaf gilt auch heute noch als widerstandsfähig und anspruchslos. Es zeichnet sich durch eine leichte Ablammung aus und besitzt gute Muttereigenschaften. Im Verlauf der Zeit ist die Rasse frühreifer geworden; eine Erstzulassung ab sieben Monaten ist möglich. Mit folgenden Leistungen kann gerechnet werden:

Abb. 175. Bentheimer Landschaf, etwa 1950.

	Körpergewicht (kg)	Vliesgewicht (kg)	Ablammergebnis (%)
Altböcke	75–80	4–5	–
Jährlingsböcke	70	4–5	–
Lammböcke (6 Monate)	45–50	–	–
Mutterschafe	50–65	2,5–3,5	130–150
Jährlingsschafe	45–50	3–4	100

Anfang der 80er Jahre stand nur noch eine einzige Herde mit ca. 600 Tieren in Hütehaltung. Der Rückgang der Rasse wurde im wesentlichen auf die Vernichtung der Moor- und Heideflächen zurückgeführt. Vorübergehend glaubte man die Rasse erhalten zu können, indem man schwerere Tiere züchtete. Dieser Versuch, den Fleischrassen Konkurrenz zu machen, ist jedoch problematisch. Die Bentheimer wurden anspruchsvoller und waren dadurch und wegen des gestiegenen Körpergewichts kaum noch für die Beweidung von Mooren und deren Randgebieten tauglich (Abb. 176).

Schafe

Tab. 70: Bestandsentwicklung beim Bentheimer Landschaf.

Jahr	Herdbuch-Betriebe	Anzahl der Tiere insgesamt	Herdbuch-tiere
1965	–	–	168
1970	6	400	50
1975	7	600	106
1980	9	800	81
1984	8	800	190
1986	11	800	201
1989	21	1250	389
1991	21	2000	471

Die Zahl der Betriebe und Tiere zeigt in den letzten Jahrzehnten eine leichte Aufwärtstendenz. Dagegen war die Zahl der Herdbuchtiere früher Schwankungen unterworfen (Tab. 70).

Abb. 176.
Bock
des Bentheimer
Landschafes.

Leineschaf

In den Landkreisen südlich von Hannover wurden in der ersten Hälfte des 19. Jahrhunderts drei Schafrassen gezüchtet: In den Hügeln an der Leine war es ein feinknochiges Tier mit loser Wolle, auf dem Eichsfeld hielt man ein starkknochiges Schaf mit unterschiedlichem Vlies und in den Niederungen der Flüsse Leine, Oker, Fuhse und Wietze gab es das »Rheinische Schaf«. Dies war ein schlichtwolliges Landschaf, das wohl aus Tieren gezüchtet oder mit denen gekreuzt worden war, die man aus der Rheinebene bezogen hatte. Aus diesen drei Rassen wurde kurz nach der Mitte des 19. Jahrhunderts das Leineschaf herausgezüchtet. Vermutlich haben auch weißköpfige englische Rassen, u. a. Leicester-, Cotswold- und Lincolnschafe, zur Formung des Leineschafes beigetragen. Ihre Einkreuzung läßt sich jedoch nicht eindeutig belegen. Zunächst waren auch die Namen Weser- und Allerschaf gebräuchlich; diese Rassebezeichnungen wurden aber bald nicht mehr verwendet (Böhling 1942).

Die erste eingehende Beschreibung stammt von Bohm (1878):

»In der Provinz Hessen-Cassel und darüber hinaus in das Lippe'sche bis an den Harz und nach Süd-Hannover hinein, finden wir einen Schlag des deutschen schlichtwolligen Schafes, welches sich in seinem Äußeren schon mehr vom Grundtypus abhebt. Bei beiden Geschlechtern ungehörnt, von eher größerer als kleinerer Statur als das Rhönschaf (das ebenfalls zum »schlichtwolligen deutschen Schaf« gehörte), zeigt dasselbe fast durchweg weiße Gesichter. Auch ist die Wolle fast ganz schlicht, hat gar keine Wellungen, nicht einmal in der äußersten Spitze, dabei aber einen recht sanften Angriff. Der Stand auf der Haut ist ein ziemlich dichter, auch scheint der Besatz des Bauches ein mehr befriedigender zu sein, als bei dem Rhön- und dem rheinischen Schafe. Dasselbe ist in den verschiedenen Distrikten unter verschiedenen Namen bekannt. So treffen wir

Leineschaf

es in dem Kreise Einbeck des Regierungsbezirkes Hildesheim unter dem Namen Leineschaf.«

Als Folge der gesunkenen Wollpreise versuchte man um 1870, das Leineschaf durch verschiedene Einkreuzungen wirtschaftlicher zu machen. Zur Veredelung wurden Leicester-, Cotswold- und Frankenschafe eingekreuzt. Die Nachzucht war jedoch unbefriedigend: Sie war weniger genügsam, auch hatten Widerstandsfähigkeit und Marschfähigkeit gelitten. Nach einer Zeit erheblicher Richtungslosigkeit brachte 1906 das Eingreifen der landwirtschaftlichen Organisationen Klarheit und Fortschritte. Die Schafe mit überwiegend fremdem Blut wurden ausgemerzt, und mit den noch vorhandenen reingezogenen Leineherden vollzog sich ein systematischer Aufbau. Durch Verbesserung von Pflege und Ernährung sowie durch planmäßige Auslese paßte man das Leineschaf den damaligen Erfordernissen an.

Das Zuchtziel sah ein tiefes, knochiges Tier mit breitem Rücken, vollen Lenden und guten Keulen vor. Besonderen Wert legte man auf einen guten Wollbesatz und eine weitgehende Ausgeglichenheit des Gesamtvlieses in C-Feinheit (29–31 µ). Die häufig vorkommenden Tiere mit D- und auch die mit B-Wollen schieden also aus. Als charakteristische Merkmale galten: ein langer, schmaler, unbewollter und hornloser Kopf mit Ramsnase und dünnen Lippen. Lange, in Ruhestellung zum Herabhängen neigende Ohren. Ein langer Hals, tiefe Brust, langgestreckter Rücken und feste, unbewollte Beine mit harten Klauen. Von einer konsequenten Zucht konnte erst gesprochen werden, seit die Landwirtschaftskammer für die Provinz Hannover 1906 vier Eliteherden gegründet hatte.

Der gesunkene Wollpreis veranlaßte viele Schafzüchter in der Provinz Hannover vor und nach der Jahrhundertwende, die Schafhaltung aufzugeben. Während 1864 in der Provinz Hannover noch 2,2 Millionen Schafe gehalten wurden, waren es 1913 nur noch 0,4 Millionen. Die Landrassen, und mit ihnen das Leineschaf, sollen diese Zeit der Rezession besser überstanden haben als viele Hochleistungsrassen.

Zollikofer (1918) überrascht diese Entwicklung nicht. Seine Ausführungen sind so bemerkenswert, daß sie als Zitat wiedergegeben werden sollen:

»Manchmal wurde die Spätreife als Anlaß genommen, um die Landschafe durchweg hinter die anderen Schafrassen zu stellen. Auch die geringeren Woll- und Fleischerträge sind gegen die

Abb. 177. Zweijähriger Leineschaf-Bock, 1909.

Abb. 178. Vierjähriges weibliches Leineschaf, 1909.

Erhaltung der Landschafe ins Feld geführt worden. Die Vorteile der Landschafrassen wurden dabei ganz übersehen. Wenn die Landschafe in mancher Beziehung noch verbesserungswürdig sind und Mängel aufweisen, so ist dieses auch darauf zurückzuführen, daß ihrer Zucht lange Jahre hindurch bei weitem nicht die Aufmerksamkeit zugewandt worden ist, als der Zucht der edleren Schafe. So hatten sich im Laufe der Zeit in der Zucht der Landschafe, die vorwiegend in den Händen bäuerlicher Züchter lag, große Fehler eingeschlichen. Besonders nachteilig wirkte die oft längere Jahre getriebene enge Verwandtschaftszucht, dann die schlechte Auswahl der Böcke, mangelhafte Pflege der Böcke usw. Eine unverdiente Geringschätzung wurde der Wolle der Landschafe zuteil. Heute weiß man auch den Wert der Wolle der Landschafe zu schätzen. Manchmal hat es den Anschein, als ob der rechte Wert und die gute Brauchbarkeit der Wolle der Landschafe den Landschafzüchtern gegenüber verschwiegen worden wäre. Es ist zwar nicht zu leugnen, daß, auch in engbegrenzten Zuchtgebieten der Landschafe, die Wolle an Einheitlichkeit noch viel zu wünschen übrig läßt. Wenn aber die Zuchten in den verschiedenen Gebieten erst einheitlicher geworden sind, dann wird es auch nach dieser Richtung hin besser werden.«

Seit 1906 wurde durch eine Entscheidung der Landwirtschaftskammer der Provinz Hannover folgendes Zuchtziel festgelegt: Ein langschwänziges, schlichtwolliges, genügsames Landschaf von reinweißer Farbe ohne dunkle Flecken (Abb. 177 und 178). Kleine dunkle Flecken an den Augenlidern wurden geduldet. Der Körper des Leineschafes war langgestreckt. Es hatte einen langen, spitzen, feinen, kahlen Kopf ohne Hörner; dünne Lippen; lange, blanke Ohren, die Neigung zum Herabhängen hatten; einen verhältnismäßig langen Hals; schräge Schultern.

Der untere Teil der Beine sowie der Kopf war mit Stichelhaaren besetzt. Die Brust war mehr tief als breit, was als Zeichen einer befriedigenden Fleischfülle gewertet wurde. Der Rumpf war gestreckt (dies wurde als Zeichen guter Wüchsigkeit angesehen), der Rücken fest, die Kruppe breit, die Schenkel gut bemuskelt.

Die schwach gewellte Wolle, die damals, bezogen auf das gesamte Zuchtgebiet schon eine befriedigende Ausgeglichenheit zeigte, entsprach dem C-D-Sortiment (29–36 µ). Sie bedeckte den Körper gleichmäßig. Das durchschnittliche Schurgewicht betrug 6–8 Pfund. Anfang des 20. Jahrhunderts war das Leineschaf widerstandsfähig gegen Krankheiten und Witterungseinflüsse und verhältnismäßig fruchtbar. Zwillingsgeburten waren nicht selten. Offenbar pflanzte die Rasse sich saisonal fort.

Die Qualität des Leineschafes am Anfang des 20. Jahrhunderts läßt sich an der Nachfrage ablesen. Diese Rasse wurde außer in der Provinz Hannover in Thüringen, Hessen, Braunschweig und Mecklenburg gehalten. 1936 gab es Leineschafe nahezu ausschließlich in den Ländern Preußen und Braunschweig (Tab. 71). Innerhalb von Preußen war der Regierungsbezirk Hildesheim mit 49 866 Tieren (64,6%) Zuchtzentrum. 1937 gab es im Deutschen Reich 77 375 Leineschafe; das waren 1,65% des gesamten Schafbestandes.

Vor dem Zweiten Weltkrieg bestand beim Leineschaf folgendes Zuchtziel (Doehner 1939): Ein frohwüchsiges, gesundes, marschfähiges, besonders zum Pferchen geeignetes Schaf mit großer Widerstandsfähigkeit gegen

Tab. 71: Verbreitung des Leineschafes in Deutschland 1936 (Statistisches Reichsamt 1937).

Land	Zahl der Tiere	Anteil in %
Preußen	71 726	92,70
Bayern	47	0,06
Baden	9	0,01
Hessen	3	0,00
Hamburg	1	0,00
Mecklenburg	127	0,16
Braunschweig	5 446	7,04
Lippe	3	0,00
Lübeck	2	0,00
Schaumburg-Lippe	2	0,00
Saarland	9	0,01
Zusammen	77 375	100,00

Witterungs- und Haltungseinflüsse, mit guter Fruchtbarkeit und Säugeleistung.

Kopf: Beim weiblichen Schaf lang, schmal, fein, ohne Hörner, mit Ramsnase gelitten. Kopf des Bockes hornlos, kürzer und gröber, aber doch edel. Augen lebhaft. Schwarze Augenlider, Grannenhaare über den Augen. Weiße Stichelhaare im Gesicht sind unerwünscht.
Ohren: Lang, glatt, zum Herabhängen neigend.
Hals: Breit angesetzt, mittellang.
Vorhand: Schräg gelagerte Schulterblätter. Widerrist keineswegs scharf und spitz.
Rumpf: Geschlossen, mittellang und tief. Brust mehr tief als breit; hervorspringendes Brustbein. Rücken gerade, breit, ohne Einsenkung hinter der Schulter; feste Nierenpartie, gute Rippenwölbung.
Hinterhand: Kruppe breit; Schwanzansatz nicht zu tief; leichte Rundung vom Kreuz bis zum Schwanzansatz. Langes und breites Becken bei weiblichen Tieren erforderlich. Volle Innen- und Außenkeulen.
Haut: Hell- bis rosafarbig; derb, aber doch edel.
Geschlechtsmerkmale: Gut ausgeprägt.
Wolle: C-Feinheit. Verlangt wird eine lange, schlichte, dichtgestapelte Wolle. Der Körper soll gut bewollt sein. Wollmangel am Unterhals und am Bauch ist fehlerhaft. Beine von der Vorderfußwurzel und vom Sprunggelenk nach unten sind mit feinen Stichelhaaren besetzt.
Vlies: Äußeres Vlies klar, gut geschlossen. Spitze, lose, offene Stapel sind fehlerhaft. Wolle muß lang abgewachsen, kräftig, elastisch und möglichst ausgeglichen sein.
Durchschnittliche Wolleistung: Bei Böcken 6–7 kg, bei Schafen 3,5–4 kg Jahresschmutzwolle. Reinwollgehalt 48%.
Lebendgewicht (nach Schur): Ältere Böcke sollten 115 kg wiegen. Mutterschafe sollten ein Gewicht von 55–65 kg haben.

Bei Leineschafen konnte mit einer Ausschlachtung von 50% gerechnet werden. Angeblich war diese Rasse als Schlachttier beliebter als andere Rassen, weil die Tiere fleischig, aber nicht zu fett waren.

Das Leineschaf galt als »außerordentlich fruchtbar« (Doehner 1939). Unter einem solchen Pauschalbegriff versteht man heute allerdings etwas anderes als damals. Die Zahl der Zwillingsgeburten lag bei 22%, die der Drillingsgeburten bei 0,2%. Das traf aber nur für Genossenschaftsherden zu; Gebrauchsherden kamen »diesen Zahlen nahe«. Nach anderen Angaben lag das Ablammergebnis im Zeitraum 1928–1932 bei 106%; 1938 war es mit 115% etwas besser. Das Schurgewicht von Jährlingen betrug in dieser Zeit nahezu 4 kg.

Das Leineschaf galt vor dem Zweiten Weltkrieg in seinem Zuchtgebiet als einheitliches, robustes Schaf von außerordentlicher Gesundheit sowie genügender Fleisch- und Wolleistung. Bei seiner Anpassungsfähigkeit war es besonders für bäuerliche und größere landwirtschaftliche Betriebe mit Böden, auf denen anspruchsvollere Rassen nicht gediehen, ein ausgezeichnetes Gebrauchsschaf. Es wurde mit Erfolg auch auf Sand- und Heideböden gehalten. Deshalb meinte Doehner (1935), daß die Ausbreitung dieser Rasse möglichst gefördert werden sollte.

Ihr Verbreitungsgebiet umfaßte 1942 die Kreise Göttingen, Duderstadt, Osterode, Northeim und Einbeck (abgesehen von den nicht unerheblichen Beständen in Sachsen und der Mark Brandenburg). Das Leineschaf hatte also im oberen Leinetal, dem nördlichen Eichsfeld und dem westlichen Harzvorland ein zusammenhängendes Zuchtgebiet, in dem mit wenigen Ausnahmen nur diese Rasse gehalten wurde. In den Tälern und auf den sich nach Süden und Westen erstreckenden Berghängen überwog der Getreide- und Hackfruchtbau, wobei ein z. T. sehr hoher Zuckerrübenanteil der Schafhaltung eine gute Futtergrundlage bot. Eine völlig andere Ernährungsbasis bildeten die »Dreische« auf den flachkrumigen Höhenzügen um das Eichsfeld und an den Ausläufern des Harzes. Dort ist Ackerbau wegen des ungünstigen Klimas kaum möglich, so daß Weiden überwogen. Da die meisten dieser Grünlandflächen aber nur geringeren Graswuchs zeigten, kamen sie als Rinderweide oder zur Heugewin-

Abb. 179.
Leineschaf.

nung nicht mehr in Frage und dienten als Schafhutung (Böhling 1942).

Für das Bundesgebiet wurde 1948 eine Schafrassenerhebung durchgeführt. Danach gab es damals 66 278 Leineschafe. Das waren 2,66% des gesamten Schafbestandes. Gleichzeitig war das Leineschaf damals noch die achthäufigste Schafrasse in der Bundesrepublik. Im Süden des Regierungsbezirks Hildesheim machte das Leineschaf noch mehr als zwei Drittel des gesamten Schafbestandes aus (Schmidt et al. 1953). Das Lebendgewicht der Böcke schwankte zwischen 100 kg und 125 kg, das der Mutterschafe betrug 55–65 kg.

Hammel hatten nach dem 2. Weltkrieg tägliche Zunahmen von durchschnittlich 225 g. Der Schlachtkörperanteil lag zwischen 48,6% und 53,4%. Bei züchterischer Selektion auf Muskelbildungsvermögen konnte die Fleischleistung der von ausgesprochenen Fleischschafrassen nahezu gleichwertig sein (Hammon et al. 1961). Folgende Durchschnittswerte wurden erfaßt:

	Böcke	Muttern
Widerristhöhe (cm)	76	74
Gewicht (kg)	90	53

Trotz aller Wertschätzung war das Leineschaf in der bisherigen Form ab den sechziger Jahren nicht mehr zu halten. Zunehmende Koppelschafhaltung, sinkende Erlöse für die Wolle und steigende Nachfrage nach fleischigen Lämmern erforderten einen anderen Typ. Man entschloß sich daher ab der Mitte der 60er Jahre, sowohl Texel- als auch Ostfriesische Milchschafe einzukreuzen.

Erwartungsgemäß entstand ein neuer Typ, der zunächst als »neues Leineschaf« bezeichnet wurde. Neben den wertvollen Eigenschaften des »alten« Leineschafes – Robustheit, leichte Geburten und geringe Aufzuchtverluste – besaß die neue Form Frohwüchsigkeit und Fleischfülle des Texelschafes sowie Fruchtbarkeit und Milchreichtum des Ostfriesischen Milchschafes.

Einkreuzungen sind höchstens zulässig, solange eine Rasse dadurch insgesamt nicht in Frage gestellt wird. Was mit dem Leineschaf geschah, überschritt jedoch deutlich ein hinnehmbares Ausmaß. Lange Zeit nach den Einkreuzungen war diese Rasse im Typ nicht einheitlich. Deutlich war den einzelnen Individuen ein erhöhter genetischer Anteil einer der Ausgangsrassen anzusehen. Zweifellos hat man nun nicht mehr das alte Leineschaf vor sich. Inzwischen hat man den Namen wieder korrigiert und spricht erneut ohne Zusatz einfach vom Leineschaf.

Den Einkreuzungen lag ein neues Zuchtziel zugrunde; die Rassebeschreibung lautet jetzt anders:

Das Leineschaf ist ein Fleischschaf in mittlerem bis großem Rahmen mit weißgrauem, unbewolltem, schmalem bis mittelbreitem Kopf (Abb. 179). Der lange Rumpf mit breitem Rücken und Becken wird von einem trockenen, korrekten Fundament getragen. Zur Erzielung eines hohen Schlachtwertes soll die Bemuskelung an Rücken und Keulen möglichst voll sein.

Die weiße Wolle vom Crossbred-Typ besitzt eine Feinheit von C-CD (29–33 µ) in einem geschlossenen Stapel. Gefordert wird gute Bauchbewollung.

Die Rasse besitzt hohe Fruchtbarkeit und große Frühreife. Sie ist leichtlammig, widerstandsfähig, anpassungsfähig, hart und marschfähig. Sehr gute Säugeleistung und beste Aufzuchterträge sind ihr eigen. Erstzulassung mit 7–8 Monaten ist möglich. Saisonale Brunst. 300–400 g Tageszunahmen. 48% Schlachtausbeute. Die Fruchtbarkeit liegt bei 160–220%. Folgende Leistungsangaben gelten:

	Körpergewicht	Wollleistung
Altböcke	100–120	5–6
Jährlingsböcke	90–110	5–6
Lammböcke (ca. 6 Monate)	50–60	
Mutterschafe	70–80	3,5–4
weibl. Zuchtlämmer (ca. 6 Monate)	45–50	

Gegenwärtig gibt es 14 Herdbuchbetriebe. Im Gegensatz zu früher ist das südliche Niedersachsen nicht mehr das alleinige Zuchtgebiet. Etliche Herdbuchbetriebe befinden sich bei Lüneburg im nördlichen Niedersachsen.

Rhönschaf

Die behaarten Körperteile von Schafen – Kopf und Beine – können dieselbe Farbe wie die Wolle besitzen, ihre Farbe kann aber auch von der der Wolle abweichen. Im allgemeinen besitzen Kopf und Beine die gleiche Färbung. In Mitteleuropa gibt es nur eine Ausnahme: das Rhönschaf. Bei ihm sind die Wolle und Beine weiß, der Kopf dagegen schwarz. Durch diese Besonderheit ist das Rhönschaf auf alten Abbildungen stets erkennbar, auch wenn der Name nicht genannt wird.

Zum erstenmal mit dem heute noch üblichen Namen erwähnt wird das Rhönschaf 1846 in einer Akte des Fuldaischen Hochstifts, die sich jetzt im Marburger Staatsarchiv befindet. Es wird betont, daß seit mindestens 1585 in der Rhön nur eine Schafrasse gehalten wurde, und zwar die noch heute dort anzutreffende, also das Rhönschaf. Ein gewisser Assessor Hacker schrieb nahezu zur gleichen Zeit in einer bayerischen landwirtschaftlichen Statistik folgendes: Das gewöhnliche Schaf des Rhönlandwirts ist ein gemeines deutsches Schaf in einer eigentümlichen Art, welches selbst im Ausland unter dem Namen »Rhönschaf« gekannt wird. Es ist gelbweiß mit einem schwarzen Kopf ohne Hörner, trägt eine grobe, wenig gekräuselte, wenig elastische Wolle, ist von großem Körperbau, starkknochig und von großer Mastfähigkeit.

Die Rhön war damals ein von den Hauptverkehrswegen abgeschlossenes Gebiet, die Schafhaltung dort seit langer Zeit bodenständig. Nirgendwo findet sich ein Hinweis auf Importe von Schafen in diese Region. Es ist deshalb anzunehmen, daß es das Rhönschaf bereits in den vorausgegangenen Jahrhunderten dort gab. Die älteste bekannte und so benannte Abbildung eines Rhönschafes stammt von 1859. Neben dem schwarzen Kopf und den weißen Beinen entsprechen auch die übrigen Merkmale unserer heutigen Vorstellung von dieser Rasse.

Um die Mitte des 19. Jahrhunderts strebte man allgemein eine Veredelung der Landschafe an. Schon Hacker hatte in seinem Bericht erwähnt, daß die Schafhalter in der Rhön zur Veredelung Böcke erhielten. Diese Böcke stammten aus einer Zucht, in der man spanische Negrettischafe mit sächsischen Elektorals gekreuzt hatte. Neben diesen Merinos wurden später auch englische Fleischschafe für Kreuzungen verwendet. Alle diese Versuche sollen jedoch erfolglos gewesen sein. Die Nachkommen zeigten sich zwar in der Form verbessert und hatten ein feineres Vlies, den Tieren wurden jedoch gerade jene Eigenschaften genommen, die ihre Umwelt von ihnen forderte. Sie büßten Härte und Genügsamkeit ein und waren den Anstrengungen der weiten Märsche bei naßkaltem Wetter und minderwertigem Futter nicht gewachsen, außerdem wurden sie anfällig für Krankheiten.

Um 1850 gab es Rhönschafe nicht nur in der Rhön selbst, sondern auch in deren weiterem Umfeld bis zur fränkischen Saale und zum Vogelsberg. Weiße Schafe mit schwarzem Kopf und weißen Beinen traten im Einzelfall auch weit außerhalb des eigentlichen Zuchtgebietes auf. Bei ihnen wird es sich allerdings kaum um durchgezüchtete Rhönschafe gehandelt haben, sondern vielmehr um Zufallsprodukte in einer Gebrauchsherde.

Das Fleisch des Rhönschafes war wegen seines guten Geschmacks außerordentlich beliebt. Insbesondere in Frankreich schätzte man die Rasse und importierte große Mengen dieser Tiere. 50 000 bis 80 000 sollen es jährlich gewesen sein. Die Schafe trieb man über Würzburg und Straßburg nach Paris. Dort wurde in den Restaurants »Mouton de la Reine« (Reine = Rhön) als besondere Delikatesse angeboten. Noch nach dem Krieg 1870/71 zwischen Deutschland und Frankreich war der Handel von Schafen nach Paris, das »Pariser Geschäft«, ein wesentlicher Handelsfaktor. Die wirtschaftliche Bedeutung der Wolle war bereits um die Mitte des 19. Jahrhunderts wegen der Konkurrenz durch Wolle aus Übersee stark zurückgegangen.

Ein empfindlicher Schlag für die Rhönschafzucht war die Einfuhrbeschränkung für Schaffleisch nach Frankreich im Jahre 1878. Außerdem machte die Intensivierung der Landwirtschaft auch bei leichten Böden größere Ertragssteigerungen möglich.

Dadurch bedingt trat häufig die Rinder- an die Stelle der Schafhaltung. Die Zahl der Schafe im Deutschen Reich ging zwischen 1873 und 1904 von 25 Millionen auf knapp sechs Millionen zurück. Die einzelnen Rassen wurden damals nicht getrennt aufgeführt. Man muß davon ausgehen, daß das Rhönschaf in derselben Weise wie die übrigen Schafe betroffen war (Abb. 180). Nach einer Umfrage der Deutschen Landwirtschaftsgesellschaft von 1912 war das Rhönschaf in den verschiedensten Teilen des Deutschen Reiches anzutreffen.

Die planmäßige Zucht begann erst nach der Jahrhundertwende. Da die Merinofleischschafe nicht den gewünschten Ertrag brachten, stellte die von Starcksche Güterverwaltung in Rangen-Laar bei Kassel die Zucht 1913 auf Rhönschafe um. Der Einkauf reinrassiger Böcke war wegen der vielen Einkreuzungen sehr schwierig. Man kaufte die ersten Tiere von Genossenschaftsherden in Unterfranken und von den Gütern Roß-

Rhönschaf

rieth und Völkershausen in der Rhön. Auf einem Bestand von schließlich 92 Mutterschafen und zwei Böcken wurde die Zucht aufgebaut. Damals stellte man erstmals für Rhönschafe ein Zuchtziel auf, das später mit geringen Abweichungen allgemeingültig wurde (Abb. 181). Die zweite Rhönschafstammherde entstand 1915 auf dem Kammergut Gerstungen in Thüringen. Dort bestand vorher eine Hammelschäferei ohne Rücksicht auf Rassenzugehörigkeit. Unter allen Rassen setzten sich die Rhönschafe auf diesem Betrieb am besten durch. Zuchtversuche mit Württembergern, Franken, Oxfordshires, Cotswolds und Hampshires schlugen fehl. Man entschied sich deshalb für die Zucht von Rhönschafen. Der Weg war ähnlich wie in Rangen-Laar. Die Tiere wurden vorwiegend in Tann, Brunnhardtshausen und Spahl sowie in Rangen-Laar eingekauft. 1922 erfolgte die Anerkennung als Stammherde.

Blutmäßig waren die beiden Herden miteinander verwandt. Standortbedingt bestanden Unterschiede im Typ. Auf dem Kalkboden von Rangen-Laar waren die Tiere breiter und niedriger als die auf dem Sandboden in Gerstungen.

Das Interesse an den Rhönschafen stieg rasch. 1922 gab es 110 Rhönschafherden mit insgesamt 22 000 Tieren. Bis 1926 kamen noch die Gemeindeherde Siebenleben bei Gotha/Thüringen und die Gutsherde Völkershausen bei Mellrichstadt in der bayerischen Rhön als Stammherden hinzu. Im Oktober 1921 wurde der »Verband der Rhönschafzüchter Deutschlands« gegründet. Diese Organisation stellte sich folgende Aufgaben:
- Erhaltung der Rasse in den für sie geeigneten Gegenden;
- Verbesserung der Zuchtwahl, ohne daß wertvolle Eigenschaften wie Anspruchslosigkeit und Widerstandsfähigkeit verloren gehen;
- Säuberung der Herden von Kreuzungstieren und fremdrassigen Einschlägen;
- Beschaffung reinrassiger hochwertiger Böcke;
- Bessere Ausbildung und Existenzsicherung der Schäfer.

Ein Herdbuch für Rhönschafe gründete man erst 1933. Es wurde vor allem vom Landesverband thüringischer Schafzüchter sehr gefördert. Sämtliche Bockmärkte fanden in Vacha/Thüringen statt. Dort kauften die Schafhalter der Länder Hessen, Thüringen und Bayern, die Anteil an der Rhön hatten und in denen das Rhönschaf vorkam, ihre Zuchtböcke ein (Abb. 182).

1939 bestanden in Hessen sechs Herdbuchbetriebe für Rhönschafe mit 615 Herdbuchmuttern. Die älteste Stammherde in Rangen-Laar war inzwischen aufgelöst worden.

Das Rhönschaf ist widerstandsfähig gegen klimatische Einflüsse und hat einen geringen Futteranspruch bei bester Futterverwertung, stellt Prenntzell (1938) fest. Es legt lange Märsche in den Bergen mühelos zurück und ist auch noch bei Schnee im Pferch oder auf der Weide zu finden. Das Rhönschaf gilt als sehr fruchtbar. Sein Fleisch ist fein, mit Fett durchwachsen und von wildähnlichem Geschmack.

1938 verfolgte man folgendes Zuchtziel:
Kopf: Er soll in beiden Geschlechtern unbewollt und verhältnismäßig schmal sein sowie eine glänzende Schwarzfärbung besitzen. Weißer Kehlfleck und weißer Keil zwischen den Ohren sind zulässig.
Ohren: Von ihnen wird Länge, Breite und Derbheit erwartet. Schwarzes, glänzendes Deckhaar ist erwünscht.
Hals: Er soll verhältnismäßig lang sein, die schwarze Kopffarbe darf in die Halswolle übergehen.
Vorderhand: Die Brust muß vorgeschoben sein. Die Schultern sollen dem Körper fest anliegen.
Rumpf: Erwartet wird ein langer, kräftiger Rücken, der fleischig ist und dem sich eine tiefe Rippe mit gutem Flankenschluß anschließt.
Hinterhand: Das Becken soll mittellang und breit sein; die Keulen kräftig und voll, die Beinstellung leicht gewinkelt, das Sprunggelenk kräftig.
Haut: Gleichmäßig derbe Haut ist erwünscht.
Wollzuchtziel: Lange, abgewachsene CD-D-Wolle (31–36 µ), die als Strickwolle gut geeignet ist.

Schafe

Abb. 180.
Vierjährige Rhönschafe, 1899.

Abb. 181.
Rhönschaf-Bock, 1912.

Rhönschaf

Wolle: Die Wolle soll weiß sein, schönen Glanz haben und bei der jährlichen Schur eine Länge von etwa 16 cm besitzen.

Vlies: Es wird eine genügende Bewachsung des ganzen Körpers, insbesondere des Bauches verlangt bei gleichmäßig schlichter Kräuselung. Auf gesunden Besatz der Flanke wird geachtet.

Wolleistung: Bei Muttern 3 kg Schmutzwolle mit 50% Rendement. Altböcke 4–4,5 kg.

Fleischleistung: 40%ige Ausschlachtung. Mastlämmer können bis 52% ergeben.

Milchleistung: Das Rhönschaf besitzt eine anerkannt gute Säugeleistung. Der Fettgehalt der Milch beträgt 4–4,8%.

	Böcke	Muttern
Widerristhöhe (cm)	72	70
Gewicht (kg)	90–100	50–55

Abb. 182. Rhönschaf, etwa 1930.

In den 30er Jahren wurde hervorgehoben, daß Rhönschafe schon im ersten Jahr lammen können. Gewissenhafte Züchter achteten allerdings darauf, daß die Zutreter erst mit 19 Monaten gedeckt wurden. Das Ablammungsergebnis betrug 100–120%. Das Geburtsgewicht der Bocklämmer lag bei 5,2 kg, das der Kilberlämmer bei 5,0 kg. Die Lämmer galten als frohwüchsig. Dies wird im wesentlichen darauf zurückgeführt, daß die Muttern bis zu einem halben Jahr nach dem Ablammen Milch geben.

In den Jahren 1936–1940 wurden in den Rhönschafherden erstmals Leistungskontrollen durchgeführt. Damals lag der Anteil der Rhönschafe am deutschen Schafbestand bei 0,7%. Der Bericht über die Schafe auf der IV. Reichsnährstandsausstellung in München 1937 gibt ein durchaus positives Bild: Das Rhönschaf war ein in Gesundheit, Wetterfestigkeit und Anspruchslosigkeit ganz ausgezeichnetes, dabei in seinen Leistungen recht befriedigendes Landschaf. Es wurden zehn Schafe dieser Rasse vorgeführt. Sämtliche Tiere standen klar im Rhönschaftyp und waren untereinander vorzüglich ausgeglichen. Das galt sowohl für die Körperform als auch für das Vlies.

1950 umfaßte das eigentliche Zuchtgebiet des Rhönschafes Bad Neustadt und Mellrichstadt im Westen, den Nordosten des Bezirks Bad Kissingen, den Bezirk Bad Brückenau und den ganzen Landkreis Bischofsheim. Die Viehzählung zu jener Zeit ergab, daß in diesem Gebiet insgesamt 6396 Rhönschafe gehalten wurden. Davon waren 3066 ins Herdbuch eingetragene Tiere; 3330 befanden sich in der Landeszucht. Von 1945 bis 1948 wurden die Rhönschafe nicht in den Bayerischen Schafzuchtverband aufgenommen. Erst im April 1948 begann man mit dem Neuaufbau des Herdbuchwesens. In das neugegründete Herdbuch wurden Zuchtböcke und Mutterschafe aufgenommen, die in Form, Wolle und Typ dem Zuchtziel entsprachen.

Auch in der Nachkriegszeit wurde das Rhönschaf als äußerst genügsam gelobt. Es stellte nur geringe Ansprüche an das Futter, das es wegen seiner »kräftigen Verdauungsorgane« bestens ausnützte. Selbst ohne Weidewechsel brachte es auf kärglichen Hutungen noch gute Leistungen (Abb. 183). Dabei kam ihm seine Beweglichkeit sehr zustatten. Auch futterarme Zeiten konnte es ohne dauernde Schädigung gut überstehen. Seine gute Konstitution, Anpassungsfähigkeit und Widerstandsfähigkeit gegen Krankheiten ließen die Haltung in feuchten, nebel- und niederschlagsreichen Gebieten

den Auswirkungen des Krieges besonders zu leiden. Durch die Zweiteilung Deutschlands war das ehemals geschlossene Zuchtgebiet von Bayern, Hessen und Thüringen durchschnitten und der größere Teil abgetrennt worden.

Hinzu kam, daß sich die kurhessisch-bayerische Arbeitsgemeinschaft, die zuletzt noch 1956 eine gemeinsame Veranstaltung durchgeführt hatte, im folgenden Jahr praktisch auflöste. In Bayern gab es damals noch fünf, in Hessen drei Stammherden. Die Gesamtzahl der Rhönschafe lag 1954 bei 5605 (Bayern) bzw. 964 (Hessen). Das entsprach einem Anteil von 0,6 % am Gesamtschafbestand der Bundesrepublik (Tab. 72).

In Bayern und Hessen waren alle Stammzuchten Gemeinde- bzw. Genossenschaftsschäfereien. Die Bockabsatzveranstaltungen für diese beiden Bundesländer wurden seit Bestehen einer Arbeitsgemeinschaft zwischen beiden Landesverbänden in jährlichem Wechsel in Wüstensachsen und Bischofsheim abgehalten. Im Einzelfall kam 1954 noch einmal ein Bock aus Thüringen nach Bayern (Abb. 184).

Für die hessischen Stammzuchten wurden 1954 folgende Durchschnittswerte ermittelt:
Gewicht der Mutterschafe: 60,3 kg
Wolleistung: 3,7 kg
Ablammergebnis: 107 %

Abb. 183. Rhönschafe auf der Weide, 1952.

Abb. 184. Rhönschaf, 1953.

zu. In Gegenden mit langen, schneereichen Wintern vertrug es die Haltung selbst in schlechten und überhitzten Ställen (Benckiser 1951).

Die 50er Jahre waren auch in der Schafzucht in ganz Deutschland durch die Folgen des vorangegangenen Zweiten Weltkriegs geprägt. Der Schafbestand in der Bundesrepublik sank zwischen 1948 und 1961 von 2,5 Millionen auf eine Million Tiere. Die Rhönschafzucht hatte unter

Tab. 72: Anteil der Rhönschafe am Schafbestand der Bundesrepublik.

Jahr	Rhönschafe	Anteil am Gesamtschafbestand
1948	13 855	0,6
1954	6 569	0,6
1955	3 721	0,3
1959	1 843	0,2
1961	1 804	0,2
1963	1 232	0,2
1979	3 673	0,3
1985	8 203	0,6
1990*	14 508	0,5

* Einschließlich der neuen Bundesländer

Rhönschaf

Die Züchter erhielten vom Tierzuchtamt Bad Neustadt Ankaufszuschüsse und Haltungsprämien, die sich deutlich auswirkten. Einen Tiefstand erreichte die Rhönschafzucht in der Bundesrepublik in den 60er Jahren dennoch und, nach einem vorübergehenden Anstieg, erneut Ende der 70er Jahre.

Die Situation in Thüringen war zunächst nicht so schwerwiegend. Vom Rückgang der Schafhaltung waren hier zunächst die größeren Betriebe betroffen, die andere Rassen hielten. Die kleinbäuerliche Rhönschafhaltung konnte ihren Bestand vorerst noch halten.

Die Betriebsstruktur im Schafbestand Thüringens verschob sich zugunsten der Landschafe und damit auch der Rhönschafe. 1947 gab es in Thüringen 17 480 Rhönschafe. Sie bildeten 10% des dortigen Schafbestandes. 1953 war der Bestand auf 35 360 gestiegen. Die Rhönschafe machten damit 13% des Schafbestandes dieses Landes aus. In der gesamten Nachkriegszeit war die Zahl der Rhönschafe in Thüringen höher als 1936. Damals gab es dort 14 597 Tiere dieser Rasse. Während 1946 Absatzveranstaltungen nur mit 50 Rhönschafböcken beschickt wurden, waren es 1954 schon 94. Zudem stieg das Interesse außerhalb des eigentlichen Zuchtgebietes. Dennoch deutete sich vermutlich schon damals ein Umschwung an, denn die Zahl der Herdbuchtiere sank von 1275 (1950) auf 980 (1953).

Um 1955 hatte die Thüringer Herdbuchzucht beim Rhönschaf eine breitere Grundlage als früher. Der Hauptbestand verteilte sich auf 37 größere Betriebe. Die bereits erwähnte Stammzucht in Gerstungen gab es noch immer. Weitere Stammzuchten bestanden in Fernbreitenbach, Gerthausen, Kaltenlengsfeld, Stedtlingen und Wiesenthal. Nach 1952 wurden die Absatzveranstaltungen in Dermbach durchgeführt, da Vacha im Sperrgebiet an der Grenze zur Bundesrepublik lag.

Nachdem Ende der 70er Jahre die Zahl der Rhönschafe immer mehr abgenommen hatte, war um 1980 eine Trendwende zu erkennen. 1983 gab es in der alten Bundesrepublik 107 Rhönschafhaltungen, darunter 21 Herdbuchbetriebe. Die meisten dieser Betriebe lagen in Hessen (9) und Bayern (8), die übrigen in Rheinland-Pfalz (2) und Westfalen (2). Bis 1991 war ihre Zahl auf 25 angestiegen.

In der DDR wurde, schon 1953 beginnend, die staatliche Zuchtarbeit bis 1969 schrittweise eingestellt. Im Bezirk Suhl war das Rhönschaf z. B. 1961 noch mit 49,6% am gesamten Schafbestand beteiligt. Bis 1966 verringerte sich sein Anteil um etwa die Hälfte. Im Jahresbericht 1969 der Tierzuchtinspektion Erfurt wurde festgehalten, daß bei der Rasse Rhönschaf keine Zuchtbestände mehr vorhanden seien, da dieses Gebiet sich teilweise auf Deutsche Veredelte Landschafe umstelle. Der Bestand des Rhönschafes wurde durch planmäßige Abschlachtung und Verdrängungskreuzung bis 1975 auf weniger als 100 Tiere dezimiert. Nur noch ganz wenige private Schafhalter konnten, mühsam den staatlich gelenkten Schikanen standhaltend, das Rhönschaf erhalten. Offiziell hieß es von seiten der staatlichen Organe, die Betreuung von »Splitterrassen« sei uneffektiv.

Ein Wandel trat erst Anfang der 80er Jahre ein. Ausgehend vom ursprünglichen Reinzuchtbestand formierten sich ab 1983 private Züchter in einer »Zuchtgemeinschaft Rhönschafe«. Wenig später bemühte man sich auch von staatlicher Seite, die Rasse als Genreserve zu halten. Das »Volkseigene Kombinat Tierzucht Paretz« gründete 1985 gemeinsam mit dem »Verband der Kleingärtner, Siedler und Kleintierzüchter« und einigen Tierparks die »Zuchtkommission Rhönschafe«. 1986 ergab eine Untersuchung der in der DDR noch vorhandenen Restbestände folgende Werte:

	Böcke	Muttern
Widerristhöhe (cm)	78	64
Körpergewicht (kg)	83	50

Die Tiere waren also deutlich kleiner und leichter als die Rhönschafe in den alten Bundesländern. Der jährliche Schurertrag betrug 3,5–4,8 kg (Muttern) bzw. 5,4–6,0 kg (Böcke). Die Wollfeinheit lag bei 34–36 µ.

Schafe

Abb. 185. Rhönschafbock.

Abb. 186. Rhönschafe in Koppelschafhaltung.

Im Ausschuß »Landschafe« der »Vereinigung Deutscher Landesschafzuchtverbände« wurde 1979 das Zuchtziel für Rhönschafe überarbeitet und folgendermaßen festgelegt: Der Kopf des Rhönschafes ist schwarzhaarig, hornlos und bis hinter die Ohren unbewollt. Das Röhrbein ist weiß.

An der tiefen, leicht vorgeschobenen Brust soll die Schulter schräg angesetzt sein. Der kräftige, lange Körper soll einen festen, geraden Rücken haben, das mittellange Becken in volle, lange Fleischkeulen übergehen. Die Hinterbeinstellung kann leicht gewinkelt sein. Das Sprunggelenk soll kräftig, die Klauen hart sein (Abb. 185). Die weiße Wolle hat Landschafcharakter im ausgeglichenen Sortiment von C–D (30–36 µ). Als besondere Leistungen werden Marsch- und Pferchfähigkeit sowie Widerstandsfähigkeit gegen Wetterunbilden und Krankheiten in rauhen Lagen gefordert (Abb. 186). Auf besseren Standorten sollen höhere Leistungen erbracht werden. Einen hohen Stellenwert haben gute Futterverwertung sowie hohe Fleisch- und Säugeleistung. Die Erstzulassung erfolgt im Alter von 12–17 Monaten, asaisonale Brunst ist möglich.

Es wurden folgende Leistungen ermittelt:

	Lebendgewicht (kg)	Vliesgewicht (kg)	Fruchtbarkeit (%)
Altböcke	70–90	5	
Jungböcke	60–65	4,5	
Mutterschafe	55–65	3–4	120–140
Jährlingsschafe	45–50	4	100

Die Bayerische Regierung ist schon seit vielen Jahren bestrebt, vom Aussterben bedrohte bodenständige Rassen in ihrer Heimat zu erhalten und diese Erhaltung mit finanziellen Mitteln zu unterstützen. 1981 wurden Ankaufsbeihilfen von DM 100 pro Tier gewährt. Die Betriebe mußten sich verpflichten, bei einem Mindestbestand von zehn Mutterschafen mit entsprechender Nachzucht diese mindestens fünf Jahre lang zu halten und den Bestand von der Herdbuchgesellschaft bearbeiten zu lassen. 1987 wurde ein Programm zur Erhaltung vom Aussterben gefährdeter Schafrassen neu geschaffen.

Für reinrassige, im Herdbuch geführte Mutterschafe wird in Bayern seitdem eine Haltungsprämie von DM 40,– gezahlt. Hessen als weiteres Hauptverbreitungsgebiet des Rhönschafes stellte damals noch keine Landesmittel zur Erhaltung dieser Rasse zur Verfügung.

Seit Ende der siebziger Jahre stieg die Zahl der Rhönschafe nahezu sprunghaft an. 1990 übertraf sie zum erstenmal die Zahl der Tiere in der Nachkriegszeit. Das ist nicht etwa auf die veränderte politische Situation zurückzuführen: In den neuen Bundesländern wurden nur 434 Rhönschafe gehalten. Mehr als 14 000 sind in den alten Bundesländern heimisch.

Coburger Fuchsschaf

Das Auffallende an dieser Rasse sind ihr rötliches oder gelbes (goldenes) Vlies sowie die rote Farbe der Beine und des Kopfes. Solche Schafe gibt es schon seit Jahrhunderten. Fitzinger (1859) schreibt, daß beim »schlichtwolligen deutschen Schaf« Kopf und Beine sehr oft hell rötlichbraun gefärbt waren. Die Wolle dieser Rasse hatte eine schmutzigweiße, rötlichbraune oder schwarze Farbe; die Tiere waren also nicht einheitlich gefärbt. Mutterschafe erreichten ein Gewicht von 60 Pfund, Hammel ein Gewicht bis zu 80 Pfund. Erwachsene Tiere hatten eine Widerristhöhe von 2 Fuß bis 2 Fuß 1 Zoll (63–65 cm). Die schlichte Wolle entsprach der des heutigen Coburger Fuchsschafes. Die Rasse kam damals am häufigsten in Franken, im Hohenlohischen, im östlichen Teil der Schwäbischen Alb, am Rhein und in der Gegend von Hannover vor (Fitzinger 1859). Fuchsfarbige Schafe gab es aber auch in anderen Gebieten Deutschlands; sie waren vor allem Tiere der Mittelgebirge. Allerdings machten die rötlich gefärbten Schafe stets nur einen Teil der bodenständigen Schafpopulation aus.

Fuchsfarbige Schafrassen sind auch in anderen europäischen Ländern nicht selten. Sie kommen u. a. in Frankreich, Spanien, Italien und Portugal vor. Auch in Deutschland gab es im 19. Jahrhundert schon fuchsfarbige Schläge. Bohm (1877) erwähnt neben dem »Gebirgsfuchs« ausdrücklich den »Coburger Fuchs«. Es handelt sich hier also um eine sehr alte Rasse. Bohm zählte sie zu den Fleischschafen. Weitere Angaben sind allerdings spärlich.

Der »Coburger Fuchs« soll einen längeren, schmäleren und spitzeren Kopf sowie einen stärkeren Knochenbau als der »Gebirgsfuchs« besessen haben. Er ist ein Schlag des schlichtwolligen deutschen Schafes. Das Wort »Schlag« ist aus heutiger Sicht irreführend; »Rasse« wäre die angemessenere Bezeichnung. Das »Deutsche schlichtwollige Schaf« ist ein Gemisch mittelgroßer, schlichtwolliger Schafe, zu denen nach Bohm als »Schlag« auch das Rhönschaf zählte.

In den Statistiken über Viehzählungen der damaligen Zeit erscheint kein Fuchsschaf. Das Coburger Fuchsschaf wurde vermutlich zu den »Deutschen Schafen« gerechnet, von denen es 1854 in Bayern 585 574 gab; für 1863 wird die Zahl von 827 794 Tieren dieser Rasse angegeben (May 1868). Bald danach setzte ein langwährender Rückgang der Schafzucht ein; zudem wurden vermehrt Merinos und »halbveredelte« Schafe, d. h. Kreuzungen von Merinos mit Landrassen, gehalten. Während dieser Entwicklung ging das Coburger Fuchsschaf immer mehr unter. Schließlich entsprachen in den Herden nur noch einige Tiere dem ursprünglichen Typ.

Das Überleben des fuchsköpfigen, schlichtwolligen Landschafes ist dem Tuchfabrikanten Otto Stritzel zu verdanken, der 1934 aus Baden kam und sich in Oberfranken niederließ. Stritzel wollte sich selbst einen Schafbestand aufbauen. Etliche Haltungs- und Zuchtversuche mit »Kulturrassen« brachten nicht den gewünschten wirtschaftlichen Erfolg, weil die Tiere das harte Klima nicht vertrugen und das karge Futter nicht ausreichte. Er war deshalb davon überzeugt, daß im Fichtelgebirge, wo er einen Hof erworben hatte, nur eine einheimische, widerstandsfähige Schafrasse gedeihen konnte. In dieser Zeit hörte Stritzel immer wieder alte einheimische Bauern ihre frühere bodenständige Schafrasse, die »Coburger Füchse« oder »Goldfüchse«, rühmen. Bei Nachforschungen fand er in veschiedenen Dörfern einzelne Schafe, die noch deutliche Merkmale der alten Goldfuchsrasse zeigten. Diese Tiere, insgesamt waren es ca. zwei Dutzend, wurden gekauft und bildeten 1943 den Grundstock des Bestandes.

Bald machte es sich als nachteilig bemerkbar, daß in der engeren Umgebung keine »Goldfüchse« mehr vorhanden waren, so daß keine Möglichkeit zu einem Blutaustausch bestand. Auf der Suche nach Zuchttieren stellte Stritzel fest, daß es in allen europäischen Mittelgebirgen Schafe mit roten Köpfen und Beinen gab.

Abb. 187. Coburger Fuchsschaf.

Abb. 188. Coburger Fuchsschafe sind gut für die Landschaftspflege geeignet.

Er sah sie in Westerwald und Hunsrück, in der Eifel, im Rothaargebirge, in den Vogesen und Ardennen sowie in weiteren Gebieten Frankreichs. Alle diese Typen haben folgendes gemeinsam: Die Lämmer werden braunrot (kastanienbraun) geboren und zeigen schon als Jungtiere die schöne, glänzende, langlockige Wolle. Die rote Farbe der Lämmer wechselte nach 5–7 Monaten über Hellbraun in Rötlichweiß. Die erwachsenen Tiere haben schmale, rassige Köpfe. Die beweglichen Ohren und der ganze Kopf behalten ebenso wie die feingliedrigen Beine die typische braunrote Farbe. Die Fruchtbarkeit dieser Tiere ist außerordentlich groß.

Das Durchschnittsgewicht der Muttertiere betrug 1945 nur 35 kg. Durch Einkreuzung von Welsh-Mountain, Solognate und Texel konnte das mittlere Körpergewicht deutlich angehoben werden.

1966 erkannte die Deutsche Landwirtschaftsgesellschaft (DLG) das Coburger Fuchsschaf als Landschafrasse an; 130 Muttertiere wurden bald danach in das Herdbuch aufgenommen (Tab. 73). Anfang der 80er Jahre gab es vier Herdbuchbetriebe in Bayern und einen größeren Betrieb in Baden-Württemberg. 1988 setzte in Bayern eine explosionsartige Entwicklung ein.

Daneben entstanden Zuchten in mehreren anderen Bundesländern. Seit Ende der 80er Jahre ist das Coburger Fuchsschaf die Schafrasse in Süddeutschland mit den höchsten Zuwachsraten. Inzwischen gibt es 50 Herdbuchzuchten, davon allein 35 in Bayern.

Teilnahme an DLG-Ausstellungen und Ausstellungen auf der »Grünen Woche« in Berlin sowie dem Zentrallandwirtschaftsfest in München haben sehr zur Popularisierung der Rasse beigetragen. Die Züchter schlossen sich 1989 zur »Arbeitsgemeinschaft der Deutschen Fuchsschafzüchter« zusammen, die jährlich Züchtertreffen veranstaltet. Bereits kurz nach der Wiedervereinigung Deutschlands wurden auch in Thüringen mehrere Herdbuchbetriebe aufgebaut.

Tab. 73: Entwicklung der Zucht beim Coburger Fuchsschaf in Bayern (Der Bayerische Schafhalter).

Jahr	Herdbuch-betriebe	Anzahl der Herdbuchtiere		
		Zucht-böcke	Mutter-schafe	Gesamt
1968				130
1975				19
1980	2			59
1982	4	4	121	125
1984	5	5	110	115
1986	5	6	120	126
1988	9	20	307	327
1990	24	28	847	875
1992	33	48	1112	1160
1993	34	51	1238	1289

Das Coburger Fuchsschaf ist ein mittelgroßes, schlichtwolliges Landschaf mit schmalem und leicht geramstem Kopf. Die Beine sind unbewollt, ebenso der Kopf bis hinter die Ohren (Abb. 187). Kopf und Beine sind rotbraun. Die Wolle hat einen rötlichen Schimmer, was zu der Bezeichnung »Goldfüchse« führte.

Die Wollfeinheit entspricht C–D (30–36 µ). Körpergewicht und Wollmenge erreichen folgende Werte:

	Körpergewicht (kg)	Vliesgewicht (kg)
Mutterschafe	55–60	3,5–4,5
weibl. Jährlinge	40–50	4–4,5
Jährlingsböcke	50–60	5
Altböcke	80–90	4,5–5,0

Die Erstzulassung geschieht mit 12–18 Monaten. Das Ablammergebnis beträgt 120–140%.

Das Coburger Fuchsschaf ist widerstandsfähig und genügsam. Es besitzt eine gute Marsch- und Pferchfähigkeit, ist aber auch für die Koppelschafhaltung sehr gut geeignet. Die Rasse eignet sich gut für die Haltung in Mittelgebirgen. In der Landschaftspflege hat sie eine stark zunehmende Bedeutung (Abb. 188). Die rötlich schimmernde Wolle ist hervorragend für die Herstellung gröberer Tuche geeignet.

Obwohl etliche Züchter das Coburger Fuchsschaf als leichtes, behendes Landschaf erhalten wollten, hat die Rasse in den letzten Jahren einen Wandel durchgemacht. Es gibt Böcke von mehr als 100 kg und auch die Mutterschafe sind oft 10–15 kg schwerer als es dem Zuchtziel entspricht. Aus dem zierlichen Landschaf ist ein rahmiges, gut bemuskeltes Fleischschaf geworden.

Waldschaf

Wie später noch ausgeführt wird, läßt sich diese Rasse auf das Zaupelschaf zurückführen. Deshalb soll hier zunächst die Geschichte dieser Rasse dargelegt werden.

Bis zum 16. Jahrhundert gab es in den deutschsprachigen Ländern ausschließlich kleine, mischwollige Schafe. Sie waren robust und genügsam, lieferten allerdings nur wenig Fleisch und besaßen eine grobe Wolle. Zu diesen mischwolligen Schafen zählen auch Schnucken und Skudden, die einen kurzen, behaarten Schwanz besitzen. Sie gehören zu den nordischen Heideschafen, die auch in Großbritannien, Skandinavien und im Baltikum gehalten wurden. Im südlichen Teil des deutschen Sprachbereichs kam ein kleines, gehörntes Schaf mit langem bewollten Schwanz und Mischwolle vor: das Zaupelschaf.

Als »Zaupel« bezeichnete man ursprünglich eine läufige Hündin. Das Wort hängt mit »Zibbe« zusammen, eine Bezeichnung, die in Teilen Norddeutschlands für weibliche Kaninchen üblich ist. Das Wort »Zaupel« ist ein Synonym für eine ausgeprägte Fortpflanzungstätigkeit. Beim Schaf wurde es als Ausdruck für hohe Fruchtbarkeit benutzt; die soll insbesondere beim Zaupelschaf vorgelegen haben.

Zum erstenmal wird das Zaupelschaf 1536 in einem Dekret von Herzog Ulrich von Württemberg erwähnt. Er verbot die Haltung von Zaupelschafen bei Strafe und befürwortete die Einführung flämischer Schafe. Aus der Kreuzung bodenständiger Schafe mit dem flämischen Schaf entwickelte sich das »deutsche schlichtwollige Schaf«, das die mischwolligen Rassen weitgehend verdrängte. Diese flämischen Schafe kamen nicht aus dem Gebiet des heutigen Belgien, sondern vom Niederrhein.

Ab 1765 kamen spanische Merinoschafe nach Mitteleuropa, und zwar zunächst nach

Sachsen. Die Merinos mit ihrer wesentlich feineren Wolle und britische Fleischschafrassen, die ungefähr zur gleichen Zeit nach Deutschland kamen, verdrängten die schlichtwolligen und insbesondere die mischwolligen Schafe.

Diese ursprünglichen Formen wurden jetzt in Gegenden abgedrängt, in denen anspruchsvollere Schafe nicht gehalten werden konnten (z. B. die Lüneburger Heide) oder wo die Schafbesitzer sich hartnäckig weigerten, ihre angestammten Schafe gegen eine neue Rasse auszutauschen. Das ursprünglich zusammenhängende Zuchtgebiet des Zaupelschafes zerriß. Die Rasse kam schließlich nur noch in Rückzugsgebieten vor. Dort übernahm man die Bezeichnung der Lokalschläge; der Name Zaupelschaf wurde unüblich. Man darf sich diesen Ablauf nicht als raschen Prozeß vorstellen; er zog sich über mehrere Jahrhunderte hin.

Ein sehr früher Bericht liegt von Germershausen (1789) vor:

»In Schwaben gibt es auch so eine kleine Art Vieh wie im Anspachschen, die ebenfalls Zaubelwaare genennt wird. Die Wolle ist hoch, haarig und lang, und kann nicht einschürig gebraucht werden. Im Württembergischen werden sie nicht gelitten, außer an einigen Grenzörtern, z. B. an der Paar, wo man sie Hirschwaare nennt. Im Hällischen, Ulmischen, an der Donau, gegen Rotweil und mehreren anderen Schwäbischen Orten trifft man diese Zaubelschafe häufiger an. Sie sind kleiner als die andern Schafe, und geben jährlich nur 3 bis 4 Pfund Wolle, da man von anderen Landschafen 4 bis 5 Pfund erhält. Man will sie aber hauptsächlich deshalb im Württembergischen nicht dulden, weil sie der Räude oder Krätze sehr unterworfen sind. Dieses mag wohl daher kommen, daß sie beim Regen oder anderm rauhen Wetter gleich eingetrieben werden müssen, da denn ihre häufige Ausdünstung, und zu vieles Aufhalten in den Ställen gleich diese Krankheit als rote Flecken auf der Haut hervorbringt. Außerdem, daß sie so zärtlich sind, brauchen sie auch mehr Nahrung als die andern Schafe. Auch läßt man sie mit den Schweinen, Gänsen und Ziegen zusammen auf die Weide gehen.«

Noch Mitte des 19. Jahrhunderts reichte das Verbreitungsgebiet des Zaupelschafes »über ganz Süd- und einen Theil von Mitteldeutschland nordwärts bis nach Belgien und südwärts bis in das nördiche Italien, während es im Osten bis nach Ungarn und gegen Westen bis über den Rhein hinüberreicht. In Deutschland sind es vorzüglich Oberschwaben, die Moorgegenden von Baiern und einige Theile von Preußen, wo die Zucht dieser Race in ausgedehnter Weise betrieben wird.

Dagegen wird sie allenthalben in Österreich, Steiermark, Kärnten, Krain, Tirol, der Schweiz und dem nördlichen Theile von Italien angetroffen, so wie nicht minder auch in den meisten Gegenden von Böhmen, Mähren und Schlesien, und im nördlichen und westlichen Theile von Ungarn« (Fitzinger 1859). Noch 1863 gab es in Bayern 102 566 Zaupelschafe; sie machten 8,1% des damaligen Schafbestandes aus. Wenig später war der Bestand an Zaupelschafen gar auf 207 993 Stück gestiegen. Da der Schafbestand in Bayern insgesamt deutlich größer geworden war, konnte das Zaupelschaf seinen Anteil nur geringfügig auf 10,1% erhöhen (May 1868). Immerhin war zu dieser Zeit noch ein Anstieg möglich.

Von May (1857) wurde diese Rasse Mitte des vergangenen Jahrhunderts folgendermaßen beurteilt:

»Die Zaupelschafe sind die gemeinsten und gröbsten Thiere. Sie kommen noch häufig vor in Ober- und Niederbayern, im schwäbischen Gebirg, auch hier und da in der Oberpfalz. Diese Thiere sind nicht groß und tragen wenig Wolle. Die Wolle erreicht, wenn die Schafe nur einmal geschoren werden, eine Länge von 10–11 Zoll (25–28 cm). Unmittelbar auf dem Felle finden sich zwischen den Wollhaaren feine flaumige Haare, die sich untereinander filzartig verbinden. Die Wolle steht nicht dicht auf dem Körper, und der Kopf, der Bauch und die Beine sind nicht mit Wolle bewachsen. Deshalb gibt ein solches Schaf nur $^3/_4$– 1 Pfund Wolle. Häufig finden sich unter dieser Race schwarze, braune und graue, wohl auch gefleckte Schafe. Die Zaupelschafe sind meistens ungehörnt, zur Mast gut geeignet, und lammen im Jahr zweimal. Von kräftiger Körperbeschaffenheit begnügen sie sich mit dem geringsten Futter und kommen auch noch bei einer sehr mangelhaften Pflege aus.«

Waldschaf

Abb. 189. Waldschafherde vor dem Hirtenhaus in Lindberg, Landkreis Regen, um 1920.

Abb. 190. Gehörnter Bock des Waldschafes.

Auch in einer »Landes- und Volkskunde des Königreiches Bayern« von 1860 äußert man sich eher distanziert über das Zaupelschaf und die Schafzucht überhaupt:

»Die Schafzucht verdient keineswegs Belobigung und wird nur auf den großen Gütern dem gegenwärtigen Standpunkte der Landwirtschaftswissenschaft gemäß betrieben. Vorerst werden im Verhältnis zur Brachfläche und vorhandenen ausgedehnten Öd- und Weidegründen zu wenig Schafe gehalten. Weitaus die Mehrheit derselben sind Zaubelschafe, Thiere, welche eine kleine Quantität geringer Wolle liefern und im Jahre zweimal geschoren werden. Nur einen Vorzug besitzen sie vor den besseren Racen, nämlich, daß sie wegen ihrer kräftigen Constitution seltener erkranken. Da man es bei der bäuerlichen Wirtschaft gewöhnt ist, die Schafe mit den Schweinen gemeinschaftlich die Weide begehen zu lassen und ihnen im Stalle keine besondere Aufmerksamkeit schenkt, so werden die zärtlicheren Bastard- und Merinoschafe häufiger von der Fäule- und Egelsucht befallen als die beschriebenen. Somit das Schaf überhaupt nicht schätzend, behält man die Zaubelschafe bei und rechtfertigt dies mit der Ansicht, daß die klimatischen Verhältnisse den besseren Schafracen ungünstig seien. Daß diese Meinung indeß unrichtig ist, beweist das gute Fortkommen der schönen Merinoherden auf den Staats- und mehreren anderen Gütern des Kreises und die hohen Preise, welche für deren Wollen alljährlich bezahlt werden. Im wahren volkswirtschaftlichen Sinne wäre daher zu wünschen, daß an die Stelle der Zaubel- grobe Bastard- oder wenigstens deutsche Schafe (schlichtwollige Landschafe, Verf.) gebracht würden, die fast gleiche kräftige Constitution besitzen und größere Einnahmen an Wolle und Fleisch abwerfen.«

Es wurde vorgeschlagen, das Zaupelschaf zu veredeln.

Bis Ende des 19. Jahrhunderts hielt man in den kleinbäuerlichen Betrieben Schafe lediglich für den Eigenbedarf. Man hatte nur so viele Tiere, daß sie den eigenen Bedarf an Wolle decken konnten. Im Gegensatz zur gekräuselten Merinowolle war die Wolle der Zaupelschafe leicht von Hand zu verspinnen. Da auch die ländliche Bevölkerung zunehmend nicht mehr auf selbstgefertigte Textilien zurückgreifen mußte, sondern Industrieware kaufen konnte, entfiel die Voraussetzung für die Haltung der Zaupelschafe weitgehend. Nach Assel (1922) machte diese Rasse in Bayern nach dem Ersten Weltkrieg nur noch 5,8% des Schafbestandes aus.

Im Bayerischen Wald kommt seit jeher ein mischwolliges Schaf von geringer Körpergröße vor, das dort »Waldschaf« genannt wird. Es besteht kein Zweifel, daß dieses Waldschaf Nachfahre des Zaupelschafes ist. Dieses Schaf war nie Herdbuchrasse; es wurde auch bis vor kurzem nie ein Zuchtbuch geführt. Das Waldschaf wurde stets nur in kleinen Beständen gehalten und diente der Versorgung der Besitzer mit Wolle, Fleisch und Fellen (Abb. 189). Außerhalb des Bayerischen Waldes war es nur wenigen Fachleuten bekannt.

Über die Zuchtgeschichte können nur Vermutungen angestellt werden. Es ist anzunehmen, daß im Verlaufe der Zeit Einkreuzungen vorgenommen wurden, über die jedoch nichts Konkretes bekannt ist. 1976-1978 wurde ein Zuchtversuch durchgeführt, der vom Amt für Landwirtschaft und Tierzucht Regen betreut wurde. Damals zählte man noch 248 Mutterschafe. Der Versuch ergab ein durchschnittliches Ablammergebnis von 203% bei einem Aufzuchtergebnis von 196%. Bis Mitte der 80er Jahre ging der Bestand auf ca. 50 Tiere zurück, deren Erscheinungsbild wenig einheitlich war.

Seit 1986 bestehen intensive Bestrebungen, das Waldschaf zu erhalten und züchterisch zu bearbeiten. 1989 wurde es in Bayern als Herdbuchrasse anerkannt. Im Mai 1990 gründete man in Weihenstephan eine »Arbeitsgemeinschaft zur Erhaltung von Waldschaf und Steinschaf«. Inzwischen wurden zehn Herdbuchzüchter registriert. Parallel hierzu baute die Landeshauptstadt München auf einem ihrer Güter eine Genreserveherde auf. Der Gesamtbestand beträgt jetzt wieder ca. 200 Mutterschafe.

Das Waldschaf ist klein bis mittelgroß. Es ist zumeist weiß, doch kommen auch braune und schwarze Tiere vor. Das Vlies muß einfarbig sein; Scheckung der behaarten Körperteile ist zulässig. Die Profillinie des Kopfes bei weiblichen Tieren ist gerade, die der Böcke leicht geramst. Die mittelgroßen Ohren stehen waagerecht ab oder hängen leicht. Die Tiere sind feingliedrig mit kleinen, sehr harten Klauen. Die Böcke tragen häufig Hörner (Abb. 190).

Waldschafe sind robust und anspruchslos. Sie besitzen eine gute Fruchtbarkeit. Das Ablammergebnis liegt in Abhängigkeit von den Haltungbedingungen bei 180-200%. Üblich ist eine Erstlammung mit 13 Monaten. Bei älteren Muttern sind Zwillingslämmer die Regel. Das Waldschaf ist asaisonal. Die täglichen Zunahmen der Lämmer betragen ohne Kraftfuttergaben 180-200 g. Die Böcke erreichen ein Lebendgewicht von 60-70 kg; Muttertiere wiegen 40-55 kg.

Im Anschluß an das ursprüngliche Verbreitungsgebiet des Waldschafes kommt in der Tschechischen Republik ein gleichfalls mischwolliges Schaf vor. Dieses Sumava- bzw. Böhmerwaldschaf wird seit vielen Jahrzehnten züchterisch bearbeitet und hat heute einen Bestand von ca. 25 000 Mutterschafen. Es gibt keinen Zweifel, daß zwischen den bayerischen und den tschechischen Zaupelschafnachfahren ein genetischer Zusammenhang besteht. 1988 wurde versucht, durch den Import von 20 Zuchtschafen aus der CSSR die kleine, inzuchtgefährdete bayerische Waldschafpopulation genetisch zu erweitern. Weitere, den Waldschafen genetisch nahestehende Schafe kommen im angrenzenden Mühlviertel in Österreich vor.

Eine nahverwandte Form gibt es in Südungarn. Dieses Ciktaschaf kam im Jahre 1723 mit schwäbischen Aussiedlern aus der Grafschaft Limpurg ins ungarische Donaukomitat. In der kulturellen Isolation haben sich die Schafe bis in die heutige Zeit erhalten. Die deutschen Siedler hielten diese Tiere übrigens ausschließlich wegen der Wolle. Der Verzehr von Schaffleisch war nicht üblich; Schlachttiere wurden an die ungarische Bevölkerung in der Umgebung verkauft. Die Restbestände des Ciktaschafes werden in Ungarn jetzt als Genreserve gehalten. 1991 wurden an 120 Tieren der Folgerasse des Zaupelschafes Blutuntersuchungen durchgeführt. Diese Untersuchungen ergaben, daß die Rassen Waldschaf, Böhmerwaldschaf und Ciktaschaf einander genetisch sehr nahestehen. Tiere der jeweiligen anderen Populationen eignen sich für Einkreuzungen, ohne daß dadurch der Rassecharakter verändert wird.

Braunes Bergschaf

Diese Rasse stammt vom Weißen Bergschaf ab, welches seinerseits aus dem Bergamasker hervorging (Abb. 191). Im vergangenen Jahrhundert wurde angenommen, daß das »Bergamasken- oder Riesenschaf« ursprünglich aus Afrika stammt (May 1868) bzw. aus der Kreuzung von nubischen Schafen mit italienischen Landrassen hervorgegangen ist (Fitzinger 1859). Diese Vermutung beruht wohl auf der Tatsache, daß es in (Nordost-)Afrika wie auch in anderen Regionen gleichfalls Schafe mit Hängeohren gibt. Belegt ist eine solche Abstammung jedoch nicht.

Schon im 18. Jahrhundert brachte man die wegen ihrer Größe sehr geschätzten Bergamasker aus der Gegend von Bergamo, Como und der Lombardei sowie auch die gleichfalls hängeohrigen Paduaner aus dem Nordosten Italiens nach Österreich. Früh kamen Bergamasker wegen ihrer hervorragenden Fruchtbarkeit und des hohen Gewichtes – es wird ein Bockgewicht von 160 kg und ein Körpergewicht eines Muttertieres von 72,5 kg angegeben – auch nach Deutschland; doch konnten sie sich hier zunächst nicht halten. Hängeohrige Schafe wurden erst um die Mitte des 19. Jahrhunderts in größerer Zahl nach Bayern geholt.

Bemerkenswert ist, daß schon Bohm (1878) die Bezeichnung »Bergschaf« prägte. Unter diesem Begriff faßte er allerdings Rassen zusammen, die weder mit dem Bergamasker noch mit dem heutigen Bergschaf in Zusammenhang gebracht werden dürfen. Bohm versteht unter Bergschaf Rassen,

»welche von Bergvölkern gehalten werden, und ihre am tiefsten gelegenen Weideplätze auf Hochebenen finden. Solche Bergschafe sind in ihren ganzen Formen, wenn auch verhältnismäßig klein, so doch sehr kräftig und muskulös gebaut«.

Sie sind spätreif und neigen zur Fettbildung. Bohm zählt zu dieser Kategorie der Bergschafe das Tzigaia-Schaf, das sardische Schaf und auch das schweizerische Bergschaf, auf keinen Fall aber den Vorläufer des Bergschafes in der östlichen Hälfte der Alpen.

Bei den Bergamaskern kamen, wie bei den meisten anderen Schafrassen auch, gelegentlich schwarze oder braune Tiere vor. Für die Haltung solcher pigmentierter Tiere gibt es zwei verständliche Gründe:

1. Pigmentierte Wolle wurde für hausgemachte Strickwaren sehr geschätzt.
2. In größeren Herden war jedes 50ste Schaf farbig. Wenn ein Schäfer z. B. 600 Schafe besaß, hatte er zwölf pigmentierte dabei. Konnte er in unübersichtlichem Gelände seine zwölf farbigen Schafe erkennen, dann durfte er sicher sein, daß ihm keine größere Zahl von Schafen abhanden gekommen war.

Schafe

Abb. 191. Bergamasker Schlag, 1827.

Im Jahre 1939 entschloß man sich auf Anregung Bayerns, alle Typen des Bergschafes zusammenzufassen und ein einheitliches Zuchtziel aufzustellen. Man einigte sich darauf, das größte und nach damaliger Ansicht wirtschaftlichste Bergschaf im Typ des früheren Bergamaskerschafes als anzustrebende Rasse zu züchten und diese als »Deutsches Bergschaf« zu bezeichnen. Im Grunde kam es zu einer Verdrängungszucht. Als Zuchtziel wurde eine schlichte weiße Wolle gefordert; es wurde jedoch ausdrücklich betont, daß schwarze Wolle vorläufig noch gestattet sei.

Noch in der Nachkriegszeit war die Bezeichnung »Bergschaf« ein Sammelbegriff für verschiedene Landschafrassen (Schmidt et al. 1953). Der Bestand betrug damals in Deutschland ca. 76 000 Stück. Eine erheblich stärkere Verbreitung hatten diese Hochgebirgsschafe in den benachbarten Österreichischen Alpengebieten. Dort wurden vor dem Zweiten Weltkrieg ungefähr 240 000 Tiere gehalten. Die Farbe war auch damals noch nicht einheitlich.

Sie war weiß, grau, braun oder schwarz. Von einheitlich schwarzen oder braunen Zuchten ist auch einige Zeit später noch nicht die Rede (Hammond et al. 1961).

Die Braunen Bergschafe wurden gehalten, weil ihre Wolle ungefärbt verarbeitet werden konnte. Ein Hauptgrund war die heimische Tracht. So besaß schon der Wittelsbacher Herzog Ludwig Wilhelm vor dem 2. Weltkrieg eine Herde von ca. 100 braunen Bergschafen, die den Sommer über auf den Almen der Blauberge an der österreichischen Grenze weideten und im Winter auf Gut Kaltenbrunn bei Gmund am Tegernsee gehalten wurden. Er forderte von seinen Jägern, daß sie ihre Dienstkleidung aus den einheimischen braunen Wollen fertigen ließen. Über die Herkunft der ersten Tiere ist lediglich bekannt, daß sie 1934 aus Tirol eingeführt wurden (Abb. 192).

Aber nicht nur wegen der braunen Wolle für die Janker, die zur bodenständigen Tracht gehören, war man an der Aufnahme der Braunen Bergschafe in das Bayerische Herdbuch inter-

Braunes Bergschaf

essiert. Man wollte es auch vor dem Aussterben bewahren und durch eine kontrollierte Zucht verhindern, daß die bereits teilweise durch Inzucht auftretenden Mängel, die sich in geringer Fruchtbarkeit und niedrigem Körpergewicht zeigten, noch schlimmer wurden. Außerdem wurden braune Wolle und Felle etwa doppelt so gut bezahlt wie die der weißen Tiere. So stellte man im Jahr 1976 einen Antrag auf Rassenanerkennung für Braune Bergschafe an das Bayerische Staatsministerium für Ernährung, Landwirtschaft und Forsten, an die Herdbuchgesellschaft für Schafzucht, an die Deutsche Landwirtschaftsgesellschaft in Frankfurt und an die Schafhaltervereinigung Tegernseer Tal. Im Herbst 1977 lief die vorherdbuchmäßige Bearbeitung an, die in der Registrierung der Schafe und dem Anlegen eines Stallbuches für jeden Betrieb bestand. Die Tiere erhielten die Rassebezeichnung »Braunes Bergschaf«. Die weißen Tiere behielten ihren ursprünglichen Namen »Deutsches Bergschaf«, der mit dem Zusatz »weiße Zucht« versehen wurde.

1979 gab es 13 Herdbuchbetriebe des Braunen Bergschafs mit insgesamt 107 Mutterschafen und zehn Böcken. Nach einer vorübergehenden Phase geringeren Interesses hat der Bestand sich bei zehn Betrieben stabilisiert (Tab. 74). Gegenwärtig gibt es in Kreuth südlich des Tegernsees, lange Zeit Schwerpunkt der Zucht, nur noch einen Herdbuchzüchter. Die

Tab. 74: Entwicklung des Zuchttierbestandes beim Braunen Bergschaf in Bayern.

Jahr	Herdbuchbetriebe	Anzahl der Herdbuchtiere		
		Zuchtböcke	Mutterschafe	Gesamt
1980	9			
1982	11	13	151	164
1984	7	9	102	154
1986	6	8	60	68
1988	6	7	98	105
1990	10	9	244	253
1992	12	14	235	249
1993	13	11	171	182

Abb. 192.
Noch 1952 wurden in zahlreichen Herden weiße, braune und schwarze Bergschafe gemeinsam gehalten.

Abb. 193.
Muttertier des Braunen Bergschafes.

übrigen Züchter sind über das Gebiet zwischen Rosenheim und Garmisch-Partenkirchen verteilt. Alle Züchter betreiben die Schafhaltung als Hobby. Die Anzahl der Tiere pro Betrieb ist deshalb im allgemeinen klein. Dies gilt auch für den Gesamtbestand.

Es wird folgendes Zuchtziel verfolgt:

Kopf: Schmal, stark geramst. Stirn möglichst bewollt. Augen groß und offen. Bei älteren Böcken Faltenbildung charakteristisch. Beide Geschlechter hornlos (Abb. 193).
Ohr: Langes, breites, fleischiges Hängeohr. Ursprünglich sollte es 50-70% der Kopflänge betragen. Heute kann vielen Züchtern das Ohr gar nicht lang genug sein.
Hals: Mittellang; mäßig breit aufgesetzt; gut bemuskelt.
Vorhand: Vorgeschobene, breite Brust; schräge Schulter, jedoch gut geschlossen; kräftiger, nicht überhöhter Widerrist.
Rumpf: Geschlossen; gerader, breiter Rücken bei genügender Länge; gute Rippenwölbung und geschlossene Nierenpartie.
Hinterhand: Breit entwickelte Beckenpartie; kräftige Beine mit straffer Fessel und harten Klauen; leicht gewinkelte Hinterbeine.
Geschlechtsmerkmale: Ausgeprägt; Hodensack gut entwickelt; straffe, gute Euteranlage.

Das Braune Bergschaf erbringt folgende Leistungen: Robust und widerstandsfähig. Gute Steigfähigkeit ermöglicht die trittsichere Nutzung vor allem auch der für Rinder nicht mehr zugänglichen Hochlagen.

Ausgeprägt asaisonale Brunst. Erstzulassung mit 8-10 Monaten möglich. Ablammergebnis im vierjährigen Durchschnitt 208%; Aufzuchtergebnis 187%. Das Vliesgewicht der Böcke beträgt 6-7 kg, das der Muttern 4-5 kg. 60-70% Reinwollgehalt. Das schlichtwollige Vlies ist cognacfarben bis sattbraun. Die Wollspitzen von Tieren, die längere Zeit nicht geschoren wurden, sind durch Sonneneinstrahlung bzw. im Stall durch Ammoniakeinwirkung sehr hell.

In Größe und Gewicht steht das Braune Bergschaf etwas hinter dem Weißen zurück:

	Körpergewicht (kg)	Widerristhöhe (cm)
Altböcke	75-80	70-75
Jährlingsböcke	45-55	60-65
Mutterschafe	55-65	65-70
Jährlingsschafe	40-45	55-60

Die immer größer werdende Inzuchtgefahr veranlaßte die Züchter, nach blutsfremden Böcken Ausschau zu halten.

Im Herbst 1988 wurden mehrere geeignete Tiere in Südtirol gekauft, die Anfang 1989 nach Bayern kamen. Zunächst hielt sich der Erfolg in Grenzen. Unter den Nachkommen der importierten Böcke waren anfangs auch weiße und gescheckte Lämmer. Durch entsprechende Selektion konnte dieser Mangel inzwischen beseitigt werden.

Durch den Bockverkauf wurde man in Südtirol aufmerksam. Die Suche nach geeigneten Tieren für Bayern machte deutlich, daß es auch auf der Südseite der Alpen nur noch wenige Betriebe mit Braunen Bergschafen gab. Oft traten die dunklen Tiere innerhalb der dem Kärntner Brillenschaf verwandten Villnösser auf. Man begann, die vorhandenen braunen Schafe zu erfassen und eine Aufnahme der Rasse in das Südtiroler Herdbuch vorzubereiten.

In Bayern wird ein Großteil der Tiere auf die Almen getrieben. Dort verbringen sie den Sommer unter Aufsicht eines erfahrenen Hirten. Der Abtrieb zur Herbstschur – Bergschafe werden zweimal im Jahr geschoren – erfolgt zwischen Anfang September und Anfang Oktober. Um Lämmerverluste zu vermeiden, wird die Decksaison so gelegt, daß die Mutterschafe im Tal ablammen. Gealpte Tiere haben gewöhnlich einen hervorragenden Gesundheitszustand und besitzen besonders harte Klauen (Grasegger 1991).

Kärntner Brillenschaf

In Kärnten gab es in der ersten Hälfte des 19. Jahrhunderts zahlreiche Schafschläge: »Bleiburger«, »Canalthaler«, »Uggowitzer«, »Seeländer«. Man kannte auch ein »Kärnthener-Schaf«. Dieses soll mit dem Bergamasker (»Bergamaskenschaf«) identisch gewesen sein (May 1868). Die Heimat dieses Bergamaskerschafes ist Oberitalien, vor allem die Gegend um Bergamo und Como sowie die Lombardei (Bohm 1877). Es soll die weitaus größte europäische Schafrasse gewesen sein. Bohm (1877) teilt die Ansicht von May in bezug auf die Herkunft der nach Kärnten eingeführten Schafe nicht. Er weist darauf hin, daß auf italienischer Seite, angrenzend an Kärnten, das Paduaner Schaf vorkam. Es sei deshalb anzunehmen, daß »die Stammeltern dieser Race dem Paduaner und nicht wie May annimmt, dem Bergamasker Schlage angehörten«. Der Unterschied ist indes nicht groß; das Paduaner Schaf wird als Kreuzung von Bergamaskerschafen mit spanischen Schafen angesehen. Es soll eine sehr feine, seidige Wolle besessen haben.

Die am häufigsten genannte Kärntener Schafrasse war das Seeländer. Baier (1900) setzt hinter den Namen »Seeländer« in Klammern das Wort »Bergamasker«. Er betont aber, daß dieser zweite Name fälschlich verwendet wird. Bohm (1877) vertritt die Auffassung, daß auch das Seeländer Schaf eine Kreuzung von Landschafen mit Paduanern sei. Dann wäre vermutlich doch das Bergamasker beteiligt.

Das ursprüngliche Kärnthener, die Seeländer und die anderen genannten Schafschläge in Kärnten glichen einander weitgehend. Vor allem hatten sie alle Hängeohren und eine ausgeprägte Ramsnase. Die wichtigsten Schläge des späteren Kärntner Brillenschafes wurden folgendermaßen beschrieben:

Kärntner Schaf (bei May 1868 und Bohm 1877 auch zusätzlich »steierisches Schaf« genannt):

»den Tieren sind eine große Figur, starke Ramsung der Nase und große, schlaff herabhängende Ohren eigen. Die Wolle ... hat viel Glanz und erreicht eine Höhe von zwei bis drei Zoll (6–8 cm) im Jahr (May 1868).«

Offenbar besaß das Kärntner Schaf keinerlei Pigmentierung, auch nicht an den behaarten Körperteilen.

Seeländerschaf: Die Nase ist stark geramst, die großen Ohren hängen am Kopfe schlaff herab. Die Wolle ist weiß und von der Beschaffenheit der Zaupelwolle, die Augen aber sind dunkel eingefaßt (May 1868).

Nach Baier (1900) ist das Seeländerschaf weiß bis auf »zuweilen auftretende schwarze Ränder an Ohren, Augen und Lippen« (Abb. 194). In dieser Publikation ist ein offenbar rassetypisches, reinweißes Schaf ohne jede Pigmentierung abgebildet. Ein in derselben Arbeit erscheinender Uggowitzer, identisch mit dem Canaltaler, besitzt pigmentierte untere Ohrhälften, dunkle Flecken um die Augen und eine Pigmentierung am Maul.

Schon vor 1868 breitete das »Kärnthener-Schaf« sich von Kärnten bis zu den »norischen Alpen, dem oberbayerischen Gebirge, und von da selbst bis in das Flachland von Altbayern« aus (May 1868). Auch außerhalb des ursprünglichen Zuchtgebiets hatten die Tiere »immer noch eine große Figur, starke Ramsung der Nase und insbesondere große, schlaff herabhängende Ohren« (May 1868).

Das Seeländerschaf wurde nach einem Tal in den Karawanken benannt, das seit dem Ende des 1. Weltkriegs zu Slowenien gehört. Noch vor 1885 ist es die »in den breiteren Thalniederungen Kärntens vorwiegend auftretende« Schafrasse (Baier 1900), die zur Zucht vielfach bis nach Slowenien, Salzburg, Tirol und Vorarlberg verkauft wurde. In diesen Teilen Österreichs erlangte die Rasse eine »nicht geringe Bedeutung«.

Dieser Schlag war kräftig gebaut. Er galt als sehr abgehärtet gegen Witterungseinflüsse. Zwar war das Seeländerschaf spätreif, aber für damalige Zeit doch sehr fruchtbar, denn es lammte dreimal in zwei Jahren, war also dem nach asaisonal. Die Mast dauerte lange, doch war der Schlag dem Metzger »eine sehr angenehme Schlachtware« denn das Fleisch war von

Schafe

Abb. 194. Seeländer Mutterschafe in Kärnten, 1913.

»hoher Saftigkeit und Wohlgeschmack, ohne von Fett durchzogen zu sein, wodurch dasselbe hohen Wert gerade für die feinere Küche« erhielt. Die Seeländer wurden für damalige Zeit rasch groß und schwer. Ausgewachsene weibliche Schafe wogen ungemästet 50–60 kg; Lämmer im Alter von einem Monat bereits 7–9 kg. Seeländerschafe wurden dreimal jährlich geschoren. Der jährliche Ertrag pro Tier ergab 4,5 kg Wolle.

Baier (1900) erwähnt, daß Seeländer-Schafe – vor allem aus dem Canal-, Lesach- und Drautal – in die Schweiz und nach Frankreich verkauft wurden. In den 70er Jahren des vergangenen Jahrhunderts wurden Original-Bergamasker Blutauffrischungen vorwiegend im Canaltal und im Seeland vorgenommen, die sich sehr gut bewährt haben sollen. In der genannten Publikation ist ein Uggowitzer (Canaltaler) Bock abgebildet, der das Ergebnis einer solchen Einkreuzung ist. Dieser Bock besitzt eine sehr deutlich ausgeprägte Ramsnase und einen schwarzen Fleck um das abgebildete linke Auge, der vor dem Auge stärker ist. Die untere Hälfte des Ohres ist schwarz, außerdem befindet sich ein schwarzer Fleck an der Oberlippe.

Durch den Import billiger, aber qualitativ guter Wolle aus Übersee trat von der Jahrhundertwende an eine kritische Situation für die heimische Schafzucht ein. Man bemühte sich in den Jahren bis 1910, durch Prämierungen von Zuchtschafen das Interesse an der Schafzucht wachzuhalten. Vor allem wurde eine Verbesserung der Fleischleistung angestrebt. Daher führte man zu Kreuzungszwecken britische Fleischschafe ein; die Einkreuzungen hatten jedoch nur lokale Bedeutung. Im Grunde war das Kärntnerschaf in weiten Teilen Kärntens ein konsolidierter Typ.

Um der verwirrenden Vielfalt der einander ähnlichen Schläge wie Seeländer, Uggowitzer, Canaltaler, Gurktaler oder Petzener ein Ende zu setzen, kam nach dem 1. Weltkrieg der Vorschlag (Schumy 1921), alle gemeinsam als »Kärntner« zu bezeichnen. Stampfl (1921) fordert, daß die Bezeichnung »Kärntner« konsequenterweise für gleichartige Schafe außerhalb Kärntens benutzt werden müsse. Auch das Sulzbacher Schaf in der Steiermark, das Spiegelschaf in Tirol und das wallische Schaf in Salzburg besaßen die typischen Merkmale des »Kärntners« und stammten von ihm ab.

Es ist zu betonen, daß die Gemeinsamkeiten aller Schläge des »neuen« Kärntner Schafes sich nur auf Größe, Hängeohren, Ramsnase und schlichte Wolle bezogen. Die heute für das Kärntner Schaf typische schwarze Zeichnung besaß nur ein Teil der Tiere.

»Die Farbe des Kärntner Schafes ist weiß. Mitunter finden sich schwarze Abzeichen an den Ohren und in der Umgebung der Augen« (Stampfel 1921).

Ab 1911 trat eine Änderung ein. Nachdem die Schafbestände vorher erheblich reduziert worden waren, führte ein erhöhter Fleischbedarf zu einer beträchtlichen Aufstockung. Dies galt vor allem während des Ersten Weltkriegs und in der Zeit danach. Das zur Gruppe der Fleischwollschafe zählende Kärntner Schaf (Scheingraber 1932) erfreute sich in ganz Österreich einer außerordentlichen Beliebtheit. In Kärnten paßte man sich dieser Situation mit ihren guten Absatzmöglichkeiten an. 1923 erreichte die Schafhaltung dort ihren Höhepunkt.

Auch nach dem Ersten Weltkrieg wurde das Kärntner Schaf noch besonders gelobt. Dies galt vor allem für seine Größe. Böcke erreichten ein Gewicht von 80–90 kg und gelegentlich auch von 100 kg. Das Durchschnittsgewicht der Muttern betrug 70 kg, einzelne Tiere wurden 80 kg schwer. Besonders im ersten Lebensjahr entwickelten Kärntner sich sehr gut. Das Lämmergewicht betrug im Alter von 3–4 Monaten durchschnittlich 30 kg, bei halbjährigen Tieren 40 kg und im Alter von einem Jahr im Mittel über 50 kg (Schumy 1921). Kärntner besaßen einen gedrungenen Körperbau mit guter Rippenwölbung und vollen, fleischigen Keulen. Die Ausschlachtung betrug im Mittel 55%. Das Fleisch war besonders feinfaserig und zart. Wegen der hervorragenden Fleischqualität soll das Kärntner im Pustertal als »Edelschaf« bezeichnet worden sein. Allerdings wurde die Wollqualität gehobenen Ansprüchen nicht gerecht. Das Vliesgewicht betrug 1,5–1,75 kg. Die schlechte Wollqualität wurde nicht bemängelt, denn das Kärntner »ist und bleibt ein ausgesprochenes Fleischschaf« (Schumy 1921).

Das Kärntner Schaf in Kärnten war von Sohner (1929) folgendermaßen beschrieben:

»Der Kopf war vorwiegend gelblichweiß mit einem Stich ins Rötliche. Dann kamen noch mehr oder weniger stark ausgeprägte schwarze Abzeichen vor, die das Auge einrahmten (Brillenzeichnung) oder auch auf den Ohren als einzelne Flecken auftraten, öfters jedoch ein bis zwei Drittel des Ohres einnahmen. Endlich traten auch noch schwarze Einfassungen des Maules auf. Schwarze Tiere, die in geringer Zahl vorkamen, besaßen einen schwarzen Kopf mit weißen Abzeichen.«

Der Hals des Kärntner Schafes war nach dem Ersten Weltkrieg mittellang und mäßig breit. Er wies eine recht gute Bemuskelung auf. Die Brust war kräftig entwickelt und hatte eine gute Rippenwölbung. Der Brustumfang betrug bei weiblichen Tieren 79–92 cm, bei Böcken 84–117 cm. Die breite Rücken- und Lendenpartie trugen »nicht wenig zu der guten Form des Rumpfes« bei. Das Becken war breit, nach der Seite hin wenig abfallend, nach hinten jedoch etwas geneigt. Die Hinterschenkel waren voll und breit, die Keulen meist voll und fleischig. Insgesamt waren die Tiere ziemlich hochgestellt, was sie zu großen Steigleistungen auf den unwegsamen Schafalpen befähigte. Auf-

**Abb. 195.
»Kärntnerschaf«
um 1930.**

grund des Körperbaues war das Kärntner Schaf dem einheimischen Landschaf und dem Steinschaf eindeutig überlegen, »ohne selbst viel größere Ansprüche zu stellen als das primitive Landschaf«.

Das Wollkleid bedeckte »meist« (also offenbar nicht immer) die (Unter-)Brust. Der Bauch war meist nicht bewollt oder nur mit schütteren Flaumhaaren besetzt. An den Vorderbeinen reichte die Bewollung zuweilen bis zur Mitte des Unterarmes, an den Hinterbeinen manchmal bis zu den Sprunggelenken. Es besaß ein loses, schütteres Vlies. Das Kärntner Schaf war eben in erster Linie ein Fleischschaf. Sohner (1929) hielt es für sinnvoll, die Bewollung zu verbessern.

Auf den Ohren traten zuweilen schwarze Abzeichen auf. Häufiger nahm das Schwarz jedoch, von der Spitze beginnend, ein bis zwei Drittel des Ohres ein. Schließlich kam auch noch eine schwarze Einfassung des Maules vor. In geringer Zahl traten Tiere mit schwarzem Kopf auf, der weiße Abzeichen besaß (z. B. weiße Schaupe). Es ist festzuhalten, daß die Kärntner auch um 1929 zwar »vielfach«, jedoch nicht immer, am Kopf schwarze Abzeichen besaßen. Andererseits fanden sich »nicht selten« schwarze und braune Tiere. Man hielt sie besonders dort, wo die Wolle noch selbst verarbeitet wurde und Wollkleidung durch Beimischung farbiger Wolle eine gewünschte dunklere Färbung erhielt.

Weibliche Jungschafe wurden mit 8–9 Monaten zuchtfähig; Böcke zog man häufig schon mit 7–8 Monaten zur Zucht heran. Die Mutterschafe wurden, je nach Tauglichkeit, 4–8 Jahre gehalten. Die Fruchtbarkeit der Kärntner Schafe wird als äußerst gut geschildert. Zwillingsgeburten waren häufig und ein zweimaliges Ablammen pro Jahr kam durchaus nicht selten vor. Auch Fälle von Drillingsgeburten waren in manchen Gegenden bekannt. Lämmer wogen bei der Geburt 2,5 bis 4 kg.

Das Kärntner Schaf galt nach Sohner (1929) als robust und widerstandsfähig. Es war wenig krankheitsanfällig. Besonders hervorgehoben wurde die Wetterfestigkeit, die es zu einer vorzüglichen Gebirgsrasse machte (Abb. 195). Die Schlachtausbeute lag im Sommer bei gut 50%. Das Fleisch galt auch nach dem Ersten Weltkrieg als feinfaserig, zart und sehr schmackhaft.

1939 kam es im Deutschen Reich zu einer »Rassebereinigung«. Man glaubte, die Zahl der Bergschafrassen aus züchterischen Gründen reduzieren zu müssen. Das bedeutete, daß ähnliche Rassen zusammengefaßt wurden. Dem Kärntner Schaf wurden seine langen Ohren zum Verhängnis. Obwohl es im Rahmen, in der Kopfform, der Zeichnung und der Wollqualität etwas völlig anderes als das Bergschaf darstellte (Abb. 199), faßte man es mit diesem zusammen. Böcke wurden daraufhin nicht mehr gekört.

1941 lautete ein Bericht über die Situation der Schafzucht in der »Südmark« (Kärnten und Steiermark) folgendermaßen:

»Das hier heimische Schaf gehört im allgemeinen dem leichteren Bergschafschlag an. Die Körpergewichte bewegen sich bei Muttertieren zwischen 45 und 60 kg, bei Böcken zwischen 70 und 80 kg... In früheren Beschreibungen des alten Kärntner Schafes wird als Charakteristikums eine typische dunkle Pigmentierung an Augen und Ohren angegeben. Diesbezügliche Vertreter sind in der breiten Landeszucht wohl noch anzutreffen. Diese Tiere verdienen eine gewisse Wertschätzung, weil sie oft schwarze oder braune Lämmer bringen,

Kärntner Brillenschaf

deren farbige Wolle in Mischung mit weißer Wolle bei der Heimverarbeitung die gewünschte natürliche Färbung der Trachtenstoffe ergibt« (Kandler 1941).

In Österreich starb die Rasse dann weitgehend aus. Nur gelegentlich mendelten dort noch aus Beständen weißer Bergschafe Einzeltiere mit schwarzen Ohrspitzen und »Brillen« um die Augen heraus. In Bayern geschah die Tilgung mit geringerem Nachdruck. Auch hier wurden seit dem 2. Weltkrieg keine Böcke mehr gekört. Das hätte im Grunde das Ende der Rasse bedeuten müssen. Durch das Wohlwollen der Verantwortlichen konnten sich jedoch noch kleinere Bestände halten (Abb. 196).

In der Zeit nach dem Zweiten Weltkrieg kam die Rasse noch in den Bezirken Traunstein, Laufen und Berchtesgaden vor (Schmidt 1950). Auch damals galten neben der typischen Zeichnung Hornlosigkeit und Hängeohren als rassetypisch. Der Kopf trug nicht nur Haare sondern war am Scheitel etwas bewollt. Der Rumpf wird zu jener Zeit als lang, breit und tief geschildert. Das Kärntner Brillenschaf hatte einen kräftigen Knochenbau, die Beine waren gut gestellt und die Klauen besonders hart.

Als Landrasse konnte diese Rasse kaum gelten, denn man züchtete auf Wolle und Fleisch (Schmidt 1950); auch die Fruchtbarkeit war mit 150% für damalige Zeit recht gut. Kärntner Brillenschafe galten als verhältnismäßig frühreif. Sie hatten mit 3-4 Monaten ein Gewicht von 30 kg, mit zwölf Monaten wogen sie durchschnittlich 50 kg. Muttern erreichten ein Gewicht von 50-60 kg; Böcke wogen 70-80 kg. Die Wolle hatte eine C-CD-Feinheit (29-33 µ). Die Ausgeglichenheit von Stapel und Vlies galt als zufriedenstellend. Das Schurgewicht betrug bei der üblichen zweimaligen Schur 1,5-2 kg pro Jahr. Sie wurde zur Herstellung von Loden, Filzwaren und groben Kammgarnerzeugnissen verwendet.

Die »Rassebereinigung« muß irgendwann, vermutlich mit Kriegsende, aufgehoben worden sein. Schmidt (1950) schreibt, daß die besten Zuchten »seit einigen Jahren« anerkannt seien. In ihnen wurde ein Zuchtbuch geführt und es fand eine Leistungsprüfung auf Fruchtbarkeit, Wollmenge und Wollqualität statt.

1983 schätzte man die Zahl der noch vorhandenen Tiere auf 150 bis 200. Die Rasse galt als in Auflösung begriffen. Dann gab es jedoch eine unerwartete Wende. Die auffallend gezeichneten Tiere fanden besonders auf Ausstellungen großen Anklang. Vor allem die Sonderschau »Erhaltung gefährdeter Nutztierrassen« auf der Internationalen Grünen Woche Berlin 1984 lenkte das Augenmerk auf diese Rasse. Es fanden sich Interessenten in der ganzen Bundesrepublik. Hierdurch belebte sich auch das Interesse im Zuchtgebiet bei Laufen/Oberbayern wieder. Die Zahl der Tiere stieg. Bei der Schafprämierung der Schafhaltervereinigung Berchtesgadener Land im Oktober 1988 war das Kärntner Brillenschaf mit 25 Tieren vertreten. Es wurde ein sichtbarer züchterischer Aufschwung festgestellt. Von den vorgestellten Schafen wurden 15 in die Prämierungsklasse I, die anderen zehn Tiere in die Prämierungsklasse II eingestuft.

In den letzten Jahren wurden mehrfach Tiere von Deutschland nach Österreich gebracht, so daß hier mit heimischen Restbeständen wieder Herden bei Wien, in Kärnten und in Tirol aufgebaut werden konnten. In Südtirol befassen sich seit 1987 zwei Schafzuchtvereine mit der züchterischen Bearbeitung dieser Rasse. Sie wird dort speziell als Villnösserschaf bezeichnet. Dieses unterscheidet sich aber, außer der extrem geramsten Nase, nicht erkennbar vom deutschen Kärntner Brillenschaf. Hauptzuchtgebiet ist dort das untere Eisacktal mit seinen Nebentälern.

In Südtirol gilt folgende Rassebeschreibung: »Die schwarze Umrandung der Augen auf der sonst glänzenden weißen Wolle ist das typische Kennzeichen des Villnösserschafes. Zudem zeichnet sich diese Rasse durch die vorzügliche Bergtauglichkeit und die besondere Robustheit aus. Das Villnösserschaf ist etwas leichter als das Bergschaf, was allerdings auch eine Folge des vorgegebenen Zuchtzieles ist.«

Neben einer guten Fruchtbarkeit wünscht man in Südtirol ein mittelgroßes Schaf mit

Schafe

schmalem, stark geramstem, hornlosem Kopf. Es soll lange, breite Hängeohren besitzen. Das Vlies muß einheitlich weiß sein. Schwarze, deutlich abgegrenzte Flecken gehören im Augen- und Nasenbereich ebenso zum Rassebild wie eine schwarze untere Ohrhälfte. Bei Muttern, nicht jedoch bei Böcken, werden klar abgegrenzte schwarze Flecken am behaarten Teil der Vorder- und Hinterbeine akzeptiert. Nicht ins Herdbuch eingetragen werden Tiere mit Pigmentflecken im Vlies sowie solche mit Schaupe.

Beim Villnösser Schaf sind gescheckte und rein schwarze Tiere nicht unüblich. Die Wolle ist im Gegensatz zum deutschen Kärntner Brillenschaf etwas gekräuselt. Angestrebt werde Bockgewichte von 75–80 kg; Muttern sollten 60–65 kg wiegen.

Abb. 196. Kärntner Brillenschafe bei Laufen in Oberbayern, um 1950.

Abb. 197. Kärntner Brillenschaf, Muttertier.

Abb. 198. Kärntner Brillenschafe, Bock ganz rechts.

Kärntner Brillenschaf

In Südtirol nimmt die Zahl der Tiere beständig ab. Der Hauptgrund dafür ist die Streichung der EG-Prämie für Bestände mit weniger als zehn Muttertieren. Dies trifft auf ca. 40% der Südtiroler Schafhaltungen zu.

Am 3. August 1989 wurde das Kärntner Brillenschaf von der Bayerischen Herdbuchgesellschaft ins Zuchtbuch aufgenommen. Die Rassebeschreibung lautet folgendermaßen:

»Der stark ramsnasige, unbewollte Kopf ist schmal, hornlos und trägt lange, breite Schlappohren. Die typische Pigmentierung (Brille) kann das Auge etwa gleichmäßig umgeben oder zur Nase hin verschoben auftreten. An der Unterlippe und am Kinn sind geschlossene Pigmentflecken möglich. Das großrahmige Schaf ist tief und geschlossen, der Rücken lang mit einer ausreichenden Rippenwölbung und fester Nierenpartie. Es hat dünne Beine mit straffen Fesseln und harten Klauen. Die 10–15 cm lange, weiße Wolle ist schlicht gewellt und hat einen Reinwollgehalt von ca. 60%. Wollfeinheit C–D (30–36 µ). Schur Frühjahr und Herbst.«

Zu ergänzen ist, daß auch die Ohren teilweise pigmentiert sind (Abb. 197). Bei manchen Tieren ist lediglich der untere Ohrrand schwarz, bei anderen Tieren nahezu das ganze Ohr. Gelegentlich kommen Pigmentflecken in der Wolle vor; diese sind aber unerwünscht.

Als besondere Leistungen sind hervorzuheben: Gute Steig- und Widerstandsfähigkeit für Haltung in Hochgebirgslagen, Nutzung von Hochlagen, die für Rinder unzugänglich sind. Anpassungsfähig, frühreif; asaisonales Brunstverhalten. Besonders geeignet für niederschlagsreiche Gebiete; Erstzulassung mit 8–10 Monaten (Abb. 198).

Abb. 199. Kärntner Schafe im Lungau, 1940.

Es gelten folgende Leistungen:

	Lebendgewicht kg	Vliesgewicht kg	Fruchtbarkeit %
Altböcke	80–110	4,0–6,0	
Jährlingsböcke	50–65	3,5–5,0	
Mutterschafe	65–75	3,0–5,0	150–180
Jährlingsschafe	50–60	3,0–3,5	

Ende 1989 erfolgten die ersten Aufnahmen in das Herdbuch. Gegenwärtig gibt es in Bayern acht Herdbuchbetriebe. Der Bestand an Kärntner Brillenschafen beläuft sich im gesamten Verbreitungsgebiet auf ca. 1800 Tiere (Tab. 75).

Tab. 75: Verbreitung des Kärntner Brillenschafes 1993.

Region	Züchter	Mutterschafe	Tiere insgesamt
Bayern	15	120	180
übriges Deutschland	10	100	120
Österreich	15	90	100
Südtirol	70	1000	1300
Slowenien	10	90	100
zusammen	120	1400	1800

Steinschaf

Im 19. Jahrhundert gab es in Mitteleuropa eine verwirrende Fülle von Schafrassen und -schlägen. Oft wurde ein und derselbe Typ in verschiedenen Gegenden unterschiedlich bezeichnet. Umgekehrt durfte nicht davon ausgegangen werden, daß sich hinter der gleichen Rasse- bzw. Schlagbezeichnung auch nur annähernd gleichartige Tiere verbargen.

Ein zunächst viel gebrauchter Ausdruck war »Zaupelschaf«. Das Zaupelschaf war ein kleines, mischwolliges Schaf mit bewolltem Schwanz. Diese Rasse war über große Teile Deutschlands und darüber hinaus verbreitet und wurde auch als »gemeines deutsches Schaf« (Fitzinger 1859, May 1968) bezeichnet. Nicht zu den Zaupelschafen gehörten die kleinen und mischwolligen Schafe mit behaartem, kurzem Schwanz wie z. B. die Heidschnucke. Die Zaupelschafe waren deutlich abgegrenzt gegenüber den mittelgroßen schlichtwolligen Rassen, zu denen z. B. das Rhönschaf gehörte. Das Zaupelschaf unterschied sich auch vom Goggelschaf, das zwar gleichfalls eine recht mäßige Wollqualität besaß (C-CD-Sortiment), aber mittelgroß und damit deutlich größer war.

Später wurden Zaupel- und Steinschaf als identisch angesehen (Kaspar 1928). Es entsteht der Eindruck, daß jeder Schlag des Zaupelschafes zunächst noch einen eigenen Namen hatte. Die Bestände im nördlichen Teil des Verbreitungsgebietes fanden ihre Fortsetzung im Waldschaf. Schließlich blieben nur das »bayerische Zaupelschaf« (Bohm 1877) und die österreichischen Formen übrig. Das Steinschaf bildet also die Fortsetzung des südbayerischen und des österreichischen Zaupelschafes. Auf diese Rasse wird bei der Beschreibung des Waldschafes eingegangen.

Eine der frühesten Beschreibungen des Zaupelschafes stammt von May (1868):

»Es wiegt ein ausgewachsenes Mutterthier im Durchschnitt lebend 60 bis 70 Pfund. Die Knochen sind von mittelmäßiger Stärke und die Haut ist ziemlich dick. Der Kopf ist lang und schmal. Die nicht selten vorkommenden Hörner sind kurz und nach hinten, außen und unten gebogen. Die Ohren sind mittelmäßig lang und zugespitzt. Der Schweif reicht bis unter das Sprunggelenk und ist bewollt. Der Hals und der Rumpf sind mit grober, stark glänzender Wolle bewachsen. Die größere Zahl der Thiere trägt weiße, die kleinere braune oder schwarze Wolle. Diese Thiere besitzen eine sehr kräftige Constitution. Sie können noch fortkommen auf nassem Boden und bei dem schlechtesten Weidegang. Bei schlechter Winterfütterung suchen sie fast auch noch ihr Winterfutter unter dem Schnee auf. Sie lammen gewöhnlich zum erstenmal erst ein Jahr alt, werfen häufig Zwillinge und lammen nicht selten im Jahre zweimal. Zaupelschafe mästen sich gut und liefern schmackhaftes Fleisch.«

Nach Bohm (1877) hatte das Zaupelschaf vor 1877 ein bedeutend größeres Verbreitungsgebiet, ist aber

»theils von anderen, lohnenderen Racen ganz verdrängt worden oder aber in der Kreuzung mit denselben aufgegangen«.

Noch Fitzinger (1859) bezeichnet die Rasse als die gemeinste und verbreitetste in Deutschland. Die Haltung der Zaupelschafe wird dem ärmeren Landbewohner empfohlen, der nicht in der Lage ist, sich veredelte Schafe zu halten. Für ihn

»ist diese Race immerhin von großer Wichtigkeit, da sie nur wenige oder fast gar keine Kosten verursacht und dennoch einen ergiebigen Ertrag abwirft. 40–70 Pfund Fleischgewicht für ein einzelnes Stück können im Durchschnitt angenommen werden«.

Erst um 1900 wird die Bezeichnung »Steinschaf« üblich. Dieses Steinschaf wird als ausgesprochenes Bergschaf geschildert, das zur Ausnützung der höchsten Bergweiden durch seine kleine, gedrungene Gestalt besonders geeignet war (Baier 1900). Die Rasse war in Salzburg sehr beliebt. Man versuchte sie durch Subventionierung von guten Böcken zu erhalten. Auch in dieser Zeit wird die besondere Schmackhaftigkeit des Fleisches gelobt (Abb. 200).

Nach dem Ersten Weltkrieg wurde das Steinschaf hauptsächlich im Alpengebiet nörd-

Steinschaf

lich des Tauernhochkammes gehalten (Stampfl 1921). In gewissen Gegenden Tirols und Salzburgs, aber auch in den Randzonen seines Verbreitungsgebietes (Oberösterreich, Niederösterreich und Steiermark) soll es vielfach nur noch gekreuzt vorgekommen sein. Auch damals wurde das Steinschaf als ausgesprochenes Bergschaf bezeichnet. Es nutzte hochgelegene, rauhe und steile Alpenweiden aus, die, außer von Ziegen, von keinem anderen Haustier beweidet werden konnten. Das Steinschaf besaß eine außerordentliche Kletterfähigkeit und die Sicherheit, sich auf sehr steilem und felsigem Gelände fortzubewegen.

Für den Namen »Steinschaf« gibt es mehrere Erklärungen. Nach Führer (1911) trägt die Rasse ihren Namen
»nach ihrem üblichen Aufenthaltsort, denn im wahren Sinne des Wortes fristet es sein Leben während des ganzen Sommers zwischen den Felsen- und Steinblöcken der Gebirgskämme, Runsen und Mulden in den höchsten Teilen des Gebirges. Es steigt so hoch hinauf, soweit es noch Rasenflächen zwischen den Felstrümmern gibt«.

Auch Kaspar (1928) führte den Namen auf die Tatsache zurück, daß das Steinschaf den ganzen Sommer über seine Nahrung an steinigen, kaum bewachsenen Hängen des Hochgebirges suchen müsse. Nach Meinung von Diener (1976) bezieht sich die Bezeichnung »Steinschaf« jedoch lediglich auf das geographische Gebiet der »Steiner Alpen«, einem Gebirgszug im Grenzgebiet von Kärnten und Slowenien. Durch den Schafhandel von Kärnten nach Bayern soll die Bezeichnung dann verbreitet worden sein.

Stampfl (1921) schildert die Rasse im einzelnen folgendermaßen:
»Der Kopf ist leicht, schmal, im Nasenteil wenig geramst; die Schnauze schmal und spitz. Die kleinen, feinen Ohren stehen seitlich ab. Es werden sowohl gehörnte wie ungehörnte Tiere gefunden. Der Schwanz ist lang und bewollt. Die Farbe des Steinschafes ist weiß, schwarz oder grau, doch überwiegen die weißen Schafe weitaus. Die grauen Schafe sind als Lämmer schwarz. Sie verfärben sich, wenn sie ungefähr halbjährig geworden sind. Das Wollkleid des Steinschafes besteht aus Mischwolle.«

Abb. 200. Widder des Tiroler Steinschafs 1913 in Tux-Kasbichl.

Ausgewachsene Tiere wogen 30–35 kg. Das Vliesgewicht pro Schaf und Jahr betrug 1,5–2 kg. Die Wolle war grob und diente der Deckung des Hausbedarfs in den bäuerlichen Wirtschaften sowie der Erzeugung von Loden. Das Fleisch des Steinschafes war fein, zart und von guter Qualität. Nur gelegentlich wurde Milch zur Käseerzeugung gewonnen.

Stampfl (1921) beklagte, daß es kaum eine geregelte Zucht gäbe. Zumeist blieben die Bocklämmer bei der Herde und deckten nach der Geschlechtsreife ihre eigenen Geschwister und Mütter. Ein Zukauf von blutsfremden Böcken fand selten statt. Deshalb sollen häufig Degenerationserscheinungen vorgekommen sein. Stampfl kam daher zu dem Ergebnis, daß das Steinschaf damals eine recht primitive, spätreife, kleine, vielfach verkümmerte und unausgeglichene Rasse darstellte. Er hielt es dennoch für sinnvoll, sie durch planmäßige Züchtung zu erhalten und zu verbessern. Allerdings müsse dies bald geschehen. Andernfalls werde das Steinschaf durch andere Rassen verdrängt oder mit ihnen verkreuzt. Stampfl hielt es sogar für fraglich, ob ein Erhaltungsversuch damals noch Erfolg haben könnte. Er schließt das Kapitel mit dem bemerkenswerten Satz,

»so manche Haustierrasse wurde dem Aussterben anheimgegeben, deren Wert erst nach dem Verschwinden richtig erkannt und geschätzt wurde«.

Seit 1924 wurde der Hochgebirgsschafzucht in Bayern von den Behörden besondere Aufmerksamkeit geschenkt. Zugleich stellte man ein Zuchtziel für vier Schläge auf. Neben Kärntner-, Bergamasker und Goggelschaf galt dies auch für das Steinschaf. Die Rassebeschreibung lautete vor dem Zweiten Weltkrieg:

»Das Steinschaf ist ein typisches Hochgebirgsschaf. Kleiner, fast zierlicher Körperbau. Sehr lebhaftes Temperament. Kopf bei Böcken gehörnt. Kleine, spitze Ohren. Guter, mittellanger Rücken. Dünne, aber stahlharte Beine; mäßig gewinkelte Stellung. Außerordentlich harte Klauen. Sehr lange Wolle in C–D-Feinheit (30–36 µ) mit hohem Glanz. Jahresschurgewicht 2–3,5 kg. Körpergewicht bei Mutterschafen 25–36 kg, bei Böcken 35–50 kg«

(Miller in Doehner 1939). Die Wollfarbe schwankte zwischen weiß, braun, grau, blaugrau und schwarz (Abb. 201).

Das Stein- bzw. Zaupelschaf hatte sich also über nahezu 100 Jahre kaum verändert. Immer noch ließ es sich gut gegen das Goggelschaf abgrenzen, das stets hornlos war und 35–50 kg (Mutterschafe) bzw. 50–60 kg (Böcke) wog. Allen Hochgebirgsschlägen, und damit auch dem Steinschaf, war die außerordentliche Widerstandsfähigkeit gegenüber den Unbilden der Witterung und eine bemerkenswerte Genügsamkeit in Ernährung und Haltung eigen (Abb. 202).

In der Nachkriegszeit nahmen Deutsches und Tiroler Steinschaf eine unterschiedliche Entwicklung. In beiden Gebieten ging die Zucht sehr zurück. Als erstem gelang dem Tiroler Steinschaf ein erneuter Aufschwung. Im hinteren Zillertal fand sich eine kleine Schar von engagierten Züchtern zusammen. Sie richteten 1969 an die Tiroler Landesregierung und an die Landeslandwirtschaftskammer für Tirol ein Gesuch, daß das graue Tiroler Steinschaf, welches seit Jahrhunderten in der dortigen Gegend heimisch war, nicht nur erhalten bleiben, sondern durch züchterische Maßnahmen verbessert werden solle. Ein weiteres Anliegen der Initiatoren war, daß Landesregierung und Landeslandwirtschaftskammer ein Zuchtkonzept und ein Zuchtprogramm zur Erhaltung dieser uralten Schafrasse ausarbeiten möge. Es wurde betont, daß das Steinschaf für den bäuerlichen Betrieb von jeher die Funktion als Landschaftspfleger erfülle. Des weiteren versorge das Steinschaf die einzelnen bäuerlichen Betriebe und die Bevölkerung mit Fleisch und Wolle. Die Wolle verwendete man zur Herstellung von Tiroler Loden und Trachten. Man verwies darauf, daß das Steinschaf bereits im Tierzuchtförderungsgesetz von 1947 und den erlassenen Verordnungen verankert sei. Die Resolution hatte folgenden Wortlaut:

Tab. 76: Entwicklung der Steinschafzucht in Tirol in der Zeit nach Vereinsgründung 1974. Zunächst Nord- und Osttirol; ab 1983 nur Nordtirol (Landesschafzuchtverband Tirol).

Jahr	Vereine	Mitglieder	Herdebuchtiere
1977	6	158	696
1978	8	146	988
1980	9	149	928
1981	9	167	895
1982	11	142	748
1983	8	102	463
1985	8	142	1195
1992	9	139	928

Grundsatz-Protokoll
über die Gründung eines Zuchtvereines für das graue Tiroler Bergschaf im Tuxertal

Das graue Tiroler Bergschaf, welches durch Jahrhunderte unseren Vorfahren diente, soll in letzter Minute vor dem Untergang aufgefangen, züchterisch erfaßt und verbessert werden. Sämtliche Unterfertigten beschließen heute, einen Zuchtverein zu gründen, diesem als Mitglied beizutreten und beschließen weiters für das graue Tiroler Bergschaf folgendes   Zuchtziel:

1. Erzeugung von Wolle zur Erhaltung unserer Tracht (dies erfordert mehr die Langwolle von stärkerer Beschaffenheit, ausgeglichen mit wenig Grannenhaaren).
Feine Kurzwolle mit ausgeprägter Kräuselung ergibt keinen schönen Tuxerloden.
2. Fleischlieferant (größeres Gewicht, gut bemuskelt mit starker Hinterhand und ausgeprägter Keule – Fleischtyp). Unter diesem Punkt sei auch die Fruchtbarkeit genannt, wo zweimalige Lammung im Jahre mit Zwillingsgeburten besonders beachtet werden soll (Anlage – Fütterung).
3. Die Farbe der Wolle sei hellgrau (der Tracht wegen), welche sich gleichmäßig über den ganzen Körper verteilt und durch keine andere Schattierung gestört sein soll. Die Farbe der unbewollten Körperstellen sei klar schwarz (Kopf, Beine), wobei jedoch die Bewollung der Hinterbeine ab Sprunggelenk und am Kopf die Backen beim Jungschaf als Rassezeichen zu werten ist und nach Aussagen unserer unmittelbaren Vorfahren auch ein Zeichen dafür, daß solche Tiere auch sonst gute Wollträger waren.
4. Weitere Körpermerkmale: Der Zuchtwidder sei nur als gehörnt zulässig, bei weiblichen Tieren ist jeder Hornansatz (Stollen) als Fehler zu erkennen. Der Kopf soll zur Ramsform neigen (Saurüssel, schmalköpfig). Das Fundament soll kräftig, die Oberlinien straff, die Anschlüsse der einzelnen Körperteile (Hals, Schulter, Brust) harmonisch sein.
5. Gesundheit, Frohwüchsigkeit, gute Futterverwertung und betonte Bergtüchtigkeit sei der Zucht als selbstverständlich vorangestellt.
6. Die Arbeit und der Fortschritt in der Zucht ruht auf der Auswahl, Haltung, Pflege und Einkreuzungen vergleichbarer Schafrassen, welche geeignet erscheinen, das gestellte Zuchtziel schneller und besser zu erreichen. Diese letzte Zuchtmaßnahme soll nur im Einvernehmen mit der einschlägigen Stelle der Landeslandwirtschaftskammer zum Einsatz kommen.
7. Die Wollwiegung soll vorerst nicht eingeführt werden. Weitere Zuchtmaßnahmen und Notwendigkeiten sollen nach Erkennbarkeit später beschlossen werden, sowie auch Mängel in vorgestelltem Zuchtziel Behebung finden.
Soll im Anfang auch keine allzustrenge Handhabung des Zuchtprogrammes zur Anwendung kommen, so werden alle Züchter doch erkennen, daß jener schneller dem Ziele näher und zum Erfolg kommt, der die Zucht ernst nimmt und die guten Erbanlagen mit entsprechender Fütterung, Haltung und Pflege unterbaut.
Die Unterzeichneten erkennen das Tiroler Landestierzuchtgesetz als auch für diesen Zuchtverein zuständig an und nehmen die daraus erwachsenen Satzungen zur Kenntnis.
Die Unterzeichneten ersuchen die Landeslandwirtschaftskammer, diesem Verein zur Zucht des grauen Tiroler Bergschafes die Zustimmung zu erteilen, und bitten weiters, die Betreuung und Verwaltung, wie beim weißen Tiroler Bergschaf zu übernehmen und in ihre Aufgabe einzubeziehen.
Tux, am 9. Nov. 1969

Landesregierung und Landwirtschaftskammer beauftragten 1974 einvernehmlich den Landesschafzuchtverband, entsprechende Schritte einzuleiten. Nach Aussprachen mit den interessierten Bauern wurde vorgeschlagen, einen Verein zu gründen, wie es in anderen Sparten der Tiroler Tierzucht üblich ist. Den interessierten Schafhaltern wurde nahegelegt, ein Zuchtkonzept und ein Zuchtziel zu erarbeiten.

Im September 1974 fand die erste Steinschafschau statt. Gleichzeitig kam es zur Vereinsgründung durch zehn »Pioniere«, und am selben Tag erfolgten die ersten Herdbuchaufnahmen. Bald danach fanden sich in ganz Tirol Interessenten, die ebenfalls zur Erhaltung des Steinschafes beitragen wollten. Inzwischen hat die Steinschafzucht eine beachtliche Entwicklung durchgemacht (Tab. 76).

Der Beitritt zur organisierten Steinschafzucht verpflichtete jedes Mitglied, an der Leistungsprüfung teilzunehmen. Mit dieser Prüfung sollte die Verbesserung der Rasse nicht nur im eigenen Bestand, sondern im gesamten Verbreitungsgebiet gewährleistet werden. Dabei wurden folgende Punkte berücksichtigt:
• Erhebung von Fruchtbarkeitsleistung und Aufzuchtergebnis
• Ermittlung des Körpergewichts
• Erhebung des Wollgewichts (ist dem Züchter überlassen)
• Mast- und Schlachtleistung

Schafe

Abb. 201. Steinschaf-Widder, um 1930.

Abb. 202. Tiroler Steinschaf 1941, in rassetypischer Weise gehörnt.

Die Rasse zeichnet sich durch besondere Fruchtbarkeit und Aufzuchtleistung aus. Angestrebt werden zwei Ablammungen im Jahr mit Mehrlingsgeburten, wobei die Milchleistung der Muttertiere eine gute Aufzuchtleistung gewährleisten soll. 1983 betrug die Fruchtbarkeit von 371 Vollabschlüssen 269%. Es konnten 16,8% Drillings- und 0,8% Vierlingsgeburten ermittelt werden.

Man verfolgt in Tirol nachstehendes Zuchtziel:

Körperbau

Kopf: stark geramst bei männlichen, leicht geramst und schmal bei weiblichen Tieren. Männliche Tiere mit genügend starken, nicht zu eng anliegenden und gleichmäßig geschwungenen Hörnern. Ihre Stirn breit und bewollt; unterer Teil des Gesichts möglichst wollfrei. Faltenbildung bei älteren Widdern charakteristisch. Bei weiblichen Tieren sind Horn- und Knaupenbildung zulässig. Augen bei beiden Geschlechtern groß und offen; die Ohren spitz bis mittelbreit, aber nicht hängend. Keine Schlappohren.
Hals: Mittellang, mäßig breit aufgesetzt und gut bemuskelt. Zu kurze oder zu lange Hälse unerwünscht.
Vorhand: Vorgeschobene, breite Brust. Schulter gut geschlossen und bemuskelt sowie schräggestellt. Widerrist breit und nicht überhöht.
Rumpf: Geräumig für Rauhfutteraufnahme mit gutem Anschluß an Vorder- und Hinterhand. Rücken breit, lang und straff. Ausgeprägte Rippenwölbung und geschlossene Nierenpartie.
Hinterhand: Mit breit entwickelter Beckenpartie. Kräftige, tiefreichende Behosung bei entsprechender Keulenausbildung. Fundament mit mittelfeinen bis kräftigen Beinen; straffe Fesselung und harte Klauen. Beinstellung korrekt und breit. Als besondere Fehler gelten Fesselweichheit und Kuhhessigkeit.
Geschlechtsmerkmale: Bei männlichen Tieren gut entwickelte Hoden; straff anliegend. Weibliche Tiere mit drüsigen, milchreichen und gut aufgehängten, gesunden Eutern.

Größe und Gewicht

	Widder	Mutterschafe
Körpergewicht	90 kg Mindestgewicht	65 kg Mindestgewicht
Widerristhöhe	ab 80 cm	ab 60 cm

Wolle und Farbe

Seidigglänzende Schlichtwolle mit langem, etwas gröberem Oberhaar und feinerem Unterhaar in entsprechendem Verhältnis zueinander.

Steinschaf

Feinheitsgrad D–E oder EE. Länge ca. 20 cm und frei von toten Haaren. Geschlossenes Vlies. Stirn und Bauch sollen bewollt sein.

Farbe bei Widdern: Grau und Weiß ohne Scheckung und Mißfarben (Abb. 204). In Osttirol ist Schwarz zulässig. Farbe bei weiblichen Tieren: Grau, Weiß und Schwarz. Nicht erwünscht sind rotbraune Färbungen.

Charakter
Lebhaftes Temperament. Hervorragende Weide- und Alptüchtigkeit mit ausgezeichneter Trittsicherheit, Marschgängigkeit. Widerstands- und anpassungsfähig.

Fleischqualität
Vollfleischige Tiere mit hohen Ausschlachtungsergebnissen. Fettarmes Fleisch.

Das Hauptverbreitungsgebiet des Tiroler Steinschafes liegt im Zillertal und in Osttirol. Weitere Bestände werden in den Bundesländern Salzburg und Kärnten gehalten. Der Gesamtbestand umfaßt ca. 12 000 Tiere.

Eine Variante des Steinschafes ist das Montafoner Schaf im Vorarlberg. Dieser Schlag hat eine etwas feinere Wolle als die anderen Steinschafe. Früher besaß er eine außerordentliche Fruchtbarkeit. Fast ohne Ausnahme lammten die Muttern zweimal jährlich ab und brachten dabei mindestens einmal Zwillinge. Es wird auch von Vier-, Fünf- und Sechslingen berichtet.

In Slowenien konnte sich ein Bestand von einigen hundert Tieren bei Bovec halten. Dieser Schlag entspricht weitgehend dem alten Typ des Steinschafes. Besonders geschätzt wird die Rasse hier wegen ihrer guten Anpassung an die rauhe Hochgebirgssituation und wegen der guten Milchleistung.

Eine umfangreiche Arbeit über das bayerische Steinschaf erschien 1928 (Kaspar 1928). Die Rasse war damals die für den Chiemgau typische Schafform. Kaspar beschreibt zwei Typen: einen größeren, der im Alpenland vorkam und einen wesentlich kleineren, den es in den ausgesprochenen Gebirgsgegenden gab (z. B. die Region von Berchtesgaden). In Bayern sind nur noch Einzeltiere dieser Rasse sowie Kreuzungen zu finden. Diese Tiere wurden aufgekauft und sollen züchterisch bearbeitet werden. Richtlinien werden vorbereitet. Es ist zu hoffen, daß das bayerische Steinschaf demnächst Herdbuchrasse wird.

Abb. 203. Zuchtwidder des Tiroler Steinschafs in den 60er Jahren.

Abb. 204. Tiroler Steinschaf.

Ziegen

Diese Tierart wurde in Mitteleuropa nach dem Zweiten Weltkrieg immer seltener, obwohl ihre Bedeutung weltweit zunahm. In Mitteleuropa wird die Ziege in erster Linie wegen der Milch gehalten (mit Ausnahme der westafrikanischen Zwergziege und der Burenziege); daneben bekommt die Vermarktung von Zicklein zu Ostern zunehmende Bedeutung. Das Fleisch erwachsener Ziegen und die Felle gelten als »Beiprodukte«.

Die Ansichten über den Nutzen der Ziegenmilch gehen auseinander. Oft wird angenommen, daß sie neben ihrer Bedeutung als Nahrungsmittel eine günstige Wirkung bei der Bekämpfung bestimmter Erkrankungen habe. Gelegentlich wird aber auch vermutet, daß Ziegenmilch bei Kindern Anämie hervorrufen könne. Beides ließ sich bisher kaum mit der nötigen Sicherheit nachweisen.

Bei keiner Tierart ist die Beurteilung ihres Nutzens so unterschiedlich wie bei der Ziege. Ohne Zweifel hängt es sehr von der Sorgfalt ihrer Gewinnung ab, ob die Milch charakteristisch riecht bzw. schmeckt. Sauber ermolkene Ziegenmilch ist in Geschmack und Geruch weitgehend neutral. Dennoch empfinden Personen, die zum erstenmal Ziegenmilch trinken, sie häufig als »streng«.

Die Ursachen für den Rückgang der Zucht sind aber zweifellos woanders zu suchen. Die Ziegenhaltung ist aufwendig. Futterbeschaffung, Fütterung, Einstreuen, Ausmisten und Melken nehmen viel Zeit in Anspruch. Was in größeren Betrieben wirtschaftlich war, ist für die früher übliche Kleinhaltung nicht mehr tragbar. Die Ziege galt nur in schlechten Zeiten als die »Kuh des kleinen Mannes« und diente dann der Selbstversorgung. Mit dem wirtschaftlichen Aufschwung nach dem Kriege entfielen die Voraussetzungen für ihre Haltung.

Auch ein einzelnes Tier bindet den Besitzer sehr an das Haus. In einer Zeit, in der viele Einrichtungen an ihrem Freizeitwert gemessen werden, wird eine solche Beschränkung offenbar nicht akzeptiert. Hinzu kommt, daß der Bock – zumindest während der Deckzeit im Herbst – seinen markanten Geschlechtsgeruch überträgt. Auch der stößt meistens auf Ablehnung.

Weltweit gibt es ca. 180 Ziegenrassen. Die bodenständigen Rassen Mitteleuropas gehören zu den größten, sie werden im Gewicht nur von wenigen anderen übertroffen. Unübertroffen sind sie allerdings in der Milchleistung. Die Jahresmilchleistung guter Milchziegen beträgt das 20fache ihres Körpergewichts. Dennoch konnten selbst die besten Milchrassen lange Zeit ihren Bestand nicht halten. Zwar fanden z. B. Saanenziege und Toggenburger eine nahezu weltweite Verbreitung, doch diese Wertschätzung dankte man ihnen in Mitteleuropa kaum.

Seit den 80er Jahren ist wieder ein gewisser Aufschwung in der Ziegenhaltung festzustellen (Tab. 77). Wesentlichen Anteil an dieser Entwicklung hat die Änderung der Verbrauchergewohnheiten: es wird auch bei uns gern Ziegenkäse gegessen. Aber die Bereitung von Käse ist aufwendig. Der Verbraucher ist aber nur in Grenzen bereit, für die besondere Produktqualität des Ziegenkäses einen angemessenen Preis zu zahlen.

Ziegen sind kälte- und nässeempfindlich; sie gelten deshalb manchmal als wehleidig. Dabei darf man nicht vergessen, daß Ziegen ursprünglich aus wärmeren Zonen stammen. Unsere

Tab. 77: Entwicklung der Ziegenzucht in den deutschsprachigen Ländern. Angaben in 1000 (FAO Production Yearbooks).

Jahr	Deutschland	Österreich	Schweiz
1950	2078	324	220
1960	798	162	89
1970	218	69	70
1980	61	35	80
1990	77	36	70
1997	93	58	57

Ziegen

Rassen haben zudem keine schützende Wolle wie Schafe und müssen nicht so sehr überschüssige Körperwärme abführen wie die Großtiere Rind und Pferd. Ziegen benötigen deshalb auf jeden Fall einen trockenen, luftigen Stall mit guter Einstreu. Als Tiere, die ursprünglich aus den Bergen kommen, sind Ziegen sehr kletterfreudig. Man sollte ihnen deshalb im Stall erhöhte Gegenstände bereitstellen, damit sie sich artgemäß verhalten können. Die Buchtenabgrenzungen müssen allerdings sehr hoch und dicht sein; sie werden sonst von den Tieren leicht überwunden. Entkommene Ziegen können zum Ärgernis im Stall werden. Sie gehen an die Futtervorräte und verschmutzen die Geräte.

Gehörnte Ziegen, insbesondere Böcke, können an der Stalleinrichtung mit den Hörnern erheblichen Schaden anrichten. Auf diese Zerstörungsneigung ist die Feststellung gemünzt, man habe »den Bock zum Gärtner« gemacht. In nicht unterteilten Buchten sollte man nie gehörnte Tiere gemeinsam mit hornlosen halten. Die sonst so friedfertig wirkenden Tiere können im Umgang mit Artgenossen gnadenlos sein.

Ziegen werden vor allem in warmen und trockenen Ländern gehalten. Die Länder mit den meisten Ziegen sind Indien, China, Pakistan, Nigeria und Somalia, also Länder der Dritten Welt. Dort werden sie meist in größeren Herden gehütet. Ziegen fressen bevorzugt Laub; sie ersteigen bei der Nahrungssuche gelegentlich sogar Bäume. Nicht selten werden Ziegen für die Verwüstung und Verkarstung von Landschaften verantwortlich gemacht. Diese Einschätzung ist ungerecht. Meist werden Ziegen dort gehalten, wo andere Tierarten nicht mehr genügend Futter finden. Das sind Landstriche, die ökologisch bereits anfällig sind. Es kommt hinzu, daß man häufig zu große Bestände hält, so daß es schon von der Tierzahl her zur Überweidung kommen muß. Dies sollte man den Tieren nicht anlasten. Bei überlegter Besatzdichte können Ziegen gezielt eingesetzt werden, um die Verbuschung von Landstrichen zu verhüten. Nicht selten lassen Schäfer einige Ziegen mit ihrer Herde laufen. Diese Tiere halten nicht nur Büsche kurz und verhindern Baumaufwuchs; sie leisten gute Dienste bei der Aufzucht verwaister Lämmer (Abb. 205).

Abb. 205. Schäfer halten in ihren Schafherden gern einzelne Geißen. Diese verhindern die Verbuschung der Landschaft und dienen mutterlosen oder mangelhaft ernährten Lämmern als Amme.

Thüringerwald-Ziege

Eine Rassenzucht, also eine nach körperlichen Merkmalen, Färbung und Leistung ausgerichtete Gleichförmigkeit, wurde für Ziegen erst nach den anderen landwirtschaftlichen Nutztieren eingeführt. Noch 1875 unterschied Zipperlein nur Angoraziege, Kaschmirziege und »Hausziege«. Letztere ist »über die ganze Erde verbreitet«. Eine weitere Differenzierung nahm er nicht vor. In der Tat gab es zu der Zeit in Deutschland keine im Erscheinungsbild einheitliche Zucht. Man kannte verschiedene Lokalschläge, aber unter vorwiegend weißen Ziegen kamen pigmentierte vor und in Gegenden mit »bunten« Ziegen gab es helle und dunkle, einfarbige, gescheckte und solche mit weißen Abzeichen.

Gezielte Maßnahmen begannen in Deutschland erst Ende des 19. Jahrhunderts. 1877 wurden die ersten Ziegenzuchtvereine gegründet. Ein Zusammenschluß solcher Vereine zu Verbänden folgte später. Ab 1882 führte man weiße Ziegen aus der Schweiz ein. Dadurch konnte die Leistung zahlreicher einheimischer Bestände rasch verbessert werden, so daß auch andere Züchter sich nach geeignetem Schweizer Zuchtmaterial umsahen.

Thüringen war von alters her ein Land mit intensiver Ziegenzucht. Das galt besonders für den Landkreis Erfurt, in dem 1873 auf 100 Einwohner 23 Ziegen kamen. Die dort gehaltene Landrasse wies alle Farben von Weiß bis Schwarz auf. Vorherrschend war eine graue und graubraune Färbung mit schwarzem Aalstrich. Um die Leistung dieser Tiere zu verbessern, stellte man seit 1897 Toggenburger Böcke auf. Die Toggenburger Ziege (Abb. 206) galt als milchreiche, widerstandsfähige Ziege. Mit den ersten Kreuzungsversuchen war man sehr zufrieden und trieb deshalb künftig eine Art Verdrängungskreuzung in Richtung Toggenburger.

Das Ergebnis wurde zunächst »Erfurter Toggenburger« genannt. Später, als dieser Ziegentyp sich weiter ausgebreitet hatte, sprach man von der Thüringer Toggenburger. Die damaligen Zuchtgebiete waren der Landkreis Erfurt, die Kreise Königsee und Saalfeld, die Gegend von Hasenthal und Lauscha, das Sonneburger Hinterland, Neustadt bei Coburg, einige Teile des Werragrundes sowie der Kreis Ziegenrück. Außerdem hielt man den Toggenburger Schlag vereinzelt in Sachsen sowie in der Gegend um Stettin (Hofmann et al. 1959). Zuchtziel war die Schaffung einer mittelgroßen, gesunden, widerstandsfähigen, milchreichen, bunten Ziege im Toggenburger Typ. Auf die Farbe wurde zunächst weniger Wert gelegt; nur Weiß war ausgeschlossen. Beliebt war Braun mit den üblichen Abzeichen der Toggenburger: weiße Beine, weiße Gesichtsmaske sowie weiße Ohren mit dunklem Strich (Wilsdorf 1908). Die Böcke dieser Rasse erreichten eine Widerristhöhe von durchschnittlich 82 cm, die Geißen eine von 73 cm (Abb. 207).

Zur ersten Reichsnährstandsschau im Jahre 1934 wurde die Toggenburger Ziege nicht zugelassen, weil sie auch jetzt noch als ausländische Rasse galt. Man nahm Anstoß an dem Namen und wollte vermutlich die Zucht unterdrücken (Hofmann et al. 1959). Es gelang, die Verantwortlichen davon zu überzeugen, daß die vorzugsweise in Thüringen gehaltenen Tiere sich zwar farblich von den Schweizer Toggenburgern nicht wesentlich unterschieden, jedoch kurzhaarig waren und damit etwas anderes darstellten. Daher wurde der in Thüringen unter dem Einfluß einheimischer Ziegen aus der Toggenburger Ziege entstandene Typ 1935 in »Thüringer Waldziege« umbenannt.

Bereits 1936 konnte die Thüringer Waldziege auf der Reichsnährstandsschau in Frankfurt a. M. einen Ehrenpreis erringen. Trotz der Entscheidung des Reichsverbandes Deutscher Ziegenzuchtvereinigungen, alle farbigen Ziegen zu einem Schlag zusammenzufassen, wurde die damals noch Thüringer oder Deutsche Toggenburger genannte Rasse zunächst noch gesondert geführt. Man zählte sie erst einige Jahre später ohne Vorbehalt zum bunten Schlag (Abb. 208).

Bei der Viehzählung im Januar 1936 wurden 57 105 Thüringerwald-Ziegen ermittelt. Das waren 2,29% des Gesamtbestandes der Ziegen in Deutschland.

Thüringerwald-Ziegen kamen in nahezu allen deutschen Ländern vor, auch in den vom Ursprungsgebiet so weit entfernten Gebieten wie Mecklenburg und dem Saarland (Tab. 78). Bestände von beträchtlichem Umfang gab es vor allem in Preußen und Bayern. Naturgemäß lag das Zentrum der Zucht in Thüringen. 36% des deutschen Gesamtbestandes wurden allein in den Kreisen Saalfeld, Rudolstadt und Arnstadt gehalten (Tab. 79).

Die Thüringerwald-Ziege hat ein kakaofarbenes Fell, helle Beine und eine helle Gesichtsmaske. Die Ohren sind hell gesäumt. Das meist wohlgeformte Euter bzw. der Hodensack und der Spiegel sind ebenfalls hell (Abb. 209). Ein Aalstrich wird als Rassefehler gewertet, ebenso ein rötlicher Anflug des Haarkleides. Gelegent-

Thüringerwald-Ziege

lich traten schon um 1930 Tiere auf, die statt schokoladenbraun schwarz waren (Abb. 210). Solche Ziegen wurden relativ häufig in Ziegenrück angetroffen. Von dort zeigte man 1934 zwei dieser Tiere auf einer Schau. Beide wurden nicht bewertet. Das führte dazu, daß die Züchter der übrigen Zuchtgebiete Tiere aus dieser Gegend nur ungern einstellten. Sie befürchteten, daß in der Nachzucht schwarze Exemplare auftreten könnten. Zuchtziel war eindeutig die schokoladenbraune Farbe. Die Widerristhöhe lag bei vierjährigen Böcken bei 88–90 cm. Sie wogen zwischen 60 und 85 kg. Geißen wogen 40–55 kg; ihre Widerristhöhe lag bei 75–80 cm.

Nach dem Zweiten Weltkrieg war der Bestand stark geschrumpft. In der DDR wurde die Rasse weitergezüchtet und erlebte hier in der Nachkriegszeit einen erneuten Aufschwung (Abb. 211). In den 50er Jahren waren ihr Hauptverbreitungsgebiet die Kreise Rudolstadt und Saalfeld sowie die Kreise Arnstadt, Ilmenau, Lobenstein, Neuhaus und Pößneck. Man unterschied sodann dreizehn männliche Blutlinien.

Tab. 78: Verbreitung der Thüringerwald-Ziege in Deutschland 1936.

Länder	Anzahl der Tiere	Anteil am Gesamtbestand in %
Preußen	17 562	30,75
Bayern	5 778	10,12
Sachsen	0	0,00
Württemberg	147	0,26
Baden	0	0,00
Thüringen	33 243	58,21
Hessen	28	0,05
Hamburg	0	0,00
Mecklenburg	83	0,15
Oldenburg	15	0,03
Braunschweig	161	0,28
Bremen	4	0,01
Anhalt	26	0,05
Lippe	31	0,05
Lübeck	0	0,00
Schaumburg-Lippe	21	0,04
Saarland	6	0,01
zusammen	57 105	100,00

Tab. 79: Verbreitung der Thüringerwald-Ziege in Thüringen 1936 (Statistisches Reichsamt 1937).

Kreis	Zahl der Tiere	Anteil am Ziegenbestand im jeweiligen Kreis
Altenburg	0	–
Apolda	0	–
Arnstadt	5 799	43,8
Camburg	0	–
Eisenach	10	2,9
Gera	0	–
Gotha	4 124	25,9
Greiz	65	1,4
Hildburghausen	1 400	11,4
Jena	9	1,4
Meiningen	0	–
Rudolstadt	6 765	67,9
Saalfeld	8 015	86,4
Schleiz	2 141	30,5
Sondershausen	21	0,3
Sonneberg	3 690	34,0
Stadtroda	474	5,3
Weimar	730	5,2
Insgesamt	33 243	60,6

Tab. 80: Durchschnittsergebnisse der Milchleistungsprüfung bei der Thüringerwald-Ziege (Hoffmann et al. 1959).

Jahr	Milchmenge kg	Fett %	kg
1948	498	3,34	16,7
1950	607	3,35	20,4
1952	695	3,28	22,8
1954	733	3,46	25,4
1956	737	3,39	25,0
1957	815	3,48	28,4

Die Körpermaße betrugen bei Tieren im Alter von mindestens drei Jahren im Zeitraum 1951–1958:

	Böcke	Geißen
Widerristhöhe (cm)	79,1	85,1
Gewicht (kg)	69,7	49,5

Ziegen

Die durchschnittliche Milchleistung stieg von 1948 mit 498 kg bis 1957 auf 815 kg an (Tab. 80). Spitzentiere erreichten 1956 eine Leistung von 1627 kg (die Geiß Suse), 1601 kg (Rita) bzw. 1396 kg (Bussel) (Abb. 212).

Im Rahmen der Umstrukturierung der Landwirtschaft in der DDR ging der Bestand erneut stark zurück und war schließlich auf wenige private Züchter beschränkt. Ein Einbruch in den Beständen fand schon Ende der 50er Jahre statt. Während 1956 noch 426 Züchter gezählt werden konnten, waren es 1957 nur noch 335. Dies entspricht einer Minderung von 21,4% innerhalb eines Jahres. Auffallend ist der Rückgang der Herdbuchgeißen: Ihre Zahl sank von 373 (1956) auf 167 (1957). Das Zuchtziel änderte sich seitdem im allgemeinen nicht, jedoch ist seit 1979 eine Behornung zugelassen.

Abb. 206.
Toggenburger Bock um 1895.
Abb. 207.
Thüringerwald-Ziege um 1930.

Abb. 208.
Noch um 1940 waren die Ziegen in der Landeszucht des Thüringer Waldes nicht einheitlich, doch überwogen Tiere im Typ der Thüringerwald-Ziege.

Thüringerwald-Ziege

1981 wurde der »Thüringerwaldziegen Zuchtverein e. V.« gegründet. Die Züchter erhielten finanzielle Unterstützung für die Erhaltung der Rasse. Da die Zuchtbasis sehr klein war, wurden 1988 ein Toggenburger Bock und drei Geißen zur Blutauffrischung aus der Schweiz importiert. Der Bestand betrug damals weniger als 150 Tiere. Die Milchleistung lag bei 900–1000 kg im Jahr (Fettgehalt 3,9%).

Heute kommt die Thüringerwald-Ziege außerhalb von Thüringen in neun Ländern vor, vor allem in Sachsen, Hessen und Nordrhein-Westfalen. 1997 gab es insgesamt 251 Herdbuchtiere. Die Milchleistung liegt bei 700–1000 kg pro Tier und Jahr mit 3,5% Fett.

Die Thüringerwald-Ziege ist widerstandsfähig und anspruchslos. Sie ist eine vorwiegend milchbetonte Doppelnutzungsrasse (Milch und

Abb. 209. Thüringerwald-Ziege mit der rassetypischen schokoladebraunen Färbung.

Abb. 210. Auch schwarze Thüringerwald-Ziegen entsprechen dem Rassestandard.

Ziegen

Abb. 211. Der 1950 geborene Thüringerwald-Ziegen-Bock Begard der Züchterin E. Kühnemann in Meura.

Abb. 212. Diese hervorragenden Euter von Thüringerwald-Ziegen nach dem zweiten Weltkrieg machen die ausgezeichnete Milchleistung verständlich.

Fleisch) mit verstärktem Einsatz in der Landschaftspflege. Saisonale Brunst; eine Lammung pro Jahr. In der Regel sind es Zwillingsgeburten, Drillingsgeburten kommen jedoch nicht selten vor.

Ursprünglich kam die Thüringerwald-Ziege auch in der Gegend von Coburg vor. Dieser zu Bayern gehörende Teil der Rasse wurde allerdings im Verlaufe der Zeit von der Frankenziege verdrängt. Anfang der 80er Jahre konnten in Oberfranken keine Ziegen vom Typ der Thüringerwald-Ziege mehr gefunden werden.

Erzgebirgsziege

Die Angaben über diese Ziege sind spärlich. Immerhin ist bekannt, daß es sich um eine alte Rasse handelt, die seit Menschengedenken im sächsisch-böhmischen Erzgebirge gehalten wird. Von 1894 an wurden einige gleichgefärbte Böcke aus der Schweiz (Greyerzer Schlag) in das Erzgebirge eingeführt. Sie sollen das einheimische Zuchtmaterial wesentlich verbessert haben. 1895 bildete sich ein »Verband zur Zucht der rehfarbenen Erzgebirgsziege«. Diesem Verband gehörten nach der Jahrhundertwende sechs Genossenschaften und 27 Gemeindebockstationen an. Die Böcke erreichten ein Gewicht von 75 kg bei einer Widerristhöhe von 85 cm. Außer dem Aalstrich waren Bauch und Beine schwarz. Die Erzgebirgsziege glich also schon damals der Frankenziege.

Diese im oberen Erzgebirge, der Gegend von Oberwiesenthal und Müglitztal, gehaltenen Ziegen sollen um 1895 der einzige Ziegenschlag in Sachsen mit ziemlich gleichmäßigen Eigenschaften gewesen sein (Grundman 1916). Sie waren rehbraun mit schwarzem Rückenstreifen, dunklen Beinen sowie hornlos und zeichneten sich durch gute, kräftige Formen aus. Von anderen »Mischschlägen« (!) unterschieden sie sich durch die Kopfform: Sie besaßen einen großen Kopf mit breiter Stirn und geradem Gesicht, während die anderen einen kürzeren Kopf mit stark eingezogenem Nasenrücken aufwiesen. Wegen der Hornlosigkeit wurde die Erzgebirgsziege auch »Schafziege« genannt.

Die Milchleistung dieser »Landziegen« im östlichen Erzgebirge betrug im Jahr durchschnittlich 726 l; die Höchstleistung lag bei 1078 l. Der Fettgehalt bewegte sich zwischen 2,7% und 4,4%. 1916 gab es in Sachsen bei Ziegen nur zwei Zuchtziele. Neben der weißen Saanenziege wünschte man Ziegen »vom Schlag der rehfarbenen hornlosen Ziege im

Erzgebirge und Vogtland«. Als Zuchtgebiet für diese Rasse wurde der Süden Sachsens festgelegt.

Im nördlichen Teil dieses Zuchtgebietes wurden Anfang des 20. Jahrhunderts Zuchtböcke aus dem Harz eingesetzt. Die Harzziegen waren unterschiedlich gefärbt. Sie werden als meist weißlichgrau oder rötlich mit einem dunklen Aalstrich geschildert. Zuweilen waren sie aber auch schwarz, braun oder ein Gemisch dieser Farben (Wilsdorf 1908). Der Einsatz solcher Böcke im Gebiet der Erzgebirgsziege wird zu Änderungen im Aussehen der Population geführt haben. So muß jedenfalls der Hinweis verstanden werden, daß man um 1916 auch dort, wo Harzziegen eingekreuzt worden waren, auf schwarzen Rückenstreifen, Bauch und schwarze Beine, also die typischen Merkmale der Erzgebirgsziege, Wert legte.

Verwirrend aus heutiger Sicht ist, daß 1897 ein Herdbuch für Ziegen in Unterwiesental im Erzgebirge eingerichtet wurde. Zuchtziel bildete die »hornlose rehfarbene Saanen-(Wiesenthaler-)Ziege«. Damals gab es in der Schweiz neben den heute üblichen weißen auch braune Saanenziegen (Bödeker 1919). Im Saanetal in der Schweiz waren um die Jahrhundertwende nur 90% der Ziegen weiß und hornlos (Wilsdorf 1908). Lediglich die Genossenschaftsmitglieder hielten dort ausschließlich weiße Ziegen. Vermutlich wurden auch pigmentierte Tiere dieser Gegend als Saanenziegen exportiert. Irritierend ist des weiteren, daß als »rehfarben« manchmal alle rotbraunen Ziegen bezeichnet werden, gleichgültig, ob sie einen hellen oder schwarzen Bauch besitzen, andernorts aber nur hellbäuchige Ziegen »rehfarben« genannt werden. Solche mit schwarzem Rückenstreifen werden dann als »schwarzbraun« bezeichnet (Bödeker 1919).

Ende des 19. Jahrhunderts vereinigten die Ziegenzuchtvereine der Region sich zum »Verband der erzgebirgischen Ziegenzuchtgenossenschaften im Amtsgerichtsbezirk Oberwiesenthal«. Wegen des Anschlusses weiterer Genossenschaften in anderen Bezirken änderte der Verband 1909 seinen Namen und nahm die Bezeichnung »Herdbuchverein der Züchter erzgebirgischer rehfarbener hornloser Ziegen im Bezirke des Landwirtschaftlichen Kreisvereins im Erzgebirge« an. Die irreführende Bezeichnung »Saanenziege« entfiel somit.

Die rehfarbene Ziege im Erzgebirge wird im allgemeinen als schwarzbäuchig beschrieben. Abbildungen läßt sich jedoch entnehmen, daß es auch einen hellbäuchigen »erzgebirgischen Landschlag« gab. Tiere dieses Schlages zeichnete man sogar auf Ausstellungen der DLG mit einem Preis aus; sie wurden also offiziell akzeptiert. Entweder hielt man um die Jahrhundertwende zwei verschiedene Ziegenschläge oder man nahm es mit der Einhaltung des Zuchtzieles nicht so genau.

Wegen der großen volkswirtschaftlichen Bedeutung der Ziegenzucht gab das Direktorium des Landwirtschaftlichen Kreisvereins Dresden dem Sächsischen Landwirtschaftsministerium folgende Empfehlungen:

1. Bildung von Zuchtgenossenschaften und Gewährung von Beihilfen zur Beschaffung der ersten erforderlichen Zuchtböcke gegen die Verpflichtung zur Beibehaltung der gleichen Zuchtrichtung während eines zu bestimmenden Zeitraumes.
2. Unterstützung von Einzelpersonen beim Ankauf von Zuchtböcken guter Rasse unter Auferlegung gewisser Verpflichtungen hinsichtlich der Haltung der Böcke, und zwar in solchen Fällen, wo die Bildung einer Zuchtgenossenschaft aus irgendwelchen Gründen nicht durchführbar erscheint.
3. Zuerkennung von Preisen an Bockhalter bei längerer Zuchtverwendung der Böcke.
4. Veranstaltung von Schauen mit Verteilung von Preisen, um Verständnis für sachgemäße und zielbewußte Züchtung zu erwecken und zu vermehren.
5. Beihilfen zur Einstellung reinblütiger bzw. verbesserter Rasseziegen zur Gewinnung von geeignetem Zuchtmaterial, das den klimatischen und Futterverhältnissen angepaßt ist.

Aufgrund dieser Vorschläge erließ das sächsische Innenministerium »Grundsätze zur Förderung der Ziegenzucht«. Diese wurden 1909 durch die »Grundsätze für die Gewährung von

Prämien zur Förderung der Ziegenzucht durch die Direktorien der landwirtschaftlichen Kreisvereine« ergänzt. In ihnen wurde folgendes festgelegt:
- Beihilfen zur erstmaligen Anschaffung von Sprungböcken;
- Zuschüsse zur Bockhaltung;
- Beihilfen zur Beschaffung von Ersatzböcken sowie
- Gewährung von Preisen auf Ausstellungen.

Dies genügte den ziegenhaltenden Genossenschaften jedoch noch nicht. Die staatlichen Maßnahmen zur Hebung der Ziegenzucht zeigten zwar schon bald Erfolge, doch wurden diese Erfolge häufig durch den Einsatz minderwertiger Böcke privater Bockhalter zunichte gemacht. Diese Böcke wurden bevorzugt eingesetzt, weil ihre Decktaxe niedriger war. Einige Genossenschaften beantragten deshalb beim Landwirtschaftlichen Kreisverein im Vogtland ein Körgesetz für Ziegenböcke (die Forderung nach einem Körgesetz kam also nicht von staatlicher, sondern von privater Seite!). Dieser Antrag und spätere Anträge weiterer Ziegenzuchtverbände wurden zunächst abgelehnt, bis schließlich nach Beratung in der 1. Kammer des sächsischen Landtags 1916 ein Körgesetz einstimmig angenommen wurde.

Während Anfang des 20. Jahrhunderts im »Erzgebirgsschlag« noch Wiesentaler und Müglitztaler unterschieden wurden (Wilsdorf 1908), gleichsam als verschiedene Zuchtrichtungen eines Schlages, war die Differenzierung wenige Jahre weiter fortgeschritten (Wilsdorf 1921). Man unterschied unter dem Oberbegriff »Erzgebirgsziegen« die »Erzgebirgische rehfarbige hornlose Ziege« und die »Müglitztaler Ziege«. Außerdem werden »weitere Verbände« erwähnt. Über das Aussehen letzterer liegen keine Angaben vor.

Die »Erzgebirgische rehfarbige hornlose Ziege« war rehbraun mit schwarzem Aalstrich, schwarzem Bauch und schwarzen Beinen. Die »Müglitztaler Ziege« wurde als ursprünglicher Landschlag geschildert (Wilsdorf 1921). Sie war rehbraun bis gemsfarben, in der Regel mit dunklem Rückenstreifen und dunklen Beinen oder an Bauch und Beinen heller gefärbt. Es kamen auch Grau- und Blauschimmel sowie schwarze Tiere und Schecken vor. Bei diesem Schlag gab es aber auch gehörnte Tiere. Das Erscheinungsbild war also recht uneinheitlich.

Die jährliche Milchleistung der Erzgebirgsziege lag nach dem Ersten Weltkrieg bei 600–900 l, im Einzelfall auch bei 1000 l. Wegen dieser guten Leistung wurde diese Rasse viel in andere Gegenden Deutschlands verkauft.

Im Jahre 1928 kam der Reichsverband Deutscher Ziegenzuchtvereinigungen zu der Überzeugung, daß die Unterschiede der einzelnen deutschen Ziegenschläge im Körperbau verhältnismäßig gering seien. Die Ansichten der führenden Züchter über den Idealtyp der Ziege waren ziemlich ähnlich, und man glaubte, das erstrebte Ziel einer Vereinheitlichung des Typs bald erreichen zu können. Auf einer Tagung in Wiesbaden beschloß der Reichsverband, daß für alle deutschen Ziegenschläge statt der bisher gebräuchlichen Benennungen die Einheitsbezeichnung »Deutsche Edelziege« treten solle (Schaper und Gerriets 1934). Der Begriff »Edelziege« umfaßt vor allem drei Eigenschaften: hohe Milchleistung, Kurzhaarigkeit und Hornlosigkeit. Dies bedeutete, daß Ziegen aller Färbungen dieser einen Rasse angehörten. Als Schläge innerhalb dieser Rasse wurden nur die weißen und die bunten (rehfarbigen) anerkannt. Damit hörte auch die Erzgebirgsziege auf zu existieren.

So ähnlich wie es zunächst schien, waren die weißen und bunten Ziegen einander im Typ jedoch nicht. Während man für die Geißen der Weißen Deutschen Edelziege ein Gewicht von 50–75 kg und für die Böcke von 60–100 kg anstrebte, lagen aber die entsprechenden Gewichte bei der Bunten Deutschen Edelziege bei 45–60 kg bzw. 60–85 kg. Letztere war im Durchschnitt leichter. Ziegen der beiden Färbungen wurden ohnehin von Beginn der neuen Regelung an wie unterschiedliche Rassen (und nicht wie Schläge) gehandhabt. Als Schläge galten nach wie vor die ursprünglich eigenständig benannten Typen. In diesem Zusammen-

Erzgebirgsziege

hang wird auch 1937 noch der Ausdruck »Erzgebirgsziege« verwendet, als deren Verbreitungsgebiet Obererzgebirge und Vogtland angegeben wird (Kliesch 1937). Nach dem Zweiten Weltkrieg galten Weiße und Bunte Deutsche Edelziegen nicht mehr als Schläge, sondern als eigenständige Rasse.

Die Bunte Deutsche Edelziege, und damit auch die Erzgebirgsziege, ist nach Richtlinien der Deutschen Landwirtschafts-Gesellschaft folgendermaßen charakterisiert: Zulässig sind Farben von Braungrau bis Schwarzgrau. Längs des Rückens läuft ein schwarzer, scharf abge-

Abb. 213.
Schon in der Nachkriegszeit hatten Erzgebirgsziegen gut entwickelte Euter und eine hervorragende Milchleistung.

Abb. 214.
Typvolle Geiß der Erzgebirgsziege mit gut entwickeltem Euter.

Abb. 215.
Ausgezeichneter Zuchtbock der Erzgebirgsziege um 1957.

Abb. 216.
Erzgebirgsziege.

331

setzter Aalstrich. In der Färbung des Bauches und der Beine findet man zwei Varianten: entweder schwarzer Bauch mit schwarzen Beinen wie bei der Erzgebirgsziege und der Frankenziege, oder heller Bauch mit geschienten Beinen wie bei der Schwarzwaldziege.

Das Haar der Erzgebirgsziege ist kurz und glänzend, die Haut dünn und geschmeidig. Der Kopf ist mittellang, keilförmig, breit in der Stirn und dem Maul, mit langen, breiten, aufwärtsgestellten Ohren. Ältere Geißen und Böcke haben einen kräftig entwickelten Bart. Der Hals ist bei weiblichen Tieren mittellang und schlank, bei Böcken kräftiger entwickelt und stark bemuskelt. Die Brust ist breit und tief mit guter Rippenwölbung und soll weder am Widerrist noch am Brustbein eine Einschnürung zeigen. Die Schulter ist lang, schräggestellt und gut bemuskelt. Der Widerrist ist geschlossen und verbindet Hals und Rücken ohne Absatz. Der Rücken ist eben, lang, die Lende breit, das Becken tafelförmig und mäßig geneigt. Die Gliedmaßen sind mittellang, kräftig entwickelt und gut bemuskelt (Abb. 213). Das Euter ist gut entwickelt, kugelig und füllt die Schenkelspalte voll aus. Die Striche sind gleichmäßig, nicht zu groß und etwas nach vorn geneigt (Abb. 214). Die Widerristhöhe ausgewachsener Tiere beträgt 76–82 cm (Geißen) bzw. 90 cm (Böcke).

Nach dem Zweiten Weltkrieg galt die Erzgebirgsziege in der DDR wieder als eigenständige Rasse (Abb. 215). Die Zahl der Tiere ging jedoch fortwährend zurück. Schließlich gab es nur noch wenige Bestände im westlichen Erzgebirge sowie nördlich bis nach Chemnitz und nur in Einzelfällen auch außerhalb Sachsens. Die Erzgebirgsziege gleicht im Erscheinungsbild der Frankenziege. Wie diese ist sie schwarzbäuchig, besitzt schwarze Schienen und einen schwarzen Aalstrich. Zudem ist der Kopf stark pigmentiert. Die Erzgebirgsziege ist allerdings etwas leichter als die Frankenziege. Als Durchschnittsgewicht dürfen bei den Geißen 45–60 kg angenommen werden. Altböcke wiegen 60–85 kg und haben eine Widerristhöhe von 70–80 cm (Abb. 216).

Erzgebirgsziegen erbringen eine durchschnittliche Milchleistung von 1000 kg bei 3,8% Fett. Die täglichen Zunahmen von Bockzicklein liegen bei 200 g, die von weiblichen Zicklein bei 170 g.

Appenzeller Ziege

Die deutsche Ziegenzucht ist ohne Schweizer Ziegen nicht denkbar. Nur durch den Import hochwertiger Zuchtziegen aus der Schweiz gelang es, Tiere zu schaffen, auf die der Name »Edelziege« zutrifft. Die ersten Ziegen, die Ende des 19. Jahrhunderts aus der Schweiz nach Deutschland kamen, waren nicht, wie häufig angenommen wird, Saanenziegen, sondern Appenzeller. Nicht wegen einer zu geringen Milchleistung wurde später eine andere Rasse gewählt, sondern weil man neben hoher Milchleistung und Hornlosigkeit auch Kurzhaarigkeit anstrebte. Diesem Zuchtziel entsprach die Appenzeller Ziege dann nicht mehr.

1890 nahm die Deutsche Landwirtschaftsgesellschaft für eine Ausstellung in Straßburg als neue Abteilung die Ziegen auf. 14 Böcke und 3 Geißen aus ganz Deutschland wurden zur Schau gestellt. Sie errangen 16 Preise. Die Mehrzahl der ausgestellten Ziegen waren Appenzeller (Dettweiler 1902). Die Appenzeller Ziege wurde 1889 zum erstenmal beschrieben. Anderegg zählt sie zur Gruppe der »alamannischen Ziegen«. Diese Rasse war damals keine Neuschöpfung. Nach Anderegg (1889) war der Älpler »von Alters her stolz auf recht schöne weiße Ziegen«. Doch gab es in derselben Population auch schwarze, rötliche und gefleckte

Tiere, denn in manchen Gegenden glaubte man, die nicht weiß gefärbten Ziegen besäßen größere Kraft und Langlebigkeit.

Neben langhaarigen Appenzeller Ziegen gab es damals auch kurzhaarige, die man aber als besser für die Stallhaltung geeignet hielt. Dagegen zog man die langhaarigen für die Älpung vor.

Auch in anderer Beziehung waren die Tiere nicht einheitlich. Im allgemeinen waren sie wohl hornlos, doch hielt man gehörnte Ziegen für ausdauernder und zäher. Appenzeller Ziegen hatten damals ein Gewicht von durchschnittlich 50 kg (45–55 kg); die Widerristhöhe betrug im Mittel 73 cm (70–76 cm). Nach der heute ausgestorbenen Freiburger Ziege hatte die Appenzellerziege neben der Saanenziege die höchste Milchleistung.

Anfang des 20. Jahrhunderts wurde kein großer Unterschied zwischen Appenzeller- und Saanenziege gesehen.

Die Appenzeller war etwas leichter und viel gedrungener. Die Kreuzpartie war abgerundet, der Haarwuchs halblang, an den Hinterschenkeln sogar lang. Auch die Schädelform war anders: der Kopf der Appenzeller Ziege war kürzer und dicker als bei der Saanenziege (Heine 1907).

Diese Unterschiede wurden immer wieder hervorgehoben und auch von den Züchtern wurde die Eigenständigkeit der Appenzeller Ziege betont. Bemerkenswert ist dennoch, daß die Unterschiede zwischen den beiden Rassen immer geringer wurden.

In der Nordschweiz kam es zu Kreuzungen, um einen verbesserten Typ zu züchten. Die Folge war, daß im Halbkanton Appenzell-Innerrhoden 1903 eine Ziegenzuchtgenossenschaft gegründet wurde, um die weiße, ungehörnte Appenzeller Ziege reinblütig zu erhalten und zu veredeln.

Im Kanton Zürich gingen aus der Kreuzung von Appenzeller Ziege und Saanenziege Tiere hervor, die bald im Typ recht einheitlich waren. Sie stehen der Appenzeller Ziege im Exterieur nahe und werden heute statistisch gemeinsam mit ihr erfaßt.

Der vollständige Rassestandard der Appenzeller Ziege sah 1908 folgendermaßen aus: Die Farbe war reinweiß. Das Haarkleid mittellang, am Rücken und an den Hinterbeinen etwas länger. Der Kopf war recht kurz (sie wurden deshalb auch Plattköpfe oder »Mutschen« genannt). Die Form war gedrungen und harmonisch. Die Hinterhand, also Ausprägung von Becken, Keulen und Hinterbeinen, sowie deren Stellung, sollen besser als bei der Saanenziege gewesen sein; das gleiche galt für das Euter. Da kurzhaarige Tiere im Ausland stärker gefragt waren, begann man, stärker auf Kurzhaarigkeit zu achten. Böcke wogen nach Angaben von 1923 60–70 kg, Geißen 45–50 kg. Es wurde Wert auf hohe Milchleistung gelegt. Man lobte die Widerstandsfähigkeit der Appenzeller Ziegen, die auch sehr lange Transporte gut aushielten.

Als Beispiel wurde angeführt, daß für den Export vorgesehene Tiere bei Schneetreiben von Appenzell in das Rheintal nach Buchs getrieben wurden. Dort wurden die durchnäßten Ziegen verladen und ohne Verluste in vier Tagen nach Norddeutschland gebracht (Wilsdorf 1921).

Als Ursprungsgebiet dieser Rasse wird Appenzell-Innerrhoden genannt, doch war sie schon bald im ganzen Kanton Appenzell und bis nach Zürich hin verbreitet. Der Gesamtbestand

Tab. 81: Entwicklung der Herdbuchbestände bei der Appenzeller Ziege/Zürcher Ziege.

Jahr	Böcke	Geißen	insgesamt
1980	47	694	741
1981	53	706	759
1982	43	769	812
1983	44	670	714
1984	46	666	712
1985	48	699	747
1986	48	705	753
1987	43	739	782
1988	58	687	745
1989	48	691	739
1990	56	664	720

Ziegen

betrug 1910–1920 ungefähr 5000 Tiere. Manche Züchter hielten 20–30 Ziegen; das waren für die damalige Zeit große Bestände. Bis 1941 war der Gesamtbestand gar auf 6540 gestiegen.

Die Appenzellerziege hatte damit aber unter den damals in der Schweiz anerkannten Ziegenrassen die geringste Verbreitung. Sie machte nur 3% des Schweizer Ziegenbestandes aus (Maash et al. 1958). Exportländer waren Deutschland, Italien und Nordamerika.

Im Kontrolljahr 1962/63 betrug die jährliche Milchleistung im Mittel 408 kg (1. Laktation) bzw. 588 kg (ab 2. Laktation). Diese Leistung stieg jedoch beträchtlich an. Die Laktationsleistung von Geißen bis zu 18 Monaten lag 1989 im Mittel bei 513 kg. Geißen, die über 30 Monate alt waren, erbrachten durchschnittlich 707 kg Milch.

Als Inhaltsstoffe wurden 2,9% Fett, 2,7% Eiweiß und 4,5% Laktose gemessen.

Ein empfindlicher Einbruch in der Zucht geschah in der Nachkriegszeit. 1977 wurden nur noch 713 Appenzeller Ziegen gezählt. Es spricht für die Wertschätzung dieser Rasse, daß die Bestände der anderen anerkannten Schweizer Rassen rascher sanken. Der Anteil der Appenzeller Ziegen war immerhin auf 5,7% gestiegen.

Die Appenzeller Ziege ist eine Lokalrasse, d. h. eine Rasse mit nur beschränkter Verbreitung. Sie gilt als vielseitig und hat sich als Stall-, Heim- und Alpziege bewährt. Um 1980 kreuzte man stark Weiße Deutsche Edelziegen ein.

Nach offiziellen Angaben sollen Böcke eine Widerristhöhe von 75–85 cm und Geißen eine solche von 70–80 cm haben. Als Mindestgewicht werden 65 kg (Böcke) bzw. 45 kg (Geißen) gefordert (Abb. 217).

Der Anteil der Appenzeller Ziege am Schweizer Ziegenbestand ist gering (1990: 4,8%). Bemerkenswert ist, daß die Bestände über einen Zeitraum von mehr als zehn Jahren nicht zurückgingen (Tab. 81). Die Appenzeller Ziege wird in der Schweiz ausschließlich im Kanton Appenzell gehalten.

Abb. 216a.
Appenzeller Ziegen, um 1970.

Abb. 217.
Appenzeller Ziege.

Bündner Strahlenziege

Die Verwendung des Wortes »Rasse« mag früher nicht unproblematisch gewesen sein. Heute kann man sich bei der Einordnung von Einzeltieren weitgehend nach der Färbung richten, weil Farbe und Zeichnung bei durchgezüchteten Rassen und nach einer gewissen züchterischen Gleichschaltung ähnlicher Schläge in Europa zuverlässige Merkmale sind. Früher gab es, auch wenn eine Farbe überwog, in jeder Population ein buntes Gemisch von Farben und Schattierungen. Bei der Ziege galt dies als letzter unserer Nutztierarten (abgesehen vom Pferd) noch bis zum Ende des 19. Jahrhunderts. Selbst bei der leistungsmäßig stärksten, in ganz Europa gerühmten und weltweit verbreiteten Saanenziege kamen noch um 1890 außer den weißen farbige Tiere vor. Die weißen Tiere sollen sogar in der Minderheit gewesen sein (Dettweiler 1907). Man mußte sich damals bei der Zuordnung der Tiere nach Herkunft, Leistung und etlichen körperlichen Merkmalen richten.

Anfang des 20. Jahrhunderts hatte sich die Situation geändert. Während vorher die Gliederung in Rassen, Schläge und Linien häufig von der persönlichen Einschätzung des Beurteilers abhing, waren nun die einzelnen Typen deutlich voneinander getrennt. Um so erstaunlicher ist es, daß man auch jetzt manchen »Populationen« das Qualitätsmerkmal »Rasse« nicht zuerkannte.

Die gemsfarbige Ziege in der Schweiz wird noch Anfang unseres Jahrhunderts als »bald gehörnt, bald ungehörnt«, »bald kurz- bald langhaarig« geschildert. Die typische Farbe soll gemsfarben mit Abzeichen gewesen sein. Es kamen aber auch Schecken, hasenfarbige, schwarze und reinweiße Tiere vor (Stebler 1903). Wenn es alle diese Typen buntgemischt in einem Bestand gegeben hätte, dann wäre es wohl angebracht gewesen, von **einer** Rasse oder besser von einem Landschlag zu sprechen. Das scheint aber nicht der Fall gewesen zu sein.

Die meisten dunklen Gebirgsziegen zählt Stebler zu den »primitiven Formen«. Ob es sich bei den von ihm beschriebenen dunkelbraunen Ziegen mit beiderseitigem Weiß an Nase und Gesicht um die spätere Bündner Strahlenziege gehandelt hat, ist unklar. Toggenburger können es nicht gewesen sein, denn diese werden ausdrücklich unter »Kulturformen« eingeordnet.

Erst 1923 erschien in der Literatur die »Schwarze Bündnerziege«. Sie wurde jedoch immer noch nicht als selbständige Rasse geführt, sondern stellte einen Schlag der schon erwähnten gemsfarbigen Gebirgsziege dar (Gräff 1923). Die Grundfarbe wurde als dunkel bis glänzend schwarz geschildert. Auf dem Kopf hatte sie, zu beiden Seiten seitlich an der Hornbasis beginnend, bis zum Maulwinkel einen weißen Streifen. Die Gliedmaßen waren vom Sprunggelenk und Karpalgelenk abwärts ebenfalls weiß gefärbt. Manchmal traten auch weiter oben an den Gliedmaßen weiße Flecken auf. Die Rasse war im allgemeinen gehörnt, gelegentlich kamen ungehörnte Tiere vor. Das Haarkleid war meistens kurz, doch traten auch Individuen mit mittellangem Haar auf. Durchwegs war diese Rasse groß und stämmig. Der Körper soll lang und gut entwickelt gewesen sein. Die Tiere waren lebhaft und galten im allgemeinen als gute Milchziegen.

Abb. 218. Bündner Strahlenziege.

Bei der Beschreibung der typischen Schwarzen Bündnerziege wird erwähnt, daß es gelegentlich rein schwarze Tiere gäbe. Man traf sie hauptsächlich im Prättigau und im Hinterrheintal an. Sie sollen darüber hinaus in allen Ziegenherden Graubündens in größerer Zahl anzutreffen gewesen sein (Gräff 1923). Wird die Schwarze Bündnerziege schon nur als Schlag und nicht als Rasse angesprochen, dann kann die Prättigauer Ziege eigentlich nur als Linie aufgefaßt werden.

Nach dem Zweiten Weltkrieg wurde die Bündner Strahlenziege immer noch nicht als eigenständige Rasse gehandhabt. Nach wie vor erschien sie in der Rubrik »Schweizerische Gebirgsziegen« (Schmid 1946). Unter diesem Begriff wurden alle Unterrassen des Schweizer Alpgebietes zusammengefaßt. Sie nutzten meist in Herden die absoluten Ziegenweiden des Hochgebirges und der Allmenden.

Innerhalb der »Schweizerischen Gebirgsziegen« bildete die Bündner Strahlenziege die typische Hochgebirgsform des Kantons Graubünden. Sie unterschied sich von den anderen Schlägen durch Farbe und Kopfzeichnung. Die Grundfarbe war schwarz. Am Kopf zogen sich vom Horngrund oberhalb der Augen zwei ca. 2 cm breite weiße Streifen zu den Maulwinkeln hin. Die Beine waren vom Vorderfußgelenk und Sprunggelenk abwärts weiß gestiefelt. Auf der Innenseite reichte die weiße Farbe bis zur Brust bzw. zum Euter. Zwischen den Sitzbeinhöckern wurde eine dreieckige weiße »Schürze« verlangt. Im übrigen stimmte das Aussehen der Strahlenziege mit dem der Gemsfarbigen Gebirgsziege und der Nera Verzasca überein.

Auch mehr als zehn Jahre später war die Bündner Strahlenziege lediglich ein Schlag der »Schweizer Gebirgsziege« (Maash et al. 1958), deren durchschnittliche Milchleistung mit 400 kg angegeben wird. Erst um 1960 erschien die Strahlenziege gleichwertig neben den anderen Schweizer Ziegenrassen. Annähernd 80% aller Tiere dieser Rasse befanden sich damals in Graubünden. Sie konzentrierte sich hier hauptsächlich auf die Bezirke Vorderrhein und Misox.

Zum Standard gehört die Behornung. Folgende Maße wurden angestrebt:

	Bock	Geiß
Widerristhöhe (cm)	75–85	70–80
Gewicht (kg)	65	45

Diese Maße galten auch noch 1978. Neu in der Beschreibung des Standards war die weiße Umrandung von Maul und Ohren (Abb. 218).

Abb. 217a. Bündner Strahlenziege, um 1960.

Tab. 82: Entwicklung der Herdbuchbestände bei der Bündner Strahlenziege in der Schweiz.

Jahr	Böcke	Geißen	insgesamt
1980	32	860	892
1981	33	858	891
1982	29	853	882
1983	35	743	778
1984	27	725	752
1985	25	703	728
1986	26	669	695
1987	28	596	624
1988	18	504	522
1989	21	502	523
1990	20	431	451
1991	18	332	350

eher mäßige Milchleistung muß in Verbindung mit Haltung und Ernährung gesehen werden. Sie ist, gemessen an den harten Umweltbedingungen, gut. In der Kontrollperiode 1980 lag die Milchleistung der Erstlaktierenden bei 400 kg, die der Geißen von über 30 Monaten bei 461 kg. Die Inhaltsstoffe der Milch dieser Rasse lagen 1989 bei 4,3% Fett, 3,4% Eiweiß und 4,6% Laktose.

1981 wurden bei der Bündner Strahlenziege wieder, wie bei allen anderen Schweizer Ziegenrassen, gehörnte und hornlose Tiere anerkannt. Die von offizieller Seite als »eher bescheiden« geschilderte Milchleistung wurde teilweise auf Inzucht zurückgeführt. Man entschloß sich deshalb um 1980 zum Import von Tieren gleicher Rasse aus England.

Trotzdem nahm die Zahl der Bündner Strahlenziegen seitdem ständig ab (Tab. 82). Bis auf drei Böcke und 13 Geißen im Kanton Solothurn wurden 1990 alle Schweizer Bündner Strahlenziegen in Graubünden gehalten. Weitere Zuchtgebiete befinden sich in Großbritannien, den USA und in geringem Ausmaß auch in Deutschland.

Doch ist in dieser Einzelheit sicher keine Änderung des Zuchtziels zu sehen; vielmehr wird man sie in früheren Exterieurbeschreibungen übergangen haben. Die Zahl der Tiere war gering. 1977 gab es nur 993 Herdbuchtiere.

Die Bündner Strahlenziege gilt als ausgesprochen anpassungsfähige Gebirgsrasse. Ihre

Pfauenziege

In Statistiken und Veröffentlichungen kann man lesen, daß in der Schweiz acht Ziegenrassen gezüchtet werden. Diese Angaben sind nicht ganz korrekt. Es werden acht Rassen herdbuchmäßig betreut, wobei eine Rasse erstaunlicherweise unberücksichtigt bleibt: die Pfauenziege.

Dabei erfüllt diese Ziege alle Kriterien, die an eine Rasse zu stellen sind; zudem gibt es sie schon sehr lange. Die Pfauenziege wurde bereits 1923 erwähnt (Gräff 1923), allerdings unter anderem Namen und unter seltsamer Zuordnung. Damals wurde sie als Schlag der gemsfarbigen Gebirgsziege aufgefaßt, mit der sie farblich nichts gemein hat. Es ist bei Gräff zudem von der »grau-schwarz-weißen Gebirgsziege in Graubünden und Tessin« die Rede, doch ein beigefügtes Foto und die Beschreibung lassen keinen Zweifel aufkommen.

Geschildert wird sie als vorn aschgrau, seltener rein weiß. Die weiße Färbung reicht über den Widerrist und geht mit dem Ende der Brustpartie auf den Bauch über. Der Hinterkörper ist schwarz gefärbt. Am weißen Kopf hat sie nach der damaligen Beschreibung dunkle Streifen. Sie wird als stattliche Ziege geschildert, die eine gute Milchleistung gehabt haben soll.

1923 unterschied man in der Schweiz nur **fünf** Ziegenrassen, von denen vier – Saanenzie-

Abb. 219. Pfauenziege.

gen, Toggenburgerziege, Appenzellerziege und Walliser Schwarzhalsziege – auch heute noch anerkannt sind. Die fünfte Rasse, die gemsfarbige Gebirgsziege, umfaßte neben Tieren, die heute noch diesen Namen tragen, und der Pfauenziege drei weitere Schläge. Diese sind heute offenbar ausgestorben, obwohl sie sich damals »bedeutender Konsolidierung erfreuten« (Gräff 1923).

Vermutlich handelte es sich schon bei einer von Anderegg (1887) geschilderten Rasse um die Pfauenziege. Bei dieser »Engadiner Ziege« waren die meist halblangen Haare »bald grau, bald rötlich oder schwarz und weiß gefleckt«. Auch bei der 1913 im »Bündner Kalender« erwähnten Grauschwarzen Gebirgsziege scheint es sich um Pfauenziegen gehandelt zu haben. Fast wäre es der Pfauenziege so ergangen wie anderen Schweizer Ziegenrassen, die 1938 bei einer Rassebereinigung nicht anerkannt wurden und dann ausstarben. In Graubünden wurden fortan nur noch zwei Rassen berücksichtigt, nämlich die »Gemsen« (Gemsfarbige Gebirgsziege) und die »Strahlen« (Bündner Strahlenziege). Glücklicherweise hielten sich einige hartnäckige Züchter nicht an offizielle Vereinbarungen, so daß die Pfauenziegen dann zuweilen über mehrere Generationen in Familienbesitz blieben. 1941 wurde diese Rasse vor allem im Prättigau, an verschiedenen Orten des Kantons Graubünden sowie vereinzelt in den Kantonen Uri, Glarus, Schwyz und Tessin gehalten. Selbst in Tirol, im Piemont und im Hochsavoyen sind Ziegen dieser Rasse anzutreffen. In den USA gleicht eine dort French Alpine genannte Rasse der Pfauenziege völlig. Es ist anzunehmen, daß ein Zusammenhang zwischen diesen beiden Rassen besteht. Ob auch ein in Mexiko häufig vorkommender gleichartiger Farbschlag mit Pfauenziege und French Alpine in Zusammenhang steht, ist fraglich.

Verhängnisvoll hätte es sich fast ausgewirkt, daß man eine enge Verwandtschaft der Pfauenziege mit der Bündner Strahlenziege sah. Blutgruppenuntersuchungen haben inzwischen ergeben, daß die Pfauenziege tatsächlich sehr nah mit den beiden Gebirgsrassen Bündner Strahlenziege und Nera Verzasca verwandt ist. Das überrascht indes nicht, da sich ihr Zuchtgebiet zumindest teilweise mit dem dieser beiden anderen Rassen überlappt und an alle drei Rassen ähnliche Leistungsanforderungen gestellt werden. Die Untersuchungen belegten jedoch die Eigenständigkeit der Pfauenziege.

Der Name ist irreführend, obwohl man meinen könnte, daß bei dieser schönen bunten Ziege der Pfau Pate gestanden hat. Das Wort leitet sich von Pfaven her, was im räto-romanischen »gefleckt« bedeutet. Andere im Verbreitungsgebiet dieser Rasse verwendete Ausdrücke sind Halbetscha, Halbweisse und Razza naz.

In der Neuen Bündner Zeitung wird sie 1941 folgendermaßen beschrieben:
»Kopf, Hals, Brust, Schulterpartie, Oberarm, Oberschenkel und Oberseite des Schwanzes sind weiß, die übrigen Körperteile schwarz. Im Kopf besitzt sie die markante Pfaven-, oder wie man im italienisch sprechenden Teil Graubündens sagt: Naz-Zeichnung. Das sind zwei schwarze, vom Horn über das Auge gegen die Nase sich verjüngende Streifen, sowie zwei sichelförmige schwarze Streifen vom Horn über die Backen zum Maulwinkel. Die Innenseite der Ohren ist ebenfalls schwarz.«

Diese Beschreibung gilt auch heute noch (Abb. 219). Anzufügen ist, daß auch die Umgebung des Maules schwarz ist und daß ein großer weißer Fleck auf dem Oberschenkel (nicht der ganze Oberschenkel ist weiß) sowie ein weißer Fleck in der Flanke als Zeichen für Reinrassigkeit gelten. Zweifellos gibt es zahlreiche ähnlich gefärbte Tiere, die eine bunte Mischung darstellen.

Pfauenziegen sind stets gehörnt. Zwei Drittel aller Tiere besitzen »Glöckchen«. Das durchschnittliche Lebendgewicht der Geißen beträgt 56 kg. Ihre Widerristhöhe liegt bei 73 cm. Pfauenziegen besitzen einen kräftigen Knochenbau und sind fleischig. Die jährliche Milchleistung liegt bei 500 kg.

Im Februar 1989 gründeten Interessenten eine »Pfauenziegen-Zuchtgenossenschaft«. Sie ist jedoch weder kantonal noch in der Schweiz allgemein anerkannt. Die Zuchtgenossenschaft betreute 1989 ungefähr 50 Pfauenziegen. Insgesamt gibt es in der Schweiz ca. 300. In den letzten Jahren baute man mehrere Bestände außerhalb des ursprünglichen Zuchtgebietes, Graubünden und Tessin, auf. Einzelne Tiere befinden sich in Deutschland.

Walliser Schwarzhalsziege

Die erste eingehende Beschreibung dieser Rasse stammt von Anderegg (1887). Damals erwachte gerade ein starkes Interesse an der Ziege. Man begann – lange nach Rind, Schwein und Schaf – eine gezielte Rassenzucht. Die begabten Schweizer Züchter waren eindeutig führend, und so lag es nahe, daß sich andere europäische Länder, allen voran Deutschland, an deren Zuchtziel orientierten und Zuchtmaterial aus der Schweiz holten. Zuchtexperten beklagten allerdings, daß die Ziegenpopulationen der Schweiz durchaus nicht so einheitlich waren, wie es nach Andereggs Beschreibung schien. In den meisten Gegenden waren Ziegen von unterschiedlichem Erscheinungsbild zu finden; auch die schon damals berühmten weißen Saanenziegen bildeten innerhalb der Ziegen im Berner Oberland eine Minderheit. Die Frutigziege, die nur wenige Kilometer von der Saanenziege beheimatet ist und »alle Eigenschaften der Saanenziege birgt«, war in den 80er Jahren des 19. Jahrhunderts

»lang- oder kurzhaarig, gehörnt oder ungehörnt, weiß oder schwarz oder bräunlich gefärbt und mit oder ohne Flecken« (Anderegg 1887).

Sie stellte ein buntes Gemisch dar, und so war es sicher mit anderen Ziegenrassen auch.

Eine Ausnahme scheint die Sattel- oder Schwarzhalsziege im Wallis gebildet zu haben. Diese Rasse soll historischen Berichten zufolge durch Einwanderung afrikanischer Völker im Jahre 930 n. Chr. in das Wallis eingeführt worden sein. Ursprünglich wurde sie hauptsächlich im Unterwallis gehalten. Erst später soll sie »durch ihre Vorzüge« die gemsfarbige Gebirgsziege im Oberwallis verdrängt haben (Anderegg 1887).

Die Schwarzhalsziege ist offenbar schon damals in Typ und Färbung sehr einheitlich gewesen. Dazu mag das von allen anderen Rassen abweichende Erscheinungsbild, vor allem die plakative Farbverteilung, beigetragen haben.

Andereggs Beschreibung lautete folgendermaßen:

»Die Sattelziege ist ein großes, starkes und wohlgebautes Thier mit gemsenartigen, kräftigen Beinen. Die vordere Hälfte des Thieres (Kopf, Hals, Brust, Vorderbeine und der Rumpf bis hinter die Schulterblätter) ist schwarz und die hintere Hälfte rein weiß. Der Haarwuchs der Sattelziege ist dichter und länger als bei allen übrigen Schweizer Ziegen und verleiht dem Thier etwas fremdartig Eigenthümliches, zumal Bock und Ziege mit starken Hörnern versehen sind. Der Bock ist mit einem starken Bart und üppigem, über die Augen niederfallendem Haarbüschel auf der Stirn geziert. Das Gehörn erreicht beim Bock eine Länge von 50 cm und darüber und hat an der Basis einen Durchmesser von 7–8 cm. Der Milchertrag ist geringer als bei den übrigen schweizerischen Hausziegen, dagegen liefert sie mehr und sehr schmackhaftes Fleisch« (Abb. 220 und Abb. 221).

Das Gewicht (der Geißen?) betrug im Durchschnitt 48,6 kg. Schwarzhalsziegen hatten damals eine durchschnittliche Widerristhöhe von 73,8 cm. Bei der mittleren Milchleistung von 2,3 l bleibt offen, ob es sich dabei um ein Einzelgemelk oder die Tagesmilchleistung handelt (was wahrscheinlicher ist) und zu welchem Zeitpunkt der Laktation diese Menge gemessen wurde.

Eine weitere Schilderung der Rasse von Julmy (1896) ist nur wenig jünger als die von Anderegg. Julmy sprach von der »Schwarzhalsigen Walliser-Rasse«. Im Wallis selbst wurde sie als Vispenthalerziege oder Sattelziege, zuweilen auch einfach als Schwarzhalsziege oder »Halsene« bezeichnet. Nach Julmy stammt diese Rasse ursprünglich aus dem Vispertal, einem Seitental der Rhone.

Damals breitete sich diese Ziege stark aus. Sie war bereits im ganzen Oberwallis bis nach Siders anzutreffen. Einige Herden befanden sich schon im Eringertal und auch Julmy vermutete, daß die Walliser Schwarzhalsziege nach und nach die in anderen Gegenden des Wallis bodenständige gemsfarbige Ziege verdrängen würde.

Im ausgehenden 19. Jahrhundert standen bei Ziegen drei Zuchtziele im Vordergrund: hohe Milchleistung, Kurzhaarigkeit und Hornlosigkeit. Die Walliser Schwarzhalsziege entsprach diesen Zuchtzielen überhaupt nicht. Sie hatte Hörner, besaß eine vergleichsweise mäßige Milchleistung und hatte ein ausgesprochen langes Haarkleid, so daß es verwundert, daß eine Schur unüblich ist.

Dennoch waren alle diese drei Eigenschaften bzw. Leistungen der Rasse begründet und sinnvoll. Hornlosigkeit ist bei Ziegen gekoppelt mit einem erhöhten Anteil an Zwittern, so daß man gegenwärtig wieder Ziegen mit Hörnern bevorzugt. Das lange Haarkleid ist ein wirksamer Schutz vor der Hitze des Tages und den kalten Nächten im Hochgebirge. Die Milchleistung der Schwarzhalsziegen ist schließlich nicht so schlecht, wenn man bedenkt, daß die Tiere unter kargen Bedingungen gehalten werden und wurden, und eine Zufütterung von Kraftfutter nicht üblich ist.

Obwohl die Schwarzhalsziege in wichtigen Merkmalen vom allgemeingültigen Zuchtziel abwich, lag Ende des 19. Jahrhunderts eine rege Nachfrage aus dem Ausland vor. Es wurden Herden nach Frankreich, in die Niederlande, nach Italien, Deutschland und Österreich ausgeführt, wo diese Rasse nach Julmy sehr geschätzt wurde. Für gute Walliser Schwarzhalsziegen mußten Anfang des 20. Jahrhunderts in Deutschland über 65 Mark gezahlt werden, während sich der Preis für gewöhnliche Ziegen zwischen 40 und 60 Mark bewegte (Heine 1907).

Die Schwarzhalsziege hinterließ in Deutschland jedoch kaum Spuren, was möglicherweise mit der zu geringen Milchleistung, dem langen Haar und dem Besitz von Hörnern zu erklären ist. An dieser Entwicklung scheint eine Person, die die deutsche Ziegenzucht maßgeblich beeinflußte, nicht unbeteiligt gewesen zu sein: Dettweiler. Er argumentiert folgendermaßen:

»Je wehrloser das Tier ist, um so leichter ist mit ihm umzugehen. Das kann in Anbetracht des Umstandes, daß recht oft kleine Kinder der Ziegenbesitzer die Fütterung besorgen müssen, nur erwünscht sein.«

Nach Dettweiler hatten Ziegen manches ausgestoßene Auge auf dem Gewissen und bewiesen damit die Überflüssigkeit der Hörner.

»Außerdem beschäftigen sich die meist recht unruhigen Tiere in ihren Mußestunden häufig damit, mit den Hörnern die Mauern des Stalles, die Raufen usw. zu demolieren, so daß ganz überflüssige Reparaturkosten entstehen. Also fort mit den Hörnern!«

Vom Anfang unseres Jahrhunderts liegt eine geradezu überschwengliche Beschreibung dieser Rasse vor (Stebler 1903):

Walliser Schwarzhalsziege

Abb. 220. Schwarzhalsige Walliserrasse (Bock) um 1896.

Abb. 221. Schwarzhalsige Walliserrasse (Geiß) um 1896.

Abb. 222. Walliser Schwarzhalsziege.

Abb. 223. Walliser Schwarzhalsziegen auf der Bergweide.

»Die Oberwalliser Schwarzhalsziege ist eine der schönsten und zugleich größten Ziegen der Alpen. Sie ist durch eine lange Behaarung gekennzeichnet, deshalb heißt sie auch Zottelgeiß. Kopf, Vorderfüße und Vorderkörper bis hinter die Schultern sind schwarz, während der hintere Teil weiß ist. Das prachtvolle, ebenmäßige Kleid verleiht ihr ein würdiges Aussehen. Sie ist kräftig gebaut und eignet sich für die rauhe Alp wie keine andere, während sie für die Stallhaltung weniger paßt.«

Die Haare auf dem Rücken des Bockes wurden nach Julmy (1896) bis 66 cm lang. Ein starkes Büschel fiel auf Stirn und Augen herab. Der Bart war außerordentlich lang und stark; er reichte nicht selten bis auf die Klauen hinunter.

Die damalige Walliser Schwarzhalsziege war gut gebaut und untersetzt. Ihr Kopf war kurz, Stirn und Maul breit. Die Augen wurden als lebhaft und intelligent (beim Bock ziemlich stolz!) geschildert. Die Lende war gewöhnlich breit, der Rücken gerade, das Kreuz schwach geneigt und gut entwickelt. Die Schenkel waren sehr muskulös. Die Rasse ließ sich sehr leicht mästen und lieferte vorzügliches Fleisch. Schwarzhalsziegen hatten Ende des 19. Jahrhunderts eine Widerristhöhe von 70–78 cm. Die Tiere erreichten ihre vollständige Entwicklung erst im Alter von 4–5 Jahren. Temperament und Leistungsfähigkeit der damaligen Schwarzhalsziege werden folgendermaßen geschildert:

»Für die hohen Alpen geschaffen, ist diese Rasse unbestreitbar eine der kräftigsten. Ihre Ausdauer hat ihr auch den Beinamen »Gletscherziege« eingetragen. Sie geht mehrere Stunden weit, um ihre Nahrung zu suchen und um abends in ihren Stall zurückzukehren. Doch verbringt sie die Nächte gewöhnlich im Freien, unter einem Felsen Schutz suchend.«

Nach Angaben von Zürn (1906) gab es in der Schweiz eine weitere Sattel- oder Schwarzhalsziege, die in der Gegend des Vierwaldstätter Sees besonders verbreitet gewesen sein soll. Diese Rasse soll wie die Walliser Schwarzhalsziege halb schwarz (Vorhand) und halb weiß (Hinterhand) gefärbt sowie kräftig gebaut und gehörnt gewesen sein. Diese »dicht- und kraushaarige Ziege« soll wohlschmeckendes Fleisch besessen, aber eine nur mangelhafte Milchleistung erbracht haben. Aus der weiteren Beschreibung geht hervor, daß Zürn diese Ziege nie selbst gesehen hat. Es ist anzunehmen, daß er sie aus geographischer Unkenntnis mit der Walliser Schwarzhalsziege verwechselt hat.

Verwundert stellt Wilsdorf 1921 fest, daß die Schwarzhals- oder Sattelziege (die er in der ersten Auflage seines Buches von 1908 noch nicht erwähnt) eine eigenartige Ziege ist. Interessant, fast ein Naturwunder sei die geometrisch scharfe Abgrenzung der beiden Kontrastfarben. Noch nach dem Ersten Weltkrieg beurteilt Puteoni (1919) die schwarzhalsige Walliser Rasse als eine der besten Rassen der Schweiz.

Da die Verbreitung auf das Oberwallis beschränkt blieb, machte die Schwarzhalsziege innerhalb der Schweizer Ziegen nie einen großen Anteil aus. Nach der Rassenzählung von 1941 gab es 13 080 Walliser Schwarzhalsziegen. Das waren bei den damals hohen Beständen aber nur 6% der Schweizer Ziegen. Sie wurde als alleinige noch lebende Vertreterin der alten Kupferziege angesehen. Immer noch galt die Walliser Schwarzhalsziege als kräftige, stämmige, harte und genügsame Hochgebirgsziege. Sie zeigte eine gute Mastanlage, war aber etwas spätreif. Man betonte ihre Eignung für bescheidene Halte- und Futterverhältnisse, wie sie im Wallis häufig angetroffen werden. Damals wurde sie offenbar nicht mehr in nennenswertem Ausmaß exportiert, sondern nur noch gelegentlich in die benachbarten Hochtäler verkauft sowie zu Vererbungsversuchen benutzt (Schmid 1946).

1961 machte die Walliser Schwarzhalsziege nur noch 2,6% des Gesamtbestandes aus, obwohl der Schweizer Ziegenbestand insgesamt inzwischen stark gesunken war. Das Verbreitungsgebiet der Rasse war offenbar kleiner geworden; sie wurde nun als Lokalrasse der Bezirke Brig und Visp im Kanton Wallis geschildert. Als Standardmaße galten folgende Werte:

	Böcke	Geißen
Widerristhöhe (cm)	75–85	70–80
Mindestgewicht (kg)	65	45

Das Aussehen dieser Rasse hat sich im Verlaufe der Zeit nicht verändert (Abb. 222).

Bis 1977 hatte sich der Bestand dramatisch verringert. Es gab von dieser Rasse nur noch 641 Herdbuchtiere. Hervorgehoben wurde, daß sie ihren Reiz auch auf Touristen ausübt. Geißen im Alter von einem Jahr brachten bei einer Laktationszeit von 270 Tagen durchschnittlich

Tab. 83: Entwicklung der Herdbuchbestände bei der Walliser Schwarzhalsziege in der Schweiz.

Jahr	Böcke	Geißen	insgesamt
1980	75	739	814
1981	84	767	851
1982	86	798	884
1983	106	1007	1113
1984	111	1203	1314
1985	110	1248	1358
1986	103	1430	1533
1987	104	1417	1521
1988	132	1587	1719
1989	149	1610	1759
1990	182	1470	1652
1991	143	1112	1255

497 kg Milch; Tiere im Alter von mindestens drei Jahren hatten während 275 Tagen eine mittlere Laktationsleistung von 680 kg (Abb. 223).

1986 gab es zum erstenmal Schlagzeilen: »Schwarzhalsziegen im Wallis in zehn Jahren verdreifacht.« Der Bestand umfaßte wieder 1257 Tiere, obwohl der Ziegenbestand im Wallis insgesamt nach wie vor abnahm. Die steigende Tendenz hielt bis 1989 an (Tab. 83). In der Schweiz gab es außerhalb des Wallis 1990 nur 117 Schwarzhalsziegen (13 Böcke und 104 Geißen). Auch in Deutschland finden Walliser Schwarzhalsziegen zunehmend Interesse. Sie dienen jedoch fast ausschließlich der Hobbyhaltung und werden nur gemolken.

Nera Verzasca

Erst als man Ende des 19. Jahrhunderts begann, der Ziege auch von wissenschaftlicher Seite her Aufmerksamkeit zu schenken, erschien ein Buch über Ziegenzucht und Ziegenhaltung (Anderegg 1887). Anderegg nennt in seiner Systematik der Schweizer Ziegenrassen als eine der fünf Gruppen die »Ziegen des Wallis und Tessins«, die drei Rassen umfaßte. Zwei dieser Rassen, die »gemsfarbige Bergziege« und die »Sattel- oder Schwarzhalsziege« kamen nur im Wallis vor. Da es im Tessin offenbar nur eine Rasse gab, nennt Anderegg sie schlicht »Tessiner Ziege«, die allerdings an anderer Stelle auch als »Liviner Ziege« bezeichnet wird.

Die Beschreibung dieser Rasse ist kurz. Sie ist gehörnt. Die Farbe dieser Ziege wechselt zwischen Braungrau, Grauschwarz und Schwarz. Auch wenn der jetzige Name damals noch nicht geläufig war, darf angenommen werden, daß es sich um die Nera Verzasca handelt. Die mangelnde Einheitlichkeit in der Farbe sollte nicht stören. Den Gepflogenheiten der damaligen Zeit entsprechend, wurden abweichende Farbtypen noch nicht so pedantisch gemerzt wie in späteren Jahrzehnten. Noch heute kommen innerhalb der reinrassigen Nera-Verzasca-Ziegen vereinzelt gestichelte und einfarbig rotbraune Individuen vor.

Nach der Rassenzählung der Ziegen in der Schweiz von 1941 wurden fünf Rassen anerkannt. Die Nera Verzasca war dabei Teil der »Schweizerischen Gebirgsziegen«. Unter diesem Namen wurden alle Unterformen der Schweizer Alpen zusammengefaßt. Sie nutzten meist als Herdengeißen die absoluten Ziegenweiden des Hochgebirges. Die »Verzascaziege« war schon damals eine gehörnte, einheitlich schwarzfarbige Ziege im Tessin und in den angrenzenden Gebieten des Kantons Graubünden. Sie galt als robust, kräftig, fruchtbar, tief gewachsen und ausgesprochen genügsam. Die Verzascaziege zählte zu den bergtüchtigsten Ziegenrassen der Schweiz.

Nach dem Zweiten Weltkrieg war die Verzascaziege die dominierende Rasse des Kantons Tessin. In den übrigen Teilen der Schweiz traf man sie nur selten an. Als Folge der tiefgreifenden Umwälzungen der Tessiner Wirtschaft ging der Bestand dieser Rasse bis Mitte der 60er Jahre stark zurück. Als Rassestandard wurde angegeben:

	Böcke	Geißen
Widerristhöhe (cm)	80–90	70
Mindestgewicht (kg)	75–85	50

Ende der 70er Jahre galt die Nera-Verzasca-Ziege als die kräftigste, widerstandsfähigste und schwerste Hochgebirgsziegenrasse der Schweiz (Schneider 1978). Sie wurde als robust und tief gewachsen sowie als ausgesprochen genügsam geschildert. Die Nera Verzasca soll

Ziegen

Abb. 224.
Nera Verzasca.

sogar ohne Schwierigkeiten im Freien überwintern können. Damals wurde diese Rasse als glänzend schwarz mit kurzem Haarkleid beschrieben (Abb. 224). Der Bock besaß meist eine verlängerte Mähne.

Böcke hatten eine Widerristhöhe von 80–90 cm bei einem Mindestgewicht von 70 kg.

Geißen besaßen eine Widerristhöhe von 75–85 cm. Sie wogen nach dem Rassestandard mindestens 50 kg. Von ausgewachsenen Geißen konnte eine Milchleistung (Laktationsdauer 209 Tage) von durchschnittlich 459 kg ermolken werden. Mit 1649 Tieren machte die Nera Verzasca 1977 13,1% des Schweizer Herdbuchziegenbestandes aus. Sie war damals die vierthäufigste Rasse. Mit mehr als 2000 Herdbuchtieren konnte sich die Nera Verzasca dann zunächst gut stabilisieren. Ende der 80er Jahre setzte allerdings doch ein Rückgang ein (Tab. 84). Ihr Anteil an den Herdbuchziegen der Schweiz ist bis 1991 auf 11,0% gesunken.

Tab. 84: Entwicklung der Herdebuchbestände bei der Nera Verzasca ab 1980.

Jahr	Böcke	Geißen	Gesamt
1980	83	1960	2043
1982	106	2073	2179
1984	107	2303	2410
1986	99	2261	2360
1988	112	1846	1958
1990	80	1653	1733
1991	71	1402	1473

Abb. 224a.
Nera Verzasca
in den 50er Jahren.

Stiefelziege

Zu Beginn des 20. Jahrhunderts war Stebler (1903) der Ansicht, daß es in Mitteleuropa eigentlich nur zwei Ziegenrassen gebe, obwohl »eine große Zahl von Rassen und Schlägen« unterschieden werde: die großhörnige Ziege (Walliser Schwarzhalsziege) und die gemsfarbige Ziege. Der weiteren Beschreibung läßt sich entnehmen, daß die Walliser Schwarzhalsziege alle Kriterien, die man heute an eine Rasse stellen würde, erfüllt. Die gemsfarbige Ziege umfaßte im Grunde den Rest der Ziegenpopulation. Sie war »bald gehörnt, bald ungehörnt, bald kurz-, bald langhaarig«. Auch in der Farbe war sie nicht einheitlich. So kamen gescheckte Tiere vor, ja, bei dieser gemsfarbigen Ziege gab es auch reinweiße Tiere. Doch Stebler hatte ein weiteres Unterscheidungskriterium. Er differenziert »Kulturformen« von »primitiven Formen«. Zu den Kulturformen zählten die »hellbraune hornlose Ziege« (Toggenburger, Guggisberger und Freiburger Ziege) und die »weiße hornlose Ziege« (Saanen, Appenzeller und Unterwaldner Ziege sowie die weiße Ziege vom Val d'Illiez). Als »primitiv« galten offenbar alle gehörnten Ziegen (außer der großhörnigen Walliser Schwarzhalsziege). Zu dieser Form gehörten die Hasliziege, die Tirolerziege sowie die Stiefelziege des St. Gallischen Oberlandes.

Die Beschreibung dieser Stiefelziege ist kurz. Sie besaß einen schwarzen Vorderkopf und einen schwarzen Rückenstreifen. Bauch, Brust und Klauen waren ebenfalls schwarz. Das gleiche galt für die Füße bis zum Knie (Tarsal- bzw. Karpalgelenk). Deshalb wurde diese Form Stiefelziege genannt. Die Charakterisierung trifft weitgehend auf die heutige gemsfarbige Gebirgsziege des Kantons Graubünden zu.

1887 wurde eine solche Ziege von Anderegg nicht erwähnt. Weder wurde der Ausdruck »Stiefelziege« gebraucht, noch nannte er eine Rasse, auf die die Charakterisierung zutrifft.

Abb. 225. Stiefelziege.

Bei der von Anderegg beschriebenen »gemsfarbigen Gebirgsziege« waren Stirn, Nase, Bauch und Füße hell, und bei der von ihm so benannten Gruppe IV, der Ostschweizerischen und Alamannischen Ziege, die im Kanton St. Gallen vorkam, wurden nur die Toggenburger und die Appenzeller Ziege genannt.

Noch Heine (1907) unterschied nur vier Schweizer Hauptziegenrassen. Neben den inzwischen international gut bekannten Saanen- und Toggenburgerziegen nannte er die farblich auffallende schwarzhalsige Walliser Rasse sowie die gemsfarbige Alpenrasse. Letztere soll damals zu den verbreitetsten Ziegenrassen der Schweiz gehört haben. Je nach Herkunft war sie von mehr oder weniger dunkler Färbung und größerer oder kleinerer Gestalt. Am häufigsten traf man sie im Kanton Graubünden an. Im Kanton St. Gallen hatte diese Rasse eine gelbliche Farbe und war dort unter den Namen »St. Galler Oberländer Ziege« oder »Stiefelgeiß« bekannt. Die Bezeichnung Stiefelgeiß soll auch nach Heines Ansicht von der dunkleren Färbung der Unterbeine herrühren. Auch von ihm wird auf die Behornung hingewiesen.

Kurz darauf wurde die »Gestiefelte« eigenartigerweise als Farbschlag der Toggenburger genannt (Wilsdorf 1908), wobei bei dieser Rasse sogar rein schwarze Individuen vorgekommen sein sollen. Vermutlich faßte man alle pigmentierten Ziegen der Nordostschweiz zu einer Rasse zusammen.

Bei dieser »Gestiefelten« waren alle Beine bis an die Knie sowie der vordere Teil des Kopfes schwarz. Der Rumpf soll stets »hasenfarbig« gewesen sein. Hierunter versteht Wilsdorf ein bald mehr ins Rötliche, bald mehr ins Graue spielendes Braun.

In der zweiten Auflage seines Buches verwendet Wilsdorf (1921) den Ausdruck »Stiefelgeißen« für die Haslirasse (heute Oberhasli-Brienzerziege). Damals besaß noch etwa die Hälfte dieser Ziegen Hörner. Sie hatten eine rotbraune Farbe und waren schwarzbäuchig sowie schwarzfüßig.

1923 wurde die Stiefelgeiß offenbar zum letztenmal (Gräff) in einem Fachbuch erwähnt. Nach Gräff war sie einer der fünf Schläge der gemsfarbigen Gebirgsziege; sie wurde auch von ihm als St. Galler Oberländer bezeichnet. Diese Ziege kam vorwiegend gehörnt, aber auch hornlos vor. Die Unterbeine waren bis zu den Sprung- bzw. Karpalgelenken schwarz, und auch über den Rücken ging ein schmaler schwarzer Streifen. Dieser Schlag kam im Bezirk Sargans, im Flimserberg und in Quinten am Walensee sowie im Engadin, im Bündner Oberland, im Lugenz und im Oberhalbstein vor.

Zusammenfassend kann gesagt werden, daß der Ausdruck »Stiefelgeißen« sowohl als Rasse- bzw. Schlagbezeichnung als auch zur Charakterisierung eines Farbtyps innerhalb einer Rasse benutzt wurde. Typisch war offenbar, daß die Unterbeine insgesamt dunkel und nicht nur dunkel geschient waren.

Durch die Initiative des Fennser Landwirtschaftsberaters Josef Mannhart nahm die Stiefelgeißenzucht in der Zeit nach dem Zweiten Weltkrieg nochmals einen Aufschwung. Sie galt als robuste, äußerst wetterharte Ziege und gab bis zu 600 kg Milch pro Jahr. Die Rasse hatte ein feinfaseriges Fleisch, das als Zickleinfleisch zu Ostern und auch als Trockenfleisch sehr geschätzt wurde (Vanoni 1986). Für den Rückgang der Individuenzahlen werden strukturelle Gründe verantwortlich gemacht.

1984 konnte die Stiftung Pro Specia Rara in Quinten letzte Ziegenbestände mit einem hohen Stiefelgeißen-Blutanteil ausfindig machen. Später folgten Funde an zwei weiteren Orten im Sarganserland. Insgesamt konnten 24 typische Tiere (Abb. 225) gesichert werden, die auf sechs Zuchtgruppen verteilt wurden.

Man unterscheidet jetzt, wie auch schon Anfang unseres Jahrhunderts die »Oberländer hell« und »Oberländer dunkel«. Die helle Form ist beigefarben und besitzt dunkelbraune Stiefel.

Der dunkle Typ unterscheidet sich von der Gemsfarbigen Gebirgsziege durch eine längere, hellere Behaarung am Rücken (Mänteli) und an den Hinterbeinen (Hose). Die Bestände sind in den vergangenen Jahren wieder deutlich angestiegen.

Schweine

Man hält Schweine heute nahezu ausschließlich wegen des Fleisches. In der Zeit vor der Motorisierung war fettes Fleisch erwünscht.

Die starke körperliche Arbeit der Menschen forderte eine energiereiche Nahrung. Das hat sich grundlegend gewandelt. Seit Ende der Nachkriegszeit ist ein großes Nahrungsangebot vorhanden.

Der Fleischverzehr ist sehr stark angestiegen, allerdings will der Konsument – gefördert durch die Ernährungsberatung – vorwiegend mageres Fleisch. Diese Änderung der Verbrauchererwartung erforderte einen neuen Schweinetyp.

Es kam hinzu, daß der Welthandel erleichtert wurde. Damit kamen in großen Mengen billige Futtermittel nach Mitteleuropa, meist aus Ländern der Dritten Welt. Früher war ein Schwein erwünscht, das große Mengen von voluminöser betriebseigener Futtermittel (z. B. Kartoffeln und Rüben) verzehren und in Fleisch umsetzen konnte. Man hielt deshalb das großrahmige Fettschwein alten Typs mit einem großen Bauch (Abb. 226). Aus diesen Tieren wurde in den 50er und ganz besonders in den 60er Jahren das »moderne Fleischschwein« geschaffen; ein in der Tierzucht ungewöhnlicher Typwandel.

Das moderne Fleischschwein hat fast keinen Bauch; es ist schlank, hat nur eine dünne Speckschicht und besitzt einen hohen Anteil wertvoller Teilstücke (Schinken, Rücken, Schultern). Schweine des alten Typs hält man nur noch außerhalb der Industriestaaten. Einen extrem voluminösen Bauch haben die Schweine Chinas und der südlich angrenzenden Staaten (Abb. 227). Für sie gilt in besonderem Maße, daß Haushaltsabfälle und große Mengen wenig gehaltvoller Futtermittel verfüttert werden.

Schweine sind Allesfresser. Sie nehmen sowohl pflanzliche als auch tierische Kost zu sich, und sind damit Nahrungskonkurrenten des Menschen. Das fällt so lange nicht negativ auf, als Schweine in Kleinbeständen zur Eigenversorgung gehalten werden und weitgehend mit Nahrungsabfällen des Menschen gefüttert werden.

Problematisch wird die Haltung dieser Tierart erst dann, wenn Tiere in Großbeständen aus rationellen und wirtschaftlichen Gründen Futtermittel erhalten, die auch für den menschlichen Verzehr geeignet sind.

Nicht in allen Kulturen ist der Genuß von Schweinefleisch üblich. So verbieten das Judentum und der Islam ihren Glaubensanhängern, Fleisch dieser Tierart zu essen. Es wurden viele Überlegungen über die Ursachen dieses Verbots angestellt. Das Schwein gilt in den genannten Religionen als unreines Tier. In vielen Ländern werden Schweine heute noch extensiv gehalten und ernähren sich weitgehend von Nahrungsabfällen in der Gosse.

Die Lust auf Schweinefleisch kann beim Anblick solcher Tiere erheblich gedämpft werden. In der Tat ist das Schwein anfällig für etliche Erkrankungen, die auf den Menschen übertragbar sind. An erster Stelle ist die Trichinose zu nennen. Nur in Dänemark ist der Verzehr von Schweinefleisch höher als in Deutschland. Der Anteil des Schweinefleisches an der Verbrauchsmenge liegt in diesen beiden Ländern sehr hoch (Tab. 85).

Weltweit gibt es ungefähr 150 Schweinerassen. Ihre Zahl ist geringer als bei allen anderen in Europa üblichen Nutztierarten. Die meisten dieser Rassen werden in Südostasien gehalten. Insbesondere in China gibt es eine beträchtliche Vielfalt von Lokalformen. In den Industrieländern Europas und Nordamerikas ist die Zahl der Schweinerassen dagegen sehr begrenzt. Sie werden hier gewöhnlich ganzjährig in Ställen gehalten. Durch ein gezielt herbeigeführtes Stallklima können klimatische Unterschiede der verschiedensten Regionen ausgeglichen werden. Ein und dieselbe Rasse kann man in Skandinavien ebensogut halten wie in Italien, Irland oder Rußland. Die Erwartung an die Produkte ist ohnehin überall nahezu gleich. Dieser Tendenz fielen fast alle Rassen mit abweichendem Zuchtziel zum Opfer. Was zählt schon gute Mütterlichkeit, wenn man die Sau anbindet oder in einen »Sauenkäfig« sperrt? Große, schwere Tiere haben zudem auf Spaltenboden größere Probleme als kleinere. Zweifellos sind Würfe mit vielen Ferkeln überall erwünscht, aber eine raschere Wurffolge durch Frühabsetzen gleicht eine größere Ferkelzahl pro Wurf leicht aus. Es kommt hinzu, daß Quantität höher eingeschätzt wird als Qualität. Zwar haben die Masttiere der üblichen Schweinerassen die höheren täglichen Zunahmen, aber ihre schlechte Fleischbeschaffenheit ist fast sprichwörtlich. In Schlachtleistungswettbewerben mit allen Rassen schnitten bei der Beurteilung der Fleischqualität gerade gefährdete Rassen am besten ab. Auch beim häufig beanstandeten Fleisch-Fett-Verhältnis wurden bei diesen Rassen in den letzten Jahren bedeutende Fortschritte erzielt.

Schweine, wie sie in der ersten Hälfte des 20. Jahrhunderts gehalten wurden, lassen sich heute in Mitteleuropa nicht mehr vermarkten. Dennoch ist es bedauerlich, daß das Deutsche Weideschwein Ende der 70er Jahre ausstarb. Es war die letzte Rasse mit einem keilförmig gestreckten Kopf (Abb. 228), der gut zum Wühlen im Boden geeignet ist. Das Weideschwein wurde bis ins 20. Jahrhundert hinein gehütet, und auch später hielt man es sehr extensiv. Es war zudem die letzte Rasse in Mitteleuropa, die frei von Einkreuzungen mit Tieren chinesischer Herkunft war.

Die in Mitteleuropa übliche ausschließliche Stallhaltung wird wirtschaftlich und hygienisch begründet. Der Zutritt zu diesen Ställen ist fremden Personen in der Regel verboten. Die meisten Menschen sehen deshalb kaum einmal ein lebendes Schwein. Sie sehen vor allem nicht die Haltungsformen, bei denen die Verhaltens- und Bewegungsbedürfnisse der Tiere kaum berücksichtigt werden. Schweine sind aufgeweckte Tiere mit ausgeprägtem Erkundungsdrang. Sie wollen wühlen; bei großer Hitze verschaffen sie sich Kühlung durch Suhlen. Das können sie in einstreulosen Ställen mit Spaltenboden

Tab. 85: Fleischverbrauch in den Ländern der EU 1997.

	Verbrauch pro Person und Jahr insgesamt (kg)	Schweinefleischverbrauch pro Person und Jahr (kg)	Anteil Schweinefleisch am gesamten Fleischverbrauch (%)
Belgien/Luxemburg	96,4	45,1	46,8
Dänemark	104,0	63,3	60,9
Deutschland	89,5	53,2	59,4
Finnland	68,1	33,1	48,6
Frankreich	106,6	35,1	32,9
Griechenland	87,6	24,6	28,1
Irland	101,7	39,0	38,3
Italien	88,0	34,1	38,8
Niederlande	89,7	42,9	47,8
Österreich	97,4	56,2	57,7
Portugal	90,1	36,5	40,5
Schweden	64,8	34,9	53,9
Spanien	111,9	57,2	51,1
Vereinigtes Königreich	77,5	24,9	32,1

Schweine

Tab. 86: Verteilung der Herdbuchtiere bzw. der reinrassigen Tiere (1992) auf die einzelnen Schweinerassen in der Bundesrepublik Deutschland. 1992 einschließlich der neuen Bundesländer. Angaben in % (Jahresbericht der ADS und andere).

Rasse	1951	1968	1980	1997
Deutsche Landrasse	66,4	94,9	75,0	60,5
Piétrain	–	2,7	12,8	20,2
Deutsche Landrasse B	–	–	10,0	0,8
Deutsches Edelschwein	6,5	1,3	2,0	13,5
Angler/Deutsches Sattelschwein	13,3	0,8	0,2	0,3
Schwäbisch Hällisches Schwein	9,8	0,1	–	0,4
Buntes Bentheimer Schwein	–	–	–	0,1
Deutsches Weideschwein	1,7	0,1	–	–
Cornwall	1,4	–	–	–
Berkshire	1,0	–	–	–
Rotbuntes Schwein	–	0,1	–	–
Duroc	–	–	–	0,6
Hampshire	–	–	–	0,3
Leicoma	–	–	–	5,3

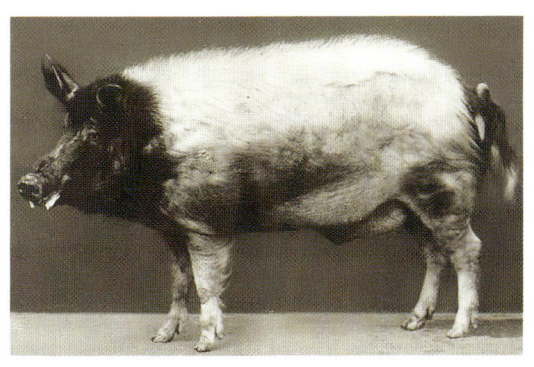

Abb. 226.
Veredeltes Deutsches Landschwein im Typ des Fettschweines, 1957.

Abb. 228.
Deutsches Weideschwein. Diese Rasse starb um 1975 aus.

Abb. 227.
Das hängebäuchige Taoyung-Schwein in China wurde auf extrem hohe Fettleistung gezüchtet.

Tab. 87: Verbreitung der Schweinerassen im Deutschend Reich 1936 (Statistisches Reichsamt 1937).

Rasse	Anzahl der Tiere	Anteil am Gesamtbestand in %
Deutsches veredeltes Landschwein	16 321 955	71,64
Deutsches weißes Edelschwein	4 447 669	19,52
Schwäbisch-Hällisches Schwein	314 501	1,38
Angler Sattelschwein	80 390	0,35
Deutsches Weideschwein	52 163	0,23
Berkshire	51 409	0,23
Cornwall	46 910	0,21
Sonstige Schweine ohne besondere Rassenmerkmale	1 468 069	6,44
Zusammen	22 783 066	100,00

nicht. Erfreulicherweise gibt es seit einiger Zeit Erzeugergemeinschaften, die die Bedürfnisse der Tiere bei der Haltung stärker berücksichtigen. Schweine wollen Auslauf haben. Sie brauchen jedoch im Sommer einen Schattenplatz; im Winter benötigen sie einen warmen und windgeschützten Stall. Die Speckschicht genügt nicht, um durch das schüttere Borstenkleid bedingte Wärmeverluste auszugleichen.

Der Weltbestand an Schweinen beträgt ungefähr 850 Millionen. Die Länder mit den meisten Schweinen sind China, die GUS und die USA. Deutschland liegt nach Brasilien mit 35 Millionen Schweinen an fünfter Stelle. Der überwiegende Anteil dieser Tiere sind Hybridschweine, also Kreuzungstiere. Die Zahl der Rassetiere ist vergleichsweise gering.

In Deutschland machen fünf Rassen über 97% aller Herdbuchtiere aus. Den drei bodenständigen Rassen alten Typs gehören nur 0,7% der Herdbuchtiere an (Tab. 86).

Vor dem Zweiten Weltkrieg bestand eine andere Situation. Damals gab es noch beachtliche Bestände des Deutschen Weideschweines sowie von den aus Großbritannien stammenden Rassen Berkshire und Cornwall (Tab. 87). Schwäbisch-Hällisches Schwein und Angler Sattelschwein bekamen in der Nachkriegszeit bedeutenden Aufschwung; sie zählen aber jetzt schon seit langer Zeit zu den gefährdeten Rassen. Selbst die damals am weitesten verbreitete Rasse, das Deutsche veredelte Landschwein, gibt es heute nicht mehr. Sie änderte nach einem Wechsel des Zuchtziels ihr Aussehen so sehr, daß in den 60er Jahren eine Namensänderung angebracht schien. Das Deutsche Veredelte Landschwein wurde abgelöst von der Deutschen Landrasse.

Angler Sattelschwein

Noch bis 1920 war in Schleswig-Holstein ein buntes Rassengemisch an Schweinen anzutreffen. Jeder Züchter versuchte nach eigenem Gutdünken, das vorhandene Tiermaterial durch Kreuzungen zu verbessern. »Sattelschweine« waren damals schon seit mindestens 50 Jahren bekannt. Sie galten als besonders frohwüchsig und widerstandsfähig. Viele Bauern hatten mit der Zucht solcher Tiere auch mehr Glück als mit Land- und Edelschweinen. Hinzu kam, daß die Nachfrage nach Sattelschweinen von seiten der Mäster immer größer wurde.

Kurz vor dem Ersten Weltkrieg brachte man einen Sattelschweineber von der dänischen Insel Alsen nach Angeln zur Eberstation Ruruplund. Er wurde stark zur Zucht eingesetzt. Der häufige Einsatz dieses Ebers und seiner Nachkommen führte zu starker Inzucht, so daß ein Zuchtfortschritt bald ausblieb. Man sah ein, daß ohne fremde Blutzufuhr keine gezielte Zucht möglich war. Deshalb begann bereits kurz nach 1920 der Import von Wessex Saddlebacks aus England durch einige private Züchter. Es wurden solche Vatertiere ausgewählt, die den einheimischen Tieren vom Aussehen her nahestanden und die imstande waren, die Fehler der alten Landrasse zu verbessern. Auf keinen Fall wollte man den in Züchterkreisen unerwünschten Pummeltyp wieder hochkommen lassen.

Ende 1929 gründeten neun Züchter in Süderbrarup auf der Halbinsel Angeln den »Verein der Züchter des Angler Sattelschweins«. Die Hauptaufgabe dieser Vereinigung war zunächst die Beschaffung guter Vatertiere und die Ausnutzung der Reste des noch vorhandenen guten Zuchtmaterials. In der Anfangszeit fehlte es nicht an Störungsversuchen von Züchtern anderer Rassen. Diese hielten die Anzahl der vorhandenen Rassen für ausreichend und fürchteten offenbar, daß sich das Angler Sattelschwein aufgrund seiner guten Wirtschaftseigenschaften rasch ausbreiten würde. 1934 wurde sogar vorübergehend ein Rasseverbot erteilt.

Zwischen 1930 und 1939 wurden erneut zehn Eber der Wessex-Saddleback-Rasse aus Großbritannien eingeführt. Diese blieben zunächst Eigentum des damaligen Zuchtvereins und wurden in züchterisch aufgeschlossenen Gebieten Angelns aufgestellt. Der Zuchtleitung war es auf diese Weise möglich, die Einkreuzung der neuen Vatertiere zum Vorteil aller Züchter zu überwachen und einen angemessenen Austausch der Eber vorzunehmen.

Der Verein entwickelte sich anfangs recht zögernd. Erst 1935 setzte eine neue Phase in der Zuchtarbeit ein (Tab. 88).

Nach dem Tierzuchtgesetz von 1936 durften nur gekörte Eber zum Decken verwendet werden. Die Körordnung von 1939 besagte, daß Eber nur dann gekört werden durften, wenn die Muttertiere folgende Leistungen aufzuweisen hatten: Sie mußten, vom ersten Wurf an gerechnet, im Durchschnitt alle acht Monate ge-

Tab. 88: Entwicklung der Zucht beim Angler Sattelschwein vor dem Zweiten Weltkrieg.

Jahr	Mitglieder	Herdbuchtiere Sauen	Eber
1929	9	63	5
1930	19	65	7
1931	13	55	6
1932	14	67	7
1933	15	68	8
1934	22	94	10
1935	63	193	43
1936	129	201	64

worfen haben. Je Wurf mußten im Mittel mindestens acht lebende Ferkel geboren sein. 28 Tage nach der Geburt mußten sieben Ferkel mit einem Wurfgewicht von mindestens 45 kg aufgezogen worden sein. Ergänzend zu diesen Mindestleistungen wurde in den »Bestimmungen über den Verkauf von Ebern und Sauen auf Absatzveranstaltungen des Verbandes der Züchter des Angler Sattelschweines e. V. (VAS)« gefordert, daß zu Absatzveranstaltungen nur Eber und Sauen zugelassen wurden, die Eigentum von Mitgliedern des VAS waren. Bei Ebern mußte väterlicher- und mütterlicherseits über mindestens drei Generationen die Abstammung vollständig nachgewiesen sein.

Im Jahre 1936 war das Angler Sattelschwein in fast allen Landkreisen Schleswig-Holsteins verbreitet (Tab. 89). Daß es in Altona, Wandsbek und Neumünster nicht vorkam, ist auf die städtische Struktur dieser Gebiete zurückzuführen. Die beiden erstgenannten Stadtkreise sind heute Teile von Hamburg; Neumünster war gleichfalls Stadtkreis, in dem die Schweinehaltung untergeordnete Bedeutung hatte. Außerhalb von Schleswig-Holstein hatte das Angler Sattelschwein nur punktuell größere Bedeutung. Hervorgehoben sei der Kreis Osnabrück mit 962 Tieren dieser Rasse. Der Gesamtbestand betrug damals 80 390 Tiere.

Bereits 1937 konnte der Verband auf einer Tierschau in Kiel einen Hauptpreis erringen. In

Schweine

Tab. 89: Verbreitung des Angler Sattelschweines in Schleswig-Holstein 1936.

Kreis	Gesamtbestand an Schweinen	Angler Sattelschweine	Anteil der Angler Sattelschweine am Gesamtbestand
Altona*	6 025	0	0,0
Flensburg*	3 061	495	16,2
Kiel*	4 482	326	7,3
Neumünster*	2 072	0	0,0
Wandsbeck*	1 404	0	0,0
Eckernförde	51 806	9 958	19,2
Eiderstedt	4 367	3	0,1
Flensburg	66 171	24 083	36,4
Herzogtum Lauenburg	57 779	168	0,3
Husum	28 177	538	1,9
Norderdithmarschen	28 985	748	2,6
Oldenburg	33 137	890	2,7
Pinneberg	57 442	154	0,3
Plön	56 423	5 824	10,3
Rendsburg	81 899	1 819	2,2
Schleswig	82 688	27 881	33,7
Segeberg	69 031	1 262	1,8
Steinburg	79 064	249	0,3
Stormarn	56 397	557	1,0
Süderdithmarschen	45 798	1 033	2,3
Süd-Tondern	15 148	166	1,1
Gesamt	831 356	76 154	9,2

Tab. 90: Fruchtbarkeitsergebnisse beim Angler Sattelschwein bis 1939.

Jahr	Zahl der Würfe	durchschnittliche Zahl der Ferkel geboren	aufgezogen	4-Wochen-Gewicht (kg) pro Ferkel	Wurfabstand in Tagen
1931	22	12,3	9,1	6,9	191
1933	30	11,7	9,4	6,9	185
1935	126	11,1	9,4	7,1	185
1937	400	10,7	9,2	6,9	188
1939	972	10,6	8,8	6,9	184

Tab. 91: Fortpflanzungsleistung verschiedener Schweinerassen in Schleswig-Holstein 1928–1938.

Rasse	Ferkel pro Wurf geboren	aufgezogen	Vier-Wochen-Gewicht Wurf insgesamt	einzelnes Ferkel
Veredeltes Landschwein	10,9	8,4	56,9	6,8
Edelschwein	10,1	7,9	52,3	6,5
Berkshire	8,0	6,7	43,1	6,5
Angler Sattelschwein	10,9	9,1	63,4	7,0

diese Zeit fällt auch die uneingeschränkte Anerkennung des Angler Sattelschweines und die Erteilung der Deckerlaubnis A für den Landesteil Schleswig. Südlich dieses Gebietes durfte nur die Deckerlaubnis B erteilt werden. Keine der zahlreichen Beschränkungen konnte jedoch die Ausbreitung des damaligen Züchtervereins verhindern. Zur endgültigen Anerkennung als Reichsrasse, die schließlich 1941 auf einer Sitzung des Rassebeirats des Reichsnährstandes ausgesprochen wurde, mußte der Verein der Züchter sich als Abteilung »d« dem Schleswig-Holsteinischen Schweinezuchtverband in Kiel anschließen. Geschäftsstelle und Herdbuchführung blieben in Süderbrarup.

Unter den deutschen Schweinerassen stand dem Angler Sattelschwein das Schwäbisch-Hällische Schwein am nächsten. Es war gleichfalls ein schwarzweiß-gegürteltes Schwein, bei dem jedoch das Weiß überwog. Vor dem Zweiten Weltkrieg stand diese Rasse in einem etwas höheren Rahmen und war schmaler. Besonders attraktiv war das Schwäbisch-Hällische im Zuchtgebiet des Angler Sattelschweins auch wegen seiner Gesundheit und der außerordentlichen Fruchtbarkeit. Es lag deshalb nahe, daß man schon damals, insbesondere aber während des Krieges, als die Einfuhr von Tieren aus England unmöglich war, schwäbisch-hällische Eber in das Zuchtgebiet des Angler Sattelschweins holte. Drei von ihnen deckten ab 1938 als Verbandseber und bildeten innerhalb der Angler Sattelschweine den Stamm 10. Sie vererbten über ihre Söhne harmonische Körperform und – dieses neue Zuchtziel wurde bald besonders betont – gutes Fleischbildungsvermögen. Aus dem Stamm 10 gingen außerdem sehr gute Sauenstämme hervor, die sowohl futterdankbar waren als auch gute Muttereigenschaften aufwiesen. Allerdings hatten die Züchter gewisse Vorbehalte gegen die Schwäbisch-Hällischen; insbesondere schätzte man die Zeichnung der Kreuzungstiere nicht sonderlich. Dennoch wurden während des Krieges zwei weitere Eber gekauft.

Das Zuchtziel für Aufzuchtleistungen waren anfangs zwölf geborene und zehn aufgezogene Ferkel. Dabei sollte der erste Wurf nicht vor Ende des zwölften Monats und spätestens mit 16 Monaten fallen. Nach zehnjähriger Zuchtarbeit veröffentlichte der Zuchtverein im Rahmen eines Geschäftsberichtes Zahlen über das bis dahin Erreichte (Tab. 90).

Waren anfangs nur wenige, dafür um so bessere Sauen vorhanden, die von ihren Züchtern bereits vor 1929 auf ihre Zuchttauglichkeit hin selektiert worden waren, so ließ es sich nicht vermeiden, daß mit steigender Mitgliederzahl weniger durchgezüchtetes Sauenmaterial die Mittelwerte der Aufzuchtleistungen etwas drückte. Es ist auch denkbar, daß die importierten Wessex-Saddleback-Eber die Fruchtbarkeit ein wenig dämpften. Dennoch schnitten die Angler Sattelschweine im Vergleich mit den anderen Rassen hervorragend ab. Im Zeitabschnitt 1928–1938 wurden in Schleswig-Holstein Spitzenwerte erzielt (Tab. 91).

1936 beschloß man, daß Eber nur über Auktionen verkauft werden durften. Auch der VAS konnte Kaufverträge abschließen, wenn er herausragende Zuchttiere erwerben wollte, die den Mitgliedern dann zur Verfügung standen. Herdbuchtiere durften an Nichtmitglieder nur abgegeben bzw. verkauft oder ausgeliehen werden, wenn die Zuchtleitung dies genehmigt hatte. Einmal im Jahr wurden auf einer Stammeberschau die Elitetiere ausgestellt und Prämierungen durchgeführt. Daneben beschickte der VAS auch überregionale Ausstellungen wie die der DLG. Alle diese Maßnahmen trugen dazu bei, den Rassestandard zu heben. Im Prinzip werden sie auch heute noch angewendet. Dadurch fand das Angler Sattelschwein nicht nur in ganz Deutschland Anklang; es wurden Tiere nach Südosteuropa, Finnland und Belgien sowie in die Ukraine verkauft.

Da Schweine Nahrungskonkurrenten des Menschen sind, wurden die Schweinebestände am Ende des Krieges und in der Nachkriegszeit drastisch reduziert. Diesem »Schweinemord« fiel auch ein erheblicher Teil der Angler Sattelschweine zum Opfer. Schon von 1947 an erholten sich die Bestände jedoch rasch. Dieser Anstieg kam insbesondere dem Angler Sattel-

Abb. 229. Angler Sattelschweine auf der Landestierschau Rendsburg, 1954.

schwein zugute. 1947 konstituierte sich der »Verband der Züchter des Angler Sattelschweins« erneut. Bereits 1948 gehörten in Schleswig-Holstein 1785 Sauen mit Jahresabschlüssen dieser Rasse an. Damals kamen Angler Sattelschweine in die DDR, nach Ungarn und in etliche weitere Länder, wo man sie entweder in die heimische Schweinepopulation einkreuzte oder z. T. bis heute reinrassig weiterzüchtete.

Zuchtziel war in der Nachkriegszeit ein widerstandsfähiges, frühreifes, leichtfuttriges und fruchtbares Schwein. Man strebte mittelgroße, tiefe und genügend lange Tiere mit guter Schinkenbildung an. Pummeltypen wurden auch jetzt ausdrücklich abgelehnt. Im einzelnen waren folgende Körperformen erwünscht: Mittelgroßer und langer Kopf mit breiter, leicht eingebuchteter Stirn. Mittelgroße Schlappohren. Mittellanger und kräftiger Hals. Geschlossene Schulter. Tiefe und tonnige Brust. Langer Rücken mit genügender Spannung, breit und gut bemuskelt. Etwas abfallendes Becken, das breit und nicht zu kurz sein sollte. Volle und tiefe Schinken. Geräumiger, tiefer Bauch. Gut gestellte Gliedmaßen, trocken mit kräftiger Fesselung, nicht zu steil (Abb. 229).

Die Sauen sollten möglichst 14, und nicht unter zwölf Zitzen besitzen. Man forderte eine elastische Haut mit dichter, kräftiger und glänzender Behaarung. Die Borsten vorn und hinten mußten schwarz sein. Der weiße Sattel sollte über Schulterpartie und Vorderbeine laufen. Er durfte unterschiedlich breit sein. Bemerkenswert ist, daß das Zuchtziel schon damals weiße Hinterbeine akzeptierte. Darüber hinaus waren kleine Abweichungen in der Färbung gestattet.

Das Angler Sattelschwein gilt seit langem als großrahmiges Schwein. Einer angemessenen Einordnung wegen muß man wissen, daß großrahmige Schweine bis vor 40 Jahren üblich waren. In den 30er und 40er Jahren wurden auf DLG-Ausstellungen, an denen die Züchter sich orientierten, stets überdurchschnittlich große Schweine gezeigt. Sie wurden in Fachkreisen direkt als »DLG-Typ« bezeichnet. Das Angler Sattelschwein stand damals eher im mittleren

Angler Sattelschwein

Rahmen. Diese Tatsache mag dazu beigetragen haben, daß die Züchter dieser Rasse bei Änderung der Schweinezucht in den 50er Jahren keine Notwendigkeit sahen, das Zuchtziel umzustellen. Die Umzüchtung setzte ab 1950 nur behutsam ein. Man wollte jetzt bei allen Rassen Tiere im mittelgroßen Rahmen haben, die dabei genügend tonnig und frühreif waren, aber eine ausreichende Frohwüchsigkeit zeigten.

Der »Verein für die Zucht des Angler Sattelschweines in Süderbrarup e. V.« (VAS) hatte inzwischen viel Zulauf bekommen. 1941 waren bereits 344 Mitglieder angeschlossen und 155 Eber sowie 594 Sauen ins Herdbuch eingetragen. Bei diesem Umfang mußte man dem Verein nun endlich auch von offizieller Seite Beachtung schenken, so daß es im März jenes Jahres auf der Rassenbeiratssitzung in Wien zu einer Anerkennung als »Reichsrasse« kam. Dieser Beschluß hatte zur Folge, daß im gesamten Reichsgebiet Zuchteber aufgestellt werden durften. Damals wurde folgendes Zuchtziel formuliert:

Körperform: ein mittelgroßes, tiefes und genügend langes Schwein mit guter Schinkenbildung. Kein Pummeltyp.
Kopf: mittelgroß und lang; breite, leicht eingesattelte Stirn.
Rüssel: breit und mittellang.
Ohren: mittelgroße Schlappohren.
Hals: mittellang und kräftig.
Schultern: geschlossen.
Brust: tief und tonnig.
Rücken: lang, mit genügender Spannung; breit und gut bemuskelt.
Becken: etwas abfallend, breit und lang.
Schinken: voll und tief.
Bauch: geräumig und tief.
Gliedmaßen: gut gestellt; trocken, mit kräftiger Fesselung; nicht zu steil.
Geschlechtsmerkmale: bei beiden Geschlechtern gut ausgeprägt. Möglichst 14, nicht unter 12 Strichen (gleichmäßig verteilt).
Haut: rein, weiß und elastisch.
Behaarung: dicht, kräftig und glänzend.
Farbe der Haut: weiß.

Farbe der Haare: schwarz und weiß. Der weiße Sattel soll über die Schulterpartie und Vorderbeine verlaufen. Er kann verschieden breit sein, ebenso können die Hinterbeine weiß sein. Kleine Abweichungen sind gestattet.

Das Zuchtziel sollte durch Förderungsmaßnahmen erreicht werden, die man in der Geschäftsordnung des VAS festgelegt hatte. Die wichtigsten waren sinngemäß: Tiere, die die gewünschte Körperform und gute Leistungen aufwiesen, kamen für eine Körung nach einem sechsstufigen System in Betracht. Nach ihrer Zulassung wurden sie in das Herdbuch aufgenommen. Voraussetzung hierfür war der Abstammungsnachweis bis in die dritte Generation. Ohne diesen Nachweis konnten aber nur besonders typische Tiere in ein Vorregister aufgenommen werden. Ergänzend wurde ab 1952 bestimmt, daß Eber und Sauen zweimal sieben Zitzen besitzen müssen, um in die höchste Zuchtwertklasse gekört zu werden.

Sauen durften nicht unter einem Alter von acht Monaten belegt werden und mußten bis zum 16. Lebensmonat einen Wurf lebender Ferkel gebracht haben. 1950 erwartete man von einer Sau im Durchschnitt neun geborene Ferkel pro Wurf, von denen nach vier Wochen noch mindestens acht leben mußten und die zusammen nicht weniger als 55 kg wiegen durften. Diese Anforderungen wurden im Laufe der Jahre erhöht. Jeder Züchter hatte sorgfältig ein Zuchtbuch zu führen, das die Herdbuchstelle jährlich zweimal überprüfte. Im Herdbuch wurden alle gekörten Tiere geführt. Es enthielt alle wichtigen Angaben wie Abstammung, Geburts- und Kördaten. Daneben gab das Herdbuch auch Auskunft über Herkunft und Verbleib der Tiere.

Um einen Fruchtbarkeitsnachweis führen zu können, mußten alle geborenen Ferkel im Zuchtbuch angegeben werden. Hier vermerkte man auch Belegungstermin und das jeweilige Vatertier. Das Vierwochengewicht der Ferkel wurde von einem Kontrollbeamten ermittelt und der Herdbuchstelle mitgeteilt. Für besondere Aufzuchtleistungen bekam der Züchter eine Prämie.

Zur Überprüfung der Mastergebnisse besaß Angeln schon 1927 einen Schweinekontrollring, in dem Vertreter aller Rassen in Schleswig-Holstein vertreten waren. Repräsentative Mastleistungsprüfungen konnte dieser jedoch noch nicht durchführen. Erst 1951 kam es zu Mastwettbewerben, die genaueren Aufschluß über den Zuchtfortschritt geben sollten. Auf einer Mastmeldekarte mußte die Mastdauer einer Gruppe von mindestens vier Herdbuchtieren aus einem Wurf eingetragen werden. Der VAS kontrollierte die Zunahmen; für die besten Gruppen setzte er Geldpreise aus. Genauere Ergebnisse lieferten die Mastprüfungsanstalten erst 1953. Seit 1957 steht mit der Mastprüfungsanstalt Achterwehr allen Zuchtverbänden eine solche Einrichtung zur Verfügung. Der Mastwettbewerb des VAS war damit überflüssig geworden.

Die ersten Jahre nach dem Krieg waren geprägt von einer außerordentlichen Nachfrage nach dem fettreichen, energieliefernden Fleisch der Angler Sattelschweine, die oft gar nicht befriedigt werden konnte. Zuchttiere wurden meist zu einem amtlich festgesetzten Höchstpreis verkauft. Dank seiner Genügsamkeit und einer guten Futterverwertung hatte das Angler Sattelschwein geringere Probleme als andere Rassen mit der damaligen angespannten Futterversorgung. 1947 wurde der Verein selbständig und gab sich den Namen »Verband der Züchter des Angler Sattelschweines e. V.«; das Kürzel VAS blieb. In Plön, Eutin und Oldenburg in Holstein gründete man Kreisvereine; weitere folgten. War die Mitgliederzahl schon vorher deutlich gestiegen, so konnte der VAS von 1947 bis 1948 einen Zuwachs von ca. 75% verbuchen, eine Rate, die er später nie mehr erreichte. Einer der Gründe für den regen Zulauf waren die guten Preise, die für Angler Sattelschweine erzielt werden konnten; die Ferkel wurden deutlich besser bezahlt als der Nachwuchs anderer Rassen. Ein weiterer Grund waren die Schlachttierablieferungsauflagen, die für Zuchttiere nur bedingt galten. Daher konnten die eingetragenen Herdbuchzüchter ihre Tiere besser vermarkten als die Mäster. Angesichts des Zustroms sah der VAS sich genötigt, gewisse Hindernisse für Neumitglieder zu errichten. Diese mußten sich erst bewähren, bevor sie zu den Auktionen zugelassen wurden.

1948 war ein weiteres wichtiges Jahr für die Zucht des Angler Sattelschweines. Lübeck wurde zum zweiten Auktionsort. Überzeugt von der Zukunft der deutschen Sattelschweine gründete man zusammen mit dem Zuchtverband Schwäbisch-Hall die »Arbeitsgemeinschaft Schwarzbunter Schweinerassen«. Ursprünglich hatte man geplant, daß jeder Landeszuchtverband eine Abteilung für Sattelschweine einrichten sollte, um die optimale Betreuung der Herdbuchbetriebe außerhalb der Hauptzuchtgebiete zu ermöglichen. Dieses Ziel konnte aber nie erreicht werden, und so wurden die Zuchtbestände in Norddeutschland vom VAS und die in Süddeutschland vom Schwäbisch-Hällischen Zuchtverband betreut. Ein weiteres Anliegen dieser Arbeitsgemeinschaft war die allmähliche Angleichung der Zuchtziele beider Sattelschweinrassen. So durfte jetzt beim Angler Sattelschwein auch die Zeichnung der Schwäbisch-Hällischen auftreten. Nur völlige Fehlfarben sowie ganz weiße und gescheckte Tiere wurden von der Zucht ausgeschlossen. Im gleichen und im folgenden Jahr wurden vom VAS drei Eber und Zuchtläufer des Schwäbisch-Hällischen Schweines angekauft. Bis 1956 kamen noch zwei weitere Tiere hinzu. Danach setzte man Schwäbisch-Hällische Schweine nur noch dann gelegentlich ein, wenn es darum ging, den Bestand des Angler Sattelschweines zu erhalten. Durch diese Einkreuzung hatte man eine Erhöhung der Zitzenzahl sowie eine Verbesserung der Fruchtbarkeit und der Knochenfestigkeit erreicht. Auch das Fundament, das bei dem damals üblichen Weidegang besonders beansprucht wurde, konnte gefestigt werden.

1948 wurden die Sattelschweinzüchter in der späteren DDR zusammengefaßt. Die Zeitschrift »Angler Tierzucht« bildete eine Verbindung zwischen Züchtern in Ost und West. Bis 1956 wurden noch Zuchttiere nach Mecklenburg und Thüringen verkauft, dann brach der

Angler Sattelschwein

Tab. 92: Übersicht über die Situation des Angler Sattelschweines nach dem Zweiten Weltkrieg.

Jahr	Zahl der Mitglieder	Sauen	Eber	Anteil an den Herdbuchschweinen in der Bundesrepublik (%)
1945	430	970	187	–
1949	984	3753	454	14,2
1950	1377	ca. 3175	ca. 560	–
1952	ca. 1330	ca. 3100	585	15,6
1954	1008	2140	348	10,1

Kontakt ab und wurde erst in den 80er Jahren wieder aufgenommen. Auch nach Übersee gingen Angler Sattelschweine: Chile und Brasilien wurden zu Abnehmerländern. In Chile entstand sogar ein eigener Zuchtverband.

Ihren Höhepunkt erreichte die Nachfrage nach Angler Sattelschweinen zwischen 1949 und 1952. In dieser Zeit wurden folgende Spitzenwerte erreicht:

1949 wurden 3753 Zuchtsauen gehalten;
1950 zählte der VAS 1377 Mitglieder;
1952 waren 585 gekörte Eber im Deckeinsatz.

In den Nachkriegsjahren lag der Rasseanteil des Angler Sattelschweines in Schleswig-Holstein bei über 60%. Auf die Gesamtverhältnisse in der Bundesrepublik übertragen bedeutete dies, daß 7,9% aller gekörten Eber und 15,6% aller eingetragenen Herdbuchtiere 1952 vom Angler Sattelschwein gestellt wurden (Tab. 92).

In den 50er Jahren konnten sich auch außerhalb des eigentlichen Zuchtgebietes Herdbuchbetriebe mit Angler Sattelschweinen etablieren. 1951 dann wurde in Bielefeld ein eigener Zuchtverband gegründet, der sich allerdings schon ein Jahr später wieder auflöste. In diesem Gebiet wurden über den Zuchtviehmarkt Münster noch bis 1956 Angler Sattelschweine umgesetzt. Zwischen 1952 und 1958 bemühte man sich auch in Hessen-Nassau mit einem gewissen Erfolg um diese Rasse. In Bonn gab es zwischen 1950 und 1956 Auktionen, an denen Angler Sattelschweine beteiligt waren. Außerhalb von Schleswig-Holstein war Northeim der letzte Absatzmarkt für diese Rasse. Fast 20 Jahre lang wurden hier, wenn auch in bescheidenem Umfang, Angler Sattelschweine angeboten.

Trotz aller Erfolge stellten die 50er Jahre aber auch eine Wende für das Angler Sattelschwein dar. Dank der stark verbesserten Wirtschaftslage und des ausreichenden Lebensmittelangebots konnte der Verbraucher wieder stärker seine Wünsche auf dem Markt durchsetzen.

Tierisches Fett wurde zudem in der menschlichen Ernährung immer weniger benötigt. Ernährungswissenschaftler und Mediziner warnten sogar deutlich vor dem Genuß von zu viel Fett. All das führte dazu, daß sich allmählich ein deutlicher Trend zu magerem Fleisch durchsetzte. Ende 1952 wurde auf dem Hamburger Schlachthof zum erstenmal das Fleisch von Angler Sattelschweinen schlechter bezahlt als das von anderen Rassen. Ursache war neben der Fettauflage der Tiere auch die Pigmentierung der Haut, die selbst nach dem Schlachten sichtbar blieb. Dies und die gelegentlich nach dem Brühen zurückbleibenden schwarzen Borsten stießen beim Verbraucher auf Abneigung.

Die widrigen Umstände der Nachkriegsjahre erschwerten deutlich die Zuchtarbeit. Schlechtere Zuchtleistungen kamen deshalb nicht un-

Schweine

Tab. 93: Ergebnisse der Zuchtleistungsprüfungen für das Angler Sattelschwein nach dem 2. Weltkrieg.

Jahr	Sauen	Wurfabstand in Tagen	Würfe pro Sau und Jahr	Wurfgröße	Ferkel pro Sau und Jahr	Ferkelverluste in %	28 Tagegewicht d. Wurfes
1946	370	214	1,7	10,8	18,5	17,3	63,8
1951	994	180	2,0	11,1	22,2	16,9	70,9
1956	423	184	1,9	11,1	21,7	14,4	73,0
1960	1015	178	2,0	11,3	22,7	13,3	78,0

erwartet. Als rassetypisch müssen eher die späteren Ergebnisse angesehen werden. Der Zuchtfortschritt zeigte sich am deutlichsten im Wurfabstand, kam aber auch in anderen Werten zum Ausdruck (Tab. 93). In allen Zuchtleistungskriterien war das Angler Sattelschwein dem Veredelten Deutschen Landschwein (jetzt Deutsche Landrasse) überlegen.

Auch in den Mast- und Schlachtleistungsergebnissen wurde der Unterschied zum Veredelten Deutschen Landschwein 1954 recht deutlich (Tab. 94). Allerdings erfaßte man damals das für Angler Sattelschweine ungünstige Fleisch-Fett-Verhältnis noch nicht.

Die bisherigen Zuchtmaßnahmen hatten zu einem robusten, frohwüchsigen Schwein geführt, das unkompliziert in der Haltung war und dessen Zuchtleistungen zufriedenstellten (Abb. 230). Doch es fehlte dem Angler Sattelschwein an Fleischfülle und gut geformten Schinken. Das schwerwiegendste Problem stellte die Speckdicke dar. Deshalb entschloß man sich, fleischbetonte Schweine einzukreuzen. Zu diesem Zweck kaufte man von einem schleswig-holsteinischen Züchter zwei Eber der Holländischen Landrasse, die Ende der 50er Jahre am besten dem neuen Zuchtziel entsprach. Man hatte sich vorher davon überzeugen können, daß sich eine derartige Kreuzung bewährte. Die Einkreuzung verlief nach einem genau festgelegten Plan. So wurden die besten Tiere aus der F_1-Generation mit ausgesuchten Angler-Sattelschwein-Ebern angepaart; die männlichen Tiere wurden alle kastriert. Von den Rückkreuzungstieren verwendete man nur zehn Prozent weiter. »Blaue« Tiere der R_1-Generation wurden von der Zucht ausgeschlossen. Die besten R_1-Nachkommen wurden z. T. zur Verwandtschaftspaarung verwendet. Bei dieser Kombinationskreuzung war man immer darauf bedacht, sich die Widerstandsfähigkeit der Angler Sattelschweine zu erhalten. Die Ergebnisse waren eindeutig: die aus der Kombinationszüchtung hervorgegange-

Tab. 94: Mast- und Schlachtleistungsergebnisse 1954 bundesweit für den Prüfungsabschnitt 40–110 kg.

Rasse	Angler Sattelschwein	Veredeltes Deutsches Landschwein
Anzahl der geprüften Gruppen	20	566
Alter in Tagen bei Mastende	198	202
Futterverbrauch (kg) je kg Zuwachs	3,81	3,67
Tägliche Zunahmen (g)	769	748
Körperlänge (cm)	97,0	96,1
Rückenspeckdicke (cm)	4,8	4,6

Angler Sattelschwein

nen Tiere erwiesen sich den reinrassigen Angler Sattelschweinen deutlich überlegen. Eine Ausnahme bildete die etwas geringere Rückenmuskelfläche der Tiere aus der Kombinationszüchtung. Die guten Ergebnisse zeigten sich aber nicht in der großen Masse der Angler Sattelschweine, sondern waren auf einzelne Tiere beschränkt. Zwar waren von sieben Ebern, die 1960 in die beste Körklasse eingestuft wurden, vier holländischer Abstammung, aber die Schlachtviehschau der DLG 1961 zeigte, daß es selbst durch die Einkreuzung nicht gelungen war, dem Angler Sattelschwein einen starken Rückenmuskel und gute Schinkenform anzuzüchten.

Wegen der sich hieraus ergebenden wirtschaftlichen Probleme verlor der Verband deutlich an Größe und Bedeutung. Er büßte zwischen 1950 und 1960 mehr als die Hälfte seiner Mitglieder ein. Der Herdbuchbestand verringerte sich gleichzeitig auf ein Drittel. Dankbar folgte man dem Hinweis, daß sich in Belgien eine neue Fleischrasse, die Piétrains, entwickelt haben sollte, die erst seit 1950 herdbuchmäßig betreut wurde. Der VAS organisierte 1959 eine Fahrt nach Belgien, um sich die Tiere genauer anzusehen. Zwar war man mit ihnen nicht in allen Punkten einverstanden, lobte jedoch die Fleischfülle und die geringe Speckdicke. Wenig zufrieden war man mit den Mast- und Zuchtleistungen der Piétrains. Dennoch entschloß der VAS sich zur Einkreuzung dieser Rasse. 1960 kamen die ersten Tiere, zwei Eber und fünf Sauen, ins Zuchtgebiet. Dabei achtete man auf möglichst lange Schweine.

1961 konnte der VAS die Schlachtschweineschau in Lübeck mit 30 Piétrain-Halbblut-Tieren beschicken. Im Vergleich mit den ebenfalls geprüften reinrassigen Angler Sattelschweinen hatten sie eine deutlich geringere Rückenspeckdicke, größere Rückenmuskelfläche und ein günstigeres Fleisch-Fett-Verhältnis; auch die Schinkenformung war besser. Die Zuchtleistungen von Pi × AS-Erstlingssauen konnte erwartungsgemäß das Niveau reinrassiger Angler Sattelschweine nicht erreichen, lagen aber deutlich über der Leistung von Piétrain. Diese Ergebnisse führten zu einem neuen Zucht- und Arbeitsprogramm, durch das der Verband völlig neu gegliedert wurde. Man konnte aber auch durch diese Maßnahme nicht verhindern, daß die Zucht des Angler Sattelschweines weiter an Bedeutung verlor, obwohl sich die Leistungen der Zuchttiere stetig verbesserten.

1965 verlegte der VAS seinen Geschäftssitz nach Neumünster. Das Verlassen des alten

Abb. 230. Angler Sattelschwein-Sau auf der DLG-Ausstellung in Frankfurt, 1959.

Abb. 231. Angler Sattelschwein.

Schweine

Tab. 95: Entwicklung der Zucht des Angler Sattelschweines seit 1960 (Schweineproduktion des ZDS und andere).

Jahr	Zahl der Mitglieder	Sauen	Eber	Anteil an der Herdbuchzucht in der Bundesrepublik (%)
1960	603	1172	216	5,1
1965	?	854	106	3,2
1968	258	548		?
1975	?	67	16	0,3
1980	?	109	7	0,2
1987	9	65	3	0,2
1991		9	1	0,0

Kernzuchtgebietes signalisierte auch eine Wende der züchterischen Schwerpunkte. Sie vollzog sich endgültig 1969, als nur noch 20 Züchter übriggeblieben waren. Diese hielten 179 Herdbuchtiere. 1975 machte man Einkreuzungsversuche mit Hampshire-Schweinen, die zwar eine etwas günstigere Futterverwertung hatten, aber sonst unbedeutend blieben. Wegen der sehr schmalen Zuchtbasis mußte man an Erhaltungsmaßnahmen denken.

Man entschloß sich 1983 zum Import von neun Sauen und vier Ebern aus einer ungarischen Sattelschweinzucht, deren Vorfahren ursprünglich aus Schleswig-Holstein stammten.

Damit hatte der VAS seinen Bestand an Angler Sattelschweinen zwar aufgefrischt, weitere Maßnahmen waren jedoch dringend notwendig. Deshalb erfolgte 1987 eine Einfuhr von 19 Sauen und drei Ebern aus der DDR, wo Sattelschweine in der Nähe von Karl-Marx-Stadt seit einiger Zeit als Genreserve gehalten wurden.

Seit 1988 setzt sich auch die Landesregierung von Schleswig-Holstein für die Rasse ein. Sie bezahlt dem Züchter für den reinrassigen Wurf einer Herdbuchsau eine Prämie von 150 DM; bei Erstlingssauen beträgt die Summe sogar 180 DM. Die Haltung eines Ebers wird monatlich mit 30 DM unterstützt. Gegenwärtig befassen sich nur noch wenige Landwirte mit der Herdbuchzucht (Tab. 95).

Das hohe Niveau in der Zuchtleistung ließ sich bis heute halten (Tab. 96). Zwar ging die

Tab. 96: Zuchtleistungsergebnisse des Angler Sattelschweines nach 1960.

Jahr	Sauen	Wurfabstand in Tagen	Würfe pro Sau und Jahr	Wurfgröße	Ferkel pro Sau und Jahr	Ferkelverluste in %	28 Tagegewicht d. Wurfes
1965	735	182	1,98	11,3	22,5	13,3	83,2
1977	129,5	175	2,06	10,6	21,6	9,1	?
1987	70,5	181	2,03	10,8	21,9	7,4	?

Tab. 97: Mast- und Schlachtleistungsergebnisse beim Angler Sattelschwein seit 1960.

Jahr	Lebensalter in Tagen	tägliche Zunahmen (g)	Futterverwertung 1:	Körperlänge (cm)	Rückenspeckdicke (cm)	Kotelettfläche (cm^2)	Göfo-Wert
1960	205	684	3,67	97,1	4,4	30,9	?
1965	203	739	3,18	96,0	4,0	32,5	?
1975	167	855	2,69	95,7	2,8	35,8	64
1988*	150	860	2,91	98,0	4,2	32,5	73

* Nur Börge

Fruchtbarkeit etwas zurück, dies konnte aber durch deutlich verringerte Ferkelverluste und eine kürzere Wurffolge ausgeglichen werden. Nach gut 50 Jahren züchterischer Arbeit konnte man pro Sau und Jahr fünf Ferkel mehr aufziehen als am Anfang. Das Angler Sattelschwein ist in der Fortpflanzungsleistung auch heute der Deutschen Landrasse überlegen.

In den letzten 30 Jahren waren zweifellos Erfolge bei der Fleischwüchsigkeit und der Speckdicke zu verbuchen. Daneben besitzt das Angler Sattelschwein eine hervorragende Fleischqualität. Problematisch ist noch immer die höhere Verfettung der Börge, die über dem der weiblichen Tiere liegt und eine Vermarktung erschwert (Tab. 97).

Aussehen: Mittelgroßes, tiefes und langes Schwein (Abb. 231). Eingedellte Profillinie des Kopfes. Schlappohren. Gut bemuskelt. Trockene, kräftige Gliedmaßen. Borsten und Haut an Kopf und Hals sowie am Hinterkörper schwarz. Weißer Gürtel über Schulter und Vorderbein. Das Weiß kann sich über die gesamte Mittelhand ausdehnen und die Hinterbeine einschließen.

	Eber	Sau
Schulterhöhe (cm)	90	85
Gewicht (kg)	350	300

Leistung
Gute Fruchtbarkeit, quellige Ferkel, frohwüchsig. Robust. Gute Mütterlichkeit der Sauen. Marmoriertes Fleisch; gut für Dauerwaren geeignet.

Gegenwärtige Verbreitung
Schleswig-Holstein und Niedersachsen; Einzelbestände auch in anderen Gebieten Deutschlands.

Anzahl noch vorhandener Tiere
In Herdbuchbetrieben ca. 100 Sauen und 20 Eber. Weitere 50 Sauen in der Landeszucht.

Buntes Bentheimer Schwein

Schwarz-weiß gescheckte, sog. »bunte«, Schweine gibt es in Mitteleuropa und darüber hinaus schon seit Jahrhunderten. Selbst unter Wildschweinen kommen gescheckte Tiere in einem oft nicht unerheblichen Anteil vor. Sie sind hier vermutlich auf die Einkreuzung von gescheckten Hausschweinen vor langer Zeit zurückzuführen.

In manchen Gegenden traten gescheckte Hausschweine in großer Anzahl auf. Sie wurden gelegentlich früher oder später zur Rasse erhoben. Das gilt für das Piétrain in Belgien, trifft aber z. B. auch für das inzwischen ausgestorbene Baldinger Tigerschwein zu, das in der Gegend von Donaueschingen gehalten wurde. Häufig sprach man etwas verächtlich von »Kirchturmschlägen«, also Schlägen von nur sehr begrenzter Verbreitung. Man sagte ihnen Anfang des 20. Jahrhunderts eine nur kurze Lebensdauer voraus.

Bereits beim Marschschwein, einem großrahmigen, schlappohrigen Typ, kamen gescheckte Tiere vor. 1863 wurde eine internationale Viehausstellung in Hamburg auch mit gescheckten Schweinen beschickt. Diese Tiere sollen aus Landschweinen durch Einkreuzung britischer Rassen entstanden sein, wobei in ziemlich starkem Maße Berkshires, aber auch Cornwalls verwendet wurden. Anfang des 20. Jahrhunderts waren gescheckte Schweine in Südoldenburg recht üblich. Gleiches galt für den Kreis Bentheim, wo man schon damals in gemischten Würfen die gescheckten mit Schlappohren bevorzugt zur Zucht auswählte. Damals sollen auch Einkreuzungen von Wildschweinen vorgekommen sein (Hermeling 1957).

Mehrere Jahrzehnte wurde auch in Nordwestdeutschland – hauptsächlich im Emsland, in Südoldenburg und im nördlichen Teil Westfalens – ein gescheckter Schweineschlag in mehr oder weniger starkem Maße gehalten. Bis 1950 war dieser jedoch noch nicht herdbuchmäßig erfaßt. Obwohl nie Eber gekört wurden, hielt sich der Schlag hartnäckig und ließ sich bei den Züchtern nicht durch andere Rassen ersetzen. Dieser Umstand führte schließlich dazu, daß auf Drängen vieler Schweinebesitzer in den Kreisen Bentheim und Cloppenburg jeweils ein Züchterverband gegründet wurde.

Seit 1910 wurden im Kreis Bentheim Eberkörungen durchgeführt. Zunächst waren diese Körungen ohne Abstammungsnachweis erlaubt. Durch eine neue Verordnung, die das Vorhandensein eines Abstammungsnachweises für die Ankörung von Vatertieren verlangte, waren alle gescheckten Eber automatisch von der Körung ausgeschlossen. Trotzdem nahm der Anteil gescheckter Schweine im Kreis Bentheim immer mehr zu. Dies ist nur unter Umgehung der Körverordnung denkbar.

In den 30er Jahren waren bunte Schweine im späteren Zuchtgebiet der Rasse gerade wegen ihrer Scheckung sehr beliebt, ja, man legte auf eine schöne Zeichnung sogar großen Wert. Scheckung wurde also zu einem besonderen Selektionsmerkmal, das nicht nur als ästhetisches Merkmal galt. Es wurde den Gescheckten besonderes Leistungsvermögen nachgesagt. Sie galten als sehr fruchtbar, widerstandsfähig gegen Krankheiten und als anspruchslos in der Ernährung. Noch nach dem Zweiten Weltkrieg wurden für gescheckte Tiere höhere Preise als für einfarbige erzielt. »Bunte« Schweine wurden bis nach Süddeutschland verkauft.

Der Situation wurde 1934 insofern Rechnung getragen, als man die gescheckten Schweine erneut eingehend besichtigte. Sie wurden jedoch für noch zu unausgeglichen beurteilt. Zu häufig traten Fehler wie Senkrücken oder schlechtes Fundament auf. Die Anerkennung als Rasse war damit zunächst ausgeschlossen.

Im Kreis Bentheim kamen deshalb bevorzugt Eber des Veredelten Landschweins zum Einsatz; 1938 waren es 204. Dieses Vorgehen änderte aber nichts an der Wertschätzung der Züchter und Mäster für gescheckte Schweine. 1944 waren im Kreis Bentheim nur noch 88, 1947 lediglich sieben und 1949 nur noch 20 gekörte Eber der Rasse Veredeltes Landschwein im Deckeinsatz. Da der Bedarf an Ebern nicht geringer geworden war, muß angenommen werden, daß in erheblichem Maße gescheckte Eber eingesetzt wurden.

1949/50 sollte dem Körgesetz auf Veranlassung der Regierung wieder mehr Nachdruck verliehen werden. Diese Maßnahme hätte zur Folge gehabt, daß die schwarzbunten Schweine völlig verschwanden. Es kam zu Protesten der Züchter. Ein landwirtschaftlicher Ortsverein im Landkreis stellte den Antrag beim Köramt in Oldenburg, das bunte Schwein in die Körung mit aufzunehmen. Der Antrag wurde folgendermaßen begründet:
- das Grafschafter Landschwein ist frühreif; daher sind die Ferkel schneller abzusetzen, und
- die Händler zahlen für bunte Ferkel mehr als für schmale, langbeinige (weiße) Tiere.

Erneute Inspektionen ergaben, daß die vorhandenen Tiere nach wie vor unausgeglichen waren. Es erschien ratsam, die Schwarzbunt-Zuchten mit einer anderen Rasse zu verbessern. Nach einer Besichtigung von Zuchten des Angler Sattelschweins war man der Überzeugung, daß dieses sich am ehesten den wirtschaftlichen Verhältnissen der einheimischen Betriebe anpassen könnte.

Nachdem der Kreis Bentheim für die Züchtung des schwarzbunten Schweines freigegeben worden war, wurde 1950 auf der Gründerversammlung des »Vereins der Züchter des schwarz-weißen Bentheimer Schweines« beschlossen, einige Tiere aus Angeln sowie Schwäbisch-Hällische Schweine einzuführen. Die Kreuzung nahm man folgendermaßen vor: es wurden typische schwarzbunte Sauen aus der Landeszucht ohne nachweisbare Abstammung in ein Vorbuch (Hilfsherdbuch) eingetragen. Bei der Aufnahme legte man auf gute

Buntes Bentheimer Schwein

Form und Fruchtbarkeit – man trug nicht nur Erstlingssauen ein – besonderen Wert. Diese Sauen wurden von Herdbuchebern des Vereins gedeckt. Die Nachzucht konnte eingetragen und gekennzeichnet werden.

Die Mitglieder der Züchtervereinigung verfügten Ende 1950 über 34 Stammeber, 40 Stammsauen und 135 Vorregistersauen. Alle Stammeber und -sauen gehörten den Rassen Angler Sattelschwein und Schwäbisch-Hällisches Schwein an.

Ähnlich entwickelte sich die Zucht schwarzbunter Schweine im Kreis Cloppenburg. Wegen der regen Nachfrage gründete man auch hier ein Herdbuch und ein Hilfsherdbuch. In das Hilfsherdbuch wurden bis Juli 1951 192 Sauen eingetragen. Das Hilfsherdbuch für den Kreis Cloppenburg wurde am 1. 12. 1951, das für den Kreis Bentheim am 8. 2. 1952 geschlossen. Von diesem Zeitpunkt an trug man Sauen ohne Abstammungsnachweis nicht mehr ein. Die Tiere im Kreis Bentheim wiesen ein zu leichtes Fundament auf und standen vielfach in einem zu kleinen Rahmen; die Vorregister-Tiere im Kreis Cloppenburg waren dagegen größer und schwerer.

Um möglichst bald Zuchtmaterial über die Grenzen des Zuchtgebietes absetzen zu können, strebten die Vereine eine offizielle Anerkennung der schwarzbunten Rasse an. Seitens der DLG fand im Mai 1952 zum erstenmal die Besichtigung einiger Zuchten statt. Diese Vorprüfung ergab, daß eine offizielle Anerkennung wegen des noch sehr heterogenen Tiermaterials zunächst zurückgestellt werden mußte, die züchterische Arbeit jedoch fortgesetzt werden sollte.

Nach einer zweiten Prüfung 1955 wurden die Vereine als Abteilung B (bunte Schweine) von der Oldenburgischen Schweinezuchtgesellschaft bzw. der Schweinezuchtvereinigung Osnabrück-Emsland und schließlich auch von der DLG anerkannt.

Das Zuchtziel der schwarzbunten Schweine im Kreis Cloppenburg glich bis auf die Farbe der Haare dem des veredelten Landschweins. Der Verein der Züchter des Bentheimer Schweines hatte dagegen folgendes Zuchtziel: Züchtung eines schwarzweißen, bodenständigen, frühreifen und leistungsfähigen Schweines mit besonderer Betonung auf Fruchtbarkeit, Aufzuchtvermögen und guter Futterverwertung.

Das Schwarzbunte Bentheimer Schwein (d. h. ausschließlich die Tiere im Kreis Bentheim) sollte im Rahmen eines frühreifen Schweines stehen, d. h. bei einem Gewicht von 90–100 kg schlachtreif sein (Abb. 232):

Körperform: Mittelgroß. Lang, breit und tief.
Kopf: Trocken. Mittellang bis kurz, mit breiter Stirn. Profillinie aber möglichst gerade verlaufend.
Rüssel: Kräftig; Mittellang.
Ohren: Kräftiges, mittelgroßes Schlappohr.
Hals: Mittellang, doch gut bemuskelt.
Schulter: Lang, breit und geschlossen. Bei der geforderten Breite können leichte Schwächen zugelassen werden.
Brust: Tief, breit und gewölbt.
Rücken: Lang, gut bemuskelt. Bei guter Breite kann die Forderung auf die Spannung gemäßigt werden.
Becken: Breit und tief. Mäßig abfallend.
Schinken: Voll und tief.
Bauch: Geräumig und tief. Nicht aufgezogen.
Gliedmaßen: Trocken und kräftig. Gut gestellt. Kräftig und breit gefesselt.

Abb. 232.
Buntes Bentheimer Schwein, 1960.

Geschlechtsmerkmale: Bei beiden Geschlechtern gut ausgeprägt. Nicht unter zwölf gut entwickelte, gleichmäßig verteilte Zitzen.
Haut: Gesund und rein. Glatt, spannig.
Behaarung: Dicht und kräftig.
Farbe der Haut: Weiß. Pigmentflecke zulässig.
Farbe der Haare: Weiß und schwarz.

Es wurden alle damals bekannten Hilfsmittel zur Förderung der Schweinezucht angewandt, und zwar:
- Aufnahme von Tieren mit zweckentsprechenden Körperformen und guten Leistungen in ein Herdbuch
- Kennzeichnung der Tiere. Führung von Zucht- und Herdbüchern
- Aufzuchtleistungsprüfungen
- Mastleistungsprüfungen
- Gesundheitskontrolle
- Austausch und Verbreitung guter Zuchttiere durch Versteigerungen und Verkaufsvermittlungen
- Fesselung geeigneter Tiere an das Zuchtgebiet
- Veranstaltung und Beschickung von Ausstellungen
- Nachzuchtprämierungen
- Beratung und Belehrung auch über den Kreis der Mitglieder hinaus

Die Zahl der Mitglieder im Kreis Bentheim betrug 1950, dem Jahr der Gründung des Vereins, 85 (Tab. 98); sie hatte sechs Jahre später schon deutlich abgenommen. Die Zahl der Tiere war jedoch nahezu gleich geblieben. Deutlicher war der Rückgang der Zucht schwarzbunter Schweine im Kreis Cloppenburg. Hier umfaßte der Verein 1951 82 Mitglieder, die 192 Vorregister-Sauen und einige Stammsauen des Angler Sattelschweines besaßen. 1954/55 konnten nur noch die Leistungen von 25,5 Sauen verrechnet werden.

Wegen der Nachfrage des Handels nach weißen Schweinen ließen viele Ferkelerzeuger ihre Sauen nur durch Eber des Veredelten Landschweines decken.

Die Nachzucht aus diesen Kreuzungen galt als frohwüchsiger und widerstandsfähiger als reinrassige Mastschweine des Veredelten Landschweines; man hielt sie außerdem für bessere Futterverwerter.

Die durchschnittliche Zahl der Würfe pro Sau und Jahr lag bei 1,9. Die mittlere Zahl der Ferkel pro Wurf betrug 11,5. Eine höhere Ferkelzahl wurde nicht angestrebt, weil man eine zu große Unausgeglichenheit der Würfe und eine zu starke Anfälligkeit der Ferkel für Krankheiten befürchtete.

Die mittlere Ferkelzahl pro Sau und Jahr lag somit in der ersten Hälfte der 50er Jahre bei annähernd 22.

Die täglichen Zunahmen der Mastschweine betrugen im Gewichtsabschnitt 40–110 kg bei

Tab. 98: Zahlenmäßige Entwicklung des Vereins der Züchter des Bunten Bentheimer Schweines (jeweils 31. Dezember).

Jahr	Zahl der Mitglieder	Zahl der Sauen Vorregister	Herdbuch	Zahl der Eber	Schweine insgesamt
1950	85	135	40	34	209
1951	86	115	70	30	215
1952	82	70	100	30	200
1953	73	39	98	22	159
1954	73	14	130	33	177
1955	68	2	156	31	189
1956	63	1	165	31	197

den schwarzbunten Schweinen 750 g. Sie lagen damit etwas über den Werten des Veredelten Landschweines (731 g) im gleichen Zuchtgebiet. Die Futterverwertung in diesem Gewichtsabschnitt entsprach mit 1:3,8 dem des Veredelten Landschweines. Die Rückenspeckdicke betrug 4,8 cm. Bereits im Alter von 90–95 kg Lebendgewicht war eine Tendenz zu erhöhtem Fettansatz zu erkennen.

Nach 1957 entstanden für die Mäster Absatzprobleme, weil die Tiere eine zu dicke Speckschicht besaßen und insgesamt zu fett waren. Die Fleischfülle der Tiere war bei Zucht auf Robustheit und Frühreife zu sehr vernachlässigt worden. Trotz Einkreuzung von Piétrain konnte der Anschluß an die fleischbetonten Rassen nicht mehr hergestellt werden. Unter dem marktwirtschaftlichen Druck wandten sich deshalb viele Züchter den weißen Rassen zu.

Im Dezember 1960 fand im Kreis Bentheim die letzte Auktion von bunten Zuchttieren statt. Danach löste sich die dortige Züchtervereinigung auf, weil die herdbuchmäßige Erhaltung der Rasse nicht mehr rentabel erschien. In anderen Gegenden wurden Versteigerungen noch bis 1962 mit bunten Schweinen beschickt. Die meisten Züchter kreuzten nun weiße Rassen in die Bestände gescheckter Schweine ein. Im Grunde fand eine Verdrängungskreuzung statt. Dabei war die Fortpflanzungsleistung für damalige Zeit hervorragend. Die letzten Ergebnisse vor dem Zusammenbruch der Zucht stammen aus 1962/63. Damals brachten 17 geprüfte Sauen 34 Würfe. Die Wurfhäufigkeit pro Sau und Jahr betrug also 2,0. Im Mittel wurden 11,7 Ferkel geworfen und 10,7 aufgezogen. Damit lag das Bunte Bentheimer Schwein deutlich höher als das Deutsche Veredelte Landschwein.

Schließlich gab es nur noch einen einzigen Züchter: Gerhard Schulte-Bernd in Wengsel. Er hatte bei der Zucht des Bunten Schweines seit Gründung der Züchtervereinigung 1950 mitgearbeitet. Nach Auflösung der Zuchtverbände führte er seinen Bestand auf dem Niveau eines Herdbuchbetriebes weiter. Nachdem es unmöglich geworden war, reinrassige Zuchttiere von anderen Betrieben zu kaufen, verzichtete Schulte-Bernd fast völlig auf die Zufuhr fremden Blutes. Im Verlauf von 20 Jahren holte er nur vier fremde Eber in den Bestand. 1966 und 1973 waren es zwei Piétrain-Eber, drei Jahre später ein Eber der Belgischen Landrasse. 1985 kaufte er den Eber »Frisch«, der vom Phänotyp her seinen Schweinen glich, über dessen Abstammungen allerdings nur Vermutungen bestehen. Mehr als zwei Jahrzehnte war Schulte-Bernd der einzige Züchter und damit Erhalter dieser Rasse.

Erneutes Interesse kam erst Mitte der 80er Jahre auf. 1987 wurde an der Universität Göttingen die genetische Verwandtschaft des Bunten Bentheimer Schweines aufgrund von Blutanalysen untersucht. Es stellte sich heraus, daß die Rasse durchaus etwas Eigenständiges darstellte (Abb. 233). Sie ist mit keiner anderen Schweinerasse so eng verwandt wie z. B. Deutsche Landrasse, Belgische Landrasse und Piétrain untereinander. Zu dieser Zeit wurde das Bunte Bentheimer Schwein durch ministeriellen Erlaß vom Körzwang ausgenommen. Seit 1988 wird es im Schweinezuchtverband Osnabrück-Emsland zuchtbuchmäßig erfaßt, seit 1989 auch vom Oldenburger Schweinezuchtverband.

Die Zahl der Tiere und Züchter stieg rasch. 1989 gab es wieder fünf Herdbuchbetriebe, die 63

Abb. 233. Buntes Bentheimer Schwein.

eingetragene Sauen und fünf Eber hielten. Weitere 34 Tiere werden von drei anderen Züchtern gehalten. 1990 waren es schon acht Herdbuchbetriebe mit ca. 90 Zuchtsauen und zehn gekörten Ebern. Die Zucht dieser Rasse ging bald über das Weser-Ems-Gebiet hinaus. 1990 gab es bereits Züchter in Schleswig-Holstein und im östlichen Niedersachsen. Blutauffrischung kam durch zwei fremde Sauen und einen Eber, die nach entsprechenden Untersuchungen zur Bentheimer Zucht zugelassen worden waren.

Das Bunte Bentheimer Schwein erwies sich als robust und anspruchslos. Die Tiere sind ausschließlich halothan-negativ. Bei durchschnittlich 2,2 Würfen werden 22–24 Ferkel pro Sau und Jahr aufgezogen. Die Sauen sind langlebig; es gibt Tiere, die 13- oder gar 17mal geferkelt haben. Durch Mastleistungsprüfungen konnte bestätigt werden, daß Fehlentwicklungen in der Schweinefleischproduktion durch Einkreuzung von Bunten Bentheimer Schweinen korrigiert werden können.

Schwäbisch-Hällisches Schwein

Es wird angenommen, daß diese Rasse aus dem großwüchsigen und langohrigen keltisch-germanischen Schwein hervorging, das noch im Mittelalter neben dem kleineren, kurzohrigen Hausschwein in Deutschland den Hauptteil der Schweine ausmachte. Doch beweisen läßt sich diese Vermutung nicht. Zum erstenmal urkundlich nachweisbar ist das »Hällische Landschwein« Ende des 18. Jahrhunderts. Damals schrieb Pfarrer Johann Friedrich Mayer in seinem Buch »Das Ganze der Landwirtschaft«, daß dieses Landschwein
»die beste Art sey und den reichsten Gewinn bringe«.

Als besondere Eigenschaften der Rasse erwähnt er Größe, Fettreichtum, Zartheit des Fleisches, Widerstandsfähigkeit gegen Krankheiten sowie Fruchtbarkeit: die Zahl der Ferkel pro Wurf betrug 10–15. Eine Abbildung aus der Zeit um 1800 zeigt Schweine, die in der Färbung bereits Ähnlichkeit mit dem heutigen Typ der Rasse zeigen (Abb. 234).

Als Anfang des 19. Jahrhunderts in Württemberg große Hungersnot herrschte, überlegte man, wie man diese Landschweinrasse durch Einkreuzung verbessern könnte. Der damalige württembergische König Wilhelm I. ließ aus England, das in der Landwirtschaft als sehr fortschrittlich galt, zur planmäßigen Einkreuzung chinesische Maskenschweine einführen; diese Rasse war dort erfolgreich zur Einkreuzung in Landrassen genutzt worden. Das chinesische Maskenschwein war schnellwüchsig, mastfähig und außerordentlich fruchtbar. Es hatte einen tonnigen Rumpf, kurze Beine, einen tief herabhängenden Bauch und lange Schlappohren.

Sein Nachteil lag in der übermäßigen Fettbildung. Die Folge der vorübergehenden Einkreuzung beim Schwäbisch-Hällischen Schwein waren größere Frühreife und stärkeres Fettbildungsvermögen sowie weitere Verbesserung der Wurfgröße. Die Einkreuzung des Maskenschweines ist noch heute an der eingedellten Profillinie der Kopfes und der gerunzelten Stirn des Schwäbisch-Hällischen Schweines erkennbar.

Nach der Beschreibung von Pfarrer Tressler sah der »Hällische Landschlag« 1844 folgendermaßen aus:

»Tief herabhängende Schlappohren, langer Rüssel, grobe Knochen und außerordentliche Körperlänge. Besonderes Kennzeichen der Aechtheit sind

Schwäbisch-Hällisches Schwein

schwarzer Kopf und schwarzes Hinterteil. Es ist langgestreckt und erreicht, wenn man es ausgewachsen erst mit 1½ bis 2 Jahren zur Mastung bringt, eine außerordentliche Größe und läßt sich zu einem erstaunlichen Fleischergewicht bringen. Man sieht Schweine, welche 7 Fuß lang (1 Fuß = ca. 30 cm, Verf.), 4–5 Fuß hoch sind und ein Gewicht von 4–5 Zentner haben. Außerdem ist zu loben ihre Mastfähigkeit und Fruchtbarkeit, die gute Fortpflanzung ihrer Rasse und die Größe ihrer Ferkel.«

Anläßlich des 25jährigen Regierungsjubiläums von König Wilhelm I. wurde 1844 die Rasse in einem »Correspondenzbericht« folgendermaßen gewürdigt:

»Es war daher sehr bezeichnend, daß bei dem festlichen Umzug, welcher unserem vielgeliebten Könige zum dankbaren Andenken an die vielen Verdienste, welche seine glorreiche Regierung auch um die Emporbringung der Landwirtschaft in Württemberg sich erworben hat, am feierlichen Tage seines 25jährigen Regierungsjubiläums auf der Fahne der Stadt und des Oberamtes Hall acht Mutterschweine mit seinen Jungen die Schweinezucht als einen Hauptzweig der Landwirtschaft im Hällischen darstellte... Man kann aber auch wirklich dem Hällischen Schweine nicht genug zu seinem Lob nachsagen.«

In der 2. Hälfte des 19. Jahrhunderts geschah eine recht planlose Einkreuzung von verschiedenen veredelten englischen Rassen. Nach dem damals üblichen Verfahren versuchten die Züchter auf dem Wege der Verdrängungskreuzung, aus ihrem einheimischen Landschlag ein besonders hochwertiges, edles Zuchtprodukt zu schaffen.

Die Möglichkeit einer Verbesserung durch entsprechende Zuchtwahl aus den eigenen Beständen heraus wurde damals nicht erwogen. Zwar erreichte man das erstrebte Zuchtziel, aber mit zunehmendem Blutanteil englischer Schweine nahmen Widerstandsfähigkeit und Fruchtbarkeit immer mehr ab (Haring 1961). Schließlich waren es nur noch wenige Züchter, die an den wegen ihrer typischen Pigmentierung »Mohrenköpfe« genannten Tieren im Landschweintyp festhielten. Die Rasse wurde auf ihre Ursprungsregion, die Gegend um Schwäbisch-Hall, zurückgedrängt; ihre Zucht war bedeutungslos geworden.

Dieser Zustand wurde 1906 in einem Bericht im »Württembergischen Wochenblatt für Land- und Forstwirtschaft« auf folgende Weise beklagt:

»Auf meinen Reisen, die ich, um die Schweinezucht anderer Länder und Provinzen kennenzulernen, bisher unternahm, habe ich nicht ein Land gefunden, wo ein solch wunderschöner Mischmasch von Schweinetypen zu finden wäre, wie gerade in unserer schwäbischen Heimat... Ich möchte behaupten, daß wir im ganzen Land nicht einen Bezirk haben, der auch nur eine einigermaßen ausgeglichene Schweinezucht hätte, obwohl bisher – leider in ganz planloser Weise – viele tausend Mark für Eberkäufe nach auswärts gingen. Im Gegenteil wurde durch Zukäufe von häufig gar nicht passenden Ebern in vielen Bezirken ein vorher bestehender, einheitlicher Schlag zerstört, wobei ich nur an das Verschwinden des Hällischen Schweines erinnern möchte.«

Diese Befürchtung sollte sich als etwas übertrieben herausstellen, kennzeichnet aber dennoch treffend den desolaten Zustand im hällischen Land, das noch 50 Jahre zuvor wegen seiner Bemühungen um die Veredelung der heimischen Rasse in den höchsten Tönen gelobt wurde. Es ist deshalb nicht verwunderlich, daß

Abb. 234.
Schwäbisch-Hällische Schweine um 1800.

das Schwäbisch-Hällische Schwein 1908 auf der DLG-Ausstellung in Stuttgart nicht gezeigt wurde. Inzwischen hatten auch Regierung und landwirtschaftliche Verbände erkannt, daß nur systematisches Vorgehen einen Fortschritt in der Schweinezucht bringen konnte. Man richtete deshalb in Württemberg Eberhaltungsgenossenschaften ein, da man die Eberhaltung für den wichtigsten Teil der Zucht hielt. Hiervon profitierte besonders das Schwäbisch-Hällische Schwein.

Im Jahre 1913 wurde der »Verband der Schweinezüchter und -mäster des Jagst- und Neckarkreises« gegründet. Dieser Verband verfolgte den Zweck,

»die Schweinezucht und -mast unter Berücksichtigung der Zuchtrichtungen des Deutschen veredelten Landschweins, des Schwäbisch-Hällischen Schweins und des Deutschen Edelschweins durch züchterische und unmittelbar zuchtfördernde Maßnahmen ... zu heben«.

Zu diesem Vorhaben kam es jedoch wegen des Ausbruchs des 1. Weltkrieges nicht mehr.

Nachdem schon seit Kriegsende mehrere Stammzuchten und Züchtervereinigungen mit der Zucht begonnen hatten, wurde zu Beginn des Jahres 1925 der Ruf nach einer speziellen Förderung der Schwäbisch-Hällischen Schweinezucht immer lauter. Die offiziellen Organe konnten sich diesem »ungestümen« Drängen nicht verschließen. Daraufhin lud der Vorsitzende des landwirtschaftlichen Gauverbandes Crailsheim auf Ersuchen der württembergischen Landwirtschaftskammer seinen Ausschuß zu einer außerordentlichen Sitzung ein. Einstimmig wurde folgendes beschlossen:
1. Einrichtung von Stammzuchten
2. Einrichtung einer Eberaufzuchtstation
3. Abhaltung von Schweineausstellungen

Die »Woge der Begeisterung« setzte sich fort. Auch bei Treffen in Schwäbisch-Hall und Künzelsau war als einziger Tagesordnungspunkt die »Förderung der Zucht des Schwäbisch-Hällischen Schweines« angesetzt. Zu der ersten Landesschweineschau für diese Rasse kam es noch im gleichen Jahr in Crailsheim. Die württembergische Landwirtschaftskammer übernahm als Förderungsmaßnahme die Kosten für den damals üblichen Tiertransport mit der Eisenbahn.

Die Ausstellung war nicht unproblematisch, und die Preisrichter hatten einen schweren Stand. Man war sich bewußt, daß der Idealtyp erst noch gefunden werden mußte. Das Jahr 1925 wurde später als Wendepunkt in der Zucht des Schwäbisch-Hällischen Schweines bezeichnet.

Vereinheitlichung des Typs und Formverbesserung sollten in erster Linie durch Reinzucht erfolgen. Um aber eine zu enge Verwandtschaftszucht zu verhindern, wurden 1927 ein Eber und zwei Sauen der Rasse Wessex-Saddleback, die dem Schwäbisch-Hällischen Schwein in Form und Färbung ähnelten, aus England eingeführt.

Ihre stärkere Pigmentierung wirkte sich auf die Nachkommen aus, deren Schwarzfärbung bis fast zur Vorhand reichte. Die Erfolge der konsequenten Zuchtarbeit zeigten sich schon bald (Tab. 99).

Tab. 99: Körpermaße von Schwäbisch-Hällischen Schweinen vor und nach Einkreuzung englischer Tiere (Angaben in cm).

	1926			1929–37		
	Widerristhöhe	Rumpflänge	Brusttiefe	Widerristhöhe	Rumpflänge	Brusttiefe
Eber	83,0	111,0	46,0	88,7	129,3	54,1
Sauen	82,0	114,7	47,6	80,4	120,0	50,0

Schwäbisch-Hällisches Schwein

Hierbei wurden Sauen im Alter von mehr als drei Jahren (1926) mit solchen von mehr als zwei Jahren (1929–37) verglichen. Die Vergrößerung des Rahmens in nur wenigen Jahren ist eindeutig. Schon ab 1929 beschickte der »Herdbuchverein für das Schwäbisch-Hällische Schwein« regelmäßig die DLG- bzw. Reichsnährstandsschauen. Er konnte mit seinen Ausstellungstieren beachtliche Erfolge erzielen. Die Folge war eine verstärkte Nachfrage in allen Gebieten Deutschlands. Bei den amtlichen Viehzählungen in Württemberg und Hohenzollern 1926 wurden 133 738 Schwäbisch-Hällische gezählt; das waren 24,8% aller Schweine. 1936 zählte man 274 699 Tiere; diese stellten 40% des Gesamtschweinebestandes dar.

Später stieg der Marktanteil des Schwäbisch-Hällischen Schweines in Nordwürttemberg auf über 90%, im Landkreis Schwäbisch-Hall auf 99%. Mit dem 2. Weltkrieg und seinen katastrophalen Auswirkungen auch auf die Landwirtschaft ging die Zahl der Schweine drastisch zurück; die hervorragende Zuchtarbeit wurde unterbrochen. Dies offenbarte sich jedoch erst nach Kriegsende. 1946 waren nur noch 484 Herdbuchzüchter mit 84 eingetragenen Ebern und 572 Sauen im Zuchtbuch registriert. Der geplante neue Aufbau nach dem Zusammenbruch wurde erleichtert durch die starke Nachfrage nach fettem Schweinefleisch, dem typischen Rassemerkmal der Schwäbisch-Hällischen. Auch die Organisationsarbeit für die Zucht wurde wieder verstärkt in Angriff genommen. Nach zwölfjähriger Unterbrechung fand 1949 wieder eine Verbandsschau statt. 1951 betrug der Anteil dieser Rasse an den Herdbuchschweinen in der Bundesrepublik 9,8%. Schwäbisch-Hällische Schweine waren auch in den Nachbarländern Tschechoslowakei, Österreich und der Schweiz sehr begehrt (Abb. 235).

In den folgenden Jahren begann jedoch erneut ein Niedergang dieser Schweinerasse. Im Zuge des wirtschaftlichen Aufschwungs änderten sich die Verbrauchererwartungen. Durch den Wunsch nach magerem Fleisch ergab sich für das zu höherer Fettbildung neigende Schwäbisch-Hällische Schwein eine ungünstige Marktsituation. Einige Versuche, die Rasse durch Einkreuzung von Fleischrassen an die neue Marktlage anzupassen, kamen zu spät. Der Rückgang war nicht mehr aufzuhalten. Die Jahre 1954 und 1955 brachten den bisher letzten Höhepunkt in der Zucht. Ein Bericht vom Oktober 1955 mit dem Titel »Entspricht das

Abb. 235.
Schwäbisch-Hällischer Eber, 1952.
Abb. 236.
Schwäbisch-Hällische Sau
auf der DLG-Ausstellung
in Frankfurt, 1959.

Schwäbisch-Hällische Schwein noch den heutigen Marktanforderungen?« deutete bereits die Wende und deren Ursachen an. Ende der 60er Jahre kam es nicht einmal mehr zur Auflösung des Zuchtverbandes; er schlief einfach ein. Die letzten Eintragungen der heute noch vorliegenden Schweineleistungsbücher, die die einzelnen Herdbuchzüchter führten, stammen gewöhnlich aus der Mitte der 60er Jahre; die Zucht galt bald darauf als erloschen. Nur wenige Züchter hielten, kaum beachtet, unbeirrbar an der Rasse fest (Abb. 236).

Einschneidend wirkte dann folgendes Ereignis: gleichsam als Kuriosität wurde 1982 auf der Landesgartenschau in Schwäbisch-Hall eine Muttersau mit ihren Ferkeln ausgestellt. Sie gehörte zu den Attraktionen der Schau. Der Züchter sah sich in seinen Bemühungen bestätigt und baute seinen Bestand aus. Ein Teil der Tiere wurde von seinem Schwiegersohn übernommen, der einen weiteren Bestand aufbaute. Unabhängig hiervon wurde im Schwarzwald mit Energie und Findigkeit aus Resten ein Bestand aufgebaut, von dem in der Anfangszeit kräftige Impulse auf die Zucht ausgingen.

Schon 1984 wurde ein Bestand als Herdbuchbetrieb anerkannt. Noch im gleichen Jahr kamen weitere drei Betriebe hinzu. Anfang 1986 fand die Gründungsversammlung der »Züchtervereinigung Schwäbisch-Hällisches Schwein« statt, zu der ca. 25 Interessenten erschienen. Diese Vereinigung gab sich eine Satzung, die folgendermaßen lautete:

Aufgabe des Vereins ist die Förderung der Zucht der vom Aussterben bedrohten Schwäbisch-Hällischen Schweine in gemeinnütziger Weise. Der Zweck des Vereins ist nicht auf Gewinn gerichtet. Mittel dazu sind:
• Förderung der planmäßigen Herdbuchzucht innerhalb der bestehenden Schweinezuchtverbände zum Zweck der Rassenerhaltung durch Zucht
• Wahrnehmung aller im Zusammenhang mit der Zuchtarbeit entstehenden Aufgaben und Belange
• Öffentlichkeitsarbeit und Beschickung von Ausstellungen
• Beratung in Fragen der Haltung und Zucht von Schwäbisch-Hällischen Schweinen
• Erstellung und Vertretung eines bundeseinheitlichen Zuchtzieles, in dem die typischen Merkmale (Muttereigenschaften, Fruchtbarkeit, Streßresistenz, Fleischbeschaffenheit, etc.) des Schwäbisch-Hällischen Schweins berücksichtigt werden in Zusammenarbeit mit den staatlichen Tierzuchtinstitutionen.

Anfang 1989 hatte die Vereinigung annähernd 100 Mitglieder.

1984 wurde aus Restbeständen Schwäbisch-Hällischer Schweine wieder ein Zuchtbuch angelegt. Ende 1988 gab es 12 Herdbuchbetriebe mit 150 eingetragenen Zuchtsauen und ca. 20 Landeszuchtbetriebe mit 200 Sauen. Diese sollen in einem vereinfachten Zuchtbuch erfaßt werden. In Ferkelerzeugerbetrieben stehen, verteilt über das ganze Bundesgebiet, wieder mehr als 1000 Produktionssauen. Schwäbisch-Hällische Zuchtsauen, deckfähige Jungsauen und Zuchtläufer werden am Markt rege nachgefragt. Der Verkauf von Herdbuchtieren erfolgt ausschließlich ab Stall.

Aussehen

Mittellanger Kopf mit mäßig eingesatteltem Gesichtsprofil. Die Stirn zeigt in der Regel, insbesondere bei älteren Tieren, eine Runzelung. Große Schlappohren. Lange und breite Schulter mit guter Verbindung. Tiefe und breite Brust. Der Rücken steigt gegenüber dem Widerrist zum Kreuzbein um ca. 5 cm an. Das Becken ist mäßig abfallend, aber breit, der Bauch geräumig.

Die Schinken sind tief gewachsen. Die Gliedmaßen sind gut gestellt, trocken und stabil. Das Gesäuge ist gut ausgeprägt und drüsig. Es sind nicht unter 14 Zitzen vorhanden, die auf beide Seiten gleichmäßig verteilt und gut entwickelt sind.

Kopf und Hals sowie Beckengegend, Oberschenkel und Schwanz sind schwarz, die übrigen Körperteile weiß. In der Regel sind auch Rüsselscheibe und Schwanzspitze weiß. Typisch ist der grau erscheinende »Säumungsstreifen« am Übergang von schwarz zu weiß. Hier wachsen weiße Borsten auf schwarzer Haut (Abb. 237).

Schwäbisch-Hällisches Schwein

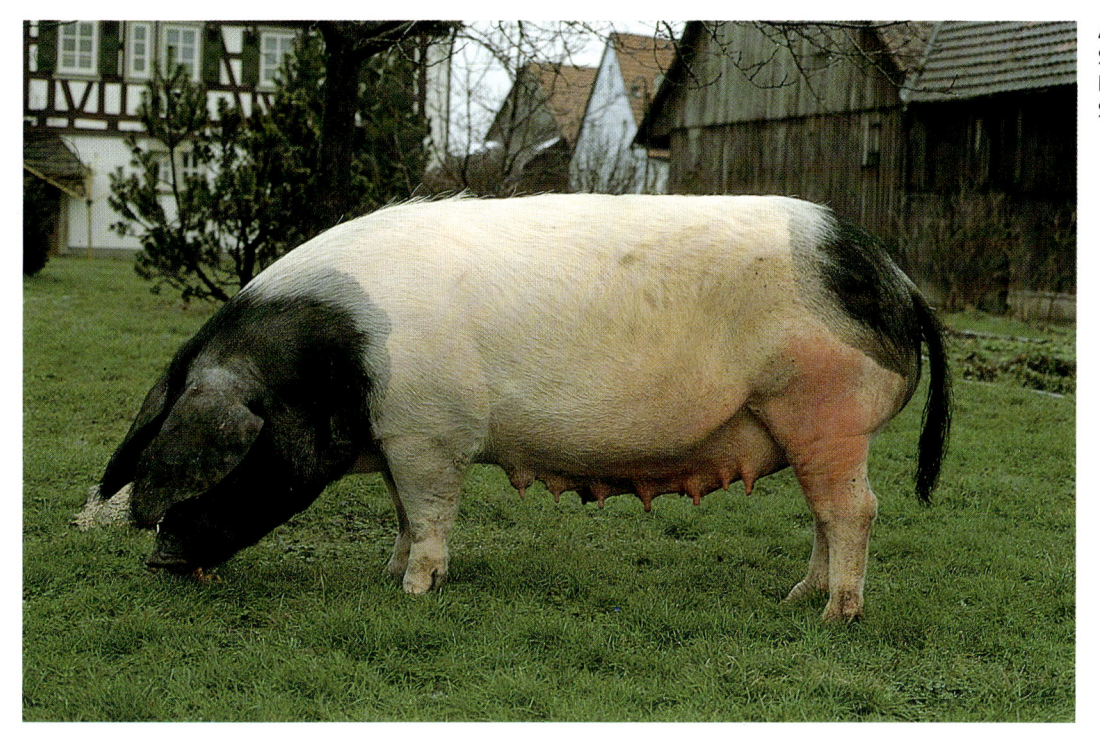

Abb. 237. Schwäbisch-Hällisches Schwein.

Leistung

Zuchtziel ist ein sehr widerstandsfähiges, robustes, vitales und langlebiges Schwein. Die Sauen haben hervorragende Muttereigenschaften. Sie sind milchreich, fürsorglich und duldsam, genügsam und frohwüchsig bei guter Futterverwertung. Die täglichen Zunahmen liegen je nach Blutlinie bei 750–950 g. Die Zuchtleistungsprüfungen in den Herdbuchbetrieben bestätigen die hervorragende Fruchtbarkeit: 22 geborene und 20 aufgezogene Ferkel pro Sau und Jahr. Die Wurfgröße liegt bei 11 bis 13 Ferkeln, die Ferkelverluste bei 8,8%. Der durchschnittliche Wurfabstand beträgt 181 Tage.

Das Schwäbisch-Hällische Schwein ist streßunempfindlich und reinerbig halothan-negativ. Bemerkenswert ist seine vorzügliche Fleischqualität. Dies spiegelt sich in hohen Göfo-Werten und Fleischbeschaffenheitszahlen wider. An der Mastprüfungsanstalt Forchheim wurden im Vergleich mit anderen Rassen bzw. Kreuzungen 1986 beste Ergebnisse erzielt (Tab. 100).

Tab. 100: Leistungsmerkmale verschiedener Schweinerassen 1986.

Merkmal	Rasse bzw. Kreuzung				
	SH	PI	PIxSH	DLS	Hybrid
Mastdauer (30–100 kg)	84,8	93,4	86,2	85,7	84,3
tägliche Zunahmen	832	760	830	829	843
Futterverbrauch pro kg Gewichtszunahme	2,55	2,42	2,56	2,56	2,40
Fleischhelligkeit	59,7	45,5	59,6	63,8	55,0
Fleischbeschaffenheit	75	49	74	72	67

SH = Schwäbisch-Hällische, PI = Piétrain, DLS = Deutsche Landrasse

Schweine

Tab. 101: Ergebnisse der Mastleistungsprüfung von Schwäbisch-Hällischen Schweinen 1987.

Alter bei Mastende:	177 ±	15 Tage
Tägliche Zunahmen:	734 ±	94 g
Futterverwertung:	1 :	3,01
Schlachtkörperlänge:	96,4 ±	2,5 cm
Rückenmuskelfläche:	34,6 ±	5,3 cm^2
Fleisch-Fett-Verhältnis:	1 :	0,70
Schinkengewicht:	11,5 ±	0,7 kg
Schinkenanteil:	29,6 ±	0.8 %

Die Eigenleistungsprüfung von Ebern auf Stationen ergab 1987 folgendes Bild:

Alter in Tagen bei 90 kg:	141
Ø tägliche Zunahme in g:	791
Futterverwertung (1:):	2,58
Rückenspeckdicke (mm):	14,0
Bemuskelung (Punkte):	5

Die Mastleistungsprüfung (30–100 kg) ergab 1987 ausgezeichnete Ergebnisse (Tab. 101).

Auf der »Grünen Woche« in Berlin wurde in den Jahren 1988 und 1990 von der »Arbeitsgemeinschaft Deutscher Schweineerzeuger e. V.« ein Schlachtleistungswettbewerb mit allen üblichen Rassen durchgeführt. Den Bundessieg für die beste Fleischqualität errang dabei jedesmal eine Gruppe reinrassiger Schwäbisch-Hällischer Tiere. Auch die zweitbeste Gruppe in diesem Wettbewerb wurde von dieser Rasse gestellt. In anderen Jahren erhielten Schwäbisch-Hällische Tiere weitere hervorragende Auszeichnungen für ausgezeichnete Fleischqualität. Der Absatz für diese Rasse ist wieder gesichert.

Der Schwerpunkt der Zucht liegt immer noch im (weiteren) Umfeld von Schwäbisch-Hall. Darüber hinaus gibt es bedeutende Zuchten in Rheinland-Pfalz, im Schwarzwald und in Bayern. Gebrauchszuchten sind über die ganze Bundesrepublik verteilt.

Anzahl noch vorhandener Tiere

Ca. 150 eingetragene Zuchtsauen, ca. 36 gekörte Eber, davon zwei auf einer Besamungsstation. Die Schwäbisch-Hällischen Schweine machen 0,3% aller Herdbuchschweine in der Bundesrepublik aus.

Literatur

Anderegg, X. (1889): Die Schweizer Ziege. Verlag K. J. Wyß, Bern.

Arcularius, H., 1939. Das Bentheimer Schaf. In: Doehner, H.: Handbuch der Schafzucht und Schafhaltung. Verlag Paul Parey, Berlin.

Arnold, U., 1985. Ein Beitrag zum Harzer Rotvieh. Diss. med. vet., Gießen.

Assel, U., 1922. Die Schafzucht in Bayern und ihre Stammherden. Landesverband Bayer. Schafzüchter, München.

Backhaus, A., 1888. Entwicklung der Landwirtschaft auf den Gräflich Stolberg-Werningerödischen Domänen. Verlag Gustav Fischer, Jena.

Bäßmann, F., 1931. Die Verbreitung der Pferdeschläge in Deutschland. Deutsche Landwirtschafts-Gesellschaft, Berlin.

Baier, E., 1900. Die Schafzucht Österreichs 1848–1898. In: Die Geschichte der Land- und Forstwirtschaft Österreichs und ihrer Industrien. Wien.

Becker, C., 1914. Das Schleswiger Pferd. Verlag M. und H. Schaper, Hannover.

Behrens, H. R., Scheelje und **R. Wassmuth** (1982): Lehrbuch der Schafzucht, 6. Auflage. Verlag Paul Parey, Hamburg und Berlin.

Benckiser, C., 1951. Der derzeitige Stand der Rhönschafzucht in Unterfranken. Diplomarbeit, Weihenstephan.

Beutner, E., 1925. Das Ansbach-Triesdorfer Rind. Z. Tierzüchtg. Züchtungsbiol. **3**, 1–124.

Biegert, H., 1938. Der gegenwärtige Stand der Vorderwälderzucht. Züchtungskunde **13**, 369–376.

Bödeker, E., 1919. Das Ziegenbuch. Verlag von Trowitzsch und Sohn, Frankfurt/Oder.

Böhling, F. W., 1942. Die Schafzucht in der Landesbauernschaft Niedersachsen. Verlagsdruckerei Ludw. Leopold, Bonn.

Boessneck, J., 1985. Die Domestikation und ihre Folgen. Tierärztl. Prax. **13**, 479–497.

Bohm, J., 1878. Die Schafzucht. Verlag von Wiegandt, Hempel und Parey, Berlin.

Brem, G., Brenig, B., Müller, M., Springmann, K. und **H. Kräußlich**, 1990. Genetische Vielfalt von Rinderrassen. Eugen Ulmer Verlag, Stuttgart.

Bremond, J., 1989. Neue Perspektiven beim Roten Höhenvieh. Unser Land **5**, 42–43.

Brockmann, Katrin, 1987. Das Rauhwollige Landschaf. Diplomarbeit, Berlin.

Brodauf, W., 1992. Matriarchat in der Schwarzwälder Zucht. Tag des Schwarzwälder Pferdes 1992, 47–67.

Burger, J., 1824. Burgers Lehrbuch der Landwirtschaft. Druckerei Carl Gerold, Wien.

Butz, O., W. Gatermann und **E. Ramm** (1922): Deutsche Hochzuchten, vierter Band (Schafhochzüchter). Verlagsbuchhandlung Paul Parey, Berlin.

Comberg, G., 1984. Die deutsche Tierzucht im 19. und 20. Jahrhundert. Verlag Eugen Ulmer, Stuttgart.

Comberg, G., 1971. Tierzüchtungslehre, 2. Auflage. Verlag Eugen Ulmer, Stuttgart.

Creydt, 1879. Die Harzer Rindviehrace. Journal für Landwirtschaft **27**, 505–510.

Dencker, C., 1941. Das Oldenburger Pferd. Verlag Paul Parey, Berlin.

Dettweiler, F., 1902. Die deutsche Ziege. Verlagsbuchhandlung Paul Parey, Berlin.

Dettweiler, F., 1907. Stand und Förderung der Ziegenzucht. In: Neuere Erfahrungen auf dem Gebiete der Tierzucht. Verlagsbuchhandlung Paul Parey, Berlin.

Diener, H. O., 1949. Süddeutsche Schäferfibel. Verlag J. Gottesminter, München.

Diener, H. O., 1973. Zur Geschichte der bayerischen Bergschafzucht. Bayer. Landwirtsch. Jahrbuch **50**, 686–694.

Doehner, H., 1939. Handbuch der Schafzucht und Schafhaltung. Erster Band: Die Zucht des Schafes. Verlag Paul Parey, Berlin.

Doehner, H., 1941. Handbuch der Schafzucht und Schafhaltung. Band 2, erster Teil. Verlag Paul Parey, Berlin.

Drathen, C. von, 1901. Die Europäischen Pferdeschläge auf der Pariser Weltausstellung 1900. Verlagsbuchhandlung Paul Parey, Berlin.

Eß, 1921. Bericht über die Milchleistungsprüfungen in Bayern. Verlag M. u. H. Schaper, Hannover und München.

Eßkuchen, E., 1922. Das Glan-Donnersberger Rind in der Pfalz. Diss. agr., München.

Fitzinger, L., 1859. Über die Racen des zahmen Schafes. Kais. Kön. Hof- und Staatsdruckerei, Wien.

Flucher, H., 1930. Die Entwicklungsgeschichte der Pinzgauer Rasse. In: Vom Schaffen der Pinzgauer Zuchtverbände im Jahre 1930. Reichsverband Österreichischer und Bayerischer Zucht-Organisationen für das Pinzgauer Rind, Schalfelden.

Freitag, H., 1938. Die Hengstlinien des württembergischen Warmblutes. Diss. med. vet., München.

Frey, 1984. Baden-Württembergs Pferde. Franckh's Reiterbibliothek, Stuttgart.

Frölich, G. und **G. Schwarznecker**, 1926. Lehrbuch der Pferdezucht. 6. Auflage. Verlagsbuchhandlung Paul Parey, Berlin.

Führer, L., 1911. Studien zur Monographie des Steinschafes. Mitt. der landwirtsch. Lehrkanzeln der k. k. Hochschule für Bodenkultur in Wien, **1**, 91–114.

Literatur

Gall, C., 1982: Ziegenzucht. Verlag Eugen Ulmer, Stuttgart.
Gaede, U., 1926. Das Pommersche grauwollige Landschaf. Diss. phil., Jena.
Georgs, R., 1910. Das Angler Rind. Verlag von M. und H. Schaper, Hannover.
Gerike, F., 1804. Praktische Anleitung zur Führung der Wirtschaftsgeschäfte für angehende Landwirte. Verlag der Realschulbuchhandlung, Berlin.
Germershausen, C. F., 1789. Das Ganze der Schafzucht. 1. Teil. Verlag Johann Friedrich Junius, Leipzig.
Gräff, H., 1923. Die Ziegenzucht in der Schweiz. Verbandsdruckerei AG, Bern.
Gramann, H., 1925. Das ostfriesische Pferd. Verlag M. und H. Schaper, Hannover.
Grasegger, J., 1991. Das braune Bergschaf. Unser Land (10), 23–24.
Groß, H., 1908. Das Ostfriesische Pferd. Verlag M. und H. Schaper, Hannover.
Grumbach, S. und **W. Zupp**, 1992. Rauhwolliges Pommersches Landschaf – Norddeutsches Kulturerbe. Unser Land (11): 26–27.
Hagen, H., 1926. Die graue, gehörnte Heidschnucke, ihre Eigenschaften und ihr Wert. Verlag M. und H. Schaper, Hannover.
Hammond, J., Johansson, J. und **F. Haring**, 1961. Handbuch der Tierzüchtung. Bd. III/1. Verlag Paul Parey, Hamburg und Berlin.
Hansen, J. (1921): Lehrbuch der Rinderzucht. Verlagsbuchhandlung Paul Parey, Berlin.
Hansen, J. und **A. Hermes**, 1905. Die Rindviehzucht im In- und Auslande. Erster Band. Verlag von Richard Carl Schmidt u. Co., Leipzig.
Haring, F., 1984. Schafzucht, 7. Auflage. Verlag Eugen Ulmer, Stuttgart.
Hartmann, W. und **F. Pirchner**, 1977. Bildung von Genreserven in der Tierzüchtung. Abschlußbericht des Ausschusses für genet.-stat. Methoden in der Tierzucht.
Heidler, G. (1955): Das rauhwollige Landschaf und seine Leistungen im Zuchtgebiet Mecklenburg. Diss. agr., Rostock.
Heine, O., 1910. Das Harzrind. Verlag M. und H. Schaper, Hannover.
Heine, P., 1907. Praktische Ziegenzucht. Verlag J. Neumann, Neudamm.
Henniger, H.-U., 1948. Das Schwarzwälder Pferd. Diss. med. vet., Gießen.
Herter, M. und **G. Wilsdorf**, 1918. Die Bedeutung des Schafes für die Fleischerzeugung. Deutsche Landwirtschafts-Gesellschaft, Berlin.
Hink, A., 1906. Einträgliche Rinderzucht. Verlag von Paul Wätzel, Freiburg i. Br. und Leipzig.
Hofmann, F., Löhle, K. und **P. Wohlfahrt**, 1959. Die Thüringer Waldziege – ein Beitrag über ihre Entwicklung, Verbreitung und Leistungen. Archiv für Geflügelzucht u. Kleintierkunde **8**, 202–213.
Hofmann, G., 1980. Angeln, Deine rote Kuh. Schleswiger Druck- und Verlagshaus, Schleswig.
Jentsch, A., 1909. Österreichisch-ungarische Rinderrassenkarte. Verlag R. u. H. Hitschmann, Wien.
Kandler, F., 1941. Landesverband der Schafzüchter Südmark e. V., Graz. Doehner, H. (Hrsg.) In: Handbuch der Schafzucht und Schafhaltung, zweiter Band. Verlag Paul Parey, Berlin.
Kaltenegger, F. (1879): Die österreichischen Rinder-Racen, erster Band, erstes Heft. Verlag von Faesy und Frick, Wien.
Kaltenegger, F. (1889): Die österreichischen Rinder-Racen, erster Band, viertes Heft. Verlag von Wilhelm Frick, Wien.
Kaltenegger, F., R Rinder der österreichischen Alpenländer. Heft 6 (2). Verlag W. Frick, Wien.
Kaspar, K. (1928): Studien über das Steinschaf im Chiemgau. Verlag Dr. F. P. Datterer u. Cie., Freising u. München.
Kirsch, W., 1927. Die Überführung des Mischwolle tragenden ostpreußischen Landschafes (genannt Skudde) in das schlichtwollige, veredelte württembergische Landschaf durch Verdrängungskreuzung. Z. Tierzüchtg. Züchtungsbiol. **8**, 405–454.
Kliesch, J. (1937): Die deutsche Ziegenzucht. Verlag Paul Parey, Berlin.
Knispel, O., 1900. Pferdeschläge in Deutschland. Verlagsbuchhandlung Paul Parey, Berlin.
Koch, W. 1954. Die Alpen, ein Rückzugs- und Schutzgebiet für bodenständige Haustierrassen. Jb. d. Vereins zum Schutze der Alpenpflanzen und -tiere **19**, 63–70.
Koch, W., 1958. Über aussterbende Haustierrassen. D. Zoolog. Garten (N. F.) **24**, 42–44.
Kräusslich, H., 1993. Tierzüchtungslehre. Verlag Eugen Ulmer, Stuttgart.
Krische, G., 1993. 50 Jahre Skuddenzucht im Zoo von Leipzig. Deutsche Schafzucht **85**, 515–518.
Lehnert, H., 1896. Rasse und Leistung unserer Rinder. Verlag Paul Parey, Berlin.
Leithiger, E. L., 1896. Das Vogelsberger Rind und seine Zucht. Verlag von Emil Roth, Gießen.
Löwe, H., Hartwig W. und **E. Bruns**, 1988. Pferdezucht, 6. Auflage. Verlag Eugen Ulmer, Stuttgart.
Lydtin, A. und **H. Werner** (1899): Das deutsche Rind. Verlag Gebr. Unger, Berlin.
Maash, H. J. Wiesner, E. und **H. Marks**, 1958. Zucht und Haltung der Ziege. Deutscher Bauernverlag, Berlin.
Maijala, K., 1970. Need and Methods of Gene Conservation in Animal Breeding. Ann. Génét. Sél. Anim. **2**, 403–415.
Maijala, K. et al., 1984. Conservation of Animal Genetic Resources in Europe. Livestock Prod. Sci. **11**, 3–22.

Literatur

May, G., 1856. Die Vieh-Stämme und Schläge und der Zustand der Rindviehzucht in Bayern. Landshut.

May, G., 1857. Anleitung zur Schaf-Zucht. Joh. Palms Hofbuchhandlung, München.

May, G., 1868. Die Wolle, Racen, Züchtung, Ernährung und Benutzung des Schafes. Verlag von Eduard Trewendt, Breslau.

May, G., 1868. Das Schaf. Band 1, Verlag von Eduard Trewendt, Breslau.

Mentzel, E. O., 1859. Handbuch der rationellen Schafzucht. Gustav Bosselmann, Berlin.

Müller, W., 1958. Die Rinderzucht in Österreich. Verlag von Carl Geralds Sohn, Wien.

Münster, S., 1628. Cosmographia. Bey den Henricpetrinischen, Basel.

Munckel, H., 1925. Die Rheinische Kaltblutzucht. Verlag M. und H. Schaper, Hannover.

Munckel, H., 1931. Die Beurteilung des Kaltblutpferdes auf rheinisch-deutscher Grundlage. Verlag der deutschen Gesellschaft für Züchtungskunde, Göttingen.

Nathusius, S. von, 1902. Die Pferdezucht. Verlagsbuchhandlung Eugen Ulmer, Stuttgart.

Österreichisches Statistisches Zentralamt, 1960. Rinderrassen Österreichs. Selbstverlag, Wien.

Paßler, J., 1987. Die Pustertaler Schecken. Arche Nova 5, (2), 9–12.

Paßmann, W., 1933. Die rheinisch-deutsche Kaltblutzucht in ihrer züchterischen Entwicklung und wirtschaftlichen Bedeutung. Diss. agr., Bonn.

Petri, B., 1825. Petri's Schafzucht. Verlag Carl Schaumburg u. Comp., Wien.

Pirch, D., 1974. Fortpflanzungsbiologie des Wasserbüffels *(Bubalis bubalis)* unter besonderer Berücksichtigung der Samenübertragung. Diss. med. vet., Gießen.

Preuntzell, H., 1938. Aufbau der Rhönschafzucht in Thüringen. Diss. med. vet., München.

Puteoni, E. von, 1919. Die Ziege. Verlag F. Tempsky, Wien.

Quanz, G. und W. Schlolaut, 1990. Die Wollfeinheit bei deutschen Herdbuchschafen. Deutsche Schafzucht 82, 246–249.

Ramm, E., 1901. Die Arten und Rassen des Rindes. Verlag Eugen Ulmer, Stuttgart.

Ramm, E. und H. Buer, 1901. Nachrichten aus den hervorragendsten Pferdezuchtgebieten des In- und Auslandes. Verlag Richard Carl Schmidt, Leipzig.

Raum, G., 1911. Die deutschen Pferdezuchten. Verlag Schickhardt und Ebner, Stuttgart.

Ringler, E., 1949. Erfolgreiche Ziegenzucht und -haltung. Bayerischer Landwirtschaftsverlag, München.

Rödenbeek, H., 1930. Das Vogelsberger Rind. Berlin.

Roemer, Th., Scheibe, A., Schmidt, J. und E. Woermann, 1953. Handbuch der Landwirtschaft. Band IV, Verlag Paul Parey, Berlin und Hamburg.

Rohrbacher, H., 1970. Blutgruppen und biochemischer Polymorphismus bei Murbodner Rindern. Diss. med. vet., Wien.

Runge, A., 1920. Denkschrift über Vorgänge in der oldenburgischen Landespferdezucht 1820–1920. Verlag Gerhard Stalling, Oldenburg.

Sambraus, Hans H., 1989. Atlas der Nutztierrassen. Verlag Eugen Ulmer, Stuttgart.

Sambraus, Hans H., 1991. Nutztierkunde. Verlag Eugen Ulmer, Stuttgart.

Schaper, H. und G. Gerriets, 1934. Der kleine Ziegenhalter. Verlag J. Neumann, Neudamm.

Schedel, K., 1984. Pustertaler Sprinzen. Arche Nova 2, (4), 4–6.

Scheingraber, M., 1932. Der Wert des Schafes als Milchtier unter besonderer Berücksichtigung der verschiedenen Milchschafrassen und ihrer Leistungen. Diss. agr., München.

Schmid, A., 1946. Die Züchtung und Haltung der Ziege. Buchverlag Verbandsdruckerei AG, Bern.

Schmidt et al. 1953. Welche Auflage? Landwirtschaftliche Nutztiere?

Schmidt, J., 1950. Züchtung, Ernährung und Haltung der landwirtschaftlichen Nutztiere, besonderer Teil, 5. Auflage. Verlag Paul Parey, Berlin und Hamburg.

Schmidt, J., Patow, C. von und J. Kliesch, 1953. Züchtung, Ernährung und Haltung der landwirtschaftlichen Haustiere. Verlag Paul Parey, Berlin und Hamburg.

Schneider, P., 1978. Die schweizerischen Ziegenrassen. In: Glättli, P.: Die Zucht und Haltung der Ziege. Schriften der Schweizerischen Vereinigung für Tierzucht Nr. 54, Verlag Benteli AG, Bern.

Schotterer, A., 1933. Die wirtschaftlichen Grundlagen und die Entwicklung der Rinderzucht in den österreichischen Bundesländern Salzburg, Kärnten, Tirol und Vorarlberg während der letzten Jahre. Arbeiten der Deutschen Gesellschaft für Züchtungskunde, Heft 60, 98–100, Verlag M. u. H. Schaper, Hannover.

Schröer, H., 1941. Die wichtigsten Hengstlinien der westfälischen Kaltblutzucht. Diss. agr., Bonn.

Schüßler, J., 1931. Das Oldenburger Pferd. Verlag M. und H. Schaper, Hannover.

Schwark, H. J., 1988. Pferdezucht. 3. Auflage, VEB Deutscher Landwirtschaftsverlag, Berlin.

Schwarznecker, G., 1902. Pferdezucht. 4. Auflage, Verlagsbuchhandlung Paul Parey, Berlin.

Simon, D. L., 1980. Brauchen wir genetische Reserven für die Tierproduktion? Tierzüchter 32, 314, 317–318.

Simon, D. L. und H. Schulte-Coerne, 1979. Verlust genetischer Alternativen in der Tierzucht – notwendige Konsequenzen. Züchtungskunde 51, 332–342.

Singhof, H., 1954. Blutlinien der Glanviehzucht. Arbeiten der Deutschen Tierzucht, Heft 33.

Literatur

Smith, L., 1984. Genetic aspects of Conservation in Farm Animals. Livestock Prod. Sci. **11**, 37–48.

Sohner, A., 1929. Studien über das Kärntner Schaf. Arbeiten der Lehrkanzel für Tierzucht an der Hochschule für Bodenkultur in Wien, **4**, 52–107.

Spann, J., 1925. Das Rind als Arbeitstier. Verlag von Dr. F. P. Datterer u. Cie, Freising.

Stärk, R. von, 1990. Das Rauhwollige Pommersche Landschaf als »Genreserve« auf der Insel Rügen. Unser Land **6** (3), 44–45.

Stärk, R. von, 1991. Das Rauhwollige Pommersche Landschaf auf der Insel Rügen. Deutsche Schafzucht **83**, 388–389.

Stampfl, P., 1921. Maßnahmen zur Hebung der Schafzucht Österreichs. Kommissionsvertrag von Wilhelm Frick, Wien.

Statistisches Reichsamt, 1937. Die Viehwirtschaft 1935/36. Teil I: Viehhaltung. Verlag für Sozialpolitik, Wirtschaft und Statistik, Paul Schmidt, Berlin.

Stebler, F. G., 1903. Alp- und Weidewirtschaft. Verlagsbuchhandlung Paul Parey, Berlin.

Steffens, L., 1938. Die ostfriesische Pferdezucht. Verlag Heinrich Soltau, Norden.

Stieger, G., 1884. Studien zur Monographie der Heidschnucke.

Tröndle, A. (1924): Der Hinterwälder Rinderschlag in Baden. Diss. phil., Breslau.

Underberg, V., 1929. Messungen und Wägungen am rheinisch-deutschen Kaltblutpferd in der Rheinprovinz. Diss. agr., München.

Van de Sand., H., 1939. Die besten Vatertiere in der rheinischen Kaltblutzucht. Diss. agr., Bonn.

Vanoni, B., 1986. Letzte Chance für aussterbende Haustierrassen. Terra Plana (2), 30–35.

Weber, 1824. Neues Jahrbuch der Landwirtschaft. Band 3.

Wenzler, G., 1973. Das Haupt- und Landgestüt Marbach zum 400jährigen Bestehen. Metzingen.

Werner, H., 1902. Die Rinderzucht. 2. Auflage, Berlin.

Wilckens, M., 1876. Die Rinderrassen Mitteleuropas. Verlag Wilhelm Braumüller, Wien.

Wilsdorf, G., 1908. Die Ziegenzucht. 1. Auflage, Verlagsbuchhandlung Paul Parey, Berlin.

Wilsdorf, G., 1921. Die Ziegenzucht. 3. Auflage, Verlagsbuchhandlung Paul Parey, Berlin.

Winningstedt, R., Scholz, F. und F. Birker, 1953. Die deutschen Rinderrassen. Verlag M. u. H. Schaper, Hannover.

Wölbling, B., 1900. Die Verbreitung der Pferdeschläge in Deutschland. Verlagsbuchhandlung Paul Parey, Berlin.

Zetner, K., 1969. Blutgruppen und biochemischer Polymorphismus bei Tuxer und Pustertaler Rindern. Diss. med. vet., Wien.

Zoepf, F., 1881. Rinder des oberen Donauthales in Ober- und Niederoesterreich. Verlag Faesy u. Frick, Wien.

Zollikofer, 1918. Die deutschen Landschafe. In: Schafhaltung und Wollkunde. Herausgegeben vom Komissar des Kgl. Preuß. Kriegsministeriums zur Förderung der Wollerzeugung. Verlag Paul Parey, Berlin.

Zorn, W., 1944. Rinderzucht. 4. Auflage, Verlag Eugen Ulmer, Stuttgart.

Zorn, W., 1952. Pferdezucht. Verlag Eugen Ulmer, Stuttgart.

Zürn, E. S., 1906. Die Hausziege – das Milchtier des kleinen Mannes. Verlagsbuchhandlung R. C. Schmidt u. Co., Leipzig.

Kontaktanschriften

Altwürttemberger
Pferdezuchtverband Baden-Württemberg e. V.
Heinrich-Baumann-Str. 1–3
D-70190 Stuttgart
Tel. 07 11/1 66 55 01

Angler Rind
Rinderzucht Schleswig-Holstein e. G.
Angeln-Halle
D-24392 Süderbrarup
Tel. 0 46 41/20 74

Angler Sattelschwein
Schweineherdbuchzucht Schleswig-Holstein e. V.
Rendsburger Landstr. 178
D-24537 Neumünster
Tel. 0 43 21/90 54 00
Fax 0 43 21/90 54 10

Ansbach-Triesdorfer
Amt für Landwirtschaft u. Ernährung
Rügländer Str. 1
D-91522 Ansbach
Tel. 09 81/8 90 80

Michael Engelhardt
Leutenbuch
D-91567 Herrieden
Tel. 0 98 25/84 39

Prof. Dr.-Ing. Richard Herrmann
Lammelbach 5
D-91567 Herrieden
Tel. 0 98 25/3 53
Fax 0 98 25/3 58

Appenzellerziege
Schweiz. Zentralstelle für Kleinviehzucht
Belpstrasse 16
CH-3000 Bern 14
Tel. 0 31/3 88 61 11

Johannes Enz
Eggli
CH-9053 Teufen AR
Tel. 0 71/3 33 19 90

Bentheimer Landschaf
Landes-Schafzuchtverband Weser-Ems e. V.
Mars-la-Tour-Straße 6
D-26121 Oldenburg
Tel. 04 41/8 21 23
Fax 04 41/8 85 94 83

Braunes Bergschaf
Bayerische Herdbuchgesellschaft für Schafzucht e. V.
Haydnstraße 11
D-80336 München
Tel. 0 89/53 62 26
Fax 0 89/5 43 85 96

Amt für Landwirtschaft und Ernährung Miesbach
Sachgebiet Rinderzucht
Schlierseer Str. 30
D-83714 Miesbach
Tel. 0 80 25/2 80 80

Georg Schlickenrieder
Markweg 50
D-83624 Otterfing

Josef Grasegger
Schloßweg 10
D-82467 Garmisch-Partenkirchen
Tel. 0 88 21/5 25 23

Heinz Gurker
Haymerlegasse 36/2/16
A-1160 Wien,
Tel. 02 22/4 95 54 97
oder 0 42 46/35 78

Bündner Strahlenziege
Schweiz. Zentralstelle für Kleinviehzucht
Belpstrasse 16
CH-3000 Bern 14
Tel. 0 31/3 88 61 11

Johann Ulrich Mani
CH-7443 Pignia b. Andeer
Tel. 0 81/6 61 13 81

Buntes Bentheimer Schwein
Hartmut Schröder
Holler Landstraße 94
D-27798 Hude
Tel. 0 44 84/13 98
Fax 0 44 84/13 98

Erzeugergemeinschaft Schweinezuchtverband Weser-Ems e. G.
Europaplatz 14–16
D-26123 Oldenburg
Tel. 04 41/98 36 83
Fax 04 41/9 84 98 77

Coburger Fuchsschaf
Bayerische Herdbuchgesellschaft für Schafzucht e. V.
Haydnstraße 11
D-80336 München
Tel. 0 89/53 62 27
Fax 0 89/5 43 85 96

Amt für Landwirtschaft und Ernährung
Adolf-Wächter-Straße 10
D-95447 Bayreuth

Arbeitsgemeinschaft der deutschen Fuchsschafzüchter
Verena Täuber
Hüttenwustung
D-96268 Mitwitz
Tel. 0 92 66/86 05

Glan-Rind
Verein zur Erhaltung und Förderung des Glan-Rindes – Deutschland – e. V.
Unterm Wald 2
D-55743 Idar-Oberstein
Tel. 0 67 81/2 58 56
Fax 0 65 43/68 23

Joachim Uebel
Bretzenheimer Straße 11
D-55128 Mainz
Tel. 0 61 31/36 59 77
Fax 0 61 31/3 59 20

Rheinisches Freilichtmuseum
Auf dem Kahlenbusch
D-53894 Mechernich-Kommern
Tel. 0 24 43/50 51

Graue Gehörnte Heidschnucke
Landes-Schafzuchtverband Weser-Ems e. V.
Mars-la-Tour-Str. 6
D-26121 Oldenburg
Tel. 04 41/8 21 23

Kontaktanschriften

Verband Lüneburger Heidschnuk-
kenzüchter e. V.
Wilhelm-Seedorf-Straße 3
D-29525 Uelzen
Tel. 05 81/80 73 60

Chr. H. Kuhlmann
Hof Niederohe
D-29328 Faßberg
Tel. 0 58 27/74 49

Harzer Rind
Verband der Harz- und Rotvieh-
züchter e. V.
Angeln-Halle
D-24392 Süderbrarup
Tel. 0 46 41/20 74

Verband der Harz- und Rotvieh-
züchter Niedersachsens e. V.
Dr. Friedhelm Knorr
Am Helleberg 2–4
D-38640 Goslar
Tel. 0 53 21/8 12 34

Hinterwälder
Zuchtverband für Fleckvieh und
Wäldervieh im RZV
Moltkestr. 8
D-78166 Donaueschingen
Tel. 07 71/83 64-12
Fax 07 71/83 64-20

Förderverein Hinterwäldervieh
e. V.
Martin Pfefferle
Rollsbach 3
D-79677 Aitern
Tel. 0 76 73/72 15

Dr. Günter Furthmann
Schützenstraße 6
D-79853 Lenzkirch-Kappel
Tel. 0 76 53/4 05

Pro Specie Rara
Engelgasse 12 a
CH-9000 St. Gallen
Tel. 0 71/2 22 74 20

Jochberger Hummeln
Franz Filzer
Ober-Aurach 225
A-6370 Kitzbühel
Tel. 0 53 56/45 89

Kärntner Blondvieh
Öngene
Dipl.-Ing. Dr. Ernst Potucek
Universumstr. 33/8
A-1200 Wien
Tel. 02 22/3 34 17 21

Dr. Werner Petschenig
Schuhmeiergasse 30
A-9020 Klagenfurt
Tel. 06 64/4 10 98 81

Raphael Pliemitscher
Mirnig 1
A-9372 Eberstein
Tel. und Fax 0 42 64/81 81

Kärntner Brillenschaf
Bayerische Herdbuchgesellschaft
für Schafzucht e. V.
Haydnstraße 11
D-80336 München
Tel. 0 89/53 62 27
Fax 0 89/5 43 85 96

Amt für Landwirtschaft und Tier-
zucht Traunstein
Kardinal-Faulhaber-Straße 15
D-83278 Traunstein
Tel. 08 61/6 90 24

Landesschafzuchtverband Kärnten
Museumgasse 5
A-9010 Klagenfurt
Tel. 04 63/58 50

Manfred Ludewig
Breitenloh 11
D-83416 Saaldorf
Tel. 0 86 54/38 57

Verein der Kärtner Brillenschaf-
züchter Alpen-Adria
Friedhelm Jasbinschek
Windisch Bleiberg 8
A-9163 Unterbergen
Tel. 04 63/32

Michael Pickardt
Zauchwinkel 13
A-9345 Klein Glödnitz
Tel. und Fax: 0 42 65/73 51

Leineschaf
Landesschafzuchtverband Nieder-
sachsen e. V.
Johannssenstraße 10
D-30159 Hannover
Tel. 05 11/32 97 77
Fax 05 11/36 65-5 21

Jürgen Wittkop
Uhlenbusch 9
D-21379 Echen
Tel. 0 41 39/67 09

Burkhard Schirdewahn
Königsberger Straße 10
D-31028 Gronau
Tel. 0 51 82/46 33

Limpurger
Züchtervereinigung Limpurger
Rind
Tierzuchtamt Schwäbisch-Hall
Alte Reifensteige 16
D-74523 Schwäbisch Hall
Tel. 07 91/9 50 14-0

Vorsitzender:
Werner Ehmann
Walklensweiler 7
D-71543 Wüstenrot
Tel. 0 79 45/25 84

Matthias Meilicke
Bruchsaler Str. 55
D-74080 Heilbronn
Tel. 0 71 31/3 38 55

Murbodner
Johann Friedl
Hohenbrunn 7
A-4490 St. Florian
Tel. 0 72 24/40 85

Bundesgestüt Piber
Piber 1
A-8580 Köflach
Tel. 0 31 44/33 23

Murnau-Werdenfelser
Zuchtverband für Murnau-Werden-
felser Vieh
Waisenhausstraße 5
D-82362 Weilheim
Tel. 08 81/80 61

Michael Iblher
Dorfstraße 34
D-82418 Seehausen a. Staffelsee
Tel. 0 88 41/33 33

Johann Finsterwalder
Dorfstraße 36
D-82418 Seehausen
Tel. 0 88 41/9 94 73

Nera Verzasca
Schweiz. Zentralstelle für Klein-
viehzucht
Belpstrasse 16
CH-3000 Bern 14
Tel. 0 31/3 88 61 11

Enzo Kurzen
Al Ronco
CH-6821 Rovio TI
Tel. 0 91/6 49 92 83

Kontaktanschriften

Noriker
Arbeitsgemeinschaft der norischen Pferdezuchtverbände Österreichs
A-5751 Maishofen 96
Tel. 0 65 42/6 82 32

Oldenburger
Verband der Züchter des Oldenburger Pferdes
Donnerschweer Str. 72–80
D-26123 Oldenburg
Tel. 04 41/98 06 10

Mathias Vogt
Olenhusen 1 d
D-37124 Rosdorf
Tel. 05 51/78 26 56

Ostfriese
Zuchtverband für das Ostfriesische und Alt-Oldenburger Pferd e. V.
Mühlenhof 50
D-26831 Bunde

Mathias Vogt
Olenhusen 1 d
D-37124 Rosdorf
Tel. 05 51/78 26 56

Pfauenziege
Schweiz. Zentralstelle für Kleinviehzucht
Belpstrasse 16
CH-3000 Bern 14
Tel. 0 31/3 88 61 11

IG für die Pfauenziege
c/o Pro Specie Rara
Engelgasse 12 a
CH-9000 St. Gallen
Tel. 0 71/2 22 74 20
Fax 0 71/2 23 74 01

Pinzgauer Rind
Amt für Landwirtschaft und Ernährung Traunstein – SG Rinderzucht
Kardinal-Faulhaber-Str. 15
D-83278 Traunstein
Tel. 08 61/70 02-0

Arbeitsgemeinschaft der Pinzgauer Rinderzuchtverbände
Dorf 96
A-5751 Maishofen
Tel. 0 65 42/6 82 29

Martin Innerhofer
Marzon 4
A-5760 Saalfelden
Tel. 0 65 82/7 49 32

Oswald Dick
Lackenbauer
A-5751 Maishofen
Tel. 0 65 42/6 85 22

Elisabeth Gillitz-Sieber
Reuten 10
D-83313 Siegsdorf
Tel. 0 86 62/75 26

Pustertaler Schecken
Südtiroler Rinderzuchtverband
Raiffeisenstraße 2
I-39100 Bozen
Tel. 04 71/97 64 78

Eva Schwaab
Rheinstr. 62
D-65185 Wiesbaden
Tel. 06 11/33 31 37

Paul Deborta
Crones
Kambill/Gardertal
I-39030 St. Martin in Thurn

Rauhwolliges Pommersches Landschaf
Zuchtverband für Ostpreußische Skudden und Rauhwollige Pommersche Landschafe e. V.
Auf der Heide 3
D-53343 Niederbachem
Tel. und Fax 02 28/34 37 30

Landesschafzuchtverband Mecklenburg-Vorpommern e. V.
Gartenweg 1
D-19288 Fahrbinde
Tel. 03 87 53/2 75

Klaus Jäger
Krefelder Straße 58
D-47839 Krefeld
Tel. 0 21 51/73 51 51
Fax 0 21 51/73 68 35

Schafzuchtverband Berlin Brandenburg e. V.
Dorfstraße 1, Haus 2
D-14513 Teltow OT Ruhlsdorf
Tel. und Fax 0 33 28/30 18 05

Joachim Westphal
Boddenstraße 23 a
D-18586 Groß Zicker
Tel. 03 83 08/82 94

Rheinisch-Westfälisches Kaltblut
Rheinisches Pferdestammbuch e. V.
Endenicher Allee 60
D-53115 Bonn
Tel. 02 28/70 34 19

Nordrhein-Westfälisches Landgestüt
Sassenberger Straße 11
D-48231 Warendorf
Tel. 0 25 81/6 36 90
Fax 0 25 81/63 69 50

Rhönschaf
Bayerische Herdbuchgesellschaft für Schafzucht e. V.
Haydnstraße 11
D-80336 München
Tel. 0 89/53 62 27
Fax 0 89/5 43 85 96

Amt für Landwirtschaft und Ernährung, Abt. Tierzucht
Veitshöchheimer Straße 14
D-97080 Würzburg
Tel. 09 31/5 13 45

Hessischer Schafzuchtverband e. V.
Kölnische Straße 48–50
D-34117 Kassel
Tel. 05 61/1 69 84
Fax 05 61/1 68 86

Schafhaltervereinigung Rhön e. V.
Farnlieden
D-97490 Poppenhausen
Tel. 0 66 58/3 31

Dipl.-Biol. Gerd Buschmann
Wetteraustraße 24
D-61169 Friedberg
Tel. 0 60 31/1 22 78

Rottaler
Dr. Arno Scherling
Vilshofener Str. 39
D-94501 Beutelsbach
Tel. 0 85 43/91 62 00

Pferdezuchtverband Niederbayern/Oberpfalz
Klötzlmüllerstr. 1
D-84034 Landshut
Tel. 08 71/6 90 74

Schleswiger Kaltblut
Pferdestammbuch Schleswig-Holstein/Hamburg e. V.
Steenbeker Weg 151
D-24106 Kiel
Tel. 04 31/33 17 76

Thomas und Andreas Isenberg
Gut Kamp
D-23827 Travenhorst
Tel. 0 45 55/8 53

Kontaktanschriften

Schwäbisch-Hällisches Schwein
Manfred Horlacher
Wolpertsdorf
D-74523 Schwäbisch-Hall
Tel. 0 79 07/78 27

Züchtervereinigung Schwäbisch-Hällisches Schwein e. V.
Haller Straße 20
D-74549 Wolpertshausen
Tel. 0 79 04/9 79 70

Werner Leonhard
Hauptstraße 14
D-55776 Reichenbach
Tel. 0 67 83/32 25

Schwarzwälder Fuchs
Pferdezuchtverband Baden-Württemberg e. V.
Heinrich-Baumann-Str. 1–3
D-70190 Stuttgart
Tel. 07 11/1 66 55-01

Haupt- und Landgestüt Marbach
D-72532 Gomadingen
Tel. 0 73 85/96 95-0

Skudde
Zuchtverband für Ostpreußische Skudden und Rauhwollige Pommersche Landschafe e. V.
Auf der Heide 3
D-53343 Niederbachem
Tel. 02 28/34 37 30

Schafzuchtverband Berlin-Brandenburg e. V.
Dorfstraße 1, Haus 2
D-14513 Teltow OT Ruhlsdorf
Tel. und Fax 0 33 28/30 18 05

Sächsischer Schaf- und Ziegenzuchtverband e. V.
Bornaische Straße 31-33
D-04416 Markkleeberg
Tel 03 41/3 38 95 15
Fax 03 41/3 38 02 79

Stiefelziege
PRO SPECIE RARA
Engelgasse 12 a
CH-9000 St. Gallen
Tel. 0 71/2 22 74 20
Fax 0 71/2 23 74 01

Thüringerwald-Ziege
Helmut Reichenbächer
Ortsstraße 31
D-07356 Burglemnitz
Tel. 03 66 43/2 24 16

Karola Stier
Mittelweg 1
D-37213 Witzenhausen-Ziegenhagen

Landesverband Thüringer Ziegenzüchter e. V.
Schwerborner Straße 29
D-99087 Erfurt
Tel. 03 61/7 30 11 74

Tiroler Grauvieh
Tiroler Grauviehzuchtverband
Brixner Straße 1
A-6020 Innsbruck
Tel. 05 12/57 30 94

Südtiroler Rinderzuchtverband
Raiffeisenstraße 2
I-39100 Bozen
Tel. 04 71/97 64 78

PRO SPECIE RARA
Engelgasse 12 a
CH-9000 St. Gallen
Tel. 0 71/2 22 74 20
Fax 0 71/2 23 74 01

Tiroler Steinschaf
Landesschafzuchtverband Tirol
Brixner Straße 1
A-6020 Innsbruck
Tel. 0 52 22/3 55 21

Dr. Gerhard Burkl
Hoppenbichlerstr. 4
D-83022 Rosenheim
Tel. 0 80 31/8 26 06

Tuxer Rind
ÖNGENE
Geschäftsführer:
Dipl.-Ing. Dr. Ernst Potucek
Universumstr. 33/8
A-1200 Wien
Tel. 02 22/3 34 17 21

Verein zur Erhaltung gefährdeter Haustierrassen (VEGH)
Postfach 4 62
A-9010 Klagenfurt
Tel. 04 63/21 93 92

Vogelsberger Rind
Verband Hessischer Rotviehzüchter e. V.
Kölnische Str. 48/50
D-34117 Kassel
Tel. 05 61/1 09 71 20

Vogesenrind
Herd book de la race bovine Vosgienne
Chambre d'Agriculture
11 rue Jean Mermoz
B.P. 38
F-68127 Ste Croix en Plaine
Tel. 03 89/20 97 00
Fax 03 89/20 97 01

Jean Georges Herr
Alsace Génétique
Domaine Hagemühle
23 rue de Munster
F-68140 Gunsbach

Laurent Avon
Institute de l'Elevage
Service Amélioration Génétique
149 rue de Bercy
F-75595 Paris CEDEX 12
Tel. 1 61 40/04 52 02

Vogtländer Rotvieh
Verein Vogtländisches Rotvieh e. V.
Bernd Müller
Rauner Straße 22
D-08258 Landwüst
Tel./Fax. 03 74 22/21 67

Vorderwälder
Zuchtverband für Fleckvieh und Wäldervieh im RZV
Moltkestr. 8
D-78166 Donaueschingen
Tel. 07 71/83 64-12
Fax 07 71/83 64-20

Dr. Günter Furthmann
Schützenstraße 6
D-79853 Lenzkirch-Kappel
Tel. 0 76 53/4 05

Waldschaf
Arbeitsgemeinschaft der Waldschafzüchter Österreichs
DI Dr. Erich Millbacher
A-3541 Senftenbergeramt 12
Tel. 0 27 19/84 30

Bayerische Herdbuchgesellschaft für Schafzucht e. V.
Haydnstraße 11
D-80336 München
Tel. 0 89/53 62 27
Fax 0 89/5 43 85 96

Peter Neugebauer
Weisleithen 6
D-94166 Stubenberg
Tel. 0 85 71/89 58

Kontaktanschriften

Othard Hack
Steinbergstraße 17
A-6393 St. Ulrich am Pillersee
Tel. und Fax 0 53 54/8 89 16

Waldviertler Blondvieh
Landwirtschaftliche Fachschule
Edelhof
Edelhof 1
A-3910 Zwettl
Tel. 0 28 22/52 40 20

ÖNGENE
Geschäftsführer:
Dipl.-Ing. Dr. Ernst Potucek
Universumstr. 33/8
A-1200 Wien
Tel. 02 22/3 34 17 21

Verband Waldviertler Fleckviehzüchter
Ing. Josef Fleischhacker
P.-Werner-Deibl-Straße 4
A-3910 Zwettl
Tel. 0 28 22/5 35 31-0

Walliser Schwarzhalsziege
Schweiz. Zentralstelle für Kleinviehzucht
Belpstrasse 16
CH-3000 Bern 14
Tel. 0 3/3 88 61 11

Bernhard Arnold
Kraftwerk
CH-3983 Mörel VS

Hubert Schmid
CH-3938 Ausserberg b. Visp
Tel. 0 27/9 46 42 13

Weiße Gehörnte Heidschnucke
Landes-Schafzuchtverband Weser-Ems e. V.
Mars-la-Tour-Straße 6
D-26121 Oldenburg
Tel. 04 41/8 21 23
Fax 04 41/8 85 94 83

Franz Rolfes
Bremersand, Overlaher Straße 56
D-26219 Bösel
Tel. 0 44 94/3 09

Rendsburger Werkstätten
Fachabteilung Naturschutz und Landschaftspflege »Marienhof«
Kronwerker Moor
D-24768 Rendsburg
Tel. 0 43 31/46 78-0

Weiße Hornlose Heidschnucke
Landesschafzuchtverband Niedersachsen e. V.
Johannsenstraße 10
D-30159 Hannover
Tel. 05 11/32 97 77
Fax 05 11/3 66 55 21

Jan Teerling
Galtener Str. 3
D-27232 Sulingen
Tel. 0 42 71/23 85

Hannelore und F. Böhling
Gut Stelle
D-27367 Hellwege
Tel. 0 42 97/4 76

Bildquellen

AG Pinzgauer Rinderzuchtverbände, Maishofen 219, 222, 226, 231
Archiv für Hausforschung des Instituts für Volkskunde, München 303
Bayerische Landesanstalt für Tierzucht, Grub 24, 105, 215, 219, 349, 369
Bundesanstalt für Pferdezucht, Stadl-Paura 120
Waldemar Bussemer, Geschwenda 326, 328
Deutsche Reiterliche Vereinigung, Warendorf 24, 34, 93
Deutsches Pferdemuseum, Verden 36, 38, 47, 50, 51, 60, 73, 75, 89, 90
J. Enz, Teufen
Franz Fankhauser, Hintertux 317, 321
Johann Finsterwalder, Seehausen 211
Erich Günther/Archiv des Leipziger Zoos 262
Gottfried Heyn, Wildeman 331
Anni Lackner, Rotthalmünster 65
Landeslandwirtschaftskammer für Tirol, Innsbruck 234
Landes-Schafzuchtverband Tirol, Innsbruck 314, 320

Landes-Schafzuchtverband Weser-Ems, Oldenburg 281, 282, 285
Landwirtschaftliche Bildberatung, München 65, 67, 130, 140, 148, 211, 273, 274, 296, 307, 359, 369
Manfred Ludewig, Saaldorf 314
Dr. J. Muggli, Flawil 336
Nationale Vereinigung der Züchter für die Grauviehrasse, Bozen 226
Rinderzucht Schleswig-Holstein, Abt. Angler Rinderzüchter, Süderbrarup 128, 130
Schweiz. Zentralstelle für Kleinviehzucht, Bern 334, 336, 344
Tierzuchtamt Titisee-Neustadt, Titisee-Neustadt 102, 103, 104, 105, 190, 200, 201, 202
Verband Waldviertler Fleckviehzüchter, Zwettl 238, 239
Züchtervereinigung Limpurger Rind, Schwäbisch-Hall 178

Alle anderen Abbildungen sind vom Autor.

Sachregister

Abendruf 61
Aberdeen-Angus 12, 13
Abtenauer 116, 120
Achselschwang 66
Agamemnon 37
Albion 90, 98
Albion d'Hor 90, 94
Allerschaf 286
Allgäuer 168, 171, 174, 208
Altwürttemberger **53**
Andalusier 41, 109, 116
Angler **123**, 148 ff.
Angler Sattelschwein **350**, 363, 364
Angloaraber 54, 63
Anglo-Normanner 55, 59
Angoraziege 324
Angus 123
Ansbach-Triesdorfer **165**
Appaloosa 26
Appenzellerziege **332**, 338, 345, 346
Araber 26, 43, 47, 51, 54, 59, 60, 63, 86
Ardenner 76, 91, 99
Arvesbacher 236
Astonishment 117 30
Avenir de Salmonsart 98
Ayrshire 13, 191, 193

Bakewell 13
Baldinger Tigerschwein 361
Bayerisches Rotvieh 22, 133
Belgier 71, 76 ff., 95, 96, 97, 100, 104, 107, 108, 112, 115
Belgische Landrasse 365
Benno 556 164
Bentheimer Landschaf 277, **283**
Berber 28, 53
Bergamasker 305, 309, 320
Bergschaf 257, 305 ff., 312, 318
Berkshire 350
Berner Vieh 167, 174, 215, 230
Biscuit 89
Bleiburger 309
Blondvieh 246
Böhmerwaldschaf 304, 305
Boulonnais 73
Brabancon 89 ff.
Brabanter 89
Braunes Bergschaf **305**

Braunvieh 123, 142, 174, 185, 195, 208, 209, 212, 225, 226, 228, 248
Breitenburger 169
Brown Swiss 14
Bündner Strahlenziege **335**, 338
Bunte Deutsche Edelziege 15, 331
Buntes Bentheimer Schwein **361**
Buntes Deutsches Schwein s. Buntes Bentheimer Schwein

Canalthaler 309, 311
Charolais 123
Chianina 225
Ciktaschaf 304, 305
Cleveländer 63
Clydesdale 76, 90, 95, 96, 97, 112
Coburger Fuchsschaf **299**
Colli 132
Colling 13
Communist 55
Connemara 26
Coquet 101
Cornwall 350, 361
Cotswold 286, 287
Cristal-de-Baele 94

Dänen-Vieh 146, 148, 151, 152
Dartmoor 26
Deutsche Edelziege 330
Deutsche Landrasse **350**, 358, 361
Deutsches Reitpferd 25
Deutsches Reitpony 26
Deutsches Veredeltes Landschwein **350**, 365
Deutsches Weideschwein 22, 348, 349, 350
Deutschritter B36 102, 107, 108
Diamant 116
Donnersberger 156 ff.
Duke of Cleveland 167 39, 48
Duxer s. Tuxer

Edelschaf 311
Einhard 58, 59
Elektoral 292
Ellinger 208
Elmar 116
Emigrant 37

Emmo 51
Engadiner Ziege 338
Englisches Vollblut 26, 38, 43, 44, 47, 51, 54, 55
Ennstaler Bergschecken 242, 255 ff.
Eringer 19, 252
Erzgebirgsziege **328**
Esel 13
Espoir de Melsele 94
Etschtaler 225, 226
Eylau 58

Fakir 101
Faktor 101
Falko 60
Faust 57
Fex 58
Finnisches Landschaf 17
Fjordpony 26
Flamenschaf 283, 301
Fleckvieh 12, 123, 155, 167, 169, 174, 178, 179, 180, 184, 185, 191, 204, 209, 212, 232, 248, 255
Flitter 58
Frankenschaf 287, 293
Frankenziege 14, 328
Frankenvieh 160, 176, 179, 208, 236, 237, 245, 246, 249
Freiberger 108
Freiburger 12, 230
Freisohn 61
French Alpine 338
Friese 26
Fuchsschaf s. Coburger Fuchsschaf

Galloway 16, 123
Gardist 66
Gaulois du Monceau 94, 98
Gelbvieh 123, 131, 160, 174, 237, 245
Gemsfarbige Gebirgsziege 335, 337, 338, 339, 345
Gerfaut-Condé 89
Germanikus 2877 75
Gföhler 235
Glan-Donnersberger 131, 179, 183
Glan-Rind 142, **156**
Goggelschaf 320

Sachregister

Gorbatov 231
Graf Anton Günther 28
Graf-Wedel 37
Graubraunes Gebirgsvieh 209
Graue Gehörnte Heidschnucke 17, **269**, 280
Grauvieh 174, 225, 235
Greyerzer Schlag 328
Groninger 12
Guernsey 13
Guggisberger 345
Gurktaler 311

Hällisches Landschwein 366
Haflinger 26, 109, 115
Hallo 165
Hampshire (Schaf) 293
Hampshire (Schwein) 360
Hannibal 165
Hannoveraner 37, 38, 44, 47, 55
Harzer Rotvieh 21, 136, **141**
Harzziege 153, 329
Hasliziege 345
Heideschaf 260
Heidschnucke 260, 280, 284, 316
Hereford 12, 13, 123, 185
Highland s. Schottisches Hochlandrind
Hinterwälder 17, 123, 185, **194**
Hirschle 101
Holländische Landrasse 358
Holsteiner 43, 47, 49, 57, 59
Holstein-Friesian 12, 14

Islandpony 26
Islandschaf 260

Jakobus 59
Jellachich-Agamemnon 48
Jersey 13, 123, 155, 227
Jochberger Hummeln 224
Jütländer 71, 72
Julmond 60
Jupiter 90, 93

Kärntner Blondvieh 236, 237, 243, **246**
Kärntner Brillenschaf 308, **309**, 320
Karakul 271
Karlsruhe 100
Kaschmirziege 324
Kelheimer Rind 22, 23, 171
Keltenrind 194
Kladruber 54
Knorr, F. 149
Kosse 260

Kranich 28
Kreuz 95
Kupferziege 342

Lahnvieh 22
Lavanttaler 243, 246, 247, 248
Lechtaler 225
Leicester 286, 287
Leineschaf 277, **286**
Limousin 123
Limpurger 156, **174**
Lincoln 286
Lion de Flandre 94
Lipizzaner 26
Liviner Ziege 343
Lore 193
Lore 10570 237
Lothar III 651 89, 90
Luks All 166 30, 31
Lungauer Schlag 216
Lux 101
Luzifer 57

Macdonald 92 ff.
Mac Mahon 55
Mainländer 165
Maitrank 58
Marbach 53, 54, 55
Marder 101
Mariahofer 235, 236, 243, 246, 247, 248
Markus 101
Marquis 100, 101
Marquis de Kleyen 93
Mars 101
Marschschaf 277
Marschschwein 361
Maskenschwein 366
Masurenschaf 260
Meckes Senner 177 30
Mephisto 57
Merino 13, 16, 257, 258, 263, 265, 270, 301, 303
Miesbacher 230
Milan B 41 107
Mishima-Rind 194
Mitteldeutsches Rotvieh **133**, 136
Mittler B 65 107
Mölltaler 216
Montafoner 208, 225, 318
Montblanc 101
Moorschnucke 17, **276**
Moritzburg 36, 39, 40, 52, 53, 98
Morketo 66
Müglitztaler Ziege 330
Mürztaler 168, 235, 236, 240, 242

Munkedahl 445 72
Murbodner 236, **240**
Murnau-Werdenfelser 123, **208**
Murtaler 240

Nachbar 104, 105
Napperon 59
Neapolitaner 34, 53, 86, 109
Negrettischaf 292
Neptun 30
Nera Verzasca 336, 338, **343**
Nero 116
Neuer Miesbacher Schlag 216
New Forest 26
Norfolk 57, 63
Norfolk-Eggi 48
Noriker 107, 108, **109**
Normann 37, 48, 51, 55
Normanner 48, 49, 54, 59, 63, 76
Norman-Rubico 37

Oberhasli-Brienzer-Ziege 346
Oberinntaler 208, 225, 230
Oberländer 104, 105, 115, 225
Oberpfälzer Rotvieh 154
Odenwälder 22, 133
Oldenburger **28**, 43, 44, 47, 51, 52, 55, 57 ff., 59, 64
Oppenheim LXII 71
Optiker 59
Orange-Jupiter 89
Orientale 53, 63
Ostfriese **40**, 63
Ostfriesisches Milchschaf 12, 290
Ostfriesisches Rind 22
Ostfriesisches Rotvieh 133
Oxfordshire 293

Paduaner 305, 309
Paint 26
Patriote de Vyverzelen 94
Percheron 76
Petzener 311
Pfauenziege **337**
Pferd 10, 12, 13, 15, 21, **25**, 121
Piétrain 17, 359, 361, 365
Pinto 26
Pinzgauer Pferd 100, 104, 105, **109**
Pinzgauer Rind 12, 123, **214**, 232, 242, 248, 255, 256
Pommersches Landschaf 263
Pongauer Schlag 216
Prättigauer-Ziege 336
Pustertaler Schecken 225, 230, **252**

Quarter Horse 26

Sachregister

Rauhwoller s. Rauhwolliges Pomm. Landschaf
Rauhwolliges Pommersches Landschaf 261, 262, **263**
Razza naz 338
Red Friesian s. Red Holstein
Red Holstein 192, 193, 220, 221 ff.
Rheinisches Kaltblut **76**, 104
Rheinisches Schaf 286
Rheinisch-deutsches Kaltblut 83 ff., 97, 105
Rheinisch-Westfälisches Kaltblut **76**
Rhönschaf 286, **291**, 316
Rind 10, 11, 15, 21, **121**
Rolfes, G. 281
Romanov 275
Rotbunte 123
Rotes Dänisches Milchvieh s. Dänen-Vieh
Rotes Höhenvieh s. Rotvieh
Rote Tambov 231
Rottaler **62**
Rotvieh 123, 131, 132, 133, 164
Rubico 37, 48

Saanenziege 322, 329, 332, 337, 339, 345, 346
Sächsisches Kaltblut **94**
Sächsisches Rotvieh 133, 154
Sattelschwein s. Angler Sattelschwein
Sattelziege 339, 340, 343
Sauerländer 133
Schaf 10, 15, 16, 17, 20, 21, **257**
Schaunitz 116
Scheinfelder 172, 236
Schlesisches Rotvieh 133
Schleswiger Kaltblut **68**
Schottisches Hochlandrind 16, 123
Schulte-Bernd, G. 365
Schwäbisch-Hällischer Schlag 174
Schwäbisch-Hällisches Schwein 350, 353, 356, 363, **366**
Schwälmer Vieh 135
Schwaiganger 107, 115
Schwarzbunte 12, 123, 129, 149, 152, 155, 166
Schwarze Bündner Ziege 335, 336
Schwarzhalsziege s. Walliser Schwarzhalsziege
Schwarzwälder Fuchs **99**
Schwarzwaldziege 14
Schwein 10, 15, 17, 18, 302, 303, 347

Schweizerische Gebirgsziege 336
Scottish Blackface 271
Seeländer 309, 310 ff.
Shetlandpony 26
Shire 86, 88, 95, 96 ff.
Shorthorn 13, 157, 255
Siegerländer 133
Simmentaler 12, 142, 156, 157, 158, 168, 169, 171, 172, 174, 194, 215, 230, 235, 246, 256
Simson 30
Skudde 20, **260**
Sonnenwirt 58
Soranus 58
Southdown 271
Spanier 109
Spiegelschaf 311
Sportsman XX 119 30
Stäve 30
Steinschaf 304, 312, **316**
Steppenvieh 246
Stiefelziege **345**
St. Märgener **99**
Stockerauer Schlag 235 ff.
Strahlenziege s. Bündner Strahlenziege
Successeur de-Worte 94
Süddeutsches Kaltblut 108, 109
Suffolk 71, 76, 90
Sumavaschaf 304

Taoyung 19, 349
Tapageur du Jongnoy 94
Tavetscherschaf 261
Telemarkrind 205
Tessiner Ziege 343
Texas-Longhorn 17, 185
Texelschaf 290
Thüringer Waldziege 14, 324
Tiroler Grauvieh **225**, 232
Tiroler Steinschaf 19, **316**
Toggenburger-Ziege 322, 325, 335, 338, 345, 346
Trait Comtois 99
Trakehner 59
Traventhal 73
Tuxer 12, 225, 229, 252, 255, 256
Tux-Zillertaler **229**, 244
Tzigaia-Schaf 305

Uggowitzer 309
Ungarisches Steppenrind 235
Unter-Inntaler 231
Uwe R 12 140, 153

Veredeltes Deutsches Landschwein 349, 358, 362

Veredeltes Landschwein s. Veredeltes Deutsches Landschwein
Victorieux d'Hor 94
Villnösser 308, 313, 315
Vispentaler Ziege 340
Vogelsberger **133**, 146, 153
Vogesenrind **205**
Vogtländer Rotvieh 146, **153**, 172
Vorderwälder 123, **184**, 204
Vulkan 116

Wäldervieh **184**, **194**
Waibel 438 48
Waldecker 22, 133
Waldschaf **301**, 316
Waldviertler Blondvieh **235**, 248
Walliser Schwarzhalsziege 338, **339**, 343, 345, 346
Walliser Schwarznasenschaf 12
Warendorf 82, 90, 91, 92, 94
Weiße Deutsche Edelziege 331, 334
Weiße Gehörnte Heidschnucke **280**
Weiße Hornlose Heidschnucke 17, **276**
Weißes Bergschaf 305, 313
Welsh 26
Welsh Black 123
Weltenburg 66
Weserschaf 286
Wessex Saddleback 351, 353, 368
Westerwälder 22
Westfälisches Kaltblut **90**
Westfälisches Rotvieh 22
Wickrath 76, 77, 80, 81, 89, 90, 94
Wildschwein 361
Wipptaler 225, 226
Württemberger 53, 293

Yak 185
Yorkshire 112
Yurino 231

Zarif 60
Zaupelschaf 258, 301 ff., 316, 320
Zebu 185
Ziege 10, 13, 14, 15, 21, 302, **322**
Zigeuner 93
Zillertaler 12, 154, 229, 244, 252
Zorn 94
Zwergziege 322
Zwettler Schlag 235